Doering-Striening

Sozialhilferegress
bei Erbfall und Schenkung

Sozialhilferegress bei Erbfall und Schenkung

von

Dr. Gudrun Doering-Striening,
Rechtsanwältin, Fachanwältin für Sozialrecht,
Fachanwältin für Familienrecht,
Essen

zerb verlag

Hinweis:
Die Formulierungsbeispiele in diesem Buch wurden mit Sorgfalt und nach
bestem Wissen erstellt, sie stellen jedoch lediglich Anregungen für die
Lösung typischer Fallgestaltungen dar. Autoren und Verlag übernehmen
keine Haftung für die Richtigkeit und Vollständigkeit der in dem Buch
enthaltenen Ausführungen und Formulierungsmuster.

Die Deutsche Bibliothek – CIP Einheitsaufnahme
Doering-Striening
Sozialhilferegress bei Erbfall und Schenkung
1. Auflage 2015
zerb verlag, Bonn

ISBN 978-3-941586-06-2

zerb verlag GmbH
Rochusstr. 2–4
53123 Bonn

Satz: Cicero Computer GmbH, Bonn
Druck: Westermann Druck Zwickau GmbH, Zwickau

Vorwort

Es ist heute nahezu unvorstellbar. Aber erst mit der grundlegenden Entscheidung des BVerwG vom 24.6.1954,[1] wurde ein Rechtsanspruch auf Pflichtleistungen der „Fürsorge" erstmals höchstrichterlich verbürgt. Vor dem Hintergrund sinkender Zahlen von Fürsorgeempfängern und dem Optimismus der Wirtschaftswunderjahre, in denen man an das Ende der Armut in der Industriegesellschaft glaubte, entstand das Bundessozialhilfegesetz vom 30.6.1961.[2] Erst jetzt entfiel die Pflicht zur Erstattung der Sozialhilfe, die als Schranke gegen eine hemmungslose oder auch nur leichtfertige Inanspruchnahme der öffentlichen Fürsorge angesehen worden war. Eine Schranke, die den normalen Mitbürger an seine primäre Verpflichtung zur Selbsthilfe und Selbstvorsorge erinnern sollte.[3] Die bis dato nur in der gehobenen Fürsorge geltenden Schonvermögenstatbestände wurden nun auf alle Hilfesuchenden erweitert. Die Kostenerstattungspflicht verblieb nur für wenige ausgesuchte Tatbestände, u.a. für die Herbeiführung der Sozialhilfe durch vorsätzliches oder fahrlässiges Verhalten (§ 92 Abs. 2 BSHG).

Überlegungen zur Vermeidung des Einsatzes eigenen Einkommens oder Vermögens waren der Fürsorge aber weiterhin wesensfremd. Die Verpflichtung zur Arbeit und die Fortexistenz der Arbeitshäuser, speziell für Jugendliche, Obdachlose und Nichtsesshafte, wurden auch noch mit Inkrafttreten des BSHG als Ausdruck der Verpflichtung selbstverantwortlichen Schaffens angesehen. Erst 1967 untersagte das Bundesverfassungsgericht dies als verfassungswidrig und setzte damit einen Einstellungswechsel zum Sozialhilfebezug in Gang, der in den folgenden Jahren von hinzutretenden gesetzgeberisch gewollten Durchbrechungen des Subsidiaritätsprinzips insbesondere für behinderte Menschen flankiert wurde.

Ende der 1970er Jahre war dann der Boden soweit bereitet, dass Erbrecht und Sozialhilferecht durch das sog. Behindertentestament erste

---

1 BVerwGE 1, 159 ff.
2 BGBl I, 815.
3 *Bangert*, Für und wider die Ersatzpflicht des Unterstützten, BldW 103 (1956), 285.

Berührungspunkte entwickelten. Die Erbwelle und die steigende Zahl der pflege- und sozialhilfebedürftigen alten Menschen waren schließlich der Motor dafür, dass das juristische Interesse an dieser Schnittstelle seit Anfang der 1990er Jahre kontinuierlich gewachsen ist. Seither steigt die Anzahl der Veröffentlichungen – auch aus der Rechtsprechung – an und wird zunehmend unübersehbar. Die thematische Feindifferenzierung nimmt zu. In der anwaltlichen Praxis der Erb-, Familien- und Sozialrechtler haben Fragen des „Sozialhilferegresses" mittlerweile einen festen Platz. Mit diesen Fragen beschäftigt sich dieses Buch, ausgehend von der Frage: „Was bewirken Erbfall und Schenkung im sozialrechtlichen Leistungsverhältnis von SGB XII- und SGB II-Fällen?"

Für den historischen Gesetzgeber des Fürsorgerechts wäre ein solches Buch sicherlich unvorstellbar gewesen. Für mich bis vor nicht allzu langer Zeit auch. Die Arbeit hätte sich gelohnt, wenn es an der einen oder anderen Stelle Nutzen brächte und sich – auch durch seine Leser und deren interessante Fälle – für die Praxis weiterentwickeln würde.

Essen, im Februar 2015

Dr. Gudrun Doering-Striening

Inhaltsverzeichnis

Verzeichnis der Fallbeispiele

Literaturverzeichnis

Kommentare, Handbücher, Monographien

Bengel/Reimann (Hrsg.), Handbuch der Testamentsvollstreckung, 5. Auflage 2013

Berlit/Conradis/Sartorius (Hrsg.), Existenzsicherungsrecht, 2. Auflage 2013

Bieritz-Harder/Conradis/Thie (Hrsg.), Sozialgesetzbuch XII, Sozialhilfe, Lehr- und Praxiskommentar, 9. Auflage 2012

Brühl/Hofmann, Durchführungshinweise der Bundesagentur für Arbeit für die Anwendung des Sozialgesetzbuch II (SGB II), 6. Auflage 2010

Castendieck/Hoffmann, Das Recht der behinderten Menschen, 3. Auflage 2009

Damrau/Tanck (Hrsg.), Praxiskommentar Erbrecht, 3. Auflage 2015

Dorsel, Kölner Formularbuch Erbrecht, 2011

Dt. Verein für öffentliche und private Fürsorge e.V., Empfehlungen für den Einsatz von Einkommen und Vermögen in der Sozialhilfe (SGB XII), 2008

Eicher, SGB II, Grundsicherung für Arbeitsuchende, Kommentar, 3. Auflage 2013

Eschenbruch/Schürmann/Menne (Hrsg.), Der Unterhaltsprozess, 6. Auflage 2013

Fasselt/Schellhorn (Hrsg.), Handbuch Sozialrechtsberatung, 4. Auflage 2012

Faude, Selbstverantwortung und Solidarverantwortung im Sozialrecht, 1983

Fichtner/Wenzel, Kommentar zur Grundsicherung, 3. Auflage 2005

Föcking, Fürsorge im Wirtschaftsboom, 2007

Frieser/Sarres/Stückemann/Tschichoflos, Handbuch des Fachanwalts Erbrecht, 6. Auflage 2015

Frommann, Sozialhilferecht – SGB XII, 4. Auflage 2009

Geitner, Der Erbe in der Insolvenz, 2007

Gogler, Handwörterbuch der Fürsorgepflicht, 1925

Groll (Hrsg.), Praxis-Handbuch Erbrechtsberatung, 3. Auflage 2010

Grube/Wahrendorf, SGB XII, Sozialhilfe, Kommentar, 5. Auflage 2014

Hauck/Noftz, SGB XII, Sozialhilfe, Stand 2013

Herberger/Martinek/Rüßmann/Weth, juris Praxiskommentar BGB, Bd. 2/2, 5. Auflage 2010

Horn/Kroiß, Testamentsauslegung, 2012

Jung/Weber, Wichtige Aufgaben der materiellen Fürsorge, 1925

Kasseler Kommentar Sozialversicherungsrecht, Loseblatt, 84. Auflage 2015

Kornexl, Nachlassplanung bei Problemkindern, 2. Auflage 2011

Krauß, Ausgewählte Gestaltungsfragen zum Überlassungsvertrag, DAI-Skript, 15.10.2004, S. 61 ff.

Krauß, Vermögensnachfolge in der Praxis, 4. Auflage 2015

Kreikebohm/Spellbrink/Waltermann, Kommentar zum Sozialrecht, 3. Auflage 2013

Kübler, Das sogenannte Behindertentestament unter Berücksichtigung der Stellung des Betreuers, 1998

Kummer, Formularbuch des Fachanwalts Sozialrecht, 2. Auflage 2015

Langenfeld, Testamentsgestaltung, 4. Auflage 2010

Langenfeld/Günther, Grundstückszuwendungen zur lebzeitigen Vermögensnachfolge, 6. Auflage 2009

Limmer/Hertel/Frenz/Mayer (Hrsg.), Würzburger Notarhandbuch, 4. Auflage 2015

Littig/Mayer, Sozialhilferegress gegenüber Erben und Beschenkten, 1999

Löns/Herold-Tews, SGB II, Grundsicherung für Arbeitsuchende, 3. Auflage 2011

Mayer, Pflegeklauseln und Sozialhilferegress, Entwicklung der höchstrichterlichen Rechtsprechung und praktische Formulierungsvorschläge, in: Preis/Schmoeckel, Rechtliche Risikoabsicherung bei Krankheit und Pflegebedürftigkeit, 2012, S. 45 ff.

Mayer/Geck, Der Übergabevertrag, 3. Auflage 2013

Menzel, Entschließungsfreiheiten im Erbrecht und Drittinteressen, 2007

Mergler/Zink/Dahlinger/Zeitler, Bundessozialhilfegesetz, Kommentar, Loseblatt, Stand 2005

Müller, Der Rückgriff gegen Angehörige von Sozialleistungsempfängern, 6. Auflage 2012

Münchener Kommentar zum BGB, Band 9: Erbrecht, 6. Auflage 2013

Münder, Sozialgesetzbuch II, Grundsicherung für Arbeitsuchende, Lehr- und Praxiskommentar, 5. Auflage 2013

Nieder/Kössinger, Handbuch der Testamentsgestaltung, 4. Auflage 2011

NomosKommentar BGB, Bd. 5: Erbrecht, hrsg. v. Kroiß/Ann/J. Mayer, 4. Auflage 2014

Oestreicher, SGB II/SGB XII, Kommentar, Loseblatt, 73. Auflage 2014

Palandt, Bürgerliches Gesetzbuch, 73. Auflage 2014

Plagemann, Münchener Anwaltshandbuch Sozialrecht, 4. Auflage 2014

Prütting/Wegen/Weinreich (Hrsg.), BGB Kommentar, 9. Auflage 2014

Reimann/Bengel/Mayer, Testament und Erbvertrag, 5. Auflage 2006

Richter/Doering-Striening (Hrsg.), Grundlagen des Sozialrechts, 2008

Richter/Doering-Striening/Schröder/Schmidt, Seniorenrecht in der anwaltlichen Praxis, 2. Auflage 2011

Rißmann (Hrsg.), Die Erbengemeinschaft, 2. Auflage 2013

Rothkegel (Hrsg.), Sozialhilferecht, 2005

Ruby/Schindler/Wirich, Das Behindertentestament, 2. Auflage 2014

Ruhwinkel, Die Erbengemeinschaft, 2013

Schellhorn/Jirasek/Seipp, BSHG – Kommentar zum Bundessozialhilfegesetz, 17. Auflage 2006

Schlegel/Voelzke (Hrsg.), juris Praxiskommentar SGB II, 3. Auflage 2012

Schnitzler, Münchner Anwaltshandbuch Familienrecht, 4. Auflage 2014

Schuhmacher, Rechtsgeschäfte zu Lasten der Sozialhilfe im Familien- und Erbrecht, 2000

Spall, Das Behindertentestament, Ein Überblick für die notarielle und anwaltliche Praxis; Tagungsunterlage Lebenshilfe Marburg vom 5.6.2007 (unveröffentlicht)

Stolleis, Geschichte des Sozialrechts in Deutschland, 2003

Tapper, Der grundsicherungsrechtliche Anspruchsübergang (§ 33 SGB II), Diss. 2011

v. Dickhuth-Harrach, Handbuch der Erbfolge-Gestaltung, 2010

Zimmermann (Hrsg.), Praxiskommentar Erbrechtliche Nebengesetze, 2013

Aufsätze

Brühl, Der höchstrichterliche Vermögensraub und die Thronräuber, info also 3/2000, 124 ff. (Teil 1), 185 ff. (Teil 2)

Conradis, Einkommen und Vermögen im SGB II – Probleme der Abgrenzung, info also 2007, 10 ff.

Conradis, „Sozialhilferegress"-Kostenersatz durch den Erben, § 102 SGB XII, § 35 SGB II, ZEV 2005, 380 ff.

Damrau, Das Behindertentestament mit Vermächtnislösung, ZEV 1998, 1 ff.

Dienstbühl, Der Pflegevergütungsanspruch nach § 3612 BGB in der erbrechtlichen Auseinandersetzung, ErbR 2009, 179 ff.

Doering-Striening, Der Sozialhilfebezieher als Erbe, ZErb 2014, 105 ff.

Doering-Striening, Vom BSHG zum SGB XII, Bilanz, Problem, Perspektiven, VSSR 2009, 93 ff.

Doering-Striening/Horn, Der Übergang von Pflichtteilsansprüchen von Sozialhilfebeziehern, NJW 2013, 1277 ff.

Eichenhöfer, Schranken der Privatautonomie aufgrund des Sozialhilferechts – eine grundsätzliche Orientierung, JZ 1999, 226 ff.

Eichenhöfer, Das Behindertentestament oder Sozialhilfe für Vermögende?, JZ 1999, 233

Everts, Wohnungsrecht und Heimaufnahme, ZEV 2004, 495 ff.

Everts, Letztwillige Verfügungen zugunsten überschuldeter und bedürftiger Personen, ZErb 2005, 355.

Frings, Überleitungsfähigkeit des Wohnungsrechts auf Sozialhilfeträger?, Sozialrecht aktuell 2009, 201 ff.

Golpayeqani/Boger, Aktuelle Gestaltungsempfehlungen zum Behindertentestament, ZEV 2005, 377 ff.

Grosse/Gunkel, Die Erbenhaftung nach § 35 SGB II, info also 2013, 3 ff.

Grziwotz, Das Behindertentestament nach Hartz IV, FamRB 2005, 277 ff.

Grziwotz, Die umgekehrte Vermächtnislösung beim Behindertentestament: der Königsweg?, ZEV 2002, 409 ff.

Hartmann, Das sog. Behindertentestament: Vor- und Nacherbschaftskonstruktion oder Vermächtnisvariante, ZEV 2001, 91 ff.

Heinz, Zur Berücksichtigung privater Zuwendungen bei Hartz IV-Bezug, zu unbestimmten Rechtsbegriffen und zur Geltung grundgesetzlich garantierter Werte, ASR 2012, 134 ff.

Johannsen, Erbrecht in der Rechtsprechung des Bundesgerichtshofs 1973–1976, WM 1977, 271 ff.

Joussen, Das Testament zugunsten behinderter Kinder, NJW 2003, 1852 ff.

Kanzleiter, „Pflichtteilsstrafklauseln" und Geltendmachung des übergeleiteten Pflichtteilsanspruchs durch den Sozialhilfeträger, DNotZ 2014, 5 ff.

Keim, Entgeltlicher Vertrag oder belohnende Schenkung?, FamRZ 2004, 1085 f.

Keim, Die freiwillige Freigabe von Nachlassgegenständen durch den Testamentsvollstrecker, ZEV 2010, 454 ff.

Keim, Fallstricke bei Erb- und Pflichtteilsverzichten, RNotZ 2013, 411 ff.

Kodel, Die Ausstattung eine zeitgemäße Gestaltungsmöglichkeit, ZErb 2006, 225 ff.

Kollhosser, Der Rückforderungsanspruch des verarmten Schenkers aus § 528 I S. 1 BGB, ZEV 2001, 290 ff.

Krauß, Der Zugriff zivil- und sozialrechtlicher Gläubiger auf erbrechtliche Präventivmaßnahmen, ErbR 2011, 162 ff.

Kuchinke, Anm. zu LG Konstanz v. 24.4.1991 – Az.: 5 O 423/90, FamRZ 1992, 362 f.

Lange, Verwaltung, Verfügung und Auseinandersetzung bei der Erbengemeinschaft, JuS 1967, 457 ff.

Limmer, Testamentsgestaltung bei überschuldeten Erben im Hinblick auf die Auswirkungen des Verbraucherinsolvenz- und Rechtsschutzverfahrens, ZEV 2004, 133 ff.

Litzenburger, Das Bedürftigentestament – Erbfolgegestaltung zugunsten von Langzeitarbeitslosen (Hartz-IV-Empfängern), ZEV 2009, 278 ff.

Ludyga, Schenkungsrückforderungsansprüche gemäß § 528 BGB bei Pflege durch den Zuwendungsempfänger und § 93 SGB XII, NZS 2012, 121 ff.

Mayer, Wohnungsrecht und Sozialhilferegress, DNotZ 2008, 672 ff.

Menzel, Die negative Erbfreiheit, MittBayNot 2013, 289 ff.

Mester, Die Rechtsprechung zum Vermögenseinsatz nach SGB II und SGB XII, ZfF 2009, 4 f.

Mundanjohl/Tanck, Die Problematik des § 2306 II BGB und des § 1371 II Halbsatz 2 BGB beim Behindertentestament, ZErb 2006, 177 ff.

Nieder, Das Behindertentestament, NJW 1994, 1265 ff.

Raiser, Sittenwidriges Behindertentestament und unerträgliche Belastung der Allgemeinheit, MDR 1995, 237 ff.

Ruby, Behindertentestament – Häufige Fehler und praktischer Vollzug, ZEV 2006, 70 ff.

Schlette, Sozialhilfe als Darlehen – Anwendungsfälle, Rechtsnatur, Gestaltungsmöglichkeiten, ZfSH/SGB 1998, 154

Schlitt, Das Universalvermächtnis, ZErb 2006, 226 ff.

Schulte, Der Nachrang der Sozialhilfe gegenüber Möglichkeiten der Selbsthilfe und Leistungen, NJW 1989, 1246 ff.

Schwarz, Vermögensübertragung und Pflegefallrisiko, JZ 1997, 548 ff.

Spall, Zur sog. Vermächtnislösung bei Behindertentestament, Mitt-BayNot 2001, 251 ff.

Spall, Anm. zu BGH v. 8.12.2004 – Az.: IV ZR 223/03, DNotZ 2005, 302 ff.

Spall, Pflichtteilsstrafklausel beim gemeinschaftlichen Behindertentestament – Kolumbus-Ei oder trojanisches Pferd?, MittBayNot 2003, 32 ff.

Tersteegen, Sozialhilferechtliche Verwertbarkeit von Vermögen bei Anordnung von Verwaltungstestamentsvollstreckung, ZEV 2008, 122 ff.

Tönnies, Die teilweise Ausschlagung als Gestaltungsmittel bei Testamentserrichtung, ZNotP 2003, 92 ff.

van de Loo, Die Gestaltung der Verfügung von Todes wegen zugunsten der betroffenen Behinderten, MittRhNotK 1989, 235 ff.

Vaupel, Der Sozialhilferegress in der notariellen Praxis, RNotZ 2009, 497 ff.

v. Proff, Pflichtteilserlass und Pflichtteilsverzicht von Sozialleistungsempfängern, ZErb 2010, 206 ff.

v. Proff, Erbrechtsgestaltung nach der jüngsten Rechtsprechung des BGH zum Behindertentestament, RNotZ 2012, 272 ff.

Wagner, Nachträglich Honorierung von Pflegeleistungen und Pflichtteilsergänzung, ZErb 2003, 112 ff.

Wendt, Behindertentestament – ein Auslaufmodell?, ZNotP 2008, 3 ff.

Wendt, Pflichtteilsvermeidungsstrategien in „guter" wie in „böser" Absicht, ErbR 2012, 66 ff.

Zeranski, Zur Aussetzung des Zivilrechtsstreits aus übergeleitetem Recht bei Anfechtung der Überleitungsanzeige, FamRZ 1994, 824 ff. m.w.N.

Zimmer, Wohnungsrecht und Heimunterbringung, ZEV 2009, 382 ff.

Zimmer, Verzicht auf im Grundbuch eingetragene Rechte durch den Betreuer, NJW 2012, 1919 ff.

§ 1 Grundlagen

A. Sozialhilfe und Sozialhilferegress – eine Begriffsbestimmung

Sozialhilfe ist ein „soziales Recht" i.S.d. Sozialgesetzbuches Allgemei- 1
ner Teil (SGB I). § 9 Abs. 1 SGB I definiert **Sozialhilfe** als
– ein Recht auf persönliche und wirtschaftliche Hilfe
– die zur Selbsthilfe befähigt
– dem besonderen Bedarf entspricht
und eine Teilnahme am Leben in der Gemeinschaft ermöglicht und
die Führung eines menschenwürdigen Lebens sichert.

Sozialhilfe kann nach § 9 Abs. 1 SGB I beanspruchen, wer nicht in der 2
Lage ist
– aus eigenen Kräften seinen **Lebensunterhalt** zu bestreiten oder
– in **besonderen Lebenslagen** sich selbst zu helfen
und auch von anderer Seite keine ausreichende Hilfe erhält. Hinter
dieser Formulierung verbirgt sich ein ungedeckter Bedarf, der sozialhilferechtlich je nach der Lage des Hilfebedürftigen nach den Regeln
und mit den Mitteln des SGB XII und/oder mit denen des SGB II zu
decken ist.

Als Sozialhilfe wird damit in einem übergeordneten Kontext nicht nur 3
die Sozialhilfe des SGB XII, sondern auch die Grundsicherung für
Arbeitsuchende nach SGB II („Hartz-IV" – zumindest in der Form
der Leistungen zur Sicherung des Lebensunterhaltes nach § 1 Abs. 3
Nr. 2 SGB II) verstanden.[1] Beide Leistungssysteme zusammen werden
innerhalb des sozialen Sicherungssystems als das „unterstes Netz" der
sozialen Sicherung bezeichnet.[2]

---

1 Kreikebohm/*Hänlein*, Kommentar zum Sozialrecht, § 10 Rn 37; Berlit/*Conradis*,
  Existenzsicherungsrecht, Teil I, Kapitel 12, Rn 5 m.w.N.
2 BSG v. 12.12.2013 – Az.: B 14 AS 90/12 R – Rn 51 m.w.N.

4 | **Hinweis**
Wenn nachfolgend von Sozialhilfe, Sozialhilfebedürftigkeit oder Sozialhilferegress die Rede ist, ist damit also immer auch die Grundsicherung nach § 1 Abs. 3 Nr. 2 SGB II gemeint.

5 Beide Gesetze repräsentieren **nachrangige Existenzsicherungssysteme.** Sie richten sich an einen unterschiedlichen Personenkreis, treffen im Einzelfall aber auch zusammen.

6 Das Interesse der zivilrechtlich ausgerichteten anwaltlichen Praxis ist weitestgehend auf den Begriff „**Sozialhilferegress**" ausgerichtet. Es konzentriert sich auf die Frage, wie man ihn vermeidet oder sich gegen ihn verteidigt. Fragen des sozialhilferechtlichen Leistungsverhältnisses werden dagegen eher als „zu schwer" empfunden. Man kommt aber nicht daran vorbei, sich mit dem sozialhilferechtlichen Leistungsverhältnis zu beschäftigen, wenn man Fragen des Sozialhilferegresses sicher in den Griff bekommen will. Das Wort **Regress** wird aus dem lateinischen Wort regressus – Rückkehr – abgeleitet. Das Sozialhilferecht selbst kennt weder im SGB II noch im SGB XII den Begriff des Sozialhilferegresses, sondern nur den Begriff „Verpflichtungen anderer". SGB II und SGB XII verkörpern die sozialstaatliche Garantie auf ein Existenzminimum,[3] das durch die Allgemeinheit finanziert wird. Der Begriff des **Sozialhilferegresses** kann nur vor diesem Hintergrund verstanden werden. Sozialhilferegress ist die Rückkehr zu dem Zustand, der unter der Herrschaft des Subsidiaritätsprinzips bestehen soll. Es geht daher

– im sozialhilferechtlichen **Leistungsverhältnis** um Regelungen, mit denen auf eigenes Einkommen und/oder Vermögen des Sozialleistungsbeziehers und sonstiger einzubeziehender Personen „zugegriffen" wird und

– im sozialhilferechtlichen **Regressverhältnis** im weitesten Sinne um Darlehen, Anspruchsübergang, Leistungskürzungen, Aufwendungsersatz- und/oder Rückforderungsansprüche, weil der Bedürftige in einer konkreten Bedarfssituation auf Einkommen oder Vermögen aus unterschiedlichen Gründen nicht zugreifen konnte.[4]

---

3 Vgl. hierzu BVerfG FamRZ 2014, 1765 ff. m. Anm. *Schürmann.*
4 In diesem Sinne auch: *Krauß,* Vermögensnachfolge, Rn 499 ff.; *Mayer/Geck,* Der Übergabevertrag, § 3 Rn 22 f., 166 f.

Der typische Arbeitsauftrag des juristischen Beraters besteht darin,   7
- in der akuten Situation den „Zugriff" des Sozialhilfeträgers zu verhindern oder abzuwehren
- präventiv die Einkommens- und Vermögenssituation bei Zuwendungen/Zuflüssen an Bezieher nachrangiger Sozialhilfeleistungen
  zu gestalten. Dazu gehören insbesondere lebzeitige Vermögensübertragungen sowie die Gestaltung von Verfügungen von Todes
  wegen, wie z.b. das so genannte Behindertentestament.

Um diesen Arbeitsauftrag erfüllen zu können, muss man zwingend   8
den Blick auch auf das sozialhilferechtliche Leistungsrecht werfen.
Nur dort findet man den Spielraum für anwaltliche Gestaltung. Wenn
ein Hilfebedürftiger Zuflüsse aus **Schenkung** oder aufgrund **Erbfalls**
hat oder erhält, sind diese Mittel grundsätzlich bedarfsdeckend einzusetzen, wenn sie
- nicht ausdrücklich „normativ anerkannt für andere Zwecke genutzt
  werden dürfen"[5] zur Bedarfsdeckung geeignet sind und
- aktuell oder in absehbarer Zeit („bereite" Mittel)
- zur freien Verfügung stehen.

Dann wirken sie im sozialhilferechtlichen Leistungsverhältnis **rechts-**   9
hindernd. Fließen sie während des Leistungsbezuges zu, wirken sie
ganz oder teilweise **rechtsvernichtend.** Und hier liegt das typischerweise an den Anwalt herangetragene Problem, denn Schenker oder
Erblasser wollen in der Regel die Lebenssituation des Bedürftigen
aufwerten, nicht aber die Sozialhilfe entlasten. Diese Zielsetzung ist
teilweise als unmoralisch verpönt. Sie zu realisieren ist jedenfalls eine
erhebliche juristische Herausforderung. Um die Grundlagen geht es
nachfolgend.

---

5 Vgl. zum Einkommensschutz mit dieser Terminologie BSG NVwZ-RR 2013, 723
   Rn 22; BSG v. 23.4.2013 – Az.: B 8 SO 8/12 R – Rn 21.

B. SGB II und SGB XII – die Abgrenzung des begünstigten Personenkreises

10 Ein Anspruch auf Leistungen nach dem SGB II oder dem SGB XII besteht immer dann, wenn
- ein sozialhilferechtlich relevanter **Bedarf** ungedeckt ist
- der Anspruchsteller **bedürftig** ist und
- er entweder zum **anspruchsberechtigten Personenkreis** nach dem SGB II oder dem SGB XII gehört.

11 Soweit es die **Hilfen für den Elementarbedarf** eines Menschen (Grundsicherung/Hilfe zum Lebensunterhalt) angeht, ist es notwendig, die Hilfen nach dem SGB II und dem SGB XII strikt voneinander zu unterscheiden, auch wenn sie hier unter dem Oberbegriff „Sozialhilfe" abgehandelt werden. Die Einkommens- und Vermögensanrechnungsregeln und die Rückgriffsnormen unterscheiden sich deutlich voneinander.

12 Erbrechtliche und schenkungsrechtliche Fragen können sich auch für andere auf Existenzsicherung zielende Leistungssysteme stellen, wie z.B. das BAföG, das SGB VIII, das UVG etc. Die Lösungen folgen der hier entwickelten Grundstruktur, haben aber keine vergleichbare praktische Bedeutung. Sie müssen deshalb nachfolgend unberücksichtigt bleiben.

13 § 21 SGB XII, §§ 5, 7, 19 SGB II grenzen die Leistungen und den berechtigten Personenkreis der beiden Existenzsicherungssysteme des SGB XII und des SGB II für deren **Elementarbedarf** voneinander ab.

14 Leistungen nach dem SGB II erhalten nach § 7 SGB II Personen, die
- das 15. Lebensjahr vollendet und die Altersgrenze nach § 7a SGB II noch nicht erreicht haben,
- erwerbsfähig sind,
- hilfebedürftig sind und
- ihren gewöhnlichen Aufenthalt in der Bundesrepublik Deutschland haben.

Das maßgebliche Unterscheidungskriterium ist die Erwerbsfähigkeit, bzw. das Leben mit einem Erwerbsfähigen in einer Bedarfsgemeinschaft.

Was Erwerbsfähigkeit bedeutet, wird in § 8 SGB II definiert. Die „ge-   15
sundheitliche" Erwerbsfähigkeit[6] greift auf die Definition des § 43
SGB VI im Rentenversicherungsrecht zurück. Gesundheitlich erwerbsfähig ist, wer nicht voll erwerbsgemindert ist.

Erwerbsminderung nach § 43 SGB VI wird nach folgenden Kriterien   16
festgestellt
– Restleistungsvermögen auf dem allgemeinen Arbeitsmarkt **dauerhaft** weniger als 3 Stunden = volle Erwerbsminderungsrente = kein
  Arbeitslosengeld II
– Restleistungsvermögen auf dem allgemeinen Arbeitsmarkt 3 bis
  unter 6 Stunden arbeitsfähig = teilweise erwerbsgemindert bei Vermittlungsmöglichkeit auf dem allgemeinen Arbeitsmarkt = erwerbsfähig im Sinne von SGB II
– Restleistungsvermögen auf dem allgemeinen Arbeitsmarkt 3 bis
  unter 6 Stunden arbeitsfähig = rechtlich voll erwerbsgemindert,
  falls **keine Vermittlungsmöglichkeit** auf dem allgemeinen Arbeitsmarkt besteht = erwerbsfähig im Sinne von SGB II.

Erwerbsfähig ist also jeder, der auf der Grundlage einer 5 Tage-Woche
5 mal 3 Stunden pro Tag arbeiten kann. Andere Hinderungsgründe –
wie z.B. Kindererziehung – sind nicht relevant.

Unter die **Grundsicherung der §§ 41 ff. SGB XII** fallen **dauerhaft**   17
voll erwerbsgemindert Erwachsene (§ 41 Abs. 3 SGB XII, §§ 43,102
Abs. 2 S. 4 SGB VI) oder Erwachsene, die oberhalb der Altersgrenze
von höchstens 67 Jahren (§ 41 Abs. 2 SGB XII) liegen.

Unter die **Hilfe zum Lebensunterhalt** (§§ 19 Abs. 1, 21 SGB XII)   18
fallen die **auf Zeit voll erwerbsgemindert Erwachsenen** (§§ 43, 102
Abs. 2 S. 4 SGB VI – auf einen Rentenbezug kommt es nicht an).
Falls diese mit einem erwerbsfähigen Leistungsberechtigten in einer
Bedarfsgemeinschaft leben, haben sie einen **Anspruch auf Sozialgeld**
(§ 19 Abs. 1 S. 2 SGB II).

Vorübergehend erwerbsgemindert Erwachsene (voraussichtlich   19
nicht länger als 6 Monate), die innerhalb der Altersgrenzen des § 7a

---

6 Vgl. dazu Löns/*Wolff-Dellen*, SGB II, § 8 Rn 3 ff.

SGB II sind, gelten nach § 8 SGB II als erwerbsfähig und können Arbeitslosengeld II beanspruchen

20 Kinder unter 15 Jahren haben Anspruch auf **Sozialgeld**, wenn ihre Eltern oder der Elternteil, mit dem sie in einer **Bedarfsgemeinschaft** zusammenleben, Anspruch auf Grundsicherung nach dem SGB II hat (§ 19 Abs. 1 S. 2 SGB II).

21 Kinder unter 15 Jahre haben Anspruch auf **Hilfe zum Lebensunterhalt** nach SGB XII, wenn ihre Eltern Anspruch auf Sozialhilfe haben.

22 Kinder unter 15 Jahren haben Anspruch auf **Hilfe zum Lebensunterhalt**, wenn sie bei Dritten leben und keine Leistungen nach dem SGB VIII (Jugendhilfe) erhalten.

23 Personen, die länger als 6 Monate **in einer stationären Einrichtung untergebracht** sind oder **Rente wegen Alters** oder Knappschaftsausgleichsleistungen oder ähnliche Leistungen öffentlich-rechtlicher Art beziehen (§ 7 Abs. 4 SGB II) sind vom Leistungsbezug nach SGB II ausgeschlossen, es sei denn, es läge ein Ausnahmetatbestand vor. Dazu gehört die stationäre Unterbringung bei gleichzeitiger Leistungsfähigkeit von mindestens 15 Stunden wöchentlich unter den üblichen Bedingungen des allgemeinen Arbeitsmarktes.

24 Die Gewährung der weiteren in § 8 Nr. 3 bis Nr. 7 SGB XII genannten Leistungen der Sozialhilfe – so die **Eingliederungshilfe für behinderte Menschen** (§§ 53 bis 60 SGB XII) und die **Hilfe zur Pflege** (§§ 61 bis 66 SGB XII) – ist für einen Bezieher der Grundsicherung nach SGB II nicht ausgeschlossen.[7]

25 Aus dem vorstehenden ergibt sich, dass **sog. gemischte Bedarfsgemeinschaften** möglich sind.[8] Das sind z.B. Personen, die Hilfe zum Lebensunterhalt nach dem 4. Kapitel des SGB XII (Grundsicherung im Alter und bei Erwerbsminderung) beziehen und mit Hilfebedürftigen nach dem SGB II in einer Bedarfsgemeinschaft des SGB II leben. Das Verhältnis der Leistungen zueinander bestimmt § 5 Abs. 2 S. 1 SGB II. Leistungen nach dem 4. Kapitel des SGB XII sind gegenüber dem Sozialgeld vorrangig.

---

7 Vgl. LSG Baden-Württemberg FamRZ 2006, 1715.
8 BSG v. 29.3.2007 – Az.: B 7 b AS 2/06R; BSG NZS 2008, 606.

In der gemischten Bedarfsgemeinschaft offenbaren sich die Probleme, die dadurch entstehen, dass im SGB II wesentlich höhere Vermögensbeträge geschont sind als im SGB XII und auch der Freibetrag aus dem Erwerbseinkommen in den Systemen differiert.

Hinweis
Der Gesetzgeber hat das Phänomen der gemischten Bedarfsgemeinschaft übersehen.[9] Bei der Berechnung der Sozialhilfeleistung nach Maßgabe des SGB XII wird das nach SGB II geschonte Einkommen des SGB II-Empfängers in Bedarfsgemeinschaft über die Härteregelung des § 82 Abs. 3 S. 3 SGB XII und das Vermögen über die Härtefallregelung des § 90 Abs. 3 SGB XII geschont.[10]

Fallbeispiel 1: Die großzügige Mutter   26
Die 83-jährige Mutter M bittet um Erstellung eines Zuwendungsvertrages. Sie berichtet, dass ihre 55-jährige Tochter T 1 bereits seit Jahren keinen Job mehr habe. Anfangs sei sie krank gewesen, dann „ausgesteuert". Sie habe zunächst Arbeitslosengeld bezogen und sei jetzt voll erwerbsgemindert. Sie beziehe seit sechs Jahren 450 EUR Erwerbsminderungsrente bis zum 31.12.2016. Sie erhalte „vom Amt" ergänzende Hilfe für Unterkunft und Heizung. Die Tochter T 1 wolle aber sehen, dass sie doch bald wieder auf eigenen Füßen stehe und arbeiten gehen könne. Vielleicht ziehe sie auch mit ihrem Freund zusammen.
Die Mutter M will ihrer Tochter T 1 im Wege der vorweggenommenen Erbfolge einen Nießbrauch an einer Wohnung zuwenden und 100.000 EUR, weil die zweite Tochter auch schon Geld erhalten habe.

Was sind die rechtserheblichen Fragen?   27

Um diesen Fall lösen zu können, muss man die sozialhilferechtliche Entwicklung in Gegenwart und Zukunft einschätzen können:
– Aktuell bezieht T 1 eine **Erwerbsminderungsrente auf Zeit** (§§ 43 Abs. 2, 102 Abs. 2, 101 SGB VI). Es handelt sich um eine Rente aus der Sozialversicherung, die auf Beitragszahlung beruht und deshalb

---

9   Vgl. hierzu ausführlich BSG NVwZ-RR 2012, 316.
10 LSG Niedersachsen-Bremen v. 14.6.2012 – Az.: L 8 So 161/09.

keine Regressvorschriften kennt, die für die erbrechtliche Gestaltung von Bedeutung wären.

– Die Erwerbsminderungsrente deckt das Existenzminimum der T 1 nicht ab, so dass „Existenzsicherungsleistungen" benötigt werden. Fraglich ist, aus welchem Leistungssystem Leistungen zu erbringen sind.

– T 1 ist über mehr als 6 Monate erwerbsgemindert. Sie unterfällt damit zunächst nicht dem SGB II, das Erwerbsfähigkeit voraussetzt (§ 7 Abs. 1 Nr. 2 SGB II).

– Die **Grundsicherung** in der Sozialhilfe (§§ 41 ff. SGB XII) setzt dauerhafte Erwerbsminderung voraus. T 1 bezieht aber eine Zeitrente und kann deshalb keine Leistungen nach dem 4. Kapitel des SGB XII beanspruchen.

– Es bleibt für T 1 der Anspruch auf **Hilfe zum Lebensunterhalt** nach §§ 27 ff. SGB XII. Es sind die Einkommens- und Vermögensregeln des SGB XII einschlägig. Ein Anspruch besteht danach nicht, wenn der Hilfebedürftiges eigenes Einkommen (§§ 82 ff. SGB XII) oder eigenes Vermögen (§ 90 SGB XII) einsetzen müsste. Durch den Zufluss von 100.000 EUR würde der Sozialhilfeanspruch wegfallen; Gleiches gilt für Zuflüsse aus einem zugewendeten Nießbrauch. Es gibt nur die Schonung eines „kleinen" Barbetrages oder sonstigen Geldwertes nach § 90 Abs. 2 Nr. 9 SGB XII.

– Würde T 1 mit einer erwerbsfähigen Person, die nach SGB II leistungsberechtigt ist, in **Bedarfsgemeinschaft** leben (§§ 8, 7 Abs. 2, 19 Abs. 1 S. 2 SGB II), so unterfiele sie nicht mehr dem SGB XII, sondern dem SGB II. Nach § 19 Abs. 1 S. 2 SGB II können nichterwerbsfähige Leistungsberechtigte, die mit erwerbsfähigen Leistungsberechtigten in Bedarfsgemeinschaft leben, **Sozialgeld** beanspruchen, sofern sie keinen Anspruch auf Leistungen nach dem 4. Kapitel des SGB XII haben. Das ist wegen der auf Zeit bewilligten Erwerbsminderungsrente der Fall. Es kommen die Einkommensregeln der §§ 11 ff. SGB II zur Anwendung und die Vermögensregel des § 12 SGB II. Der einmalige Zufluss von 100.000 EUR kann sich nach **Ablauf des Verteilzeitraums** von Einkommen in Vermögen wandeln. Die Zuwendungen an die T 1 würde ggf. auch im Rahmen der Bedürftigkeitsprüfung für den Lebensgefährten bedeutsam sein.

– Würde die T 1 mit einem Erwerbsfähigen zusammenleben, dessen Einkommen und Vermögen sozialhilferechtlich für beide reicht, würde ihr Anspruch auf Leistungen schon aus diesem Grund entfallen. Auf weitere Zuflüsse käme es dann ohnehin nicht an.

– Würde die alleinstehende T 1 wieder erwerbsfähig werden, aber wegen Arbeitslosigkeit nicht über Mittel aus Erwerbstätigkeit verfügen, so wechselt sie auch in das Existenzsicherungssystem des SGB II. Zum Zusammenleben mit einem Lebensgefährten gilt das vorstehend Gesagte.

– Nach der Erwerbsbiographie der T 1 scheint aber nicht damit zu rechnen zu sein, dass sie wieder ins Arbeitsleben zurückkehrt. Sie hat bereits mindestens zweimal Erwerbsminderungsrenten auf Zeit bewilligt bekommen. Nach einer Gesamtdauer der Befristung von neun Jahren ist davon auszugehen, dass die Minderung der Erwerbsfähigkeit nicht mehr behoben werden kann (§ 102 Abs. 2 S. 5 2. Hs. SGB VI). Dann ist **Erwerbsminderungsrente auf Dauer** zu gewähren. Dann fällt T 1 endgültig in das Existenzsicherungssystem des SGB XII. Dann gelten die Anspruchsregeln der §§ 41 ff. SGB XII und die Einkommensregeln der §§ 82 ff., 43 SGB XII und die Vermögensregeln der §§ 90, 43 SGB XII.

Fazit

In beiden Systemen – SGB II und SGB XII – gelten unterschiedliche Regeln zur Anrechnung bzw. zur Verschonung von Einkommen und Vermögen, so dass es wichtig ist, alle Möglichkeiten eines Falles „durchzuspielen".

C. Der sozialhilferechtliche Bedarf

28

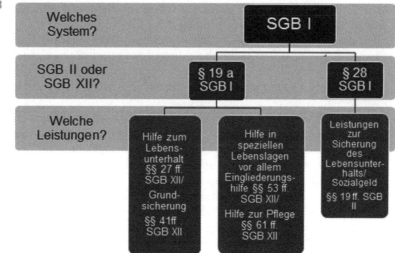

I. Der Anspruch auf Leistungen nach dem SGB XII

29 Im SGB XII werden nicht nur Leistungen für den notwendigen **Elementarbedarf** erbracht, sondern auch Hilfen für besondere, sozialpolitisch anerkannte Lebenslagen(**Hilfen in speziellen Lebenslagen**). Die in der anwaltlichen Praxis mit Abstand größte Bedeutung haben die Eigliederungshilfeleistungen für behinderte Menschen und die Hilfen zur Pflege. Es ist für die Fallbearbeitung notwendig, die Leistungsarten zu unterscheiden, weil bei den Hilfen in speziellen Lebenslagen der Einsatz eigener Mittel auf die **zumutbar einzusetzenden Mittel** begrenzt ist. Die Durchbrechung des Subsidiaritätsprinzips geht im Einzelfall sogar soweit, dass überhaupt kein Einsatz von Mitteln verlangt wird.

1. Die Hilfe zum Lebensunterhalt nach dem 3. Kapitel – §§ 27 ff. SGB XII

Die **Hilfe zum Lebensunterhalt** umfasst: 30
- den **Regelbedarf außerhalb von Einrichtungen** gemäß §§ 27, 27a SGB XII nach der sich aus der Anlage zu § 28 SGB XII jeweils anwendbaren Regelbedarfsstufe. Dabei handelt es sich um eine pauschalierte Leistung für den laufenden Bedarf an Ernährung, Kleidung, Körperpflege, Hausrat, Haushaltsenergie, persönlichen Bedürfnissen des täglichen Lebens (im Ausnahmefall individueller Bedarf nach § 27 Abs. 4 SGB XII). Er wird als pauschalierter Regelsatz gezahlt.
- den **Regelbedarf in Einrichtungen** gemäß §§ 27, 27 b SGB XII. Darunter fallen der notwendige und der weitere notwendige Lebensunterhalt. Der notwendige weitere Lebensunterhalt besteht aus einem angemessenen Barbetrag zur persönlichen Verfügung, Kleidung und Sonstiges. Dazu können Umzugskosten bei Umzug ins Pflegeheim[11] gehören, aber vor allem auch Hilfen, die dem Hilfesuchenden aufgrund eines Systemversagens des Heims nicht zur Verfügung gestellt werden. Es handelt sich um Hilfe zum Lebensunterhalt und mangels Verweisung in § 42 SGB XII nicht um Grundsicherung.[12]
- **Unterkunft und Heizung zu Hause** gemäß § 35 SGB XII (Übernahme tatsächlicher Aufwendungen, soweit angemessen; Pauschalleistung möglich)
- **Unterkunft und Heizung in einer stationären Einrichtung** gemäß § 42 Nr. 4 SGB XII (die Kosten für Unterkunft und Heizung in Höhe der durchschnittlichen angemessenen tatsächlichen Aufwendungen für die Warmmiete eines Einpersonenhaushaltes im Bereich des nach § 98 SGB XII zuständigen Trägers der Sozialhilfe)
- **Mehrbedarfe** gemäß § 30 SGB XII (prozentualer Zuschlag zur Regelbedarfsstufe für Gehbehinderte bei voller Erwerbsminderung oder Erreichen der Altersstufe nach § 41 Abs. 2 SGB XII, Schwangere, Alleinerziehende und behinderte Menschen, die Eingliederungshilfe zu einer angemessenen Schul- und Berufsausbildung beziehen; angemessene Mehraufwendungen bei krankheits- und be-

---

11 BSG v. 15.11.2012 – Az.: B 8 SO 25/11R.
12 BSG v. 23.8.2013 – Az.: B 8 SO 17/12 R.

hinderungsbedingtem Bedarf an kostenaufwändiger Ernährung; Warmwassererzeugung soweit nicht nach § 35 Abs. 4 SGB XII)
- **einmalige Bedarfe** gemäß § 31 SGB XII (z.b. Anschaffungen und Reparaturen von orthopädischen Schuhen, Reparaturen von therapeutischen Geräten und Ausrüstungen sowie die Miete von therapeutischen Geräten)
- **Beiträge** für Kranken- und Pflegeversicherung und eine angemessene Altersvorsorge gemäß §§ 32, 33 SGB XII
- Bedarfe für **Bildung und Teilhabe** gemäß §§ 34, 34a SGB XII
- Hilfen zur **Sicherung der Unterkunft** gemäß § 36 SGB XII
- **ergänzende Darlehen und Darlehen bei vorübergehender Notlage** gemäß §§ 37, 38 SGB XII: zur nochmaligen Deckung eines unabweisbar gebotenen Bedarfs oder bei Leistungen für eine voraussichtlich kurze Dauer.

31 **Hinweis: Mietverträge mit Angehörigen**
Kosten der Unterkunft können auch durch Vereinbarungen mit Angehörigen ausgelöst werden. Unabhängig von einem Fremdvergleich ist dafür entscheidend, dass ein entsprechender rechtlicher Bindungswille zwischen den Beteiligten besteht.[13]

2. Grundsicherung im Alter und bei dauerhaft voller Erwerbsminderung nach dem 4. Kapitel – §§ 41 ff. SGB XII

32 Für die Grundsicherung im Alter (= 67. Lebensjahr vollendet oder Altersgrenze i.S.v. § 41 Abs. 2 SGB XII erreicht) und bei **dauerhaft voller Erwerbsminderung** (§ 43 Abs. 2 SGB VI) gelten über § 42 SGB XII und die dortigen Verweisungen weitgehend gleiche Regelungen wie für die „normale Hilfe zum Lebensunterhalt".

33 Der **notwendige Lebensunterhalt** in stationären Einrichtungen entspricht dem Umfang der Leistungen der Grundsicherung nach § 42 Nr. 1, 2 und 4 SGB XII. Der darüber hinausgehende Lebensunterhalt muss wegen der darin liegenden Beschränkung auf die Kosten der Unterkunft und Heizung auf die Höhe der durchschnittlichen ange-

---

13 LSG Berlin-Brandenburg v. 20.2.2014 – Az.: L 15 SO 23/13 m.w.N. – vgl. auch nachfolgend bei SGB II zu den Kosten der Unterkunft.

messenen tatsächlichen Aufwendungen für die Warmmiete eines Einpersonenhaushaltes als Hilfe zum Lebensunterhalt geltend gemacht
und abgewickelt werden.

Für den **weiteren notwendigen Lebensunterhalt** enthält § 42   34
SGB XII keine Verweisung. Er wird als Hilfe zum Lebensunterhalt
nach § 27b SGB XII erbracht.[14]

3. Hilfen in speziellen Lebenslagen nach dem 6. und 7. Kapitel – Eingliederungshilfe (§§ 53 ff. SGB XII) und Hilfe zur Pflege (§§ 61 ff. SGB XII)

Wenn es um Leistungen im Zusammenhang mit Erbfall, Schenkung   35
und/oder Elternunterhalt geht, dann interessieren von den Hilfen in
speziellen Lebenslagen in der Regel besonders die **Eingliederungshilfe**
(§§ 53 ff. SGB XII) und die **Hilfe zur Pflege** (§§ 61 ff. SGB XII). Häufig geht es um Leistungen, die stationär erbracht werden.

Hinweis   36
Die Abgrenzung von Eingliederungshilfe und Hilfe zur Pflege ist
im Einzelfall schwierig. Die Hilfearten unterscheiden sich wesentlich beim Einsatz von eigenem Einkommen und eigenem Vermögen
im SGB XII (siehe z.B. § 92 SGB XII, der weite Durchbrechungen
des Subsidiaritätsgrundsatzes enthält). Die Hilfe zur Pflege hat in
erster Linie einen bewahrenden Charakter. Die Eingliederungshilfe
zielt primär zukunftsgerichtet auf eine Behebung oder Milderung
der Folgen der Behinderung und auf die Teilhabe am Leben in der
Gesellschaft ab.[15]

Die **Hilfe zur Pflege** umfasst nach § 61 Abs. 2 SGB XII   37
– häusliche Pflege
– Hilfsmittel
– teilstationäre Pflege
– Kurzzeitpflege
– stationäre Pflege.

---

14 BSG v. 15.11.2012 – Az.: B 8 SO 25/11R.
15 OVG Niedersachsen NVwZ-RR 2001, 39.

Die Hilfe zur Pflege ist auch zu leisten, wenn die Voraussetzungen nach den §§ 14, 15 SGB XI nicht vorliegen. § 61 Abs. 1 S. 2 SGB XII sieht Leistungen auch dann vor, wenn die Pflegebedürftigkeit voraussichtlich weniger als 6 Monate besteht, der Pflegebedürftige einen geringeren Bedarf hat („**Pflegestufe 0**") oder die Hilfe für andere Verrichtungen benötigt, als die die regelhaft in § 61 Abs. 5 SGB XII benannt werden.

38 §§ 53 ff. SGB XII bestimmen in Verbindung mit der Eingliederungshilfe-VO[16] den berechtigten Personenkreis der körperlich, geistig und seelisch wesentlich Behinderten. Die Leistungen der Eingliederungshilfe sind in § 54 SGB XII beschrieben und umfassen über einen Verweis auf §§ 26, 33, 41 und 45 SGB IX
– die Teilhabeleistungen der medizinischen Rehabilitation
– die Teilhabeleistungen der Teilhabe am Arbeitsleben
– die Leistungen im Arbeitsbereich einer Werkstatt für Behinderte und der Teilhabe am Leben in der Gemeinschaft.

39 Werden die Leistungen der Eingliederungshilfe für behinderte Menschen in einer **vollstationären Einrichtung** der Hilfe für behinderte Menschen i.S.d. § 43a SGB XI erbracht, umfasst die Leistung auch die Pflegeleistungen in der Einrichtung (§ 55 SGB XII).

40 Nach § 13 SGB XII können die Leistungen entsprechend den Erfordernissen des Einzelfalles für die Deckung des Bedarfes ambulant, teilstationär oder stationär (in Einrichtungen) erbracht werden. Es gilt der Vorrang ambulant vor stationär.

41 Wenn bei der Eingliederungshilfe oder der Hilfe zur Pflege Einrichtungen durch Sozialhilfeberechtigte in Anspruch genommen werden, entsteht für den Hilfesuchenden, die Einrichtung und den Sozialhilfeträger ein sog. **sozialhilferechtliches Dreiecksverhältnis,**[17] das mit einer leistungsrechtlichen Besonderheit verbunden ist. Gegenstand des Grundverhältnisses bleibt der sozialhilferechtliche Anspruch des Leistungsberechtigten.[18] Die Leistung wird aber nicht als Geldleistung

---

16 I.d.F. der Bekanntmachung v. 1.2.1975 (BGBl I S. 433), zuletzt geändert am 27.12.2003 (BGBl I S. 3022).
17 BSG v. 28. 10. 2008 – Az.: B 8 SO 22/07 R = SozR 4–1500 § 75 Nr. 9.
18 LSG Sachsen v. 12.12.2013 – Az.: L 8 SO 71/13 B ER.

(§ 10 SGB XII) erbracht, sondern über Verträge mit Leistungserbringern (**Sachleistungsverschaffung**). Damit ist nach der Rechtsprechung des BSG die „Übernahme" der der Einrichtung zustehenden Vergütung untrennbar verbunden. Der Sozialhilfeträger erfüllt seine Leistungsverpflichtung gegenüber dem Hilfesuchenden mittels „Schuldübernahme durch Verwaltungsakt mit Drittwirkung in der Form des Schuldbeitritts."[19]

4. Ein typischer Beispielsfall – Eltern im Heim

Anwälte werden in der Praxis vermehrt mit **Elternunterhaltsfällen** 42 konfrontiert. Dabei geht es dann nicht nur um den zivilrechtlichen Unterhaltsanspruch, sondern auch um Ansprüche, die diesem Unterhaltsanspruch vorrangig sind, wie z.B.
- Ansprüche aus Altenteilsrechten, Niebrauchsrechten, Ausgleichsansprüche für nicht mehr ausgeübte Wohnungs- oder Pflegeansprüche.
- Schenkungsrückforderungsansprüche.

Es geht dabei darum, ob der Sozialhilfeträger auf solche Ansprüche im Wege des Sozialhilferegresses „zugreifen" kann. Um in solchen Fällen nachvollziehen zu können, in welchen Fällen, wofür und in welchem Umfang „Sozialhilferegress" droht, ist es notwendig, einen Überblick über den sozialhilferechtlichen Bedarf und den konkreten sozialhilferechtlichen Leistungsanspruch eines bedürftigen Elternteils zu haben.

Bei **notwendigem Aufenthalt in einem Pflegeheim** bestimmen die 43 **Heimunterbringungskosten** den sozialhilferechtlichen Bedarf und damit auch den unterhaltsrechtlichen Bedarf eines Elternteils.[20] Sozialhilferechtlich wie unterhaltsrechtlich besteht eine Obliegenheit zur Wahl einer dem Pflegebedürftigen **zumutbaren einfachen und kostengünstigen** Heimunterbringung.[21] Ein in einem Heim lebender Unterhaltsberechtigter ist außerdem darauf angewiesen, für seine persön-

---

19 BSGE 102, 1 Rn 25.
20 BGH FamRZ 2013, 1554 und 203 Rn 15; FamRZ 2013, 363 Rn 15; FamRZ 2010, 1535 Rn 13 f. und FamRZ 2004, 1371; FamRZ 2002, 1698.
21 BGH NJW 2013, 301.

lichen, von den Leistungen der Einrichtung nicht erfassten Bedürfnisse über bare Mittel verfügen zu können, weil er andernfalls nicht in der Lage wäre, diese Bedürfnisse zu finanzieren(„Taschengeld").[22]

44 Die eigentlichen Heimkosten bestehen aus drei Bestandteilen:
- „Hotel"-Kosten (Unterkunft und Verpflegung, § 82 Abs. 1 Nr. 2 SGB XI)
- Pflegekosten (allgemeine Pflegeleistungen, § 82 Abs. 1 Nr. 1 SGB XI)
- Investitionskosten (§ 82 Abs. 2 SGB XI).

Sie stellen – neben der Verpflichtung zur Zahlung des weiteren notwendigen Lebensunterhalts nach § 27b Abs. 2 SGB XII – den sozialhilferechtlichen Bedarf des heimpflegebedürftigen Elternteils dar.

45 Durch die Heimaufnahme entstehen diverse Rechtsbeziehungen. Unterhaltsrecht, allgemeines Zivilrecht und Sozialleistungsrecht aus unterschiedlichen Bereichen treffen unmittelbar aufeinander. Der Heimpflegevertrag, den der Hilfebedürftige abgeschlossen hat und nicht selbst bezahlen kann, obwohl er das Heimentgelt alleine schuldet,[23] wird überlagert von sozialrechtlichem Leistungserbringungsrecht. Der Sozialhilfeträger erklärt dabei durch Übernahme der Unterbringungskosten für das Heim im Bewilligungsbescheid den Schuldbeitritt zu der Zahlungsverpflichtung des Heimbewohners gegenüber dem Heim in Höhe des bewilligten Betrages. Daraus erwächst ein unmittelbarer Zahlungsanspruch der Einrichtung gegen den Sozialhilfeträger, zum anderen ein Anspruch des Bürgers gegen den Sozialhilfeträger auf Zahlung des übernommenen Betrages an die Einrichtung.[24]

---

22 BGH FamRZ 2013, 1554 und 363 Rn 16; FamRZ 2013, 203 Rn 24.
23 Vgl. hierzu OLG Düsseldorf v. 26.10.2010 – Az.: I 24 U 97/10.
24 BSG v. 28.10.2008 – Az.: B 8 SO 19–22/07R; Az.: B 8 SO 22, 24, 28/07R.

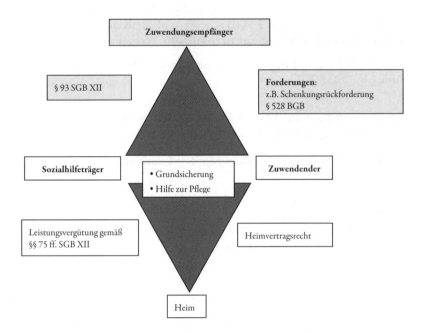

Der **sozialhilferechtliche Anspruch** des Pflegebedürftigen auf De- 46
ckung von **Bedarf wegen vollstationärer Unterbringung** besteht in
der Regel aus mehreren Einzelansprüchen:

Für die Sicherung des **notwendigen Lebensunterhalts** kommt bei
Bedürftigkeit vorrangig Grundsicherung im Alter und bei Erwerbsminderung (§ 42 SGB XII) und ersatzweise Hilfe zum Lebensunterhalt §§ 27 ff. SGB XII) in Höhe von 80 % des Regelbedarfs für Haus-
haltsangehörige in Betracht. Die **Kosten der Unterkunft** sind nach
§ 42 Nr. 4 SGB XII gedeckt. Es werden die durchschnittlichen angemessenen Unterkunfts- und Heizkosten für einen Einpersonenhaus-
halt im Bereich des zuständigen Sozialhilfeträgers zugrunde gelegt.
Soweit sie darüber hinausgehen, greift die Hilfe zum Lebensunterhalt
nach §§ 27b, 35 SGB XII (**notwendiger Lebensunterhalt in Einrichtungen**/Unterkunft und Heizung).

47 Für die Sicherung des weiteren notwendigen Lebensunterhalts in Einrichtungen gilt § 27 Abs. 2 SGB XII. Er umfasst **Kleidung** und einen **angemessenen Barbetrag** zur persönlichen Verfügung.

48 Für die **Hilfe zur Pflege** in vollstationärer Unterbringung gilt § 61 Abs. 2 S. 1 SGB XII.

II. Der Anspruch auf Leistungen zur Sicherung des Lebensunterhalts nach dem SGB II – §§ 19 ff. SGB II

49 Nach dem SGB II werden Leistungen zur Grundsicherung für Arbeitsuchende erbracht.

Die Grundsicherung für Arbeitsuchende umfasst nach § 1 Abs. 3 SGB II Leistungen
– zur Beendigung oder Verringerung der Hilfebedürftigkeit insbesondere durch **Eingliederung in Arbeit**
– zur **Sicherung des Lebensunterhalts**.

1. Leistungen zur Sicherung des Lebensunterhaltes – §§ 19 ff. SGB II

50 Nachfolgend wird es um den Elementarbedarf eines Menschen gehen, nämlich um Leistungen zur Sicherung des Lebensunterhalts. Sie sind im 2. Abschnitt des SGB II als
– Arbeitslosengeld II
– Sozialgeld
– Leistungen für Bildung und Teilhabe
definiert.

51 **Erwerbsfähige** Leistungsberechtigte erhalten Arbeitslosengeld II (§ 19 Abs. 1 SGB II). **Voll Erwerbsgeminderte** sind deshalb von Leistungen **ausgeschlossen** (§ 5 Abs. 2 S. 2, 8 SGB II).

52 **Nicht erwerbsfähige Personen**, die mit erwerbsfähigen Angehörigen in Bedarfsgemeinschaft leben, erhalten **Sozialgeld** (§ 23 SGB II), soweit sie keinen Anspruch auf Grundsicherung nach §§ 41 ff. SGB XII haben.

53 Die Besonderheit des SGB II besteht darin, dass Personen, die mit erwerbsfähigen Hilfebedürftigen in einer **Bedarfsgemeinschaft** le-

ben – unabhängig davon, ob sie ihren eigenen Bedarf ggf. selbst decken können oder nicht –, nach § 7 Abs. 2 und 3 SGB II ebenfalls bedürftig sein können. Das Rechtsinstitut der Bedarfsgemeinschaft ist losgelöst von familienrechtlichen Grundlagen. Es folgt auch nicht den Regeln über die Verteilung des Einkommens nach den Regeln des SGB XII (= Verteilung des bedarfsüberdeckenden Einkommens auf ungedeckte Einzelbedarfe). Durch das Rechtsinstitut der **Bedarfsgemeinschaft** gilt als hilfebedürftig auch jemand, der seinen Bedarf aus eigenem Einkommen und Vermögen grundsätzlich decken könnte, nicht aber im Verhältnis zum Gesamtbedarf der Bedarfsgemeinschaft (Bruchteils-Hilfebedürftigkeit).

Eine Bedarfsgemeinschaft hat mindestens eine erwerbsfähige **leistungsberechtigte** Person. Sie kann aus einem (!) oder mehreren Mitgliedern bestehen.   54

Zu einer **Bedarfsgemeinschaft** gehören nach § 7 Abs. 3 SGB II
– die erwerbsfähigen Hilfebedürftigen
– die im Haushalt lebenden Eltern oder der im Haushalt lebende Elternteil eines unverheirateten erwerbsfähigen Kindes, welches das 25. Lebensjahr noch nicht vollendet hat, und der im Haushalt lebende Partner dieses Elternteils
und als Partner des erwerbsfähigen Hilfebedürftigen
– der nicht dauernd getrennt lebende Ehegatte
– der nicht dauernd getrennt lebende Lebenspartner
– eine Person, die mit dem erwerbsfähigen Hilfebedürftigen in einem gemeinsamen Haushalt so zusammenlebt, dass nach verständiger Würdigung der wechselseitige Wille anzunehmen ist, Verantwortung füreinander zu tragen und füreinander einzustehen (**Verantwortungs- und Einstandsgemeinschaft**)
– die dem Haushalt angehörenden unverheirateten Kinder der in § 7 Abs. 3 Nr. 1 bis 3 SGB II genannten Personen, wenn sie das 25. Lebensjahr noch nicht vollendet haben, soweit sie die Leistungen zur Sicherung ihres Lebensunterhalts nicht aus eigenem Einkommen oder Vermögen beschaffen können.

Hinweis

Eine Bedarfsgemeinschaft kann bei Eheleuten auch dann noch bestehen, wenn diese wegen des pflegebedingten Heimaufenthaltes eines Partners räumlich getrennt leben müssen.
Bei der Berechnung der Leistungen für bedürftige Ehegatten in gemischter Bedarfsgemeinschaft (ein Teil SGB II/ein Teil SGB XII)[25] wird für den im Haushalt verbliebenen Ehegatten der Regelbedarf nach §§ 19 ff. SGB II und für den dauerhaft im Pflegeheim lebenden Ehegatten der Bedarf nach § 27b SGB XII ermittelt.[26]

2. Die unterhaltssichernden Bedarfe des SGB II

55 Nach den Regeln des SGB II kommen Leistungen für folgende **Bedarfe** in Betracht:

– **Regelbedarf** zur Sicherung des Lebensunterhalts (umfasst den Bedarf an Ernährung, Kleidung, Körperpflege, Hausrat, Bedarf des täglichen Lebens, Bedarf an Beziehungen zur Umwelt und zur Teilnahme am kulturellen Leben) – **Arbeitslosengeld II und Sozialgeld** – §§ 19 f. SGB II
– **Mehrbedarf** für werdende Mütter, Alleinerziehende, behinderte Leistungsberechtigte im Bezug von Leistungen zur Teilhabe am Arbeitsleben nach § 33 SGB IX, bei kostenaufwändiger Ernährung – **Mehrbedarf beim Lebensunterhalt** – § 21 SGB II
– tatsächliche, angemessene Aufwendungen für Unterkunft und Heizung, Wohnungsbeschaffungskosten, Mietkaution, Umzugskosten – **Bedarf für Unterkunft und Heizung** – § 22 SGB II
– **Leistungen bei medizinischer Reha der Rentenversicherung und bei Anspruch auf Verletztengeld aus der Unfallversicherung** – § 25 SGB II
– betriebliche Alters-, Kranken- und Pflegeversicherung – **Zuschuss zu Beiträgen bei Befreiung von der Versicherungspflicht** – § 26 SGB II

---

25 BSG FEVS 60, 259, Rn 40.
26 BSG v. 16.4.2013 – Az.: B 14 AS 71/12 R, Rn 11 ff.

– **Leistungen für Auszubildende** – § 27 SGB II
– **Bedarfe für Bildung und Teilhabe** – § 28 SGB II.

a) Der Regelbedarf – §§ 20, 23 SGB II

Der Regelbedarf wird als monatlicher Pauschalbetrag berücksichtigt   56
(§ 20 Abs. 1 S. 3 SGB II). Die Höhe des maßgeblichen Regelbedarfs
wird anhand des Lebensalters und der Lebensumstände der leistungsberechtigten Person bemessen. § 20 Abs. 5 SGB II verweist auf § 28
SGB XII in Verbindung mit dem Regelbedarfsermittlungsgesetz. Danach werden 6 Regelbedarfsstufen unterschieden.

Bezieher von Arbeitslosengeld II und Sozialgeld sind in der **Kranken-
und Pflegeversicherung** gesetzlich pflichtversichert nach § 5 Abs. 1
Nr. 2a SGB V, § 20 Abs. 1 Nr. 2a SGB XI. Wer nicht pflichtversichert
ist, hat einen Bedarf an Beiträgen für die Kranken- und Pflegeversicherung und erhält Zuschüsse nach § 26 SGB II.

b) Kosten der Unterkunft und Heizung – § 22 SGB II

Nach § 22 SGB II kann der Hilfebedürftige die Aufwendungen für   57
das Wohnen und Heizen beanspruchen. **Bedarfe für Unterkunft und
Heizung** werden in Höhe der tatsächlichen Aufwendungen als „angemessene" Kosten übernommen.

Zu den Unterkunftskosten gehören die **Kaltmiete** und die **kalten
Betriebskosten.** Die Kaltmiete umfasst den Preis für reguläre Mietwohnungen. Die kalten Betriebskosten beinhalten alle nach dem Miet-
vertrag geschuldeten und auf den Mieter umlagefähigen Nebenkosten.
Die Heizkosten sind ein separater Posten.[27]

Bei **selbst genutztem Haus- oder Wohnungseigentum** ist der Leis-   58
tungsanspruch davon abhängig, ob die Immobilie nach Größe, Lage
und Ausstattung unter die Schutzvorschrift der § 12 Abs. 3 Nr. 4
SGB II oder § 90 Abs. 2 Nr. 8 SGB XII fällt. Wenn dies bejaht wird,
so sind bei Hilfebedürftigkeit im Übrigen Leistungen für Unterkunft
und Heizung in Höhe der tatsächlichen Aufwendungen zu erbringen,
soweit diese angemessen sind. Die Angemessenheit von mit der Nut-

---

27 BSGE 104,192.

zung von Eigentum verbundenen Kosten ist an den Kosten zu messen, die für Mietwohnungen angemessen sind. Der angemessenen Netto-kaltmiete sind die angemessenen Nebenkosten sowie die angemesse-nen Heizkosten hinzuzufügen. Bis zur Summe dieser angemessenen Kosten sind die tatsächlichen Aufwendungen zu berücksichtigen. Zu den Unterkunftskosten für selbst genutzte Hausgrundstücke zählen dabei alle notwendigen Ausgaben, die bei der Berechnung der Ein-künfte aus Vermietung und Verpachtung abzusetzen sind.[28]

Eine abstrakte Erhaltungsaufwandspauschale gehört nicht zu den berücksichtigungsfähigen Unterkunftsaufwendungen nach § 22 SGB II.[29]

59 **Schuldzinsen** können in diesem Umfang als Unterkunftskosten be-rücksichtigt werden.[30] Neben den zur Finanzierung geleisteten Schuldzinsen gehören zu den grundsätzlich berücksichtigungsfähigen Aufwendungen für die Unterkunft nach § 22 Abs. 1 S. 1 SGB II in selbst genutztem Wohnungseigentum auch die **Nebenkosten**, wie z.B. Beiträge zur Wohngebäudeversicherung, Grundsteuern, Wasser- und Abwassergebühren[31] und ähnliche Aufwendungen[32] im jeweils maßge-benden Bewilligungszeitraum.[33]

60 **Tilgungsleistungen** sind nach dem Grundsatz des Verbots der Vermö-gensmehrung eigentlich nicht zu übernehmen. Ausnahmsweise kommt die Übernahme als Unterkunftskosten in Betracht, wenn es darum geht, Wohneigentum zu erhalten, dessen Finanzierung im Zeit-punkt des Bezugs von Grundsicherungsleistungen bereits weitgehend abgeschlossen ist.[34] Tragender Grund für diese Ausnahme ist, dass

---

28 BSG v. 7.7.2011 – Az.: B 14 AS 51/10 R, Rn 13.
29 BSG v. 3.3.2009 – Az.: B 4 AS 38/08 R, FEVS 61, 9 ff.
30 BSG v. 7.7.2011 – Az.: B 14 AS 51/10 R, Rn 12.
31 BSG v. 3.3.2009 – Az.: B 4 AS 38/08 R, Rn 14.
32 Zu Instandhaltungskosten vgl. BSG v. 3.3.2009 – Az.: B 4 AS 38/08R, Rn 17.
33 BSG v 24.2.2011 – Az.: B 14 AS 61/10R.
34 BSG v. 7.11.2006 – Az.: B 7b AS 2/05R; BSG v. 18.2.2010 – Az.: B 14 AS 74/08R, Rn 17; BSG v. 7.7.2011 – Az.: B 14 AS 79/10, Rn 18 ff.; BSG v. 23.8.2011 – Az.: B 14 AS 91/10, Rn 17; BSG v. 16.2.2012 – Az.: B 4 AS 14/11, Rn 23; BSG v. 22.8.2012 – Az.: B 14 AS 1/12 R, Rn 17 f.; LSG NRW v. 19.8.2013 – Az.: L 19 AS 1399/13 B ER/ und Az.: L 19 AS 1400/13 B.

der Aspekt des Vermögensaufbaus aus Mitteln der Existenzsicherung dann gegenüber dem auch vom SGB II verfolgten Ziel, die Beibehaltung der Wohnung zu ermöglichen, zurücktritt.

Mit dem Anspruch auf Leistungen für Unterkunft und Heizung bezweckt der Gesetzgeber nicht den Schutz bzw. die Sicherung von Haus- oder Wohneigentum. Selbst wenn es sich um geschontes Vermögen handelt im Sinne der Vermögensschonvorschriften ist ein Eigentümer ebenso wenig wie ein Mieter davor geschützt, dass sich die Notwendigkeit eines Wohnungswechsels ergeben kann.[35] Es werden immer nur die angemessenen Unterkunftskosten entsprechend einer Mietwohnung als Leistung übernommen.

61

Hinweis: Unterkunftskosten bei Angehörigen

62

Verbilligte Wohnraumüberlassung durch Angehörige wird grundsätzlich **bedarfssenkend** und damit zumindest zur Minderung der Hilfebedürftigkeit eingesetzt (vgl. z.B. § 3 Abs. 3 S. 1 SGB II).[36] Das kann auch durch Einräumung eines Wohnungsrechts (§ 1093 BGB) geschehen.

Andererseits hindert das aber nicht, dass Kosten der Unterkunft auch durch **mietvertragliche Verpflichtungen mit Angehörigen** entstehen und einen sozialhilferechtlich relevanten Bedarf begründen können. Entscheidend ist stets der entsprechende rechtliche Bindungswille der Beteiligten.

Ein Fremdvergleich wie im Steuerrecht ist zur Feststellung einer mietvertraglichen Verpflichtung untauglich. Ein Mietverhältnis ist auch dann anzunehmen, wenn nur eine geringfügige „Gefälligkeitsmiete" vereinbart ist, oder wenn der Mieter lediglich die Betriebskosten oder sonstige Lasten zu tragen hat. Grundsicherungsrechtlich ist es sogar erwünscht, wenn der vereinbarte Mietzins etwa aus Gründen der verwandtschaftlichen Verbundenheit niedriger ist, als dieses in einem Mietverhältnis unter Fremden der Fall wäre.[37]

---

35 BSG v. 7.7.2011 – Az.: B 14 AS 51/10 R, Rn 18.
36 BSG v. 5.5.2009 – Az.: B 14 AS 31/07 R, Rn 20.
37 BSG v. 5.5.2009 – Az.: B 14 AS 31/07 R, Rn 20; LSG NRW v. 11.8.2014 – L 20 SO 141/13; LSG Berlin-Brandenburg v. 20.2.2014 – Az.: L 15 SO 23/13 m.w.N.

63 Ob zu den Kosten der Unterkunft auch die Zahlung auf ein **Leibren-
tenversprechen** gehört, ist vom BSG[38] bisher noch offen gelassen. Die
untergerichtliche Rechtsprechung nimmt dies an,[39] weil die Übernah-
mefähigkeit der Aufwendungen für die Unterkunft nicht von der Art
der vertraglichen Gestaltung abhänge. Dies folge aus dem hohen Abs-
traktionsgrad der Formulierung. Die Leistungsberechtigten nach dem
SGB II seien nicht darauf festgelegt, ihren Unterkunftsbedarf mittels
eines Mietvertrages oder eines anderen Dauernutzungsverhältnisses
zu decken. Als Aufwendung für die Unterkunft sei jede Zahlungsverpflichtung zu berücksichtigen, bei deren Nichterfüllung der Gläubiger
einen Anspruch auf Räumung der Wohnung erlangen könne und das
der Verpflichtung zugrunde liegende Rechtsgeschäft die Überlassung
von Wohnraum zum Gegenstand habe.[40] So hat die Rechtsprechung
auch eine Zahlungsverpflichtung im Rahmen eines **Erbfolgevertrages**
als geeignete Vereinbarung anerkannt. Sie war u.a. als Ausgleich für
den Ausschluss der Nutzung eines Sondereigentums und zur **Abgel-
tung eines Pflichtteilsanspruches** getroffen worden.[41]

c) Mehrbedarfe

64 § 3 Abs. 3 S. 2 SGB II bestimmt, dass Leistungen nach dem SGB II den
Bedarf der erwerbsfähigen Leistungsberechtigten und der mit ihnen in
Bedarfsgemeinschaft lebenden Personen decken. § 20 Abs. 1 S. 3
SGB II regelt, dass der Regelbedarf als monatlicher Pauschbetrag ge-
leistet wird. Für individuelle weitere Bedarfe wie in § 27a Abs. 4
SGB XII ist im SGB II kein Raum.

Lediglich soweit etwas anderes bestimmt ist, können weitere Leistungen erbracht werden. Dazu gehören die Mehrbedarfe nach § 21
SGB II.

---

38 BSG v. 20.8.2009 – Az.: B 14 AS 34/08 R, Rn 16.
39 Vgl. SG Mainz NZS 2013, 794 im Anschluss an LSG Rheinland-Pfalz v. 3.9.2012 –
    Az.: L 6 AS 404/12 B ER); „möglich": LSG Sachsen-Anhalt v. 10.11.2009 – Az.:
    L 5 B 445/07 AS ER.
40 LSG Berlin-Brandenburg v. 4.12.2013 – Az.: L 14 AS 449/10.
41 LSG Berlin-Brandenburg v. 4.12.2013 – Az.: L 14 AS 449/10.

Dazu gehören neben dem Mehrbedarf für Schwangere und Alleiner-   65
ziehende u.a.:

der Mehrbedarf für	Rechtsgrundlage
erwerbsfähige Behinderte, die Leistungen zur Teilhabe am Arbeitsleben gem. § 33 SGB IX erhalten und bei Eingliederungshilfe nach § 54 Abs. 1 SGB XII	35 % vom Regelbedarf (§ 21 Abs. 4 SGB II, § 23 Abs. 1 Nr. 3 SGB II)
nicht Erwerbsfähige, die voll erwerbsgemindert sind und einen Schwerbehindertenausweis mit Merkzeichen G haben	17 % vom Regelbedarf (§ 23 Abs. 1 Nr. 4 SGB II)
Mehrbedarf für kostenaufwändige Ernährung	10–20 % vom Regelbedarf (§ 21 Abs. 5 SGB II)
bei unabweisbarem, laufendem und nicht einmaligem Bedarf (**Härtefallregelung**) für Alg. II + Sozialgeldbezieher	§ 21 Abs. 6 SGB II

D. Die allgemeine sozialhilferechtliche Bedürftigkeit

I. Der Einsatz von Einkommen und Vermögen in SGB II und SGB XII

§ 9 SGB I gibt für „die Sozialhilfe" die vom Gesetzgeber bzw. der   66
Solidargemeinschaft gewollten **Grundvoraussetzungen für einen
Leistungsanspruch** vor:

> *„Wer nicht in der Lage ist, aus eigenen Kräften seinen Lebensunterhalt zu bestreiten oder in besonderen Lebenslagen sich selbst zu helfen, und auch von anderer Seite keine ausreichende Hilfe erhält, hat ein Recht auf persönliche und wirtschaftliche Hilfe, die seinem besonderen Bedarf entspricht, ihn zur **Selbsthilfe** befähigt, [...]. Hierbei müssen Leistungsberechtigte nach ihren Kräften mitwirken."*

Das normative Grundsatzprogramm der Sozialhilfe heißt von jeher   67
„Selbsthilfe vor Hilfe der Solidargemeinschaft" und „eigene Mittel

und Mittel Dritter vor staatlicher Hilfe".[42] Es ist heute in §§ 1, 2 und 19 SGB XII sowie in §§ 1 und 9 SGB II jeweils in Verbindung mit den besonderen Leistungsansprüchen[43] abgebildet. So heißt es in § 1 Abs. 3 SGB II ausdrücklich, dass Leistungen zur Sicherung des Lebensunterhalts nur erbracht werden dürfen, wenn die Hilfebedürftigkeit nicht anderweitig beseitigt werden kann.

68　Das **Subsidiaritätsprinzip**[44] beherrscht die Voraussetzungen für das Entstehen und Bestehen des Leistungsanspruchs des Hilfesuchenden. Einen Anspruch auf Sozialhilfeleistungen hat nur derjenige, der bedürftig ist.

Bedürftigkeit ist im SGB II wie im SGB XII
– ein Mangel an Mitteln
– die zur Bedarfsdeckung geeignet sind
– tatsächlich zur Verfügung stehen[45]
– und nicht ausdrücklich „normativ anerkannt für andere Zwecke genutzt werden dürfen".[46] Der objektive Mangel an eigenen oder fremden Mitteln ist negatives Tatbestandsmerkmal[47] des sozialhilferechtlichen Anspruchstatbestands.

69　**Hinweis**
Wer erbrechtlich sozialhilfeunschädlich gestalten will, muss sein Augenmerk darauf richten, die Möglichkeiten der Selbsthilfe nachhaltig und dauerhaft zu vermeiden bzw. zu vernichten.

42　Vgl. zur historischen Entwicklung *Föcking*, Fürsorge im Wirtschaftsboom; *Doering-Striening*, Vom BSHG zum SGB XII, VSSR 2009, 93 ff.
43　Z.B. § 19 Abs. 1 SGB XII – Hilfe zum Lebensunterhalt (§§ 27–40 SGB XII), § 19 Abs. 2 SGB XII – Grundsicherung im Alter und bei Erwerbsminderung (§§ 41, 43 SGB XII); § 19 Abs. 3 SGB XII – besondere Hilfen (§§ 47–74 SGB XII).
44　Vgl. dazu allgemein Berlit/*Conradis*, Existenzsicherungsrecht, Teil I, Kapitel 11.
45　BVerwGE 108, 296; BSG 14 26/07 R.
46　Vgl. zum Einkommensschutz mit dieser Terminologie BSG NVwZ-RR 2013, 723 Rn 22; BSG v. 23.4.2013 – Az.: B 8 SO 8/12 R – Rn 21.
47　BVerwGE 67, 171 f.; OVG Bremen FEVS, 55, 264; VG Frankfurt ZfS 2004, 63; VG Gera ZfF 2004, 35.

II. Der Einsatz eigenen Einkommens und Vermögens in SGB II und SGB XII

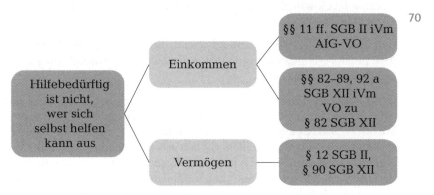

70

Was **sozialhilferechtlich** unter **Einkommen** verstanden wird, ergibt 71
sich aus
– § 82 SGB XII und der Verordnung zur Durchführung des § 82
  SGB XII[48]
– § 11 SGB II und der Arbeitslosengeld II/Sozialgeld-Verordnung –
  Alg. II-VO.[49]

Einkommen ist der Gesamtbetrag der Einkünfte/Einnahmen aus den
einzelnen Einkunftsarten. Es gilt eine denkbar weite Einkommensdefinition. Die Rechtsprechung bezeichnet in ständiger Rechtsprechung
als Einkommen „alle eingehenden Einnahmen, Zahlungen, Zuflüsse,
Zuwendungen und anderen Leistungen".[50]

Zu den Einkünften gehören z.b. nach § 1 der DVO zu § 82 SGB XII: 72
– alle Einnahmen in Geld oder Geldeswert
– ohne Rücksicht auf ihre Herkunft
– ohne Rücksicht auf ihre Rechtsnatur

---

48 DVO zu § 82 SGB XII v. 28.11.1962 (BGBl I S. 692) zuletzt geändert am 21.2.2005
   (BGBl I S. 818).
49 VO zur Berechnung von Einkommen sowie zur Nichtberücksichtigung von Einkommen und Vermögen bei Arbeitslosengeld II/Sozialgeld v. 17.12.2007 (BGBl I
   S. 2942), zuletzt geändert am 21.3.2013 (BGBl I S. 556).
50 BVerwGE 108, 296, Rn 13.

– ohne Rücksicht darauf, ob die Einkünfte zu den Einkunftsarten im Sinne des Einkommenssteuergesetzes gehören
– ohne Rücksicht darauf, ob sie der Steuerpflicht unterliegen oder nicht.

73 Einkünfte können in fortlaufend regelmäßigen oder unregelmäßigen Abständen vereinnahmt werden. Sie können wiederkehrende oder einmalige Einnahmen sein.

Der Zufluss von Barmitteln ist sozialhilferechtlich dem Grunde nach immer einkommensrelevant. Das Gesetz stellt aber auch auf **geldwerte Mittel** ab, also auf alles, was mit einem irgendwie gearteten Marktwert verbunden ist. Darunter fallen vor allem auch **Sachbezüge** (z.B. die Nutzung eines von einem **Dritten überlassenen Pkw**).[51] Die sozialhilferechtliche Rechtsprechung[52] und Kommentierung[53] sehen – losgelöst von zivilrechtlichen Begriffen – auch in **Sachwerten** (Autos,[54] Schmuck, Lotteriegewinne, wie z.B. eine Reise,[55] etc.), die während des Bedarfszeitraumes/nach Antragstellung „zufließen", geldwertes Einkommen.[56] Auch **Immobilien** können nach der sozialhilferechtlichen Zufluss-Rechtsprechung als Einkommen und damit nach den Einkommensregeln des sozialhilferechtlichen Leistungsverhältnisses „verarbeitet" werden.[57]

---

51 Grube/*Wahrendorf*, SGB XII, § 82 Rn 69.
52 BSG v. 25.1.2012 – Az.: B 14 AS 101/11 R.
53 Vgl. z.B. Bieritz-Harder/*Geiger*, LPK-XII, § 82 Rn 9, 10, 18, 25, der § 2 Abs. 1 der DVO zu § 82 SGB XII ausdrücklich auf Sacheinkommen außerhalb nichtselbstständiger Tätigkeit anwendet.
54 Vgl. für ein gewonnenes Auto z.B. SG Dortmund v. 19.03. 2007 – Az.: S 27 AS 59/07 ER; SG Duisburg v. 19.3.2007 – S 27 AS 59/07 ER – www.sozialgerichtsbarkeit.de.
55 Zur Luxuskreuzfahrt VG Düsseldorf info also 2000, 84. Vgl. z.B. auch Bieritz-Harder/*Geiger*, LPK-XII, § 82 Rn 10.
56 Vgl. Berlit/*Meßling-Sartorius*, Existenzsicherungsrecht, Kapitel 20 Rn 26 f.
57 BSG v. 25.1.2012 – Az.: B 14 AS 101/11 R; vgl. LSG Mecklenburg-Vorpommern FamRZ 2009, 1254; Bieritz-Harder/*Geiger*, LPK-SGB XII, § 82 Rn 18; Berlit/ *Meßling-Sartorius*, Existenzsicherungsrecht, Kapitel 20, Rn 26 ff., 32 ff.

1. Die Abgrenzung von Einkommen und Vermögen nach dem Zuflusszeitpunkt

Zivilrechtlich oder steuerrechtlich ist die Einordnung eines Vermö-   74
gensgegenstandes als Einkommen unverständlich. Im Sozialrecht ergibt sich dies aus der Methode der Abgrenzung von Einkommen zu
Vermögen je nach dem Zuflusszeitpunkt.

In § 90 SGB XII und in § 12 SGB II existieren keine Legaldefinitionen   75
des Vermögens. **Vermögen** ist letztlich alles, was nicht Einkommen
ist. Das für das SGB XII und SGB II zuständige BSG folgt bei der
Abgrenzung von Einkommen zu Vermögen der Rechtsprechung des
BVerwG und geht – aus angeblichen Gründen der Rechtsklarheit und
-übersichtlichkeit[58] – als Abgrenzungskriterium vom Zufluss eines
einzusetzenden Mittels aus, es sei denn, rechtlich wird etwas anderes
als maßgeblich bestimmt.[59]

Einkommen wird danach im SGB XII so vom Vermögen abgegrenzt,   76
dass Einkommen alle Einkünfte in Geld oder Geldes Wert sind, die
im Bedarfszeitraum zufließen, unabhängig von Herkunft oder
Rechtsgrund.[60]

Vermögen ist im SGB XII die Gesamtheit aller in Geld oder Geldwert   77
messbaren Güter, die ein Hilfesuchender im **Bedarfszeitraum schon
hat**,[61] es sei denn, der Zuflusszeitpunkt wird rechtlich anders bestimmt
(**normativer Zufluss**).[62] Ein Beispiel für einen vom tatsächlichen ab-
weichenden, normativen Zufluss findet sich in der Verordnung zur
Durchführung des § 82 SGB XII, z.B. in dessen § 3 Abs. 3 und § 11
i.V.m. §§ 4, 6, 7 und 8. So sind Vorteile, die in größeren als monatlichen
Zeitabständen gewährt werden und einmalige Einnahmen von dem
Monat an zu berücksichtigen, in dem sie anfallen. Sie sind, soweit
nicht im Einzelfall eine andere Regelung angezeigt ist, auf einen angemessenen Zeitraum aufzuteilen und monatlich mit einem entsprechen-

---

58 BSG v. 3.3.2009 – Az.: B 4 AS 47/08R; tatsächlich begrenzt die Rspr. damit u.a.
    nur gestalterische Versuche, das Subsidiaritätsprinzip zu umgehen.
59 BSG v. 19.9.2008 – Az.: B 4 AS 29/07R m.N. zur alten BVerwG-Rechtsprechung.
60 BVerwG NJW 1999, 3210 für eine geerbte Unterhaltsforderung.
61 BVerwGE 18, 299 f; BVerwG v. 22.4.2004 – Az.: 5 C 68/03.
62 BSG v. 19.9.2008 – Az.: B 4 AS 29/07R m.N. zur alten BVerwG-Rechtsprechung.

den Teilbetrag anzusetzen (§ 3 Abs. 3 S. 2 und 3, § 8 Abs. 1 S. 3 DVO zu § 82 SGB XII).[63]

78 Im SGB II muss – anders als im SGB XII – immer ein **Antrag auf Leistungen** gestellt werden. Deswegen wird dort für den Unterschied zwischen Einkommen und Vermögen nicht auf den Bedarfszeitraum abgestellt. **Einkommen** ist im SGB II grundsätzlich alles, was jemand **nach Antragstellung** wertmäßig dazu erhält. **Vermögen** ist im SGB II das, was er **vor Antragstellung** bereits hatte.[64] Im Übrigen gelten die gleichen Grundsätze.

Manchmal scheint allerdings die Betonung des BSG auch auf dem Wort „Einnahmen" in § 11 SGB II (in § 82 SGB XII heißt es „Einkünfte") zu liegen, so dass nicht immer sicher vorhersehbar ist, ob etwas Einkommen oder Vermögen ist.[65]

79 **Zusammenfassung**
Eine angemessene Immobilie, die ein Bedürftiger bei Antragstellung oder im Zeitpunkt des Entstehens seiner Bedürftigkeit schon hat, ist sozialhilferechtlich Einkommen. Eine Immobilie aus einer Erbschaft, die **nach Antragstellung** bzw. **im Bedarfszeitraum** „zufließt", ist nach der Rechtsprechung des BSG sozialhilferechtlich Einkommen.[66] Sie unterliegt damit im ersten Prüfungsschritt nicht den Vermögenstatbeständen der § 90 SGB XII, § 12 SGB II, sondern der weitest möglichen Einsatzpflicht als Einkommen (§§ 82 ff. SGB XII, §§ 11 ff. SGB II).

---

63 BVerwG NJW 1999, 3210 Rn 15.
64 BSG SozR 4–4200 § 11 Nr. 7, Rn 17; BSGE 101, 291; BSGE 106, 185; BSG v. 23.8.2011 – Az.: B 14 AS 185/10 R, SozR 4–4200 § 11 Nr. 42, Rn 10; BSG v. 22.8.2013 – Az.: B 14 AS 78/12 R.
65 Vgl. z.B. zu einem Gleichstellungsgeld BSG v. 30.8.2010 – Az.: B 4 AS 70/09R.
66 Berlit/*Meßling-Sartorius*, Existenzsicherungsrecht, Teil A. Kapitel 20, Rn 26 unter Bezug auf BSG NJW 2012, 2911; Bieritz-Harder/*Geiger*, LPK-SGB XII, § 82 Rn 9, Rn 18.

2. Kann aus Vermögen Einkommen werden?

Die Rechtsprechung geht zur Abgrenzung von Einkommen und Ver-   80
mögen nach dem, was zufließt, und dem, was bereits vorhanden ist,
weiter davon aus, dass Einnahmen grundsätzlich aus bereits bestehenden Rechtspositionen erzielt werden. Da eine auf Geld oder Geldeswert gerichtete (noch nicht erfüllte) **Forderung** einen wirtschaftlichen
Wert darstellt, ordnet das BSG sie dem **Vermögen** zu, wenn sie dem
Inhaber bereits zusteht (z.B. noch nicht erfüllte Forderung für zurückliegende Monate). Das führt nach der Rechtsprechung jedoch nicht
zu einer weiteren sauberen Zuordnung in der Prüfung der Einsatz-
pflichten für dieses potentiell leistungsschädliche Mittel. Vielmehr
– so BVerwG und BSG – sei § 82 SGB XII zu entnehmen, dass im Falle
der **Auszahlung einer Forderung** sozialhilferechtlich grundsätzlich
nicht das Schicksal der Forderung interessiere, sondern das Gesetz
insofern allein auf die Erzielung von Einkünften in Geld oder Geldeswert **als Einkommen** abstelle.[67]

Eine vor dem Antragszeitpunkt oder vor dem Bedarfszeitraum erwor-   81
bene **Forderung** soll als noch nicht realisierte Forderung Vermögen
sein. Wird sie **nach Antragstellung** oder **im Bedarfszeitraum** realisiert, wird sie als realisierter „Zufluss" im Leistungszeitraum als Einkommen behandelt.[68] Danach steht z.B. der Vermögenswert einer **geerbten Unterhaltsforderung** der rechtlichen Bewertung der Auszahlung als Einkommen i.S.d. § 82 SGB XII, § 11 SGB II nicht entgegen.[69]

Forderungen sollen also durch „Verflüssigung" vom „Aggregatzu-   82
stand" des Vermögens zum „Aggregatzustand" des Einkommens mutieren können. Nimmt man das ernst, so ist die nachfolgend geschilderte Diskussion um die Rechtsqualität einer Erbschaft häufig obsolet,
weil eine Erbschaft aus der Gesamtheit der Rechtsverhältnisse besteht.

Für Forderungen aus **Pflichtteils- und Vermächtnisansprüchen** hat   83
diese Unterscheidung auf jeden Fall große Bedeutung. Das BSG[70] hat
einem **vor** Antragstellung angefallenen, aber bis dahin noch nicht

---

67 BVerwG NJW 1999, 3210 Rn 16.
68 Eicher/*Mecke*, SGB II, § 11 Rn 28.
69 So ausdrücklich BVerwG NJW 1999, 3210 Rn 17.
70 BSG v. 6.5.2010 – Az.: B 14 AS 2/09 R.

realisierten Pflichtteilsanspruch die Rechtsqualität des **Vermögens** zuerkannt. In einer anderen Entscheidung stellte das BSG[71] dagegen
darauf ab, dass, wenn aus einer Forderung aufgrund Erbfalls im Bedarfszeitraum ein Zufluss erfolgt, davon auszugehen ist, dass es sich
um **Einkommen** im sozialhilferechtlichen Sinne handele. Auf der
Grundlage dieser Entscheidung hat das LSG NRW[72] entschieden, dass
es sich bei der **Auszahlung** eines Pflichtteilsanspruchs niemals um
privilegiertes oder geschontes Vermögen handele, sondern um Einkommen. Hier realisiert sich – wie bei den zuvor erörterten Vermächtnissen – die Rechtsprechung des BSG, wonach es nicht auf das Schicksal einer Forderung ankommt, sondern darauf, dass es mit dem Zufluss
des Geldes zur Erzielung von **Einkommen** für den Hilfeempfänger
kommt.

84   Das LSG Rheinland-Pfalz[73] hat dies in einer Entscheidung nach Zu-
rückverweisung vom BSG wie folgt hergeleitet:

> *„Unter Bezugnahme auf die Rechtsprechung des BGH[74] wonach
> der Pflichtteilanspruch nach § 2317 Abs. 1 BGB bereits mit dem
> Erbfall als Vollrecht begründet ist, geht das BSG davon aus, dass
> der Pflichtteilsanspruch aus § 2303 Abs. 1 BGB zum Vermögen nach
> § 12 SGB II zählt.[75]*
> *Hiervon zu unterscheiden ist indes die Erfüllung des Pflichtteilsan-
> spruchs gemäß § 2317 BGB in dem maßgeblichen Zeitraum nach
> Antragstellung. Da es sich bei dem Pflichtteilsanspruch, der mit
> dem Tod des Erblassers entsteht und sich gegen den Erben oder die
> Erbengemeinschaft richtet, um eine gewöhnliche Geldforderung
> handelt, die vererblich und übertragbar ist, handelt es sich im Zeit-
> punkt des Zuflusses des Geldbetrags um Einkommen.[76] Diese Beur-
> teilung steht nicht in Widerspruch zu der Qualifizierung des
> Pflichtteilsanspruchs als Vermögen. Insoweit weist das BSG zutref-
> fend darauf hin, dass die schuldrechtliche Unterscheidung zwischen*

---

71 BSG v. 28.10.2009 – Az.: B 14 AS 62/08R.
72 LSG NRW v. 28.3.2011 – Az.: L 19 AS 1845/10.
73 LSG Rheinland-Pfalz v. 28.8.2012 – Az.: L 6 AS 172/11, n.v. (Internet).
74 BGHZ 123, 183.
75 BSG SozR 4–4200 § 12 Nr. 15.
76 BSG v. 23.8.2011 – Az.: B 14 AS 185/10 R.

*der auf Zahlung eines Betrages gerichteten Forderung – der Pflicht-
teilsanspruch – und der Erfüllung der Forderung durch Auszahlung
nicht zu einer Konkurrenz dergestalt führt, dass die Forderung
als Vermögen und daneben die Leistung aus der Forderung als
Einkommen zu berücksichtigen wären. Eine Forderung kann – als
ein nicht bereites Mittel – ein Vermögensgegenstand sein.[77] Mit
Auszahlung der Forderung handelt es sich – im Rahmen des tatsächlichen Zuflusses – um bereite Mittel im Sinne von Einkünften.
Auf das Schicksal der Forderung kommt es – wie das BSG in der
Entscheidung vom 24.2.2011 nochmals betont hat – gerade nicht
an.*[78]

Die Praxis tut sich angesichts dieser Feindifferenzierung der Recht-   85
sprechung mit der Abgrenzung von Einkommen zu Vermögen bei
Forderungen sehr schwer. Nach diesseitiger Ansicht ist sie auch weder
notwendig noch richtig. Entscheidend dürfte bei der Unterscheidung
sein, dass für Einkünfte/Einnahmen und Vermögen aus sozialpolitischen Gründen in der Vergangenheit unterschiedliche „**Schontatbestände**" geschaffen wurden. Gewisse Einkünfte (z.B. bei Behinderten)
sollen nicht zur Anrechnung kommen und schon vor Sozialhilfebedürftigkeit bestehendes Vermögen soll aus sozialpolitischen Gründen
Schonvermögen sein, anderes Vermögen grundsätzlich nicht. Daran
sollte sich die Unterscheidung orientieren.

Richtig wäre m.E. nach folgendem Gedanken: Wenn im Zeitpunkt der   86
Antragstellung/des Entstehens der Bedürftigkeit Vermögenswerte
vorhanden sind, sollten diese unter den Voraussetzungen der § 90
SGB XII, § 12 SGB II geschontes Vermögen sein können. Eine Geld-
forderung ist insoweit nichts anderes als das Geld selbst. Solange die
Forderung nicht realisiert wird, ist sie in Höhe des nicht geschonten
Teils ein nicht „bereites" Mittel und nur deshalb muss geleistet werden. Wenn sich die Forderung realisiert, wird aus dem nicht geschonten Vermögensbestandteil ein „bereites" Mittel, das jetzt nach den
Regeln der Vermögensverwertung einzusetzen ist. Soweit es vorher
schon „Schonvermögen" war, bleibt es dabei. Nur so werden „Sparer"
mit „Forderungsinhabern" gleich behandelt.

---

77   BSG SozR 4–4200 § 12 Nr. 15.
78   Vgl. BVerwGE 108, 296.

87 Für eine solche Sichtweise spricht, dass von einem Wandel des „Aggregatzustandes" von Vermögen zu Einkommen zumindest auch dann nicht ausgegangen wird, wenn der Vermögensinhaber oder sein Vertreter eigeninitiativ aus dem Vermögen einen regelhaften Zufluss macht.[79]

88 **Fallbeispiel 2: Die Ratenzahlung**
Der mit der 1957 geborenen mittellosen F verheirate E – ebenfalls 1957 geboren – ist durch Erbschaft nach seiner Mutter Eigentümer eines Teileigentumsrechts geworden, das er 2013 an seinen Bruder B zu einem Kaufpreis von 20.000 EUR verkauft hat. Ein Betrag von 10.000 EUR war sofort nach Beurkundung fällig, der Restkaufpreis in Höhe von 10.000 EUR war in monatlichen Raten zu je 500 EUR zu zahlen, erstmals ab 1.1.2014. Am 1.5 2014 beantragt E für sich und seine Ehefrau Leistungen zur Sicherung des Lebensunterhalts nach § 19 SGB II. Das Jobcenter bewilligt Leistungen unter Anrechnung der ihm monatlich zufließenden Raten von 500 EUR. Die Berücksichtigung von Vermögen lehnt das Jobcenter ab mit der Begründung, es handele sich bei den monatlichen Zahlungseingängen in Höhe von 500 EUR um Einnahmen und damit um berücksichtigungsfähiges Einkommen.

89 Hätte E die Immobilie behalten, wäre sie zwar nicht als selbst genutztes Hausgrundstück nach § 12 Abs. 3 Nr. 4 SGB II geschont gewesen. Ihr Wert wäre aber unter Berücksichtigung von § 12 Abs. 2 Nr. 1 S. 1 und 2 und Nr. 4 SGB II Schonvermögen gewesen.

90 Durch die Umwandlung des Teileigentums in einen Kaufpreis findet eine Vermögensmehrung nicht statt, sondern nur eine **Vermögensumschichtung**.[80] Bereits zum Arbeitslosenhilferecht hatte das BSG entschieden, dass kein zu berücksichtigendes Einkommen entsteht, wenn der Bedürftige einen bereits in seinem Vermögen befindlichen Gegenstand zum Verkehrswert veräußert. Eine andere Beurteilung soll sich

---

79 Vgl. LSG Hessen FamRZ 2013, 819 unter Hinweis auf BSGE 46, 271 ff. (dort aber einschränkend: die Umwandlung in eine Rente führt zur Umwandlung von Vermögen in Einkommen).

80 Vgl. hierzu auch aus dem Kostenbeitragsrecht der Jugendhilfe VG Aachen v. 27.9.2013 – Az.: 2 K 80/11 und 2 K 81/11 Rn 11 und 2 K 2010/11 Rn 31 ff.

nur dann ergeben können, wenn für eine Sache oder ein Recht ein Kaufpreis erlangt wird, der über dem Wert des veräußerten Gegenstandes liegt.[81] In einem solchen Falle würde mit der Veräußerung ein Vermögenszufluss in der Höhe der Differenz zwischen dem wahren Wert des veräußerten Gegenstandes und dem (überhöhten) erzielten Preis stattfinden. Da sich der Wert eines Gegenstandes aber danach bestimmt, was im Verkehr ggf. für ihn zu erlangen ist (Verkehrswert), könnte von einem solchen Gewinn nur dann ausgegangen werden, wenn der erzielte Preis für den Gegenstand außerhalb jeglicher normalen Schätzung liegt. Dazu müssten im Einzelfall gewichtige Gründe nachgewiesen sein.[82]

Das ist vorliegend nicht der Fall. Auch durch die Vereinbarung einer   91
teilweisen Ratenzahlung ändert sich an dem Ergebnis nichts. Auch die Ratenzahlung ist ein Surrogat des früher geschützten Vermögens.[83] Somit kommt eine Umwandlung von Vermögen in Einkommen durch bloße Vermögensumschichtung nicht in Betracht.

Hinweis   92

Die Abgrenzung von Einkommen und Vermögen ist für die Praxis bedeutsam. Eine für die Praxis brauchbare Linie lässt sich bei **Forderungen** nicht finden. Das ist misslich, weil die Diskussion um die rechtliche Zuordnung einer Erbschaft als Einkommen oder Vermögen bisher vernachlässigt, dass eine Erbschaft nach § 1922 BGB die Gesamtheit der vererbbaren Rechtsverhältnisse ist und damit von Anfang an auch Forderungen eingeschlossen sind.

Im Rahmen der Rechtsgestaltung ist im Zweifel die für den Mandanten schlechtere Situation – nämlich die Anrechnung als Einkommen – von vornherein in die Gestaltungsüberlegungen einzukalkulieren.

Die Möglichkeit, dass aus (einmaligem) Einkommen nach dem Ablauf des Verteilzeitraums Vermögen werden kann, ist in einem zweiten Schritt in die Überlegungen einzubeziehen. Dazu nachfolgend.

---

81 BSG v. 17.3.2005, SozR 4–4300 § 193 Nr. 4.
82 BSGE 46, 271 ff.; LSG Hessen FamRZ 2013, 819.
83 BSGE 46, 271 ff.; LSG Hessen FamRZ 2013, 819.

3. Kann Einkommen zu Vermögen werden?

93 Mittel, die der Hilfesuchende **in der Bedarfszeit** erhält, sind nach der Rechtsprechung als **Einkommen** zu berücksichtigen. Was die Bedarfszeit ist, ist gesetzlich nicht definiert. Das BVerwG hat sich im Sozialhilferecht für den **Monatszeitraum** ausgesprochen, aber offen gelassen, ob nicht auch etwas anderes gelten könne. Heute wird § 27a Abs. 2 SGB XII als gesetzlicher Anhaltspunkt für das Monatsprinzip im SGB XII gesehen.[84]

94 Die Konsequenz dieser Zuordnung ist, dass dann ein Zufluss auch nur für einen Monat Einkommen ist. Er verwandelt sich nach der Rechtsprechung des BVerwG mit dem Ablauf des Monats im nächsten Bedarfszeitraum zu **Vermögen**.[85] Stehen dem Leistungsberechtigten in dem vorangegangenen Bedarfszeitraum Mittel zur Verfügung, die er als Einkommen erhalten hatte, und wurden diese nicht vollständig verbraucht, so sind diese Mittel in den nachfolgenden Bedarfszeiträumen nach der Rechtsprechung des Bundesverwaltungsgerichts nämlich als **Vermögen** zu behandeln.[86] Diese Metamorphose[87] von Einkommen zu Vermögen im SGB XII muss für einmalige Einkünfte im Lichte des **Verteilzeitraumes** nach den Verteilregeln in § 3 Abs. 3 der DVO zu § 82 SGB X II, die für „andere Einkünfte" nach § 8 Abs. 1 S. 3 der DVO zu § 82 SGB XII entsprechend gelten, präzisiert werden. So hat das LSG Bayern (noch in einer Entscheidung zum BSHG) eine **Erbschaft** als Einkommen ohne weiteres auf 12 Monate verteilt.[88] Was ist der Hintergrund?

---

84 Berlit/*Meßling-Sartorius*, Existenzsicherungsrecht, Kapitel 20 Rn 35 m.w.N.; Bieritz-Harder/*Geiger*, LPK-SGB XII, § 82 Rn 125.

85 Vgl. zur parallelen Problematik im SGB II die Gesetzesmaterialien, die auch von der „Mutation" im Monatszeitraum ausgingen, BT-Drucks 17/3404, 155; vgl. aus der Vergangenheit zum Arbeitslosenhilferecht BSGE 41, 187 ff.

86 Zur Arbeitslosenhilfe BVerwGE 41, 189; Plagemann/*Ehmann*, Münchner Anwaltshandbuch Sozialrecht, 1176 Rn 90.

87 Vgl. hierzu *Conradis*, Einkommen und Vermögen im SGB II – Probleme der Abgrenzung, info also 2007, 11 ff.

88 LSG Bayern v. 18.1.2011 – Az.: L 8 SO 7/08.

Grundsätzlich müssen sozialhilferechtlicher Bedarf und sozialhilfe- 95
rechtliche Bedürftigkeit zeitlich im Gleichlauf sein.[89] Deshalb geht
man bei der Einkommensprüfung grundsätzlich vom tatsächlichen
Zufluss des zu berücksichtigenden Einkommens aus,[90] es sei denn, es
wäre abweichend wie z.b. in § 3 Abs. 3 und § 11 i.V.m. §§ 4, 6, 7
und 8 der DVO zu § 82 SGB XII normativ etwas anderes bestimmt.
Einmalige Zuflüsse sind, soweit nicht im Einzelfall eine andere Regelung angezeigt ist, auf einen **angemessenen Zeitraum aufzuteilen**
und monatlich mit einem entsprechenden **Teilbetrag** anzusetzen (§ 3
Abs. 3 S. 2 und 3, § 8 Abs. 1 S. 3 der DVO zu § 82 SGB XII).[91] Das
gilt auch für einmalige Zuflüsse, wie z.b.:

– Lebensversicherungen
– Schenkungen[92]
– Zuflüsse aus Erbschaften,[93] Vermächtnissen, Pflichtteilen.

Erhält der Bedürftige daher eine Zuwendung, die geeignet ist, mehr 96
als einen Monat den Bedarf des Hilfesuchenden abzudecken (Bedarfszeitraum), so ist dieser nach der Rechtsprechung des Bundesverwaltungsgerichtes gemäß § 8 Abs. 1 S. 3 der DVO zu § 82 SGB XII ab
dem Monat des Zuflusses zu berücksichtigen. Sie ist dann nach § 3
Abs. 3 S. 2 der DVO zu § 82 SGB XII – soweit nicht im Einzelfall eine
andere Regelung angezeigt ist – auf einen **angemessenen (!) Zeitraum**
zu verteilen und bei der Einkommensberechnung und monatlich mit
einem entsprechenden Teilbetrag anzusetzen (**Verteilzeitraum**). Solange handelt es sich sozialhilferechtlich um Einkommen.

Was angemessen ist, ist ein unbestimmter Rechtsbegriff, der gerichtlich 97
nachprüfbar ist.[94] Für die parallele Problematik im SGB II wurden
z.T. 6 Monate angenommen.[95] Z.T. werden im Hinblick auf die in
den Bescheiden enthaltenen Bewilligungs- oder Leistungszeiträume

---

89 Berlit/*Pattar*, Existenzsicherungsrecht, Teil I Kapitel 10 Rn 7 ff., 20, 28.
90 BVerwGE 108, 296, Rn 15.
91 BVerwGE 108, 296, Rn 16.
92 Bieritz-Harder/*Geiger*, LPK-SGB XII, § 82 Rn 25.
93 Bieritz-Harder/*Geiger*, LPK-SGB XII, § 82 Rn 18.
94 LSG Niedersachsen-Bremen v. 13.8.2008 – Az.: L 13 AS 237/07 ER; so auch
   Conradis, info also 2007, 13.
95 Berlit/*Pattar*, Existenzsicherungsrecht, Teil I Kapitel 10 Rn 20.

12 Monate zugrunde gelegt, was dem Bewilligungszeitraum nach § 44 SGB XII für die Grundsicherung entspricht.

98 Fraglich ist, was mit Einkommen am **Ende des Verteilzeitraums** passiert. Bei größeren Zuflüssen ist für die Praxis von außerordentlicher Bedeutung, wie übrig gebliebenes Einkommen nach Ende des Verteilzeitraumes rechtlich zu beurteilen ist. Mutiert es dann automatisch zu Vermögen mit der Chance dort Schontatbestände auszuloten? Wird die Bedürftigkeit dann nach den Einsatz- und Verwertungsregeln des Vermögens beurteilt?

99 Für das SGB II hatte das BSG entschieden, dass die rechtliche Wirkung des Zuflussprinzips nicht im Monat des Zuflusses ende. Es erstrecke sich auf den sog. „**Verteilzeitraum**". Der Verteilzeitraum beginne grundsätzlich mit dem Zeitpunkt des Zuflusses der einmaligen Einnahme und erfasse zunächst den gesamten Bewilligungszeitraum und ggf. die Zeit darüber hinaus. Er ende nicht durch eine neue Antragstellung. Ein Zufluss sei zur Deckung des Hilfebedarfs grundsätzlich bis zu seinem Verbrauch aufzuteilen. Die erneute Antragstellung allein ändere den „**Aggregatzustand**" der Einnahme nicht. Sie „mutiere" durch erneute Antragstellung nicht gleichsam zu Vermögen.[96] Nur wenn die Hilfebedürftigkeit ohne Berücksichtigung der zu verteilenden einmaligen Einnahme und ohne sonstige, nicht nachhaltige Zuwendungen Dritter überwunden werde, lägen bei erneutem Eintritt der Hilfebedürftigkeit **geänderte Verhältnisse** vor. Bei einer die Beendigung der Hilfebedürftigkeit für mindestens einen Monat bewirkenden Änderung sei es nicht mehr gerechtfertigt, die zuvor berücksichtigte einmalige Einnahme nach erneuter Antragstellung weiterhin als Einkommen leistungsmindernd anzusetzen. Es handelt sich um einen Zufluss vor der erneuten – vergleichbar der ersten – Antragstellung und dem „Wiedereintritt" von Hilfebedürftigkeit. Der Zufluss wäre daher ab diesem Zeitpunkt als **Vermögen** zu berücksichtigen.[97] Aus diesen Ausführungen ergab sich, dass eine Wandlung von Einkommen in Vermögen im Übrigen grundsätzlich nicht möglich sein sollte.

---

96 BSG NJW 2012, 2911 Rn 22 und 26; BSG v. 30.9.2008 – Az.: B4 AS 29/07 R.
97 BSG v. 30.9.2008 – Az.: B 4 AS 29/07 R.

Mittlerweile wurde im SGB II aber ausdrücklich eine neue **Verteilre-**   100
gel aufgenommen. Aus den Gesetzesmaterialien zur Schaffung von
§ 11a SGB II ergibt sich, dass der Gesetzgeber auch weiterhin von der
Möglichkeit der Wandlung des „Aggregatzustandes" eines Zuflusses
ausgeht. Dazu heißt es an einer Stelle zum privilegierten Einkommen:
„Obergrenze für die Nichtberücksichtigung derartiger Zuwendungen
sind die geltenden Vermögensfreibeträge, da die Zuwendung im Monat nach dem Zufluss **Vermögen** wird."[98] Damit dürfte die Frage
beantwortet sein.

Auch der 4. Senat des BSG hat in einer aktuellen Entscheidung entge-   101
gen dem Grundsatz, dass Sozialhilfe nicht zur Bildung von Vermögen
dienen darf, für das SGB II entschieden, dass der **Wandel vom Ein-**
kommen zum Vermögen im SGB II möglich ist.[99] Die Begründung
erstaunt angesichts des Verbotes der Vermögensbildung im Sozialhilferecht. Der Wandel soll möglich sein, „weil eine Erstreckung über den
im Gesetz angelegten Bewilligungszeitraum (von 12 Monaten) hinaus
den Leistungsbezieher mit hohen einmaligen Einnahmen unbillig
lange von der Möglichkeit einer Vermögensbildung ausnehmen
würde."[100] Die Begründung muss angesichts des geltenden Subsidiaritätsprinzips erstaunen. Ihr ist aber aus normativen Gründen zu folgen.

Fazit   102
Nach dem Ende des (angemessenen) Verteilzeitraumes kann nicht
verbrauchtes Einkommen sozialhilferechtlich zu Vermögen werden. Zuflüsse, die sich aus einem Erbfall oder einer Schenkung
ergeben, können also sozialhilferechtlich nach unterschiedlichen
Normen zu bewerten sein.

III.   Der Einsatz fremder Mittel in SGB XII und SGB II

Im SGB XII und im SGB II kann der Sozialhilfeanspruch nicht nur   103
durch eigene Mittel gehindert oder vernichtet werden, sondern auch
durch die Mittel Dritter. Wenn Bedürftige mit Ehegatten, Lebenspartnern, Eltern oder minderjährigen Kindern in **häuslicher Lebensge-**

---

98 BT-Drucks 17/3404, 155.
99 BSG v. 10.9.2013 – Az.: B 4 AS 89/12 R.
100 BSG v. 10.9.2013 – Az.: B 4 AS 89/12 R, Rn 23.

meinschaft zusammenleben, wird bei der Bedürftigkeitsprüfung nicht darauf abgestellt, ob ein familienrechtlicher Unterhaltsanspruch besteht, wem das Eigentum an einer Sache zugewiesen ist oder welcher Güterstand vereinbart wurde. Es wird auf die **Einsatzgemeinschaft im SGB XII** und die **Bedarfsgemeinschaft** des Hilfesuchenden im SGB II abgestellt oder ggf. auch die Vermutung herangezogen, dass die nachfragende Person mit Personen, mit denen sie in einer Wohnung oder einer entsprechenden Unterkunft zusammenlebt, gemeinsam wirtschaften (**Haushaltgemeinschaft**) und die nachfragende Person von diesen Personen Leistungen zum Lebensunterhalt erhält, soweit dies nach deren Einkommen und Vermögen erwartet werden kann.

104 § 20 SGB XII verbietet außerdem, dass Personen in eheähnlicher oder lebenspartnerschaftsähnlicher Gemeinschaft hinsichtlich der Voraussetzungen und des Umfangs der Sozialleistungen besser behandelt werden als Ehegatten. Für die Grundsicherung im Alter und bei Erwerbsminderung (4. Kapitel des SGB XII) bestimmt § 43 Abs. 1 SGB XII deshalb ausdrücklich, dass auf Einkommen und Vermögen des Partners einer **eheähnlichen oder lebenspartnerschaftsähnlichen Gemeinschaft** zusätzlich abzustellen ist.

105 Das SGB XII geht damit weit über die zivilrechtlichen Unterhaltspflichten hinaus:

Für die **Hilfe zum Lebensunterhalt** nach dem 3. Kapitel (§§ 27–40 SGB XII) bestimmt § 19 Abs. 1 i.V.m. § 27 Abs. 2 S. 2 SGB XII, dass bei **nicht getrennt lebenden Ehegatten/Lebenspartnern** das Einkommen und das Vermögen beider Ehegatten/Lebenspartner gemeinsam zu berücksichtigen ist. Gehören minderjährige unverheiratete Kinder dem Haushalt ihrer Eltern oder eines Elternteils an und können sie den notwendigen Lebensunterhalt aus ihrem Einkommen oder Vermögen nicht bestreiten, so ist auch das Einkommen und das Vermögen der **Eltern** und das Vermögen des **Elternteils** gemeinsam zu berücksichtigen.

106 Für die **Grundsicherung im Alter und bei Erwerbsminderung** nach dem 4. Kapitel (§§ 41–43 SGB XII) sind nach § 19 Abs. 2 i.V.m. § 43 Abs. 1 SGB XII das Einkommen und Vermögen **des nicht getrennt**

lebenden Ehegatten, Lebenspartners oder Partners einer eheähnlichen oder lebenspartnerschaftsähnlichen Gemeinschaft, die dessen notwendigen Lebensunterhalt nach § 27a SGB XII übersteigen, nach Maßgabe des § 43 SGB XII zu berücksichtigen.

Für die **Hilfen in speziellen Lebenslagen** nach dem 5. bis 9. Kapitel   107
(§§ 47–74 SGB XII) bestimmt § 19 Abs. 3 SGB XII, dass sie geleistet werden, soweit den Leistungsberechtigten, ihren **nicht getrennt lebenden Ehegatten** und, wenn sie minderjährig und unverheiratet sind, auch **ihren Eltern oder einem Elternteil** die Aufbringung der Mittel aus dem Einkommen und Vermögen nach den Vorschriften des elften Kapitels des SGB XII (§§ 82 ff. SGB XII) **nicht zuzumuten** ist.

Im SGB II werden die Mittel Dritter nach anderen Regeln herangezogen. Dort gelten aber auch die an sich für sich selbst Leistungsfähigen   108
als bedürftig, wenn ein Mitglied der Bedarfsgemeinschaft bedürftig ist. Die Rechtsfolgen der Bedarfsgemeinschaft treffen nach § 7 Abs. 3 Nr. 3c SGB II jede Verantwortungs- und Einstehensgemeinschaft. Es handelt sich um Partner,
– die mit der erwerbsfähigen leistungsberechtigten Person
– in einem gemeinsamen Haushalt
– so zusammenleben
– dass nach verständiger Würdigung
– der wechselseitige Wille anzunehmen ist
– Verantwortung füreinander zu tragen und füreinander einzustehen.

Das knüpft an die Rechtsprechung des Bundesverfassungsgerichts an.   109
Danach müssen für die Annahme einer **eheähnlichen Gemeinschaft** die Bindungen der Partner so eng sein, dass von ihnen ein **gegenseitiges Einstehen in den Not- und Wechselfällen des Lebens** erwartet werden kann. Das setzt voraus, dass sie sich füreinander verantwortlich fühlen, zunächst den gemeinsamen Lebensunterhalt sicherzustellen, bevor sie ihr persönliches Einkommen zur Befriedigung eigener Bedürfnisse einsetzen.[101] Dementsprechend kann bei Geschwistern oder andere Verwandten, die zusammenleben, nicht von einer Verantwortungs- und Einstehensgemeinschaft im Sinne des § 7 Abs. 3 Nr. 3c SGB II ausgegangen werden. Das Gleiche gilt für Personen, die sich

---

101 BVerfG, Urt. v. 17.11.1992 – Az.: 1 BvL 8/87.

lediglich aus Kostengründen eine Wohnung teilen (Wohngemeinschaft).

110 Vom Begriff der Bedarfsgemeinschaft sind der Begriff der Wohngemeinschaft und der Begriff der Haushaltsgemeinschaft abzugrenzen.

Die bloße **Wohngemeinschaft** wird durch das Wohnen mehrerer getrennt wirtschaftender Personen charakterisiert.[102] Sie hat nur für die
Angemessenheit der Unterkunftskosten Bedeutung. Ansonsten wird
jede Person als eine eigene Bedarfsgemeinschaft behandelt. Unter-
stützt man sich allerdings gegenseitig, z.b. durch mietfreies Wohnen,
so wird dieser Vorteil auf den Bedarf des Hilfesuchenden angerechnet,
auch wenn die Leistung freiwillig erfolgt. Anders als im Unterhaltsrecht kann der Dritte keine Bestimmung dahingehend treffen, dass
keine Anrechnung erfolgen dürfe.

111 Der Begriff der **Haushaltsgemeinschaft** wird gegenüber der Wohngemeinschaft dadurch gekennzeichnet, dass ihre Mitglieder nicht nur
vorübergehend in einer Wohnung zusammenleben, sondern einen gemeinsamen Haushalt in der Weise führen, dass sie aus einem „Topf"
wirtschaften.[103] Zu einer Haushaltsgemeinschaft, nicht aber zu einer
Bedarfsgemeinschaft, gehören:
- Großeltern und Enkelkinder
- Onkel/Tanten und Nichten/Neffen
- Pflegekinder und Pflegeeltern
- Geschwister, soweit sie ohne Eltern zusammenleben
- sonstige Verwandte und Verschwägerte und
- nicht verwandte Personen, die im selben Haushalt leben.[104]

112 Der Begriff der Haushaltsgemeinschaft ist im Kontext der sozialhilferechtlichen Bedürftigkeit zu sehen, weil § 9 Abs. 5 SGB II für die
Haushaltgemeinschaft eine Bedarfsdeckungsvermutung enthält. Leben Hilfebedürftige in Haushaltsgemeinschaft mit Verwandten oder
Verschwägerten, so wird nach § 9 Abs. 5 SGB II vermutet, dass sie
von diesen Leistungen erhalten, soweit dies nach deren Einkommen

---

102 Löns/*Wolff-Dellen*, SGB II, § 9 Rn 33.
103 BT-Drucks 15/1516, 53; Eicher/*Mecke*, SGB II, § 9 Rn 52; BSGE 102, 258; BSG v.
     18.2.2010 – Az.: B 4 AS 5/09.
104 *Brühl/Hoffmann*, Durchführungshinweise, § 7 Rn 7.29.

und Vermögen erwartet werden kann. Bei deren Leistungen handelt es sich also um zu berücksichtigendes Einkommen des Hilfebedürftigen i.S. des § 9 Abs. 1 Nr. 2, § 11 Abs. 1 S. 1 SGB II.[105]

Hinweis   113

Im sozialhilferechtlichen Leistungstatbestand werden bei der Prüfung des Einsatzes von Mitteln auch die Mittel der Personen aus der Bedarfs- und Einsatzgemeinschaft einbezogen, also z.b.

– der als Vermögen zu verwertende Pkw des Ehegatten[106]
– der als Vermögen zu verwertende Miteigentumsanteil der Ehegatten[107]
– das gemeinsame Einkommen und Vermögen der Ehegatten im Güterstand der Gütertrennung und trotz wechselseitigen Unterhaltsverzichts[108]
– die Erbschaft eines Mitglieds einer Einsatzgemeinschaft als Einkommen.[109]

Bei der Betrachtung der Auswirkungen von Erbschafts- und Zuwendungsfällen in Familien mit Sozialleistungsbeziehern geht es also nicht nur um den unmittelbaren Leistungsempfänger.

Über die Auswirkungen eines Erbfall müssen sich auch nicht unmittelbar verwandte Erblasser und Schenker Gedanken machen, so z.b., wenn der bis dahin nicht herangezogene Sohn mit einer Hartz IV-Bezieherin zusammenlebt und nunmehr durch Erbfall/Schenkung Mittel erwirbt. Da er Mitglied einer Bedarfsgemeinschaft ist, hat die Zuwendung an ihn Auswirkungen auf den sozialhilferechtlichen Leistungsanspruch des bedürftigen Dritten. Mittelbar müssen Schenkung und Begünstigungen aus einem Erbfall dann ggf. eingesetzt bzw. verwertet werden.[110]

---

105 BSGE 102, 258.
106 Vgl. z.B. BSGE 100, 139.
107 BSG NVwZ-RR 2013, 374.
108 SG Karlsruhe v. 11.2.2011 – Az.: S 1 SO 518/10.
109 SG Saarbrücken v. 27.3.2009 – Az.: S 21 AS 5/08, n.v.
110 Geht es umgekehrt um die Frage, aus welchen Mittel die Bestattungskosten für einen Erblasser zu decken sind, wird ebenfalls auf die Mittel der Einsatzgemeinschaft abgestellt; vgl. z.B.: SG Karlsruhe v. 22.7.2011 – Az.: S 1 SO 1329/11 m.w.N.

IV. Abweichende Bedarfsbestimmung oder anzurechnendes Einkommen – §§ 27a Abs. 4, 43 Nr. 1 SGB XII

114   Um die Wirkung zugeflossenen Einkommens oder Vermögens im sozialhilferechtlichen Leistungstatbestand exakt beurteilen zu können, bedarf es schließlich noch der Auseinandersetzung mit der Frage, was der Unterschied zwischen der sozialhilfeschädlichen Wirkung von Einkommen und Vermögen des Hilfesuchenden nach §§ 82 ff., 90 SGB XII und der Wirkung der „anderweitigen Bedarfsdeckung" des § 27 Abs. 4 SGB XII ist.

115   Nach § 27a Abs. 4 SGB XII – der ebenfalls Ausdruck des Subsidiaritätsgrundsatzes ist[111] – kann der individuelle Bedarf eines Menschen im Einzelfall abweichend von Regelsatz festgelegt werden, wenn „ein Bedarf ganz oder teilweise anderweitig gedeckt ist". Das ist der Fall, wenn der Hilfesuchende **Zuwendungen Dritter** erhält. Andererseits können Zuwendungen Dritter sozialhilfeschädliches Einkommen oder Vermögen darstellen.

116   Nach der Rechtsprechung des BSG ist jeder Einkommensermittlung und -prüfung im SGB XII stets die Frage vorgeschaltet, ob ein bestehender individueller Bedarf des Hilfesuchenden bereits ganz oder teilweise abgedeckt ist, wenn der Betroffene **Zuwendungen Dritter** erhält. Kann der individuelle Bedarf dann abweichend vom Regelsatz niedriger festgelegt werden (§ 27a Abs. 4 SGB XII, § 43 Nr. 1 SGB XII)?[112] Wenn man diese Frage bejaht, dann kommt es auf die Ermittlung des sozialhilferechtlich einzusetzenden Einkommens (§§ 82–84 SGB XII und Verordnung zur Durchführung des § 82 SGB XII[113]) des Hilfesuchenden nicht mehr an. Zuwendungen an den Bedürftigen müssen also immer erst im Hinblick auf ihre Eignung zur Reduzierung des Regelsatzes geprüft werden.

117   Die Abgrenzung zwischen der Prüfung einer mindernden regelsatzrelevanten Bedarfsposition (**Prüfungsschritt 1**)[114] und dem einzusetzen-

---

111 Grube/*Wahrendorf*, SGB XII, § 27a Rn 29.

112 BSGE 99, 252 Rn 17.

113 DVO zu § 82 SGB XII v. 28.11.1962 (BGBl I S. 692), zuletzt geändert am 21.2.2005 (BGBl I S. 818).

114 BSGE 106, 62 Rn 36: „Einkommen mindert nicht bereits den Bedarf."

den – und deshalb bedarfsmindernden – Einkommen (**Prüfungsschritt 2**) ist schwierig.[115] Wie ist zu verfahren, wenn ein Dritter dem Hilfesuchenden **Sachbezüge** oder **Nutzungsvorteile** gewährt? Wirkt das zugewendete Nutzungsrecht an einer Wohnung oder ein anderer Sachbezug im Sinne von § 2 der DVO zu § 82 SGB XII auf die Höhe des Regelsatzes mindernd ein? Oder ist eine solche Zuwendung Einkommen und wird nach den Regeln der §§ 82 ff. SGB XII behandelt? Oder können sie ggf. gar nicht berücksichtigt werden, was für die Entscheidung eines Schenkers oder Erblassers von besonderer Bedeutung wäre?

Das BSG wendet die Regelsatzreduzierung aufgrund § 27a Abs. 4 SGB XII nur an, wenn der Bedarf „**institutionell**", das heißt im Rahmen einer Leistung nach dem SGB XII abgedeckt wird. Eine Anwendung auf den Fall, dass der Hilfesuchende seine Verpflegung durch private Dritte als eine Art Naturalunterhalt erhält, lehnt das BSG ab.[116] Auch eine Absenkung des Regelsatzes wegen hypothetisch ersparter Aufwendungen (Beispiel: ersparte Energiekosten) kommt nicht in Betracht.[117]   118

Andere wollen auch die Bedarfsdeckung durch Sachleistungen im Wege der „**Privatzuwendung**" unter § 27a Abs. 4 SGB XII fallen lassen.[118] Die untergerichtliche Rechtsprechung scheint bisher folgende Wege einzuschlagen: 119

– private Zuwendungen Dritter an den Hilfesuchenden führen nicht zur Reduzierung des Regelsatzes nach § 27 Abs. 4 SGB XII, sondern sind Einkommen oder

– private Zuwendungen in der Form der Sachleistung (Kost, Logis, Unterkunft, Nutzungsmöglichkeiten) können Einkommen im Sinne der §§ 82 ff. SGB XII darstellen, müssen aber nach der

---

115 BSGE 99, 252, Rn 18.
116 Kreikebohm/*Coseriu*, Kommentar zum Sozialrecht, § 27a SGB XII Rn 8; vgl. zur Parallele im SGB II BSG v. 18.6.2008 – Az.: B 14 AS 47/07 R; BSG v. 18.6.2008 – Az.: B 14 AS 22/07 R.
117 Kreikebohm/*Coseriu*, Kommentar zum Sozialrecht, § 27a SGB XII Rn 8.
118 So wohl Grube/*Wahrendorf*, SGB XII, § 27a Rn 31, § 84 Rn 6.

Verkehrsanschauung einen tatsächlichen wirtschaftlichen (Markt-)
Wert haben [119] und können dann ggf. berücksichtigt werden oder
– private Zuwendungen in der Form der Sachleistung (Lebensmittel-
gabe, vergünstigtes Wohnen und die Nutzung eines Pkw) können
überhaupt nicht berücksichtigt werden, weil es dafür keine Rechtsgrundlage gibt und die DVO zu § 82 SGB XII, speziell § 2, nur auf
die Einkünfte aus nichtselbstständiger Tätigkeit abzielt.[120]

120 Dass private Zuwendungen in der Form der **Sachleistung** gar keine
Auswirkungen auf das sozialhilferechtliche Leistungsverhältnis haben
und generell anrechnungsfrei beim Bedürftigen verbleiben, ist als Min-
dermeinung für eine gesicherte Rechtsgestaltung eher ungeeignet,
denn grundsätzlich sind auch Sachleistungen Einkommen und dienen
der Bedarfsdeckung.[121]

Es entsprach bereits der früheren Rechtslage, Naturalunterhaltsleis-
tungen – besser: zum Naturalunterhalt geeignete Leistungen – nicht
unter § 2 DVO zu § 82 SGB XII zu subsumieren. Gleichzeitig bestand
aber Einigkeit darüber, dass **freiwillige Leistungen Dritter** unter § 78
BSHG (heute § 84 Abs. 2 SGB XII, siehe dazu dort) zu subsumieren
waren.[122] Es scheint auch nicht wirklich schlüssig und mit dem weiten
Einkommensbegriff des § 82 SGB XII vereinbar zu sein, freiwillige
Leistungen Dritter in Geld als leistungsschädliches Einkommen zu
berücksichtigen, freiwillige Leistungen Dritter mit Geldwert aber
komplett unberücksichtigt zu lassen. Dagegen spricht auch eine neuere
Entscheidung des BSG, die unter Bezug auf § 88 Abs. 1 S. 1 Nr. 1
SGB XII davon ausgeht, dass – von atypischen Fallgestaltungen abgesehen – im Regelfall kein sachlicher Grund erkennbar sei, weshalb
Sozialhilfe geleistet werden soll, wenn Leistungen Dritter für denselben Zweck erbracht würden.[123]

121 Auch in der Vergangenheit hat die höchstrichterliche Rechtsprechung
nicht in Frage gestellt, dass z.B. ein unentgeltlich zur Verfügung ge-

---

119 LSG NRW v. 29.10.2012 – Az.: L 20 SO 613/2011.
120 LSG NRW v. 29.3.2012 – Az.: L 9 SO 399/11 unter Bezug auf BSG 106, 62 Rn 38 f.
121 Z.B.: Oestreicher/*Schmidt*, SGB II/SGB XII, § 27a SGB XII Rn 34.
122 Vgl. z.B.: *Schellhorn/Jirasek/Seipp*, BSHG, VO zu § 76 Rn 2, § 76 Rn 26.
123 BSG v. 23.8.2013 – Az.: B 8 SO 24/11 R, Rn 23.

stellter Pkw „zu Recht dem Verkehrsbedarf bzw. Beförderungs- oder Transportbedarf und damit der Bedarfsgruppe der persönlichen Bedürfnisse zuzuordnen ist. Dieser Bedarf ist eine regelsatzrelevante Bedarfsposition."[124] Das Bundesverwaltungsgericht hat dabei nicht in Frage gestellt, dass unentgeltliche Nutzungen im Bereich der Bedarfsgruppe der persönlichen Bedürfnisse gegebenenfalls eine von den Regelsätzen nach unten abweichende Bemessung der laufenden Hilfe zum Lebensunterhalt rechtfertigen können. Es hat z.t. den methodischen Weg dorthin offengelassen und sich darauf zurückgezogen, dass stets geprüft werden müsse, ob die Besonderheit im Einzelfall eine abweichende Bemessung gebiete. Das hänge davon ab, „ob eine Gesamtbetrachtung – Kompensationsüberlegungen einschließend – zu dem Ergebnis nötigt, dass die die Besonderheit ausmachenden Umstände auf den Bedarf, wie er in seiner Vielgestaltigkeit der Bemessung der Regelsatzhilfe zugrunde liege, einen nicht unwesentlichen Einfluss haben."[125] In anderen Fällen hat es die **Überlassung eines Pkws zur Nutzung** eindeutig unter § 78 BSHG, heute §§ 82, 84 SGB XII, subsumiert.[126] Das dürfte auch weiterhin zutreffend sein.[127]

Es spricht viel dafür zu differenzieren. **Sachzuwendungen Dritter,**   122
die zwar einen erheblichen wirtschaftlichen Marktwert haben (z.b. der zur Nutzung zur Verfügung gestellte Mittelklassewagen), aber nicht mit diesem Marktwert realisiert und zur anderweitigen Bedarfsdeckung nutzbar gemacht werden können („Autos kann man nicht essen"), decken den im Regelsatz enthaltenen Mobilitätsbedarf, nicht aber den Bedarf, der in der Hilfe zum Lebensunterhalt in seiner Gesamtheit steckt. Insoweit ist der Wert auch nicht als anrechenbares Einkommen nutzbar zu machen, wirkt aber bedarfsdeckend für Teile davon.

Fazit   123
Ob private Zuwendungen Dritter in der Form der **Sachleistung** generell im Sozialhilfeleistungsverhältnis unberücksichtigt bleiben können, wird diskutiert. Bei der Gestaltung von letztwilligen Ver-

---

124 BVerwG v. 30.12. 1996 – Az.: 5 B 47.96 unter Bezugnahme auf BVerwGE 72, 360.
125 BVerwG v. 30.12. 1996 – Az.: 5 B 47.96 unter Bezugnahme auf BVerwGE 72, 360.
126 BVerwG NVwZ-RR 1995, 401.
127 Ebenso Grube/*Wahrendorf*, SGB XII, § 82 SGB XII Rn 69.

fügungen oder unentgeltlichen Zuwendungen aus anderen Rechts-
gründen darf davon nicht gesichert ausgegangen werden.
Für private Zuwendungen Dritter **in Geld** gelten zweifelsfrei die
§§ 82 ff. SGB XII, für die in jedem Einzelfall geprüft werden muss,
ob eine Zuwendung an den Bedürftigen leistungsschädlich ist oder
„normativ geschützt" ist.
Nichts anderes gilt für Sachleistungen, die aber jeweils zusätzlich
daraufhin geprüft werden müssen, ob sie geeignet sind, die Bedürftigkeit entfallen zu lassen oder nur einzelne im Regelbedarf enthaltene Bestandteile abzudecken. Das ist insbesondere von Bedeutung,
wenn bei der Vollziehung eines Behindertentestaments der Testamentsvollstrecker Nachlassbestandteile freigibt und damit den
Schutz des Nachlasses durch die Testamentsvollstreckung aufgibt.

E. Strukturprinzipien – Wegweiser für die erste Schlüssigkeitsprüfung von Leistungsansprüchen und bei Sozialhilferegress

124 SGB XII und SGB II sind Existenzsicherungssysteme. Sie werden als
finale Leistungssysteme bezeichnet, weil sie – mehr oder weniger
strikt – auf das Ziel der Bedarfsdeckung ausgerichtet sind. Das führt
zu typischen Strukturprinzipien dieser Gruppe von Sozialleistungen.
Strukturprinzipien bezeichnen „die rechtlichen Bedingungen für die
Leistung von Sozialhilfe und wirken damit zugleich als Leitlinien für
die Rechtsanwendung und -auslegung."[128]

125 Mit ihrer Hilfe ist es möglich, ohne vertiefte Kenntnis von SGB II
und SGB XII eine Art „Turbocheck" vorzunehmen und zu klären, ob
Leistungen mutmaßlich (noch) zustehen oder nicht. Sie sind Wegwei-
ser im Rahmen einer ersten Schlüssigkeitsprüfung. Und so, wie der
Leistungsanspruch an ihnen gemessen werden kann, kann auch der
Sozialhilferegress am besten mittels der **Strukturprinzipien** des Sozi-

---

128 Berlit/*Conradis*, Existenzsicherungsrecht, Teil I, Kapitel 7, Rn 1.

alhilferechts verstanden werden.[129] Denn er zielt darauf ab, zu dem Zustand zurückzukehren, der bestanden hätte, wenn im sozialhilferechtlichen Leistungssystem alles nach dem Plan des Gesetzgebers – also nach den von ihm vorausgesetzten Strukturprinzipien – gelaufen wäre. Allen voran steht – vorstehend schon anhand von Einkommen und Vermögen beschrieben – das Subsidiaritätsprinzip.

I. Das Subsidiaritätsprinzip

Sozialhilfe ist nachrangig (§ 2 SGB XII, §§ 2, 3 Abs. 3 SGB II). Dazu gehört die Verpflichtung, sich selbst vorrangig zu helfen. Die Selbsthilfeverpflichtung gilt als Ausdruck der Menschenwürde.[130]   126

Dazu gehört es, realisierbare Ansprüche zu realisieren.[131] Dazu kann auch die **Selbsthilfe durch Darlehensaufnahme** gehören, soweit diese zumutbar ist und nicht nur verschleiert, dass der Hilfesuchende tatsächlich sozialhilfebedürftig ist.[132]

In diesem Zusammenhang steht auch, dass die **Schuldentilgung** im Sozialhilferecht kein anerkennenswerter Bedarf ist („keine Sozialhilfe zur Schuldentilgung")[133] und die Rechtsprechung dem Hilfebedürftigen zumutet, seine Mittel vorrangig zur Deckung seines sozialhilferechtlich anerkannten Bedarfs zu verwenden. Dass er sich dadurch außerstande setzt, bestehende gesetzliche oder vertragliche Verbindlichkeiten zu erfüllen, muss nach den Grundprinzipien des Sozialhilferechts hingenommen werden.[134]   127

---

129 Nach der Rechtsprechung des Bundesverwaltungsgerichtes haben die Strukturprinzipien Anwendungsvorrang vor den Regelungen des SGB I und SGB X (BVerwGE 58, 69 f., 60, 238), andererseits sind sie nach der Rechtsprechung des BSG keine „Supranormen des Rechts" (vgl. BSG v. 26.8.2008 – Az.: B8 SO 26/07 R, Rn 19; BSG v. 17.6.2008 – Az.: B 8 Ay 5/07 R); vgl. hierzu *Rothkegel*, Sozialhilferecht, Teil II, Kapitel 1 Rn 1 ff.

130 Grube/*Wahrendorf*, SGB XII, Einl. Rn 36.

131 Vgl. m.w.N. *Rothkegel*, Sozialhilferecht, Teil II, Kapitel 7 Rn 24 ff.

132 Vgl. *Rothkegel*, Sozialhilferecht, Teil II, Kapitel 7 Rn 21.

133 *Rothkegel*, Sozialhilferecht, Teil III, Kapitel 17 Rn 6 m.w.N.

134 BSG v. 12.12.2013 – Az.: B 14 As 76/12 R. m.w.N.

128 Je nach Art der beanspruchten Leistung gilt das Prinzip der Subsidiarität der Sozialhilfe also mehr oder minder strikt.[135] Im Laufe der Entwicklung von der Armenfürsorge[136] über die Sonderfürsorge zum modernen Sozialhilferecht haben sich nach und nach aus bestimmten **sozialpolitischen Gründen** Nichtanrechnungs- und Nichtrückforderungsregeln sowie unterschiedliche Leistungsniveaus herauskristallisiert.[137] Die heutigen Tatbestände über den Einsatz des Einkommens und den Schutz des Vermögens leiten ihre Herkunft aus den lediglich aus Billigkeitsgründen geschaffenen Tatbeständen in §§ 14, 15 der „Reichsgrundsätze" ab, weil man diejenigen besser stellen wollte, die „alt oder erwerbsunfähig waren und infolge eigener oder fremder Vorsorge ohne die eingetretene Geldentwertung nicht auf die öffentliche Fürsorge angewiesen gewesen wären."[138]

129 Diese sozialpolitisch motivierten und gesetzlich geregelten Einkommensgrenzen und Verschonungstatbestände (BSG: „Mittel, die normativ nicht oder für andere Zwecke verwertet werden dürfen"[139]) stellen **Durchbrechungen des Nachranggrundsatzes** dar.[140] Da, wo er weniger strikt oder auch gar nicht gilt, ist Raum für rechtsverteidigende oder auch rechtsgestaltende anwaltliche Tätigkeit. Denn „Sozialhilferegress" zu verhindern bedeutet daher, immer an den Grenzen der Leistungsregeln des konkret in Rede stehenden Sozialhilfeanspruches zu navigieren und dabei die sozialpolitischen Gründe für die Ausnahmen bei der Gestaltung im Blick zu haben.

---

135 Berlit/*Conradis*, Existenzsicherungsrecht, Teil I, Kapitel 11, Rn 28 ff.; *Rothkegel*, Sozialhilferecht, Teil II, Kapitel 7 Rn 2 m.w.N.

136 Vgl. z.B. *Gogler*, Handwörterbuch der Fürsorgepflicht, zu §§ 21 ff. RFV; *Jung/Weber*, Wichtige Aufgaben der materiellen Fürsorge; *Föcking*, Fürsorge im Wirtschaftsboom.

137 *Stolleis*, Geschichte des Sozialrechts in Deutschland, S. 128.

138 Vgl. hierzu *Doering-Striening*, Vom BSHG zum SGB XII, VSSR 2009, 93 ff.

139 BSG NVwZ-RR 2013, 723 Rn 22; BSG v. 25.4.2013 – Az.: B 8 SO 8/12R, Rn 21.

140 Grube/*Wahrendorf*, SGB XII, Einl. Rn 22.

II. Bedarfsdeckungsgrundsatz

Das Sozialhilferecht wird durch weitere **Strukturprinzipien** gekenn- 130
zeichnet,[141] die für das sozialhilferechtliche Leistungsverhältnis prä-
gend sind. Dazu gehört die finale Ausrichtung. Es geht darum, einen
in der aktuellen Situation konkret vorhandenen Bedarf (**Bedarfsdeckungsgrundsatz**)[142] zu decken. Im Bedarfsdeckungsgrundsatz
kommt zum Ausdruck, dass als Sozialhilfe nur das zu leisten ist, was
zur Deckung des konkreten Bedarfs notwendig ist. Es ist nicht Aufgabe der Sozialhilfe, zur Vermögensbildung beizutragen.[143] Z.T. wird
vom **Verbot der Vermögensmehrung** gesprochen.[144]

Im Grundsatz der Bedarfsdeckung kommt auch zum Ausdruck, dass 131
es auf die Ursache der Bedürftigkeit nicht ankommt. Warum Bedarf
und Bedürftigkeit entstanden sind, interessiert auf der Ebene der An-
spruchsentstehung nicht.[145] In finalen Leistungssystemen ist ein
Selbstverschulden[146] mit wenigen Ausnahmen weder rechtshindernde
noch rechtsvernichtende Einwendung.[147] Hilfe ist also auch dann (weiter) zu gewähren, wenn von vornherein feststeht, dass der Hilfesuchende sich selbst bedürftig gemacht hat[148] und jetzt keine aktuelle
Hilfemöglichkeit (mehr) hat.[149] Der Sozialhilfeträger ist dann auf sein
Instrumentarium zur Wiederherstellung der Subsidiarität (Darle-
hen/Herabsetzung der Leistungen/Kostenersatz) beschränkt,[150] und

---

141 Vgl. BSG v. 26.8.2008 – Az.: B8 SO 26/07 R, Rn 19; BSG v. 17.6.2008 – Az.: B 8
   Ay 5/07 R: „Strukturprinzipien sind keine Supranormen des Rechts".
142 Vgl. hierzu allgemein Berlit/*Siebel-Huffmann*, Existenzsicherungsrecht, Teil I,
   Kapitel 9.
143 BSGE NZM 2012, 431, Rn 20 m.w.N.
144 Siehe *Rothkegel*, Sozialhilferecht, Teil II, Kapitel 3, Rn 3 m.w.N.
145 Berlit/*Pattar*, Existenzsicherungsrecht, Teil I, Kapitel 10 Rn 5; Berlit/*Siebel-Huffmann*, Existenzsicherungsrecht, Teil I, Kapitel 9, Rn 9.
146 Berlit/*Eichenhofer*, Existenzsicherungsrecht, Teil I, Kapitel 1, Rn 14.
147 U.a. *Faude*, Selbstverantwortung und Solidarverantwortung im Sozialrecht, S. 324,
   339.
148 BVerwG v. 11.9.1968 – Az.: V C 2 32.68 = ZfSH 1968, 376.
149 Berlit/*Siebel-Huffmann*, Existenzsicherungsrecht, Teil I, Kapitel 9, Rn 82 ff. zur
   Pflicht, zumindest darlehensweise zu leisten; Berlit/*Pattar*, Existenzsicherungsrecht, Teil I, Kapitel 10, Rn 28 ff.
150 Berlit/*Conradis*, Existenzsicherungsrecht, Teil I, Kapitel 7, Rn 24.

zwar selbst dann, wenn die Bedürftigkeit durch vorsätzliches oder grob fahrlässiges Verhalten herbeigeführt wurde.[151]

132 Entgegen immer noch gängiger Verwaltungspraxis ist es deshalb – mit Ausnahme von § 41 Abs. 4 SGB XII – unzulässig, existenzsichernde Leistungen mit der Begründung zu versagen, dass die Hilfebedürftigkeit bei einem bestimmten wirtschaftlichen Verhalten abzuwenden gewesen wäre. Mit der Rechtsprechung des BVerfG[152] hat das BSG auch in seinen jüngsten Entscheidungen betont, dass existenzsichernde und bedarfsabhängige Leistungen, auf die ein Rechtsanspruch besteht, regelmäßig unabhängig von der Ursache der entstandenen Notlage und einem vorwerfbaren Verhalten in der Vergangenheit zu leisten sind.[153] Dies wird in der Praxis immer wieder angegriffen bzw. negiert,[154] obwohl sich schon das BVerwG insoweit klar geäußert hat.

133 Aus der Rechtsprechung zum BSHG bzw. SGB XII hierzu einige klare Aussagen:
– Hat der Hilfesuchende eine zur Deckung des Bedarfs bewilligte Beihilfe bestimmungswidrig anderweitig verwendet, hat die Behörde notfalls nachzubewilligen oder durch Sachleistung die Bedarfsbefriedigung sicherzustellen.[155] Eine verschuldete Notlage darf nicht zur Verweigerung von Sozialhilfe führen.[156]
– Lebensführungsfehler können Leistungseinschränkungen oder gar eine völlige Hilfeablehnung nur dann rechtfertigen, wenn das Ge-

---

151 Berlit/*Siebel-Huffmann*, Existenzsicherungsrecht, Teil I, Kapitel 9, Rn 9 mit Hinweis auf die Kürzungsmöglichkeiten bei der Grundsicherung.

152 BVerfG Breithaupt 2005, 803.

153 BSG v. 16.4.2013 – Az.: B 14 AS 55/12; BSG v. 2.11.2012 – Az.: B 4 AS 39/12R; BSG v. 29.11.2012 – Az.: B 14 AS 33/12 R; vgl. hierzu auch BSG v. 17.5.2007 – Az.: 11 b AS 37/06R; BVerwG v. 8.2.1973 – Az.: 5 C 106.72 – Buchholz 436.0 § 5 BSHG Nr. 2; BVerwGE 106, 108 f.

154 Z.B. LSG NRW v. 2.4.2009 – Az.: L9 As 58/07.

155 BVerwG v. 8.2.1973 – Az.: 5 C 106.72 – Buchholz 436.0 § 5 BSHG Nr. 2; *Luthe*, in: Hauck/Noftz, SGB XII, Sozialhilfe § 2 Rn 29; *Fichtner/Wenzel*, Kommentar zur Grundsicherung, § 2 SGB Rn 17; vgl. auch *Schellhorn/Jirasek/Seipp*, SGB XII – Sozialhilfe, 17. Aufl. München 2006, § 2 Rn 60.

156 BVerwGE 106, 108 f.

setz solche Rechtsfolgen für dieses Verhalten ausdrücklich vorsieht.[157]

– Dem Einsatzpflichtigen kann nicht entgegengehalten werden, dass einzusetzendes Vermögen zwingend zur Abwendung von Notlagen verwendet werden muss und er es nicht in der Hand haben darf – z.b. durch Abtretung – Vermögen zu Lasten der Sozialhilfe anzusammeln. Außerhalb des Anwendungsbereichs von Herabsetzung und Kostenersatz hat der Sozialhilfeträger keine Handhabe darauf zu reagieren, wenn sich Personen verwertbaren Vermögens begeben und dadurch Sozialhilfebedürftigkeit herbeigeführt haben. Insbesondere sieht das Gesetz nicht die Sanktion der Leistungsverweigerung vor.[158]

– Der Gesetzgeber erfasst eine vorsätzliche Herbeiführung von Hilfebedürftigkeit nur unter den Voraussetzungen der Absenkung und des Wegfalls des Arbeitslosengeldes bzw. der Ersatzansprüche für gezahlte Leistungen.[159]

III. Faktizitätsprinzip

Im Sozialhilferecht gilt konsequenterweise das **Tatsächlichkeitsprinzip (Faktizitätsprinzip)**.[160] Nicht das „Soll", sondern das „Ist" bestimmt das Eintreten der Sozialhilfe.[161] Entscheidend sind die tatsächlichen Verhältnisse des Hilfesuchenden.[162] Entscheidend kommt es darauf an, ob Einkommen und Vermögen wirksam zur Bedarfsdeckung eingesetzt werden können.[163]

„Soweit ein wirtschaftliches Potential eines Hilfesuchenden zunächst lediglich auf dem Papier besteht, ohne dass er es für seinen Lebensun-

134

---

157 *Rothkegel*, Sozialhilferecht, II 3 Rn 15.
158 BVerwGE 106, 108 f.
159 BSG v. 17.5.2007 – Az.: 11 b AS 37/06R.
160 Berlit/*Eichenhofer*, Existenzsicherungsrecht, Teil I, Kapitel 1, Rn 14, 23.
161 *Rothkegel*, Sozialhilferecht, Teil II, Kapitel 3, Rn 14 unter Bezug aus Schellhorn (NDV 1995, 55.
162 BSGE 112, 229, Rn 13 ff.; BSG v. 12.12.2013 – Az.: B 14 AS 76/12 R; BSG v. 18.2.2010 – Az.: B 14 AS 32/08 R, Rn 19; BSG v. 10. 9. 2003 – Az.: B 4 AS 89/12R, Rn 31; *Löns/Herold-Tews*, SGB II, § 12 Rn 6.
163 BVerwGE 108, 296, Rn 11.

terhalt verfügbar machen kann, so beseitigt dies nicht die Hilfebedürftigkeit."[164] Deshalb dürfen Einkünfte oder Vermögen **nicht fiktiv** zugerechnet werden.[165] Dem Hilfesuchenden müssen „bereite" Mittel zur Verfügung stehen, ansonsten müssen zumindest Darlehen[166] gewährt werden (§§ 37, 38, 91 SGB XII, § 24 SGB II). Die Darlehensgewährungsvorschriften der Sozialhilfe werden als Konkretisierung des Faktizitätsgrundsatzes verstanden.[167] Deswegen ist die darlehensweise Gewährung für fortlaufende Bedarfe nur unter eng begrenzten Voraussetzungen zulässig.[168]

135   Wegen des Faktizitätsprinzips kommt es grundsätzlich auch nicht darauf an, warum jemand Einkommen oder Vermögen hat oder zugewendet bekommt.[169] Eine **Zweckbindung oder -bestimmung** hat nur Bedeutung, wenn sie **normativ** als Anrechnungsausschluss geregelt ist.[170] Entscheidend ist nach der ständigen Rechtsprechung des Bundesverwaltungsgerichtes, dem das Bundessozialgericht folgt, „die bedarfsbezogene Verwendungsmöglichkeit, nicht notwendig dagegen die Zweckbestimmung."[171] Das BSG hat diese Grundaussage allerdings über die Definition des Einkommensbegriffes noch einmal weitergehend konturiert. Ein normatives Strukturprinzip „keine Leistungen für die Vergangenheit"/Bedarfsdeckungsgrundsatz kennt das SGB II – wie das SGB XII – danach nicht mehr.[172] Auf eine „faktische" Bedarfsdeckung, die die Hilfebedürftigkeit entfallen lässt, kommt es allein nicht an. Entscheidend ist nach der Rechtsprechung des BSG[173] zu

---

164 LSG Niedersachsen-Bremen v. 19.3.2014 – Az.: L 13 AS 3/13.
165 BSGE 112, 229 Rn 13 ff.; Bieritz-Harder/*Geiger*, LPK-SGB XII, § 82 Rn 32 m.w.N.; Kreikebohm/*Spelbrink/Becker*, Kommentar zum Sozialrecht, § 11 SGB II Rn 4; § 12 SGB II Rn 3; Eicher/*Mecke*, SGB II, § 12 Rn 26.
166 Ggf. Mehrbedarf nach § 21 Abs. 6 SGB II.
167 Grube/*Wahrendorf*, SGB XII, § 37 SGB XII Rn 4.
168 BSG 112, 225 Rn 19; vgl. auch Eicher/*Blüggel*, SGB II, § 24 Rn 30 ff.
169 BSG v. 18.2.2010 – Az.: B 14 AS 32/08 R, Rn 17, 20; *Rothkegel*, Existenzsicherungsrecht, Teil II, Kapitel 3 Rn 19: „Die Herkunft der Selbsthilfemittel spielt grundsätzlich keine Rolle".
170 *Rothkegel*, Sozialhilferecht, Teil II, Kapitel 7 Rn 19 m.w.N.
171 BVerwGE 108, 296, Rn 12.
172 Vgl. BSG SozR 4–1300 § 44 Nr. 15 Rn 19.
173 Zur Bewertung von Darlehen als Einkommen BSGE 106, 185 Rn 18 ff.; BSG v. 18.2.2010 – Az.: B 14 AS 32/08 R.

den sog. Darlehensgewährungsfällen und der ihm folgenden untergerichtlichen Rechtsprechung[174] allein, ob im Bedarfszeitraum Mittel in bedarfsdeckender Höhe **tatsächlich** und zur **endgültigen** Verwendung zur Verfügung stehen. Nur dort, wo Einkommen oder Vermögen **normativ** ausdrücklich von der Anrechnung bzw. der Verwertungspflicht ausgenommen sind, verbleiben dem Sozialhilfebedürftigen Mittel über das Existenzminimum hinaus.[175]

IV. Gegenwärtigkeitsprinzip

Eines der wichtigsten Strukturprinzipien ist das **Gegenwärtigkeits-** 136 **prinzip.**[176] Damit löst sich eine Vielzahl praktisch relevanter Notfälle. Es dürfen in der Sozialhilfe immer nur die sog. **bereiten Mittel**[177] für den gegenwärtigen Bedarf berücksichtigt werden. Die Mittel müssen tatsächlich zur Bedarfsdeckung geeignet sein und auch und vor allem tatsächlich zur Verfügung stehen. Es kommt dementsprechend darauf an, ob die jeweiligen Mittel als „bereite" Mittel geeignet sind, den gegenwärtigen Bedarf zu decken. Wenn Mittel tatsächlich nicht zur Verfügung stehen, dann haben die tatsächlichen Verhältnisse gegenüber einer nur normativen und als Berechnungsgrundlage zu verstehenden Regelung den Vorrang.[178]

Der Hilfesuchende darf somit wegen seines gegenwärtigen Bedarfs 137 nicht auf Mittel verwiesen werden, die ihm tatsächlich noch nicht oder nicht mehr zur Verfügung stehen. Er darf auch nicht auf Mittel verwiesen werden, die ihm erst in der Zukunft tatsächlich zur Verfügung stehen.[179] Durchbrechungen dieses Prinzips müssen gesetzlich

---

174 Vgl. z.B. LSG Bayern v. 26.1.2011 – Az.: L 16 AS 390/10; LSG Niedersachsen-Bremen v. 23.4.2012 – Az.: L 9 AS 757/11; SG Karlsruhe v. 21.2.2013 – Az.: S 4 AS 4957/11.

175 Schonvermögenstatbestände sind z.B. Tatbestände der gehobenen Fürsorge; zur historischen Entwicklung vgl. *Föcking*, Fürsorge im Wirtschaftsboom, 2007; *Doering-Striening*, VSSR 2009, 93 ff.

176 Berlit/*Conradis*, Existenzsicherungsrecht, Teil I, Kapitel 7, Rn 24.

177 BVerwGE 55, 152.

178 BSG v. 10.9.2013 – Az.: B 4 AS 89/12 R, Rn 31 m.w.N.; BSG v. 12.12.2013 – Az.: B 14 AS 76/12 R.

179 BVerwGE 120, 343.

geregelt sein und finden sich bei der hier bedeutsamen Fallgruppe der **einmaligen Einnahmen.** Grundsätzlich werden Bedarf und zu berücksichtigendes Einkommen nach dem Monatsprinzip bestimmt.[180] Einmalige Einnahmen werden auf einen Zeitraum von 6 Monaten (§ 11 Abs. 3 S. 3 SGB II) oder angemessen nach § 2 Abs. 3 S. 2 SGB XII aufgeteilt.[181]

V. Die Strukturprinzipien und das Leistungsstörungsrecht

138   Spiegelbildlich prägen die Strukturprinzipien das **Leistungsstörungsrecht** zwischen Leistungsträger und Sozialhilfebezieher in SGB XII und SGB II. Was geschieht, wenn „bereite" Mittel noch nicht oder nicht mehr zur Verfügung stehen?

139   Es ist im sozialhilferechtlichen Leistungsverhältnis ein „Störfall", wenn man etwas beanspruchen, aber nicht gesichert darauf zugreifen kann. Es ist ein „Störfall", wenn „Mittel" für den Leistungsanspruch noch nicht gesichert errechnet werden können, aber zwingend Hilfe geleistet werden muss. Für „Mittel" aus Schenkung oder Erbfall, die aus welchen Gründen auch immer vorübergehend oder gar nicht (mehr) zur Bedarfsdeckung eingesetzt werden können, gilt nichts Anderes. Wegen des **Bedarfsdeckungsgrundsatzes/des Faktizitätsprinzips und des Gegenwärtigkeitsprinzips** müssen Leistungen gleichwohl erbracht werden. Ausnahmen davon sind gesetzlich ausdrücklich nicht geregelt.

140   Das BSG[182] hat entschieden, dass ein Leistungsausschluss in der Existenzsicherung im Hinblick auf den Bedarfsdeckungsgrundsatz einer ausdrücklichen gesetzlichen Normierung bedarf. Weder § 2 Abs. 1 S. 1 SGB II („Erwerbsfähige Leistungsberechtigte und die mit ihnen in einer Bedarfsgemeinschaft lebenden Personen müssen alle Möglichkeiten zur Beendigung oder Verringerung ihrer Hilfebedürftigkeit ausschöpfen") noch § 3 Abs. 3 SGB II („Leistungen zur Sicherung des

---

180 Berlit/*Pattar*, Existenzsicherungsrecht, Teil I, Kapitel 10, Rn 9.
181 BSG v. 29.11.2012 – Az.: B 14 AS 33/12 R Rn 13; vgl. Berlit/*Pattar*, Existenzsicherungsrecht, Teil I, Kapitel 10, Rn 20, der generell von einem 6-Monats-Zeitraum ausgeht.
182 BSG v. 27.9.2011 – Az.: B 4 AS 202/10 R, Rn 22 m.w.N.

Lebensunterhalts dürfen nur erbracht werden, soweit die Hilfebedürftigkeit nicht anderweitig beseitigt werden kann") regelten eigenständige Ausschlusstatbestände. Das gilt entsprechend für § 2 SGB XII. Es handelt sich um Grundsatznormen, die durch die Regelungen insbesondere über den Einsatz von Einkommen und Vermögen bzw. sonstigen leistungshindernden Normen konkretisiert werden und regelmäßig nur im Zusammenhang mit ihnen Wirkung entfalten.[183] Nur im „extremen Ausnahmefall" [184] – etwa wenn sich der Bedürftige generell eigenen Bemühungen verschließt und Ansprüche ohne Weiteres realisierbar sind – kann es zur Leistungsversagung kommen.

Ansonsten reagieren SGB II und SGB XII auf den aus verfassungsrechtlich gebotenen Gründen „vorläufigen Vorrang"[185] der Sozialhilfeleistung mit einem dezidierten System eigener Störfallregeln.[186] Die dem Grunde nach vorhandenen Mittel verlieren ihre Rechtsqualität als einzusetzende oder zu verwertende Mittel nicht.[187]   141

Das SGB II und das SGB XII weisen dem Sozialhilfeträger aber ein Instrumentarium aus **Darlehens-, Aufwendungsersatz-, Kostenersatz- und Regressregeln** zu. Damit wird dem Sozialhilfeträger an die Hand gegeben, die Subsidiarität der Sozialhilfe nachträglich wiederherzustellen und/oder auch auf grobe Verletzungen des Nachranggrundsatzes (z.B. sich vorsätzlich bedürftig zu machen) zu reagieren. Diese Regeln sind im Lichte der Strukturprinzipien des Sozialhilferechtes anzuwenden und auszulegen.   142

---

183 Vgl. auch LSG Berlin-Brandenburg v. 9.4.2014 – Az.: L 32 AS 623/14 B ER.
184 BSGE 104, 219; BSG v. 2.2.2010 – Az.: B 8 SO 21/08 R; BSGE v. 26.8.2008 – Az.: B 8/9b SO 16/07; LSG NRW v. 5.2.2014 – Az.: L 9 SO 413/13 B ER.
185 BVerwG v. 22.4.2004 – Az.: 5 C 68.03; Bieritz-Harder/*Armbrost*, LPK–SGB XII, § 2 Rn 8.
186 Vgl. zur Notwendigkeit ausdrücklicher Normen BSGE 104, 219; BSG v. 2.2.2010 – Az.: B 8 SO 21/08 R; BSG v. 26.8.2008 – Az.: B 8/9b SO 16/07; LSG NRW v. 5.2.2014 – Az.: L 9 SO 413/13 B ER.
187 BVerwG v. 22.4.2004 – Az.: 5 C 68.03.

143

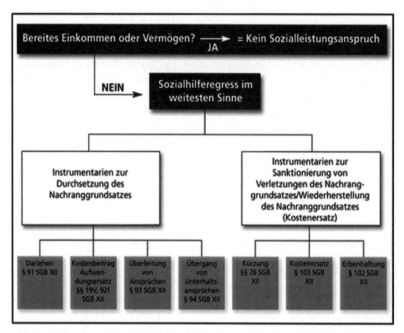

Abb.: Sozialhilferegress im SGB XII

144

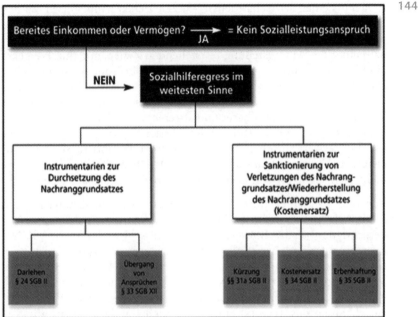

Abb.: Sozialhilferegress im SGB II

So hat die Rechtsprechung z.B. die in SGB II und SGB XII vorgese-   145
hene Möglichkeit der **Gewährung von Darlehen** anstelle von nicht
zurückzahlbaren Zuschüssen im Lichte der Strukturprinzipien begrenzt. Wenn **grundsätzlich verwertbares Vermögen** des Hilfesuchenden nicht sofort verbraucht werden kann oder die sofortige Verwertung des Vermögens nicht möglich ist, soll ein Darlehen gewährt
werden. Die Möglichkeit der Darlehensgewährung stellt eine Begrenzung von Faktizitäts- und Gegenwärtigkeitsgrundsatz dar. Auch **aktuell nicht verwertbares Vermögen** kann danach unter gewissen
Voraussetzungen grundsätzlich zu berücksichtigen sein.

Für die Anwendung der Darlehensregelung reicht es aber nicht aus,   146
dass dem Hilfesuchenden (abstrakt) Vermögen zusteht, wenn im maßgeblichen Zeitpunkt bis auf weiteres nicht absehbar ist, ob und wann

er hieraus einen wirtschaftlichen Nutzen ziehen kann.[188] (vgl. zu den Einzelheiten § 5 Rn 5 ff. und § 5 Rn 98 ff.) Eine Verwertbarkeit besteht nur dann, wenn der Berechtigte in der Lage ist, die Verwertung innerhalb einer bei Antragstellung feststehenden Zeitspanne durch eigenes Handeln – autonom – herbeizuführen. Der Prüfung auch der zeitlichen Dimension, innerhalb der das Vermögen (voraussichtlich) verwertet werden kann, bedarf es, weil die Person, die ihr verwertbares Vermögen nicht in absehbarer und angemessener Zeit verwerten kann, nicht über „bereite" Mittel verfügt.[189] Ist völlig ungewiss, wann eine für die Verwertbarkeit notwendige Bedingung eintritt, so liegt eine generelle Unverwertbarkeit vor. Die Darlehensgewährung ist dann nicht mehr zulässig, sondern es muss unbedingt geleistet werden.[190]

147 Für den Fall einer durch „fehlerhaftes Ausgabeverhalten" (ggf. schuldhaft) herbeigeführten Hilfebedürftigkeit seitens des Leistungsberechtigten hat das BSG ausdrücklich entschieden, dass das SGB II keine nur darlehensweise Gewährung existenzsichernder Leistungen für die Regelbedarfe und Mehrbedarfe vorsehe. Die weitergehenden Voraussetzungen der § 24 Abs. 4 oder 5 SGB II müssten im Einzelfall erfüllt sein, damit ein Anspruch auf Zuschuss (ggf. nach Ermessensentscheidung des Trägers) entfalle.[191] Nichts anderes dürfte für § 37 Abs. 1 SGB XII gelten.[192] Darlehen für fortlaufende Regelbedarfe sind überhaupt nur unter engen Voraussetzungen zulässig.

148 Die **Kostenersatzregeln** der § 103 SGB XII, § 34 SGB II haben hohe Voraussetzungen. Sie orientieren sich am Gedanken des schuldhaften, „sozialwidrigen", „quasi-deliktischen Handelns" des Sozialhilfebedürftigen.[193]

149 Aus den Strukturprinzipien ergibt sich somit auch das Leistungs- und Leistungsstörungsrecht, das sich im Wesentlichen wie folgt darstellt:

---

188 BVerwGE 106, 109.
189 BSG NZS 2014, 388 Rn 32 m.w.N.
190 BSGE 99, 248 Rn 14 f.
191 BSGE 112, 229 Rn 19.
192 Bieritz-Harder/*Armbrost*, LPK-SGB XII, § 37 Rn 2, der § 24 SGB II als vergleichbare Norm bezeichnet.
193 BVerwGE 51,61; Bieritz-Harder/*Conradis*, LPK-SGB XII, Rn 5; Grube/*Bieback*, SGB XII, § 103 Rn 9.

- **Ein Anspruch auf Leistungen als Zuschuss besteht nicht,** wenn eigenes und/oder in der Einsatz- oder Bedarfsgemeinschaft aktuell zur Verfügung stehendes, nicht normativ geschontes und zur Bedarfsdeckung geeignetes Einkommen oder Vermögen vorliegt.
- Eine **Leistung** kann unter besonderen Voraussetzungen zur Sicherstellung der aktuellen Bedarfsdeckung als **Darlehen** beansprucht werden (§§ 24 Abs. 1, 42a SGB II; §§ 37, 38, 91 SGB XII).[194]
- Für eine Leistung können unter besonderen Voraussetzungen zur Sicherstellung einer aktuellen Bedarfsdeckung **Kostenbeiträge** oder **Aufwendungsersatzansprüche** geltend gemacht werden (§§ 19 Abs. 5, 92 SGB XII).[195]
- **Eine Leistung kann** – ggf. bis auf das zum Lebensunterhalt Unerlässliche – wegen der Reduzierung solcher bedarfsdeckender Mittel (§ 26 SGB XII, §§ 31 Abs. 2 Nr. 1, 31a, 31b SGB II) in der Absicht, die Voraussetzungen für die Gewährung oder Erhöhung der Sozialleistung herbeizuführen, **herabgesetzt werden.**
- **Kostenersatzansprüche** (§§ 102 ff. SGB XII, §§ 34 ff. SGB II) und **Rückgewähransprüche** (§§ 45, 48, 50 SGB X) des Leistungsträgers entstehen wegen einer materiell nicht oder nicht auf Dauer zustehenden – also einer ungerechtfertigten oder **sozialwidrig herbeigeführten** – Bereicherung.
- **Kompensatorische Ansprüche gegen Dritte** (§§ 93, 94 SGB XII, § 33 SGB II), entstehen für den Sozialhilfeträger, wenn der Hilfesuchende eigene, zur Bedarfsdeckung generell geeignete Ansprüche hat, aber nicht zeitnah realisieren kann.

Der vom Bundessozialgericht entschiedene Fall zum „Bestattungsvorsorgevertrag"[196] ist ein Musterbeispiel dafür, wie der **Sozialleistungstatbestand** im ersten Schritt und der **Regresstatbestand** im zweiten Schritt geprüft werden. Auch wenn er kein unmittelbarer Schenkungs- oder Erbschaftsfall ist, soll er deshalb hier dargestellt werden. Zugrunde lag folgender Sachverhalt:

150

---

194 Vgl. hierzu Berlit/*Pattar*, Existenzsicherungsrecht, Teil I, Kapitel 10 Rn 28 ff.; Berlit/*Groth*, Existenzsicherungsrecht, Teil I, Kapitel 15 Rn 26 ff.; Berlit/*Meßling-Sartorius*, Existenzsicherungsrecht, Teil I, Kapitel 20 Rn 27 ff.
195 Berlit/*Pattar*, Existenzsicherungsrecht, Teil I, Kapitel 10 Rn 26 ff.
196 BSG v. 18.3.2008 – Az.: B 8/9b SO 9/06R; so jetzt auch SG Karlsruhe v. 29.10.2009 – Az.: S 1 4061/08.

151 **Fallbeispiel 3: Der Bestattungsvorsorgefall**

Die Antragstellerin zahlte 10 Tage vor Heimaufnahme 6.000 EUR für Bestattungskosten sowie Grab- und Grabpflegekosten auf ein Treuhandkonto eines Bestattungsvorsorgevertrages ein. Den Antrag auf Übernahme der Heimkosten lehnte der Sozialleistungsträger ab. Die Antragstellerin verfüge nach Abzug des Schonvermögensbarbetrages über verwertbares Vermögen aus dem Bestattungsvorsorgevertrag, den sie auflösen müsse.

152 Das sah das BSG anders[197] und zeigt in seiner Entscheidung fast lehrbuchmäßig den Prüfungsweg auf. Ein Anspruch auf Sozialleistungen besteht danach nicht, wenn der Antragsteller **eigenes Einkommen oder Vermögen** hat.

– Wegen fehlender realer Zuflüsse von Einkommen hat das BSG geprüft, ob die Antragstellerin über Vermögen verfügt. Als **Vermögen** wurde der Hauptleistungsanspruch gegen den Unternehmer aus dem Bestattungsvorsorgevertrag geprüft. Dieser Anspruch, selbst wenn die Antragstellerin darüber hätte verfügen dürfen, dürfte jedenfalls faktisch nicht verwertbar sein.

– In Betracht wäre allenfalls ein Verkauf dieses Rechts an einen Dritten gekommen. Allerdings – so das BSG – dürfte ein solcher Verkauf schon daran scheitern, dass Bestattungsvorsorgeverträge üblicherweise so individuell gestaltet sind, dass ein anderer an der Übernahme eines solchen Rechts keinerlei Interesse haben dürfte.

– Weiter wurden als Vermögen auch alle aus der vertraglichen Beziehung resultierenden Rückabwicklungsansprüche nach Auflösung des Vertrages bzw. Ansprüche gegen denjenigen, bei dem die 6.000 EUR hinterlegt sind, angesehen.

153 Eigenes Vermögen ist aber immer nur dann einzusetzen, wenn es sich um „bereite" Mittel (Faktizitäts-/Gegenwärtigkeitsgrundsatz) handelt. Selbst wenn eine tatsächliche und rechtliche Verwertbarkeit der Ansprüche gegeben gewesen wäre, muss geprüft werden, ob die Antragstellerin rechtlich und tatsächlich in der Lage gewesen ist, den Betrag innerhalb angemessener Zeit tatsächlich zu verwerten. Die

---

197 BSG v. 18.3.2008 – Az.: B 8/9b SO 9/06R; so jetzt auch SG Karlsruhe v. 29.10.2009 – Az.: S 1 4061/08.

Überlegung einer bloßen Kündigungsmöglichkeit greift nach Ansicht des BSG zu kurz; sie beachtet nicht – eine Kündigungsmöglichkeit unterstellt – die Rechtsbeziehungen der Antragstellerin zu der Person, bei der die 6.000 EUR auf einem Treuhandkonto hinterlegt waren. Eine sofortige Verwertbarkeit wurde verneint. Der Sozialleistungsanspruch als solcher ist daher entstanden.

Fraglich war weiter, ob wegen des Verbrauchs der Mittel unmittelbar 154 vor Eintritt ins Pflegeheim eine Leistungsversagung gerechtfertigt ist. Grundsätzlich entfällt ein Sozialhilfeanspruch aber nicht dann, wenn jemand „sehenden Auges" seine Mittel verbraucht. Eine Ausnahme ist § 41 Abs. 4 SGB XII. Auch dann greift aber das Bedarfsdeckungsprinzip, weil der Hilfesuchende nicht ohne Mittel bleiben darf. Er hat Anspruch auf Hilfe zum Lebensunterhalt nach § 27b SGB XII.

Der Verbrauch der Mittel kann aber im Rahmen des **Sozialhilferegres-** 155 **ses** bedeutsam sein. Dazu ist § 103 SGB XII (im SGB II gilt § 34 SGB II) zu prüfen. Ein Kostenersatzanspruch wegen schuldhaften (sozialwidrigen) Verhaltens kann sich aus der individuellen Einstellung des Betreffenden zu seinem Handeln ergeben. Das setzt voraus, dass die Mittel nicht ohnehin nach sozialhilferechtlichen Regeln – also normativ – geschützt waren.

In Betracht kommt eine Vermögensverschonung nach **§ 90 Abs. 3 S. 1** 156 **SGB XII wegen Härte.** Insoweit hat bereits das BVerwG[198] dem Wunsch des Menschen, für die Zeit nach seinem Tod durch eine angemessene Bestattung und Grabpflege vorzusorgen, Rechnung getragen und Vermögen aus einem Bestattungsvorsorgevertrag sowohl für eine angemessene Bestattung als auch für eine angemessene Grabpflege als **Schonvermögen** im Sinne der **Härtefallregelung** angesehen.

Beruht die Anerkennung eines angemessenen Bestattungsvorsorgever- 157 trags als Schonvermögen auf dem Gedanken der Selbstbestimmung und Menschenwürde auch für die Zeit nach dem Ableben, so kann nach der Rechtsprechung des BSG nicht bereits das Herbeiführen späterer Bedürftigkeit der Annahme eines Härtefalls entgegenstehen. Nur wenn das Ziel des Betroffenen nicht eine würdige Gestaltung

---

198 Urt. v. 11.12.2003 – Az.: 5 C 84.02, FEVS 56, 302 ff.

seiner Beerdigung und der Grabpflege ist, sondern die Leistungsgewährung an sich, kann § 103 SGB XII greifen. Das ist vorliegend nicht zu erkennen.

Der Anspruch auf Sozialhilfe ist somit gegeben und ist auch nicht mit einem Kostenersatzanspruch im Rahmen des Sozialhilferegresses belastet.

F. Erster Check-up: Erbfall und Schenkung im sozialhilferechtlichen Leistungstatbestand unter Berücksichtigung der Strukturprinzipien

158 Zuflüsse aus Erbfall und Schenkung können den sozialhilferechtlichen Leistungsanspruch bedrohen oder zu Fall bringen, weil der Hilfe Beanspruchende nicht (mehr) bedürftig ist. Ob das der Fall ist, wird daran gemessen, ob der Zufluss „normativ geschütztes" Einkommen[199] oder Vermögen ist (dazu vgl. Rn 87, § 2 und § 3).

159 Da für Einkommen und Vermögen im SGB XII und im SGB II unterschiedliche Anrechnungs- und Verwertungsvorschriften – oder umgekehrt gesagt: unterschiedliche „normative Schutzschirme" – gelten, muss in einem ersten Prüfungsschritt immer danach unterschieden werden, ob die Mittel überhaupt Einkommen oder Vermögen sind. Dazu sind ausschließlich die sozialhilferechtlichen Abgrenzungsregeln, wie sie von der Rechtsprechung des BSG entwickelt wurden, heranzuziehen. Steuerrechtliche oder zivilrechtliche Definitionen sind ohne Belang:
– Sind Mittel **vor der Antragstellung** (SGB II) oder **vor dem Bedarfszeitraum** (SGB XII) zugeflossen, so handelt es sich um Einkommen.
– Sind Mittel **nach der Antragstellung** (SGB II) oder **während des Bedarfszeitraums** (SGB XII) zugeflossen, dann sind sie sozialhilferechtliches **Vermögen** (vgl. Rn 74 ff.).

---

199 Vgl. zum Einkommensschutz mit dieser Terminologie BSG NVwZ-RR 2013, 723 Rn 22; BSG v. 23.4.2013 – Az.: B 8 SO 8/12 R – Rn 21.

Auch die Möglichkeit des Wandels vom Einkommen zum Vermögen 160
(zumindest nach der Rechtsprechung zum SGB II)[200] ist möglich.
Wenn man festgestellt hat, dass der Zufluss aus Erbfall oder Schenkung
grundsätzlich sozialhilferechtlich relevantes Einkommen oder Vermögen darstellt, dann kann man sich mittels der Strukturprinzipien der
Sozialhilfe in der Regel schon einen guten Überblick darüber verschaffen, ob es in der Praxis gelingen wird – zumindest vorläufig (und
meist nur darlehensweise) – Sozialhilfeleistungen zu bekommen. Stets
müssen nämlich zur Bedarfsdeckung geeignete Mittel real zur Verfügung stehen.

Ob daran weitere Rechtsfolgen geknüpft sind, insbesondere: 161
– Handelt es sich um geschontes Einkommen/Vermögen?
– Wird dieses Einkommen/Vermögen durch Anspruchsüberleitung
  oder Anspruchsübergang vom Sozialhilfeträger beansprucht?
– Kommen wegen verbrauchten Einkommens/Vermögens Kostenersatzansprüche in Betracht?
– Kann wegen verbrauchten Einkommens/Vermögens der Sozialhilfeanspruch gekürzt werden?
– Entfällt der lebzeitige Schutz des Vermögens?
wird dann erst in weiteren Schritten geprüft (zu den „Schon"-Tatbe-
ständen vgl. § 2 und § 3. Zu Formen des Sozialhilferegresses vgl. Rn 6;
§ 5 Rn 5 ff.; 87 ff.).

Wie die Leistungen zu erbringen sind – als **Zuschuss** oder als **Darlehen** – ist im Lichte der Darlehensnormen von SGB II und SGB XII
unter Berücksichtigung der Strukturprinzipien zu entscheiden.

Nachfolgend werden leistungsrelevante Zuflüsse aus Erbfall und 162
Schenkung dargestellt und Beispiele aus der Praxis mittels der Struk-
turprinzipien einem ersten „Check-up" unterzogen. Die Fallbeispiele
sollen aufzeigen, dass man häufig die ersten drängenden Fragen des
Mandanten zumindest vorläufig lösen kann, wenn man eine grobe
Anspruchsprüfung mittels der Strukturprinzipien des Sozialhilfe-
rechts vornimmt. Auch zur Ermittlung des sichersten Wegs bei der
Rechtsgestaltung sind die Strukturprinzipien eine *erste* wertvolle
Hilfe.

---

200 BSG v. 10.9.2013 – Az.: B 4 AS 89/12 R.

In jedem Fall bleibt es notwendig, die Prüfung von Schontatbeständen folgen zu lassen bzw. zu prüfen, welche Konsequenzen sich bei den Tatbeständen des Sozialhilferegresses ergeben.

I. Fragen rund um die Zuwendungen Dritter

163 **Zuwendungen Dritter** können sozialhilfeschädlich sein, entweder als einzusetzendes oder zu verwertendes Vermögen oder als Einkommen wegen des Zuflusses im Bedarfszeitraum/nach Antragstellung. Sozialhilfeschädlich sind Zuwendungen, die eine dauerhafte wertmäßige Vermögensmehrung bewirken.[201] Das entspricht der zivilrechtlichen Anforderung von Entreicherung und Bereicherung im Schenkungstatbestand des § 516 BGB.

1. Freiwillige Zuwendungen Dritter

164 Das BSG unterscheidet in seiner bisherigen Rechtsprechung bei **freiwilligen Zuwendungen Dritter** zwischen
  – Geldzahlungen oder Sachleistungen, die einem Leistungsberechtigten zum endgültigen Verbleib zugewendet werden,
  – einem Darlehen, das mit einer Rückzahlungsverpflichtung im Sinne des BGB gegenüber dem Darlehensgeber belastet ist und
  – Zuwendungen Dritter, die eine rechtswidrig abgelehnte Leistung eben wegen der Ablehnung bis zur Herstellung des rechtmäßigen Zustandes substituieren sollen.[202]

165 Eine Zuwendung zum endgültigen Verbleib **(Schenkung)** ist nach der Rechtsprechung grundsätzlich bedürftigkeitsmindernd.[203] Bereits zum Arbeitslosenhilferecht wurde eine Schenkung zweier Tanten an ihren

201 Eicher/*Schmidt*, SGB II, § 11 Rn 20.
202 BSG v. 16.2.2012 – Az.: B 4 AS 94/11 R, Rn 18.
203 BVerwG v. 8.7.1991 – Az.: BVerwG 5 B 57.91; Grube/*Wahrendorf*, SGB XII, § 84 Rn 13; Bieritz-Harder/*Geiger*, LPK-SGB XII, § 82 Rn 12

langjährig arbeitslosen Neffen in Höhe von 70.000 DM als Einkommen angesehen.[204]

Für die Schenkung bspw. eines Pkws (damals noch als Vermögen zugeordnet), ist das BVerwG ausdrücklich der Auffassung entgegengetreten, die Zuwendung eines Pkws sei angemessener Hausrat oder wegen eines Schenkungstatbestandes privilegiert:

„Insbesondere lässt sich nicht in einer verallgemeinerungsfähigen Weise sagen, dass ein Pkw, nur weil er einem Bedürftigen geschenkt worden ist, unter dem Gesichtspunkt der Härte von einem Vermögenseinsatz auszunehmen wäre."[205]

Andererseits gibt es auch Entscheidungen, bei denen es so scheint, als **166** seien Zuwendungen Dritter durchaus sozialhilfeunschädlich. So hatte z.B. das LSG Hessen im Rahmen der Eingliederungshilfe über die **Verwertung eines Bausparvertrages** (§ 90 Abs. 2 Nr. 3 SGB XII) zu entschieden, mittels dessen ein behinderter Menschen den Erwerb einer Eigentumswohnung möglich mache wollte. Dessen Eltern hatten sich ergänzend verpflichtet, den zur Finanzierung einer solchen Wohnung fehlenden Betrag zuzusteuern. Das LSG Hessen sah die *„vertragliche Selbstverpflichtung der Eltern und deren großzügiger Unterstützung"* beim Erwerb einer Eigentumswohnung – die nichts anderes als eine Schenkung darstellte – als nicht anspruchsvernichtend an, sondern im Gegenteil als Garantie dafür, dass der Eigentumserwerb *„die Gewissheit der Umsetzung hatte und nicht im Stadium eines Gedankenspiels blieb"*. Sonst wären die Eigenbemühungen des Hilfesuchenden zum Scheitern verurteilt.[206]

Wie nicht selten in solchen ergebnisorientierten Entscheidungen, fin- **167** det sich dort keine saubere dogmatische Ableitung. Das Ergebnis lässt jedenfalls keinesfalls den Schluss zu, dass eine freiwillige Zuwendung

204 BSGE 41, 187 ff. – damals war Vermögen noch geschützt, wenn „es zur Schaffung oder Erhaltung einer angemessenen wirtschaftlichen Existenz" diente und wurde nach Umwandlung von Einkommen in Vermögen insgesamt als geschont angesehen.

205 BVerwG v. 8.7.1991 – Az.: BVerwG 5 B 57.91, Rn 6; LSG Niedersachsen-Bremen v. 23.11.2011 – Az.: L 13 AS 155/08.

206 LSG Hessen v. 26.1.2009 – Az.: L 9 SO 48/07.

Dritter – und sei es auch deshalb, weil der Zuwendungsempfänger ein behinderter Mensch ist – generell kein sozialhilfeschädliches Einkommen oder kein Vermögen darstellt. Erst bei einer Einzelfallprüfung mit der nachfolgenden Frage, ob das an sich anrechnungsfähige Einkommen oder Vermögen „normativ geschont" ist – was z.b. der Fall sein kann, wenn **wegen Zweckverfehlung eine Härte** angenommen werden kann[207] –, kann die Frage beantwortet werden, ob dieses Einkommen oder Vermögen ausnahmsweise nicht sozialhilfeschädlich ist. So ist nach der Rechtsprechung des BSG die dauerhafte Zuwendung eines Dritten im Bedarfszeitraum Einkommen, das nach den §§ 82 ff. SGB XII in jedem Einzelfall auf seine **Schontatbestände** zu prüfen ist (z.B. § 84 SGB XII).

168 **Darlehen,** die an den Darlehensgeber zurückzuzahlen sind, stellen dagegen als nur vorübergehend zur Verfügung gestellte Leistungen kein Einkommen dar, auch wenn sie als „bereites Mittel" zunächst zur Deckung des Lebensunterhalts verwandt werden könnten.[208]

169 Zwischen anrechnungsfreiem Darlehen und „**einkommensgleicher Unterhaltsunterstützung**" oder **Schenkung**[209] ist im Einzelfall nur ein schmaler Grat. Um zu verhindern, dass Hilfesuchende an sich anrechnungspflichtige Zuwendungen verschleiern, stellt das BSG – wie beim Nachweis eines Treuhandverhältnisses[210] – hohe Anforderungen an den Nachweis eines anrechnungsfreien Darlehens.[211] Die Zuwendung muss bereits im Zeitpunkt ihrer Zuwendung mit einem wirksamen **Rückzahlungsanspruch** des Zuwendenden gekoppelt sein.

170 **Fazit**
Schenkungen sollen nach der Rechtsprechung grundsätzlich immer leistungsschädliche Wirkung haben. Schenkungen, die im Be-

---

207 Bieritz-Harder/*Geiger*, LPK-SGB XII, § 90 Rn 87 f.
208 BSGE 106, 185 Rn 21 ff.; BSG v. 16.2.2012 – Az.: B 4 AS 94/11 R, Rn 18; BSG v. 20.12.2011 – Az.: B 4 AS 46/11R, Rn 16 – www.sozialgerichtsbarkeit.de.
209 BSGE 106, 185 Rn 21 ff.
210 Vgl. zur Abgrenzung von Treuhandkonto und Schenkung LSG Bremen-Niedersachsen v. 23.2.2011 – Az.: L 13 AS 155/08.
211 BSGE 106, 185 Rn 21 ff.; LSG Berlin-Brandenburg v. 26.1.2011 – Az.: L 28 AS 2276/07.

darfszeitraum/nach der ersten Antragstellung gewährt werden,
wirken als **Einkommen** leistungsschädlich, wenn nicht besondere
Schonvorschriften greifen (vgl. dazu § 2 und § 3). Handelt es sich
um Sachgeschenke, ist eine Anrechnung nach § 8 Abs. 1, 3 Abs. 3
DVO zu § 82 SGB XII vorzunehmen, wenn ein Verkauf oder eine
Umwandlung in Geld möglich ist.[212] Stets ist entscheidend, dass
das Einkommen tatsächlich wirtschaftlich verfügbar ist und be-
darfsbezogen verwendet werden kann[213] (**Faktizitäts- und Gegen-
wärtigkeitsprinzip**).
§ 1 Abs. 1 Nr. 1 Alg II-VO kennt für das SGB II eine Bagatellklau-
sel für die Berücksichtigung von Schenkungen.
Vor der ersten Antragstellung/vor dem Bedarfszeitraum kommt
die Berücksichtigung einer Schenkung als **Vermögen** in Betracht.
Daran ändert sich auch nichts dadurch, dass der Hilfeempfänger
sich moralisch zur Rückzahlung verpflichtet fühlt[214] oder meint,
eine Zuwendung nicht antasten zu dürfen.[215] Auch die Motivation,
einer Hartz-IV beziehenden Tochter einen oberhalb des Existenzminimums angesiedelten Lebensstandard zu verschaffen, hat das
BSG nicht als „geschonte" Zuwendung angesehen.[216]
Eine solche Zuwendung kann dann nur noch privilegiert sein, wenn
– sie rechtlich oder tatsächlich zur Bedarfsdeckung gar nicht geeignet ist oder
– wenn sie unter einen der Privilegierungs- bzw. Schontatbestände
  des SGB XII oder SGB II (z.B. § 84 SGB XII[217] oder § 11a
  SGB II) fällt.[218]

---

212 Bieritz-Harder/*Geiger*, LPK-SGB XII, § 90 Rn 25.
213 BVerwGE 108, 296; Bieritz-Harder/*Geiger*, LPK-SGB XII, § 90 Rn 32.
214 LSG Berlin-Brandenburg v. 26.1.2011 – Az.: L 28 AS 2276/07.
215 LSG Niedersachsen-Bremen v. 23.2.2011 – Az.: L 13 AS 155/08 zu einem Depot-
     konto der Zuwendungsempfängerin, das ihr nach der Absprache im Innenverhält-
     nis mit dem Tod des Zuwendenden zustellen sollte.
216 BSG v. 20.12.2011 – Az.: B 4 AS 200/10 R, Rn 17.
217 Kreikebohm/*von Koppenfeld-Spies*, Kommentar zum Sozialrecht, § 84 SGB XII
     Rn 4.
218 Vgl. z.B. zu Geldgeschenken der Großmutter oberhalb des Schonbetrages LSG
     Sachsen NVwZ 2010, 7.

2. Fallbeispiel: Darlehen, verschleierte Schenkung oder verdeckter freiwilliger Unterhalt?

171 **Fallbeispiel 4: Darlehen, verschleierte Schenkung oder verdeckter freiwilliger Unterhalt?**
Die Nichte N wird vom Jobcenter aufgefordert, Kontoauszüge vorzulegen. Die vorgelegten Kontoauszüge weisen einen Zahlungseingang von ihrem Onkel in Höhe von 1.500 EUR aus. Auf Rückfrage legte sie dazu ein an sie gerichtetes, undatiertes Schreiben mit folgendem Inhalt vor: „Liebe N, am 15.5.2013 habe ich Dir 1.500 EUR als Darlehen auf Dein Konto überwiesen. Wir haben vereinbart, dass Du mir den Betrag am 1.6.2014 zurückzahlst. Beste Grüße. Dein Onkel J".
Das Jobcenter beabsichtigt, die Leistungsbewilligung ab 15.5.2013 aufzuheben und die erbrachten Mittel zurückzufordern. N trägt vor, das Geld sei ihr von ihrem Onkel als Darlehen gewährt worden, um (von ihr im Einzelnen belegte) Ausgaben zu tätigen, die sie nicht aus dem Regelsatz habe bestreiten können. Ihrer Verpflichtung zur Rückzahlung der Darlehenssumme sei sie am 1.6.2014 durch Überweisung des Betrages in voller Höhe nachgekommen.

172 Unstreitig sind der N Mittel zugeflossen, mit denen sie Ausgaben gedeckt hat, für die der Regelsatz nicht gereicht hat. Grundsätzlich müssen alle zufließenden Einkünfte zur Deckung des sozialhilferechtlich festgelegten Bedarfs eingesetzt werden (**Selbsthilfegrundsatz**).

173 Zu prüfen ist, ob die ihr zur Verfügung gestellten Mittel tatsächlich und zur endgültigen Verwendung zur Verfügung standen (**Bedarfsdeckungsgrundsatz**).[219] Das war nicht der Fall, wenn die Zuwendung von Mitteln von Beginn an mit einer zivilrechtlich wirksam vereinbarten Rückzahlungsverpflichtung belastet war, weil es aufgrund der Rückzahlungsverpflichtung an einem wertmäßigen Zuwachs zur endgültigen Verwendung fehlt.[220]

---

219 BSGE 106,185 Rn 17.
220 Zur Zur-Verfügung-Stellung eines Darlehens z.B. LSG Niedersachsen-Bremen v. 23.4.2012 – Az.: L 9 AS 757/11.

So scheint es im vorliegenden Fall, den das BSG im Sinne der Hilfe-   174
empfängerin entschieden hat, weil es angesichts der Umstände des
Einzelfalles davon ausgegangen ist, das tatsächlich ein Darlehen vereinbart und zurückgezahlt worden ist.

Das BSG hat aber auch deutlich gemacht, dass man sich hier im Grenz-
bereich zwischen Darlehen, verdeckter Schenkung oder verdeckter,
freiwilliger Unterhaltsgewährung bewegt. Um der Gefahr eines Missbrauchs von Steuermitteln entgegenzuwirken, sei es geboten, an den
Nachweis des Abschlusses und der Ernstlichkeit eines **Darlehensver-
trages unter Verwandten** strenge Anforderungen zu stellen, die eine
klare und eindeutige Abgrenzung ermöglichten. Dass ein nachgewie-
sener Zufluss gleichwohl als Einkommen nicht zu berücksichtigen sei,
betreffe die Sphäre des Hilfebedürftigen. Ihn träfen bei der Aufklärung
der erforderlichen Tatsachen daher Mitwirkungspflichten. Die Nicht-
beweisbarkeit der Tatsachen gehe zu seinen Lasten. Bei der vorzuneh-
menden Prüfung, ob überhaupt ein wirksamer Darlehensvertrag geschlossen worden sei, könnten einzelne Kriterien des sog. Fremdver-
gleichs herangezogen und bei der abschließenden, umfassenden
Würdigung aller relevanten Umstände des Einzelfalles mit eingestellt
werden.[221]

Hinweis   175
Es scheint nicht ohne Weiteres möglich zu sein, den Wunsch, einem
Hilfebedürftigen „etwas Gutes zu tun", dadurch zu realisieren,
dass man ihm ein Darlehen auf unbestimmt Zeit – z.B. bis zum
Tod des Darlehensgebers ohne oder mit Anrechnung auf den Erbteil – gibt. Das BSG verlangt für den Abschluss eines Darlehensver-
trages einen plausiblen Grund.[222]

3. Die Zuwendung von Nutzungen

Nutzungen sind nach § 100 BGB die **Früchte** einer Sache oder eines   176
Rechts sowie die **Vorteile**, welche der Gebrauch der Sache oder des

---

221 BSGE 106, 185 Rn 20.
222 BSGE 106, 185 Rn 22.

Rechts gewährt. Dazu gehören z.B. der **Gebrauch eines Pkw**[223] und der **Gebrauch eines Hauses** zu Wohnzwecken.[224] Der Eigentümer entäußert sich der Substanz nicht. Auf diese kann sozialhilferechtlich weder als Einkommen noch als Vermögen des Hilfebedürftigen Zugriff genommen werden.

a) Die Nutzung des zu Verfügung gestellten Pkw

177 Ob man die Zuwendung von Gebrauchs- und Nutzungsvorteilen, bzw. von „Früchten" im Sinne der sozialhilferechtlichen Definition als Einkommen oder Vermögen ansehen kann, ist nicht ganz klar. Die Zuwendung von „Früchten" und Gebrauchs- und Nutzungsvorteilen – z.B. das Zur-Verfügung-Stellen eines Pkws zur Nutzung[225] – ist aber auf jeden Fall geeignet, **Regelbedarfe** des SGB II und SGB XII ganz oder teilweise zu decken. So kann die Überlassung eines Pkw inklusive Betriebskosten den im Regelbedarf enthaltenen Anteil für „**Mobilität**" abdecken.[226] Der Wert des Sachbezugs soll mit dem im Regelsatz enthaltenen Betrag für Fahrtkosten angesetzt werden.[227]

178 Das Meinungsbild dazu ist aber uneinheitlich. So heißt es an anderen Stellen, dass die unentgeltliche Überlassung eines Pkw Vermögen sei, dessen Vermietung aber praktisch kaum möglich und zudem von der Zustimmung des Eigentümers abhängig sei.[228] Der Einsatz könne außerdem nicht verlangt werden, wenn dies eine Härte darstelle, etwa weil die Hilfebedürftige schwerbehindert sei und die dadurch bedingte Einschränkung ihrer Mobilität mit einem Kfz ausgleichen könne.[229]

Dem dürfte allenfalls zu folgen sein, wenn die Pkw-Überlassung schon **vor Antragstellung**/vor dem Bedarfszeitraum erfolgte. An wieder

---

223 Prütting/*Volzmann-Stickelbrock*, BGB, § 100 Rn 2; die Überlassung kann rechtlich sowohl eine Leihe darstellen (BGHZ 82, 345) oder eine Schenkung (BGH NJW-RR 2013, 618).
224 Prütting/*Volzmann-Stickelbrock*, BGB, § 100 Rn 2.
225 Vgl. hierzu z.B. BVerwG v. 30.12.1996 – Az.: 5 B 47.96, n.v.
226 OVG Hamburg FEVS 46, 110 ff.; Bieritz-Harder/*Geiger*, LPK-SGB XII, § 82 Rn 103 m.w.N.
227 OVG Hamburg NVwZ 1995, 400.
228 Bieritz-Harder/*Geiger*, LPK-SGB XII, § 90 Rn 17.
229 OVG Hamburg NVwZ 1995, 400.

anderer Stelle wird die Überlassung eines Pkw durch einen Dritten zur Benutzung regelmäßig weder als geldwertes Einkommen noch als Vermögen angesehen.[230]

Am überzeugendsten ist es, den Sachbezug daraufhin zu prüfen, ob   179
die mit ihm abdeckbaren Bedürfnisse im Regelbedarf enthalten sind. Ist das der Fall, sollte der Regelbedarf angepasst werden. Zur Bedarfsdeckung anderer Regelbedarfe ist er in der Regel nicht geeignet und darf daher keine Berücksichtigung finden.

b) Wohnungs- und Nießbrauchsrecht

Zu den Nutzungsrechten, die in der Praxis häufiger zugewendet wer-   180
den, gehören
– der Nießbrauch (§ 1059 BGB)
– das Wohnungsrecht (§ 1093 i.V.m. § 1092 BGB).

Dinglich sind diese Rechte **verwertungsfest**, denn die §§ 1059, 1069 BGB ordnen an, dass z.b. der Nießbrauch nicht übertragen werden kann. Die **Belastung** des dinglichen Rechts ist **ausgeschlossen**, weil an einem Recht, das nicht übertragbar ist, ein Nießbrauch bzw. ein Pfandrecht nicht bestellt werden kann (§§ 1069 Abs. 2, 1274 Abs. 3 BGB).

Die Unveräußerlichkeit des Rechts wirkt sich sozialhilferechtlich nur   181
dahingehend aus, dass der Inhaber des dinglichen Rechts sich aus dessen Liquidierung der Substanz nicht selbst helfen kann. Er kann aus der **Ausübung des Rechts** seine Bedürftigkeit vermindern; entweder weil er aus der eigenen Nutzung Aufwendungen erspart und seinen Bedarf decken kann oder weil er aus der Nutzung des Rechts Einkünfte ziehen kann.

Der **Nießbraucher** an einem Wohngrundstück kann **Einkommen** aus   182
dessen Nutzung haben. § 1059 S. 2 BGB ordnet an, dass die Ausübung des Nießbrauches einem anderen überlassen werden kann. Zu beachten ist, dass das Recht zur Überlassung der Ausübung aber abdingbar ist.[231] Die Überlassung zur Ausübung begründet einen schuldrechtli-

---

230 Bieritz-Harder/*Geiger*, LPK-SGB XII, § 90 Rn 82.
231 BGHZ 95, 99.

chen Anspruch auf Duldung der Nießbrauchsausübung.[232] Die Abtretung einzelner Ansprüche aus dem Nießbrauchsrecht (z.B. Mietzins-
forderung) ist sogar mit dinglicher Wirkung möglich.[233]

183 Nach § 1092 Abs. 1 S. 2 BGB kann auch die Ausübung einer **beschränkten persönlichen Dienstbarkeit** einem anderen überlassen
werden, wenn die Überlassung gestattet ist. § 1093 BGB zum **Wohnungsrecht** nimmt auf § 1092 BGB Bezug. Das Wohnungsrecht ist
ein Sonderfall der beschränkten persönlichen Dienstbarkeit mit nieß-
brauchsähnlicher Gestaltung, bei dem der Berechtigte ein Gebäude
oder einen Teil eines Gebäudes unter Ausschluss des Eigentümers als
Wohnung benutzen darf (§ 1093 Abs. 1 S. 1 BGB). Der Ausschluss des
Eigentümers von der Benutzung des Gebäudes oder Gebäudeteils ist
unabdingbares Wesensmerkmal des Wohnungsrechts. Der Eigentümer
als solcher ist neben dem Berechtigten nicht nutzungsberechtigt. Familienangehörige und Hauspersonal dürfen ohne besondere Gestattung aufgenommen werden. Sonstigen Dritten darf die Allein- oder
Mitbenutzung nur bei Gestattung nach § 1092 Abs. 1 S. 2 BGB überlassen werden. Ohne Gestattung kann der Eigentümer von dem Berechtigten Unterlassung verlangen, nicht aber etwaigen Mietzins[234]
oder Nutzungsentschädigung.

Das Wohnungsrecht ist abzugrenzen vom **Wohnrecht**. Es liegt vor,
wenn ein Wohnrecht ohne Ausschluss des Eigentümers vereinbart
wurde.[235]

184 Davon ist wiederum das sog. **Altenteilsrecht** nach landesgesetzlichen
Vorschriften abzugrenzen (Art. 96 EGBGB). Der Begriff des Altenteils oder des Leibgedings (§ 49 GBO) ist gesetzlich nicht definiert.
Ein Altenteils- oder Leibgedingsvertrag hat in der Regel die Gewährung des Unterhalts zum Inhalt, wobei dem Altenteiler ein Wohnrecht
an einem bestimmten Teil des überlassenen Grundstücks gewährt
wird. In Verbindung damit soll dem Übernehmer ein Gut oder ein
Grundstück überlassen werden, mit dessen Nutzung er sich eine ei-

---

232 BGHZ 55, 111.
233 RGZ 101, 5.
234 BGHZ 59, 51.
235 OLG Koblenz FamRZ 2001, 225 ff.

gene Lebensgrundlage schaffen und gleichzeitig den dem Altenteiler geschuldeten Unterhalt gewinnen kann. Der Wesenszug eines Altenteils liegt in einem Nachrücken der folgenden Generation in eine die Existenz – wenigstens teilweise – begründende Wirtschaftseinheit unter Abwägung der Interessen des abziehenden Altenteilers und des nachrückenden Angehörigen der nächsten Generation. Auch städtische Grundstücke können mit einem Altenteil belastet werden; dann kann sich der Unterhalt auf einen Teil des gesamten notwendigen Unterhalts des Altenteilers, etwa auf die Gewährung der Wohnung, beschränken. Dieser Versorgungszweck des Vertrags lässt das sonst übliche Gleichgewichtsverhältnis von Leistung und Gegenleistung in den Hintergrund treten.

Zumeist werden in einem Altenteil die Versorgungsansprüche des Berechtigten zusammengefasst. Sie setzen sich zumeist aus einer Kombination von
- beschränkter persönlicher Dienstbarkeit (z.B. Wohnungsrecht) und
- Reallasten (z.B. Geld-, Natural-, Dienstleistungen, Grab- und Grabpflegekosten)
zusammen. **185**

Tritt in einer schuldrechtlichen Vereinbarung demgegenüber der Charakter eines gegenseitigen Vertrages mit beiderseits gleichwertigen Leistungen in den Vordergrund, so wird im Allgemeinen nicht mehr davon ausgegangen, dass es sich um eine Altenteilsvereinbarung handelt. Eine Grundstücksübertragung wird noch nicht allein durch eine Wohnrechtsgewährung mit Pflege- und Versorgungsverpflichtung zum Altenteilsvertrag im Sinne von Art. 96 EGBGB. Das gilt auch dann, wenn ein Teil der Gegenleistung für die Grundstücksübereignung Züge aufweist, die auch einem Altenteil eigen sind. **186**

Ungeachtet der Bezeichnung ist bei der Einräumung eines Rechtes zwischen den eingeräumten Rechten an sich zu unterscheiden. Da es kein einheitliches dingliches Altenteilsrecht gibt, wird die dingliche Sicherung dieses Rechts durch die Eintragung entsprechender dingli- **187** cher Einzelrechte (Reallast für die Rente/Eintragung eines Wohnungsrechts für die Nutzung unter Ausschluss des Eigentümers) bewirkt.[236]

Das Wohnungsrecht – verstanden als Verpflichtung des Eigentümers, die Nutzung der Wohnräume zu dulden – kann sozialhilferechtlich nicht „versilbert" und nicht verflüssigt werden. Die Ausübung des Wohnungsrechtes hat aber Einfluss auf den sozialhilferechtlichen Leistungsanspruch. Würde man die Nutzung der Wohnung – nach dem „Zufluss" des Rechtes als **Einkommen** behandeln, so muss man nach dem Wert dieser Nutzung und danach fragen, in welche Höhe Einkommen angerechnet werden kann. Da das Wohnungsrecht aber nicht zu sonstigen „bereiten" Mitteln im Sinne des Sozialhilferechts monetarisiert werden kann, darf es nach diesseitiger Sicht nur bedürftigkeitsmindernd in Höhe des Bedarfs für Wohnen und ggf. Heizung berücksichtigt werden.[237] Alternativ ist das Wohnungsrecht als Einkommen zu behandeln, das aber nur Bedarfsdeckungseignung in Höhe des sozialhilferechtlichen Bedarfs für Wohnung und ggf. Heizung im Sinne der sozialhilferechtlichen Leistungstatbestände hat.

188 **Beispiel**
Der Wert des Wohnungsrechtes an einer 100 qm großen Wohnung beträgt monatlich 1.000 EUR. Die angemessenen Kosten der Unterkunft für eine Person beziehen sich auf 50 qm und sozialhilferechtlich deutlich niedrigere Unterkunftskosten. Das Wohnungsrecht an der für einen Sozialhilfeempfänger zu großen, aber ansonsten für ihn nicht verwertbaren Wohnung, kann nur zur Deckung der Kosten der Unterkunft eingesetzt werden, nicht aber bedarfsmindernd für die sonstigen sozialhilferechtlichen Bedarfe wie z.B. die Hilfe zur Sicherung des Lebensunterhalts.

189 Die Zuwendung einer Immobilie, bei der sich der Zuwendende ein Wohnungsrecht vorbehält oder ihm vom Zuwendungsempfänger eingeräumt wird, ist als Zuwendung nicht sozialhilfefest, weil Beleihung und Veräußerung im Einzelfall gleichwohl möglich sind. Das kann

---

236 *Frings*, Überleitungsfähigkeit des Wohnungsrechts auf Sozialhilfeträger? Sozialrecht aktuell 2009, 202.
237 In diesem Sinne für den Nutzwert einer „Wohnung im eigenen Haus" auch *Eicher/Mecke*, SGB II, § 11 Rn 86.

aber länger dauern. Auf Grund des Faktizitäts-, Gegenwärtigkeits-
und Bedarfsdeckungsprinzips dürfen Leistungen aber nicht versagt
werden, sondern müssen mindestens darlehensweise erbracht werden.

Zusammenfassung   190
Geld oder werthaltige Gegenstände, die ohne Rückforderungsbe-
lastung an den Bedürftigen zugewendet werden, sind auf dessen
Seite Einkommen oder ggf. auch Vermögen.
Die Zuwendung von Nutzungsrechten ermöglicht dem Sozialhilfe-
träger zwar nicht den Zugriff auf die Substanz. Nutzungsrechte
sind aber geeignet, einzelne konkret in den Regelbedarfen des
SGB II und SGB XII enthaltene Bedarfe zu decken. Sie reduzieren
also den Sozialhilfeanspruch.
Die Zuwendung eines Wohnungsrechtes an behinderte Kinder –
z.b. an Räumen im Elternhaus – sieht die behinderungsrechtliche
Literatur durchaus kritisch.[238] Zu bedenken ist jedenfalls stets, dass
es klarer Regeln bedarf, wenn das Wohnungsrecht, z.b. wegen
Heimpflegebedürftigkeit, nicht mehr ausgeübt werden kann. Möglicherweise entstehen sonst Sekundäransprüche, die ihrerseits wiederum Einkommen sind.

4. Die zugewendete Lebensversicherung auf den Todesfall

Hat der Versicherungsnehmer einen **Bezugsberechtigten auf den To-**   191
desfall bestimmt, erwirbt der Bezugsberechtigte beim Tod des Versi-
cherungsnehmers einen direkten Anspruch gegenüber der Versicherung auf Auszahlung der Versicherungssumme (§§ 328, 331 BGB).[239]

Der Auszahlungsanspruch fällt nicht in den Nachlass. Wird die Forde-   192
rung gegen die Versicherung realisiert und befindet sich der Sozialhilfebezieher im Leistungsbezug, so ist sozialhilferechtlich von **Einkom-**
men auszugehen.[240] Auf den Zeitpunkt des Erbfalles kommt es nicht

---

238 *Castendieck/Hoffmann*, Das Recht der behinderten Menschen, Rn 586 f.
239 Vgl. hierzu *Krauß*, Vermögensnachfolge, Teil C, Kapitel 8 Rn 2915 ff.
240 BSG v. 28.10.2009 – Az.: B 14 AS 62/08 R, Rn 24; LSG Niedersachsen v.
     22.11.2006 – Az.: L 8 AS 325/06 ER; *Castendieck/Hoffmann*, Das Recht der be-
     hinderten Menschen, Rn 601.

an.[241] Hat der Begünstigte noch keinen Antrag auf SGB XII-Leistungen gestellt oder ist er noch nicht bedürftig im Sinne des SGB XII, so ist das Guthaben unter dem Gesichtspunkt des Einsatzes und der Verwertung von **Vermögen** zu betrachten.

193 Erst in einem weiteren Schritt kann dann die Prüfung erfolgen, ob **Schonvermögen** nach § 12 SGB II, § 90 SGB XII vorliegt, das die Entstehung des Sozialhilfeanspruches nicht hindert. Ggf. kann solches auch noch anspruchsunschädlich geschaffen werden.

5. Das Gleichstellungsgeld

194 Bei der Übertragung von Vermögenswerten im Rahmen der **vorweggenommenen Erbfolge** auf einen Abkömmling ordnet der Zuwendende gelegentlich Zahlungen des Übernehmers an seine Geschwister als weichende Erben an. Dabei handelt es sich nicht um direkte Leistungen des Übernehmenden an die weichenden Erben. Es handelt sich vielmehr um Teile der Leistung an den Übergeber und damit im Verhältnis zwischen dem Übergeber und dem weichenden Erben um Zuwendungen im Wege vorweggenommener Erbfolge, ggf. aber auch als Ausstattung.[242]

Grundsätzlich kann ein solches **Gleichstellungsgeld** den Sozialhilfeanspruch hindern oder vernichten.

195 Das BSG hatte einen solchen Fall zu entscheiden. Obwohl der Gleichstellungsanspruch des SGB II-Beziehers während seiner Bedürftigkeit entstanden war, hat das BSG ihn in dieser Entscheidung als Vermögen qualifiziert. Der Senat ist dabei davon ausgegangen, dass „nicht" bereite Mittel Vermögen sind, die trotzdem grundsätzlich zur Existenzsicherung herangezogen werden können. Im Einzelfall könnten dann Vermögensschontatbestände greifen.

196 Nach diesseitiger Ansicht lässt sich dies nur schwerlich mit der sonstigen Rechtsprechung des BSG zur Abgrenzung von Einkommen und Vermögen in Übereinklang bringen. Regelhaft geht es für das BSG

---

241 Berlit/*Meßling-Sartorius*, Existenzsicherungsrecht, Teil I, Kapitel 20, Rn 33.
242 Groll/*Hieke*, Praxishandbuch Erbrechtsberatung, S. 60.

darum, ob eine Forderung vor dem Bedarfszeitraum/der Antragstellung entstanden ist oder danach. Selbst wenn sie vorher entstanden ist, stellt das BSG ansonsten darauf ab, dass die Forderung bei Realisierung selbst dann Einkommen ist, wenn sie zuvor Vermögen war.

Im entschiedenen Fall mangelt es aber tatsächlich an „bereiten" Mitteln. Fehlen „bereite" Mittel, geht es nach diesseitigem Verständnis darum, ob der Hilfebedürftige etwas „zu verzehren" hat oder ansonsten verhungern müsste. Das kann sowohl aus Einkommen als auch aus Vermögen zu prüfen sein. Ist ein Vermögen nicht nach § 90 SGB XII, § 12 SGB II geschont,[243] grundsätzlich aber gleichwohl nicht sofort, aber immerhin noch zeitnah zu „verzehren", hilft das Gesetz mit Darlehen (§§ 91, 24 Abs. 5 SGB II). Sofern der Sozialhilfeträger vollständig leisten muss, bleibt der von Anfang an bestehende Regressanspruch des § 33 SGB II. Das entspricht der Systematik des sozialhilferechtlichen Leistungsverhältnisses zumindest im SGB II.

197

Hinweis

198

Entscheidung der Sozialgerichte aus der Vergangenheit können für die Fallbearbeitung nicht unbesehen übernommen werden. Die Entscheidung des BSG zum Gleichstellungsgeld führt wegen der Qualifizierung als Vermögen von vornherein auf eine rechtlich andere „Prüfungsschiene". Ggf. kann dies im Interesse des Mandanten sein, möglicherweise aber auch nicht.

Fallbeispiel 5: Das gestundete Gleichstellungsgeld

199

K bezog seit dem 1.1.2005 laufend Leistungen zur Sicherung des Lebensunterhalts. Durch notariellen Überlassungsvertrag vom 28.4.2005 übertrug die Mutter des K ihrem ältesten Sohn W (Erwerber) drei Grundstücke. Dieser verpflichtete sich, dem 1953 geborenen Kläger 55.000 EUR zu zahlen, fällig bei dessen Eintritt in die gesetzliche Rente, spätestens jedoch innerhalb von 13 Jahren ab dem 24.8.2005. Für den Kläger wurde eine Sicherungshypothek an einem der übertragenen Grundstücke eingetragen. Der Erwerber

---

243 Bieritz-Harder/*Geiger*, § 91 SGB XII Rn 2 f.; Grube/*Wahrendorf*, SGB XII, § 91 Rn 8.

W verpflichtete sich ferner, dem weiteren Bruder M innerhalb von vier Wochen 50.000 EUR zu zahlen. Das Jobcenter ist der Auffassung, K verfügt über verwertbares Vermögen und will die Leistungen einstellen.

200 K hatte zunächst rechtmäßig Leistungen bewilligt bekommen. Fraglich ist, ob durch das Entstehen des Anspruchs auf das Gleichstellungsgeld die Bedürftigkeit weggefallen ist und Leistungen einfach eingestellt werden dürfen.

Durch die Verpflichtung des W auf Zahlung eines Gleichstellungsgeldes hat K eine werthaltige Forderung erworben. Damit ist nach der herrschenden Auffassung des BSG davon auszugehen, dass es sich um Einkommen i.S.d. §§ 11 ff. SGB II (§§ 82 ff. SGB XII) handelt.[244] Dieses Einkommen ist wegen der Stundung der Forderung aktuell zur Bedarfsdeckung aber nicht geeignet. Mangels „bereiter" Mittel scheitert der Einwand des Sozialleistungsträgers.

201 Fraglich ist dann erst im nächsten Schritt, ob dem K im Rahmen seiner Selbsthilfeverpflichtung zugemutet werden kann, die Forderung auf andere Art zu „bereiten" Mitteln zu machen. Dazu käme ggf. eine Beleihung oder ein Verkauf des Anspruchs in Betracht. In der Regel ist dies allerdings bei einer so langen Stundungsdauer kaum jemals erfolgreich, so dass auch weiterhin Leistungen an K zu erbringen sind. Fraglich ist allerdings, ob der Anspruch des K nicht nach § 33 SGB II auf den Sozialleistungsträger übergeht. Grundsätzlich können auch künftige bzw. künftig fällig werdende Ansprüche übergehen. Wegen der in § 33 SGB II geforderten Zeitraumidentität und des Kausalitätserfordernisses ist allerdings Voraussetzung, dass bei der Entstehung noch Leistungen zur Sicherung des Lebensunterhalt geleistet werden.[245]

Stirbt K vor Fälligkeit, fällt die Forderung auf jeden Fall in die sozialhilferechtliche Erbenhaftung nach § 35 SGB II (§ 102 SGB XII).

---

244 Anders ohne hinreichende Begründung BSG v. 30.8.2010 – Az.: B 4 AS 70/09.
245 Eicher/*Link*, SGB II, § 33 Rn 34, 37, 38.

6. Der Schenkungsrückforderungsanspruch – § 528 BGB

§ 528 BGB regelt in Abs. 1 S. 1:   202

„Soweit ein Schenker nach der Vollziehung der Schenkung außerstande ist, seinen angemessenen Unterhalt zu bestreiten und die ihm seinen Verwandten, seinem Ehegatten, seinem Lebenspartner oder seinem früheren Ehegatten oder Lebenspartner gegenüber gesetzlich obliegende Unterhaltspflicht zu erfüllen, kann er gemäß § 528 BGB von dem Beschenkten die Herausgabe des Geschenkes nach den Vorschriften über die Herausgabe einer ungerechtfertigten Bereicherung fordern."

Durch die Rückforderung der Schenkung nach § 528 Abs. 1 S. 1 BGB   203
soll der Übergeber wieder in die Lage versetzt werden, seinen angemessenen Unterhalt i.S.d. § 1610 BGB selbst zu bestreiten, ohne der Allgemeinheit zur Last zu fallen.[246] Weitergehend soll er aber auch seine eigenen gesetzlichen Unterhaltspflichten weiterhin erfüllen. Das heißt, dass ein Schenkungsrückforderungsanspruch nicht nur dann relevant wird, wenn der jetzt Bedürftige selbst verschenkt hat, sondern auch, wenn seine unterhaltspflichtigen, aber nicht leistungsfähigen Angehörigen etwas verschenkt haben.

Der Schenkungsrückforderungsanspruch hat in der Praxis der Sozial-   204
leistungsträger[247] seine größte Bedeutung, wenn Eltern ins Heim kommen.[248] Die Geltendmachung der Rückgabe eines Geschenkes ist vorrangig gegenüber sozialhilferechtlichen Leistungsansprüchen, aber auch gegenüber familienrechtlichen Unterhaltsansprüchen.

Verfügungen über diesen Anspruch und vertragliche Modifizierungen   205
erscheinen zwar grundsätzlich möglich, zu Lasten der Allgemeinheit sind sie aber nicht wirksam zu vereinbaren.[249] In § 528 BGB steckt

---

246 BGZ 137, 76; 147, 288.
247 Vgl. zur Problematik des Schenkungsrückforderungsanspruchs im Rahmen von § 1836c BGB, der auf die Normen des SGB XII verweist, z.B. OLG Hamm FamRZ 2003, 1873.
248 Exemplarisch Bayerisches LSG v. 11.10.2013 – Az.: L 8 SO 105/13.
249 *Herberger/Sefrin,* juris Praxiskommentar BGB, Bd. 2/2, § 528 Rn 25; *Schwarz,* Vermögensübertragung und Pflegefallrisiko, JZ 1997, 548; *Littig/Mayer,* Sozialhilferegress gegenüber Erben und Beschenkten, Rn 53 ff.

bereits der Grundgedanke der Selbstverantwortung und das Verbot, sich sehenden Auges zu Lasten Dritter bedürftig zu machen.

206 Dass der Schenkungsrückforderungsanspruch im sozialhilferechtlichen Leistungsverhältnis anspruchshindernd bzw. anspruchsmindernd wirkt, ist vollkommen unstreitig. Offen ist heute nur noch die Antwort auf die Frage, ob ein solcher Anspruch Einkommen oder Vermögen[250] im sozialhilferechtlichen Sinne darstellt.[251]

Das BSG hat die Frage z.T. offengelassen,[252] z.T. hat es sie im Sinne eines „Vermögenswertes" beantwortet.[253] In der Rechtsprechung zum Pflegewohngeld wird davon ausgegangen, dass der Anspruch Vermögen ist, weil man sonst kaum zu dem Ergebnis hätte gelangen können, dass er zum Schonvermögen (§ 90 Abs. 3 SGB XII) gehöre, wenn seine Verwertung eine Härte im pflegewohngeldrechtlichen Sinne (§ 12 Abs. 3 PflegeG NRW 2003) darstelle.[254]

Im Sinne der **Zuflusstheorie** zur Abgrenzung von Einkommen und Vermögen wird man wahrscheinlich zu dem Ergebnis kommen, dass der Schenkungsrückforderungsanspruch gleichzeitig mit der Bedürftigkeit entsteht und deshalb sozialhilferechtlich **Einkommen** ist.

207 Der Schwerpunkt der anwaltlichen Auseinandersetzung liegt beim Schenkungsrückforderungsanspruch eindeutig im zivilrechtlichen Teil, nämlich bei der Frage, wie die Unentgeltlichkeit der Zuwendung durch entsprechende Ausgestaltung vermieden werden kann. Oder – wenn eine solche Ausgestaltung unterblieben ist – wie durch nachträglich „**Umwidmung**" oder mittels Ansprüchen aus „**Zweckverfehlung**" und „**fehlgeschlagener Vergütungsvereinbarung**" die Entgeltlichkeit der Zuwendung rechtssicher begründet werden kann (vgl. § 6 Rn 180 ff.).

---

250 In diesem Sinne wohl Bieritz-Harder/*Geiger*, LPK- SGB XII, § 90 Rn 98 ff.
251 Vgl. z.B. LSG NRW v. 4.4.2011 – Az.: L 19 AS 179/10.
252 BSG v. 2.2.2010 – Az.: B 8 SO 21/08 R.
253 BSG v. 16.4.2013 – Az.: B 14 AS 71/72 R, Rn 27; so auch LSG Berlin-Brandenburg v. 13.10.2008 – Az.: L 32 B 1712/08 AS ER.
254 OVG NRW v. 14.10.2008 – Az.: 16 a 1409/07; vgl. auch LSG NRW v. 13.12.2007 – Az.: 16 A 3391/06 (fehlende „bereite" Mittel).

a) Fallbeispiel: Der Schenkungsrückforderungsanspruch des heimpflegebedürftigen Vaters

Fallbeispiel 6: Der Schenkungsrückforderungsanspruch des heimpflegebedürftigen Vaters
Der Vater wendete dem Sohn 2011 einen Betrag von 20.000 EUR zu, damit dieser seine Schulden tilgen konnte. 2014 wird der Vater pflegebedürftig und kann seinen Lebensunterhalt nicht mehr aus eigenen Mitteln erwirtschaften. Der Sozialhilfeträger verweist auf den Schenkungsrückforderungsanspruch gegen den Sohn und verweigert Leistungen. Der Sohn erklärt, zu anderen Leistungen als zu Notfallleistungen bis zur Klärung des Anspruches durch die Gerichte nicht bereit zu sein.

208

Gegen die Ablehnung der Sozialhilfeleistungen ist der Widerspruch zulässig, mit dem der Anspruch auf Leistungsgewährung (Grundsicherung/Hilfe zur Pflege) weiter verfolgt wird.

209

Die Leistungsversagung ist nur dann rechtmäßig, wenn der Hilfebedürftige über einsatzpflichtiges „bereites" eigenes Einkommen oder eigenes Vermögen verfügt. Ob ein **Schenkungsrückforderungsanspruch nach § 528 BGB** überhaupt „bereites" Einkommen oder Vermögen darstellen kann, wird in der Rechtsprechung häufig offen gelassen.[255] Zumeist wird davon ausgegangen, dass ein solcher Anspruch überhaupt nur dann berücksichtigt werden kann, wenn er unproblematisch realisiert werden kann.[256] In der Regel nimmt die Prüfung erhebliche Zeit in Anspruch, z.B. wegen der Prüfung, ob der Beschenkte wegen des Verlustes des eigenen angemessenen Unterhaltes nach § 529 Abs. 2 BGB die Leistung verweigern kann. Wegen der Dauer eines solchen (gerichtlichen) Verfahrens ist in der Regel daher nicht von „bereiten" Mitteln auszugehen[257] (**Faktizitätsprinzip**).

210

So ist auch der vorstehende Fall zu beurteilen. Der Sozialhilfeträger muss vorleisten und kann sich den Anspruch dann im Wege des Sozialhilferegresses durch **Überleitung nach § 93 SGB XII** „zurückholen".

211

---

255 BSG v. 2.2.2010 – Az.: B 8 SO 21/08 R – www.sozialgerichtsbarkeit.de.
256 Vgl. z.B. LSG NRW v. 4.4.2011 – Az.: L19 AS 179/10; LSG NRW v. 28.7.2008 – Az.: L 20 B 51/08 SO ER.
257 Vgl. z.B. OVG NRW v. 13.12.2007 – Az.: 16 A 3391/06, n.v.

Nach SGB II würde der Anspruch durch Legalzession nach § 33 SGB II auf das Jobcenter übergehen.[258]

212　　**Hinweis**
Die hier zitierten Entscheidungen enthalten z.t. interessante Hinweise darauf, dass der Sozialhilfeträger die Geltendmachung des Schenkungsrückforderungsanspruches aus Gründen des § 16 SGB XII nicht geltend machen dürfe. Nach § 16 SGB XII sollen Leistungen der Sozialhilfe die besonderen Verhältnisse in der Familie des Leistungsberechtigten berücksichtigen. Die Sozialhilfe soll die Kräfte der Familie zur Selbsthilfe anregen und den Zusammenhalt der Familie festigen. Es müsse also auch immer geprüft werden, ob ein Fall vorliege, bei dem die Selbsthilfe im Einzelfall nicht gefordert werden dürfe, weil sie unzumutbar ist.[259]
Demgegenüber kann eine Prüfung, dass die Verwertung des Schenkungsrückforderungsanspruchs wegen Härte (§ 90 Abs. 3 SGB XII, § 12 Abs. 3 Nr. 6 SGB II) ausscheidet, nur dann kommen, wenn man den Anspruch als Vermögen im Sinne von SGB XII bzw. SGB II ansieht.

b) Fallbeispiel: Die verschenkten Erbschaftsmittel

213　　**Fallbeispiel 7: Die verschenkten Erbschaftsmittel**
Die Antragstellerin bezog Leistungen nach dem SGB XII, deren Weitergewährung die Sozialleistungsträger vier Jahre nach dem Erbfall versagte, weil die Klägerin Barvermögen aus einer Erbschaft nach ihrem Bruder erhalten habe. Die A macht geltend, die Erbschaft an ihre Tochter verschenkt zu haben, weil sie von dem Bruder in ihrer Kindheit missbraucht worden sei und von ihm nicht erben wolle. Diese habe das Geld verbraucht.

214　Die Rechtsprechung hat diesen Fall wie folgt entschieden:
- Ein Hilfebedürftiger kann nicht auf einen Erbanspruch verwiesen werden, wenn ihm die Mittel nicht mehr zur Verfügung stehen.

258　Eicher/*Link*, SGB II, § 33 Rn 33.
259　Vgl. z.B. LSG NRW v. 28.7.2008 – Az.: L 20 B 51/08 SO ER; SG Duisburg v. 13.11.2007 – Az.: S 10 AS 160/07.

– Ein Verweis auf einen **Schenkungsrückforderungsanspruch** kann nicht erfolgen, wenn eine Verwirklichung oder Durchsetzung des Anspruchs kurzfristig nicht möglich ist[260] (Prinzip der „bereiten" Mittel und Wiederherstellung des Nachrangs durch Überleitung).

– Die Sozialhilfe darf auch nicht auf das bis zum Lebensunterhalt Unerlässliche eingeschränkt werden. § 26 Abs. 1 Nr. 1 SGB XII (im SGB II nach § 1 Abs. 2 Nr. 1 SGB II) ist nicht bereits dann einschlägig, wenn der Leistungsempfänger sicher weiß, dass er infolge der Einkommens- und Vermögensminderung hilfebedürftig werden wird. Andererseits genügt es, wenn sich der Leistungsempfänger bei der Einkommens- und Vermögensminderung maßgeblich davon hat leiten lassen, auf diese Weise die Voraussetzungen für die staatliche Hilfeleistung zu schaffen.[261] Das ist nicht der Fall, wenn die A wie hier aufgrund eines in der Vergangenheit erlittenen **sexuellen Missbrauches** durch ihren Bruder keine Zahlungen aus der Erbschaft erhalten wollte[262] (Begrenzung der Selbsthilfeverpflichtung aus Zumutbarkeitsgesichtspunkten).

Im vorliegenden Fall hätte sicherlich auch noch eine Kontrollüberlegung zum richtigen Ergebnis verholfen. Wenn ein Abkömmling nach der Pflichtteilsverzichtsentscheidung des BGH[263] verzichten und ausschlagen kann, dann muss es ihm auch möglich sein, an denjenigen zu verschenken, der ansonsten der Begünstigte der Ausschlagung geworden wäre. Offen bleibt lediglich, ob man diese Überlegungen auch anstellen kann für das Verschenken an einen Nichtpflichtteilsberechtigten.   215

II. Probleme im Zusammenhang mit Nutzungsrechten und Pflegeversprechen

Wenn Gegenstand eines Überlassungsvertrages auch Pflege- und Versorgungsverpflichtungen oder Zahlung von Geldrenten sind, dann gibt die vertragliche Verpflichtung dem Übergebenden einen An-   216

---

260 Vgl. zum SGB II Eicher/*Mecke*, SGB II, § 12 Rn 27.
261 LSG Berlin-Brandenburg – Az.: L 23 B 146/07 SO ER.
262 LSG Berlin-Brandenburg – Az.: L 23 B 146/07 SO ER.
263 BGH 188, 96.

spruch auf Erfüllung. Dieser Anspruch mindert den sozialhilferechtlichen Bedarf oder stellt einen sozialhilferelevanten Zufluss dar.

Aber was ist, wenn der Anspruch nicht mehr in Anspruch genommen werden kann? Ob Pflegeversprechen und Wohnrechte monetarisiert werden können, ist im Einzelfall zu prüfen und von der Vereinbarung abhängig. Geldrentenansprüche, die an die Stelle der ursprünglichen Ansprüche treten, sind ohne jeden Zweifel sozialhilfeschädliche Einkünfte. Wenn ausdrücklich aber nichts vereinbart ist, beginnen die Probleme. Kann man ohne Weiteres auf die vereinbarten Rechte verzichten? Treten Ausgleichsansprüche an deren Stelle? Kommen Bereicherungsansprüche in Betracht?

1. Der Verzicht auf Ansprüche – ein Schenkungstatbestand?

217 § 517 BGB bestimmt, dass eine Schenkung nicht vorliegt, wenn jemand zum Vorteil eines anderen einen Vermögenserwerb unterlässt oder auf ein angefallenes, noch nicht endgültig erworbenes Recht verzichtet oder eine Erbschaft oder ein Vermächtnis ausschlägt. Folglich kann auch kein Schenkungsrückforderungsanspruch entstehen. In allen anderen Fällen, kann der Verzicht auf eine vermögenswerte Rechtsposition schuldrechtlich mit einer Schenkung einhergehen, die zu einem sozialhilfeschädlichen Schenkungsrückforderungsanspruch führen kann.

218 Im ausdrücklichen **Verzicht auf ein Wohnungsrecht** kann eine solche Schenkung liegen, solange die Wiederaufnahme der Wohnungsnutzung durch den Inhaber in Betracht kommt. Besteht jedoch das Interesse an der Wiederaufnahme der Wohnungsnutzung endgültig nicht mehr, verliert das Wohnungsrecht nach der Rechtsprechung des BGH zu § 1804 BGB seinen Nutzwert. Da es auch durch Vermietung nicht fruchtbar gemacht werden könne – so der BGH – verliere es seinen Vermögenswert insgesamt. Der **Verzicht auf ein wertlos gewordenes Wohnungsrecht** erfülle nicht mehr den Begriff einer Schenkung. Die Rechtsposition, die der Berechtigte dann noch innehabe, entfalte lediglich eine Sperrwirkung, weil niemand mehr die Räume nutzen könne. Der Grundstückseigentümer sei wegen des fortbestehenden Wohn-

rechts ohne Zustimmung nicht befugt, die Räume selbst zu nutzen oder Dritten zu überlassen.[264]

Ob mit dieser Entscheidung zu § 1804 BGB beim Verzicht auf ein Wohnungsrecht endgültig davon auszugehen ist, dass keine Schenkung vorliege, ist offen. Das OLG Nürnberg tritt dem entgegen.[265] Auch bei einem nur formalen Weiterbestand des Wohnungsrechts sei nicht von der Wertlosigkeit des Wohnungsrechtes auszugehen. Dies zeigt sich richtigerweise daran, dass die Verwertbarkeit eines betroffenen Hausgrundstückes mit einem Wohnungsrecht erheblich beeinträchtigt ist.[266]

Bei einem nur formalen Weiterbestand des Wohnungsrechts ist danach auch weiterhin nicht ohne weiteres von dessen Wertlosigkeit auszugehen. In einer erteilten notariellen Löschungsbewilligung bezüglich eines Wohnungsrechts liegt nach der Entscheidung des OLG Nürnberg die Zuwendung eines Vermögensbestandteils und somit eine Schenkung.[267]

Die Literatur stützt dies. Stets soll danach darauf zu achten sein, ob der Verzicht auf ein Wohnungsrecht für den Berechtigten Vorteile – etwa im Hinblick auf Erhaltungs- oder Kostentragungspflichten – darstellt. Bereits dort, wo ein Wohnungsrecht sich für den Betreuten nicht nachteilig auswirke, etwa weil ihn keine Pflichten träfen, komme ein (entschädigungsloser) Verzicht nicht in Betracht.[268]

Nach wie vor kann ein solcher Verzicht daher bedeuten, dass ein Schenkungsrückforderungsanspruch entsteht, der sich im Sozialhilferecht anspruchsvernichtend für den Leistungsanspruch auswirkt.

Hinweis

Sozialhilfeträger vertreten z.T. die Auffassung, dass dem Bedürftigen ein **entgeltlicher Verzicht** auf ein Wohnungsrecht als **Selbst-**

219

220

---

264 BGH v. 25.1.2012 – Az.: XII ZB 479/11.
265 OLG Nürnberg MDR 2014, 22.
266 BGH ZEV 2000, 113.
267 OLG Nürnberg MDR 2014, 22.
268 *Zimmer*, Verzicht auf im Grundbuch eingetragene Rechte durch den Betreuer, NJW 2012, 1919.

hilfemöglichkeit im sozialhilferechtlichen Sinne zuzumuten ist. Das ist bisher nicht entschieden, aber ohne ausdrückliche vertragliche Regelung grundsätzlich abzulehnen. Grundsätzlich erfolgt die Aufgabe nach § 875 BGB durch Erklärung des Berechtigten, dass er das Recht aufgebe und die Löschung des Rechts im Grundbuch. Eine Entgeltlichkeitsabrede ist damit vom anderen nicht zu erzwingen. Notarielle Verträge enthalten gelegentlich eine **einseitige Aufgabemöglichkeit** des Berechtigten **Zug um Zug** gegen Gewährung eines ausdrücklich vorab bestimmten **Wertersatzes**. In der Literatur wird dazu vertreten, dass kein Ersatzanspruch entstehe, auch wenn die Aufgabeerklärung später nicht erfolge, denn eine Obliegenheit zur Aufgabe und der damit verbundenen Erlangung der vertraglichen Entschädigungsforderung könne im Falle der Sozialhilfebedürftigkeit ebenso wenig bestehen wie bei der Entscheidung über die Annahme einer Erbschaft. Eine solche Klausel sei auch nicht sittenwidrig. Das Recht zur Aufgabe sei auch nicht überleitbar.[269] Zwischenzeitlich hat der BGH zivilrechtlich sogar ein vereinbartes Ruhen der Rechte auf Kost und Pflege sowie auf Wohnungsnutzung im Falle von Heimpflegebedürftigkeit unbeanstandet gelassen. Solche allein dem Übergeber vorbehaltenen Entscheidungen bildeten keinen Anknüpfungspunkt für eine Sittenwidrigkeit.[270] An der Behauptung, es bestehe kein Obliegenheit, ein Gestaltungsrecht auszuüben, dass zu einem Geldzufluss führt, kann man sozialhilferechtlich allerdings Zweifel haben. Es gilt der Selbsthilfegrundsatz und es gibt sozialrechtliche Mitwirkungspflichten. Hier droht die Versagung von Leistungen, wenn die Möglichkeiten zur Selbsthilfe ignoriert werden.

2. Das nicht mehr ausgeübte Wohnungsrecht/Altenteil

221 Zu den Klassikern lebzeitiger Zuwendungen gehört die Hausübergabe. In Verträgen aus der Vergangenheit hat man häufig Wohnungsrechte und/oder „Pflege und Wart" vereinbart. Gibt es solche Ansprüche, so sind sie sozialhilferechtlich unter dem Gesichtspunkt des be-

---

269 *Everts*, Wohnungsrecht und Heimaufnahme, ZEV 2004, 498.
270 BGH v. 6.2.2009 – Az.: V ZR 130/08.

darfs-, bzw. bedürftigkeitsmindernden Einkommens oder Vermögens zu prüfen.

Über die Frage, ab wann solche Ansprüche erlöschen und ob dafür im Falle dauernder Pflegeheimbedürftigkeit Kompensationsleistungen zu erbringen sind, haben sich die Vertragsparteien früherer Zeiten häufig keine Gedanken gemacht.

Die Diskussion, ob man aus einem nicht mehr ausgeübten **Wohnungs-** **recht** einen **geldwerten Zahlungsanspruch** ableiten und es damit im sozialhilferechtlichen Sinn als Einkommen oder Vermögen bedarfs- oder bedürftigkeitsmindernd nutzbar machen kann,[271] ist bisher noch nicht abschließend zu Ruhe gekommen. Z.T. wird in der Kommentarliteratur vertreten, dass der Nutzungsberechtigte eines nicht ausgenutzten Wohnungsrechts vor Einsatz der Sozialhilfe darauf verwiesen werden könne, anrechenbares Einkommen zu erzielen.[272] Das ist aber im Rahmen der gesetzlichen Ausgestaltung eines Wohnungsrechts nicht ohne weiteres vorstellbar.

222

Ein Wohnungsrecht erlischt grundsätzlich dann, wenn seine Ausübung aus tatsächlichen oder rechtlichen Gründen **dauernd unmöglich** wird. Das ist der Fall, wenn das Recht objektiv niemandem mehr einen Vorteil bietet. Es erlischt aber **nicht** generell dadurch, dass ein Berechtigter es subjektiv, z.B. wegen Heimunterbringung, nicht mehr ausüben kann.[273] Das gilt selbst dann, wenn das Hindernis auf Dauer besteht. Dem Berechtigten bleibt nach § 1090 Abs. 1 S. 2 BGB die Möglichkeit, **mit Gestattung des Grundstückseigentümers** die Ausübung seines Rechts einem anderen zu überlassen und dadurch für sich einen Mietanspruch gegen den Besitzer der dem Recht unterliegenden Räume zu begründen. Das passiert aber in den praktisch relevanten Fällen so gut wie nie.

223

Etwas anderes gilt, wenn Ausgleichspflichten gesetzlich geregelt sind. Kann der Berechtigte sein Wohnungsrecht nicht mehr ausüben, so sehen die gemäß **Art. 96 EGBGB** fortgeltenden landesrechtlichen Vorschriften zum **Leibgedingsrecht** überwiegend vor, dass eine dem Wert

224

---

271 Z.B. BGH FamRZ 2007, 632 ff.; OLG Oldenburg ErbR 2008, 27 ff.
272 Bieritz-Harder/*Geiger*, LPK-SGB XII, § 90 Rn 17.
273 BGH v. 19.1.2007 – Az.: V ZR 163/06; OLG Celle NZM 1998, 929.

der Befreiung nach billigem Ermessen entsprechende **Geldrente**[274] zu entrichten ist, wenn der Berechtigte aus besonderen Gründen das Grundstück auf Dauer verlässt. Das ist in der Regel zu bejahen, wenn der Berechtigte sein Wohnungsrecht und die Naturalleistungsansprüche wegen dauernder Heimunterbringung nicht mehr ausüben kann.[275]

225 Das gilt auch im Rahmen des Art. 15 § 9 Abs. 3 PrAGBGB. Eine solche Geldrente ist eigenes Einkommen im Sinne von §§ 82 ff. SGB XII, §§ 11 ff. SGB II und sozialhilferechtlich vom Hilfebedürftigen einzusetzen.[276] Für die rechtliche Einstufung eines Vertrages als Leibgedingvertrag im Sinne des Art. 15 PrAGBGB wird aber vorausgesetzt, dass ein Hof oder ein Grundstück dem Angehörigen als Gut überlassen wird, mit dessen Nutzung er sich eine eigene Lebensgrundlage schaffen und gleichzeitig die dem Altenteiler versprochenen Leistungen aufbringen kann.[277]

226 Außerhalb dieser besonderen Überlassungsform hat der BGH zur Prüfung von – sozialhilfeschädlichen – Ersatzansprüchen für die ausgefallene Wohnungsnutzung ursprünglich das Institut des **Wegfalls der Geschäftsgrundlage** herangezogen. Diese Rechtsprechung wurde durch eine zweite Entscheidung des BGH dahingehend relativiert, dass bei der Vereinbarung eines lebenslangen Wohnungsrechts eigentlich jeder Vertragsteil damit rechnen müsse, dass der Berechtigte sein Recht wegen Krankheit und Pflegebedürftigkeit nicht bis zum Tod ausüben könne. Trete dieser Fall ein, fehle es an einer für die gerichtliche Vertragsanpassung unvorhergesehenen Änderung der Umstände, die Geschäftsgrundlage geworden sind. Dann könne eine **ergänzende Vertragsauslegung** allerdings einen Geldanspruch des Berechtigten begründen.[278]

227 Die untergerichtliche Rechtsprechung verhielt sich hierzu zurückhaltend und prüfte sorgfältig, ob dem Eigentümer mit dem Auszug auto-

---

274 Vgl. z.B. OLG Celle v. 20.3.2006 – Az.: 7 W 135/05 (L).
275 Vgl. hierzu *Everts*, Wohnungsrecht und Heimaufnahme, ZEV 2004, 496.
276 Vgl. Bieritz-Harder/*Geiger*, LPK-SGB-SGB XII, § 90 Rn 104 ff.
277 Vgl. z.B.: OLG Hamm NJW-RR 1996,1361.
278 BGH v. 17.1.2007 – Az.: V ZR 163/06.

matisch Vorteile des Wohnungsrechts zugeflossen seien.[279] Das OLG
Oldenburg verneinte die Umwandlung des Wohnungsrechts in einen
Zahlungsanspruch. Dies **zwinge** den Eigentümer faktisch zum Abschluss eines **Mietvertrags mit allen Rechten** und Pflichten. Dies
entferne sich aber weit von den ursprünglich übernommenen Pflichten
und sei **nicht zumutbar.**[280]

Mit **weiteren Entscheidungen des BGH**[281] scheint das Problem jetzt   228
weitergehend eingegrenzt. Klargestellt wird, dass ein Wohnungsrecht
Geldersatzansprüche auch dann **nicht begründet,** wenn der Berechtigte es aufgrund der Gestattung des Eigentümers einem anderen zur
Ausübung überlassen dürfe. Ein Wegfall der Geschäftsgrundlage
komme überhaupt nur dann in Betracht, wenn eine Regelungslücke
festzustellen sei. Heimpflegebedürftigkeit werde aber im Regelfall vo-
rausgesehen; es sei daher **ergänzende Vertragsauslegung** nötig:
– Sei die Möglichkeit eines Wegzugs nicht bedacht worden oder in
  der unzutreffenden Annahme, das Wohnungsrecht würde dann erlöschen, irrtümlich für nicht regelungsbedürftig gehalten, sei eine
  ergänzende Vertragsauslegung möglich und geboten.
– Bei der Ergänzung des Vertragsinhalts sei darauf abzustellen, was
  redliche und verständige Parteien in Kenntnis der Regelungslücke
  nach dem Vertragszweck und bei sachgemäßer Abwägung ihrer
  beiderseitigen Interessen nach Treu und Glauben vereinbart hätten.
– So könne vieles dafür sprechen, den Vertrag dahingehend auszulegen, **dass der Eigentümer berechtigt sein solle, die Wohnung
  zu vermieten.** Bei der Feststellung, wem die Einnahmen aus der
  Vermietung zustünden, sei zu berücksichtigen, dass das Wohnungsrecht i.d.R. einen Teil der Altersvorsorge des Berechtigten darstelle.
  Ein Grund, weshalb der Umzug ins Pflegeheim zu einer wirtschaftlichen Besserstellung des Eigentümers führen sollte, sei nicht erkennbar.

---

279 OLG Celle v. 15.10.2007 – Az.: 4 W 195/07.
280 OLG Oldenburg ErbR 2008, 27 ff.
281 BGH DNotZ 2008, 703 ff.; hierzu ausführlich *Mayer,* Wohnungsrecht und Sozial-
     hilferegress, DNotZ 2008, 672 ff.

229 Kommt man also zu einer solchen Auslegung, dann hat der Berechtigte einen **Anspruch auf Herausgabe der vereinnahmten Miete**, die sozialhilferechtlich wiederum als Einkommen einzusetzen ist.[282]

Der BGH hat aber auch ausgeführt, dass eine **Verpflichtung** des Eigentümers **zur Vermietung** dem hypothetischen Parteiwillen in der Regel nicht entspreche. Es sei im Zweifel ebenso wenig anzunehmen, dass eine eigene private Nutzung oder die **Nutzung durch einen nahen Familienangehörigen** die Verpflichtung auslöse, ein Nutzungsentgelt zu zahlen.[283] Eigennutzung und Nutzung durch enge Familienangehörige können danach im Regelfall **keine geldwerten Ansprüche** mehr auslösen.[284]

230 Es bleibt die Frage zu beantworten, wie zu verfahren ist, wenn der Eigentümer die Immobilie nach Verlassen des Wohnungsberechtigten weitervermietet hat. Nach der Rechtsprechung des BGH kommt es primär darauf an, ob die Nutzungen dem Wohnungsberechtigten deshalb zuzuweisen sind, weil dieser seinerseits einen Anspruch gegen den Eigentümer auf Gestattung der Vermietung hat. Fehlt es an einer solchen Vereinbarung führt die ergänzende Auslegung des Bestellungsvertrags im Regelfall nicht zu einer Pflicht des Eigentümers, die Vermietung durch den Wohnungsberechtigten zu gestatten.[285] Aus § 242 BGB lässt sich eine solche Pflicht ohne weitere besondere Umstände auch nicht herleiten.[286]

Die untergerichtliche Rechtsprechung folgt dem und negiert ausdrücklich das vom BGH auch angebrachte Argument, dass die Weiterverwertung des Wohnungsrechtes dem Wohnungsberechtigten zukommen solle, wenn das Wohnungsrecht aus Gründen der Altersvorsorge vereinbart war. Sie sieht den Sozialleistungsträger in der Darlegungs- und Beweislast dafür, dass die Parteien tatsächlich eine

---

282 *Müller*, Der Rückgriff gegen Angehörige von Sozialleistungsempfängern, Rn 137.
283 BGH v. 9.1.2009 – Az.: V ZR 168/07.
284 *Müller*, Der Rückgriff gegen Angehörige von Sozialleistungsempfängern, Rn 138.
285 BGH NJW 2012, 3572, Rn 17.
286 BGH NJW 2012, 3572, Rn 17, mitzulesen ist allerdings der Nebensatz der Begründung, aus der sich ergibt, dass die Pflegekosten von der Wohnungsberechtigten auch aus anderen Mitteln bezahlt werden konnten und insoweit keine Abhängigkeit zur Sozialhilfebedürftigkeit bestand.

solche Vereinbarung getroffen hätten, wenn sie von dem Problem gewusst hätten.[287] Eine Vereinbarung, nach der dem Eigentümer der Immobilie die Mieterträge verbleiben sollen, sei ebenso wie die Löschung des Wohnungsrechtes unbedenklich und rechtlich zulässig. Es liege daher nahe, dass ein berechtigter Elternteil seinen Kindern sämtliche Vorteile aus der Vermietung hätte zukommen lassen, um diese nicht mit Forderungen des Pflegegeldträgers zu belasten. Eine Vermietung sei immer auch mit erheblichen Auswendungen verbunden und könne zu massiven Unannehmlichkeiten führen, was zu berücksichtigen sei.[288]

Einen Anspruch aus ungerechtfertigter Bereicherung (§ 812 Abs. 1 S. 1 BGB) wegen des fehlenden Rechts auf Vermietung lehnt die Rechtsprechung ebenfalls ab, da das Wohnungsrecht auf ein höchstpersönliches Nutzungsrecht beschränkt ist und dem Wohnungsberechtigten kein Recht auf Vermietung zusteht, liegt in der unberechtigten Vermietung kein Eingriff in die Rechtsposition des Berechtigten. Der Vermietende hat sich deshalb nicht auf dessen Kosten bereichert.[289]

3. Ansprüche aus unmöglich gewordener Pflege

Wenn ein Hilfebedürftiger im Rahmen einer (wegen Ablauf der Zehnjahresfrist oder Gegenleistungen) „sozialhilfefest" vereinbarten vorweggenommenen Erbfolge Pflegeleistungen des Zuwendungsempfängers beanspruchen kann, dann stellt sich die Frage, welchen Einfluss dies auf den Anspruch des Betroffenen auf **ambulante Hilfen zur Pflege** nach §§ 61 ff. SGB XII hat. 231

Nach Rechtsprechung und Kommentarliteratur soll es sich bei der geschuldeten Pflegeleistung um **Einkommen** handeln, das ganz oder teilweise auf das Pflegegeld anzurechnen ist.[290] Wenn diese Pflege we- 232

---

287 OLG Köln v. 25.6.2014 – Az.: 11 U 13/14; OLG Hamm NJW-RR 2010, 1105, Rn 35, dass bereit eine ergänzende Vertragsauslegung insgesamt als unzulässig in solchen Fällen ablehnt.
288 OLG Köln v. 25.6.2014 – Az.: 11 U 13/14.
289 BGH NJW 2012, 3572, Rn 11; OLG Hamm NJW- RR 2010, 1105, Rn 39; OLG Köln v. 25.6.2014 – Az.: 11 U 13/14 Rn 15.
290 Bieritz-Harder/*Geiger*, LPK-SGB XII, § 90 Rn 106.

gen der Notwendigkeit einer **stationären Aufnahme** nicht mehr möglich ist, stellt sich ein ähnliches Problem wie bei der Aufgabe des Wohnungsrechts. Kann die Pflegeverpflichtung, von der der Zuwendungsempfänger befreit wird, „zu Geld" und damit zu Einkommen im Sinne des SGB II und SGB XII gemacht werden?

233 Kommen gemäß Art. 96 EGBGB fortgeltende landesrechtliche Vorschriften zum Leibgedingsrecht zur Anwendung, dann kann ein Anspruch auf Geldrente entstehen, wenn der Berechtigte aus besonderen Gründen das Grundstück auf Dauer verlässt (z.B. Art. 18 Bay-AGBGB, Art. 15 § 9 Abs. 3 PrAGBGB). Der Wert der Befreiung wird nach billigem Ermessen festgelegt. Der Wegfall der Wart- und Pflegeverpflichtung wird zumeist am entfallenen täglichen Stundenaufwand gemessen.

Die **Umwandlung eines Pflege- und Wartungsrechts** außerhalb eines Altenteilvertrages in einen **Anspruch auf Zahlung** ist durch den BGH[291] und die untergerichtliche Rechtsprechung[292] mit zunehmend restriktiver Tendenz beurteilt worden, wenn die Beteiligten nicht ausdrücklich dazu eine gesonderte vertragliche Regelung getroffen haben. Der BGH hat einen solchen Anspruch auf die Fälle
– der professionell vereinbarten Pflege
– der vom Verpflichteten zu vertretenden Gründen der Unmöglichkeit, die vereinbarte Pflege zu erbringen
begrenzt.

234 Für den Fall, dass **ausdrücklich auf die Vereinbarung eines Surrogates** für den Fall der Heimaufnahme **verzichtet wurde**, lehnt es der BGH ab, dies pauschal als sittenwidrig anzusehen. Ein solcher Vertrag sei – ohne das Hinzutreten weiterer Umstände – nicht nach § 138 BGB sittenwidrig, weil die Rechtsordnung auch zulasse, dass der Hilfebedürftige die Immobilie ohne jede Gegenleistung zulässigerweise verschenken könne.[293]

---

291 BGH NJW 2010, 2649.
292 OLG Köln v. 25.6.2014 – Az.: 11 U 13/14 Rn 16.
293 BGH v. 6.2.2009 – Az.: V ZR 130/08.

Übergabeverträge nehmen in der Regel eine Erbfolge vorweg und   235
haben den Charakter einer **gemischten Schenkung**. Der Übernehmer
ist zwar, schon im Hinblick auf die engen persönlichen Beziehungen,
bereit, Versorgungsleistungen wie Unterbringung, Beköstigung und
Pflege zu erbringen. Er nimmt jedoch lediglich den damit verbundenen relativ geringen finanziellen Aufwand in Kauf, möchte seine Lebensführung aber nicht mit zusätzlichen Zahlungsverpflichtungen belasten. Eine von solchen Beweggründen getragene Regelung ist – ohne
Hinzutreten besonderer Umstände – nicht unanständig und verstößt
daher nicht gegen die guten Sitten, auch wenn sie zur Folge haben
kann, dass der Träger der Sozialhilfe eintreten muss.

Der Umstand, dass eine Immobilie infolge der Übertragung nicht   236
mehr als Vermögensgegenstand zur Verfügung steht, der für die Heimunterbringungskosten verwertet werden könnte, spielt für die Frage
der **Sittenwidrigkeit** keine Rolle. Einen Elternteil trifft grundsätzlich
keine Verpflichtung, über die Leistungen an die gesetzliche Rentenversicherung hinaus für sein Alter vorzusorgen. Er ist in seiner Entscheidung frei, sein Haus gegen eine Gegenleistung zu übertragen, die
dessen Wert nicht erreichte; er kann es auch ohne Gegenleistung übertragen. Solche allein ihm vorbehaltenen Entscheidungen bilden keinen
Anknüpfungspunkt für Überlegungen zur Sittenwidrigkeit.[294]

Sind die Beteiligten eines Übergabevertrages bei dessen Abschluss   237
davon ausgegangen, der Übergeber könne im Alter zu Hause gepflegt
werden und haben deshalb **keine Regelung für den Fall des Umzugs**
in ein Senioren- oder Pflegeheim getroffen, so ist **ergänzende Vertragsauslegung** geboten.[295] Kann der Übernehmer die in einem Übergabevertrag vereinbarte Verpflichtung zur umfassenden Pflege des
Übergebers wegen dessen medizinisch notwendiger Unterbringung in
einem Pflegeheim nicht mehr erfüllen, muss er **ohne entsprechende
Abrede**
– die Kosten der **Heimunterbringung** nicht tragen,

---

294 BGH v. 6.2.2009 – Az.: V ZR 130/08.
295 BGH NJW 2010, 2649, Rn 16 ff.; BGH v. 9.1.2009 – Az.: V ZR 168/07, NJW
      2009, 1348 [für ein Wohnrecht]; BGH v. 21.11.2002 – Az.: V ZB 40/02, NJW 2003,
      1127; BGH v. 23.11. 2003 – Az.: V ZB 48/02, NJW-RR 2003,

– sich an den Kosten in Höhe seiner **ersparten Aufwendungen** beteiligen,[296] wenn die Verpflichtungen des Übernehmers zur **Alterssicherung** des Übergebers beitragen oder diese umfassend gewährleisten.[297]

238 Der Umfang der ersparten Aufwendungen richtet sich nach dem **Inhalt der ursprünglichen Verpflichtung** zu „Wart und Pflege": An die Stelle nicht mehr zu erbringender **Sachleistungen** treten Zahlungsverpflichtungen, die den **Wert der ersparten Aufwendungen** für diese Leistungen abschöpfen.[298]

Hinsichtlich **vereinbarter Pflege- und sonstiger Dienstleistungen** (z.B. Reinigung von Wohnung und Bekleidung, Zubereitung von Mahlzeiten) ist zu differenzieren: Sind die Parteien bei Vertragsabschluss übereinstimmend davon ausgegangen, dass der Übernehmer hierfür eine Hilfskraft engagiert und bezahlt, zählt das Entgelt für die Hilfskraft zu den infolge des Heimaufenthalts ersparten Aufwendungen. Dagegen tritt **an die Stelle von persönlich zu erbringenden Pflege- und Dienstleistungen,** die nach der Vorstellung der Vertragsparteien von dem Übernehmer oder dessen Familienangehörigen erbracht werden sollten, **kein Zahlungsanspruch** des Übergebers wegen der ersparten Zeit.[299]

4. Fallbeispiel: Das nießbrauchbelastete Geschenk

239 **Fallbeispiel 8: Das nießbrauchbelastete Geschenk**
Der Enkel E (28 Jahre alt) bekommt von seiner Großmutter ein Haus geschenkt, das mit einem lebenslangen Nießbrauch zugunsten seiner Mutter (46) belastet ist. Er verliert seinen Job und wird nach Auslaufen des Arbeitslosengeldes I (SGB III) hilfebedürftig („Hartz-IV"). Der Sozialleistungsträger bewilligt Grundsicherung nach SGB II darlehensweise, weil B über eine Immobilie verfügt, die er verwerten kann und muss (§ 24 Abs. 5 SGB II).

---

296 BGH NJW 2002, 440; NJW-RR 2003, 577.
297 BGH v. 29.1.2010 – Az.: V ZR 132/09.
298 BGH v. 23.11.2003 – Az.: V ZB 48/02, NJW-RR 2003, 578.
299 BGH v. 29.1.2010 – Az.: V ZR 132/09.

E ist nach § 9 Abs. 4 SGB II hilfebedürftig und hat einen Anspruch   240
auf Grundsicherung für Arbeitsuchende. Grundsätzlich könnte seine
Hilfebedürftigkeit aber entfallen, weil er über eine Immobilie verfügt,
die ihm bereits vor seiner Bedürftigkeit „zugeflossen" war. Wäre die
Zuwendung erst während der Bedürftigkeit des E erfolgt, dann wäre
die Immobilie nach der Zuflusstheorie des BSG Einkommen. Im vorliegenden Fall ist sie sozialhilferelevantes **Vermögen** im Sinne von
§ 12 SGB II. Diese Immobilie bewohnt der E nicht selbst, mindert
also damit nicht seinen sozialhilferechtlichen Bedarf. Aus der Immobilie kann er kein Einkommen erzielen, weil seiner Mutter ein Nießbrauch eingeräumt ist. Er ist also in der aktuellen Situation faktisch
bedürftig und Leistungen dürfen mangels „bereiter" Mittel – ohne
weitere Prüfung – nicht versagt werden.

Erst auf einer weiteren Stufe stellt sich die Frage, wie die Leistungen   241
zu erbringen sind. Kann E das Geschenk seiner Großmutter verkaufen
oder gefahrlos beleihen und belasten, greift das **Subsidiaritätsprinzip**.
E muss sich selbst helfen. § 24 Abs. 5 SGB II (§ 37 im SGB XII) regelt
für diesen Fall ausdrücklich, dass die Leistungen dann als **Darlehen**
zu gewähren sind.

Sozialhilfedarlehen sind aber eine „systemfremde Ausnahmeerschei-   242
nung."[300] Für eine lediglich darlehensweise Gewährung von Leistungen reicht es deshalb nicht aus, dass dem Hilfesuchenden Vermögen
zusteht, wenn in dem Zeitpunkt, in dem die Darlehensgewährung
erfolgen soll, **bis auf weiteres** nicht absehbar ist, ob er einen wirtschaftlichen Nutzen aus dem Vermögen wird ziehen können. Dies ist
Ausdruck des **Faktizitäts- und Gegenwärtigkeitsprinzips**.

Vorliegend ist das Eigentum des E mit einem Nießbrauch auf die   243
Lebenszeit seiner Mutter belastet, die noch eine Lebenserwartung von
ca. 40 Jahren hat. Die Belastung einer Immobilie mit einem Nießbrauch als solche schließt die Verwertbarkeit des Grundbesitzes nicht
generell aus. Erträge sind bei der Besonderheit der Fallgestaltung aus
der Immobilie auf nicht absehbare Zeit aber nicht zu erzielen. Eine

---

300 *Schlette*, Sozialhilfe als Darlehen – Anwendungsfälle, Rechtsnatur, Gestaltungs-
     möglichkeiten, ZfSH/SGB 1998, 154; *Rothkegel*, Sozialhilferecht, Kapitel 7
     Rn 2 ff.

rechtliche Unverwertbarkeit ist zu verneinen, weil die – nachrangige – Belastung oder Veräußerung rechtlich möglich ist. Fraglich ist, ob E die Immobilie veräußern kann. Dabei steht aber zu erwarten, dass es dafür auf dem Markt keinen Käufer gibt. Auch eine Kreditierung auf dem Markt scheint nicht realistisch.

244 Es ist dem Sozialhilfeträger verwehrt, nur darlehensweise zu bewilligen, wenn – wie vorliegend – völlig unabsehbar ist, wann es zum Eintritt der tatsächlichen Verwertbarkeit kommt.[301] Nur wenn der Hilfesuchende sich selbst – autonom – in einer absehbaren Zeitspanne (6–12 Monate) helfen kann **(Selbsthilfegrundsatz)**, ist die Selbsthilfe durch Inanspruchnahme eines Darlehens des Sozialhilfeträgers zumutbar (vgl. § 5 Rn 5 ff. und Rn 98 ff.).[302] Damit sind die Möglichkeiten der Selbsthilfe auf unabsehbare Zeit ausgeschöpft. Das Jobcenter muss daher weiter leisten. Die Prüfung der Leistungsfähigkeit des E ist damit allerdings nicht auf Dauer abgeschlossen. Nach Ablauf des Bewilligungszeitraumes wird im Regelfall immer wieder neu geprüft, ob eine Verwertung möglich ist.

III. Erbschaftsfragen

1. Die Erbschaft, § 1922 Abs. 1 BGB

245 Die Antwort auf die Frage, was der Anfall einer Erbschaft im sozialhilferechtlichen Leistungsverhältnis bewirkt, hat eine wechselvolle Geschichte hinter sich. Noch in einer Entscheidung aus 2005 formulierte das BSG[303] scheinbar glasklar:

- *Die Erbschaft als solche stellt **Vermögen** dar.*
- *Die Auszahlung von Veräußerungsgewinnen einzelner Erbschaftsgegenstände stellt keine neue Vermögensmehrung dar, soweit sie nicht den früheren Verkehrswert der bereits zumutbar verwertbaren Erbschaft übersteigt.*

---

301 BSGE 99, 248.
302 Vgl. zur Wirkung eines Wohnungsrechts gekoppelt mit einer Pflegeverpflichtung BSG NVwZ-RR 2010, 152, Rn 21.
303 BSG v. 17.3.2005, SozR 4–4300 § 193 Nr. 4.

– *Durch eine teilweise Umschichtung wird der aus dem Vermögen stammende Erlös nicht zum vorübergehenden Einkommen. Einnahmen aus der Veräußerung von Erbschaftsgegenständen werden also nicht zunächst für den Bezugsmonat zu Einkommen, sondern behalten den Charakter von Vermögen.*

Damit ging das BSG konform mit der zivilrechtlichen Qualifizierung einer Erbschaft. § 1922 Abs. 1 BGB stellt den Begriff der Erbschaft mit dem **Vermögen** als Ganzes gleich, das vom Erblasser auf einen oder mehrere Erben übergeht.[304] Erbschaft ist danach die Gesamtheit aller Rechtsverhältnisse des Erblassers einschließlich der nichtvermögensrechtlichen Rechtsbeziehungen und Verbindlichkeiten des Erblassers. Alle Entscheidungen zum **Behindertentestament** – auch soweit die Sozialgerichtsbarkeit entschieden hat – gingen deshalb ohne Problematisierung in der Vergangenheit davon aus, dass es sich bei einer **Erbschaft** um **Vermögen** und nicht um Einkommen handelt.[305] Auch in der Rechtsprechung des BSG aus der Vergangenheit findet man Entscheidungen, bei denen nicht thematisiert wurde, dass es sich bei einer **Erbschaft** um **Vermögen** und nicht um Einkommen handelt.[306] So hatte das BSG z.B. in einer Entscheidung zugrunde gelegt, dass eine **Erbschaft** i.d.F. eines **Miterbenanteils Vermögen** darstelle und deshalb die Frage der Verwertbarkeit dieses Vermögens unter den unterschiedlichsten Facetten beleuchtet werden könne.[307] Auch in der untergerichtlichen Rechtsprechung sieht man weiterhin Entscheidungen, die eine Erbschaft sozialhilferechtlich ohne Weiteres als Vermögen qualifizieren.

Da Einkommen und Vermögen nach der ständigen Rechtsprechung von BVerwG und BSG aber nicht zivilrechtlich, sondern nach dem Zeitpunkt des Zuflusses innerhalb oder außerhalb des Bedarfszeitraumes voneinander abgegrenzt werden, ergibt sich sozialhilferechtlich eine andere Betrachtungsweise. Alle „eingehenden Einnahmen, Zahlungen, Zuflüsse, Zuwendungen oder andere Leistungen in Geld oder Geldes Wert ohne Rücksicht auf ihre Herkunft, Rechtsnatur und Steu-

246

247

---

304 MüKo/*Leipold*, § 1922 Rn 12.
305 OVG Saarland ZErb 2006, 6 ff.; Sächs. OVG MittBayNot 1998, 127.
306 BSG v. 27.1.2009 – Az.: B AS 42/07R; B 14 AS 52/07R.
307 BSG v. 27.1.2009 – Az.: B AS 42/07R; B 14 AS 52/07R.

erpflichtigkeit, die der Leistungsberechtigte gerade/erst im **Bedarfs-zeitraum/nach der Antragstellung** erhält",[308] sind sozialhilferecht-lich Einkommen. Vermögen ist demgegenüber jeder Vermögenswert in Geld oder Geldes Wert, den er schon zu Beginn des ersten Bedarfs-zeitraums hat. Wann Mittel zufließen, wird nach dem tatsächlichen Zufluss bestimmt, es sei denn, das Gesetz würde etwas anderes bestim-men (**normativer Zufluss**).[309]

248 Vor dem Hintergrund dieser Theorie, die auf den Zufluss abstellt, hat sich im Sozialhilferecht in der Vergangenheit ein heftiger Streit darüber entwickelt, ob eine Erbschaft zum Einkommen[310] und zum Vermö-gen[311] zuzuordnen ist. Z.T. wurde differenziert: Ererbtes **Grundver-mögen** sollte danach **Vermögen** darstellen, während ererbte **Barmit-tel Einkommen** darstellen sollte, das als einmalige Einnahme auf einen angemessenen Zeitraum aufzuteilen und monatlich mit einem entspre-chenden Betrag anzusetzen sei.[312] Als **Vermögen** hat das LSG Ham-burg[313] einen „**im Wege der Erbschaft erlangten Miteigentumsanteil an einem Hausgrundstück**" bezeichnet, ohne eine Qualifikation als Einkommen zu thematisieren. Das LSG Niedersachsen-Bremen[314] versuchte eine Differenzierung zwischen Anspruch und Realisierung des Anspruchs vorzunehmen. Wachse einem Erben bzw. Vermächtnis-nehmer zunächst lediglich ein **erbrechtlicher Anspruch** gegen einen Dritten zu, so sei davon auszugehen, dass dieser Anspruch **nicht so-fort zur Befriedigung des täglichen Lebensbedarfs verwendet** wer-den könne. Erst wenn sich eine solche Forderung in der Art und Weise realisiere, dass aus ihr Geld oder eine Einnahme in Geldeswert

---

308 BVerwG FamRZ 1999, 1654.
309 Vgl. z.B. BSG v. 30.7.2008 – Az.: B 14/7b AS 12/07R und 26/07R; BSG v. 19.5.2009 – Az.: B 8 SO 35/07 R; BSG v. 21.6.2011 – Az.: B 4 AS 21/10 R.
310 Z.B. pro Einkommen: LSG Niedersachsen-Bremen v. 13.2.2008 – Az.: L 13 As 237/07 ER; SG Lüneburg v. 1.3.2007 – Az.: S 24 As 212/07 ER.
311 Z.B. ausführlich pro Vermögen: SG Aachen v. 11.9.2007 – Az.: S 11 AS 124/07. Tendenziell pro Vermögen: LSG NRW v. 20.12.2006 – Az.: L 20 B 135/06 SO ER unter Berufung auf BVerwG v. 3.5.2005 – Az.: 5B 106/94; später pro Einkommen LSG NRW v. 2.4.2009 – Az.: L 9 AS 58/07.
312 LSG Baden-Württemberg v. 3.1.2007 – Az.: S 13 As 6244/06 ER.
313 LSG Hamburg v. 31.5.2007 – Az.: L 5 AS 42/06.
314 LSG Niedersachsen-Bremen v. 13.2.2008 – Az.: L 13 As 237/07 ER.

zufließe, konkretisiere sich der eingetretene Wertzuwachs in diesem Zeitpunkt in Form eines Einkommenszuflusses.[315] Das Sozialgericht für das Saarland hat das Unbehagen über die Zuordnung einer Erbschaft sozialhilferechtlich in einer unveröffentlichten Entscheidung zum Fall einer Erbschaft in einer Einsatzgemeinschaft lapidar so zusammengefasst: Die Erbschaft eines Hilfeempfängers – ebenso wie jede andere Vermögensmehrung – stellt sich als Einkommen dar. Eine unmittelbare Überführung einer zuvor nicht dem Hilfeempfänger zustehenden „Vermögensposition" in sein Vermögen ohne den Umweg als Einkommen ist ausgeschlossen, auch wenn sich dieses Verständnis des Begriffs „Einkommen" weit vom umgangssprachlichen, steuerrechtlichen oder sozialversicherungstechnischen Einkommensbegriff des § 15 SGB IV entfernt.[316]

Die Literatur steht der Zuordnung einer **Erbschaft** zum Einkommen z.T. zweifelnd gegenüber,[317] z.T. referiert sie die Rechtsprechung ohne Einwendungen.[318] Dagegen spricht sich *Brühl* aus, der Erbschaften eindeutig als **Vermögen** qualifiziert und **alles andere als Etikettenschwindel und „geradezu juristische Perversion"** bezeichnet.[319] Damit findet er im Gesetz mittelbar eine Stütze, denn sozialhilferechtlich fallen z.B. „Familien- und Erbstücke" nach § 90 Abs. 2 Nr. 6 SGB XII eindeutig in die Kategorie des Vermögens und nicht des Einkommens. Letztlich sind die Würfel durch die Rechtsprechung des BSG aber gefallen. 249

Das Bundessozialgericht hat zwar für das SGB XII noch keine abschließende Entscheidung getroffen. Im SGB II bestimmt es die sozialhilferechtliche Qualität einer „Erbschaft" grundsätzlich nach der allgemein geltenden Zuflussrechtsprechung,[320] stellt aber wegen der **Gesamtrechtsnachfolge** normativ auf den Tag des Erbfalls ab. In der 250

---

315 LSG Niedersachsen-Bremen v. 15.6.2009 – Az.: L 13 As 106/09 B ER.

316 SG Saarbrücken v. 27.3.2009 – Az.: S 21 AS 5/08.

317 Grube/*Wahrendorf*, SBG XII, § 90 Rn 9, 15.

318 Z.B. Berlit/*Meßling-Sartorius*, Existenzsicherungsrecht, Teil I, Kapitel 20, Rn 32; Bieritz-Harder/*Geiger*, LPK-SGB XII, § 82 Rn 18.

319 Münder/*Brühl*, LPK-SGB II, § 11 Rn 9; *Conradis*, Einkommen und Vermögen im SGB II – Probleme der Abgrenzung, info also 2007, 12.

320 BVerwGE 108, 296 ff.

Erbfall-Entscheidung des BSG vom 25.1.2012[321] zu einem Fall aus dem SGB II heißt es:

> *„Ein solcher rechtlich maßgeblicher anderer Zufluss ergibt sich bei einem Erbfall aus § 1922 Abs. 1 BGB, nach dem mit dem Tode einer Person deren Vermögen als Ganzes auf den oder die Erben übergeht (Gesamtrechtsnachfolge). Bereits ab diesem Zeitpunkt kann ein Erbe aufgrund seiner durch den Erbfall erlangten rechtlichen Position über seinen Anteil am Nachlass verfügen. Diese Besonderheiten der Gesamtrechtsnachfolge im BGB sind auch für die Abgrenzung von Einkommen und Vermögen nach dem SGB II entscheidend. Ob der Erbe schon zum Zeitpunkt des Erbfalls tatsächlich – zumindest bedarfsmindernde – Vorteile aus seiner Erbenstellung ziehen kann, ist dabei zunächst ohne Belang. § 11 Abs. 1 S. 1 SGB II setzt nicht voraus, dass der Einnahme bereits ein „Marktwert" zukommt. Entscheidend für die Abgrenzung von Einkommen und Vermögen ist daher, ob der Erbfall jedenfalls vor der (ersten) Antragstellung eingetreten ist.[322] Liegt der Erbfall vor der ersten Antragstellung, handelt es sich um Vermögen. Der Zufluss eines Geldbetrages aus einem Erbe vor Antragstellung stellt sich dann als „versilbern" bereits vorhandenen Vermögens dar und ist somit weiterhin als Vermögen zu qualifizieren."[323]*

251   Ein solches Vermögen – so das BSG weiter – sei nur zu verwerten, wenn es in einer Höhe anfalle, die zur (vorübergehenden) Beendigung der Hilfebedürftigkeit führe. Ob dies der Fall sei, müsse ggf. anhand der Freibetragsregelung und damit anhand der den Hilfebedürftigen zustehenden Freibeträge entschieden werden.

Das BSG hat diese Rechtsprechung in jüngster Zeit bestätigt[324] und es dürfte kaum zweifelhaft sein, dass das BSG für das SGB XII nicht anders entscheiden wird.

---

321 BSG NJW 2012, 2911.
322 BSG v. 24.2.2011 – B 14 AS 45/09 R Al, Rn 21; BSG v. 28.10.2009 – B 14 AS 62/08 R.
323 Vgl. hierzu BSGE 99, 77, Rn 19.
324 BSG v. 12.6.2013 – Az.: B 14 AS 73/12 R.

Die **untergerichtliche Rechtsprechung** hat die Rechtsprechung des   252
BSG größtenteils adaptiert,[325] z.T. ist sie noch nicht angekommen,
bzw. es wird ohne jede Problematisierung[326] noch vom Vermögens-
charakter der Mittel ausgegangen. Auch die Aufteilung über den Bewilligungszeitraum hinweg in den nächsten Bezugszeitraum findet
untergerichtlich Akzeptanz.[327] Dagegen verbleibt die zivilgerichtliche
Rechtsprechung bei der zivilrechtlichen Differenzierung von Einkommen und Vermögen und sieht Nachlassgegenstände, wie den Anspruch
auf Freigabe der Nachlassgegenstände durch den Testamentsvollstrecker als Vermögen an, das § 90 SGB XII zuzuordnen ist.[328]

Letztendlich dürfte aber weder der Rechtsprechung des BSG ohne   253
Weiteres zu folgen sein noch ist die Annahme richtig, bei Erbmitteln
handele es sich immer um Vermögen. Schon die Frage: „Ist eine Erbschaft Einkommen oder Vermögen?" scheint nicht richtig gestellt.
Erbe zu sein bedeutet Gesamtrechtsnachfolger (§ 1922 BGB) zu sein.
Eine Erbschaft ist die Gesamtheit der Rechtsverhältnisse des Erblassers. Es handelt sich um Rechtsverhältnisse, aus denen sich Aktiva
und Passiva ergeben, um Rechtsverhältnisse, aus denen Einkommen
fließt und um Rechtsverhältnisse an Vermögensgegenständen. Genauso gut sind Rechtsverhältnisse nicht-vermögensrechtlichen Inhalts
denkbar.

Eine **Sondererbfolge** unmittelbar in einzelne subjektive Rechte, also   254
getrennt vom übrigen Nachlass, findet nur in wenigen Ausnahmefällen
statt, die im Regelfall keine Rolle spielen. Eine Erbschaft ist also nicht
identisch damit, Einkommen zu erlangen, und sie ist auch nicht identisch damit, Vermögen zu haben. Die Erbschaft ist nicht einmal identisch damit, dass „unter dem Strich" etwas Vermögenswertes zufließt.
Der Erbe wird Rechtsinhaber und kann damit automatisch nicht nur

---

325 Vgl. z.B. LSG Sachsen v. 17.10.2013 – Az.: L 2 AS 1082/11; LSG NRW v.
      6.8.2012 – Az.: L 19 AS 771/12 zur Bedarfsdeckung durch Erbschaft bei gleichzei-
      tig bestehender insolvenzrechtlicher Obliegenheit nach § 295 Abs. 1 Nr. 2 InsO.
326 LSG Hessen v. 26.6.2013 – Az.: L 6 SO 165/10, BTPrax 2013, 208; LSG Hamburg
      v. 13.9.2012 – Az.: L 4 AS 167/10, Rechtsdienst Nr. 2, 102 f.
327 Z.B. LSG Sachsen-Anhalt v. 12.7.2011 –Az.: L 5 AS 230/11 B ER; bereits zuvor
      LSG Niedersachsen-Bremen v. 13.2.2008 – Az.: L 13 AS 237/07 ER.
328 BGH FGPrax 2013, 167; LG Kassel v. 17.10.2013 – Az.: 3 T 342/13.

Berechtigter, sondern auch Verpflichteter werden. Eine Erbschaft – präziser: ein Nachlass – kann in seiner Gesamtheit betrachtet überschuldet sein, wenn auch aus einzelnen Rechtsverhältnissen Ansprüche resultieren. Wäre eine Erbschaft per se Einkommen oder Vermögen, so wäre sie im Fall der Überschuldung wohl als negatives Einkommen oder Vermögen zu diskutieren und ein solches Ergebnis ist im Sozialrecht nicht zulässig.

255 Kaum lösbar wäre bei einer Zuordnung „der Erbschaft" zum Einkommen das Problem der Nachlasspassiva. So stellt z.b. § 82 Abs. 2 Nr. 4 SGB XII nur die mit der Erzielung des Einkommens verbundenen notwendigen Ausgaben von der Anrechnung frei. Die Kommentierungen belegen aber eindeutig, dass dabei nur an die Freistellung von Positionen gedacht wird, die man benötigt, um Erwerbseinkommen zu erzielen. Ein Erbe hätte also keine Chance, seinen Verpflichtungen aus seiner Erbenstellung nachzukommen, ohne dass die Rechtsprechung einem normativen Einkommensbegriff einen normativen Begriff der Abzugspositionen folgen lassen müsste.

256 Eine „Erbschaft" an sich kann überhaupt nicht klassifiziert werden. Es lassen sich nur die daraus fließenden Rechtsverhältnisse klassifizieren. Für diese Argumentation spricht, dass beim „Sozialhilferegress" nach § 33 SGB II, § 93 SGB XII auch nur auf **Ansprüche** abgestellt wird, die auf den Sozialleistungsträger übergehen. Eine Erbschaft an sich lässt sich aber weder überleiten, noch geht sie von Gesetzes wegen über. Demnach sind die aus einer Erbschaft resultierenden Positionen jeweils einzeln als Einkommen oder Vermögen nach Maßgabe der Zuflusstheorie zu klassifizieren.

257 Da sie im Zeitpunkt des Erbfalls im Regelfall zunächst für den Sozialhilfebezieher nicht sofort verfügbar sind, sind sie sozialhilferechtlich auch keine sog. „bereiten" Mittel (fehlende Liquidität). Sie können dem Sozialleistungsanspruch daher solange nichts anhaben, bis daraus Mittel „flüssig gemacht werden können".[329]

258 Erst dann ist weiter zu qualifizieren. Wer **vor** der Sozialhilfebedürftigkeit erbt, kann sowohl Einkommen als auch Vermögen haben, nämlich

---

329 BSG v. 12.6.2013 – Az.: B14 A 573/12 R m.w.N.; Berlit/*Meßling-Sartorius*, Existenzsicherungsrecht, Teil I, Kapitel 20, Rn 26, 33.

z.B. in der Form der bewohnten Immobilie. Er kann aber auch Einkommen aus den Erträgen des Vermögens haben. So stehen dem **nicht befreiten Vorerben** nur die „Früchte" des Nachlasses (§ 100 BGB) zu. Diese sind nach § 82 Abs. 1 SGB XII, §§ 4 ff. der DVO zu § 82 SGB XII eindeutig Einkommen. Tritt der Erbfall **während** der Sozialhilfebedürftigkeit ein und fließen Mittel zu, dann handelt es sich nach der Zuflussrechtsprechung des BSG sozialhilferechtlich um **Einkommen**,[330] selbst dann, wenn es sich um eine Immobilie handelt.

> **Zusammenfassung**   259
> Es kommt nach der Rechtsprechung des BSG im SGB XII auf den **Zufluss vor** oder **im Bedarfszeitraum** an, um festzulegen, ob eine Erbschaft Einkommen oder Vermögen ist.[331] Ereignet sich der Erbfall **vor dem ersten Bedarfszeitraum**, handelt es sich sozialhilferechtlich um **Vermögen**. Ein **Erbfall im Bedarfszeitraum** produziert im Falle einer werthaltigen Erbschaft **Einkommen**. Richtigerweise ist es bei einer Erbschaft allerdings nicht die Erbschaft, die dieses Einkommen produziert, sondern der Nachlass und die Rechtspositionen und Ansprüche aus den einzelnen Rechtsverhältnissen, die im Wege der Gesamtrechtsnachfolge übergegangen sind.

Die Rechtsprechung des BSG ist in der Praxis auch für das SGB II   260
bereits vollends angekommen. Hier kommt es für die Abgrenzung von Einkommen zu Vermögen auf den Zeitpunkt der Antragstellung an. In den aktuellen Dienstanweisungen der Bundesagentur für Arbeit[332] unter 11.80 heißt es dazu:

„Tritt der Erbfall vor der Bedarfszeit ein, handelt es sich bei der Erbschaft um Vermögen. Eine Erbschaft ist nur dann als (einmaliges) Einkommen zu berücksichtigen, wenn der Erbfall – also der Tod – während des Leistungsbezuges eintritt."

---

330 I.d.S. LSG Sachsen-Anhalt v. 22.11.2012 – Az.: L 5 AS 140/10.
331 Im SGB II kommt es auf den Zeitpunkt der Antragstellung an.
332 www.harald-thome.de/sgb-ii---hinweise.htm; Weisungen und Gesetze der Bundesagentur für Arbeit zum Thema „SGB-II-Leistungen" – www.bundesagentur.de.

Und dann sinngemäß:

> *„Werden Sachwerte geerbt, ist ggf. § 24 Abs. 5 SGB II analog anwendbar. Liegt der Todestag vor Beginn des Leistungsbezuges, stellt auch der spätere Zufluss des Erbes Vermögen dar."*[333]

261   Auch in der Wissensdatenbank der Bundesagentur[334] finden sich zu § 12 SGB II entsprechende Fragen und Antworten:

> *„Ein im laufenden Leistungsbezug stehender Hilfebedürftiger erbt eine Eigentumswohnung, die von seiner verstorbenen Mutter bewohnt wurde. Er selbst ist Eigentümer einer Eigentumswohnung. Welche Auswirkungen hat diese geerbte Immobilie auf den Leistungsbezug?*
> *Bei der Erbschaft handelt es sich um eine einmalige Einnahme in Geldeswert, die der HB in der Bedarfszeit wertmäßig dazu erhält. Einmalige Einnahmen sind nach § 2 Abs. 4 S. 2 Arbeitslosengeld II/ Sozialgeld-V ab dem auf den Zufluss folgenden Kalendermonat auf einen angemessenen Zeitraum anzurechnen.*
> *a) Verwertung der Immobilie*
> *Dem Hilfebedürftigen ist unverzüglich mitzuteilen, dass eine Berücksichtigung der geerbten Immobilie als Einkommen erfolgt. Er ist über die leistungsrechtlichen Konsequenzen zu informieren. Dies bedeutet nicht unbedingt, dass er die Immobilie sofort verkaufen muss, sondern es kommt auch eine Beleihung in Betracht (im Regelfall dürfte es problemlos möglich sein, ein Darlehen zur Sicherstellung des Lebensunterhaltes für die nächsten Monate zu erlangen – Immobilie als Sicherheit). Die Art der Verwertung bleibt dem Hilfebedürftigen überlassen."*

2. Das Erbteil, § 1922 Abs. 2 BGB

262   Dass man eine Erbschaft nicht ohne weiteres als Einkommen oder Vermögen klassifizieren kann, zeigt sich dann, wenn es um den Anteil

---

333 www.harald-thome.de/sgb-ii---hinweise.htm; Weisungen und Gesetze der Bundesagentur für Arbeit zum Thema „SGB-II-Leistungen" – www.bundesagentur.de.
334 http://wdbfi.sgb-2.de/.

eines Miterben (**Erbteil**) geht (§ 1922 Abs. 2 BGB). Erbteil ist die Beteiligung eines Miterben am Nachlass, die als Bruchteil in Höhe seiner Erbquote ausgedrückt wird.[335] Das Erbteil repräsentiert die Summe aller Rechte und Pflichten aus der **Beteiligung an der Erbengemeinschaft**, ist also eine Art Mitgliedschaft.[336] Es stellt nicht das wirtschaftliche Ergebnis dieser Beteiligung dar.

Das Erbteil ist nach §§ 2033, 2037 BGB veräußerbar. Über den ideellen Anteil an einzelnen Nachlassgegenständen kann der einzelne Miterbe nicht verfügen (§ 2033 Abs. 2 BGB). Der bedürftige Miterbe erzielt aus seiner Beteiligung am Nachlass unmittelbar deshalb kein Einkommen oder Vermögen.   263

Der Miterbe kann aber die Auseinandersetzung der Erbengemeinschaft verlangen. Er hat dann als **Nebenrecht** aus dem Erbteil einen Anspruch auf ein **Auseinandersetzungsguthaben**(§ 2047 BGB). Das BSG hat dazu in einer Entscheidung die Auffassung vertreten, der Anspruch auf Auseinandersetzung und der damit verbundene Anspruch auf einen Anteil am Auseinandersetzungsguthaben gehörten zum Vermögen, das grundsätzlich vorrangig zur Abwendung von Hilfebedürftigkeit einzusetzen sei.[337] Das bedarf der Präzisierung.   264

Über seinen Anspruch auf das anteilige Auseinandersetzungsguthaben kann der Miterbe bis zur Auseinandersetzung nicht mit dinglicher Wirkung verfügen.[338] Folglich kann ein solcher Anspruch neben dem Miterbenanteil auch nicht als selbstständiger Anspruch gepfändet werden.[339] Diese bedeutet in letzter Konsequenz, dass ein Anspruch auf ein Auseinandersetzungsguthaben auch nach sozialhilferechtlichen Regressregeln (z.B. Überleitung) nicht alleine ohne den Erbteil übergeleitet werden kann.   265

---

335 *Ruhwinkel*, Die Erbengemeinschaft, Rn 362.
336 *Ruhwinkel*, Die Erbengemeinschaft, Rn 362 m.w.N.
337 BSG ZEV 2009, 403 Rn 33.
338 RGZ 60, 126 ff.
339 Rißmann/*Rißmann*, Die Erbengemeinschaft, § 8 Rn 49, 53.

266 Sozialhilferechtlich leistungsrelevant sind somit vor Auseinandersetzung der Erbengemeinschaft das Erbteil **und** seine Nebenrechte. Vor der Erbauseinandersetzung ist damit aber noch kein „bereites" **Einkommen oder Vermögen** generierbar.

267 Nach Auseinandersetzung der Erbengemeinschaft ist der Anspruch auf das Auseinandersetzungsguthaben[340] sozialhilferechtlich leistungsrelevant. Ob es sich dabei um Einkommen oder Vermögen handelt, hängt nach der Rechtsprechung des BSG davon ab, wann der Erbfall eingetreten ist.[341] Während des Leistungsbezuges handelt es sich immer um Einkommen im sozialhilferechtlichen Sinne.

268 **Hinweis**
Die Auseinandersetzung der Erbengemeinschaft erfolgt nach § 2042 Abs. 2 i.V.m. § 753 BGB, also bei Immobilien durch Zwangsversteigerung und Teilung des Erlöses. Eine Zwangsversteigerung „zum Zwecke der Aufhebung der Gemeinschaft" setzt die Erbengemeinschaft aber noch nicht auseinander. Sie bereitet sie nur vor. (Verwertung durch „Versilberung"). Wird ein Grundstücke einem Ersteher zugeschlagen (§ 90 ZVG), dann gehört anstelle des Grundstücks der Erlös zum Nachlass und insoweit hat eine Auseinandersetzung der Erbengemeinschaft stattzufinden. Dieser Erlös besteht, wenn er bei der Hinterlegungsstelle nach der Auseinandersetzungsversteigerung hinterlegt wird, in der Forderung **der Erbengemeinschaft** gegen die Hinterlegungsstelle.[342] Erst mit der Teilung der Forderung gegen die Hinterlegungsstelle ist die Auseinandersetzung abgeschlossen und kann der Miterbe den auf ihn entfallenden Forderungsteil realisieren.[343]
In diesem Stadium kann ein Miterbenanteil und der daraus resultierende Anspruch auf Erbauseinandersetzung (§ 2042 BGB) nicht mehr gemäß § 93 Abs. 1 S. 1 SGB XII übergeleitet werden. Die Überleitung geht ins Leere.[344]

---

340 Vgl. dazu BSG v. 25.1.2012 – Az.: B 14 AS 101/11 R m.w.N.
341 BSG v. 25.1.2012 – Az.: B 14 AS 101/11 R, Rn 14 ff.
342 BGH NJW 1967, 200.
343 BGHZ 52, 99 ff., Rn 8 m.w.N.
344 LSG Baden-Württemberg ZfSG/SGB 2010, 543 ff.

Eine Überleitung eines Anspruchs gegen die Hinterlegungsstelle auf Herausgabe eines hinterlegten Betrags nach §§ 372 ff. BGB soll nach der Rechtsprechung nicht möglich sein, weil die Hinterlegungsstelle nicht Dritter im Sinne von § 93 Abs. 1 S. 1 SGB XII sei.[345]

3. Die Erbschaft, die Sozialhilfe und die Insolvenz

Fallbeispiel 9: Die Erbschaft, die Sozialhilfe und die Insolvenz   269
Die Bezieherin B von Hilfen zum Lebensunterhalt nach SGB II (Hartz-IV) erhält aus einer Erbschaft 15.286,35 EUR. Über ihr Vermögen war zuvor ein Insolvenzverfahren eröffnet und später gemäß § 291 InsO (Insolvenzordnung) die Restschuldbefreiung angekündigt worden. Danach erlangt die Schuldnerin die Restschuldbefreiung dann, wenn sie binnen sechs Jahren ab ihren Obliegenheiten nach § 295 InsO nachkommt und die Voraussetzungen für eine Versagung nach § 297 oder § 298 InsO nicht vorliegen.
Als die Erbschaftsmittel an die B ausgezahlt werden, überweist die B davon direkt 7.643,17 EUR an den Treuhänder aus ihrem Insolvenzverfahren. Der Rest verbleibt bei ihr. Das Jobcenter verweigert Leistungen mit der Begründung, die Erbschaftsmittel seien insgesamt bedarfsdeckend zu berücksichtigen. Die B habe ein Einkommen in Höhe von 15.286,35 EUR erzielt, da ihr in dieser Höhe ihr Erbteil zugeflossen sei. Dieses Einkommen sei auf sechs Monate aufzuteilen, was eine monatliche Anrechnung von 2.547,73 EUR ergebe.

Zu prüfen ist, ob die zugeflossenen Erbschaftsmittel in Höhe von   270
15.286,35 EUR geeignet sind, den konkreten Bedarf der Antragstellerin im jeweiligen Monat zu decken. Grundsätzlich ist dies der Fall. Das gilt auch bei Berücksichtigung einer einmaligen Einnahme über einen Verteilzeitraum hinweg ohne Einschränkungen.[346]
– Grundsätzlich muss die Hilfebedürftige ihr Einkommen auch dann   271
   zur Behebung einer gegenwärtigen Notlage für sich verwenden,
   wenn sie sich dadurch außerstande setzt, anderweitig bestehende

---

345 LSG Baden-Württemberg ZfSG/SGB 2010, 543 ff.
346 BSGE 112, 229, Rn 13 ff.

Verpflichtungen zu erfüllen.[347] Dementsprechend ist sie bei Zufluss einer einmaligen Einnahme gehalten, das Geld nicht zur Schuldendeckung zu verwenden, sondern über den Verteilzeitraum hinweg zur Sicherung des Lebensunterhalts einzusetzen (**Selbsthilfegrundsatz**).

– Wenn die einmalige Einnahme, deren Berücksichtigung als Einkommen in Rede steht, tatsächlich aber nicht (mehr) uneingeschränkt zur Verfügung steht, ist ein Leistungsanspruch nach der Rechtsprechung des BSG nicht ausgeschlossen (**Finalitätsprinzip/ Faktizitätsprinzip**). Die Verweigerung existenzsichernder Leistungen aufgrund einer unwiderleglichen Annahme, dass die Hilfebedürftigkeit bei bestimmtem wirtschaftlichen Verhalten – hier dem Verbrauch der einmaligen Einnahme in bestimmten monatlichen Teilbeträgen – (teilweise) abzuwenden gewesen wäre, ist mit Art. 1 Grundgesetz (GG) i.V.m. Art. 20 GG nicht vereinbar.[348]

272 Vorliegend kann also nur der hälftige Betrag der Erbschaft noch als „bereite" Mittel angesehen und angerechnet werden (**Faktizitätsgrundsatz**). Für den Rest des ungedeckten Bedarfes muss das Jobcenter Leistungen erbringen.

273 Die sich in der Konsequenz dann stellenden Fragen des Sozialhilferegresses (§ 103 SGB XII, § 34 SGB II) sind im Lichte der subjektiven Zielsetzung des Bedürftigen zu beantworten. Es ist ein schuldhaftes (sozialwidriges) Verhalten erforderlich. Dies wird vorliegend zu verneinen sein.

4. Die verprasste Erbschaft

274 Sozialleistungsträger rechnen Erben nicht selten vor, wie lange der Nachlass nach den Maßstäben des sozialhilferechtlichen Bedarfs „ausreichen" muss, bevor der Erbe wieder einen Antrag auf Leistungen stellen kann. Dessen Überlegung, man könne ja die Erbschaft durch eine kurze Zeit eines guten Lebens evtl. „auf den Kopf hauen", um dann schnell wieder „Sozialhilfe" zu beziehen, wird durch Leistungs-

---

347 BSG v. 19.9.2008 – Az.: B 14/7b AS 10/07R – SozR 4–4200 § 11 Nr. 18, Rn 25.
348 BSG v. 12.6.2013 – Az.: B 14 AS 73/12 R; vgl. auch LSG Nordrhein-Westfalen v. 23.1.2014 – Az.: L AS 2169/12.

versagungsbescheide in der Praxis in der Regel torpediert. Das zeigt folgender Fall:

Fallbeispiel 10: Die verprasste Erbschaft   275
Der Antragsteller bezieht seit 2006 Arbeitslosengeld II (Hartz-IV). Nach Zufluss eines Betrags in Höhe von 4.500 EUR aus einer Erbschaft hob das Jobcenter die Bewilligung ab 1.12.2013 auf und kündigte sinngemäß an, dass die als einmalige Einnahme zu berücksichtigende Erbschaft über einen Zeitraum von sechs Monaten auf den Leistungsanspruch des Klägers angerechnet werde. Zwei Monate später beantragte der Kläger erneut Arbeitslosengeld II. Er gab unter Vorlage von Belegen an, er habe die Erbschaft vollständig verbraucht und sei nunmehr wieder hilfebedürftig; u.a. habe er das Erbe für Kleidungsstücke, den Ersatz eines defekten Fernsehers und eine Reise in die Türkei ausgegeben. Diesen Antrag lehnte das Jobcenter ab, weil ein Anspruch auch dann nicht bestehe, wenn die Mittel aus der Erbschaft vollständig verbraucht seien.

Zu prüfen ist, ob der Antragsteller im Zeitpunkt der Antragstellung   276
noch über „**bereite Mittel**" verfügte, die geeignet waren, den konkreten Bedarf im jeweiligen Monat zu decken. Das ist nicht der Fall. Dem Antragsteller standen de facto keine bereiten Mittel mehr zur Verfügung.

Es ist zu prüfen, ob gleichwohl Leistungen verweigert werden können.   277
– Für eine Leistungsverweigerung aufgrund **verschuldeter Bedürftigkeit** gibt es im SGB II keine Rechtsgrundlage. Der Hilfebedürftige ist auch dann verpflichtet seine Mittel zur Behebung einer gegenwärtigen Notlage für sich zu verwenden, wenn er sich dadurch außerstande setzt, anderweitig bestehende Verpflichtungen zu erfüllen.[349] Er ist deshalb gehalten, Mittel nicht zur Schuldendeckung zu verwenden, sondern zur Sicherung des Lebensunterhalts einzusetzen (**Selbsthilfegrundsatz**).
– Wenn die Mittel aber tatsächlich nicht (mehr) uneingeschränkt zur Verfügung stehen, ist nach der Rechtsprechung des Bundessozialgerichtes[350] ein Leistungsanspruch nicht ausgeschlossen (**Fak-

---

349 BSG SozR 4-4200 § 11 Nr. 18, Rn 25.
350 BSG v. 12.12.2013 – Az.: B 14 AS 76/12 R, Rn 12.

tizitätsprinzip/Bedarfsdeckungsgrundsatz). Die Verweigerung existenzsichernder Leistungen aufgrund einer unwiderleglichen Annahme, dass die Hilfebedürftigkeit bei bestimmtem wirtschaftlichen Verhalten abzuwenden gewesen wäre, ist mit Art. 1 GG i.V.m. Art. 20 GG nicht vereinbar. Diesem Gedanken folgt das gesetzgeberische Grundprinzip, dass Einkommen nicht „fiktiv" berücksichtigt werden dürfe, sondern tatsächlich geeignet sein müsse, die Hilfebedürftigkeit zu beseitigen.[351]

278 Das Verhalten des Antragstellers kollidiert aber mit dem **Prinzip der Selbsthilfe** und dem Grundsatz der **Subsidiarität**. Da das SGB II (und das SGB XII) eine Verschuldensregelung vergleichbar § 254 BGB nicht kennt, ist auf das Störfallinstrumentarium des Sozialhilferegresses zurückzugreifen. Danach ist es grundsätzlich unzulässig, den vorzeitigen Verbrauch der Nachlassmittel mit einer Leistungsversagung zu ahnden, denn es gelten die vorrangigen **Kostenersatzregeln** der § 34 SGB II, 103 SGB XII und die Leistungsherabsetzungsregeln der §§ 31 Abs. 2 Nr. 2, 31a SGB II, § 26 Abs. 1 Ziffer 1 SGB XII. Dies gilt selbst dann, wenn Vermögen vor dem Bedarfszeitraum ausgegeben, ggf. unangemessen verschleudert wurde. Das BSG hat deshalb darauf hingewiesen, dass ein Ersatzanspruch nach § 34 SGB II bzw. § 103 SGB XII (Ersatzanspruch bei **sozialwidrigem** Verhalten) in Betracht kommen kann.[352] Insbesondere wenn dem Leistungsberechtigten aus vorangegangenen Bezugzeiträumen oder nach entsprechender Aufklärung durch den Träger der Grundsicherung bekannt ist oder bekannt sein müsste, in welcher Weise der Einsatz von Mitteln von ihm erwartet wird, kann bei entgegenstehendem Verhalten ein solcher Anspruch entstehen.[353]

279 Das Jobcenter kann dann gemäß § 43 Abs. 1 SGB II gegen Ansprüche von Leistungsberechtigten auf Geldleistungen zur Sicherung des Lebensunterhaltes i.H.v. 30 % des Regelbedarfes des Leistungsberechtigten mit einem Anspruch nach § 34 SGB II (im SGB XII entspricht das §§ 103, 26 Abs. 2 SGB XII) **aufrechnen**.

351 BSGE 112, 229, Rn 14 m.w.N.
352 Vgl. z.B. BSG – B 14 AS 55/12 R – SozR 4-4200 § 34 Nr. 2, Rn 22.
353 Zu den Voraussetzungen des § 34 SGB II vgl. BSGE 112, 135, Rn 16 ff.

Zusammenfassung   280
Wer seine ihm zugeflossenen (Nachlass-)mittel frühzeitig verbraucht oder wer von vornherein auf sie verzichtet, ist deswegen nicht von der Bewilligung von Sozialhilfemitteln ausgeschlossen. Er ist deswegen aber noch nicht auf der sicheren Seite. Das verkennt auch die zivilrechtliche Rechtsprechung nicht. So hat der BGH ausdrücklich in seiner Entscheidung zum **Pflichtteilsverzicht** ausgeführt:
„Der Verzicht auf eine Erwerbsquelle ändert nichts an der Verpflichtung, vorhandenes Vermögen und vorhandene Einkünfte einzusetzen. Die pflichtwidrige Herbeiführung der eigenen Bedürftigkeit kann innerhalb des sozialrechtlichen Regelungssystems mit Leistungskürzungen sanktioniert werden (vgl. § 26 Abs. 1 S. 1 Nr. 1 SGB XII)."[354]

5. Die nicht auseinandergesetzte Erbengemeinschaft

Fallbeispiel 11: Die nicht auseinandergesetzte Erbschaft   281
Seit November 2010 befindet sich der Miterbe B mit seiner Schwester in Erbengemeinschaft. Einziger Nachlassbestandteil ist ein Einfamilienhaus, das weder bewohnt noch zum Verkauf angeboten ist, weil die Schwester weder der Vermietung noch der Veräußerung zustimmt. Im Juni 2014 wird er bedürftig und beantragt Leistungen nach dem SGB II.
Ein Sachverständiger hatte zuvor festgestellt, dass das Haus einen Wert von ca. 130.000 EUR hat. Eine Vermietung sei möglich, lasse aber keine ausreichende Rendite erwarten. Das Jobcenter will Leistungen nur als Darlehen erbringen. B sieht keine Chance, in absehbarer Zeit Mittel aus der Erbengemeinschaft zu realisieren.[355]

---

354 BGH v. 19.1.2011 – Az.: IV ZR 7/10.
355 BSG v. 27.1.2009 – Az.: B 14 AS 42/07R; B 14 AS 52/07R.

282   B ist nicht bedürftig, wenn er über eigenes Einkommen oder Vermögen verfügt. B ist Miterbe und damit Berechtigter nach § 1922 Abs. 2
BGB. Er kann aus dieser Rechtsstellung beanspruchen:
– den Anteil an dem Nachlass, über den der Erbe nach § 2033 Abs. 1
S. 1 BGB verfügen kann
– die daraus fließenden Nebenrechte.

Als **Verwertungsmöglichkeit** kommen in Betracht:
– Verkauf oder Verpfändung des Erbteils
– Verkauf des Hausgrundstücks
– Auseinandersetzung der Erbengemeinschaft.

283   Im ersten Schritt kann hier rechtlich dahinstehen, ob B damit über
einzusetzendes Einkommen oder Vermögen im Sinne von SGB XII
und SGB II verfügt. Auf den ersten Blick ersichtlich ist, dass der
Miterbe aus seiner Rechtsstellung keine „bereiten" Mittel generieren
kann.

284   Ist der Hilfesuchende darauf angewiesen, den **Anspruch auf Ausein-
andersetzung klageweise** geltend zu machen, führt das dazu, dass
nicht absehbar ist, wann der Hilfesuchende einen **wirtschaftlichen
Nutzen** aus dem Auseinandersetzungsanspruch ziehen kann, da eine
Auseinandersetzungsklage in der Praxis der Instanzgerichte erhebliche
Schwierigkeiten bereiten und langwierig sein kann.

Mangels „bereiter" Mittel muss der Sozialhilfeträger die Mittel **vorerst**
leisten (Faktizitätsprinzip), fraglich ist lediglich, ob als Zuschuss oder
als Darlehen.

6. Die Ausschlagung

285   **Fallbeispiel 12: Die Ausschlagung**
Die sozialhilfebedürftige M erbt nach ihrem Bruder 100.000 EUR.
Sie will mit dem Nachlass ihres Bruders nichts zu tun haben. Sie
schlägt zugunsten ihrer Tochter aus.
Der Sozialhilfeträger hält die Ausschlagung für sittenwidrig. Er
hebt den Leistungsbescheid auf und stellt die Zahlungen ein, weil
die M aus dem Erbe ihren Lebensunterhalt decken kann.

Die Aufhebung des Bewilligungsbescheides und die Einstellung der   286
Zahlung wären rechtmäßig, wenn die M über „bereites" Einkommen
oder bereites Vermögen verfügte. Durch die Ausschlagung wird die
Erbenstellung beseitigt und dem Sozialleistungsträger wird der Zugriff
auf die Erbschaft verwehrt.[356] Die Möglichkeit der Ausschlagung
wurde bisher heftig diskutiert, obwohl das für die Sozialhilfe früher
zuständige BVerwG sich dazu bereits eindeutig geäußert hat:

– Eine **Erbausschlagung** kann **nicht mit einem Unterhaltsverzicht,**
  der zur Sozialhilfebedürftigkeit führt, **gleichgestellt** werden. Das
  Erbe hat keine Unterhaltsfunktion.
– Es ist nicht Aufgabe des Erbrechts, eine missbräuchliche Inanspruchnahme von Sozialhilfe zu verhindern.
– Eventuellen Missbräuchen bei der Herstellung oder Aufrechterhaltung des Zustands der Sozialhilfebedürftigkeit ist gegebenenfalls
  mit **dem Instrumentarium des Sozialhilferechts zu begegnen.**[357]
– Das **Recht des (Erbes-)Erben,** die **Erbschaft** (des Erben) **auszuschlagen,** wird durch § 92c BSHG (jetzt § 102 SGB XII) nicht eingeschränkt. Es begegnet keinen Zweifeln, dass die Anwendung des
  § 138 BGB bei der Ausschlagung abzulehnen ist. Es kommt nicht
  auf die Motive an, weshalb der Berufene die Erbschaft annimmt
  oder ausschlägt. **Auch nach öffentlichem Recht kann dem Einzelnen eine Erbenstellung nicht aufgenötigt werden.**[358]

Mit der Rechtsprechung des BGH zur Rechtmäßigkeit des (präventi-   287
ven) Pflichtteilsverzichts[359] – in Abgrenzung zum Erlass einer angefallenen Pflichtteilsforderung[360] – wird davon auch die sozialgerichtliche
Rechtsprechung ausgehen müssen. Der BGH hat dazu ausgeführt:

> *„Die Entscheidung darüber, ob jemand die Erbschaft bzw. den
> Pflichtteil erhalten will, wird zunächst durch die Privatautonomie*

---

356 MüKo/*Leipold,* § 1942 Rn 14 m.w.N.
357 LG Aachen ZErb 2005, 1 ff.
358 BVerwG Buchholz 436.0 § 92c BSHG Nr. 5; LG Aachen ZErb 2005, 1; OLG Köln
     ZErb 2010, 56 ff.; a.A.: OLG Stuttgart NJW 2001, 3484; VGH Mannheim NJW
     1993, 2953.
359 BGH ZEV 2011, 258; OLG Hamm FamRZ 2003, 1873 zu § 1836c BGB.
360 Vgl. hierzu *v. Proff,* Pflichtteilserlass und Pflichtteilsverzicht von Sozialleistungs-
     empfängern, ZErb 2010, 206 ff.

gedeckt. Grundsätzlich ist jeder frei in seiner Entscheidung, ob er Erbe eines anderen werden oder auf andere Art etwas aus dessen Nachlass bekommen will. Vor diesem Hintergrund ist der Erbrechtsgarantie in Art. 14 Abs. 1 GG auch ein Gegenstück im Sinne einer „negativen Erbfreiheit" zu entnehmen. Wenn einerseits Erblasser frei darin sind, andere zu ihren Erben einzusetzen, ist dies andererseits nur insofern zu billigen, als die Betroffenen damit einverstanden sind. Es gibt keine Pflicht zu erben oder sonst etwas aus einem Nachlass anzunehmen. Wenigstens muss den Betreffenden das Recht zur Ausschlagung zustehen, um sich gegen den vom Gesetz vorgesehenen Vonselbst-Erwerb (§§ 1922, 1942 BGB) wehren zu können. Die grundsätzliche Ablehnungsmöglichkeit gegenüber Zuwendungen ist notwendiger Widerpart, der einen unmittelbar wirksamen Vermögensübergang ohne eigenes Zutun erst rechtfertigt. Insoweit kann für einen erbrechtlichen Erwerb von Vermächtnis- oder Pflichtteilsansprüchen im Grundsatz nichts anders gelten als für die Erbenstellung selbst. In diesem Sinn steht Pflichtteilsberechtigten für einen Verzicht nicht nur die durch Art. 2 Abs. 1 GG gewährleistete Privatautonomie, sondern auch der Grundgedanke der Erbfreiheit zur Seite."[361]

288   Selbst wenn der BGH dies so nicht entscheiden hätte, wird an diesem Fall das sozialhilferechtliche Prüfungsschema besonders deutlich. Wegen des Fehlens „bereiter" Mittel (**Faktizitätsprinzip**) muss weiter geleistet werden. Nach Ausschlagung wird ohne Rechtsstreit kein Erbschein mehr erteilt werden. Ein solcher Rechtsstreit auf Auszahlung eines Pflichtteilsanspruches wird zivilrechtlich ausgetragen und ist damit aussichtslos. Das dem Sozialhilfeträger für solche Fälle an die Hand gegebene Sozialhilferegressmittel der § 93 SGB XII, § 33 SGB II wird ebenfalls ergebnislos bleiben, weil der zivilrechtliche Anspruch tatsächlich bestehen muss.

289   Die Ausschlagung kann aber dazu führen, dass der Leistungsträger die Sozialleistungen kürzt (§ 26 SGB XII; bei Grundsicherung erfolgt ggf. eine Kürzung für drei Monate, §§ 31, 31a, 31b SGB II).

---

361 BGHZ 188, 96, Rn 30.

IV. Das Vermächtnis – § 2147 BGB

Der Erblasser kann durch Testament einem anderen, ohne ihn als   290
Erben einzusetzen, einen Vermögensvorteil zuwenden (§ 1939 BGB).
Durch das **Vermächtnis** wird für den bedachten Bedürftigen das
Recht begründet, von dem Beschwerten (§ 2147 BGB) die Leistung
des vermachten Gegenstandes zu fordern. Die Forderung des Ver-
mächtnisnehmers kommt mit dem Erbfall zur Entstehung. Ist die
Erfüllung in das Belieben des Beschwerten gestellt, so wird das Ver-
mächtnis im Zweifel mit dem Tod fällig.

Vermächtnisse haben im Sinne der Einkommensdefinition des Sozial-   291
hilferechtes nicht zwingend „Geldes Wert". Sie können mit erheblichen Belastungen und Nachteilen einhergehen. Ist mit Ihnen aber ein
geldwerter Vorteil verbunden, so sind sie sozialhilferechtlich relevant.
So haben z.b. **Wohnrechtsvermächtnissen** die Qualität zur Deckung
des sozialhilferelevanten Wohnbedarfs. Geldvermächtnisse können
Einkommen oder Vermögen darstellen.

Ob ein Vermächtnis sozialhilferechtlich **Einkommen** oder **Vermögen**
darstellt, richtet sich nach der Rechtsprechung des BSG grundsätzlich
nicht nach dem Anfall des Vermächtnisses, sondern nach dem Zufluss
der daraus fließenden Mittel. In Abgrenzung zur Gesamtrechtsnachfolge hat sich das BSG hinsichtlich der Qualifizierung von **Forderungen**, die der Hilfeempfänger mit dem Erbfall gegen den Nachlass
erwirbt, klar positioniert.[362] Fließt ein Geldbetrag oder ein geldwerter
Vorteil während des Bezuges von Sozialhilfe zu, dann handelt es sich
nach der Rechtsprechung des BSG unabhängig vom rechtlichen Ent-
stehungszeitpunkt der Forderung um Einkommen.[363] Auf den Zeitpunkt des Erbfalles soll es nicht ankommen.[364] Einen dem Einsatz
entzogenen Freibetrag kann es danach nicht geben.[365]

---

362 Unter Hinweis auf BSG Urt. v. 28.10.2009 – Az.: B 14 AS 62/08 R.
363 BSG v. 25.1.2012 – Az.: B14 AS 101/11 R, FamRZ 2011, 1050; BSG v. 24.2.2011 –
     Az.: B 14 AS 45/09 R, FamRZ 2011, 1055; vgl. auch LSG Sachsen-Anhalt v.
     12.7.2011 – Az.: L 5 AS 230/11 B ER.
364 Berlit/*Meßling*/*Sartorius*, Existenzsicherungsrecht, Teil I, Kapitel 20, Rn 33.
365 SG Aachen zu einem Geldvermächtnis v. 25.1.2011 – Az.: S20 SO 71/10; ebenso
     für das SGB II Berlit/*Meßling*/*Sartorius*, Existenzsicherungsrecht, Teil A, Kapi-
     tel 20, Rn 33.

Das LSG Baden-Württemberg hat dagegen in einer Entscheidung zum
Vermächtnis für einen arbeitslosen, alkoholkranken Sohn im SGB II
unabhängig vom Zuflusszeitpunkt entschieden, dass ein Vermächtnis einen **Vermögenswert** darstelle, der – wenn er unter Testamentsvollstreckung stehe – nicht vom Sozialleistungsträger angreifbar sei.[366]
Diese Entscheidung ist aber nicht verallgemeinerungsfähig. Sie beschäftigt sich nämlich bei näherem Hinsehen damit, dass der Begünstigte **Vorvermächtnisnehmer** und seine Schwester **Nachvermächt-
nisnehmerin** war.

292   Der Vollzug des Vorvermächtnisses stand unter Testamentsvollstre-
      ckung mit der Anweisung: „Darüber hinaus ist der Testamentsvoll-
      strecker berechtigt, nach seinem billigen Ermessen dem Vermächtnis-
      nehmer für seine Lebensführung und den Lebensunterhalt die not-
      wendigen Beträge aus dem zugewandten Vermächtnis zu überlassen.
      Der Testamentsvollstrecker bestimmt allein nach seinem billigen Er-
      messen über die Höhe der auszuzahlenden Beträge." Die dem Begüns-
      tigten als Vorvermächtnisnehmer aus dem Vermächtnis jährlich zuste-
      henden Reinerträge waren gepfändet worden und damit für ihn sozial-
      hilferechtlich nicht verwertbar. Es ging also in dem Rechtsstreit
      darum, ob die **Vermächtnissubstanz** nach der konkreten **Verwal-
      tungsanordnung** (§ 2216 Abs. 2 BGB) der Erblasserin für den allge-
      meinen Lebensunterhalt des bedürftigen Sohnes zur Verfügung stand.
      Das verneinte das Gericht mit der Begründung, es lägen keine An-
      haltspunkte dafür vor, dass die Erblasserin den existenzsichernden
      Verbrauch zum **Zweck** ihrer Verfügungen gemacht habe. Die Ent-
      scheidung ist daher nicht zu verallgemeinern. Eine Zuordnung zu
      Einkommen oder Vermögen **unabhängig** vom Zeitpunkt des Anfalls
      des Vermächtnisses entspricht jedenfalls nicht der Rechtsprechung des
      BSG.

293   Die Rechtsprechung des BSG ist aber auch unabhängig von diesem
      Einzelfall nicht unkritisch zu sehen. Zu Recht wird in der Kommen-
      tarliteratur kritisiert, dass der Erlös aus dem Verkauf „greifbarer"
      Vermögensgegenstände (Münzen, Schrank, Bild) als Vermögen ange-
      sehen wird, wenn diese Gegenstände im Zeitpunkt des Eigentums-

---

366 LSG Baden-Württemberg FEVS 59, 173 ff.

wechsels Vermögen waren. Es sei rechtssystematisch nicht zu begründen, **Forderungen** anders zu behandeln und sie unabhängig von ihrem
Schicksal im Zeitpunkt des Zuflusses fast ausschließlich als Einkommen zu behandeln.[367] Hier sollte der Gedanke greifen, dass schon **vor**
Bedürftigkeit Vorhandenes z.T. sozialhilferechtlich aus sozialpolitischen Gründen geschont sein soll (z.B. im SGB II bestimmte Geldbeträge), Hinzukommendes aber nicht.

In der Praxis hat sich diese Kritik aber nicht durchgesetzt. Der Wech-   294
sel des „Aggregatzustandes" vom Vermögen zum Einkommen wird
bei Forderungen durchweg gehandhabt.[368] Bei Hilfen in speziellen
Lebenslagen im Rahmen der Einkommensprüfung nach § 87 SGB XII
kann diese aber durchaus auch positive Seitenaufweisen.

V. Pflichtteilsfragen

1. Pflichtteilsansprüche – §§ 2303 ff. BGB

Pflichtteilsansprüche – gleich in welcher konkreten Ausprägung – sind   295
stets Ansprüche auf Zahlung in Geld. Sie entstehen, weil die Testierfreiheit dem Erblasser die Freiheit gewährt, die gesetzliche Erbfolge
abzuändern und selbst die engsten Familienangehörigen von der Erbfolge auszuschließen. Als Ausgleichsmechanismus gewährt das Gesetz
nahen Familienangehörigen auch gegen den Willen des Erblassers einen Mindestanteil am Nachlass, der nur unter sehr engen Voraussetzungen entzogen werden kann. Pflichtteilsansprüche entstehen in der
in Form von
– Pflichtteilsansprüchen (§ 2303 BGB)
– Pflichtteilsrestansprüchen (§ 2305 BGB)
– Pflichtteilsergänzungsansprüchen (§ 2325 BGB).

Der Pflichtteilsanspruch, der ein schuldrechtlicher Anspruch auf Zahlung eines Geldbetrages ist,[369] beläuft sich auf die Hälfte des Wertes

---

367 *Löns/Herold-Tews*, SGB II, § 11 Rn 8 ff.
368 Z.B. gegen die vorstehende Kritik: *Eicher/Schmidt*, SGB XII, § 11 Rn 15 ff., insb.
      Rn 20.
369 BGHZ 28, 178.

des gesetzlichen Erbteils (§ 2302 Abs. 1 BGB). Nach § 2317 BGB entsteht der Pflichtteilsanspruch mit dem Erbfall kraft Gesetzes.[370]

296 Der Pflichtteilsanspruch wird sozialhilferechtlich als Vermögen bewertet, wenn er vor Antragstellung bzw. vor dem Bedarfszeitraum mit dem Erbfall entsteht. Anders als die Erbschaft selbst soll die realisierte Pflichtteilsforderung allerdings Einkommen darstellen (vgl. dazu Rn 83 ff. Dies wird von der Verfasserin kritisch gesehen, entspricht aber der Praxis.

297 Der Sozialleistungsträger kann den Anspruch nach § 93 SGB XII auf sich überleiten.[371] Im SGB II geht er nach § 33 SGB II von Gesetzes wegen über.[372]

298 > **Hinweis**
> Die Anrechnung von Mitteln aus Pflichtteilsansprüchen spielt im Zusammenhang mit Behindertentestamenten eine besondere Rolle,[373] weil Pflichtteilsstrafklauseln in einem Testament kein geeignetes Mittel zur Erreichung des Ziels eines Behindertentestaments sind.[374] Die Anordnung einer solchen Klausel für das behinderte Kind wird heute als geradezu typischer Fehler durch unkritische Übernahme von Mustertexten insbesondere des Berliner Testaments gesehen.[375] Ein Teil der Literatur versucht diesen Fehler wenigstens insoweit zu heilen, als sie durch Auslegung oder ergänzende Auslegung dem überlebenden Ehegatten ein Änderungsrecht zuzugestehen versucht.[376]

299 Zu den leistungsschädlichen Sachverhalten können auch die Fälle gehören, in denen durch den Erblasser **Pflichtteilsergänzungsansprüche** durch lebzeitige Zuwendungen an Dritte, die es in vielfältigsten

---

370 RGZ 197, 239.
371 VGH Hessen, Recht der Lebenshilfe 1995, 34.
372 Vgl. dazu *Doering-Striening/Horn*, Der Übergang von Pflichtteilsansprüchen von Sozialhilfebeziehern, NJW 2013, 1277 ff.
373 BGH ZErb 2005, 120 ff.; BGH ZErb 2006, 53 ff.
374 Ebenso *Spall*, Anm. zu BGH v. 8.12.2004 – Az.: IV ZR 223/03, DNotZ 2005, 302.
375 *Ruby*, Behindertentestament – Häufige Fehler und praktischer Vollzug, ZEV 2006, 70; *Grziwotz*, Das Behindertentestament nach Hartz IV, FamRB 2005, 279.
376 *Kanzleiter*, „Pflichtteilsstrafklauseln" und Geltendmachung des übergeleiteten Pflichtteilsanspruchs durch den Sozialhilfeträger, DNotZ 2014, 10.

Ausprägungen und Vertragstypen[377] gibt, produziert wurden. Der Gesetzgeber hat den Anspruch auf eine Mindestteilhabe am Nachlass des Erblassers gegen eine lebzeitige Aushöhlung des Erbes weitgehend „wasserdicht" gemacht. Das Gesetz setzt den Anspruch an die Mindestteilhabe am Vermögen des Erblassers gegen lebzeitige unentgeltliche Zuwendungen mit den Mitteln des Pflichtteilsergänzungsanspruchs gemäß §§ 2325 ff. BGB durch.

Er ist ein **außerordentlicher Pflichtteilsanspruch**   300
– eines Pflichtteilsberechtigten (§ 2303 BGB)
– auf Zahlung einer Ergänzung zu seinem Pflichtteil
– für den Fall, dass der Erblasser in den letzten zehn Jahren vor dem Erbfall Schenkungen an Dritte gemacht hat.

Ein Pflichtteilsergänzungsbetrag ist sozialhilfeschädliches Vermögen   301
bzw. Einkommen, sobald er realisiert wird. Bis dahin können wegen des Bedarfsdeckungsgrundsatzes Leistungen darlehensweise oder als Zuschuss zu erbringen sein. Im Darlehnsfall wirkt sich der Pflichtteilsanspruch von vornherein sozialhilfeschädlich aus.

Nichts anderes gilt für den **Pflichtteilsrestanspruch** für § 2305 BGB,   302
der zum Tragen kommt, wenn dem Pflichtteilsberechtigten ein Erbteil hinterlassen wurde, der geringer ist als die Hälfte des gesetzlichen Erbteils.

2. Der Verzicht auf den Pflichtteil

Fallbeispiel 13: Der Verzicht auf den Pflichtteil   303

Die Ehegatten wollen sich gegenseitig auf den ersten Erbfall zu Alleinerben einsetzen. Die testierfähige pflegebedürftige Tochter T, die in einer Einrichtung lebt und wegen Mittellosigkeit Eingliederungshilfe (§§ 53 ff. SGB XII) bezieht, verzichtet auf den Tod des Erstversterbenden auf ihren Pflichtteil. Auf den Tod des Zweitversterbenden wird sie durch gemeinschaftliches Testament der Ehegatten zur nicht befreiten Vorerbin im Sinne eines klassischen Be-

---

377 Vgl. hierzu *Krauß*, Ausgewählte Gestaltungsfragen zum Überlassungsvertrag, DAI-Skript, 15.10.2004, S. 19 ff.

hindertentestaments eingesetzt. Ihr Bruder B wird Nacherbe. Die Tante T wird Testamentsvollstreckerin.

Der Sozialhilfeträger ist nach dem Tod des ersten Elternteils der Auffassung, der Pflichtteilsverzicht sei sittenwidrig, weil sich die T damit sehenden Auges bedürftig gemacht habe. Ihr sei im Rahmen der Selbsthilfe zuzumuten, dass sie den Pflichtteilsanspruch realisiere. T beruft sich darauf, dass sie im Rahmen der vom BGH ausdrücklich als geschützt anerkannten negativen Erbfreiheit nicht sittenwidrig gehandelt habe. Wer ein Erbe ausschlagen könne, der könne auch verzichten (BGHZ 188, 196).

304　　Der Sozialhilfeträger darf seine Leistungen nur dann einstellen, wenn der T die Realisierung eines Pflichtteilsanspruches zur Bedarfsdeckung zuzumuten wäre und dadurch alsbald geeignete „bereite" Mittel zur Verfügung stünden.

305　　Bei der Klärung der Wirksamkeit eines Pflichtteilsverzichts sind komplexe Rechtsfragen zu klären.[378] Deshalb ist ohne weiteres davon auszugehen, dass der Tochter T aktuell kein Einkommen zur Deckung ihres Bedarfs zur Verfügung steht (**Faktizitäts-/Bedarfsdeckungsgrundsatz**).[379] Darüber hinaus kommt es im Sozialhilferecht nach den vorstehend dargestellten Strukturprinzipien des Sozialhilferechts für den Leistungsanspruch auch grundsätzlich nicht darauf an, warum jemand bedürftig ist (**Finalitätsprinzip, Faktizitätsgrundsatz/Bedarfsdeckungsprinzip**). Auch insoweit gibt es auf der Ebene des Leistungsanspruches keine Einschränkungen.

306　　Zu prüfen bleibt, ob der Tochter T aufgrund eigener autonomer Entscheidung in absehbarer Zeit Mittel zur Verfügung stehen können. Nur dann könnte nach der Rechtsprechung ggf. eine Leistungsversagung in Betracht zu ziehen sein. Ist ihr also zuzumuten den Pflichtteilsverzicht anzugreifen oder rückgängig zu machen?

307　　Der BGH hat den **Verzicht auf den Pflichtteil** durch einen Sozialhilfebedürftigen als **nicht sittenwidrig** angesehen. Die Entscheidung darüber, ob ein Erbe die Erbschaft bzw. den Pflichtteil erhalten wolle,

---

378　Vgl. u.a. hierzu *Menzel*, Die negative Erbfreiheit, MittBayNot 2013, 289 ff.
379　Vgl. SG Stuttgart v. 8.3.2012 – Az.: S 15 AS 925/12 zum Pflichtteilsverzichtsvertrag.

werde durch die Privatautonomie gedeckt. Grundsätzlich ist danach jeder frei in seiner Entscheidung, ob er Erbe eines anderen werden oder auf andere Art etwas aus dessen Nachlass bekommen will:

„*Vor diesem Hintergrund ist der Erbrechtsgarantie in Art. 14 Abs. 1 GG auch ein Gegenstück im Sinne einer „negativen Erbfreiheit" zu entnehmen. Wenn einerseits Erblasser frei darin sind, andere zu ihren Erben einzusetzen, ist dies andererseits nur insofern zu billigen, als die Betroffenen damit einverstanden sind. Es gibt keine Pflicht zu erben oder sonst etwas aus einem Nachlass anzunehmen. Wenigstens muss dem Betreffenden das Recht zur Ausschlagung zustehen, um sich gegen den vom Gesetz vorgesehenen Vonselbst-Erwerb (§§ 1922, 1942 BGB) wehren zu können. Die grundsätzliche Ablehnungsmöglichkeit gegenüber Zuwendungen ist notwendiger Widerpart, der einen unmittelbar wirksamen Vermögensübergang ohne eigenes Zutun erst rechtfertigt. Insoweit kann für einen erbrechtlichen Erwerb von Vermächtnis- oder Pflichtteilsansprüchen im Grundsatz nichts anders gelten als für die Erbenstellung selbst. In diesem Sinn steht Pflichtteilsberechtigten für einen Verzicht nicht nur die durch Art. 2 Abs. 1 GG gewährleistete Privatautonomie, sondern auch der Grundgedanke der Erbfreiheit zur Seite.*"[380]

Damit ist zwar nur die zivilrechtliche Seite angesprochen. Aber hier kollidiert ein Verfassungsgrundsatz mit dem Prinzip der Selbsthilfe. Sozialhilferechtlich kann der verfassungsrechtlich geschützten **negativen Erbfreiheit** nichts entgegengesetzt werden.[381] Auch die Vorschriften des Sozialhilferegresses (§ 103 SGB XII, § 34 SGB II), die ein schuldhaftes Verhalten im Sinne eines sozialwidrigen Verhaltens verlangen, werden im Grundsatz dahinter zurückstehen müssen. 308

Der T sind daher weiterhin Leistungen als Zuschuss zu erbringen.

---

380 BGHZ 188, 96, Rn 30.
381 Vgl. *Doering-Striening*, Der Sozialhilfeempfänger als Erbe, ZErb 2014,105 ff.; *Doering-Striening*, Vom BSHG zum SGB XII, VSSR 2009, 93 ff.

3. Die unterlassene Ausschlagung

309 **Fallbeispiel 14: Die unterlassene Ausschlagung**
Der Sohn S lebt seit Jahren von Leistungen nach SGB II (Hartz
IV). Seine Mutter hat daher ein Bedürftigentestament verfasst. Seine
Schwester S wird unbeschränkte Miterbin zu 70 %; er wird Erbe
zu 30 % Anteil. Die Mutter beschränkt ihn durch die Einsetzung
eines Nacherben. Dies ist seine Schwester S. Er wird nicht befreiter
Vorerbe. Es ist Dauertestamentsvollstreckung angeordnet. Der Testamentsvollstrecker hat nach den Verwaltungsanordnungen im
Sinne von § 2216 Abs. 2 BGB nur Zuwendungen zu machen, die
dem S unmittelbar zugutekommen und nicht zur Reduzierung von
Sozialhilfeansprüchen führt.
Der Sozialhilfeträger ist der Auffassung, dem S sei eine Ausschlagung zuzumuten, weil bei einem Gesamtnachlass von 100.000 EUR
und einer aktuellen Verzinsung von 2 % aus dem Erbe lediglich
600 EUR an zuzuzahlenden Erträgen pro anno generiert werden
könnten. Damit sei das verbalisierte Ziel der Mutter nicht zu realisieren und es sei klar, dass die letztwillige Verfügung darauf abziele,
dem Sozialhilfeträger Mittel zu entziehen. Er sei ihm zumutbar, die
Erbschaft nach § 2306 BGB auszuschlagen und seinen Pflichtteil
zu verlangen.

310 Grundsätzlich ist – wie bei den vorstehenden Fällen auch – davon
auszugehen, dass **„bereite"** Mittel nicht zur Verfügung stehen. Auf
der Leistungsebene muss es nach dem **Faktizitätsgrundsatz** daher
zum Leistungsanspruch kommen. Ist die Ausschlagungsfrist abgelaufen (§ 2306 Abs. 1 S. 2 BGB), stellt sich das Problem ohnehin nicht
mehr. Das dürfte in der Mehrzahl der Fälle in der Praxis so sein, so
dass zunächst vom Sozialhilfeträger geleistet werden muss.

311 Fraglich ist, ob im Rahmen des **Sozialhilferegresses** Nachteile für den
Sohn zu befürchten sind. Da der Pflichtteilsverzicht und auch die
Ausschlagung eines behinderten Sozialhilfeempfängers nach der
Rechtsprechung des BGH[382] nicht sittenwidrig sind, wird man dem S
nicht ohne weiteres ein pflichtwidriges Handeln deshalb vorwerfen
werden können, weil er „einen möglichen Anspruch auf einen nicht im

---

382 BGHZ 188, 96.

Wege der Vorerbenstellung eingeschränkten Pflichtteil nicht realisiert hat."[383]

Die Rechtsprechung zum Behindertentestament ist bisher immer da- 312
von ausgegangen, dass die Kombination des erbrechtlich möglichen
Instrumentariums bis an seine immanenten Grenzen als Ausdruck der
potenzierten Machtfülle des Erblassers angesehen muss. Das genutzte
Instrumentarium dürfe lediglich nicht leerlaufen. Ein irgendwie gearteter Vorteil müsse beim Behinderten ankommen.[384] Die zentrale Bot-
schaft ist, dass alles, was das Erbrecht mit Blick auf die Nachlassbegehrlichkeiten anderer zulässt, grundsätzlich auch gegenüber dem Sozialleistungsträger gelten muss, es sei denn, sozialrechtliche Normen
untersagten dies zwingend.[385] Solche Normen gibt es ausdrücklich
nicht.

Fraglich bleibt im jetzigen Zeitpunkt aber, ob sich nicht eine andere 313
Beurteilung ergibt, wenn nichts oder so gut wie nichts beim Erben
ankommt. Der vernünftig gedachte Durchschnittserbe würde sicherlich ausschlagen, damit ihm „unter dem Strich" mehr zugutekommt,
als ihm bei der vorgesehenen und ausgeklügelten Erblasserlösung
bleibt. Zivilrechtlich ist dies die Frage nach der Wirksamkeit der Erblasserlösung überhaupt.

Ob die Nichtausschlagung für den Sozialhilfebezieher im Rahmen der 314
Verpflichtung zur Selbsthilfe ggf. auch irgendwelche Konsequenzen
zeitigt, ist auch mittels der Strukturprinzipien der Sozialhilfe nicht zu
prognostizieren. Die Tendenz kann nur dahin gehen, das Unterlassen
nicht als sozialwidrig im Sinne der § 103 SGB XII, § 34 SGB II anzusehen.

---

383 So LSG Hamburg v. 13.9.2012 – Az.: L 4 AS 167/10.
384 Vgl. auch BGH NJW-RR 1988, 386; *Mayer*, in: Bengel/Reimann, III 5. Kap.
Rn 356 m.w.N.
385 Zuvor schon *Wendt*, Behindertentestament – ein Auslaufmodell?, ZNotP 2008, 3.

§ 2 Die Prüfung der „Schon"-Tatbestände des SGB XII

A. Die Bedürftigkeit im SGB XII

Der Sozialhilfeleistungsanspruch des SGB XII setzt **Bedürftigkeit** voraus. Bedürftigkeit ist nach den vorstehend erläuterten Strukturprinzipien im SGB XII wie im SGB II einheitlich

— ein Mangel an Mitteln

— die zur Bedarfsdeckung geeignet sind

— tatsächlich zur Verfügung stehen[1]

— und nicht normativ geschützt[2] sind.

Mittel können generell geschützt sein. In anderen Konstellationen sind Mittel nur für einen speziellen Personenkreis oder eine spezielle Lebenssituation geschont. Das BSG spricht in diesem Zusammenhang von Mitteln, die „normativ anerkannt für andere Zwecke genutzt werden können oder dürfen"[3] und somit dem Sozialhilfebedürftigen zugutekommen können.

Nachdem man mittels der sozialhilferechtlichen Strukturprinzipien einen Kurz- oder „Notfall-Check" machen kann, bedarf es für die Antwort auf die Frage, welche Auswirkungen Schenkungen und Zuflüsse aufgrund eines Erbfalles bzw. deren Verbrauch für das sozialhilferechtliche Leistungsverhältnis haben, der Prüfung des jeweils konkret in Betracht kommenden **Leistungsanspruches** und seiner Schontatbestände.

Die Kenntnis dieser Schontatbestände ist auch für den Sozialhilferegress im engeren Sinne unumgänglich. Denn dem Sozialhilferegress kann immer nur das unterfallen, was als Einkommen oder Vermögen die Bedürftigkeit des Hilfesuchenden auch tatsächlich normativ hätte mindern oder beseitigen können.

1

2

3

4

---

1 BVerwGE 108, 296; BSG 14 26/07 R.

2 BSG NVwZ-RR 2013, 723 Rn 22; BSG v. 25.4.2013 – Az.: B 8 SO 8/12R, Rn 21.

3 BSG NVwZ-RR 2013, 723 Rn 22; BSG v. 25.4.2013 – Az.: B 8 SO 8/12 R, Rn 21.

B. Die Berücksichtigung des Einkommens und ihre Ausnahmen – §§ 82 ff. SGB XII

5 **Einkommen** im Sinne des SGB XII ist das Einkommen, das im Bedarfszeitraum zufließt. Das BSG beschreibt die Struktur der Einkommensermittlung und -anrechnung als Regel-/Ausnahmeverhältnis. Leistungsunschädlich sind grundsätzlich nur die Einkünfte, die „normativ anerkannt" für andere Zwecke genutzt werden dürfen."[4]

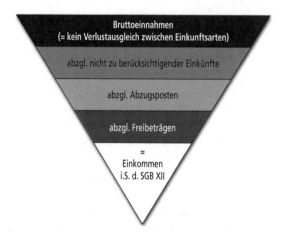

6 In Analogie zum Begriff des „Schonvermögens" in § 90 SGB XII könnte man insoweit von nicht berücksichtigungsfähigen Einkünften bzw. von „Schoneinkünften" sprechen.

7 **Fazit**
Der Zufluss von Mitteln aus **Schenkung** und **Erbfall** kann sich bei der Einkommensprüfung anspruchshindernd oder anspruchsvernichtend für den Anspruch auf Sozialhilfe auswirken. Es muss daher stets geprüft werden, ob es sozialhilferechtliche Regeln gibt, nach denen sie unberücksichtigt bleiben können.

---

4 BSG NVwZ-RR 2013, 723 Rn 22; BSG v. 25.4.2013 – Az.: B 8 SO 8/12R, Rn 21.

I. Schoneinkünfte wegen normativ anerkannter Zweckbestimmungen

Der Gesetzgeber hat im SGB XII gesetzliche Einkommensverscho-   8
nungsregeln aufgestellt. Dazu gehört nach § 82 Abs. 1 SGB XII z.b.
die Grundrente aus dem sozialen Entschädigungsrecht (z.b. Opferent-
schädigung oder Soldatenversorgung). Sie soll dem Bedürftigen anrechnungsfrei verbleiben, weil es mit dem Gedanken des sozialen Ent-
schädigungsrechts (§ 5 SGB I) nicht vereinbar wäre, dem Hilfebedürftigen etwas anzurechnen, was ihm als integrierenden Bestandteil einer
hoheitlich geschuldeten Rehabilitation[5] gesetzlich zuerkannt wurde.

Zu den Schontatbeständen gehört u.a. § 18 Conterganstiftungsgesetz,   9
der regelt, dass bei der Ermittlung oder Anrechnung von Einkommen
Conterganstiftungsleistungen außer Betracht bleiben. Damit sollte
sichergestellt werden, dass die Leistungen zusätzlich erbracht werden
und den Berechtigten ungeschmälert zu Gute kommen.[6] Bei der Gewährung von

- Hilfen zur Gesundheit, §§ 47 ff. SGB XII
- Eingliederungshilfe für behinderte Menschen, §§ 53 ff. SGB XII
- Hilfe zur Pflege, §§ 61 ff. SGB XII
- Hilfe zur Überwindung sozialer Schwierigkeiten, §§ 67 ff. SGB XII
- Hilfe in anderen Lebenslagen, §§ 70 ff. SGB XII

ist den Betroffenen und ihren nicht getrennt lebenden Ehegatten oder
Lebenspartnern bei den vorgenannten Sozialhilfeleistungen die Auf-
bringung der Mittel aus ihrem gesamten Einkommen nach §§ 19
Abs. 3, 87 Abs. 1 SGB XII **nicht** zumutbar.

Ein weiteres Beispiel ist das **Pflegegeld** nach § 37 SGB XII, das an   10
einen Empfänger von Leistungen nach dem SGB XII weitergeleitet
wird. Es soll nicht angerechnet werden. Pflege beruht – auch bei
Verwandten 1. Grades unter Berücksichtigung der allgemeinen Ge-
pflogenheiten und der Verhältnisse des Einzelfalles – nicht auf einer
sittlichen Verpflichtung. Die Anrechnung stellt eine besondere Härte
dar, weil eine Berücksichtigung mit der Absicht des Pflegebedürftigen

---

5 Vgl. dazu BSGE 111, 79 mit einer Vielzahl weiterer Nachweise.
6 Vgl. BT-Drucks VI/926, S. 7 zu § 4 und § 5 des Gesetzentwurfs und BVerwG v.
   13.8.1992 – Az.: 5 C 2/88.

und dem Zweck des Pflegegeldes, die Pflegbereitschaft zu erhalten, nicht zu vereinbaren ist.[7]

11   Eine ausdrückliche Verschonungsregel für Schenkungen oder Begünstigungen aufgrund eines Erbfalls stellt der Gesetzgeber ausdrücklich nicht zur Verfügung.

II. Nach Zweck und Inhalt geschontes Einkommen, § 83 SGB XII

12   Nach der Rechtsprechung des Bundesverwaltungsgerichtes, dem das Bundessozialgericht in ständiger Rechtsprechung folgt, kommt es bei der Berücksichtigung von Einkommen auf „die bedarfsbezogene Verwendungsmöglichkeit, nicht notwendig dagegen auf die **Zweckbestimmung**"[8] an. In der Literatur liest sich das nicht immer vergleichbar deutlich wie z.b. bei *Rothkegel*:[9]

> *„Wegen des Faktizitätsprinzips kommt es auch nicht auf die Herkunft von Einkommen und Vermögen an und ist auch die Zweckbindung von Einkommen nur unter den Voraussetzungen des § 83 SGB XII erheblich. Eine Zweckbindung bzw. -bestimmung von Einkommen und Vermögen berührt deren Eigenschaft als „bereite" Mittel nur in Fällen eines **gesetzlichen Anrechnungsausschlusses**. Er kann innerhalb (vgl. z.B. § 83 Abs. 2, § 90 Abs. 2 Nr. 2 SGB XII) oder außerhalb des Sozialhilferechtes (vgl. z.B. § 21 Abs. 2 S. 2 StiftG) angeordnet sein. "*

Dass Einkünfte wegen der damit verbundenen Zweckbestimmung bei der Ermittlung des sozialhilferechtlich relevanten Einkommens (oder Vermögens) nicht berücksichtigt werden, ist daher die Ausnahme.

13   Leistungen, die zu einem ausdrücklich benannten Zweck erbracht werden, sind nach § 83 SGB XII geschützt, wenn die Sozialhilfe nicht demselben Zweck dient. Damit soll eine normativ anerkannte Zweckbestimmung nicht dadurch vereitelt werden, dass dieses Einkommen zur Deckung eines sozialhilferechtlich anerkannten Bedarfs eingesetzt

---

7 Bieritz-Harder/*Geiger*, LPK-SGB XII, § 84 Rn 17 m.w.N. auch zu z.T. veralteter a.A.
8 BVerwGE 108, 296, Rn 12.
9 *Rothkegel*, Sozialhilferecht, Teil II Kapitel 7 Rn 19.

werden muss. Außerdem soll eine doppelte Deckung ein und desselben sozialhilferechtlich anerkannten Bedarfs eines Leistungsberechtigten durch eine Leistung der Sozialhilfe und sein Einkommen vermieden werden.[10]

Diese Regel gilt aber ausdrücklich nur für Leistungen aufgrund **öffentlich-rechtlicher Vorschriften** und Schmerzensgeld nach § 253 Abs. 2 BGB. Leistungen aufgrund **privater Vereinbarungen** – z.b. zur zweckbestimmten Finanzierung eines Pkw – unterfallen § 83 SGB XII ausdrücklich nicht.[11] Im SGB II hat der Gesetzgeber in Angleichung zu § 83 SGB XII in jüngster Vergangenheit private zweckgebundene Leistungen als Schoneinkommen gerade erst abgeschafft.

III. Zuwendungen Dritter ohne rechtliche oder sittliche Pflicht – ein Schontatbestand nach § 84 Abs. 2 SGB XII?

§ 84 Abs. 1 SGB XII regelt die **Freistellung von Zuwendungen** bei   14
der Anrechnung von Einkommen, die der Hilfebedürftige von der **freien Wohlfahrtspflege** erhält.

In § 84 Abs. 2 SGB XII geht es um die **Zuwendungen Dritter**. § 84 Abs. 2 SGB XII ist damit die Zentralnorm, wenn es um die Frage geht, ob freiwillige **Zuwendungen Dritter** sozialhilferechtlich bei der Einkommensermittlung geschont werden. Dabei ist § 83 SGB XII (Spezialregelung für Zweckzuwendungen) in die wertende Prüfung immer einzubeziehen.

§ 84 SGB XII ist eine **Härtefallregelung** der höchsten Kategorie („be-   15
sondere" Härte). Darin ist die Aussage enthalten, dass Zuwendungen Dritter grundsätzlich Einkommen des Hilfesuchenden sind und grundsätzlich zur Bedarfsdeckung heranzuziehen sind.[12] § 84 Abs. 2 SGB XII nimmt freiwillige Zuwendungen Dritter, die ohne rechtliche oder sittliche Pflicht erbracht wurden, ausnahmsweise von den anrechenbaren Einkünften aus, **soweit** ihre Berücksichtigung **eine beson-**

---

10 *Frommann*, Sozialhilfrecht – SGB XII,155.
11 Grube/*Wahrendorf*, SGB XII, § 83 Rn 5; Bieritz-Harder/*Geiger*, LPK-SGB XII, § 83 Rn 3; *Richter*, ZfF 1997, 222.
12 Rothkegel/*Sartorius*, Sozialhilferecht, Teil III, Rn 25.

deren Härte darstellen würde. Dies gibt dem Sozialhilfeträger die Option, Zuwendungen teilweise zu berücksichtigen und teilweise nicht.

16 Als Zuwendungen kommen sowohl Geldleistungen als auch Sachleistungen in Betracht.[13] Generell ist der Begriff der Zuwendung weit. Es kann sich um die Übertragung von Vermögensgegenständen handeln, aber z.b. auch um Aufwendungen für die Lebensführung, Schuldentilgung, Zuschüsse zu Urlaub und Gegenständen etc.

17 Der Begriff der Zuwendung impliziert ein aktives Verlagern eines Wertes an den Hilfesuchenden. Damit ist der Zufluss von Erbschaftsmitteln aufgrund **gesetzlicher Erbfolge** aus zwei Gründen von vornherein ausgeschlossen. Einerseits fehlt es am aktiven Tun des Erblassers, andererseits erfolgt der Zufluss aufgrund der gesetzlichen Bestimmung des § 1922 BGB. § 84 Abs. 2 SGB XII schließt aber nur die Zuwendungen von der Berücksichtigung als Einkommen aus, zu denen der Zuwendende **weder rechtlich noch sittlich verpflichtet** ist.

18 Das Tatbestandsmerkmal „Zuwendung, die ein anderer erbringt, ohne hierzu eine rechtliche oder sittliche Pflicht zu haben" lehnt sich an entsprechende Formulierungen in zivilrechtlichen Normen (§§ 534, 814, 1375 Abs. 2 Nr. 1, 2113 Abs. 2 S. 2, 2205, 2330 BGB) an, so dass man annehmen könnte, dass § 84 Abs. 2 SGB XII nur lebzeitige Zuwendungen erfasst. Andererseits wird aber auch für die Erbeinsetzung oder die Zuwendung eines Vermächtnisses der Begriff der Zuwendung (§ 2352 BGB) gebraucht, so dass als geeignete Zuwendungen im Sinne des § 84 Abs. 2 SGB XII sowohl **lebzeitige als auch durch letztwillige Verfügung** veranlasste Zuwendungen verstanden werden können.

Die Begünstigung aufgrund lebzeitiger oder letztwilliger Verfügung muss erfolgt sein, ohne einer rechtlichen oder sittlichen Pflicht zu entsprechen. Solche Fallgestaltungen sind grundsätzlich vorstellbar. Allerdings ist immer im Blick zu behalten, dass Abkömmlingen und Ehegatten bereits von Gesetzes wegen immer eine Mindestteilhabe am Nachlass zusteht, so dass man eine Zuwendung an diesen Personenkreis – zumindest in Höhe des Pflichtteils – nur schwerlich als nicht

---

13 Grube/*Wahrendorf*, SGB XII, § 84 Rn 5.

zumindest sittlich motiviert ansehen können wird. Bei nicht Pflichtteilsberechtigten oder Nichtverwandten wird man dies im Einzelfall
anders sehen können.

In der Praxis ist die Frage, ob Zuwendungen, die ein **Testamentsvoll-**   19
strecker an den Hilfebedürftigen erbringt, § 84 SGB XII unterfallen
können, von besonderer Bedeutung. Dabei ist zunächst zu berücksichtigen, dass die Zuwendung vom Erblasser und nicht vom Testamentsvollstrecker stammt und direkt beim Begünstigten anfällt. Lediglich
die Verfügungsbefugnis ist tangiert. Soweit der Erblasser dem Begünstigten durch geschickte Kombination der erbrechtlich zur Verfügung
stehenden Gestaltungsinstrumente etwas zuwendet, was dem Begünstigten von Gesetzes wegen als Mindestteilhabe am Nachlass zustehen
soll, wird man schon die zumindest sittliche Verpflichtung kaum verneinen können.

Grundsätzlich gilt für das Verhältnis von Erben zum Testamentsvoll-   20
strecker § 2217 BGB. Danach muss der Testamentsvollstrecker diejenigen Gegenstände an den Erben herausgeben, deren er zu Erfüllung
der Testamentsvollstreckung nicht bedarf. Somit erfüllt der Testamentsvollstrecker eine gesetzliche Pflicht, wenn er Gegenstände
herausgibt. Die Anwendbarkeit von § 84 Abs. 2 SGB XII entfällt.

Im klassischen **Behindertentestament** mit nicht befreiter Vorerb-   21
schafts-/Nacherbschaftsanordnung oder nicht befreiter Vorvermächt-
nis-/Nachvermächtnisanordnung und **Dauertestamentsvollstre-**
ckung geht es allerdings nur um die Herausgabe der Nutzungen des
Nachlasses, weil die Substanz dem Nacherben/Nachvermächtnisneh-
mer verbleiben soll. Der Testamentsvollstecker soll nach den typischerweise getroffenen Verwaltungsanordnungen (§ 2216 Abs. 2
SGB XII) gerade keine Verpflichtung haben, etwas herauszugeben,
was sozialhilferechtlich berücksichtigt wird. Würde er gleichwohl
Nutzungen ungeschützt herausgeben, würde er gegen eine rechtliche
Pflicht, die ihm der Erblasser auferlegt hat, verstoßen. Würde man ihn
entgegen der Verwaltungsanordnungen zwingen (§ 2216 Abs. 2 S. 2
BGB) etwas herauszugeben, dann kann dies nur unter den Voraussetzungen des § 2216 Abs. 2 S. 2 BGB geschehen. Dann würde es sich
aber um eine Herausgabe im Rahmen der ordnungsgemäßen Verwaltung (§ 2216 Abs. 1 BGB) handeln. Dann müsste man eine Zuwendung

aufgrund einer rechtlichen Pflicht bejahen. Damit würde man auch insoweit nicht dazu kommen, dass § 84 Abs. 2 SGB XII anwendbar ist.

22 **Pflichtteilsansprüche** fallen ohne weiteres aus dem Schutzbereich des § 84 Abs. 2 SGB XII heraus, da sie einer gesetzlichen Regelung (§§ 2303 ff. BGB) entsprechen. Anders kann dies dagegen ggf. für ein **Vermächtnis** sein, das einer sittlichen Pflicht entsprechen kann, aber nicht muss.

23 Soweit sich tatsächlich einmal feststellen lässt, dass eine Zuwendung eines Dritten **ohne rechtliche oder sittliche Verpflichtung** erfolgt ist, muss für eine sozialhilferechtliche Verschonung hinzukommen, dass die Berücksichtigung der Zuwendung für den Leistungsberechtigten eine **besondere Härte** ist. Was darunter im Einzelnen zu verstehen ist, ist fraglich. Die Fallgestaltungen aus der Rechtsprechung zeichnen sich nicht durch eine einheitliche Linie aus. Z.T. wird die Härte gar nicht erst geprüft, z.t. wird die Härte gleich verworfen.

24 Eine nach dem Zeitpunkt des Eintritts der Bedürftigkeit einsetzende, bedarfsdeckende Hilfe Dritter wirkt nach einer Entscheidung des Bundesverwaltungsgerichtes ohne weiteres anspruchsvernichtend, wenn der Dritte sie endgültig, d.h. als „verlorenen Zuschuss" (z.B. durch Schenkung) leistet.[14] Eine Prüfung wegen besonderer Härte sah das Bundesverwaltungsgericht gar nicht erst veranlasst.

25 Im Fall eines „geschenkten Pkw" sah das Bundesverwaltungsgericht keine Einschränkung dahingehend, dass ein unentgeltlich erworbener Gegenstand nicht einsatzpflichtig sein sollte (damals als Vermögen bewertet worden)[15] und hat hinzugefügt: „Insbesondere lässt sich nicht in einer verallgemeinerungsfähigen Weise sagen, dass ein Pkw, nur weil er einem Bedürftigen geschenkt worden ist, unter dem Gesichtspunkt der Härte von einem Vermögenseinsatz auszunehmen wäre."[16]

---

14 BVerwGE 96, 157 Rn 17.
15 BVerwG v. 8.7.1991 – Az.: 5 B 57.91 n.v.
16 BVerwG v. 8.7.1991 – Az.: 5 B 57.91 n.v. (damals ging man noch von der Zuordnung als Vermögen aus).

Zur Parallelregelung im SGB II sah das LSG Mecklenburg-Vorpommern keinen Grund, warum die Zuwendung einer Mutter an ihren Sohn zur Anschaffung eines Autos[17] nicht zu berücksichtigendes Einkommen sein solle. In der Zuwendung der unentgeltlichen Nutzungsmöglichkeit eines Pkw an den Schwiegervater durch die Schwiegersöhne[18] sah das OVG Hamburg keine geschonte Zuwendung. Die Zuwendung der Großeltern an ihren Enkel zum Erwerb eines Computers hat das Gericht ohne weiteres bei der Einkommensberechnung berücksichtigt.   26

Der Stiftungszuschuss zum behindertengerechten Umbau eines Pkw lässt die Bedürftigkeit im Hinblick auf den Umbau nach einer Entscheidung des BSG entfallen, weil dieser die Lage der Betroffenen so günstig beeinflusse, dass daneben Sozialhilfe nicht gerechtfertigt sei (§ 84 Abs. 1 SGB XII).[19]   27

Z.T. wird – ohne nähere Begründung – vertreten, es stelle eine **besondere Härte** dar, wenn die Leistung erkennbar **zur Ergänzung der Sozialhilfe** bestimmt gewesen sei oder die Zuwendung von der Nichtanrechnung auf die Sozialhilfe abhängig gemacht worden sei.[20] Andere verlangen, dass die Zuwendung außer dem materiellen Wert auch einen immateriellen Wert für den Empfänger haben müsse und von dem Zuwendenden nicht erneut gewährt würde, wenn der Träger der Sozialhilfe die Zuwendung leistungsmindernd berücksichtigen würde.[21] Wieder andere weisen darauf hin, dass freiwillige Zuwendungen prinzipiell anzurechnen seien und Zuwendungen Dritter (z.B. durch Stiftungen) deshalb zumindest z.T. anzurechnen seien, selbst wenn bestimmt sei, dass die Leistung entfallen solle, wenn sie bei der Sozialhilfe angerechnet werde.[22] In kaum einer Entscheidung wird bisher hinreichend diskutiert, dass die ausdrücklich zu einem be-   28

---

17 LSG Mecklenburg-Vorpommern v. 12.12.2013 – L 8 AS 9/13 B ER, Rn 48 ff.
18 OVG Hamburg NVwZ-RR 1995,400.
19 BSG v. 23.8.2013 – Az.: B 8 SO 24/11, Rn 21 ff.
20 Kreikebohm/*von Kroppenfeld-Spies*, Kommentar zum Sozialrecht, § 84 SGB XII, Rn 4; Bieritz-Harder/*Geiger*, LPK-SGB XII, § 84 Rn 18; Fassel/*Ehmann*, Handbuch der Sozialrechtsberatung, Teil I, Kapitel 13, Rn 249.
21 *Frommann*, Sozialhilfrecht – SGB XII, S. 156.
22 Grube/*Wahrendorf*, SGB XII, § 84 Rn 11 ff.

stimmten Zweck erbrachten Leistungen spezialgesetzlich in § 83 SGB XII geregelt sind und deshalb sehr fraglich ist, ob § 84 Abs. 2 SGB XII daneben Raum noch lässt für die Auseinandersetzung mit Zweckbestimmungen.

29   In der vorstehend zitierten Entscheidung des BSG zu **zweck**gebunden Stiftungsmitteln hat das BSG die zugewendete Mittel für den **Umbau** eines Pkw für einsatzpflichtig gehalten. Die **Verwertung** des Pkw selbst, für den eine Stiftung Beträge direkt an den Autohändler überwiesen hatte, hat es dagegen als nicht einsatzpflichtig bewertet, falls die Klägerin behinderungsbedingt auf das Fahrzeug angewiesen und die von den Stiftungen erbrachten Leistungen nur zweckgebunden erbracht worden seien.[23] Das liegt auf der Linie einer älteren Entscheidung des VG Göttingen,[24] das 1.000 DM, die ein Onkel einer Behinderten zum Erwerb eines Fernsehers zugewendet hatte, (als Vermögen) anrechnungsfrei gelassen hatte, weil sie damit Hausrat erworben habe, der als Vermögen sozialhilferechtlich geschützt sei. Dafür, dass man die **Zweck**(!)schenkung zu beachten habe, sprach nach Ansicht des VG Göttingen auch § 58 Nr. 3 SGB IX. Danach umfassten die Hilfen zur Teilhabe am gemeinschaftlichen und kulturellen Leben im Sinne von § 55 Abs. 2 Nr. 7 SGB IX auch die Bereitstellung von Hilfsmitteln, die der Unterrichtung über das Zeitgeschehen oder über kulturelle Ereignisse dienen, wenn wegen der Schwere der Behinderung anders eine Teilhabe am Leben in der Gemeinschaft nicht oder nur unzureichend möglich sei. Der **Rehabilitationszweck** der Zuwendung dürfte letztlich auch der tragende Aspekt für das Bundessozialgericht gewesen sein.

30   Grundsätzlich deutet das Normengefüge des SGB XII nach diesseitiger Ansicht eher darauf hin, dass es nicht entscheidend darauf ankommen kann, dass ein Zuwendungsgeber die Gewährung einer Leistung davon abhängig macht, dass sie nicht auf andere Leistungen anzurechnen ist, denn auch im Verhältnis zum Zuwendungsgeber gilt der

---

23 BSG v. 23.8.2013 – Az.: B 8 SO 24/11 R aber nicht unter Anwendung von § 94 Abs. 2 SGB XII, sondern unter Verweis auf die generelle Öffnungsklausel des § 82 Abs. 3 S. 3 SGB XII.
24 VG Göttingen v. 25.11.2003 – Az.: 2 A 2242/02 n.v.

Grundsatz des Nachrangs der Sozialhilfe.[25] § 83 SGB XII nimmt die Zweckzuwendungen Privater ausdrücklich vom Schutz der Einkommensanrechnung aus. Sie argumentativ über § 84 Abs. 2 SGB XII wieder einzuführen, scheint problematisch. Es ist außerdem fraglich, ob man in diesem Zusammenhang überhaupt von einer **Zweckschenkung** im zivilrechtlichen Sinne ausgehen kann. Sie setzt eine tatsächliche Willensübereinstimmung über den verfolgten Zweck voraus.[26] Eine Zweckabrede darüber, dass der Sozialhilfebedürftige die Zuwendung in der Sozialhilfe anrechnungsfrei verbrauchen kann, kann er selbst nicht wirksam treffen. Hier entspricht die anrechnungsfreie Verwendung der Zuwendung einem rechtlich unverbindlichen Wunsch und bewegt sich damit im Bereich der „Wunschschenkung".[27]

Für dieses Ergebnis spricht, dass der Gesetzgeber des SGB II die **privaten** zweckbestimmten Zuwendungen erst in jüngster Vergangenheit ausdrücklich aus dem Schutz des § 11a Abs. 3 SGB II wieder herausgenommen hat. Damit hat der Gesetzgeber einen Schlusspunkt unter eine Entwicklung gesetzt, die in der Vorgängerregelung des SGB II noch ganz anders aussah. Nach § 138 Abs. 2 Nr. 8 AFG war Einkommen, das ein Dritter „**zur Ergänzung der Arbeitslosenhilfe**" gewährt hatte, ohne dazu rechtlich oder sittlich verpflichtet zu sein, noch geschont.[28] § 11a Abs. 3 SGB II war bereits von dem Zusammenspiel von Sozialleistung und privaten Zuwendungen „zur Ergänzung der Arbeitslosenhilfe" abgerückt, um jetzt endgültig den Gleichlauf mit dem SGB XII herzustellen. Der Gesetzgeber hat damit dokumentiert, dass private Zuwendungen ganz allgemein in der Sozialhilfe nicht per se privilegiert sind, weil sie unter der Androhung der Nichtleistung oder Rückforderung wegen Zweckverfehlung stehen. Im Zweifel wird jeder Schenker immer seine Schenkung zurückhaben wollen, wenn sie dem Bedürftigen keinen Vorteil bringt. Tendenziell scheint sich aber

31

---

25 So z.B. die früher vertretene Ansicht: vgl. z.B. *Schellhorn/Jirasek/Seip*, Kommentar zum Bundessozialhilfegesetz, § 78 Rn 11.

26 BGH NJW 1984, 233, Rn 11.

27 MüKo/*Koch*, § 525 Rn 8.

28 Die Schenkung von 70.000 DM an einen Neffen hat die Rechtsprechung aber auch 1976 schon als so hoch angesehen, dass sie nicht mehr als „Ergänzung der Arbeitslosenhilfe" angesehen werden könne und als Einkommen angerechnet werden müsse. BSG v. 11.2.1976 – Az.: 7 Rar 159/74.

zugunsten von Zuwendungen an **behinderte Bedürftige**, die der Teilhabe am Leben in der Gemeinschaft – also Rehabilitationszwecken – dienen, abzuzeichnen, dass die Rechtsprechung freiwillige Zuwendungen Dritter insoweit aus **besonderen** Härtegründen aus der Anrechnung als Einkommen herausnimmt.

32   Ganz in diesem Sinne wird zu § 11a Abs. 5 SGB II deshalb in der Literatur z.T. die Auffassung vertreten, dass Zuwendungen Dritter im Lichte der Grundrechte gesehen und bewertet werden müssten. Die unbestimmte Rechtsbegriffe, die der Gesetzgeber dem Schontatbestand beigegeben habe, müsse im Lichte der Grundrechte ausgefüllt werden. Die Würde des Menschen sei z.B. nachteilig betroffen, wenn Zuwendungen in Form von Geld oder Sachen zur Verbesserung der Pflege eines pflegebedürftigen Menschen von Dritten erbracht und nicht geschont würden.[29]

33   **Zusammenfassung**
Zuwendungen Dritter aufgrund einer **rechtlichen oder sittlichen Pflicht** sind grundsätzlich nach § 84 Abs. 2 SGB XII nicht von der Berücksichtigung bei der Einkommensermittlung ausgenommen.
Schenkungen und Begünstigungen aufgrund von Erbfall unterfallen in der Regel entweder nicht dem Zuwendungsbegriff oder erfolgen aufgrund einer rechtlichen oder sittlichen Pflicht. § 84 Abs. 2 SGB XII scheidet daher als Schutznorm in der Regel aus.
Für die Zuwendungen Dritter **ohne rechtliche oder sittliche Pflicht** kann aktuell nicht rechtssicher davon ausgegangen werden, unter welchen Voraussetzungen ihre Berücksichtigung ganz oder teilweise eine besondere Härte für den Bedürftigen darstellt. Ob eine **besondere Härte** angenommen werden kann, weil der Zuwendende die Zuwendung davon abhängig macht, dass sie nicht in der Sozialhilfe berücksichtigt wird, wird unterschiedlich beantwortet, kommt nach diesseitiger Ansicht aus systematischen Gründen aber eher nicht in Betracht.

---

29 *Heinz,* Zur Berücksichtigung privater Zuwendungen bei Hartz IV-Bezug, zu unbestimmten Rechtsbegriffen und zur Geltung grundgesetzlich garantierter Werte, ASR 2012, 138.

IV. Die Beschränkung auf Einkommen mit bedarfsbezogener Verwendungsmöglichkeit

Wenn feststeht, dass Zuwendungen nicht bereits dem Grunde nach zu   34
den normativ bestimmten Schoneinkünften i.S.d. §§ 82 ff. SGB XII
gehören, dann kann sich eine Nichtberücksichtigung daraus ergeben,
dass der Einsatz von Einkünften als Einkommen immer ihre **bedarfsbezogene Verwendungsmöglichkeit** voraussetzt.[30]

Eine zugewendete behindertengerechte Reise mag z.B. zwar den Be-   35
darf einzelner Positionen des Regelbedarfes abdecken, ist aber nicht
geeignet einen Bedarf insgesamt entfallen zu lassen. Stets muss das
rechtserheblich geprüfte Einkommen dazu geeignet sein, den aktuell
und konkret bestehenden gesamten Bedarf zu decken.

Ob eine Zuwendung einen sozialhilferechtlichen Bedarf abdeckt, er-   36
gibt sich aus einem Abgleich mit dem Regelbedarfs-Ermittlungsgesetz
(RBEG).[31] §§ 5 ff. RBEG weisen die Positionen aus, die vom Regelbedarf umfasst sind:

Abteilung 1	(Nahrungsmittel, alkoholfreie Getränke)
Abteilung 3	(Bekleidung und Schuhe)
Abteilung 4	(Wohnen, Energie und Wohnungsinstandhaltung)
Abteilung 5	(Innenausstattung, Haushaltsgeräte und -gegenstände)
Abteilung 6	(Gesundheitspflege)
Abteilung 7	(Verkehr)
Abteilung 8	(Nachrichtenübermittlung)
Abteilung 9	(Freizeit, Unterhaltung, Kultur)
Abteilung 10	(Bildung)
Abteilung 11	(Beherbergungs- und Gaststättendienstleistungen)
Abteilung 12	(Andere Waren und Dienstleistungen).

30 BVerwGE 108, 296; BVerwG FEVS 51, 51; BVerwG NJW 1999, 3210, Bieritz-
   Harder/*Geiger*, LPK-SGB XII, § 82 Rn 32 ff.
31 V. 24.3.2011, BGBl I S. 453.

37   **Fazit**
Wird eine **Sachleistung** erbracht, die eine im Regelbedarf enthaltene Position abdeckt, kann sie nur in Höhe des jeweils im Regelbedarf enthaltenen Betrages den sozialhilferechtlichen Bedarf entfallen lassen.[32] Eine Kompensation mit anderen Regelbedarfen ist im
Regelfalle nicht möglich.

V. Die Berechnung des Einkommens unter Berücksichtigung von Schongrenzen – §§ 82 ff. SGB XII

1. Allgemeine Abzugsposten in § 82 SGB XII

38   Auf der Grundlage der ermittelten berücksichtigungsfähigen monatlichen Einkünfte muss festgestellt werden, wie sich dieses Einkommen
für den jeweils konkret geltend gemachten oder bereits bestehenden
Anspruch auswirkt. Einkommen wird aber nicht unterschiedslos dem
Bedarf gegenüber gestellt. Je nach Art des ungedeckten Bedarfs werden Abzugsposten berücksichtigt und es gelten **Schongrenzen**. Einkommen wird ganz oder teilweise von der Anrechnung freigestellt.

39   Was vom Einkommen abzuziehen ist, wird in § 82 Abs. 2 und in der
DVO zu § 82 SGB XII geregelt. Grundsätzlich sind **Schulden** vom
Einkommen nicht abzugsfähig. Lediglich abgetretenes oder wirksam
aufgerechnetes Einkommen steht nicht als bereites Mittel zur Verfügung. Gepfändete oder titulierte Forderungen Dritter finden Berücksichtigung.

Dass ein Erbe mit den zugeflossenen Mittel Schulden bezahlt, akzeptiert die Rechtsprechung im Übrigen aber nicht. Freiwillige Zahlungen
zur Tilgung von Schulden sollen das einzusetzende Einkommen nicht
schmälern.[33]

40   Eine Grenze muss diese Betrachtungsweise allerdings finden, wenn
das Geld tatsächlich verbraucht ist. Das Prinzip der Menschenwürde

---

32 In diesem Sinne schon OVG Hamburg NVwZ-RR 1995, 400; Grube/*Wahrendorf*,
SGB XII, § 82 Rn 69 m.w.N.
33 Berlit/*Meßling-Sartorius*, Existenzsicherungsrecht, Teil I, Kapitel 20 Rn 21 m.w.N.

i.V.m. dem Faktizitätsprinzip verbietet es, den Hilfesuchenden ohne jede Versorgung zu lassen.[34]

§ 82 SGB XII bestimmt die **allgemeinen Abzugsposten**. Dazu gehö-   41
ren nach § 82 Abs. 2 Nr. 1 SGB XII die auf das Einkommen errichteten Steuern; damit wohl auch Erbschafts- und Schenkungssteuer. Abzugsfähig sind u.a. auch die mit der Erzielung des Einkommens verbundenen notwendigen Ausgaben, Beiträge zu öffentlichen und privaten Versicherungen oder ähnlichen Einrichtungen, soweit diese Beiträge gesetzlich vorgeschrieben sind oder nach Grund und Höhe angemessen sind. Welche Ausgaben in Bezug auf die jeweilige Einkommensart in Abzug zu bringen sind, ergibt sich aus der DVO zu § 82 SGB XII.

Nach § 82 Abs. 3 SGB XII werden vom Einkommen „**Schonbeträge**"   42
abgesetzt:
- 30 % aus selbstständiger und nichtselbstständiger Tätigkeit, höchstens jedoch 50 % der Regelbedarfsstufe 1 nach § 28 SGB XII.
- Für Beschäftigungen in einer Werkstatt gelten weitergehende Sonderregeln (§ 82 Abs. 3 S. 2 SGB XII).

2. Der Härtefalltatbestand des § 82 Abs. 3 S. 3 SGB XII

In begründeten Einzelfällen kann nach § 82 Abs. 3 S. 3 SGB XII ein   43
anderer als in § 82 Abs. 3 S. 1 SGB XII festgelegter Betrag vom Einkommen abgesetzt werden. Die Einkommensvorschriften der §§ 82 ff. SGB XII kennen – anders als § 90 Abs. 3 SGB XII zum Vermögen – keinen allgemein formulierten **Härtefalltatbestand**. Das BSG interpretiert § 82 Abs. 3 S. 3 SGB XII in jüngster Zeit nicht nur als Tatbestand für Abzugsposten, sondern als Öffnungsklausel oder Auffangtatbestand, der es dem Sozialhilfeträger ermöglicht, von einer Einkommensanrechnung ganz oder teilweise abzusehen.[35] In einer nachfolgenden Entscheidung hat das BSG dann ausgeführt:

„*§ 82 Abs. 3 S. 3 SGB XII ist dabei als **generelle Härteklausel** für alle denkbaren Einkommen zu verstehen, weil nur so den Gerich-*

---

34 Berlit/*Pattar*, Existenzsicherungsrecht, Teil I, Kapitel 10 Rn 28 f. m.w.N.
35 BSGE 106, 62; BSG v. 23.8.2013 – Az.: B 8 SO 24/11 R; Grube/*Wahrendorf*, SGB XII, § 82 Rn 97.

ten und der Verwaltung die Möglichkeit eingeräumt wird, unbillige Ergebnisse zu vermeiden und bei Leistungen nach unterschiedlichen Grundsicherungssystemen eine Harmonisierung zu erreichen."[36]

44   Im Falle der Anschaffung eines behindertengerechten Pkw mit zu diesem Zweck ausdrücklich zur Verfügung gestellten Stiftungsmitteln hat das BSG den Weg über § 82 Abs. 3 S. 3 SGB XII ausdrücklich beschritten. Weil die von den Stiftungen gewährten Zuwendungen (Zuschüsse und Darlehen) – auch der Höhe nach – nur zweckgebunden für den Erwerb bzw. die Umrüstung des Fahrzeugs erbracht worden seien, sei eine Berücksichtigung des Pkw als Einkommen oder als Vermögen trotz des den Verkehrswert übersteigenden Betrags für ein angemessenes Kraftfahrzeug unbillig. Ohne Anschaffung des Pkw wären keine Beträge geflossen.[37] Was es bedeutet, dass § 83 Abs. 3 S. 3 SGB XII bei der Einkommensberechnung nach § 88 Abs. 2 SGB XII generell nicht anzuwenden sein soll, hat das BSG bisher nicht diskutiert. Ob das BSG den Weg der generellen Härteklausel daher weiter gehen kann und wird, ist noch nicht abschließend geklärt.

45   **Fazit**
In speziellen Einzelfällen scheint es möglich zu sein, eine Freistellung von der Anrechnung **freiwilliger Zuwendungen Dritter** als Einkommen zu erreichen. Dies deutet sich insbesondere an, soweit behinderte Menschen auf die konkrete Zuwendung zur Teilhabe am allgemeinen Leben (§ 55 SGB IX) angewiesen sind und der Zuwendende die Zuwendung davon abhängig gemacht hat, dass er ansonsten nicht leisten werde. Das passt zu den Verwaltungsanordnungen (§ 2216 Abs. 2 BGB), die den Testamentsvollstrecker in Behindertentestamenten anweisen, nur diejenigen Erträge an den Erben herauszugeben, die nicht zur Reduzierung oder Aufhebung der Sozialhilfe führen. Damit würden Behindertentestamente auch sozialhilferechtlich umsetzbar sein. Eine höchstrichterliche Entscheidung liegt dazu aber aktuell noch nicht vor.

---

36   BSG v. 9.6.2011 – Az.: B 8 SO 20/09 R, Rn 24.
37   BSG v. 23.8.2013 – Az.: B 8 SO 24/11 R, Rn 30.

Für Bedürftigentestamente lässt sich daraus jedoch nichts ableiten, weil das SGB II eine vergleichbare Öffnungsklausel wie § 82 Abs. 3 S. 3 SGB XII nicht kennt.

3. Schongrenzen

Im SGB XII wird danach unterschieden, ob der Hilfebedürftige und   46
seine Einsatzgemeinschaft sämtliche Einkünfte einsetzen oder ob er nur Einkommen **nach Zumutbarkeitskriterien** einsetzen muss. § 19 SGB XII differenziert dazu zwischen
– Einkommen und Vermögen das nach den Regeln des SGB XII **generell einzusetzen** ist (für Leistungen nach dem 3. und 4. Kapitel des SGB XII = Elementarbedarf)
– Einkommen und Vermögen, dessen Aufbringung dem Hilfesuchenden **nicht zumutbar** ist (für Leistungen nach dem 5. und 9. Kapitel des SGB XII = Hilfe in speziellen Lebenslagen).

§ 92 SGB XII regelt den (begrenzten) Einsatz des Einkommens für   47
bestimmte **Maßnahmen der Eingliederungshilfe.**

§ 92a SGB XII regelt den Einkommenseinsatz für die Leistungen nach dem 3. und 4. Kapitel (allgemeiner Lebensunterhalt) bei **dauerhafter Unterbringung in stationären Einrichtungen.**

a) Zumutbarer Einkommenseinsatz bei Leistungen in Einrichtungen – § 92a SGB XII

Bezogen auf   48
– die Hilfe zum Lebensunterhalt und die Grundsicherung
– in stationären oder teilstationären Einrichtungen
gilt durch § 92a SGB XII für den Betroffenen und den **Ehegatten eines Heimbewohners** eine Sonderregelung für den Einkommenseinsatz. Nach § 92a Abs. 1 SGB XII kann von ihm und seinem Ehepartner die Aufbringung der Mittel aus dem gemeinsamen Einkommen verlangt werden, soweit Aufwendungen für den häuslichen Lebensunterhalt erspart werden. Nach § 92a Abs. 2 SGB XII soll in **angemessenem Umfang** die Aufbringung der Mittel verlangt werden, wenn eine Person voraussichtlich längere Zeit Leistungen in einer stationären Einrichtung bedarf.

49   Damit wird dem zu Hause verbleibenden Ehegatten ein sozialhilfe-
     rechtlicher **Garantiebetrag** eingeräumt, so dass sein Lebensunterhalt
     dadurch sichergestellt bleiben soll. Es verbleibt ihm in der Regel ein
     Betrag oberhalb des sozialhilferechtlich notwendigen Lebensunter-
     halts,[38] der aber nicht identisch mit dem zivilrechtlichen Unterhaltsan-
     spruch ist. § 92a SGB XII ist lex specialis zu § 19 Abs. 1 und 2 SGB XII.
     Er ist keine Ermächtigungsgrundlage zu einem Heranziehungsbe-
     scheid, sondern tritt an deren Stelle.[39]

50   Die **Sonderregelung** des § 92a SGB XII setzt voraus, dass das gemein-
     same Einkommen der Partner mindestens ausreicht, um in dem beste-
     henden Haushalt den notwendigen Lebensunterhalt beider Partner zu
     decken. Auf Grundlage des Einzelfalles muss die Höhe des Betrages
     festgestellt werden, der für den im Haushalt verbliebenen Partner aus
     dem gemeinsamen Einkommen der Partner frei zu lassen ist **(Garan-
     tiebetrag)**. Daraus ergibt sich dann die Höhe des Betrages, der aus
     dem Gesamteinkommen vom Träger der Sozialhilfe zum Einsatz für
     Leistungen, die der andere Partner nach dem 3. und 4. Kapitel des
     SGB XII in der Einrichtung erhält, verlangt werden kann. Im Rahmen
     dieser Feststellungen soll dem im Haushalt Verbliebenen als Garantie-
     betrag **ein angemessener Betrag oberhalb des sozialhilferechtlich
     notwendigen Lebensunterhalts** belassen werden. Zwischen der Ein-
     kommensfreilassung/Kostenbeteiligung nach § 92a SGB XII einerseits
     und der ggf. weiteren Einkommensfreilassung/Kostenbeteiligung nach
     § 87 SGB XII andererseits muss aber unterschieden werden.

51   Bei der Prüfung, welcher Umfang für den Einkommenseinsatz zu
     berücksichtigen ist, ist nach § 92a Abs. 3 SGB XII auch die bisherige
     Lebenssituation zu berücksichtigen. Zur Berücksichtigung der bishe-
     rigen Lebenssituation soll auf das gemeinsame Durchschnittseinkom-
     men im Jahr vor Eintritt des Hilfebedarfs abgestellt werden, sofern
     keine andere Betrachtung gerechtfertigt ist (z.B. absehbare Einkom-
     mensminderung wegen bevorstehenden Rentenbezugs). Einkom-
     mensminderungen, die vor Aufnahme in die stationäre Einrichtung
     wegen Krankenhausaufenthalten oder Maßnahmen zur Rehabilitation
     eingetreten waren, sollen in der Regel unberücksichtigt bleiben.

---

38   BT-Drucks 16/2711, 12.
39   BSG v. 23.8.2013 – Az.: B 8/ SO 17/12 R.

b) Der zumutbare Einkommenseinsatz für Hilfen in speziellen Lebenslagen – §§ 85 ff. SGB XII

In § 92a SGB XII wird die Frage der **Zumutbarkeit des Einkom-**   52
menseinsatzes bei Unterbringung in stationären Einrichtungen für
die Leistungen nach dem 3. und 4. Kapitel des SGB XII konkretisiert.

Für die **Hilfen in speziellen Lebenslagen** des 5. bis 9. Kapitels füllen
die §§ 85 ff. SGB XII den Begriff des **zumutbaren Einkommensein-**
satzes im Sinne von § 19 Abs. 3 SGB XII. Die §§ 85 ff. SGB XII enthalten **Sonderregeln über Einkommensgrenzen** für diese Hilfen, also
insbesondere die in der Praxis relevante Hilfe zur Pflege.

Hilfen zur Gesundheit, Eingliederungshilfe für behinderte Menschen,   53
Hilfe zur Pflege, Hilfe zur Überwindung besonderer sozialer Schwierigkeiten und Hilfen in anderen Lebenslagen werden danach geleistet,
soweit
– dem Leistungsberechtigten
– dem nicht getrennt lebenden Ehegatten und Lebenspartner (= **Ein-**
  satzgemeinschaft)
die Aufbringung der Mittel aus dem Einkommen und Vermögen nach
dem 11. Kapitel dieses Buches nicht zuzumuten ist.

Die **Zumutbarkeit des Mitteleinsatzes** wird im ersten Schritt durch   54
§ 85 SGB XII konkretisiert. Die Aufbringung der Mittel ist danach
nicht zuzumuten, wenn während der Dauer des Bedarfs das Einkommen der nachfragenden Person und ihres nicht getrennt lebenden Ehegatten oder Lebenspartners zusammen eine Einkommensgrenze nicht
übersteigt, die sich ergibt aus
– einem Grundbetrag in Höhe des Zweifachen der Regelbedarfsstufe
  1 nach der Anlage zu § 28 SGB XII,
– den Kosten der Unterkunft, soweit die Aufwendungen hierfür den
  der Besonderheit des Einzelfalles angemessenen Umfang nicht
  übersteigen und
– einem Familienzuschlag in Höhe des auf volle Euro aufgerundeten
  Betrages, also: 70 vom Hundert der Regelbedarfsstufe 1 nach der
  Anlage zu § 28 SGB XII für den nicht getrennt lebenden Ehegatten
  oder Lebenspartner und für jede Person, die von der nachfragenden
  Person, ihrem nicht getrennt lebenden Ehegatten oder Lebenspart-

ner überwiegend unterhalten worden ist oder für die sie nach der Entscheidung über die Erbringung der Sozialhilfe unterhaltspflichtig werden.

55   Ist die nachfragende Person minderjährig und unverheiratet, orientiert sich der Einsatz der Mittel an den Eltern. Besonderheiten, wie z.b. der Mehrbedarf an Wohnraum aufgrund einer Behinderung/der notwendigen Pflege, sind zu berücksichtigen.

56   Bei den **Unterkunftskosten** ist zu beachten, dass die Angemessenheit sich nicht nach den Prüfungsmaßstäben der Hilfe zum Lebensunterhalt im Allgemeinen richtet. Bei dieser Prüfung muss ein Vergleich mit der Lage von Personen angestellt werden, die in einer ähnlichen finanziellen Situation waren wie die Hilfesuchenden. Dazu gehört auch das Beibehalten einer etwas teureren Wohnung. Ein Umzug ist im Regelfall eher nicht zuzumuten. Besonderheiten, wie z.b. der Mehrbedarf an Wohnraum für eine Behinderung/notwendige Pflege, sind bei den Kosten der Unterkunft zu berücksichtigen.[40] Die angemessenen Unterkunftskosten sind in der Einkommensgrenze des § 85 SGB XII enthalten. Die angemessenen Kosten übersteigenden Beträge – z.B. auch für Tilgungsbeiträge eine nach § 90 SGB XII geschützten Immobilie – können im Rahmen von § 87 SGB XII Berücksichtigung finden.[41]

57   Für die Hilfen nach dem 5. bis 9. Kapitel wird sodann strukturell zwischen
– dem Einkommenseinsatz **oberhalb** der Einkommensgrenzen (**§ 87 SGB XII**)
– dem Einkommenseinsatz **unterhalb** der Einkommensgrenzen (**§ 88 SGB XII**)
unterschieden.

Soweit das zu berücksichtigende Einkommen die Einkommensgrenze des § 85 SGB XII übersteigt, ist die Aufbringung der Mittel nach § 87 **SGB XII in angemessenem Umfang zuzumuten.** Insbesondere Art des Bedarfs, Art und Schwere der Behinderung oder Pflegebedürftigkeit, Dauer und Höhe der erforderlichen Aufwendungen, sowie be-

---

40 Bieritz-Harder/*Conradis*, LPK-SGB XII, § 85 Rn 8.
41 Bieritz-Harder/*Conradis*, LPK-SGB XII, § 85 Rn 11.

sondere Belastungen sind zu berücksichtigen. Die Aufzählung ist nicht abschließend.[42]

Als **nachgewiesene Belastungen** kommen, anders als bei der „norma-   58
len" Einkommensberechnung, **in Betracht:**
- Schuldverpflichtungen aus vertretbaren Ratenkäufen; vertretbar ist ein angemessener Umfang, wenn die monatliche Rate 10 % des bereinigten Einkommens nicht übersteigt.

Erforderliche Aufwendungen sind z.B.:   59
- Kosten im Zusammenhang mit Familienereignissen (Kommunion, Konfirmation, Taufe, Hochzeit, Bestattung)
- bei Krankheit, Pflegebedürftigkeit oder Behinderung, Krankenkost, teure Arzneien, Zahnersatz, erhöhte Fahrtaufwendungen für Taxen, Heil- und Erholungskuren, Haushaltshilfen, Pflegepersonen oder Pflegekräfte
- für Unterhaltsleistungen (z.B. Aufwendungen für eine angemessene Erziehung, Ausbildung oder Fortbildung unterhaltsberechtigter Angehöriger), soweit sie nicht durch einen Familienzuschlag (§ 85 Abs. 1 SGB XII) gedeckt sind
- für Beschaffung oder Erhaltung der Unterkunft (z.B. Baukostenzuschüsse, Abfindungen, Umzugskosten, Abtragung von Mietrückständen, in begründeten Fällen auch Tilgungsbeiträge), unvermeidbar hohe Kosten für Heizung und Zuschläge für Warmwasser
- Kosten für den Besuch naher Angehöriger (Eltern, Kinder oder Geschwister).[43]

Die **Belastungen** gelten als **nachgewiesen,** wenn sie   60
- nach Art und Umfang belegt werden können
- die Zahlung (Tilgung) nachweislich erfolgt.

Nach Abzug der besonderen Belastungen ist unter Berücksichtigung des Einzelfalles der **Einsatzbetrag** festzulegen.

---

42 Dt. Verein für öffentliche und private Fürsorge e.V., Empfehlungen für den Einsatz von Einkommen und Vermögen in der Sozialhilfe (SGB XII), Rn 95.
43 Dt. Verein für öffentliche und private Fürsorge e.V., Empfehlungen für den Einsatz von Einkommen und Vermögen in der Sozialhilfe (SGB XII), Rn 103.

61 **Wichtig:** Bei schwerstpflegebedürftigen Menschen (Pflegestufe 3) so-
    wie blinden Menschen, die Blindengeld nach dem Gesetz über Hilfen
    für Blinde und Gehörlose oder eine Blindenhilfe nach § 72 SGB XII
    erhalten, wird grundsätzlich nur ein Einkommenseinsatz von 40 %
    des die Einkommensgrenze übersteigenden Einkommens zugemutet
    (§ 87 Abs. 1 S. 3 SGB XII).

62 Ausgehend davon haben sich bei den Leistungsträgern zur einheitli-
    chen Auslegung des Begriffes „angemessener Umfang" bezogen auf
    die **Pflegebedürftigkeit** des Hilfesuchenden allgemeine Grundsätze
    herausgebildet. In der Stadt Essen gilt z.b. folgender **abgestufter Ein-
    kommenseinsatz** für **alle** einkommens- und vermögensabhängigen
    Hilfen nach Kapitel 5 bis 9 mit
    – Besonderheiten für die Eingliederungshilfe und mit
    – Ausnahme der §§ 73 und 74 SGB XII (Hilfe in sonstigen Lebensla-
      gen und Bestattungsfälle)
    folgende Regelung:

Pflegestufe	Inanspruchnahme des Einkommensüberschusses
0	80 %
1	80 %
2	60 %
3 oder blind	40 %

63 Für Heimbewohner und ihre Einsatzgemeinschaft ist der Einkom-
    menseinsatz damit aber noch nicht abgeschlossen. § 88 SGB XII regelt
    den Einsatz des Einkommens **unterhalb** der Einkommensgrenze. Sie
    soll in angemessenem Umfang erfolgen, wenn eine Person voraus-
    sichtlich längere Zeit Leistungen in einer stationären Einrichtung be-
    darf. Ein Heimbewohner ist dabei grundsätzlich verpflichtet, zur De-
    ckung seiner Heimkosten generell sein gesamtes Einkommen bis auf
    einen Barbetrag zur persönlichen Verfügung einzusetzen.

Zusammenfassung   64
Bei der Berechnung des Einkommens, das ein Bezieher von Hilfen
in speziellen Lebenslagen, insbesondere ein Heimbewohner einzusetzen hat, ist eine mehrstufige Berechnung erforderlich:

1. Stufe:	Es wird berechnet, ob und ggf. bis zu welcher Höhe vom gemeinsamen Einkommen für die Hilfe zum Lebensunterhalt im Heim eine häusliche Ersparnis eingesetzt werden kann.
2. Stufe:	Es wird berechnet, ob für die Hilfe zum Lebensunterhalt im Heim neben der häuslichen Ersparnis ein weiterer angemessener Einkommensersatz gefordert werden kann.
3. Stufe:	Es wird berechnet, ob für die Hilfe zur Pflege im Heim ein Einkommenseinsatz über der Einkommensgrenze möglich ist.
4. Stufe:	Es wird berechnet, ob für die Hilfe zur Pflege ein Einkommenseinsatz unterhalb der Einkommensgrenze möglich ist.
5. Stufe:	Es wird berechnet, ob der in den ersten Stufen errechnete Einkommenseinsatz gerechtfertigt, bzw. zu kürzen ist, wenn der in eigener Häuslichkeit lebende Partner Bedarfe nach dem 5. bis 9. Kapitel SGB XII geltend macht.[44]

VI. Fallbeispiele zum Einkommen

1. Die bedürftige Erbin und die Grundsicherung

Fallbeispiel 15: Die bedürftige Erbin und die Grundsicherung   65
Die dauerhaft erwerbsgeminderte 50-jährige Tochter T bezieht
Grundsicherungsleistungen nach §§ 41 ff. SGB XII. Sie hat einen
Regelbedarf von 399 EUR. Sie hat einen Bedarf für Unterkunft/
Heizung und Warmwasserpauschale in Höhe von insgesamt
341,60 EUR (Gesamt 740,60 EUR). Sie erbt nach ihrem Vater auf-
grund gesetzlicher Erbfolge 6.000 EUR.

---

44   Nach den Richtlinien Nr. R85-R89, 92a des LVR Rheinland.

66   Nach § 19 Abs. 2 SGB XII ist **Grundsicherung im Alter und bei Erwerbsminderung** (§§ 41–43 SGB XII) zu leisten, soweit der Leistungssuchende seinen notwendigen Lebensunterhalt nicht oder nicht ausreichend aus eigenen Kräften und Mitteln, **insbesondere aus seinem Einkommen oder Vermögen,** beschaffen kann. Für Erbschaften gilt insoweit nichts Anderes.[45]

Hier handelt es sich um § 19 Abs. 2 SGB XII i.V.m. § 42 SGB XII. Dieser verweist auf die Leistungen nach § 28 SGB XII (Regelbedarfsstufe) und § 35 SGB XII (Unterkunft und Heizung). Durch den Erbfall kommt es **für die Sozialhilfebezieherin, die 6.000 EUR erbt, zum Zufluss von Einkommen** (§§ 82 ff. SGB XII), da sie Erbin im Bedarfszeitraum wurde.

67   Eigenes Einkommen hindert den Sozialleistungsanspruch am Entstehen (§§ 19 Abs. 2, 42, 27, 27a SGB XII). Ein bereits erfüllter Anspruch wird rechtswidrig und muss nach Maßgabe der **§§ 45, 48 SGB X** aufgehoben werden, wenn nicht ausnahmsweise Nichtanrechnungsvorschriften des SGB XII oder andere „Schutz-Normen" zum Einsatz kommen.

68   **§ 83 SGB XII** bestimmt, dass **Leistungen mit öffentlich-rechtlicher Zweckbestimmung** unter bestimmten Voraussetzungen nicht angerechnet werden und Schmerzensgeld (als solches; nicht die daraus fließenden Erträge) nicht als Einkommen zu berücksichtigen ist. Diese Regelung umfasst z.B. die Contergan Rente, die Grundrente nach dem BVG etc. Erbschaften – als Zufluss mit ggf. durch den Erblasser vorgenommener Zweckbestimmung (z.B. § 2216 Abs. 2 BGB) – fallen darunter ausdrücklich nicht.[46]

69   **§ 84 SGB XII** regelt die Freistellung von Zuwendungen der freien Wohlfahrtspflege und sonstiger Dritter. **Zuwendungen eines Dritten,** die dieser ohne rechtliche oder sittliche Verpflichtung erbringt, sollen nach § 84 Abs. 2 SGB XII dann **außer Betracht** bleiben, soweit ihre

---

45   SG Saarbrücken v. 27.3.2009 – Az.: S 21 AS 5/08.
46   Vgl. hierzu die Parallelregelung in § 11a SGB II. Der Gesetzgeber hat den im SGB II ursprünglich zugelassenen Schutz privatrechtlicher Zweckbestimmungen ausdrücklich aufgegeben. Die diesbezügliche Rechtsprechung, z.B. LSG Sachsen-Anhalt v. 12.7.2011 – Az.: L 5 230/11 B ER, hat sich überlebt.

Berücksichtigung eine besondere Härte darstellen würde. Dabei ist in Betracht zu ziehen, ob diese „ungebundenen" Zuwendungen ergänzend zur Sozialhilfe gezahlt werden und eingestellt würden, wenn es zur Anrechnung käme.

Die Zuwendung **mit** rechtlicher oder **sittlicher Verpflichtung** wird in einer Vielzahl von Normen angesprochen, z.b. in § 534 BGB, § 814 BGB, § 1804 BGB, § 2330 BGB.   70

Die Zuwendung **ohne** rechtliche oder sittliche Verpflichtung ist schwieriger zu bestimmen. Eine rechtliche Verpflichtung, einen anderen – insbesondere einen Verwandten – erben zu lassen, gibt es nicht. Eine Grenze wird nur durch die Normen gesetzt, die sichern sollen, dass enge Angehörige nicht von ihren Pflichtteils-, Pflichtteilsergänzungs- und Pflichtteilsrestansprüchen abgeschnitten werden. Eine sittliche Verpflichtung zur Unterstützung eines bedürftigen Familienangehörigen nach dem Tod wird in der Bevölkerung sicher unterschiedlich beantwortet werden. Es lassen sich also schlecht allgemein gültige Kriterien bilden.   71

Eine Anrechnung soll jedenfalls dann nicht erfolgen, wenn „eine Berücksichtigung des zugewendeten Betrages – ohne Rücksicht auf die Höhe der Zuwendung – nicht akzeptabel wäre und die Zuwendung erkennbar nicht auch zur Deckung des physischen Existenzminimums verwendet werden soll."[47] Wenn der Erblasser nicht zu erkennen gegeben hat, was mit dem Nachlass genau in Bezug auf sein behindertes Kind geschehen soll, wird sich aus § 84 SGB XII eine Schonung des Zuflusses nicht ableiten lassen. Sein Anwendungsspielraum wäre aber ohnehin sehr begrenzt, da der Erbfall an sich keine Sondersituation des Einzelfalles ist und es schwierig sein dürfte, die **besondere Härte** zu begründen. Eine besondere Härte wird nicht zu begründen sein, wenn neben der Sozialhilfe regelhaft erhebliche finanzielle Mittel zur Verfügung stehen. Die Kommentarliteratur bejaht eine Härte, wenn der zugeflossene Betrag **30 % des Regelbedarfs für den Haushaltsvorstand** und 10 % für jeden Familienangehörigen, der vom Zuwendungsempfänger überwiegend unterhalten wird, nicht übersteigt.[48]   72

---

47 Bieritz-Harder/*Geiger*, LPK-SGB XII, § 84 Rn 8.
48 Bieritz-Harder/*Geiger*, LPK-SGB XII, § 84 Rn 11.

Das dürfte aber nur für den einmaligen Zufluss gelten und nicht Monat für Monat anteilig.

73   **Fazit**
Erbschaften lassen sich in der Regel nicht unter das Tatbestandsmerkmal „ohne rechtliche oder sittliche Verpflichtung" subsumieren. § 84 SGB XII ist nicht geeignet, den ererbten Betrag von der Berücksichtigung im Sozialleistungstatbestand auszunehmen. Ein Nichtstun des Erblassers – ein ungesteuertes Vererben – führt somit regelhaft in die Anrechnungssackgasse und damit zum Wegfall der Sozialhilfeleistung.

74   Da 6.000 EUR mehr als den monatlichen Bedarf abdecken, ist zu fragen, wie sich der Zufluss auf die Folgemonate auswirkt. Der Zufluss der 6.000 EUR wird nach der **Durchführungsverordnung zu § 82 SGB XII** auf **mehrere Zeitabschnitte** aufgeteilt. Maßgebender Bedarfszeitraum im SGB XII ist der **Monat** (§§ 3 Abs. 3, 8 Abs. 1 S. 3, 11 Abs. 1 S. 1 DVO zu § 82 SGB XII). Die Einkünfte werden grundsätzlich dem Zeitabschnitt zugerechnet, in dem sie tatsächlich zufließen. Abweichend vom tatsächlichen Zufluss kann rechtlich ein anderer Zufluss als maßgeblich bestimmt werden (§§ 3 Abs. 3, 11 i.V.m. §§ 4, 6–8 DVO zu § 82 SGB XII). So sind einmalige Einnahmen in der Regel auf 12 Monate aufzuteilen, also als 1/12 Monatsbetrag anzusetzen.

75   Würde der Betrag auf 12 Kalendermonate zu verteilen sein, so ergäbe sich daraus ein Betrag von monatlich 500 EUR, der – vereinfacht gesprochen – als Einkommen zu berücksichtigen ist. Die Prüfung folgt nach § 82 SGB XII und seiner Durchführungsverordnung. Davon sind nach § 82 SGB XII Einkommensbereinigungen vorzunehmen. Schoneinkommen ist dem SGB XII wie dem SGB II aber dem Grunde nach fremd.

2. Die bedürftige Erbin und die ambulante Hilfe zur Pflege

76   **Fallbeispiel 16: Die bedürftige Erbin und die ambulante Hilfe zur Pflege**
Die schwer körperbehinderte Sozialhilfeempfängerin, die zu Hause lebt, wohnt zur Miete. Die Miete beläuft sich auf 300 EUR zzgl. 50 EUR Heizkosten. Täglich benötigt sie 4 Stunden Pflege durch

eine Pflegefachkraft. Weitere 4 Stunden leistet ein Angehöriger. Die monatlichen Kosten des Pflegedienstes belaufen sich auf 2.400 EUR.

Sie beansprucht:
- Leistungen für die Kosten der Heranziehung einer besonderen Pflegekraft nach § 65 Abs. 1 S. 2 SGB XII
- Pflegegeld nach § 64 Abs. 2 SGB XII.

Die Sozialhilfebezieherin erbt den Nießbrauch an einem Mehrfamilienhaus mit regelmäßigen Mieteinnahmen in Höhe von 2.500 EUR monatlich. Muss diese Sozialhilfebezieherin ihr Erbe vollständig einsetzen? Bzw. fallen die ihr bewilligten Leistungen ganz oder teilweise weg?

Als Sozialhilfebezieherin mit schwerster Behinderung hat die Sozialhilfebezieherin Anspruch auf Leistungen auf Grundsicherung nach dem 4. Kapitel und auf Hilfe zur Pflege nach dem 5. Kapitel des SGB XII.   77

§ 19 Abs. 2 SGB XII stellt auf den Einsatz des eigenen Einkommens und eigenen Vermögens ab. § 19 Abs. 3 SGB XII stellt auf die Zumutbarkeit des Einsatzes eigenen Einkommens und Vermögens ab.

Nach der Zuflusstheorie des BSG sind die Erträge aus der Immobilie, die der Antragstellerin aus dem Nießbrauch zufließen Einkommen.   78

Die Berücksichtigung erfolgt nach
- §§ 82 ff. i.V.m. §§ 27, 27a SGB XII für den Grundsicherungsbedarf und
- nach den §§ 85–87 SGB XII für den Bedarf an Pflege.

§§ 83, 84 SGB XII sind auf evtl. Ausschlusstatbestände zu untersuchen.

Bedarfe	Grenze §§ 82–84 SGB XII	Grenze § 85 SGB XII	Grenze § 87 SGB XII = Zumutbarkeit aus einem Betrag oberhalb der Einkommensgrenze
Grundsicherung: 399 EUR (2015) 300 EUR 50 EUR			
Besondere Pflegekraft (§ 65 SGB XII): 2.400 EUR		798 EUR 300 EUR 50 EUR = 1.148 EUR Einkommensgrenze zur Zumutbarkeitsprüfung	1.148 EUR Hiervon 40 % wegen Pflegstufe 3 (§ 87 Abs. 1 S. 3 SGB XII) = 459,20 EUR
Eigenes Einkommen: Mieten 2.500 EUR Pflegesachleistung 1.550 EUR (nicht anrechenbar)	2.500,00 EUR – 749,00 EUR = Der Bedarf ist voll aus eigenen Mieten gedeckt		

79

80   Wie wäre es zu beurteilen, wenn die Tochter statt der 6.000 EUR von ihrem Vater 60.000 EUR geerbt hätte? Sind dann auf jeden Monat 5.000 EUR zu verteilen, so dass der Leistungsanspruch komplett wegfällt? Und bleibt das, was nach 12 Monaten nicht verbraucht ist, der Sozialhilfebezieherin geschont zur freien Verfügung?

81   Standen dem Leistungsberechtigten in dem vorangegangenen Bedarfszeitraum Mittel zur Verfügung, die er als Einkommen erhalten hat und wurden diese nicht vollständig verbraucht, waren diese Mittel in den nachfolgenden Bedarfszeiträumen nach der Rechtsprechung des ursprünglich zuständigen Bundesverwaltungsgerichts im SGB XII als **Vermögen** zu behandeln.[49] Ob diese Rechtsprechung nach der für das

---

49 Plagemann/*Ehmann*, Münchner Anwaltshandbuch Sozialrecht, 1176 Rn 90.

SGB II entwickelten Verteilzeitraum- und Aggregatrechtsprechung heute noch im SGB XII Akzeptanz findet, ist nicht sicher. Würde es bei der Einkommensqualität des ererbten Mittels bleiben, so würde der Sozialhilfeanspruch auf Grundsicherung entfallen. Der ursprüngliche Bewilligungsbescheid ist oder wird – je nach Fallgestaltung – rechtswidrig und muss nach Maßgabe der §§ 45, 48, 50 SGB X aufgehoben und überzahlte Leistungen ggf. zurückgefordert werden.

Würde das nicht verbrauchte Einkommen zum Vermögen mutieren, entfiele die Prüfung der §§ 82 ff. SGB XII. Dann müsste § 90 SGB XII geprüft werden. Dann wäre eine Verschonung der Anrechnung des Vermögens nur über § 90 Abs. 3 SGB XII (Härte) denkbar. Es käme mutmaßlich zur Anrechnung und zur Versagung von Leistungen.

C. Das geschonte Vermögen im SGB XII – § 90 SGB XII

Neben dem Einkommen ist im SGB XII auch das **Vermögen** vom Hilfesuchenden einzusetzen.   82

Prüfungsablauf:

Die Prüfung, ob und inwieweit Vermögen bei der Prüfung der Hilfebedürftigkeit nach dem SGB XII als zur Verfügung stehende Bedarfsdeckungsmöglichkeit zu berücksichtigen ist, erfordert Feststellungen darüber,
– über welche Vermögensgegenstände
– mit welchem Verkehrswert die hilfesuchende Person verfügt und
– ob diese Vermögensgegenstände verwertbar sind
– ob ihre Verkehrswerte die Vermögensfreibeträge übersteigen
– ob die Vermögensgegenstände als Schonvermögen nicht zu berücksichtigen sind und
– ob die zu berücksichtigenden Vermögensgegenstände in absehbarer und angemessener Zeit verwertet werden können.[50]

---

50 Zur parallel verlaufenden Prüfung im SGB II: BSG v. 20.2.2014 – Az.: B 14 AS 10/13, Rn 19.

83   Was als **Vermögen** einzusetzen ist, regelt § 90 SGB XII. Grundsätzlich knüpft § 90 SGB II an die **Verwertbarkeit** des Vermögens an. § 90 SGB XII nimmt von dem an sich verwertbaren Vermögen allerdings einzelne Vermögenswerte aus, von deren Verwertung das Sozialamt die Sozialhilfegewährung nicht abhängig machen darf. Diese „Verwertungsverbote" sind sozialpolitisch motiviert. Es geht um „das Dach über dem Kopf" und dessen angemessene Ausstattung, um zusätzliche Altersvorsorge und im geringen Umfang um Besitzstandswahrung vorhandener Mittel.

84   Wenn Erben das Glück haben, **vor Ihrer Sozialhilfebedürftigkeit** zu erben, dann stellt die Erbschaft bzw. der Nachlass nach der Rechtsprechung des BSG **Vermögen** im Sinne des SGB XII dar, es sei denn es realisiert sich im Zeitpunkt des Zuflusses lediglich eine Forderung. (vgl. dazu § 1 Rn 81 ff. und die hier vertretene differenzierende Auffassung).

85   Auch einen **vor der Antragstellung** angefallenen, aber **noch nicht realisierten Pflichtteilsanspruch** hat das BSG[51] – in Abgrenzung zu den daraus zufließenden Mitteln[52] – sozialhilferechtlich als Vermögen bewertet.

86   **Hinweis**
Nach § 2331a BGB kann ein Erbe z.B. Stundung des Pflichtteils verlangen, wenn die sofortige Erfüllung des gesamten Anspruchs für den Erben wegen der Art der Nachlassgegenstände eine unbillige Härte wäre, insbesondere wenn sie ihn zu Aufgabe des Familienheims oder zur Veräußerung eines Wirtschaftsgutes zwingen würde, das für den Erben und seine Familie die wirtschaftliche Lebensgrundlage bildet.
Die Stundung wird durch Nachlassgericht entschieden und kann dann einer Realisierung des Anspruches temporär entgegenstehen.

87   Die Qualifizierung eines durch Erbfall oder Schenkung angefallenen Wertes als Vermögen gibt den Betroffenen unter Umständen die Chance, auch dann, wenn der Erblasser nichts getan hat, um den

---

51   BSG v. 6.5.2010 – Az.: B 14 AS 2/09.
52   Zur Einkommensqualität eines Pflichtteilsanspruches z.B. LSG NRW v. 28.3.2011 – Az.: L 19 AS 1845/10.

Nachlass gegen die „Begehrlichkeiten" des Sozialhilfeträgers abzusichern, von besonderen sozialhilferechtlichen Regeln des Vermögenseinsatzes und -schutzes Nutzen zu ziehen.

Das SGB XII arbeitet mit einem regelhaften Prüfungsmuster, um fest-   88
zustellen, ob im Sozialleistungsverhältnis (ggf. nach Berücksichtigung von Abzugsposten) zur Selbsthilfe geeignetes Vermögen oder nur dauerhaft oder zeitweise nicht einsetzbares oder nicht verwertbares **Schonvermögen** vorhanden ist.

Vermögen (§ 90 SGB XII)

=

Gesamtheit aller in Geld oder in Geld messbarer Güter einer Person, die im Bedarfszeitraum vorhanden sind

minus

des rechtlich oder tatsächlich nicht verwertbaren Vermögens

minus

des nicht als verwertbar geltenden Vermögens (§ 90 Abs. 2 SGB XII)

minus

des wegen Härte geschonten Vermögens (§ 90 Abs. 3 SGB XII)

=

einzusetzendes

=

bestimmungsgemäß zu benutzendes
oder
zu verwertendes Vermögen

I. Kein „Versilbern-Müssen" wegen tatsächlicher/wirtschaftlicher Unverwertbarkeit

Generell ist **das gesamte verwertbare Vermögen** einzusetzen (§ 90   89
Abs. 1 SGB XII), nach der Begrifflichkeit des BSG „zu versilbern".[53]
Umfasst sind immer Rechte aller Art, die einen Vermögenswert derart

---

53 BSG SozR 4100 § 138 Nr. 25; BSG v. 6.12.2007 – Az.: B 14/7b 46/06R.

verkörpern, dass mit ihrem Erlös, hilfsweise durch Nutzung, der Bedarf des Hilfesuchenden abgedeckt werden kann.

90 Ob Vermögen vorhanden ist, wird nicht durch eine Saldierung von Aktiva und Passiva ermittelt, sondern es ist auf den konkreten Vermögensgegenstand abzustellen.[54] **Schulden** bleiben im Regelfall **unberücksichtigt.**[55] Eine Bilanzierung auf der Stufe des zu ermittelnden Vermögens scheidet deshalb im Grundsatz aus.[56]

91 **Ausnahmsweise** finden Verbindlichkeiten, die unmittelbar mit dem Vermögenserwerb entstanden oder auf andere Art und Weise mit ihm verknüpft sind, Berücksichtigung, wenn es sich um aktuelle Zahlungsverpflichtungen handelt.[57]

92 **Verwertbar** sind ein Vermögensgegenstand oder ein Vermögensrecht immer dann, wenn sie für den Lebensunterhalt verwendet oder der Geldwert durch
- Verbrauch
- Verkauf
- Beleihung
- Vermietung oder Verpachtung
- sonstige Nutzung
für den ungedeckten Bedarf des Hilfesuchenden nutzbar gemacht werden können.

Beispiel: Pflichtteilsanspruch
- die Geltendmachung der Forderung gegenüber dem Erbin nach § 2303 Abs. 1 BGB
- die Abtretung, der Verkauf oder die Verpfändung der Forderung.[58]

93 Der Begriff der **Verwertbarkeit** ist ein **rein wirtschaftlicher** und beurteilt sich sowohl nach den **tatsächlichen** als auch nach den **rechtlichen** Verhältnissen[59] unter Berücksichtigung zeitlich absehbarer Reali-

---

54 Grube/*Wahrendorf*, SGB XII, § 90 Rn 11.
55 Grube/*Wahrendorf*, SGB XII, § 90 Rn 11; OVG Bremen NJW 1997, 84.
56 BSG SozR 3–4220 § 6 Nr. 8; SozR 3–4220 § 6 Nr. 9.
57 BSG SozR 3–4220 § 6 Nr. 7; SozR 3–4220 § 6 Nr. 8; Schlegel/*Behrend*, juris Praxiskommentar SGB II, § 12 Rn 24.
58 BSG NZS 2011, 392 Rn 16.
59 BSG v. 16.5.2007 – Az.: B 11 AS 37/06R.

sationsmöglichkeiten.[60] Der Hinweis auf theoretisch in Betracht kommende Verwertungsmöglichkeiten, wie z.b. der Hinweis auf die Verwertung eines Erbteils durch Verkauf oder Verpfändung reicht nicht aus. Es muss geprüft werden, ob eine Verwertung tatsächlich möglich ist.[61]

Nach der Rechtsprechung[62] enthält der Begriff der **Verwertbarkeit**   94
neben der tatsächlichen auch eine **zeitliche Komponente.** Die Verwertung muss für den Betroffenen einen Ertrag bringen, durch den er, wenn auch nur kurzfristig, seinen Lebensunterhalt bestreiten kann. Es müssen daher auch immer Feststellungen zum Zeitraum einer möglichen Verwertung getroffen werden. Der Prüfung auch der zeitlichen Dimension, innerhalb der das Vermögen (voraussichtlich) verwertet werden kann, bedarf es, weil die Leistungen nach dem SGB XII beanspruchende Person, die ihr verwertbares Vermögen nicht in absehbarer und angemessener Zeit verwerten kann, nicht über „**bereite Mittel**" verfügt.[63]

Verwertbar ist ein Vermögensgegenstand oder ein Vermögensrecht   95
immer nur dann, wenn er innerhalb einer bei Antragstellung **feststehenden Zeitspanne** durch autonomes Handeln des Leistungssuchenden[64] für den Lebensunterhalt verwendet oder der Geldwert durch Verbrauch, Verkauf, Beleihung, Vermietung oder Verpachtung oder sonstige Nutzung für den ungedeckten Bedarf des Hilfesuchenden nutzbar gemacht werden kann. Maßgebend für die **Prognose**, dass ein rechtliches oder tatsächliches Verwertungshindernis wegfällt, ist im Regelfall der Bewilligungszeitraum, für den Leistungen bewilligt werden, also ein Zeitraum von 6 bis 12 Monaten. Dafür muss im Vorhinein untersucht werden, ob und welche Verwertungsmöglichkeiten bestehen, die geeignet sind, Hilfebedürftigkeit abzuwenden.[65]

---

60 BSG v. 16.12.2007 – Az.: B 14/7b AS 46/06 R.
61 BSG NZS 2010, 53 Rn 26.
62 BSG v. 6.12.2007 – Az.: B 14/ 7b AS 46/06R.
63 BSG v. 20.2.2014 – Az.: B 14 AS 10/13 R, Rn 32.
64 BSG v. 16.12.2007 – Az.: B 14/7B DS46/06R (vgl. demgegenüber zur Überleitung eines Schenkungsrückgewähranspruchs BGH v. 7.11.1996 – Az.: XZR184/04.
65 BSG NZS 2011, 392 Rn 19; BSG NZS 2010, 53 Rn 23.

96   Die einmalige Verneinung einer in absehbarer Zeit möglichen Verwertbarkeit sichert die Unverwertbarkeit auf Dauer nicht, weil in der Prognose keine Festlegung des Leistungsträgers auf Dauer liegt. Nach Ablauf des jeweiligen Bewilligungszeitraumes wird bei fortlaufendem Leistungsbezug erneut und ohne Bindung an die vorangegangene Einschätzung überprüft, ob eine Verwertung möglich ist.[66]

97   Aus dem Erfordernis einer Prognoseentscheidung für den Bewilligungszeitraum folgt kein besonderer Verwertungsschutz von solchen Vermögensgegenständen, deren Verwertung sich regelmäßig als schwierig und zeitaufwändig darstellt, über die gesetzlich geregelten Schonvermögenstatbestände hinaus. Es ist umgekehrt sogar so, dass dem Hilfebedürftigen Leistungseinschränkungen drohen, soweit er nach Bewilligung von Leistungen als Zuschuss und nach entsprechender Belehrung durch den Leistungsträger über die Folgen fehlender Mitwirkung oder die Möglichkeit der Absenkung der Leistungen nach § 26 SGB XII[67] von sich aus keine weiteren zumutbaren Schritte zur Beseitigung eines Verwertungshindernisses unternimmt.[68]

98   Nur soweit eine Verwertungsmöglichkeit nicht absehbar ist – etwa weil sie vom Tod einer bestimmten Person abhängt –, handelt es sich nach der Rechtsprechung in jedem Fall um tatsächlich nicht verwertbares Vermögen. Leistungen zur Sicherung des Lebensunterhalts müssen deshalb als Zuschuss und nicht nur als Darlehen gewährt werden, wenn der Berechtigte auf prognostisch bereits feststellbar nicht absehbare Zeit außerstande ist, die Verwertung durch eigenes Handeln autonom herbeizuführen.[69]

99   Die untergerichtliche Rechtsprechung nimmt eine Prognoseentscheidung über die zeitliche Komponente der Verwertbarkeit für spezielle Fälle gar nicht vor. So soll bei der Bewilligung der Hilfe zur Pflege nach §§ 61 ff. SGB XII kein Zeitraum zur Bewilligung der Leistung vorgegeben sein. In diesem Bereich würden gerade bei älteren Hilfebe-

---

66 BSG NZS 2010, 53 Rn 23.
67 Die hier zitierte Entscheidung ist zu § 12 SGB ergangen und bezieht sich auf die Leistungsversagungsmöglichkeit des § 31 SGB II.
68 BSG NZS 2011, 392 Rn 19; BSG NZS 2010, 53 Rn 24.
69 BSG NZS 2011, 392 Rn 18.

dürftigen die Leistungen für erheblich längere Zeiträume regelmäßig unbefristet bewilligt. Wenn Sozialhilfe unbefristet bewilligt werde, entfalle die zeitliche Komponente der Verwertbarkeit von Vermögen.[70]

Grundsätzlich muss die Verwertungsart gewählt werden, die den höchsten Deckungsbeitrag erbringt. Dabei kann im Falle eines prognostisch langjährigen Leistungsbedarfs von einer Veräußerung abgesehen werden, wenn sich der Sozialhilfebedarf durch Vermietung in einer Weise reduzieren lässt, dass die Leistungseinsparungen bereits innerhalb weniger Jahre den Wert des Vermögensgegenstandes erreichen.[71]   100

Von der jeweils milderen Form des Vermögenseinsatzes – also **Beleihung oder Vermietung** statt Verkauf – darf der Hilfesuchende Gebrauch machen, sofern er damit seinen ungedeckten Bedarf decken kann. Liegt der ungedeckte Bedarf jedoch über dem, was mit dem geringeren Vermögenseingriff zu erzielen ist, besteht grundsätzlich die Verpflichtung, die bedarfsdeckende Verwertungsform zu wählen.[72] Für den Fall, dass familiäre Besonderheiten vorliegen, kann ggf. eine Ausnahme gelten. Diese gründet sich dann aber auf die Härtefallprüfung nach § 90 Abs. 3 SGB XII.[73]

1. Die Unverwertbarkeit aus wirtschaftlichen Gründen

Anders als im SGB II, dass in § 12 Abs. 3 Nr. 6 SGB II einen Verwertungsausschluss wegen **offensichtlicher Unwirtschaftlichkeit** kennt, ergibt sich der Verwertungsausschluss in § 90 SGB XII aus der allgemeinen Definition der Verwertbarkeit.   101

Aus **wirtschaftlicher Sicht** ist ein Vermögensgegenstand unverwertbar, wenn in absehbarer Zeit kein verwertbarer Betrag dafür erzielt werden kann.[74] Im Erbfall ist es z.B. möglich, dass für die Zuwendung kein adäquater Preis erzielt werden kann, weil auf dem Nachlass er-   102

---

70 SG Aachen v. 13.11.2012 – Az.: S 20 SO 161/11.
71 LSG NRW v. 5.5.2014 – Az.: L 20 SO 58/13 (Revision BSG B 8 SO 12/14 R).
72 Schlegel/*Behrend*, juris Praxiskommentar SGB II, § 12 Rn 62.
73 BSG v. 16.5.2007 – Az.: B 11b AS 37/06R, Rn 25; LSG NRW v. 23.1.2014 – Az.: L 7 AS 144/13 für das SGB II.
74 Grube/*Wahrendorf*, SGB XII, § 90 Rn 13.

hebliche Belastungen oder Beschränkungen liegen. Tatsächlich nicht verwertbar sind Vermögensgegenstände, für die in absehbarer Zeit kein Käufer zu finden ist, etwa weil Gegenstände dieser Art nicht (mehr) marktgängig sind oder weil sie, wie Grundstücke infolge sinkender Immobilienpreise, über den Marktwert hinaus belastet sind.[75]

103   Grundsätzlich ist nicht von Belang, in welchem Umfang künftige Gewinn- und Renditeaussichten verloren gehen, da nur die Substanz des Vermögens durch die entsprechenden Vermögensschutznormen geschützt ist, nicht aber die Erwartung künftiger Vermögensnutzung und -zuwächse.[76] Bei der Inanspruchnahme des **Pflichtteils** auf den ersten Erbfall kann einem Abkömmling eine Enterbung auf den zweiten Erbfall (sicher) drohen. Die Rechtsprechung sieht darin keinen Verwertungsausschluss wegen Unwirtschaftlichkeit.[77]

104   **Querverweis**
Aus der Zivilgerichtsbarkeit ist in diesem Zusammenhang auf eine Entscheidung des BGH hinzuweisen, die die mangelnde Eignung eines **Schenkungsrückforderungsanspruchs** zur **sofortigen Bedarfsdeckung** ignoriert und schlussfolgert, dass ein solcher Anspruch gleichwohl geltend gemacht bzw. übergeleitet werden kann:[78]
„Sofern ein Geschenk werthaltig ist, wird der Rückgewähranspruch nicht dadurch ausgeschlossen, dass der Schenker das Geschenk zeitweise jedenfalls nicht ohne weiteres zur Unterhaltssicherung benutzen kann."[79]

105   Diskutiert wird z.B. in diesem Zusammenhang auch die **tatsächliche Verwertbarkeit** bzw. Unverwertbarkeit eines **Nacherbenrechts**. Wer als Nacherbe eingesetzt wird, erwirbt i.d.R. bereits mit dem Tod des

---

75 BSG NZS 2010, 53 Rn 21.
76 Schlegel/*Behrend*, juris Praxiskommentar SGB II, § 12 Rn 67; ausnahmsweise soll etwas Anderes gelten, wenn der Preis bei der Veräußerung des Vermögens vorübergehend sehr ungünstig ist, z.B. bei Wertpapieren mit hoher Kursschwankung oder Bauerwartungsland mit steigender Tendenz: Bieritz-Harder/*Brühl*, LPK-SGB XII, 8. Aufl., § 90 Rn 21.
77 BSG NZS 2011, 392 Rn 23.
78 BGH v. 7.11.2006 – Az.: X ZR 184/04.
79 BGH v. 7.11.2006 – Az.: X ZR 184/04.

Erblassers ein bedingtes oder befristetes Erbrecht in Gestalt eines
gegenwärtigen und unentziehbaren erbrechtlichen Anwartschafts-
rechts mit dem Inhalt, dass er beim Nacherbfall Erbe wird.[80] Dieses
Recht ist nach allgemeiner Auffassung auch rechtsgeschäftlich übertragbar und veräußerlich.[81] Nur soweit der Erblasser dies anders geregelt hat, ist das Anwartschaftsrecht nicht verkehrsfähig. In der Praxis
ist das Anwartschaftsrecht des Nacherben jedoch kaum jemals wirtschaftlich verwertbar,[82] denn die Erbschaft fällt erst mit dem vom
Erblasser bestimmten Zeitpunkt an. Der befreite Vorerbe ist zudem
ohnehin nur gehindert, unentgeltlich über den Nachlass zu verfügen
(§ 2113 BGB) und die Unwirksamkeit seiner Verfügung tritt erst mit
dem Nacherbfall ein, so dass nach diesseitiger Betrachtung nicht absehbar ist, wann mit einer Verwertbarkeit gerechnet werden kann. Der
Nacherbe hat sein Ererbtes also nicht einzusetzen, solange sich der
Nacherbfall nicht realisiert hat.

Auch **ideelle Grundstücksanteile** stellen ein Problem dar. Sie werden   106
im Regelfall am Markt nicht gehandelt, allenfalls zwischen engen Verwandten oder Freunden.[83] Solange Miteigentümer durch die Rechte
anderer eingeschränkt sind, ist daher eine **wirtschaftliche Verwertbarkeit** immer zu problematisieren. Das LSG Hessen geht jedenfalls
bei ideellen Grundstücksanteilen grundsätzlich davon aus, dass diese
keinen nennenswerten Markt haben und deshalb grundsätzlich unver-
käuflich sind.[84]

In einem weiteren Schritt ist aber stets zu berücksichtigen, dass Ver-   107
wertbarkeit nicht mit Veräußerbarkeit gleichzusetzen ist. Eine Verwertung kann durch Verkauf, Vermietung oder Verpachtung in Betracht kommen. Eine Verwertung des Miteigentumsanteils ist auch
durch Belastung möglich, z.B. durch Bestellung einer Grundschuld
(vgl. §§ 1192, 1114 BGB).[85] Die Miteigentümergemeinschaft kann nach

---

80 BGHZ 37, 319.
81 BGHZ 87, 367; Palandt/*Weidlich*, § 2100 Rn 11; BVerwG NJW 2001, 2417.
82 Vgl. Gutachten des Deutschen Vereins, NDV 1998, 29 mit Rechtsprechungsnach-
    weisen.
83 LSG Hessen v. 23.3.2011 – Az.: L 6 AS 382/07, ASR 2011, 202.
84 LSG Hessen v. 23.3.2011 – Az.: L 6 AS 382/07, ASR 2011, 202.
85 SG Aachen v. 13.11.2012 – Az.: S 20 SO 161/11.

§ 749 BGB jederzeit aufgehoben werden, wenn dies nicht ausdrücklich ausgeschlossen ist. Dann setzt die Aufhebung einen wichtigen Grund voraus. Die Aufhebung erfolgt nach den Vorschriften der §§ 752 ff. BGB, ggf. zwangsweise nach den Vorschriften des Pfandverkaufes bzw. der Teilungsversteigerung nach § 182 ZVG und durch Teilung des Erlöses.

108 **Fallbeispiel 17: Die Last des Wohnungsrechts und der Pflegever-pflichtung**
E ist Eigentümerin eines Zweifamilienhauses auf einem 888 qm großen Grundstück. Die Wohnfläche des Hauses beträgt 219 qm; 130 qm entfallen auf die Wohnung im Erdgeschoss, die die E mit ihrem Mann und den beiden Kindern bewohnt. Die Eltern wohnen im Obergeschoss des Hauses 89 qm. Den Eltern ist mit notariellem Vertrag ein grundbuchrechtlich gesichertes Wohnungsrecht unter Ausschluss des Eigentümers für sämtliche Räume des Oberge-schosses eingeräumt. Der Sozialhilfeträger lehnt die Gewährung von SGB XII-Leistungen ab, da die Immobilie nicht angemessen im Sinne des § 90 Abs. 2 Nr. 8 SGB XII sei.

109 Zutreffend ist, dass im vorliegenden Fall die Wohnflächengrenzen der Angemessenheit (vgl. dazu nachfolgend Rn 190) überschritten sind. Das entbindet nicht von der Prüfung, ob die Immobilie **wirtschaftlich verwertbar** ist. Die Belastung mit einem dinglich gesicherten Woh-nungsrecht ist ein Indiz gegen eine Verwertbarkeit. Wenn eine Pflege-pflicht gegenüber den Eltern besteht, kann diese durchaus an das ge-meinsame Wohnen in dem Haus gebunden sein. Zwar hindert eine Verwertung im Sinne einer Beleihung rechtlich nicht. Jedoch bedarf es genauer Feststellungen im Einzelfall, ob die Immobilie überhaupt bei der vorhandenen dinglichen Belastung mit dem Wohnungsrecht und der finanziellen Situation der E realisierbar ist.[86]

Daran kann die Verwertbarkeit bereits vorliegend scheitern. Die man-gelnde Verwertbarkeit aus **rechtlichen Gründen** bzw. aus Härtegrün-den ist verneinendenfalls zu prüfen.

---

86 BSG NVwZ-RR 2010, 152, Rn 21.

2. Die Unverwertbarkeit aus rechtlichen Gründen

Vermögensgegenstände, die nicht veräußerbar sind oder über die man   110
nicht frei verfügen darf, unterliegen einem **Verwertungshindernis,**
wenn die Aufhebung der Beschränkung nicht erreicht werden kann.[87]
Es besteht aber kein Nutzungshindernis an der originären Sache oder
ihrem Surrogat, sondern die Verwertung erfolgt durch die zu erzielen-
den Einkünfte. Die Verwertung eines Vermögensgegenstandes mit
dinglicher Wirkung setzt **Verfügungsbefugnis** voraus. Sie steht im
Grundsatz dem Inhaber des Rechts zu und kann fehlen, weil ein Recht
generell unübertragbar ist oder der Begünstigte nicht oder nicht alleine
verfügungsbefugt ist.

a) Verfügungsbeschränkungen

Die Verfügungsbefugnis kann dem Rechtsinhaber nicht zustehen, weil   111
das Recht unveräußerbar bzw. unübertragbar ist. Nicht ausreichend
ist, dass der Erwerb eines bestimmten Vermögensteils steuerlich geför-
dert wurde.[88] Typische Beispiele aus der Praxis für fehlende Verfügungsbefugnis an einem Recht sind
– der Nießbrauch (§ 1059 BGB)
– die beschränkte persönliche Dienstbarkeit (§ 1092 BGB)
– das Wohnungsrecht (§ 1093 i.V.m. § 1092 BGB).

Zu den typischen Verfügungsbeschränkungen gehört auch § 1365   112
BGB. Danach kann sich ein Ehegatte im Güterstand der **Zugewinnge-**
meinschaft nur mit Einwilligung des anderen Ehegatten verpflichten,
über sein Vermögen als Ganzes zu verfügen. Hat er sich ohne Zustimmung des anderen Ehegatten verpflichtet, so kann er die Verpflichtung
nur erfüllen, wenn der andere Ehegatte einwilligt.

§ 1365 BGB hindert die Verwertung eines Vermögensgegenstandes   113
eines Ehegatten in Einsatzgemeinschaft aber nicht. Das normative
Konzept des § 19 Abs. 1 i.V.m. § 43 SGB XII geht davon aus, dass
auch das alleinige Vermögen des Ehegatten bei der Sozialhilfe zu berücksichtigen ist. Das gilt einerseits für das Vermögen des Hilfesu-

---

87 BSG v. 16.5.2007 – Az.: B 11 b AS 37/06 R m.w.N.
88 BSG v. 16.5.2007 – Az.: B 11 b AS 37/06 R m.w.N.

chenden selbst. Das gilt aber andererseits auch, wenn der um Sozialhilfe Nachsuchende seinerseits nicht über das Vermögen des Ehegatten
verfügen kann. Das gilt auch, wenn die Ehegatten **Miteigentümer** an
einem Vermögensgegenstand sind.[89]

114   **Hinweis**
Bei **Miteigentümern in Einsatz- und/oder Bedarfsgemeinschaft**
ist immer zu prüfen, nach welchen Normen der Vermögenseinsatz
für jeden von ihnen zu prüfen ist. Ist ein Miteigentümer Bezieher
von SGB II-Leistungen **(gemischte Bedarfsgemeinschaft)** oder
würde er sogar als nicht bedürftiger Erwerbsfähiger dem System
des SGB II nur dem Grunde nach unterfallen, so muss ihm doch das
Vermögen bleiben, was ihm im Sinne des SGB II nicht genommen
werden dürfte. Es ist also stets eine Härtefallprüfung nach § 90
Abs. 3 SGB XII anzuschließen.[90]

b) Erbengemeinschaft und Miteigentümergemeinschaft

115   Die Verfügungsmacht eines Rechtsinhabers kann auch dadurch beschränkt sein, dass dem Rechtsinhaber die erforderliche Verfügungsbefugnis nicht allein zusteht.[91] Typische Fälle sind die **Miteigentümergemeinschaft** oder die **Erbengemeinschaft**.

116   Die Tatsache, dass ein Hilfesuchender nur Miteigentümer einer Immobilie ist, steht der Verwertbarkeit des Vermögens aus **rechtlichen**
Gründen aber nicht entgegen.[92] Ein Miteigentumsanteil ist ggf. beleih-
bar.[93]

117   Jeder Miteigentümer kann gemäß § 747 S. 1 BGB auch über seinen
Miteigentumsanteil verfügen. Der Anspruch ist übertragbar und ver-
pfändbar. Die Verwertbarkeit eines Grundstücks durch freihändigen
Verkauf kann im Einzelnen durch die **Verfügungsbeschränkung** des
§ 747 S. 2 BGB ausgeschlossen sein, wenn eine dauerhafte und ernstliche Weigerung des Miteigentümers zum Verkauf vorliegt. Werden

---

89 BSG NVwZ-RR 2013, 374, Rn 15.
90 BSG NVwZ-RR 2013, 374, Rn 15.
91 Hamm OLGZ 81, 282.
92 BSG NVwZ-RR 2013, 374, Rn 15.
93 BSG NVwZ-RR 2013, 374, Rn 15.

sich die Miteigentümer aber nicht über die Vorgehensweise für die Auflösung der Miteigentumsgemeinschaft einig, so ist nach §§ 749 Abs. 2 und 3, 750–758 BGB der Auseinandersetzungsweg vorgegeben. Die Verwertung von unbeweglichen Vermögen muss durch **Zwangsversteigerung** (§ 453 BGB i.V.m. §§ 180 ff. ZVG) erfolgen.

Ist der **Aufhebungsanspruch** nach § 747 Abs. 2 BGB durch Vereinbarung für immer oder auf Zeit ausgeschlossen, so kann die Aufhebung gleichwohl aus wichtigem Grund verlangt werden. Ein wichtiger Grund liegt nach den Umständen des Einzelfalles bei auftretendem Finanzbedarf eines Miterben ein. Fehlende Mittel zum Lebensunterhalt und die Notwendigkeit der Inanspruchnahme von Sozialhilfe stellen einen solchen wichtigen Grund dar.[94]   118

Nicht anders gilt für die **Erbengemeinschaft.** Die Rechtsprechung hat der Erbengemeinschaft als dauerhaftes wirtschaftliches und rechtliches Verwertungshindernis eine Absage erteilt.[95]   119

Zum verwertbaren Vermögen gehört nach Ansicht des BSG[96]
- der **Anteil an dem Nachlass,** über den der Erbe nach § 2033 Abs. 1 S. 1 BGB verfügen kann[97]
- der **Miteigentumsanteil** an dem fraglichen Grundstück in ungeteilter Erbengemeinschaft
- der **Anspruch auf Auseinandersetzung** der Erbengemeinschaft (§§ 2042 ff. BGB; vgl. hierzu präzisierend die Ausführungen in § 1 Rn 264 ff.).

Rechtliche Hindernisse für eine Verwertbarkeit durch   120
- Übertragung eines Erbteils im Wege des Erbschaftsverkaufes
- Verpfändung des Miterbenanteils gemäß §§ 1273 Abs. 2, 1258 BGB
sieht das BSG nicht, da der einzelne Miterbe zwar nicht über einzelne Nachlassgegenstände, jedoch über seinen Nachlass als solchen verfügen könne (§ 2033 Abs. 1 S. 1 BGB). Keine Verwertungsalternative

---

94 LSG NRW v. 13.10.2014 – Az.: L 20 SO 20/13; VGH München v. 16.5.2006 – Az.: 12 ZB 05.341.
95 BSG v. 27.1.2009 – Az.: B 14 AS 42/07R; B 14 AS 52/07R; VGH München v. 16.5.2006 – Az.: 12 ZB 05.341 (BeckRS 2009, 38147).
96 BSG v. 27.1.2009 – Az.: B 14 AS 42/07R; B 14 AS 52/07R.
97 Ebenso LSG NRW v. 13.10.2014 – Az.: L 20 SO 20/13.

wird von vornherein als offensichtlich unwirtschaftlich angesehen. Scheidet die wirtschaftlich sinnvollste Verwertungsmöglichkeit wegen rechtlich nicht zu beseitigender Hindernisse aus, kann sich der Hilfesuchende nicht darauf berufen, die übrigen Verwertungsmöglichkeiten seien offensichtlich unwirtschaftlich, weil sie den geringeren Erlös erwarten ließen.[98]

121   Nach der Rechtsprechung des BSG ist jeweils festzustellen, wie die **konkreten Möglichkeiten** der Veräußerung des Erbteils einzuschätzen sind bzw. ob eine Verpfändung des Miterbenanteils (z.B. an eine Bank) am Markt tatsächlich realisierbar ist.[99]

122   Die Verwertbarkeit eines Grundstücks durch freihändigen Verkauf kann im Einzelnen durch die **Verfügungsbeschränkung des § 2033 Abs. 2 BGB** ausgeschlossen sein, wenn eine dauerhafte und ernstliche Weigerung des Miterben zum Verkauf vorliegt. Sind sich die Miterben aber nicht über die Vorgehensweise für die Auflösung der Erbengemeinschaft einig, so ist nach §§ 2046–2048 BGB und § 2042 Abs. 2 BGB wie in der Miteigentumsgemeinschaft die Auseinandersetzung zu betreiben.[100]

123   Es ist nach der Auffassung des BSG von einem Hilfesuchenden zur Abwendung von Hilfebedürftigkeit zu fordern, dass er die einvernehmliche Auflösung der Erbengemeinschaft verlangt. Ist der Hilfesuchende seinerseits an der Auseinandersetzung der Erbengemeinschaft nicht interessiert und macht den Auseinandersetzungsanspruch nicht ernstlich geltend, so wird daraus die Feststellung abgeleitet, dass **kein tatsächliches Verwertungshindernis** besteht.[101]

---

98 BSG v. 27.1.2009 – Az.: B 14 AS 42/07R; B 14 AS 52/07R.
99 BSG v. 27.1.2009 – Az.: B 14 AS 42/07R; B 14 AS 52/07R.
100 BSG v. 27.1.2009 – Az.: B 14 AS 42/07R; B 14 AS 52/07R.
101 BSG v. 27.1.2009 – Az.: B 14 AS 42/07R, Rn 34; B 14 AS 52/07R; LSG Hessen v. 23.3.2011 – Az.: L 6 382/07 ASR 2011, 201; LSG NRW v. 13.10.2014 – Az.: L 20 SO 20/13.

Fazit   124

Wer in der Hoffnung auf Wertsteigerung des Grundstücks oder
auch aus familiärer Rücksichtnahme erklärt, er habe die Auseinandersetzung der Erbengemeinschaft bisher nicht betrieben und beabsichtige dies auch nicht, hat sich damit sozialhilferechtlich ins
„Aus" manövriert.

Dass bei einer Zwangsversteigerung nur ein geringerer Erlös zu erwar-   125
ten ist, führt auch nicht dazu, die Verwertung des Grundstücks durch
Zwangsversteigerung **als offensichtlich unwirtschaftlich** anzusehen.
Das soll nicht in jedem Fall als Verstoß gegen die Regeln der wirtschaftlichen Vernunft anzusehen sein. Sofern eine einvernehmliche
Erbauseinandersetzung an der Weigerung eines Miterben scheitert,
bleibt für den Hilfebedürftigen wie für jeden anderen ökonomisch
handelnden Marktteilnehmer keine andere wirtschaftlich sinnvolle
Möglichkeit der Verwertung des Erbteils als die streitige Auseinandersetzung. Dies gilt nach Ansicht des BSG umso mehr, als die drohende
Zwangsversteigerung einen „heilsamen Einigungsdruck" auf die Miterben ausübten. Demgegenüber sei die Aufrechterhaltung der Miter-
bengemeinschaft vor allem dann unwirtschaftlich, wenn der Nachlassgegenstand keinerlei Nutzungsmöglichkeit erfahre und sein Unterhalt
zusätzliche Kosten mit sich bringe.[102]

c) Die Teilauseinandersetzung in der Erbengemeinschaft

Z.T. verlangen die Sozialhilfeträger die **Teilauseinandersetzung der**   126
Erbengemeinschaft. Grundsätzlich ist es zwar so, dass § 2042 BGB
vom Grundsatz einer Totalauseinandersetzung ausgeht und die Miterben wegen des Vorranges dieses Grundsatzes grundsätzlich keinen
Anspruch auf Teilungsauseinandersetzung haben.[103] Gegen den Willen
eines Miterben ist eine Teilauseinandersetzung jedoch ausnahmsweise
zulässig, wenn besondere Gründe dies rechtfertigen und die Belange
der Erbengemeinschaft und der anderen Miterben nicht beeinträchtigt
werden.[104]

---

102 BSG v. 27.1.2009 – Az.: B 14 AS 42/07R; B 14 AS 52/07R.
103 BGH NJW 1985, 51.
104 BGH FamRZ 1965, 267.

127   Die Rechtsprechung hierzu ist beschränkt.[105] Die Kommentarliteratur
geht davon aus, dass zur Bejahung eines solches Grundes als Voraussetzung der Teilauseinandersetzung keine restriktive Betrachtung an-
gebracht ist.[106] Das soll vor allem dann gelten, wenn nur wegen einzelner Nachlassgegenstände noch keine Auflösung der Gesamthand
möglich sei oder ein einzelner Miterbe sich wegen nicht bedeutsamer
Fragen einer Vollauseinandersetzung widersetze.[107]

128   So wird es als unzumutbar angesehen, wenn bei einem umfangreichen
Nachlass, bei dem eine Vielzahl von Fragen zu klären sind, Jahre
vergehen müssten, bis die Miterben die erste Zuteilung erhielten.[108]
Ein Teilauseinandersetzungsanspruch wird auch dann bejaht, wenn
die beiden einzigen Miterben um eine Teilauseinandersetzung streiten,
Nachlassschulden nicht mehr vorhanden sind und nur ein solcher
Teil begehrt wird, der bei einer endgültigen Auseinandersetzung dem
jeweiligen Miterben ohnehin zusteht.[109]

129   Das LSG Niedersachsen-Bremen[110] verneinte die Verwertbarkeit ererbten Vermögens aus einer Erbengemeinschaft, weil eine Miterbin
einer einvernehmlichen Teilauseinandersetzung widersprochen habe
und eine Verwertung deshalb an § 2040 BGB scheitere und eine Verpfändung auch das grundsätzlich geschützte selbst bewohnte Hausgrundstück mit betroffen hätte.[111]

130   Aus neuerer Zeit sind BGH-Entscheidungen zu konstatieren, die sich
mit der Frage der **Zustimmung zur Teilauseinandersetzung als ordnungsgemäße Verwaltungsmaßnahme** auseinandersetzen[112] und die

---

105   RG JW 1919, 42; BGHZ 58, 146; BGH WM 1977, 271; WM 1975, 1179; NJW-
RR 1991, 1097; NJW 1985, 52; LG Essen FamRZ 1981, 457.

106   MüKo/*Dütz*, 5. Aufl., § 2042 Rn 19.

107   *Johannsen*, Erbrecht in der Rechtsprechung des Bundesgerichtshofs 1973–1976,
WM 1977, 271 mit Rechtsprechungsnachweisen.

108   *Lange*, Verwaltung, Verfügung und Auseinandersetzung bei der Erbengemeinschaft – BGH FamRZ 1965, 267, JuS 1967, 457.

109   RG HRR 1934 Nr. 1458.

110   LSG Niedersachsen-Bremen v. 8.7.2011 – Az.: L 9 AS 524/04, BeckRS 2011,
76859.

111   LSG Niedersachsen-Bremen v. 8.7.2011 – Az.: L 9 AS 524/04, BeckRS 2011,
76859.

112   BGHZ 101, 26; 140, 68; BGH ZErb 2006, 96.

darauf hinweisen, dass die Belange eines Kostenträgers für einen unter Betreuung stehenden Miterben grundsätzlich Berücksichtigung finden müssen.[113] Dies ist dann der Fall, wenn Anhaltspunkte dafür bestehen, dass eine Grundstückssubstanz wegen dieser Forderungen ohnehin nicht zu erhalten gewesen wäre.[114]

Fazit   131
Die Erbengemeinschaft an sich macht den Nachlass bzw. den Erbteil nicht sozialhilfefest, wenn der Erblasser ansonsten keine Schutzmaßnahmen getroffen hat. Eine Schutzmaßnahme kann zwar im grundbuchrechtlich eingetragenen **Verbot der Auseinandersetzung** der Erbengemeinschaft liegen. Ein solches Verbot verhindert den Aufhebungsanspruch mit Ausnahme eines wichtigen Grundes (§ 749 Abs. 2 BGB). Es kommt also immer auf den Einzelfall an und stellt auch keinen absoluten Schutz dar.
Ist es dem Hilfesuchende möglich und zumutbar, den Anspruch auf Auseinandersetzung klageweise geltend zu machen, kann das aber zumindest dazu führen, dass nicht absehbar ist, wann der Hilfesuchende einen wirtschaftlichen Nutzen aus dem Auseinandersetzungsanspruch ziehen kann, da eine Auseinandersetzungsklage in der Praxis der Instanzgerichte erhebliche Schwierigkeiten bereiten und langwierig sein kann.[115]
Wenn unabsehbar ist, wann eine Verwertung realisierbar ist, muss Sozialhilfe vorerst als Zuschuss und nicht als Darlehen gewährt werden. Da die Zahlung der nicht nur als Darlehen geleisteten Sozialhilfe mit Ausnahme der sozialhilferechtlichen Erbenhaftung nicht zurückforderbar ist, kann es **im Einzelfall** doch dazu kommen, dass dem Sozialhilfebezieher erbrechtlich erworbene Mittel verbleiben.

---

113 BGHZ 161, 141; BGH ZErb 2006, 97.
114 BGHZ 195, 258 f.
115 BSG v. 27.1.2009 – Az.: B 14 AS 42/07 Rn 35; LSG Niedersachsen-Bremen v. 8.7.2011 – L 9 AS 524/04, BeckRS 2011, 76859.

d) Verfügungsbeschränkungen – Bausteine des Behindertentestamentes

132 Im Sozialhilferecht sind die rechtlichen Beschränkungen von Bedeutung, aus denen die klassischen Behindertentestamente „gebaut" werden. Das sind
– die nicht befreite Vorerbschaft (§ 2113 BGB)
– das Nacherbenrecht,[116] und
– der Nachlass unter Dauertestamentsvollstreckung (§ 2209 BGB).

Diese Verfügungsbeschränkungen können allein oder in Kombination auftreten und den „Zugriff" auf Erbmittel erschweren, bestenfalls verhindern.

133 Die sozialhilferechtliche Kommentarliteratur hält dies z.T. für problematisch, weil es dabei darum gehe, dem Sozialhilfeträger auch die nach dem Tod des Behinderten verbleibenden Mittel zu entziehen.[117]

aa) Vorerbschaft/Nacherbschaft

134 Der Nachlass ist mit einer Verfügungsbeschränkung belastet, wenn für den Erben von dem Erblasser **Vor- und Nacherbschaft** angeordnet wurde. Damit kann der Erblasser sein Vermögen binden, dem zum Vorerben Berufenen die Nutzungen des Vermögens zukommen lassen und störende Dritte vom Nachlass fernhalten.

Der Vorerbe ist wahrer Erbe und tatsächlicher Eigentümer des Nachlasses. Nach §§ 2113 ff. BGB ist seine Verfügungsbefugnis über den Nachlass aber beschränkt. Diese Beschränkung entfaltet ihre (absolute) Wirkung erst mit dem Nacherbfall. Bis dahin sind die Verfügungen des Vorerben auch dem Nacherben gegenüber mit **dinglicher Wirkung** wirksam. Sie bleiben es auch, sofern sie den Voraussetzungen der §§ 2113 ff. BGB nicht widersprechen, also insbesondere das Recht des Nacherben nicht vereiteln oder beeinträchtigen.

135 Eine **Vollstreckungssperre** schafft § 2115 BGB. Mit dieser Vollstreckungssperre wird verhindert, dass Eigengläubiger des Vorerben auf den Nachlass zugreifen. Zwangsverfügungen sind danach nach Eintritt

---

116 Vgl. Gutachten des Deutschen Vereins NDV 1998, 29 m.w.N.
117 Bieritz-Harder/*Geiger*, LPK-SGB XII, § 90 Rn 113.

des Nacherbenfalls insoweit unwirksam, als sie das Recht des Nacherben vereiteln oder beeinträchtigen. Die Unwirksamkeit ist absolut,
besteht also gegenüber jedermann.[118] Da sie auf den Nacherbenfall
hinausgeschoben ist, sind die bis dahin getroffenen Vollstreckungsmaßnahmen zwar wirksam, gemäß § 773 ZPO soll aber keine Verwertung durch Veräußerung oder Überweisung erfolgen. Der Nacherbe
kann sich mit der Drittwiderspruchsklage wehren.

Die Vorerbschaft bildet also in der Hand des Vorerben – vergleichbar   136
wie bei der Testamentsvollstreckung – eine Art **Sondervermögen**,[119]
das zwar zu seinen Lebzeiten dem Erben zusteht, aber dann unmittelbar – außerhalb des Vermögens des Vorerben – mit dem Eintritt des
Nacherbfalls auf den Nacherben übergeht. Der Verwertung des Vermögens steht insoweit ein rechtliches Hindernis entgegen.

> **Hinweis**   137
> Der Mangel der Verfügungsbefugnis des Vorerben (§ 2113 BGB)
> kann durch Zustimmung des Nacherben geheilt werden kann.[120]
> Einigen sich daher Vorerbe und Nacherbe über den Nachlass und
> dessen Verwertung, verliert der Nachlass für den bedürftigen Erben
> den Schutz der rechtlichen Unverwertbarkeit.

Der Schutz der Anordnung von Vorerbschaft und Nacherbschaft be-   138
zieht sich nicht auf die „Nutzungen" der Erbschaft. Sie stehen dem
Vorerben unmittelbar zu. (§ 2111 BGB). Diese wären, wenn kein weiterer Schutz angeordnet würde, unmittelbar in der Sozialhilfe anre-
chenbar. Sie stellen zweifelsfrei anrechenbares Einkommen dar, wenn
nicht weiterer Schutz (**Dauertestamentsvollstreckung** nach § 2209
BGB) hinzutritt.

bb) Die Testamentsvollstreckung, §§ 2197 ff. BGB

Die Anordnung der Testamentsvollstreckung – häufig angekoppelt an   139
die Anordnung von Vorerbschaft und Nacherbschaft – wird ab und
an als **absolutes Verwertungshindernis** im sozialhilferechtlichen

---

118 BGHZ 33, 85.
119 Damrau/Tanck/*Riedel*, Praxiskommentar Erbrecht, § 2311 Rn 44.
120 BGHZ 40, 115; BGZ 56, 275 Rn 16.

Leistungstatbestand angesehen.[121] Das ist so nicht ohne weiteres richtig.

140   Die Anordnung der Testamentsvollstreckung weist dem Testamentsvollstrecker nach § 2205 BGB das Recht der **Nachlassverwaltung** zu. Nach § 2205 BGB hat der Testamentsvollstrecker den Nachlass zu verwalten und ist berechtigt, über die Nachlassgegenstände zu verfügen. Über einen der Verwaltung des Testamentsvollstreckers unterliegenden Nachlassgegenstand kann der Erbe gemäß § 2211 BGB nicht verfügen.[122] Auch Miterben ist die Verfügung entzogen.[123] Der **Entzug des Verfügungsrechts** des Erben hat dingliche Wirkung.[124] Die Verfügungsbeschränkung des Erben gilt auch für dessen gesetzlichen Vertreter, Betreuer, Vormund oder Pfleger.

141   Verfügt der Erbe dennoch, ist ein Rechtsgeschäft zwar nicht nichtig, aber die Verfügung ist sowohl gegenüber dem Testamentsvollstrecker als auch gegenüber jedermann absolut unwirksam. Der Erbe wird aus dem vorgenommenen Rechtsgeschäft persönlich verpflichtet. Der Testamentsvollstrecker muss aber nicht erfüllen. Gläubiger des Erben, die nicht zu den Nachlassgläubigern gehören, können sich nach § 2214 BGB nicht an die der Verwaltung des Testamentsvollstreckers unterliegenden Nachlassgegenstände halten.

Aufgrund dieses Normgeflechts entsteht an dem der Verwaltung unterworfenen Vermögen – einschließlich seiner Erträgnisse[125] – ein für den Erben nicht frei verfügbares **Sondervermögen**,[126] das grundsätzlich auch im sozialhilferechtlichen Leistungstatbestand seine Wirkung entfaltet. Aber es gibt Grenzen.

142   Der **Verfügungsbeschränkung des Erben** gemäß § 2211 BGB unterliegen immer nur die Nachlassgegenstände, auf die sich die Testamentsvollstreckung bezieht. Die Anordnung der Testamentsvoll-

---

121 LSG Hamburg v. 13.9.2012 – Az.: L4 AS 167/10.
122 BGH NJW 2013, 1879 Rn 23.
123 BGHZ 181, 127 ff.
124 NK-BGB/*Weidlich*, 3. Aufl., § 2211 Rn 3.
125 *Reimann*, Muss der Testamentsvollstrecker die Erträgnisse des Nachlasses an die Erben ausschütten?, ZEV 2013, 8 f.
126 NK-BGB/*Weidlich*, 3. Aufl., § 2205 Rn 1; § 2211 Rn 3.

streckung schließt deshalb die Verfügungsbefugnis nicht für alle denkbaren Fälle aus[127] und führt auch **nicht** zwingend zur sozialhilferechtlichen Mittellosigkeit des Erben.[128]

Ob die Verfügungsbefugnis dem Erben allein – und damit sozialhilfe   143
schädlich – zustehen kann, ist im Einzelfall zu prüfen.[129] Die **Verfügungsbefugnis des Testamentsvollstreckers** besteht u.a. nicht (mehr):
– bei Erblasseranordnungen, die aufgrund Gesetzes unwirksam sind[130]
– bei Erblasseranordnungen, die durch nachträgliche Entwicklungen im Wege der ergänzenden Auslegung gegenstandslos werden[131]
– bei Gegenständen, die nach § 2208 BGB vom Erblasser der Verwaltung des Testamentsvollstreckers mit dinglicher Wirkung entzogen wurden
– wenn sich Erbe und Testamentsvollstrecker einverständlich über ein Verfügungsverbot hinwegsetzen, weil die Einigung zwischen Testamentsvollstrecker und Erben als denjenigen Personen, die allein von der Verfügung unmittelbar berührt sind, stärker ist als eine entgegenstehende Erblasseranordnung[132]
– bei Gegenständen, die der Testamentsvollstrecker an den Erben herausgegeben hat (sowohl nach § 2217 BGB als auch nach § 2216 BGB möglich).[133]

(1) Die Verfügung über den Erbteil

Im Rahmen sozialhilferechtlicher Verwertbarkeitsprüfungen ist von   144
besonderer Bedeutung, dass sich die Verfügungsbeschränkung des § 2211 BGB nur auf Nachlass**gegenstände** bezieht. Es muss also immer geprüft werden, worauf sich die Testamentsvollstreckung konkret bezieht.

---

127 BGHZ 65, 275, Rn 16.
128 BGH ZEV 2013, 337 zur Ermittlung der Reichweite des Beschränkungswillens des Erblassers im Rahmen von Verwaltungsanordnungen nach § 2216 Abs. 2 BGB.
129 BGHZ 65, 275, 17.
130 BGHZ 56, 275, Rn 21.
131 NK-BGB/*Weidlich*, 3. Aufl., § 2216 Rn 18.
132 BGHZ 57, 84 insbes. Rn 14; BGHZ 56, 275 Rn 16.
133 Vgl. hierzu *Reimann*, Muss der Testamentsvollstrecker die Erträgnisse des Nachlasses an die Erben ausschütten?, ZEV 2013, 8 ff.

145   Vor allem ist zu beachten, dass die Anordnung der Testamentsvollstreckung nicht die Verfügung über den **Erbteil** ausschließt. Der Erbe kann also sein Erbteil – mit den darauf lastenden Verfügungsbeschränkungen über die Nachlassgegenstände – übertragen und verpfänden.[134] Damit wird bewirkt, dass der Erbteil – soweit er nicht aufgrund anderer Erblasseranordnungen geschützt ist – auch sozialhilferechtlich nicht geschützt ist. Ein durch Verkauf erzielter Veräußerungserlös ist für den Erben frei verfügbar, weil er der Testamentsvollstreckung nicht mehr unterliegt.[135]

146   **Fallbeispiel 18: Die Auseinandersetzung der Erbengemeinschaft**
Vater V verstirbt und wird zu 72 % von seiner Ehefrau sowie zu 28 % von der gemeinsamen Tochter beerbt, wobei die Betroffene im Wege eines sog. klassischen Behindertentestaments als nicht befreite Vorerbin eingesetzt wurde. Zum Nacherben wurde die Mutter der Betroffenen, ersatzweise die „..." bestimmt. Der Nacherbfall sollte mit dem Tode der Betroffenen eintreten. Zudem wurde die Dauertestamentsvollstreckung hinsichtlich des Erbteils der Tochter angeordnet und ihre Mutter zur Testamentsvollstreckerin bestellt. Die Testamentsvollstreckerin erhielt sodann die Anordnung i.S.v. § 2216 Abs. 2 BGB, dass der Tochter aus den jeweils ihr gebührenden anteiligen jährlichen Reinerträgen (Nutzungen) des Nachlasses nach billigem Ermessen Geld- oder Sachleistungen erhalten solle, die zu einer Verbesserung ihrer Lebensqualität beitragen und auf die die Sozialhilfeträger nach Maßgabe gesetzlicher Vorschriften keinen Zugriff haben sollten. Hierzu wurde eine Reihe von Beispielen aufgeführt. Mit notariellem Vertrag übertrug die Tochter, vertreten durch ihren Betreuer, ihren Anteil an der ungeteilten Erbengemeinschaft mit dinglicher Wirkung an ihre Mutter, die Miterbin. Als Gegenleistung wurde eine Zahlung in Höhe von 20.000 EUR, dem rechnerischen Wert des Anteils der Tochter am gesamten Nachlass des Vaters, vereinbart. Das Amtsgericht genehmigte die Erklärungen des Betreuers betreffend die Erbteilsübertra-

---

134 NK-BGB/*Weidlich*, 3. Aufl., § 2211 Rn 5.
135 NK-BGB/*Weidlich*, 3. Aufl., § 2211 Rn 5 m.w.N.; vgl. LG Kassel ZErb 2014, 32.

gung. Fraglich ist, ob sozialhilferelevantes Einkommen oder Vermögen entstanden ist.[136]

Infolge der Übertragung des Erbteils der Betroffenen auf die weitere 147 Miterbin, Nacherbin und Testamentsvollstreckerin wurde der **Erbteil** der Betroffenen dinglich übertragen. Die Erbengemeinschaft wurde infolge des Eintritts von Personenidentität aufgelöst. Der vertraglich vereinbarte Zahlbetrag stellt kein Surrogat für die ursprünglich der Testamentsvollstreckung unterliegenden Vermögensgegenstände dar. Sämtliche auf dem Erbteil der Bedürftigen liegenden Beschränkungen sind damit gegenstandslos. Ein Zugriff auf den Zahlbetrag – sozialhilferechtlich kein Vermögen sondern Einkommen – ist nach Prüfung der Schontatbestände möglich.

(2) Die Freigabe einzelner Gegenstände nach § 2217 BGB

Die Wirkungen der Testamentsvollstreckung können aus weiteren 148 Gründen gar nicht erst gegeben sein oder wegfallen.

Nach § 2217 BGB besteht die Möglichkeit, **einzelne Gegenstände** aus dem von der Testamentsvollstreckung umfassten Sondervermögen herauszulösen. Nachlassgegenstände, die der Testamentsvollstrecker zur Erfüllung seiner Aufgaben offensichtlich nicht benötigt, sind dem Erben auf Verlangen zur freien Verfügung herauszugeben. Mit der Herausgabe des Gegenstandes verliert die Testamentsvollstreckung ihre Wirkung. Ein etwaiger Pfändungsschutz erlischt.

(3) Die Freigabe im Rahmen der ordnungsgemäßen Verwaltung

Das ist nur anders bei **Dauertestamentsvollstreckung** nach § 2209 149 S. 1 BGB. Ein Dauertestamentsvollstrecker hat den Nachlass in Besitz zu nehmen. Er hat ihn im Allgemeinen auf Dauer in seinem Besitz zu halten und ordnungsmäßig zu verwalten (§ 2216 Abs. 1 BGB).[137] Deshalb kommt eine **Freigabe einzelner Gegenstände** bei Dauertestamentsvollstreckung nicht in Betracht.[138] Auf Nutzungen ist § 2217

---

136 Nach LG Kassel ZEV 2014, 104 m. Anm. *Wirich* zur daraus resultierenden Betreuerhaftung.
137 BGH NJW-RR 1986, 1069, Rn 8.
138 BGHZ 12, 100.

BGB aber nicht anwendbar.[139] Wenn die Testamentsvollstreckung zeitlich unbefristet ist (d.h. bis zum Tod des Erben), wird der Sozialleistungsträger daher in einem ersten Schritt grundsätzlich davon ausgehen müssen, dass eine Freigabe von Nachlassgegenständen nicht erreicht werden kann.[140]

150   Die Prüfung ist damit aber noch nicht beendet. Auch bei der Dauertestamentsvollstreckung kann „freies" Vermögen im Sinne des Zivilrechtes entstehen oder bestehen. Nach den gesetzlichen Regeln der Vor- und Nacherbschaft sind die Nutzungen des Nachlasses freies Vermögen des Vorerben, der sie nach § 953 BGB erwirbt. Für die Nutzungen des Nachlasses gilt § 2217 BGB nicht.[141] Der Erbe kann die Herausgabe solcher Nutzungen deshalb vom Testamentsvollstrecker verlangen, wenn dies den Grundsätzen der ordnungsmäßigen Verwaltung nach § 2216 Abs. 1 BGB entspricht.[142] Schuldhafte Pflichtverletzung des Testamentsvollstreckers gegen die Pflicht zur ordnungsgemäßen Verwaltung lösen Schadensersatzpflichten nach § 2219 BGB aus. Der Erbe kann den Testamentsvollstrecker auf Freigabe der Erträgnisse im Wege der Leistungsklage in Anspruch nehmen.[143] Dies dürfte auch für den übergeleiteten Anspruch nach § 93 SGB XII gelten.

151   Ob die Herausgabe von Nutzungen vom Testamentsvollstrecker an den Erben und damit letztlich an den Sozialhilfeträger nach Überleitung gemäß § 93 SGB XII von diesem nutzbar gemacht werden können, hängt also davon ab, ob die Herausgabe den Grundsätzen einer ordnungsgemäßen Verwaltung gemäß § 2216 BGB entspricht oder nicht.[144]

---

139 BGHZ 56, 275, Rn 30.
140 So LSG Hamburg v. 13.9.2012 – Az.: L 4 AS 167/10 ohne weitere Auseinandersetzung mit der Wirkung der Freigabe von Mitteln durch den Testamentsvollstrecker.
141 BGHZ
142 BGH NJW-RR 1986, 1069, Rn 8 m.w.N., auch auf reichsgerichtliche Rechtsprechung; so auch *Reimann*, ZEV 2013, 8 ff. unter ausführlicher Darstellung des Streitstandes mit der Einschränkung einer „gewissen Nähe zu § 2217 BGB bei der Beurteilung der ordnungsgemäßen Verwaltung".
143 *Reimann*, Muss der Testamentsvollstrecker die Erträgnisse des Nachlasses an den Erben ausschütten?, ZEV 2013, 11.
144 BGH NJW-RR 1988, 386; FamRZ 1986, 900.

Die Ordnungsmäßigkeit der Verwaltung orientiert sich an den **Ver-**   152
waltungsanordnungen des Erblassers, die der Testamentsvollstrecker als bindende Richtlinie seiner Amtsführung[145] auch gegen den
erkennbaren Willen des Erben[146] zu beachten hat. Ohne Verwaltungsanordnungen gehört die Herausgabe von Mitteln zum Lebensunterhalt zur ordnungsgemäßen Verwaltung. Der Testamentsvollstrecker
kann in Einzelfällen sogar zu einer Belastung oder Veräußerung von
Nachlassgegenständen verpflichtet sein.[147]

Hinweis   153
Wenn dem Testamentsvollstrecker bei einem Behindertentestament
mit klassischer Vorerbschaft und Nacherbschaft die Befugnis eingeräumt wird, auch auf die Substanz des Vermögens zuzugreifen, soll
ohne weitere präzisierende Verwaltungsanordnungen die Gefahr
bestehen, dass die Herausgabe der Mittel an den Sozialhilfeträger
verlangt werden kann.[148]

Ob die **Freigabe** des Testamentsvollstreckers zu sozialhilferelevantem   154
Einkommen oder Vermögen führt, hängt davon ab, ob die Freigabe an
den sozialhilfebedürftigen Erben im Rahmen der **ordnungsgemäßen**
Verwaltung wirksam ist oder nicht.

Es entspricht allgemeiner Ansicht, dass die Verwaltungsanordnungen   155
des § 2216 Abs. 2 BGB im Verhältnis vom Testamentsvollstrecker zum
Erben grundsätzlich nur **schuldrechtliche Wirkungen** haben.[149] Sie
schränken die Verfügungsbefugnis des Testamentsvollstreckers gegenüber Dritten im Außenverhältnis nicht ein. Gibt der Testamentsvollstrecker daher Nachlassgegenstände frei, verlieren diese den Schutz
der Testamentsvollstreckung und die Metamorphose von nicht „berei-

---

145 BayOblG ZEV 1995, 366 m. Anm. *Bengel.*
146 RGZ 74, 215; OLG Düsseldorf ZEV 1994, 303.
147 *Tersteegen,* Sozialhilferechtliche Verwertbarkeit von Vermögen bei Anordnung
    von Verwaltungstestamentsvollstreckung, ZEV 2008, 123.
148 *Tersteegen,* Sozialhilferechtliche Verwertbarkeit von Vermögen bei Anordnung
    von Verwaltungstestamentsvollstreckung, ZEV 2008, 123.
149 NK-BGB/*Weidlich*, 3. Aufl., § 2216 Rn 21.

ten" Mitteln zu sozialhilferelevantem Einkommen oder Vermögen ist vollzogen.[150] So soll es jedenfalls im Regelfall sein.

Dem steht aber die Tendenz der Rechtsprechung entgegen, Verwaltungsanordnungen **dingliche Wirkungen** zuzusprechen, wenn sie Anordnungen enthalten, wie über Nachlassgegenstände verfügt werden soll.[151] Dann entfaltet sich eine Wirkung ähnlich wie bei § 2208 BGB. Der Unterschied besteht darin, dass der Testamentsvollstrecker zwar allgemein die Verfügungsbefugnis über den Nachlass hat, aber nicht zu dieser konkreten Verfügung gegen die ausdrückliche Verwaltungsanordnung des Erblassers.[152] Ob dies wirklich richtig ist, ist fraglich. Das zeigt schon der vorstehend erörterte Fall. Die **Übertragung des Erbteils** der Behinderten unterliegt nicht der Verfügungsbeschränkung des § 2211 BGB.[153] Würde man – bezogen auf den Erbteil – Verwaltungsanordnungen des Erblassers nach § 2216 Abs. 2 BGB wirksam sein lassen, die den Erbteil und die Verfügung darüber dem Erben entziehen, würde man dem Erben diese grundsätzlich bestehende Freiheit, über seinen Erbteil verfügen zu können, unzulässigerweise wegnehmen.

156 Wenn man unabhängig davon annimmt, dass in der Vielzahl der Fälle generell eine Verfügungsbefugnis des Testamentsvollstreckers über Nachlassgegenstände besteht, die Freigabe an den Erben aber mit **dinglicher Wirkung** vom Erblasser im Hinblick auf Sozialhilfeansprüche begrenzt wurde, dann stellt jede Freigabe von Mitteln an den Bedürftigen für alle Beteiligten eine echte Herausforderung dar. Sie setzt nämlich die Prüfung des sozialhilferechtlichen Leistungstatbestandes mit sämtlichen in Betracht kommenden Schontatbeständen voraus, die in etwa wie folgt aussehen müsste:
– Ein sozialhilferechtlicher Anspruch entsteht in der Regel nur, wenn der Hilfesuchende nicht bedürftig ist.

---

150 Vgl. hierzu LSG Hessen v. 26.6.2013 – Az.: L 6 SO 165/10; vgl. auch LG Kassel v. 17.10.2013 – Az.: 3 342/13.
151 NK-BGB/*Weidlich*, 3. Aufl., § 2208 Rn 8.
152 BGH MDR 1985, 32 Rn 15; *Bengel/Reimann*, 4. Kapitel Rn 32 m.w.N.
153 *Muscheler*, Verfügung über den Erbteil, ZErb 2010, 40.

- Er ist nicht bedürftig, wenn ihm normativ nicht geschützes zur Bedarfsdeckung geeignetes Einkommen oder Vermögen zu Verfügung steht.
- Ein Erbfall und die daraus resultierenden Zuflüsse während des Bedarfszeitraums führen zu sozialhilferechtlichem Einkommen, das zur Bedarfsdeckung aber ungeeignet ist, wenn es aus rechtlichen Gründen nicht verfügbar ist oder aus anderen Gründen normativ geschont ist.
- Im Rahmen der Dauertestamentsvollstreckung ist die Freigabe von Nachlassgegenständen nach § 2217 BGB grundsätzlich ausgeschlossen, aber im Rahmen der ordnungsgemäßen Verwaltung nach § 2216 BGB möglich.
- Keine ordnungsgemäße Verwaltung ist die Freigabe, die zu einer Anrechnung in der Sozialhilfe führt.
- Ist der Erbfall während des Sozialhilfebezuges eingetreten, ist eine „Erbschaft" nach der Rechtsprechung des BSG sozialhilferechtlich **Einkommen** (vgl. hierzu § 1 Rn 245 ff.). Handelt es sich um **Nutzungen der Erbschaft**, handelt es sich unabhängig davon ohnehin immer um Einkommen und nicht um Vermögen. Der Sozialhilfeträger hat den Zufluss dann als Einkommen[154] grundsätzlich anzurechnen.
- Eine Anrechnung oder Verwertung entfällt nur, wenn **Schontatbestände** greifen (vgl. Prüfungsschritte unter Rn 8, 65). Das kommt insbesondere dann in Betracht, wenn der Testamentsvollstrecker darauf verzichten darf, Geldmittel oder Gegenstände, die gut zu „versilbern" sind, zuzuwenden. Wenn die Erbschaft sozialhilferechtlich **Vermögen** ist, sind die Schontatbestände des Vermögens (vgl. Rn 82) zu prüfen.
- Wenn keine Schontatbestände ermittelt werden können, dann kommt der Vollzug des Behindertentestamentes zum Stillstand. Der Testamentsvollstrecker kann bei jeder Freigabe nur noch mit dem Erben oder seinem Vertreter zu einer wirksamen Verfügung gelangen.

---

154 Vgl. hierzu LSG Hessen v. 26.6.2013 – Az.: L 6 SO 165/10; vgl. auch LG Kassel v. 17.10.2013 – Az.: 3 342/13.

Welche Rechtsfolgen das in der Praxis hat (Nichtigkeit der Verwaltungsanordnung, ergänzende Auslegung der Verwaltungsanordnung?), kann mangels entsprechender Rechtsprechung bisher nicht sicher vorhergesagt werden.

157   **Verwaltungsanordnungen** können auch nach § 2216 Abs. 2 S. 2 BGB auf Antrag des Testamentsvollstreckers oder eines anderen Beteiligten vom Nachlassgericht **außer Kraft** gesetzt werden, wenn ihre Befolgung den Nachlass erheblich gefährden würde. Das soll auch der Fall sein, wenn der Zweck der Testamentsvollstreckung gefährdet wird[155] oder, wenn die Verwaltungsanordnungen **sittenwidrig** sind.

158   Der Sozialleistungsträger soll zu einem solchen Antrag nach h.M. nicht berechtigt sein.[156] Dies ist zweifelhaft, weil durch Überleitung nach § 93 SGB XII auch die mit dem Anspruch des Erben verbundenen Nebenrechte mit übergehen.

159   **Fazit**
Das Behindertentestament ist in den 1970er Jahren vor dem Hintergrund erschaffen worden, dass eine Erbschaft (Gleiches gilt für ein Vermächtnis) **Vermögen** ist und dem Erben das gesamte Instrumentarium der Vermögensschontatbestände des § 90 SGB XII vollständig zugute kommen würde. Die Grundannahme bestand darin, dass für den Sozialhilfeträger spätestens bei § 90 Abs. 3 SGB XII – der **Verschonung wegen Härte** – die Prüfung von verwertbarem Vermögen zu Ende sei. Kein Zivilrechtler ist damals auf die Idee gekommen, man könne eine Erbschaft, die z.B. nur aus einer Immobilie bestehe, als **Einkommen** behandeln. Die sozialgerichtliche Rechtsprechung sieht dies heute aber anders und so kommt es dazu, dass erste sozialgerichtliche Entscheidungen[157] die Freigabe durch den Testamentsvollstrecker als das Ende der geschützten Erbmittel ansehen. Im Sinne der Rechtsprechung des BSG scheint dies konsequent. Erbrechtlich scheint es nicht ausgeschlossen, da

---

155 Damrau/Tanck/*Bonefeld*, Praxiskommentar Erbrecht, § 2216 Rn 18.
156 BayObLGZ 1982, 461 f.; a.A. *Krampe*, AcP 1991, 537.
157 Vgl. hierzu LSG Hessen vom 26.6.2013 – Az.: L 6 SO 165/10.

die dingliche Wirkung von Verwaltungsanordnungen jedenfalls in der Literatur nicht „in Stein gemeißelt" zu sein scheint.[158]

Hinweis   160
Testamentsvollstreckung spielt im SGB XII zumeist im Zusammenhang mit **Behindertentestamenten** und der Anordnung von Vorerbschaft und Nacherbschaft bzw. Vorvermächtnis und Nachvermächtnis ihre wichtigste Rolle. Die Fragen stellen sich für das **Bedürftigentestament** im Rahmen des SGB II in vergleichbarer Weise.
Bei der Anordnung von Vorerbschaft/Nacherbschaft ist allerdings generell zu differenzieren. Wenn man die Abgrenzung des BSG zwischen Einkommen und Vermögen zugrunde legt, so wird ein im Sozialhilfebezug stehender (**nicht befreiter**) **Vorerbe die** „**Früchte**" der Erbschaft ziehen und damit sozialhilferechtlich immer Einkommen erzielen. Auf die Schonvermögenstatbestände beim Vermögen kommt es damit nicht an. Ob ihm die „Früchte" der Erbschaft zugute kommen können, kann nur mittels der Einkommens(schon)vorschriften festgestellt werden.

(4) Fallbeispiel: Die behinderte Erbin und die Testamentsvollstreckerlösung

Fallbeispiel 19: Die behinderte Erbin und die Testamentsvollstre-   161
ckerlösung
Die Hilfeempfängerin H war aufgrund ihrer geistigen Behinderung vollstationär in einem Pflegeheim untergebracht. Sie war testamentarisch als Alleinerbin ihrer Großmutter mit einem Hausgrundstück im Wert von 125.000 EUR und rund 21.000 EUR Barvermögen eingesetzt. Die Großmutter hat Testamentsvollstreckung mit Verwaltungsanordnungen bis zum Tode ihrer behinderten Enkelin angeordnet. Danach darf der Testamentsvollstrecker nur diejenigen Zuwendungen erbringen, die der Enkelin unmittelbar zugute kommen und nicht zur Kürzung oder Versagung von Sozialhilfeleistungen führen.

---

158 Vgl. dazu z.B.: *Keim*, Die freiwillige Freigabe von Nachlassgegenständen durch den Testamentsvollstrecker, ZEV 2010, 454.

Auf Anforderung der Betreuerin der H überwies der Testamentsvollstrecker auf ein Konto der H aus dem Nachlass der Großmutter einen Betrag von 1.800 EUR mit dem Verwendungszweck „Taschengeld 04–09/05" und einen weiteren Betrag von 5.000 EUR mit dem Verwendungszweck „Erbschaft". Sie – so die Betreuerin – würden für eine neue Einrichtung des Zimmers der H nach ihrem Umzug im Haus sowie für die Teilnahme an Freizeiten 300 EUR monatlich an Taschengeld benötigen. Tatsächlich wurde die Zimmereinrichtung nicht angeschafft und die Freizeit fiel im Jahr 2005 aus.

Der Sozialhilfeträger verlangt den Einsatz der Mittel oberhalb des geschonten Barbetrages von 2.600 EUR.

162 Die Rechtsprechung war in 2006 im „Großmutterfall" davon ausgegangen, dass die Testamentsvollstreckung den Nachlass „sozialhilfefest" mache:

„Ein Hilfesuchender, der Eingliederungshilfe in Form der Übernahme der Kosten einer vollstationären Unterbringung begehrt, darf unter dem Gesichtspunkt des Nachrangs der Sozialhilfe nicht darauf verwiesen werden, einen ihm von seiner Großmutter vererbten Nachlass als Vermögen zu verwerten, wenn die Erblasserin wirksam Testamentsvollstreckung für die Dauer des Lebens der Erben angeordnet und eine sozialhilfeunschädliche Verwendung des Nachlasses zur Auflage gemacht hat, die eine Verwendung des Erbes zur Deckung der Heimkosten ausschließt. Ein Herausgabeanspruch gegen den Testamentsvollstrecker besteht nicht.

Die Auflage, der Nachlass dürfe gemäß den Auflagen der Erblasserin nur sozialhilfeunschädlich verwendet werden, setzt nicht voraus, dass die positiv bestimmten Verwendungszwecke abschließend sämtliche Bedürfnisse der Klägerin abdecken, die außerhalb des Leistungsempfängers der Sozialhilfe entstehen.

Die Verwendungsanordnung ist nicht wegen Verstoßes gegen § 138 BGB nichtig. Die Gründe, die zu der testamentarischen Anordnung geführt haben, sind sittlich nicht zu missbilligen, auch wenn sie den

*durch den Sozialhilfeträger vertretenen Interessen der Allgemein-
heit zuwiderlaufen.* "[159]

Die Entscheidung ist damals überall mit großer Zustimmung aufge-   163
nommen worden, könnte heute aber so nicht mehr ergehen, weil die
Prämisse der Entscheidung ist, dass der Nachlass **Vermögen** ist und
der Einsatz dieses Vermögens wegen einer Härte nach § 90 Abs. 3
SGB XII nicht verlangt werden dürfe.

Die behinderte Enkelin macht einen Anspruch auf Grundsicherung
und Eingliederungshilfe geltend (§§ 41 ff., 53 ff. SGB XII). Ein solcher
Anspruch besteht nicht, sofern die Klägerin durch eignes Einkommen
oder eigenes Vermögen ihren Bedarf decken könnte.

Nach der Rechtsprechung des BSG führt der Erwerb der Erbenstel-   164
lung im Bedarfszeitraum zu **Einkommen** (vgl. § 1 Rn 245). Vermögen
wäre die „Erbschaft" nur dann,
– wenn sie **vor** dem Bedarfszeitraum angefallen wäre oder
– wenn nach Verteilung auf den Verteilzeitraum Einkommen zu Vermögen geworden wäre.

Aufgrund der Testamentsvollstreckung kann die Erbin vom Testa-   165
mentsvollstrecker die Nachlass**substanz** nicht herausverlangen. Bei
Dauertestamentsvollstreckung kommt eine Freigabe nach § 2217
BGB nicht in Betracht.[160] **Erträge** des Nachlasses unterfallen nicht
§ 2217 BGB, sondern können nur nach Maßgabe einer **ordnungsgemäßen Verwaltung** (§ 2216 Abs. 2 BGB)[161] herausverlangt werden.[162]

Eine ordnungsgemäße Verwaltung bestünde nur dann, wenn der Tes-   166
tamentsvollstrecker der H Mittel ohne Anrechnung auf ihre Sozialhilfeansprüche erbringen könnte. Nach jetziger Rechtsprechung muss
man davon ausgehen, dass, solange der Testamentsvollstrecker Mittel
aus der **Erbschaft** freigibt, sie sozialhilferechtlich **Einkommen** sind.
Sie unterfallen der Prüfung der §§ 82 ff. SGB XII. Es handelt sich nicht

---

159 OVG Saarland ZErb 2006, 275 ff.; vgl. auch OVG Bautzen v. 2.5.1997, MittBay-
     Not 1998, 127.
160 Damrau/Tanck/*Bonefeld*, Praxiskommentar Erbrecht, § 2217, Rn 3.
161 Damrau/Tanck/*Bonefeld*, Praxiskommentar Erbrecht, § 2209, Rn 5.
162 Damrau/Tanck/*Bonefeld*, Praxiskommentar Erbrecht, § 2216, Rn 10.

um geschontes Einkommen im Sinne von §§ 83, 84 SGB XII (vgl. Rn 12 ff.).

167 Es bleibt also nur die vom BSG allgemein geschaffene **Härtefallprüfung** nach § 82 Abs. 3 S. 3 SGB XII (vgl. Rn 43 ff.). Hier geht es um eine schwer behinderte Enkelin. Es kann – wenn die Zuwendungen ihr von Nutzen sind – Härtefallgründe geben, ihr die Zuwendungen des Testamentsvollstreckers zur Verbesserung ihrer Lebenssituation zu belassen, insbesondere wenn diese Zuwendungen einen **Rehabilitationszweck (Teilhabe am Leben)** erfüllen.

168 Soweit § 82 Abs. 3 S. 3 SGB XII nicht greift, könnte der Testamentsvollstrecker in Erfüllung der Verwaltungsanordnungen **Sachzuwendungen** machen, die dann nur insoweit zur Anrechnung kommen würden, als sie konkret zur Bedarfsdeckung geeignet sind (vgl. § 1 Rn 123; Rn 19 ff. in diesem Kapitel). Vorliegend wurde aber Geld überwiesen, das generell zur Bedarfsdeckung geeignet ist. Als nicht regelhafter Zufluss ist es auf einen angemessenen Zeitraum zu verteilen. Ggf. kann eine Umwandlung von Einkommen in Vermögen in Betracht kommen. Dann – und erst dann – kommt die **Verschonung wegen Härte** nach § 90 Abs. 3 SGB XII in Betracht.

Mit diesem Ergebnis dürfte der Testamentsvollstrecker freigeben, weil eine ordnungsgemäße Verwaltung gesichert ist.

169 Anders sieht es aus, wenn kein Schontatbestand greift. Dann stellt sich zum einen die Frage, wie der Testamentsvollstrecker seine Aufgabe ordnungsgemäß erfüllen kann, ohne seine Pflichten zu verletzten und schadensersatzpflichtig zu werden. Wenn den Verwaltungsanordnungen des Erblassers dingliche Wirkung zukommt, kann eine Freigabe nicht wirksam werden, wenn sie zur sozialhilferechtlichen Verwertung führt. Andererseits läuft das Testament dann leer, weil es nicht vollzogen werden kann. Es bleibt nur eine Anpassung der Verwaltungsanordnungen.

170 Sind wie im vorstehenden Fall Mittel mit Genehmigung der Betreuerin aus dem Nachlass freigegeben worden, so endet der Schutz der Testamentsvollstreckung, weil sich die Erbin und ihre Vertreterin zusammen mit dem Testamentsvollstrecker einverständlich über den Willen der Erblasserin hinwegsetzen können.

e) Beschränkungen des Beschenkten

Um eine unentgeltliche Zuwendung „sozialhilfesicher" zu machen, 171
wird in der notariellen Praxis – insbesondere bei der Übertragung von
Grundstücken im Rahmen der vorweggenommenen Erbfolge – häufig
ein **Belastungs-/Verfügungsverbot** gekoppelt mit einem **Rückforde-
rungsrecht** des Zuwendenden empfohlen.[163] Das zielt darauf ab, dem
Hilfebedürftigen etwas zu schenken, aber die Zuwendungssubstanz
gegen Verschwendung und Zugriff von außen sicher zu machen. Damit dient eine solche Vereinbarung ggf. auch dazu, eine Übertragung
„sozialhilfesicher" zu machen.[164]

Ob ein „Versilbern" der Immobilie möglich ist oder sich das Belas- 172
tungs- und Verfügungsverbot als rechtliches Verwertungshindernis
darstellt, ist streitig.[165] Wegen des angenommenen Risikos der Sittenwidrigkeit nach § 138 BGB wird nach wie vor davor gewarnt, eine
Rückforderung an den Bezug von Sozialhilfe oder ein Verwertungs-
verlangen des Sozialhilfeträgers zu koppeln.[166] Ein allgemeines Belas-
tungs- und Verfügungsverbot wird dagegen eher als zulässig angesehen.

Das LSG NRW[167] hat eine solche Rückforderungsgestaltung als wirk- 173
sam bestätigt und zur Begründung angeführt, dass der Umstand, dass
der Hilfesuchende gegenüber Dritten über seinen Miteigentumsanteil
an der Eigentumswohnung trotz Bestehens eines schuldrechtlichen
Verfügungsverbotes verfügen könne, nichts daran ändere, dass ihm

---

163 Vgl. hierzu *Krauß*, Vermögensnachfolge, Teil A Kapitel 2 Rn 430 ff.; Teil H, Kapitel 4 Rn 103 ff.; *Mayer/Geck*, Der Übergabevertrag, § 3 Rn 156 f.; *Grziwotz*, Anm.
zum Urteil des BSG v. 12.7.2012 – Az.: B 14 AS 158/11 R, MittBayNot 2013 ff.;
Litzenburger, Anm. zum Urteil des BSG v. 12.7.2012 – B 14 AS 158/11 R, ZEV
2013, 97.

164 Gegen die sozialhilferechtliche Erbenhaftung hilft eine solche Rückforderung allerdings nur bei entsprechender Ausgestaltung.

165 Pro Zulässigkeit: LSG NRW v. 30.8.2007 – Az.: L 7 (12) AS 8/07; in diesem Sinne
auch Gutachten DNotI 2014, 113 ff.; contra: VG Gießen DNotZ 2001, 784; VGH
Bayern FEVS 57, 374; SG SG Lüneburg v. 2.1.2008 – Az.: S 32 SO 73/06; vgl.
zum Ganzen auch *Krauß*, Vermögensnachfolge, Teil A Kapitel 2 Rn 430 ff.

166 Vgl. Gutachten DNotI 2014, 113 ff.

167 LSG NRW v. 30.8.2007 – Az.: L 7 (12) AS 8/07; zustimmend: *Vaupel*, RNotZ
2009, 509.

die Verwertung nicht möglich ist. Ein Verstoß gegen das rechtsgeschäftliche Verfügungsverbot begründet gemäß § 280 Abs. 1 BGB einen Schadensersatzanspruch, der nach § 249 Abs. 1 BGB grundsätzlich
auf Rückgängigmachung der Verfügung geht. Das LSG Bayern[168] handelt einen vergleichbaren Fall, bei dem der Rückforderungsanspruch
durch Vormerkung dinglich gesichert war, unter dem Stichwort der
„fehlenden Marktfähigkeit" ab.

174   **Fallbeispiel 20: Der Harz-IV Empfänger und das Mehrfamilien-**
haus
Ein Hartz-IV-Empfänger hatte von seinen Eltern ein Mehrfamilienhaus und eine 12.000 qm große landwirtschaftliche verpachtete
Nutzfläche übertragen bekommen. Da die Eltern verhindern wollten, dass ihr Sohn das Vermögen verjubelt, hatten sie sich bei der
Übertragung der Immobilie im Grundbuch einen Rückübertragungsanspruch vorbehalten. Danach durfte ohne ihre Zustimmung
der Grundbesitz nicht weiter verkauft werden. Auf diese Weise
sollte das Grundstück auch für den Enkel erhalten bleiben.
Das Jobcenter lehnte die Zahlung ab. Der im Grundbuch eingetragene Rückübertragungsanspruch sei als sittenwidrig zu werten. Der
Antragsteller müsse seine Immobilie verwerten.

175   Das LSG sah die Immobilie aufgrund des Rückforderungsanspruches
der Eltern als nicht marktfähig an, weil jeder Erwerber mit einer
Rückforderung durch die Eltern rechnen müsse. Allein der durch die
Vormerkung gesicherte Rückübertragungsanspruch hindere rechtlich
zwar nicht, eine Immobilie zu verwerten. Das sei aber nicht realistisch
anzunehmen. Dingliche Verfügungen, die im Rang nach der Vormerkung im Grundbuch eingetragen werden, sind unwirksam, soweit sie
das durch Vormerkung gesicherte Recht vereiteln oder beeinträchtigen
(§ 883 Abs. 2 S. 1 BGB). Für einen Erwerber oder Darlehensgeber
besteht damit die Gefahr, dass dieser seinen in Bezug auf den Veräuße-
rer dinglich gesicherten Anspruch durch eine Rückabwicklung verliert. Angesichts dieser Fallkonstellation – so das LSG Bayern – sei es
bei rationaler Betrachtungsweise fernliegend, sich durch den Verkauf

---

168 LSG Bayern BeckRS 2012, 67746.

oder eine dinglich gesicherte Darlehensaufnahme den Wert des Immobilienvermögens nutzbar machen zu wollen.

Soweit die Eltern ausdrücklich erklärt hätten, auch weiterhin bei ihrem   176
Rückforderungsanspruch bleiben zu wollen, sei dem A nicht vorzuwerfen, sich nicht um Käufer gekümmert zu haben. Er habe es auch nicht vorwerfbar unterlassen, gegen seine Eltern eine Klage auf Abgabe einer Willenserklärung i.S. einer Zustimmung zur Verwertung der Immobilien zu erheben, denn diese sei mit einem erheblichen Prozessrisiko behaftet. Die Geltendmachung eines Rückübertragungsanspruches durch die Eltern sah das Gericht als nicht ohne weiteres sittenwidrig an. Dem Recht der Sozialhilfe und der Grundsicherung sei kein Grundsatz zu entnehmen, dass einem Leistungsempfänger Familienvermögen zur Verfügung zu stellen sei, um einen Leistungsträger zu entlasten.[169] Soweit Vermögen tatsächlich verschenkt worden sei, dann sei die Geltendmachung eines durch Vormerkung gesicherten Rückforderungsanspruches des Schenkers allenfalls dann ausgeschlossen, wenn dies im Rahmen eines vorwerfbaren Zusammenwirkens des Sozialleistungsempfängers und des Vormerkungsberechtigten erfolge, um die nachrangige Verpflichtung staatlicher Sozialleistungsträger zu unterlaufen. Dass der Rückforderungsanspruch allein dem Zweck dienen würde, den Nachrang der Grundsicherung zu unterlaufen, könne im Hinblick auf die Begünstigung des Enkels nicht festgestellt werden. Es sei ein „legitimes Ziel, das Vermögen für das Enkelkind zu erhalten".[170]

Das entspricht dem Stand der Diskussion in der Literatur, die Rück-   177
forderungsrechte für zulässig hält, aber nicht, soweit damit unmittelbar an den Bezug von Sozialleistungen angeknüpft wird.[171] Wenn die Sozialgerichte die Sittenwidrigkeit einer solchen Vereinbarung verneint haben, weil für den Zuwendenden keinerlei Notwendigkeit besteht, Eigentum im Wege der vorweggenommenen Erbfolge zu übertragen, so befinden sie sich damit auf einer Linie mit der zivilrechtlichen Rechtsprechung.

---

169 Vgl. i.d.S. OLG Karlsruhe FamRZ 1993, 482 ff.
170 Bayer. LSG v. 23.3.2012 – Az.: L 11 AS 675/10.
171 *Krauß*, Vermögensnachfolge, Kapitel H, Kapitel 4, Rn 1903.

178   Dem tritt das SG Lüneburg[172] mit einer anderen Argumentation entgegen. Dem Beschenkten war die Belastung des Grundstücks unter Androhung der Rückforderung untersagt. Das SG Lüneburg vertrat die
Ansicht, dass der Rückforderungsvorbehalt nicht zur Unverwertbarkeit des Vermögens führe und wegen des grundsätzlich verwertbaren
Vermögens nur eine Hilfegewährung durch Darlehen in Betracht
komme. Nicht die Darlehensgewährung als solche, sondern der Umstand, dass eine Sicherheit für das zu gewährende Darlehen auf dem
Grundstück eingetragen werden solle, berühre den Rückforderungsanspruch der Schenker. Entscheidend sei nicht die Frage, ob diese
Vereinbarung sittenwidrig sei. Entscheidend sei, ob die **Ausübung des
Rechts** im konkreten Einzelfall sittenwidrig sei.

179   Die Ausübung des Rückforderungsrechts allein wegen des Umstands,
dass zur Sicherung eines Darlehens auf dem Grundstück eine Sicherheit eingetragen wird, soll danach zumindest dann als sittenwidrig
und nach § 138 BGB als nichtig betrachtet werden, wenn durch die
Eintragung der Sicherheit der Zweck des Schenkungsvertrages nicht
beeinträchtigt wird. Bei einer Schenkung im Wege der vorweggenommenen Erbfolge soll in der Regel durch eine Rückübertragung sichergestellt werden, dass das Grundstück zu Lebzeiten der Schenker nicht
aus dem Familienvermögen herausgenommen wird. Dass das nicht
geschieht, soll nach Auffassung des SG eine Frage der Darlehenskon-
ditionen sein.

II.   Die Schonvermögensgegenstände des § 90 SGB XII

180   Das SGB XII stellt grundsätzlich nicht sämtliches Vermögen, das nach
der obigen Prüfung als verwertbares Vermögen verbleibt, zur Anrechnung. Es definiert ausdrücklich **Schonvermögenstatbestände.** Für
besonderes, gegenständlich bezeichnetes oder gewidmetes Vermögen
wird jeweils fingiert, dass es sich nicht um verwertbares Vermögen
handelt.

---

172 SG Lüneburg v. 28.11.2007 – Az.: S 32 SO 73/06.

1. Bargeld

Die Sozialhilfe darf nicht abhängig gemacht werden von **kleineren** **Barbeträgen** oder sonstigen Geldwerten; dabei ist eine besondere Notlage der nachfragenden Person zu berücksichtigen. Anders als im SGB II gibt es keine größeren Freibeträge. Hier ist in der Regel nur ein Betrag von 2.600 EUR als Vermögensfreibetrag bei der Eigenanteilsberechnung frei. Die Höhe der Beträge wird durch die Verordnung zur Durchführung des § 90 Abs. 2 Nr. 9 SGB XII näher bestimmt.[173]

181

2. Kfz

Die Schonung eines angemessenen Pkw für jeden in der Einsatzgemeinschaft Lebenden kennt die Sozialhilfe anders als das SGB II nicht. Andererseits sind in § 90 Abs. 2 Nr. 5 SGB XII Gegenstände erfasst, die zur Aufnahme oder Fortsetzung der Berufsausbildung oder Erwerbstätigkeit unentbehrlich sind, worunter ein Kfz durchaus zu subsumieren sein kann.[174]

182

Ein Pkw kann aber auch aus **Härtegründen** geschont sein, z.b., wenn ein behinderter Mensch den Pkw zur Teilhabe am allgemeinen Leben benötigt.[175] Dazu reichen ein Grad der Behinderung und die Zuerkennung des Merkzeichens „G" für gehbehindert aber noch nicht aus.[176]

183

3. Gegenstände zur Befriedigung besonderer Bedürfnisse

Gegenstände zur Befriedigung geistiger, insbesondere wissenschaftlicher oder künstlerischer Bedürfnisse, deren Besitz nicht Luxus ist, sind Schonvermögen. Unter dem Begriff der Gegenstände zur Befriedigung geistiger Bedürfnisse werden z.B. auch Handbibliotheken,

184

---

173 VO zur Durchführung des § 90 II Nr. 9 des SGB XII, v. 27.12.2003 (BGBl I S. 3022, 3066).

174 Bieritz-Harder/*Brühl*, LPK-SGB XII, 8. Aufl., § 90 Rn 38.

175 BSG v. 23.8.2013 – Az.: B 8 SO 24/11 R, Rn 30.

176 LSG Baden Württemberg v. 11.10.2010 – Az.: L 7 SO 3392/10 ER-B.

Musikinstrumente und Sammlungen verstanden.[177] Die Einbeziehung von Gegenständen zur Sportausübung ist umstritten.[178] Die Gegenstände zur Befriedigung geistiger Bedürfnisse gehen jedenfalls weit über diejenigen wissenschaftlicher oder künstlerischer Art hinaus. So wird anhand des Wortes „besonders" abgeleitet, dass es sich auch um Bedürfnisse literarischer, technischer oder allgemein bildender Art handelt.[179] Als Beispiele kommen Bücher, CDs, Schallplatten, Stereoanlage, Videogerät, Musikinstrumente, Fotoausrüstung, Fernrohr etc. in Betracht.[180]

Das Wohnmobil für Urlaubsreisen hat das BVerwG eindeutig nicht unter den Schutz des Schonvermögens gestellt.[181]

4. Familien- und Erbstücke

185 Bei den sozialhilferechtlich geschonten Familien- und Erbstücken kommen Schmuckstücke, Kunstgegenstände, Sammlungen und Möbel in Betracht, deren Besitz für den Hilfesuchenden oder dessen Familie aus Gründen der Familientradition oder aus Gründen des Andenkens an Verstorbene von besonderer Bedeutung ist. Grundstücke, Bargeld und Wertpapiere sind nicht erfasst.[182]

186 Vorausgesetzt wird allerdings zusätzlich, dass die Verwertung eine **besondere Härte** darstellt, so dass ganz besonders schwerwiegende Gründe vorliegen müssen, also etwa, dass der Wert für die Familie deutlich höher ist als der Verkehrswert, oder wenn es sich um das allerletzte Erinnerungsstück handelt.

---

177 Grube/*Wahrendorf*, SGB XII, § 90 Rn 27; Bieritz-Harder/*Geiger*, LPK-SGB XII, § 90 Rn 43.
178 Dagegen Grube/*Wahrendorf*, SGB XII, § 90 Rn 40.
179 Bieritz-Harder/*Geiger*, LPK-SGB XII, § 90 Rn 43; Empfehlungen des Deutschen Vereins über den Einsatz von Einkommen und Vermögen Rn 177.
180 Bieritz-Harder/*Geiger*, LPK-SGB XII, § 90 Rn 43.
181 BVerwGE 106, 105.
182 Bieritz-Harder/*Geiger*, LPK-SGB XII, § 90 Rn 42.

5. Hausgrundstück

§ 90 Abs. 2 Nr. 8 SGB XII schützt das   187
- angemessene Hausgrundstück
- das von der nachfragenden Person und Personen der Einsatzgemeinschaft (§§ 19 Abs. 1 bis 3, 20 SGB XII)
- allein oder zusammen mit Angehörigen
- ganz oder teilweise bewohnt wird
- und nach ihrem Tod von ihren Angehörigen bewohnt werden soll.

Der Begriff des Hausgrundstückes wird in § 90 SGB XII nach seiner   188
sozialen Zielsetzung verstanden. Es sind vom Schutzzweck auch **Eigentumswohnungen**,[183] **Dauerwohnrechte**[184] und Häuser, die aufgrund eines **Erbbaurechts**[185] errichtet wurden, geschützt.[186]

Die Angemessenheit nach § 90 Abs. 2 Nr. 8 SGB XII wird – anders als   189
nach § 12 Abs. 2 Nr. 4 SGB II[187] – mittels einer Vielzahl von Kriterien
(**Kombinationstheorie**[188]), z.B.
- Anzahl der Bewohner
- Wohnbedarf (z.B. behinderter oder pflegebedürftiger Mensch)
- Grundstücksgröße
- Hausgröße
- Zuschnitt
- Ausstattung des Wohngebäudes
- Wert
- Zielsetzung der Wohnnutzung über den Tod hinaus
beurteilt (zu § 12 Abs. 2 Nr. 4 SGB II und seinen Besonderheiten vgl.
§ 3 Rn 36). Die Angemessenheit ist nach Maßgabe und Würdigung

---

183 BVerwGE 87, 278.
184 Vgl. Empfehlungen des Deutschen Vereins für den Einsatz von Einkommen und
     Vermögen in der Sozialhilfe NDV 2003, 45.
185 Vgl. LSG NRW v. 5.5.2014 – Az.: L 20 SO 58/13 zu einem geschützten Erbbaurecht trotz unangemessener Wohnfläche.
186 OVG Lüneburg FEVS 46, 194.
187 Vgl. hierzu BSG v. 12.12.2013 – Az.: B 14 AS 90/12 R zu den Unterschieden bei
     der Verwertbarkeit eines von mehreren Personen bewohnten Grundstücks, die
     nicht in Bedarfs- oder Einsatzgemeinschaft leben.
188 BVerwG v. 17.10.1974 – Az.: V C 50.73 und v.17.1.1980 – Az.: 5 C 48/78; dem
     folgend BSG v. 19.5.2009 – Az.: B 8 SO 7/08 R.

aller in § 90 Abs. 2 Nr. 8 SGB XII bezeichneten personen-, sach- und wertbezogenen Kriterien zu beurteilen. Soweit ein einzelnes Kriterium unangemessen ist, führt dies nicht automatisch zur kompletten Unangemessenheit.[189] Bei der Bestimmung des Verkehrswerts fallen auf dem Grundstück liegende Belastungen nicht wertmindernd ins Gewicht.[190]

190 Das BSG geht bei der Beurteilung der **Angemessenheit** sowohl im SGB II als auch im SGB XII von den Wohnflächengrenzen des § 39 WoBauG aus.[191] **Eigentumswohnungen** sind dann nicht unangemessen groß, wenn die Wohnfläche bei vier Personen 120 qm nicht überschreitet. Bei einer geringeren Personenzahl ist für jede Person ein Abschlag von 20 qm vorzunehmen. Im Regelfall ist von einer Mindestpersonenzahl von zwei Personen auszugehen. Bei einer Einzelperson sind 80 qm als angemessen anzusehen.[192]

191 Für **Hausgrundstücke** mit nur einer Wohnung stellt § 39 WoBauG auf eine Fläche von maximal 130 qm ab. Diese Größe hat das BSG übernommen für das Bewohnen durch vier Personen.[193] Bei einer Belegung eines Hauses mit nur einer Person soll die Grenze typisierend bei 90 qm liegen.

Bei einer Überschreitung der Wohnflächenobergrenze von bis zu 10 % soll wegen des Verhältnismäßigkeitsgrundsatzes noch von Angemessenheit auszugehen sein.[194] Die Angemessenheit kann können je nach den Kriterien des § 90 Abs. 2 Nr. 8 S. 2 SGB XII und den Umständen des Einzelfalles auch größenmäßig angepasst werden. Ist z.B. die Benutzung eines Rollstuhls wegen einer Behinderung notwendig, kann eine größere Wohnfläche angemessen sein.[195]

---

189 BSG v. 19.5.2009 – Az.: B 8 SO 7/08 R.
190 BVerwGE 47, 103, 109; BVerwG v. 26.10.1980 – Az.: 5 C 34.86.
191 BSG v. 7.11.2006 – Az.: B 7b AS 2/05 R.
192 BSG v. 23.8.2013 – Az.: B 8 SO 24/11 Rn 19.
193 BSG v. 16.5.2007 – Az.: B 11 b AS 37/06R.
194 BSG v. 7.11.2006 – Az.: B 7 b AS 2/05 R; BSG v. 19.5.2009 – Az.: B 8 SO 7/08R.
195 BSG v. 23.8.2013 – Az.: B 8 SO 24/11 Rn 19; BSGE 97, 203, Rn 22; BSG SozR 4–
   5910 § 88 Nr. 3 Rn 19.

Die Wohnflächengrenzen nach dem II. WohnbauG können nicht als   192
quasi normative Grenzen herangezogen werden. Beim Vorliegen besonderer Umstände bedürfen sie einer Anpassung, da Entscheidungs-
spielraum für außergewöhnliche, vom Regelfall abweichende Bedarfslagen im Einzelfall bestehen bleiben muss.[196] Ein Grundstück kann im
SGB XII deshalb z.b. auch dann angemessen sein, wenn ein Haus eine
Nutzfläche von über 90 qm hat, aufgrund der **typischen Alterslebens-
lage** jetzt aber nur noch von einer oder zwei Personen bewohnt
wird.[197] Die Ausübung eines Gewerbes oder eines Berufes in einem
selbstgenutzten Haus oder einer selbstgenutzten Eigentumswohnung
kann ebenfalls ein solch besonderer Umstand sein, der eine Abwei-
chung von der Standardquadratmeterzahl rechtfertigt.[198]

Für die Personenzahl, die beim Bewohnen zu berücksichtigen ist,
sind im SGB XII auch Angehörige[199] i.S.v. § 16 Abs. 5 Nr. 3 SGB X[200]
einzubeziehen, also auch Verwandte und Verschwägerte gerader Linie.
Im SGB II wird nur auf den Haushalt, in dem die die Leistungen
beanspruchende Person wohnt und lebt, abgestellt. Einbezogen sind
nur die Bedarfsgemeinschaftsmitglieder i.S.d. § 7 Abs. 3 SGB II sowie
die für längere Zeit in einer Haushaltsgemeinschaft i.S.d. § 9 Abs. 5
SGB II lebenden weiteren Personen.[201]

Grundsätzlich kommt es auf die Beurteilung des gesamten Objekts[202]   193
an, wenn der Vermögensinhaber das Hausgrundstück **selbst nutzt**
und keinen rechtlichen Grenzen einer uneingeschränkten tatsächlichen Nutzung der gesamten Wohnfläche des Hauses unterliegt. Das
gilt auch dann, wenn der Hilfesuchende bzw. eine Person der Einsatzgemeinschaft **Miteigentümer** neben anderen Personen bzw. Miterbe
ist und wenn er das Objekt ganz bewohnt. Falls sich die Nutzung auf
den seinem ideellen Miteigentumsanteil gleichkommenden Grund-
stücks- und Gebäudeanteil an einem großen Gesamtobjekt – z.B. ei-

---

196 BSG v. 18.9.2014 – Az.: B 14 AS 58/13 R, Rn 19 für das SGB II.
197 LSG NRW v. 5.5.2014 – Az.: L 20 SO 58/13.
198 BSG v. 18.9.2014 – Az.: B 14 AS 58/13 R, Rn 20.
199 Vgl. LSG NRW v. 5.5.2014 – Az.: L 20 SO 58/13 (Revision: BSG B8 SO 12/14).
200 Vgl. BSG v. 19.5.2009 – Az.: B 8 SO 7/08 R.
201 BSG v. 12.12.2013 – Az.: B 14 AS 90/12 R, Rn 28, 42; BSGE 98, 243 Rn 23 f.
202 BVerwG NDV 1992, 134; OVG Niedersachsen FEVS 46, 195.

nem Mehrfamilienhaus – bezieht, kommt es auf den ideellen Anteil an.[203] Für die Bewertung, ob das im Miteigentum stehende Hausgrundstück angemessen ist, kann dann nur auf den vom Leistungsempfänger als Wohnung genutzten Teil des gesamten Hausgrundstücks abgestellt werden.[204] Wird durch den Hilfebedürftigen nur ein geringerer Teil genutzt, so soll auch dann auf seinen tatsächlichen Anteil abgestellt werden, weil der Hilfeempfänger eine seinem tatsächlichen Anteil entsprechende Nutzung rechtlich beanspruchen könnte. Dies gilt nach der Rechtsprechung auch für den Anteil eines Erben am Gesamthandsvermögen der Erbengemeinschaft.[205]

194   Ist ein Objekt mit einem **Wohnungsrecht**[206] belastet, wird die Angemessenheit am gesamten Objekt geprüft. Die Auswirkungen des Wohnungsrechts sind auf der Ebene der Zumutbarkeit der Verwertung zu berücksichtigen. Fragen der Zumutbarkeit der Verwertung sind erst bei der Prüfung des Härtefalls zu berücksichtigen.[207]

195   Das „Bewohnen" oder „Nutzen" im Sinne des § 90 Abs. 2 Nr. 8 SGB XII ist zu verneinen, wenn ein Haus voraussichtlich längere Dauer nicht mehr oder nur noch von sonstigen Angehörigen bewohnt wird, die nicht in die Einsatzgemeinschaft fallen, wie z.B. die Geschwister.[208] Ebenso ist es bei nur gelegentlich genutzten Immobilien wie z.B. Ferienwohnungen, so dass sich insoweit inhaltlich kein Unterschied ergeben dürfte.

Ist die Größe einer selbstgenutzten Immobilie nicht angemessen, ist die Verwertung von eigentumsrechtlich abtrennbaren Gebäudebestandteilen vorrangig durch Verkauf oder Beleihung zu verlangen, ansonsten trifft dieses Schicksal die Gesamtimmobilie.[209]

---

203   BVerwG NDV 1993, 130; Hanseatisches OVG FEVS 35, 240.
204   BSG v. 22.03.2012 – Az.: B 4 AS 99/11R, Rn 17.
205   LSG NRW v. 13.10.2014 – Az.: L 20 SO 20/13.
206   Vgl. hierzu BSG NVwZ-RR 2010, 152, Rn 16.
207   Vgl. hierzu BSG NVwZ-RR 2010, 152, Rn 21.
208   Bieritz-Harder/*Geiger*, LPK-SGB XII, § 90 Rn 42; Schlegel/*Behrend*, juris Praxiskommentar SGB II, § 12 Rn 38.
209   Detailliert hierzu *Brühl/Hofmann*, Durchführungshinweise der Bundesagentur für Arbeit für die Anwendung des Sozialgesetzbuches II, § 12 Rn 3.4.

> **Hinweis**   196
> Zu prüfen bleibt stets, ob sonstige Schonvermögenstatbestände in
> Betracht kommen. So kann die Einsatz- oder Verwertungspflicht
> daran scheitern, dass nach § 90 Abs. 3 SGB XII eine **Härte** für den
> Hilfesuchenden oder seine unterhaltsberechtigten Angehörigen an-
> zunehmen ist. Bei Leistungen nach dem 5. bis 9. Kapitel ist das
> insbesondere dann der Fall, soweit eine **angemessene Lebensfüh-**
> **rung** oder die **Aufrechterhaltung einer angemessenen Alterssi-**
> **cherung** wesentlich erschwert würde.

6. Hausbeschaffungs- und -erhaltungsmittel – § 90 Abs. 2 Nr. 3 SGB XII

Schließlich gehören zum Schonvermögen auch noch die Hausbeschaf-   197
fungs- und Hauserhaltungsmittel für Hausgrundstücke, die den
Wohnzwecken behinderter und pflegebedürftiger Menschen dienen
oder dienen sollen. Vorausgesetzt wird weiter, dass dieser Zweck
durch den Einsatz oder die Verwertung des Vermögens gefährdet
würde.

7. Altersvorsorgekapital

Nach § 90 Abs. 2 Nr. 2 SGB XII ist schließlich ein Kapital geschont,   198
das der Altersvorsorge im Sinne des § 10a oder des XI. Abschnitts des
Einkommensteuergesetzes dient und dessen Ansammlung staatlich ge-
fördert wurde. Auch die Erträge dieses Kapitals sind geschont. Ihr
Einsatz kann von der Sozialhilfe nicht verlangt werden.

III.   Die Härte – § 90 Abs. 3 SGB XII

Wenn Vermögen nicht als Vermögensgegenstand geschont ist, kann   199
eine Schonung immer noch aus **Härtegründen** in Betracht kommen.
§ 90 Abs. 3 SGB XII fordert den Vermögenseinsatz oder die -verwer-
tung nicht, soweit dies für den, der das Vermögen einzusetzen hat,
und für seine unterhaltsberechtigten Angehörigen eine Härte bedeuten
würde. Dies soll bei **Leistungen nach dem 5. bis 9. Kapitel** insbesondere der Fall sein, soweit
– eine angemessene Lebensführung oder
– die Aufrechterhaltung einer angemessenen Alterssicherung
wesentlich erschwert würde.

200 Die Anforderungen sind hoch. Nur **besondere Umstände des Einzelfalls**, nicht jedoch die allgemeinen Verhältnisse, können eine Härte begründen.[210] Selbst ein unter Opfern geschaffenes Vermögen ist grundsätzlich nicht davon freigestellt, dass es in Notzeiten zur Steuerung der Notlage eingesetzt werden muss, sofern nicht die besonderen Vorschriften über das Schonvermögen durchgreifen.[211]

201 Es kommt darauf an, ob der Vermögenseinsatz nach den Regelvorschriften und Leitvorstellungen des Gesetzes wegen des Vorliegens einer **Atypik** nicht zu einem adäquaten Ergebnis führen würde. Es geht also um die atypischen und ungewöhnlichen Fälle, bei denen auf Grund
   – der besonderen Art der notwendigen Hilfe
   – der Schwere und Dauer der Hilfe
   – des Alters
   – der Behinderung, Krankheit oder Pflegebedürftigkeit
   – des Familienstandes
   – oder sonstiger schwerer Belastungen
die soziale Stellung des Hilfesuchenden oder seiner Angehörigen durch die Vermögensverwertung nachhaltig beeinträchtigt ist.[212]

202 Für Vermögen, das durch Verfügung von Todes wegen oder durch Schenkung erworben wurde, ist dies allenfalls selten vorstellbar. Die Herkunft eines Vermögensgegenstandes aus einem Erbfall begründet jedenfalls nicht per se eine Härte. So wie die Ursache der Not für die Sozialhilfegewährung im Grundsatz ohne Bedeutung ist, so spielt regelmäßig auch die Herkunft des Vermögens für eine Einsetzung und Verwertung keine entscheidende Rolle.[213] Die Tatsache, dass es sich bei einer zur Verwertung stehende Immobilie um das Elternhaus des Hilfesuchenden handelt, ist als Härte nicht anerkannt worden.[214] Auch bei einem ererbten Schmerzensgeldanspruch, der beim Erblasser ge-

---

210 BSG SozR 4220 § 6 Nr. 3; BVerwGE 23, 158.
211 BVerwG DVBl 1975, 793 Rn 27.
212 Bieritz-Harder/*Geiger*, LPK-SGB XII, § 90 Rn 72; z.B. nicht, dass der Rückkaufswert einer Versicherung um mehr als die Hälfte hinter den auf sie erbrachten Eigenleistungen des VN zurückbleibt, BVerwGE 106, 105.
213 BVerwG DVBl 1975, 793 Rn 27.
214 LSG NRW v. 13.10.2014 – Az.: L 20 SO 20/13.

schont war, hat die Rechtsprechung den Schonvermögenscharakter pauschal abgelehnt.[215] Der drohenden Suizidgefahr im Falle der Verwertung eines Vermögenswertes hat das LSR NRW entgegengesetzt, dass auf die für solche Gefahren vorgesehenen Hilfsmaßnahmen verwiesen werden müsse. Solche Maßnahmen seien im sozialhilferechtlichen Regelungsgefüge nicht zu verorten und könnten dieses Gefüge auch nicht konterkarieren.[216]

Auch die Verwertung eines Vermögensgegenstandes des Ehegatten, der in **Gütertrennung** mit dem Hilfebedürftigen lebt, begründet keine Härte.[217] Die bloße Absicht, das Kapital für die Altersversorgung zu verwenden, führt nach der Rechtsprechung nicht dazu, das Kapital aus dem verwertbaren Vermögen herauszunehmen.[218] Genannt werden in der Kommentierung zumeist die Fälle, in denen eine Nichtverwertung als ausdrücklich und gegenständlich geschütztes Schonvermögen nicht in Betracht kommt, dies aber so grenzwertig ist, dass über den Härtebegriff zu helfen ist.[219] Dabei sind nicht nur wirtschaftliche Überlegungen einzubeziehen.   203

Zu den Härtefällen gehört die **Ungleichbehandlung**, die sich ergeben kann, wenn Ehegatten zum Teil dem Leistungssystem des SGB II und z.T. des SGB XII (**gemischte Bedarfsgemeinschaft**) angehören. Die Berechnung nach SGB XII darf nicht dazu führen, das Vermögen, das nach der Zielsetzung des SGB II geschont werden soll, gleichwohl zugunsten der dem SGB XII unterworfenen Person verwertet werden muss.[220]   204

Unter besonderen Umständen können familiäre Belange, z.B. bei der Geltendmachung eines **Pflichtteilsanspruches**, Berücksichtigung finden, wenn dies notwendig zu einer Veräußerung des Hausgrundstücks oder einer unzumutbaren wirtschaftlichen Belastung des Erben führen würde.[221]   205

---

215 BVerwG v. 19.5.2005 – Az.: 5 B 106.04 Rn 6.
216 LSG NRW v. 13.10.2014 – Az.: L 20 SO 20/13.
217 OVG NRW v. 15.1.2014 – Az.: 12 B 1478/13.
218 VGH München v. 16.5.2006 – Az.: 12 ZB 05.341, BeckRS 2009, 38147.
219 Bieritz-Harder/*Geiger,* LPK-SGB XII, § 90 Rn 55.
220 BSGE 108, 241 ff.
221 BSG NZS 2011, 392 Rn 27 ff.

206 Auffällig ist dabei in der Rechtsprechung, dass häufig **mehrere Gründe** zusammentreffen, die für sich allein genommen eine Unverwertbarkeit eines Vermögenswertes nicht begründen, in der Summe aber zu einer Härte führen können.

> **Beispiele**[222]
> – Vorhandenes Immobilienvermögen überschreitet die Wohnflächengrenzen nur geringfügig.
> – Vorhandenes Immobilienvermögen überschreitet die Wohnflächengrenzen nicht nur geringfügig, aber andere Gründe, wie schwere Behinderung oder Pflegebedürftigkeit eines in den Schutzbereich einbezogenen Mitbewohners begründen eine Härte.[223]
> – Der Hilfesuchende hat eine Erwerbsbiografie ohne angemessene Grundsicherung als Rentenversicherungspflichtiger und tritt demnächst in den Ruhestand.

207 Wenn bei einem Hilfesuchenden solche Gründe vorliegen, kann es im Einzelfall vorstellbar sein, dass die Verwertung von einem durch Erbgang erworbenem, aber nicht geschütztem Vermögen als Härtefall angesehen werden kann, z.b. beim Erwerb einer selbst genutzten Immobilie.

208 Bedeutsam für die Härtefallprüfung sind die Sachverhalte, bei denen vom Sozialhilfebezieher Einkommen angespart oder aus sonstigen Gründen erworben wurde, das nach §§ 82 ff. SGB XII ausnahmsweise ganz oder teilweise nicht zur Deckung des sozialhilferechtlichen Bedarfs herangezogen wird. Dazu gehören z.b.:
– die Nachzahlung einer Grundrente nach dem BVG[224]
– das angesparte Erziehungsgeld für die Dauer des Förderungszeitraums[225]

---

222 Vgl. z.B. BSG v. 14.3.2005 – Az.: B 7/7a Al 10/04R.

223 Grube/*Wahrendorf*, SGB XII, § 90 Rn 76; gegen eine Härte mangels Sachvortrag zu den besonderen Umständen bei querschnittgelähmter Frau OVG NRW NVwZ-RR 1998, 503; für eine Härte bei einer Wohnung, die mit erheblichen öffentlichen Mitteln behindertengerecht umgebaut worden war LSG NRW v. 25.3.2010 – Az.: L 9 SO 43/08.

224 BVerwGE 45, 135 ff.; vgl. auch BVerwGE 137, 85 zur Grundrente nach dem OEG.

225 BVerwGE 105, 199 ff.

– das Blindengeld wegen fortdauernden allgemeinen Mehrbedarfs[226]
– das angesparte Schmerzensgeld.[227]

Dazu gehört z.b. aber auch das angesparte Einkommen, das aus Här-
tefallgesichtspunkten nach § 82 Abs. 3. S. 3 SGB XII [228] und § 87 Abs. 1
S. 3 SGB XII nicht eingesetzt werden muss. Der Schutz des Einkommens kann sich beim Angesparten aus Gründen der Härte fortsetzen.

Exkurs: Sterbegeldversicherung   209
Versicherungen, die Leistungen auf das Erleben oder den Tod aus-
zahlen, stellen dem Grunde nach verwertbares Vermögen im Sinne
des § 90 Abs. 1 SGB XII dar, wenn ein vorzeitiges Kündigungsrecht
und ein Anspruch auf Auszahlung des Rückkaufswertes bestehen.
Dieses gilt auch für **Sterbegeldversicherungen.**[229] Sterbegeldversicherungen können im Rahmen des § 90 Abs. 3 S. 1 SGB XII Schutz
genießen, wenn vertragliche Dispositionen getroffen worden sind,
die sicherstellen, dass eine andere Zweckverwendung des Vermögens ausgeschlossen oder zumindest wesentlich erschwert ist.[230]
Während diese Voraussetzungen bei sog. Erlebens- und Todesfallversicherungen regelmäßig nicht zu bejahen sind, da diese Versicherungen letztlich von ihrem vertraglichen Zuschnitt her kapitalbil-
dende Lebensversicherungen darstellen, denen eine besondere
Zweckbestimmung in Richtung auf die Bestattung und/oder Grabpflege nicht innewohnt, kann der Schutz des § 90 Abs. 3 S. 1
SGB XII reinen Sterbegeldversicherungen zugutekommen. Maßgeblich ist auch insoweit, ob dem Versicherungsvertrag eine auf die
Zeit nach dem Tod gerichtete Zweckbestimmung für die Bestat-
tungsvorsorge und/oder Grabpflege innewohnt oder vielmehr –
wie typischerweise bei Erlebens- und Todesfallversicherungen –
eine Fälligkeit auch zu Lebzeiten eintreten kann.

Ein Stiefkinddasein führt der Härtebegriff bei der Gewährung von   210
Hilfen in besonderen Lebenslagen (z.B. bei Hilfe zur Pflege oder bei

---

226 BSG v. 11.12.2007 – Az.: B 8/9 b 20/06 R.
227 BVerwGE 98, 256 ff.; BSG v. 15.4.2008 – Az.: B 14/7b AS 6/07 R.
228 Vgl. hierzu BSGE 106, 62.
229 LSG NRW v. 19.3.2009 – Az.: L 9 SO 5/07.
230 LSG NRW v. 19.3.2009 – Az.: L 9 SO 5/07 unter Hinweis auf LSG NRW. v.
     19.11.2007 – Az.: L 20 SO 40/06.

Eingliederungshilfe). Dabei geht es vorrangig um den Fall, dass eine Härte anzunehmen ist, wenn eine **angemessene Lebensführung** oder die **Aufrechterhaltung einer angemessenen Alterssicherung** erheblich erschwert würden. Die Erfinder des Behindertentestamentes hatten sicherlich genau dieses Tatbestandsmerkmal vor Augen, als sie die Verwaltungsanordnungen nach § 2216 BGB erfanden. Damals ahnten sie allerdings noch nicht, dass das BSG eine Erbschaft während des Bedarfszeitraums als Einkommen und nicht als Vermögen ansehen würden, so dass § 90 Abs. 3 SGB XII jedenfalls vor der Umwandlung der Erbschaftsmittel von Einkommen in Vermögen, nicht zum Zuge kommen kann.

211   Eine **angemessene Lebensführung** wird dann erschwert, wenn das Verlangen auf Einsatz des Vermögens zu einer ungerechtfertigten Verschlechterung der bisherigen Lebensverhältnisse des Hilfesuchenden, anderer Personen der Einsatzgemeinschaft oder der unterhaltsberechtigten Angehörigen führen würde.[231] Was eine ungerechtfertigte Verschlechterung der bisherigen Lebensverhältnisse ist, ist nirgendwo definiert. Es gibt keine wirklich guten Beispiele aus der Rechtsprechung. Ist damit das bisher zu Hause umsorgte und behütete (erwachsene) behinderte Kind gemeint, das ohne Sozialhilfebezug von seinen Eltern jahrelang großzügig versorgt worden ist und nun nach dem Tod der Eltern auf „Heimniveau heruntergeschraubt wird"? Aber was ist dann mit den behinderten Menschen, die immer schon in Heimeinrichtungen gelebt haben?

212   Ein tragfähiger Ansatz könnte die Auslegung des Begriffes der angemessenen Lebensführung im Lichte der Grundrechte, der **Behindertenrechtskonvention** und des Rehabilitationsrechtes sein. Zu § 84 SGB XII und zu § 11a Abs. 5 SGB II wurde bereits dargestellt, dass in der Literatur der Versuch unternommen wird, die unbestimmten Rechtsbegriffe, derer sich der Gesetzgeber bei den Schontatbeständen gerne bedient, „im Lichte der Grundrechte" auszufüllen. So sei z.B. die **Menschenwürde** – und damit auch die angemessene Lebensführung – tangiert, wenn Zuwendungen in Form von Geld oder Sachen zur Verbesserung der Pflege eines pflegebedürftigen Menschen ange-

---

231 Bieritz-Harder/*Geiger*, LPK-SGB XII, § 90 Rn 90.

rechnet würden[232] (vgl. hierzu § 3 Rn 12). Hier ist für die Zukunft noch viel Luft für intensive Auseinandersetzungen mit Sozialhilfeträgern.

Wenn die Entscheidung für eine Härte gefallen ist, dann führt dies   213 nicht zwingend zur vollständigen Freistellung des Vermögens von seiner Einsatz- oder Verwertungspflicht. § 90 Abs. 3 SGB XII steht unter dem Vorbehalt „soweit" der Einsatz oder die Verwertung eine Härte bedeuten würde.[233]

Das BVerwG hat in diesem Vorbehalt auch die Möglichkeit gesehen,   214 schon im Rahmen von § 90 Abs. 3 SGB XII – bzw. damals § 88 Abs. 3 BSHG – Sozialhilfe nur als **Darlehen** zu gewähren. Insbesondere aus dem **Individualisierungsgrundsatz** ergibt sich danach, dass der Härtevorschrift des § 88 Abs. 3 BSHG (jetzt § 90 Abs. 3 SGB XII) nicht immer nur durch gänzliche Freilassung des Vermögens Rechnung getragen werden kann und muss. Wie sich das Verlangen nach Einsatz und Verwertung des Vermögens auf einen Teil beschränken darf, um der Härtevorschrift zu genügen, so bestehen ebenso wenig Bedenken dagegen, dadurch einer Härte zu begegnen, dass Sozialhilfe in Form eines Darlehens bei dinglicher Sicherung durch das vorhandene Vermögen gewährt wird.[234]

Damit tritt § 90 Abs. 3 SGB XII in Konkurrenz zu § 91 SGB XII. § 90   215 Abs. 3 SGB XII ist allerdings stets vorrangig vor § 91 SGB XII zu prüfen.

Die darlehensweise Gewährung sieht die Rechtsprechung auch nicht als Problem an, soweit damit bewirkt wird, dass ein Hausgrundstück bei langer Abhängigkeit von der Sozialhilfe den **Erben des Sozialhilfebeziehers** eines Tages so stark belastet zufällt, dass es für diese keinen nennenswerten wirtschaftlichen Wert mehr darstellt. Die Frage des Schonvermögens stelle sich nur höchstpersönlich für den Sozialhilfeempfänger, nicht aber für dessen Erben. Das zeige § 102 SGB XII. Der

---

232 *Heinz*, Zur Berücksichtigung privater Zuwendungen bei Hartz IV-Bezug, zu unbestimmten Rechtsbegriffen und zur Geltung grundgesetzlich garantierter Werte, ASR 2012, 139.
233 Grube/*Wahrendorf*, SGB XII, § 90 Rn 76.
234 BVerwGE 47, 103 Rn 24.

Erbe haftet danach für den Kostenersatz unter bestimmten Voraussetzungen mit dem Nachlass nach § 102 SGB XII. Daraus leitet die Rechtsprechung ab, dass daraus zugleich der Grundsatz zu entnehmen sei, dass es kein beachtliches Motiv für die Härteregelung ist, den Erben das Vermögen des Sozialhilfeempfängers zu erhalten.[235]

216 **Fazit**

Vermögen ist für einen bedürftigen und soziale Hilfen beziehenden Leistungsempfänger im Grundsatz nur nutzbar, wenn es entweder
- tatsächlich oder rechtlich unverwertbares Vermögen ist oder
- fiktiv als nicht verwertbares Vermögen (Schonvermögen) gilt.

Die Abgrenzung von Einkommen zu Vermögen spielt eine bedeutsame Rolle. Für die Fälle von Schenkung und Zuflüssen aufgrund Erbfalls kann der Härtefalltatbestand nur dann Bedeutung haben, wenn der Vermögenszuwachs entweder
- vor dem Bedarfszeitraum erfolgte oder
- sich später von Einkommen in Vermögen umgewandelt hat.

Zumeist wird man hier Sachverhalte finden, bei denen es darum geht, behinderten Menschen die angemessene Lebensführung zu ermöglichen.

IV.   Kann man ungeschützte Mittel in Schonvermögen umwandeln?

217 Angesichts des schmalen Grats, auf dem man sich bewegt, wenn es darum geht, Zuflüsse aus Erbfall und Schenkung „sozialhilfefest" zu machen, stellt sich die Frage, ob es möglich ist, ungeschützte Mittel in Schonvermögen umzuwandeln. Zur **Umwandlung in Schonvermögen** hat das BSG in einer Entscheidung zum Arbeitslosenhilferecht die Auffassung vertreten, dass es dessen Sinn entspräche, nur den bestehenden Lebensstandard zu erhalten, nicht aber nachträglich erworbenes Vermögen zu privilegieren.[236]

In einer anderen Entscheidung zum Arbeitslosenhilferecht sah das BSG dies anders.

---

235 BVerwGE 47, 103 Rn 28.
236 BSG v. 17.3.2005 – Az.: B 7a/ 7 Al 10/04 R.

Fallbeispiel 21: Der Einzug in die Immobilie   218
E ist Eigentümer eines ererbten Grundstücks, das er nicht selbst
bewohnt. Er beantragt Sozialhilfeleistungen. Nach Versagung wegen fehlender Bedürftigkeit zieht er in das Haus, das seine Altersvorsorge sein soll, ein und beantragt erneut Leistungen.

In der Literatur wird – wenn bisher auch ohne Begründung – vertre-   219
ten, der Sozialleistungsempfänger könne ererbtes Vermögen in Schonvermögen umwandeln. Ziehe ein Sozialleistungsempfänger z.b. sofort
in die ererbte Immobilie ein, so sei das geerbte Vermögen Schonvermögen und der Sozialleistungsempfänger gesichert.[237]

Nur vereinzelt findet sich Rechtsprechung.[238] Das BSG entschied: 220
1. Die Anspruchsvoraussetzung der Bedürftigkeit kann während der
    Dauer der Arbeitslosigkeit wegfallen oder neu eintreten mit der
    Folge, dass die jeweilige Änderung vom Zeitpunkt ihres Eintritts
    an zu berücksichtigen ist. Entscheidend ist, ob der Lebensunterhalt
    während des jeweiligen Zeitraumes gesichert ist, für den Arbeitslo-
    senhilfe zu berücksichtigen ist.
2. Jedenfalls kann die spätere Änderung der Vermögensverhältnisse –
    Einzug ins Haus – eine zuvor fehlende Bedürftigkeit nachträglich
    begründen. Deshalb ist ein Privilegierungstatbestand zutreffend
    erst ab dem tatsächlichen Einzug in ein Haus zu berücksichtigen.
    [angepasste Formulierung durch Autorin]
    Für die Zeit vorher kann sich ein Kläger jedoch nicht auf einen
    Privilegierungstatbestand berufen, weil er sein Hausgrundstück zu
    dieser Zeit noch nicht bewohnt hat.[239]

Dem ist zu folgen.[240]   221

Wenn man davon ausgeht, dass die Ausschlagung nach § 1942 BGB
als die stärkste Form des Sich-Bedürftigmachens aus zivilrechtlichen
Gründen zulässig ist und sozialhilferechtlich allenfalls Kostenersatz-

---

237 Siehe www.ruby-erbrecht.de – Hartz IV-Probleme, wenn der Alg II-Empfänger
     erbt; i.d.S. wohl auch *Menzel*, Entschließungsfreiheiten im Erbrecht und Dritt-
     interessen, S. 129 f.
238 OLG Karlsruhe FamRZ 2003, 715.
239 BSG v. 25.3.1999 – Az.: B 7 Al 28/98 R.
240 I.d.S. wohl auch Bieritz-Harder/*Geiger*, SGB XII, § 90 Rn 58.

ansprüche auslösen kann, spricht viel dafür, die Umwandlung zuzulassen. Wenn Zuflüsse aus Erbfall oder Schenkung die sozialhilferechtliche Bedürftigkeit des Hilfebeziehers beenden, ist der Betroffene grundsätzlich ohnehin wieder frei, über sein Vermögen zu disponieren. Der zivilrechtlich wirksame Erwerb einer angemessenen Immobilie ist sozialhilferechtlich nicht rückabwickelbar. Tritt dann erneut mangels regelmäßiger zufließender Mittel zur Bedarfsdeckung Bedürftigkeit ein, so

– wirkt eine Umwandlung teilweise bedarfsmindernd oder -deckend
– wird der Sozialhilferegress durch die sozialhilferechtliche Erbenhaftung beim Tod des Bedürftigen realisiert

Das spricht für die Möglichkeit der Umwandlung. Bei der Rechtsgestaltung darf von einer solchen Möglichkeit aber keinesfalls gesichert ausgegangen werden.

§ 3 Die Prüfung der „Schon"-Tatbestände des SGB II

A. Die Bedürftigkeit im SGB II

Für die Prüfung der Hilfebedürftigkeit i.S.d. § 7 Abs. 1 S. 1 Nr. 3, § 9 Abs. 1 SGB II sind die nach dem SGB II in Betracht kommenden **Bedarfe** den zur Sicherung zu berücksichtigenden und zur Verfügung stehenden **Bedarfsdeckungsmöglichkeiten** gegenüberzustellen.[1]

1

Hilfebedürftig ist nach § 9 SGB II, wer
– seinen Lebensunterhalt nicht oder nicht ausreichend aus eigenen Kräften und Mitteln, vor allem nicht
– durch Aufnahme einer zumutbaren Arbeit
– aus dem zu berücksichtigenden Einkommen oder Vermögen sichern kann und die erforderliche Hilfe nicht von anderen, insbesondere von Angehörigen oder von Trägern anderer Sozialleistungen erhält.

Es muss also wie im SGB XII
– ein Mangel an Mitteln
– die zur Bedarfsdeckung geeignet sind
– tatsächlich zur Verfügung stehen[2]
– und nicht normativ geschützt[3] sind
festgestellt werden.

Mittel können generell geschützt sein. In anderen Konstellationen sind Mittel nur für einen speziellen Personenkreis oder eine spezielle Lebenssituation geschont. Das BSG spricht in diesem Zusammenhang von Mitteln, die „normativ anerkannt für andere Zwecke genutzt werden können oder dürfen"[4] und somit dem Sozialhilfebedürftigen zugutekommen können.

2

---

1 BSG v. 20.2.2014 – Az.: B 14 AS 10/13 R, Rn 13.
2 BVerwGE 108, 296; BSG 14 26/07 R.
3 BSG NVwZ-RR 2013, 723 Rn 22; BSG v. 25.4.2013 – Az.: B 8 SO 8/12R, Rn 21.
4 BSG NVwZ-RR 2013, 723 Rn 22; BSG v. 25.4.2013 – Az.: B 8 SO 8/12R, Rn 21.

3   Ist in einer **Bedarfsgemeinschaft** nicht der gesamte Bedarf aus eigenen Kräften und Mitteln gedeckt, gilt jede Person der Bedarfsgemeinschaft im Verhältnis des eigenen Bedarfs zum Gesamtbedarf als hilfebedürftig (§ 9 Abs. 2 S. 3 SGB II). (Zu den Einzelheiten vgl. oben § 1 Rn 25; 53; 103). Die Prüfung der Schontatbestände muss daher für jede betroffene Person erfolgen.

4   **Einkommen** wird in § 11 SGB II definiert. Danach sind als Einkommen
    – alle Einnahmen in Geld oder Geldeswert
    – mit Ausnahme der in § 11a SGB II genannten Einnahmen
    – abzüglich der nach § 11b SGB II abzusetzenden Beträge
    zu berücksichtigen.

5

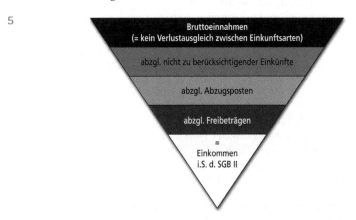

6   Die Rechtsgrundlagen für die Bestimmung, die Berechnung und die Verwertbarkeit von Einkommen im SGB II finden sich in §§ 11 ff. SGB II und der Verordnung zur Berechnung von Einkommen sowie zur Nichtberücksichtigung von Einkommen und Vermögen beim Arbeitslosengeld II/Sozialgeld (Alg-VO).

B. Der Vergleich zu den Schontatbeständen des SGB XII

I. Grundlagen

Grundsätzlich ist bereits oben unter den Ausführungen zum SGB XII   7
das Wesentliche zum Einkommen und seiner Berücksichtigung gesagt
worden. Grundstruktur und -prinzipien der Einbeziehung von Einkommen weichen – abgesehen davon, dass die eigenen Einkünfte und
diejenigen Dritter im SGB II **horizontal statt vertikal** zugerechnet
werden – im Wesentlichen nicht voneinander ab.

Im SGB II erhöhen „sozialhilferechtliche" Abzugsposten, den „sozi-   8
alhilferechtlichen" **Selbstbehalt** des Bedürftigen, z.B.:
– Nach § 11 Abs. 2 SGB II wird eine **Pauschale für Versicherungen**
  im Sinne von § 11 Abs. 1 S. 1 Nr. 3 bis 5 SGB II von **100 EUR**
  zuerkannt, unabhängig davon, ob etwa eine Hausrats- oder Rechts-
  schutzversicherung abgeschlossen worden ist. Gerade bei niedrigen
  Einkommen fehlt es oft an solchen Versicherungen.
– Dem Erwerbstätigen wird nach § 11b Abs. 3 S. 1 SGB II außerdem
  ein **Freibetrag** auf sein **Erwerbstätigeneinkommen** monatlich zu-
  gebilligt. Dieser Freibetrag beläuft sich
  – für den Teil des monatlichen Einkommens, das 100 EUR über-
    steigt und nicht mehr als 1.000 EUR beträgt, auf 20 % und
  – für den Teil des monatlichen Einkommens, das 1.000 EUR über-
    steigt und nicht mehr als 1.200 EUR beträgt, auf 10 %.
– Anstelle des Betrages von 1.200 EUR tritt für erwerbsfähige
  Leistungsberechtigte, die entweder mit einem minderjährigen
  Kind in einer Bedarfsgemeinschaft leben oder die mindestens
  ein minderjähriges Kind haben, ein Betrag von 1.500 EUR.

Dem Bedürftigen müssen stets Mittel zur Verfügung stehen, die höher   9
sind als der „**sozialhilferechtliche**" **Selbstbehalt** in Höhe
– des monatlichen Regelbedarfs nach § 20 Abs. 2 SGB II
– der Kosten für die warme Unterkunft gem. § 23 SGB II
– der nach § 11b SGB II ermittelte Freibeträge für Erwerbstätige und
  die Versicherungspauschale
damit sein Leistungsanspruch entfällt, falls nicht im einzelnen Schontatbestände greifen.

10   §§ 82–84 SGB XII (vgl. § 2 Rn 38 ff.) korrespondieren weitgehend mit §§ 11, 11a und 11b SGB XII. § 11a ist den besonders geschützten Einkunftsarten der §§ 83, 84 SGB XII nachgebildet. § 11a Abs. 5 SGB II regelt z.b., dass **Zuwendungen, die ein anderer erbringt, ohne** hierzu eine **rechtliche oder sittliche** Pflicht zu haben, nicht als Einkommen zu berücksichtigen sind, soweit ihre Berücksichtigung für den Leistungsberechtigten **grob unbillig** wäre oder sie die Lage für den Leistungsberechtigten nicht so günstig beeinflussen, dass daneben Leistungen nach dem SGB II nicht mehr gerechtfertigt wären. Diese Regelung korrespondiert mit § 84 Abs. 2 SGB XII, so dass auf die dortigen Ausführungen verwiesen werden kann (vgl. § 2 Rn 14 ff.).

11   § 11a Abs. 3 SGB II regelt die beschränkte Anrechnung von Leistungen mit einer **ausdrücklichen Zweckbestimmung.** Der Gesetzgeber hat den in § 11 SGB II ursprünglich zugelassenen Schutz **privatrechtlicher** Zweckbestimmungen mit dieser Regelung ausdrücklich aufgegeben. Die diesbezügliche Rechtsprechung[5] hat sich überlebt. Heute sind nur noch Zuwendungen der freien Wohlfahrtspflege geschont, was § 84 Abs. 1 SGB XII entspricht. Frühere Rechtsprechung zum Schutz **freiwilliger Zuwendungen Dritter** ist also überaltert. Eine Entscheidung des BSG aus 2011 ist daher nur noch geeignet, die grundsätzlichen Aussagen zu Zuwendungen von Dritten zusammenzufassen, nicht mehr aber hinsichtlich des Hinweises auf die Möglichkeit auch private Zuwendungen zu privilegieren:

> *„Tatsächlich gewährte **Unterstützungsleistungen von Verwandten** oder **Verschwägerten** in Geld oder Geldeswert, die über die Leistungsfähigkeit im Sinne des § 9 Abs. 5 SGB II i.V.m. § 1 Abs. 2 Alg II-V hinaus erfolgen, sind wie sonstige Zuwendungen von Dritten (...) heranzuziehen. Entgegen der Auffassung der Klägerin schließt § 9 Abs. 5 SGB II die Berücksichtigung von weitergehenden, tatsächlich zufließenden Unterstützungsleistungen innerhalb von Haushaltsgemeinschaften nicht von vornherein aus. § 9 Abs. 5 SGB II beinhaltet lediglich die entsprechende Wertung des Gesetzgebers, dass unter Angehörigen einer Haushaltsgemeinschaft eine gegenseitige Unterstützung erst erwartet und also der Zufluss ver-*

---

5 Z.B. LSG Sachsen-Anhalt v. 12.7.2011 – Az.:L 5 230/11 B ER.

*mutet werden kann, wenn dem Verwandten oder Verschwägerten
ein deutlich über den Leistungen zur Sicherung des Lebensunterhalts liegendes Lebenshaltungsniveau verbleibt. Soweit Zuflüsse
tatsächlich nachgewiesen sind, räumt die Vorschrift keine über § 11
Abs. 2 und 3 SGB II hinausgehende Privilegierung von Einkommen auf Seiten des Hilfebedürftigen ein.*[6]

Geschenke, die zur Bedarfsdeckung geeignet sind, sind daher sozial-   12
hilfeschädlich.[7] Zum Teil wird versucht, diesem Ergebnis unter Hinweis darauf, dass nach den expliziten Vorgaben des Bundesverfassungsgerichts Grundsicherungsleistungen nicht nur die physische
Existenz absichern, sondern auch ein sozio-kulturelles Minimum gewährleisten sollen, auszuweichen. § 11a Abs. 5 Nr. 1 SGB II stelle darauf ab, ob die Berücksichtigung einer Zuwendung ohne rechtliche
oder sittliche Pflicht für den Leistungsberechtigten grob unbillig wäre.
Dieser unbestimmte Rechtsbegriff sei im Lichte der Grundrechte auszufüllen:

– wenn die Würde des Leistungsbeziehers über die Anrechnung von
  Leistungen Dritter tangiert werde, sei dies rechtswidrig. Zuwendungen in Form von Geld oder Sachen zur Verbesserung der Pflege
  eines pflegebedürftigen Menschen müssten anrechnungsfrei bleiben.[8]

– Zuwendungen Verwandter, mit denen Reisen finanziert werden
  sollten, unterfielen dem Grundrecht der freien Entfaltung der Per-
  sönlichkeit. Wegen der recht schwachen Grundrechtswirkung sei
  aber nicht mit erkennbaren Auswirkungen auf die Praxis zu rechnen.[9]

---

6 BSG v. 20.12.2011 – Az.: B 4 AS 200/10 R; BSG v. 18.2.2010 – Az.: B 14 AS 32/
   08 R, Rn 17 b.

7 Zur Ablehnung, auch Verpflegung als Einkommen anzurechnen, vgl. Bayerisches
   LSG v. 25.2.2011 – Az.: L 7 AS 122/11 B ER.

8 *Heinz*, Zur Berücksichtigung privater Zuwendungen bei Hartz IV-Bezug, zu unbestimmten Rechtsbegriffen und zur Geltung grundgesetzlich garantierter Werte,
   ASR 2012, 138.

9 *Heinz*, Zur Berücksichtigung privater Zuwendungen bei Hartz IV-Bezug, zu unbestimmten Rechtsbegriffen und zur Geltung grundgesetzlich garantierter Werte,
   ASR 2012, 138.

- Zuwendungen, die dem Informationsbedürfnis zu dienen bestimmt seien, beträfen das Grundrecht auf Kommunikationsfreiheit. Die Anrechnung von Geldern, die zur Anschaffung eines Rundfunkgerätes dienten, seien z.B nicht wertungsgerecht.[10]
- Zuwendungen Dritter, die gewährt würden, um einen Privatschulbesuch zu finanzieren, seien im Lichte von Art. 6 GG zu bewerten.[11]
- „Ausbildungsbeihilfen" Dritter, die dazu bestimmt seien besondere ausbildungsbedingte Aufwendungen abzudecken, müssten im Lichte der Berufsfreiheit bewertet werden.[12]

Die Praxis hat diesen grundrechtlichen Verschonungsansatz bisher nicht aufgenommen.

13   **Hinweis**
§ 1 Abs. 1 Nr. 12 Alg II-VO nimmt Geldgeschenke an Minderjährige anlässlich der Firmung, Kommunion, Konfirmation oder vergleichbar religiöser Feste sowie der Jugendweihe von der Anrechnung aus, soweit sie den Grundfreibetrag, der für ein Kind vermögensrechtlich nach § 12 Abs. 2 S. 1 Nr. 1a SGB II geschont ist, nicht überschreiten. Das sind (Stand 2014) 3.100 EUR.
Im Übrigen gilt das zum SGB XII Gesagte entsprechend.
Völlig anders ist es allerdings bezüglich etwaiger Schontatbestände. Das SGB II deckt im hier interessierenden Umfang die notwendigen „Leistungen zur Sicherung des Lebensunterhaltes" (§§ 19 ff. SGB II) ab. **Zumutbarkeitsgrenzen** wie in §§ 85 ff. SGB XII für die Hilfen in speziellen Lebenslagen gibt es daher im SGB II für den Einsatz von Einkommen nicht.

---

10 *Heinz*, Zur Berücksichtigung privater Zuwendungen bei Hartz IV-Bezug, zu unbestimmten Rechtsbegriffen und zur Geltung grundgesetzlich garantierter Werte, ASR 2012, 139.
11 *Heinz*, Zur Berücksichtigung privater Zuwendungen bei Hartz IV-Bezug, zu unbestimmten Rechtsbegriffen und zur Geltung grundgesetzlich garantierter Werte, ASR 2012, 143.
12 *Heinz*, Zur Berücksichtigung privater Zuwendungen bei Hartz IV-Bezug, zu unbestimmten Rechtsbegriffen und zur Geltung grundgesetzlich garantierter Werte, ASR 2012, 143.

Die Absetzungsbeträge sind in § 11a SGB II geregelt. Eine allgemeine **Härtefallklausel** für den Einsatz von Einkommen wie in § 82 Abs. 3 S. 3 SGB XII ist im SGB II nicht vorgesehen.[13]

Hinweis   14
Behinderten- und Bedürftigentestamente der Vergangenheit basieren durchweg auf der Annahme, eine Erbschaft sei sozialhilferechtliches Vermögen. Durch die Dauertestamentsvollstreckung könne es gelingen – verbunden mit Verwaltungsanordnungen nach § 2216 Abs. 2 SGB XII – dem Behinderten etwas aus dem Nachlass zukommen zu lassen, ohne dass der Sozialhilfeträger Zugriff nehmen können. Nach der Rechtsprechung des BSG produziert der Anfall von Mitteln aus dem Erbfall während des Leistungsbezuges im ersten Schritt aber immer nur sozialhilferechtliches Einkommen. Erst wenn sich Einkommen in Vermögen umwandelt, gelten die Vermögensschutzvorschriften.
Die Durchführung von Behindertentestamenten bei maßvollen Zuflüssen aus einer Erbschaft wird man über die Härtefallklause des § 82 Abs. 3 S. 3 SGB XII bezüglich des Einkommens und über § 90 Abs. 3 SGB XII bezüglich des Vermögens wahrscheinlich durchweg garantieren können. Bedürftigentestamente werden so aber nicht voll funktionsfähig gemacht werden können. In Rechtsprechung und Literatur fehlt es dazu derzeit komplett an Stellungnahmen.

II. Abzugsposten

Zur Ermittlung des Vermögens wird grundsätzlich auf den Bestand   15
der tatsächlich vorhandenen Aktiva abgestellt. Eine Bilanzierung auf der Stufe des zu ermittelnden Vermögens scheidet deshalb im Grundsatz aus.[14] Ausnahmsweise finden Verbindlichkeiten, die unmittelbar mit dem Vermögenserwerb entstanden oder auf andere Art und Weise mit ihm verknüpft sind, Berücksichtigung, wenn es sich um aktuelle

---

13 Vgl. zum geerbten Schmerzensgeldanspruch LSG Berlin-Brandenburg v. 22.10.2009 – Az.: L 25 AS 1746/08.
14 BSG SozR 3–4220 § 6 Nr. 8; SozR 3–4220 § 6 Nr. 9.

Zahlungsverpflichtungen handelt. Nachlassverbindlichkeiten darf der Erbe daher anders als bei sonstigen Verbindlichkeiten abziehen.

16   Vom ermittelten Einkommen sind verschiedene **Abzugsposten** abzuziehen. Diese werden in § 11b SGB II i.V.m. der Arbeitslosengeldverordnung definiert. Dazu gehören z.B. die mit der Erzielung des Einkommens verbundenen notwendigen Ausgaben etc. Der Hilfesuchende kann bei der Ermittlung des Sozialleistungsanspruchs auch Freibeträge von seinem vorhandenen Einkommen absetzen. **Bei Erwerbstätigen** sind folgende Abzüge vorzunehmen:

Freibetrag der jeweiligen Stufe	Freibetrag in Prozent	Höchstbetrag
Pauschaler Grundfreibetrag § 11b Abs. 2 S. 1 SGB II[15]	100 EUR anrechnungsfrei	100 EUR
Freibetrag 1. Stufe (max. 900 EUR) Erwerbseinkommen von 100 EUR bis 1.000 EUR	20 %	180 EUR
Freibetrag 2. Stufe (max. 200 EUR) Erwerbseinkommen von 1.000 EUR bis 1.200 EUR	10 %	20 EUR
Kind in der Bedarfsgemeinschaft Freibetrag 3. Stufe (max. 300 EUR) Erwerbseinkommen von 1.200 EUR bis 1.500 EUR	10 %	30 EUR
	Maximaler Freibetrag	330 EUR

---

15   Achtung: Sind z.B. die Werbungskosten höher als 100 EUR, so können konkrete Kosten berechnet werden, wenn mehr als 400 EUR an monatlichem Einkommen erzielt wird, § 11b Abs. 2 S. 2 SGB II.

Die Freibeträge sind vom Bruttolohn zu berechnen, aber vom Netto-   17
lohn abzuziehen.

Abzuziehen vom Einkommen ist nach § 6 Abs. 1 Nr. 1 Alg II-VO
auch eine **Versicherungspauschale.** Sie ist bei volljährigen Hilfebedürftigen immer in Abzug zu bringen, wenn Einkommen gleich welcher Art (Unterhalt, Rente, Arbeitslosengeld I, Kindergeld beim Volljährigen etc.) erzielt wird, und zwar unabhängig davon, ob tatsächlich
eine gesetzlich nicht vorgesehene, private Versicherung unterhalten
wird.

Schulden sind im SGB II grundsätzlich nicht abzugsfähig.

III.   Kann aus Einkommen Vermögen werden?

Die Neuregelung der §§ 11 ff. SGB II belegt, dass Einkommen und   18
Vermögen weiterhin durch die Zufluss-Theorie von BVerwG und
BSG voneinander abgegrenzt werden.

Laufende Einnahmen sind für den Monat zu berücksichtigen, in dem   19
sie **zufließen.** Für laufende Einnahmen, die in größeren als monatlichen Zeitabständen zufließen, gilt Abs. 3 entsprechend.

Einmalige Einnahmen sind nach § 11 Abs. 3 SGB II in dem Monat,   20
in dem sie **zufließen,** zu berücksichtigen. Sofern für den Monat des
Zuflusses bereits Leistungen ohne Berücksichtigung der einmaligen
Einnahme erbracht worden sind, werden sie im Folgemonat berücksichtigt. Entfiele der Leistungsanspruch durch die Berücksichtigung
in einem Monat, ist die einmalige Einnahme auf einen Zeitraum von
sechs Monaten gleichmäßig aufzuteilen und monatlich mit einem entsprechenden Teilbetrag zu berücksichtigen.

Dies hat Bedeutung für die Fälle, in denen der Erbfall während der   21
Leistungszeit eingetreten ist. Nach mittlerweile gefestigter Rechtsprechung des BSG ist – auch wenn dies hier z.T. anders beurteilt wird –
die „Erbschaft" dann immer Einkommen. In der Praxis ist diese
Rechtsprechung angekommen. In den **Dienstanweisungen der Bundesagentur für Arbeit** heißt es dazu unter 11.80:

„Tritt der Erbfall vor der Bedarfszeit ein, handelt es sich bei der Erbschaft um Vermögen. Eine Erbschaft ist nur dann als (einmaliges) Einkommen zu berücksichtigen, wenn der Erbfall – also der Tod – während des Leistungsbezuges eintritt. Liegt der Todestag vor Beginn des Leistungsbezuges, stellt auch der spätere Zufluss des Erbes Vermögen dar."

22 Der **Zufluss des Erbes während des Bedarfszeitraums** – der mit der Antragstellung beginnt – sorgt im SGB II für den Wegfall des Sozialleistungsanspruches bis der Nachlass „verzehrt" ist. Fraglich ist, was mit den verbleibenden Mitteln rechtlich geschieht.

23 Die Bundesagentur für Arbeit hat entsprechend der früheren Aggregatrechtsprechung des BSG in ihren Anweisungen zu SGB II (Nr. 11.14) ausgeführt, dass (erst) dann, wenn die Hilfebedürftigkeit **ohne die Einnahme** für mindestens einen Monat zwischen zwei Bewilligungsabschnitten ende, auch der **Verteilzeitraum** ende und der bis dahin noch nicht berücksichtigte Teil der Einnahmen dem Vermögen zuzuordnen seien. In allen anderen Fällen bleibe es bei der Klassifizierung als Einkommen.

Durch die Verteilregel, die der Gesetzgeber in § 11 Abs. 3 SGB II geschaffen hat, ist die Verteilung auf 6 Monate begrenzt. Entgegen dem Grundsatz, dass Sozialhilfe nicht zur Bildung von Vermögen dienen darf, hat das BSG in jüngster Vergangenheit für das SGB II entschieden, dass der Wandel vom Einkommen zum Vermögen im SGB II möglich ist.[16] Der Wandel soll – erstaunlicherweise – möglich sein, *„weil eine Erstreckung über den im Gesetz angelegten Bewilligungszeitraum (von 12 Monaten hinaus) den Leistungsbezieher mit hohen einmaligen Einnahmen unbillig lange von der Möglichkeit einer Vermögensbildung ausnehmen würde."*[17]

---

16 BSG v. 10.9.2013 – Az.: B 4 AS 89/12 R.
17 BSG v. 10.9.2013 – Az.: B 4 AS 89/12 R.

Fazit   24

Beim Erbfall nach Antragstellung so wie bei einem Zufluss von Mitteln aus Schenkung oder Erbschaft nach Antragstellung muss im SGB II gegebenenfalls zweistufig geprüft werden. Zunächst wird geprüft, ob es sich um bedarfsgeeignetes und bedarfsdeckendes **einmaliges Einkommen** handelt. Dann wird nach § 11 Abs. 3 SGB II das Einkommen auf 6 Monate verteilt. Ist der Zufluss höher als der Bedarf für 6 Monate, wird der Bewilligungsbescheid aufgehoben, weil hinreichendes eigenes Einkommen zur Verfügung steht. Bei erneuter Antragstellung wird davon ausgegangen, dass die restlichen Mittel (schon vorhandenes) **Vermögen** sind. Von den Schonvermögensalternativen des § 12 SGB II muss dann Gebrauch gemacht werden können.

IV. Fallbeispiel: Das geschenkte Geld für das Auto

Fallbeispiel 22: Das geschenkte Geld für das Auto   25

Der Hilfebedürftige H bezieht seit 2009 laufend Leistungen zur Sicherung des Lebensunterhalts. Das Jobcenter bewilligte ihm für den Abschnitt vom 1.8.2013 bis zum 31.1.2014 Leistungen zur Sicherung des Lebensunterhalts. Am 16.11.2013 teilte der Antragsteller mit, dass er mit seinem Pkw einen Unfall mit Totalschaden erlitten habe. Er legte Nachweise vor, wonach er bei einem Kfz-Händler einen Gebrauchtwagen zum Preis von 4.900 EUR am 6.8.2013 erworben habe. Weiter legte er die schriftliche Bestätigung seiner Mutter vom 6.8.2013 vor, in der diese bestätigte, ihrem Sohn einen Barbetrag in Höhe von 5.000 EUR **zweckgebunden** für den Kauf eines Kraftfahrzeugs geschenkt zu haben. Das Jobcenter hob sodann die dem Antragsteller bewilligten Leistungen ab dem 1.12.2013 auf. Zur Begründung führte es an, der Hilfeempfänger habe ab dem genannten Zeitpunkt Einkommen aus einer Schenkung erzielt. Der Betrag in Höhe von 5.000 EUR sei als einmalige Einnahme auf 6 Monate aufzuteilen sei. Ein Betrag in Höhe von monatlich 833,33 EUR sei zugrunde gelegt worden. Mit diesem Einkommen sei er nicht mehr hilfebedürftig.

26 Grundsätzlich ist nach der Rechtsprechung Einkommen i.S.d. § 11 Abs. 1 SGB II alles das, was jemand nach Antragstellung wertmäßig dazu erhält. Vermögen ist all das, was er vor Antragstellung schon hatte.[18] Schenkungen nach Antragstellung – insbesondere nach der Novellierung der gesetzlichen Regelung der §§ 11 ff. SGB II – führen deshalb grundsätzlich zur Anrechnung und damit zur Reduzierung oder zum Wegfall des Leistungsanspruchs (vgl. hierzu § 1 Rn 164 ff.; § 12 ff. SGB II). Eine Privilegierung wie im Vermögenstatbestand des § 12 SGB II kennt das Gesetz für Einkommen nicht. Sonstige Privilegierungstatbestände sind nicht ersichtlich.

27 Nach § 11a Abs. 3 SGB II n.F. sind Einnahmen („Leistungen") allein wegen einer **Zweckbestimmung** nunmehr auch nicht mehr privilegiert. „Der Gesetzgeber hat den Ausnahmecharakter des § 11 Abs. 5 SGB II hiermit verdeutlicht und geklärt, dass er jedenfalls nicht bereits immer dann erfüllt sein kann, wenn eine private Zuwendung an einen Verwendungszweck gebunden war und auch entsprechend verwendet wurde."[19] (vgl. hierzu § 2 Rn 31 ff.)

28 Auch ein vertraglicher oder bereicherungsrechtlicher **Rückforderungsanspruch des Schenkers wegen Zweckverfehlung**[20] führt danach regelmäßig nicht zur Unmöglichkeit der Einkommensverwendung für den Lebensunterhalt. Eine Zweckschenkung setzt immer eine tatsächliche Willensübereinstimmung über den verfolgten Zweck voraus.[21] Eine Zweckabrede darüber, dass der Sozialhilfebedürftige die Zuwendung in der Sozialhilfe anrechnungsfrei verbrauchen kann, kann er selbst nicht wirksam treffen, weil er damit den Selbsthilfegrundsatz außer Kraft setzen würde. Folglich mangelt es schon an einem wesentlichen Tatbestandsmerkmal der Zweckschenkung. Die anrechnungsfreie Verwendung der Zuwendung entspricht daher einem rechtlich unverbindlichen Wunsch und bewegt sich im Bereich der „Wunschschenkung".[22]

---

18 BSGE 101, 291 Rn 23; BSGE 106, 185 Rn 15.
19 LSG Mecklenburg-Vorpommern v. 12.12.2013 – Az.: L 8 AS 9/13, n.v. (Internet).
20 LSG Mecklenburg-Vorpommern v. 12.12.2013 – Az.: L 8 AS 9/13, n.v. (Internet).
21 BGH NJW 1984, 233, Rn 11.
22 MüKo/*Koch*, § 525 Rn 8.

Hinweis   29

Nach der Rechtsprechung soll sich ggf. aber in den Fällen eine
Ausnahme ergeben, „bei denen Zuwendungen rechtlich oder tatsächlich nicht anders als zu einem bestimmten Zweck verwendet
werden können, der Zufluss etwaig erst durch die Zweckerfüllung
eintritt (Direktüberweisungen an den Verkäufer). Ist ein Geldwert
zu keiner Zeit verfügbar geworden, liegt bereits kein Einkommens-
zufluss (als Geld, ggf. dann aber als **Sachwert**) vor."[23]
Diese Feindifferenzierung dürfte in der Praxis zu kaum lösbaren
Abgrenzungsschwierigkeiten führen, denn letztlich ist danach auch
der Sachwert wieder als Einkommen zu berücksichtigen.

C. Das geschonte Vermögen – § 12 SGB II

Die Prüfung, ob und inwieweit Vermögen bei der Prüfung der Hilfe-   30
bedürftigkeit nach dem SGB II als zur Verfügung stehende Bedarfsdeckungsmöglichkeit zu berücksichtigen ist, erfordert Feststellungen
dazu,
– über welche Vermögensgegenstände
– mit welchem Verkehrswert
– die Leistungen nach dem SGB II beanspruchende Person verfügt
  und
– ob diese Vermögensgegenstände verwertbar sind
– ob ihre Verkehrswerte die Vermögensfreibeträge übersteigen
– ob die Vermögensgegenstände als Schonvermögen nicht zu berücksichtigen sind und
– ob die zu berücksichtigenden Vermögensgegenstände in absehbarer
  und angemessener Zeit verwertet werden können.[24]

Maßgebend für die Prognose, ob und ggf. welche Verwertungsmög-   31
lichkeiten bestehen, ist im Regelfall der Zeitraum, für den Leistungen
bewilligt werden, also regelmäßig der sechsmonatige Bewilligungszeitraum für Leistungen zur Sicherung des Lebensunterhalts nach dem

---

23 LSG Mecklenburg-Vorpommern v. 12.12.2013 – Az.: L 8 AS 9/13, n.v. (Internet).
24 BSG NZS 2014, 388.

SGB II (§ 41 Abs. 1 S. 4 SGB II).[25] Wie im SGB XII gilt, dass Vermögen verwertbar ist, wenn seine Gegenstände verbraucht, übertragen oder belastet werden können. Der Begriff der Verwertbarkeit ist ein rein **wirtschaftlicher** und beurteilt sich sowohl nach den tatsächlichen als auch nach den rechtlichen Verhältnissen.

32 **Tatsächlich** nicht verwertbar sind Vermögensgegenstände, für die in absehbarer Zeit kein Käufer zu finden sein wird, sei es, dass Gegenstände dieser Art nicht (mehr) marktgängig sind oder dass sie, wie z.b. ein Grundstück infolge sinkender Immobilienpreise, über den Marktwert hinaus belastet sind.

33 **Rechtlich** nicht verwertbar ist ein Vermögensgegenstand, für den Verfügungsbeschränkungen bestehen, deren Aufhebung der Inhaber nicht erreichen kann.[26] Was als **Vermögen** einzusetzen ist, ist in § 12 SGB II geregelt. Als Vermögen sind danach alle verwertbaren Vermögensgegenstände zu berücksichtigen. Es ist um **Freibeträge** zu bereinigen (§ 12 Abs. 2 SGB II). Bestimmtes verwertbares Vermögen nimmt das Gesetz ausdrücklich von der Berücksichtigung aus (§ 12 Abs. 3 SGB II). Dabei geht es u.a. um eine gewisse Form der Besitzstandswahrung, um den Erhalt „des Dachs über dem Kopf" und andere sozialpolitisch als verschonungswürdig angesehene Werte.

34 Das Muster der Vermögensanrechnung entspricht der Prüfung im SGB XII, unterscheidet sich aber insbesondere gravierend bei den Besitzstandsregeln zum Vermögen, wie es sich z.B. aus typischerweise vorhandenen Lebensversicherungen ergeben kann:

---

25 BSG v. 25.8.2011 – Az.: B 8 SO 19/10 R, Rn 14.
26 BSG NZS 2014, 388 Rn 20 m.w.N.

35

Vermögensprüfung § 12 SGB XII am Beispiel Lebensversicherung

Wert der Lebensversicherung

Freibetragsgrenzen nach § 12 Abs. 2 Nr. 1 und Nr. 4 SGB II überschritten?

Privilegierung § 12 Abs. 2 S. 1 Nr. 2 SGB II?

Verwertungsausschluss gemäß § 12 Abs. 2 S. 1 Nr. 3 SGB II,

besondere Härte oder offensichtliche Unwirtschaftlichkeit gemäß § 12 Abs. 3 S. 1 Nr. 6 2. Alt. SGB II

in absehbarer oder angemessener Zeit verwertbar? (§ 9 Abs. 4 i.V.m. § 24 Abs. 5 SGB II)

I. Vermögensfreibeträge

Absetzbare **Vermögensgrundfreibeträge** sind: 36

Grundfreibetrag für Erwachsene in Höhe von mind. 3.100 EUR bzw. Lebensalter x 150 EUR	jeweils für erwerbsfähigen Leistungsberechtigten und dessen Partner (§ 12 Abs. 2 Nr. 1 SGB II)
Grundfreibetrag für Kinder in Höhe von 3.100 EUR	für jedes minderjährige Kind (§ 12 Abs. 3 Nr. 1a SGB II)
Altersvorsorge entsprechend der Förderhöchstbeträge nach § 10a EStG	für jeden Leistungsberechtigten und dessen Partner (§ 12 Abs. 2 Nr. 2 SGB II)

Altersvorsorgevermögen mit Verwertungsausschluss in Höhe von Lebensalter x 750 EUR	für jeden Leistungsberechtigten und dessen Partner (§ 12 Abs. 2 Nr. 3 SGB II)
Ansparfreibetrag (= Notgroschen) in Höhe von 750 EUR	für jede Person der Bedarfsgemeinschaft (§ 12 Abs. 2 Nr. 4 SGB II)
Sonderregelung Grundfreibetrag für vor dem 1.1.1948 geborene Leistungsempfänger in Höhe von Lebensalter x 520 EUR	für jede erwerbsfähige Person in der Bedarfsgemeinschaft (§ 65 Abs. 5 SGB II)

37   Die **Grundfreibeträge** sind allerdings begrenzt:

	Freibetrag in Lebensjahren	Maximalfreibetrag
minderjährige Kinder ab 15 Jahre	750 EUR	50.250 EUR
volljähriger Hilfebedürftiger und Partner geboren vor dem 1.1.1958	750 EUR	48.750 EUR
volljähriger Hilfebedürftiger und Partner geboren nach dem 31.12.1957 und vor dem 1.1.1964	750 EUR	49.500 EUR
volljähriger Hilfebedürftiger und Partner geboren nach dem 31.12.1963	750 EUR	50.250 EUR

38   Der Freibetrag nach § 12 Abs. 2 Nr. 3 SGB II gilt für jegliche Form der **Altersvorsorge**. Maßgebend ist jedoch, dass deren Verwertung vor Eintritt in den Ruhestand vertraglich unwiderruflich ausgeschlossen ist. Auch ein Rückkauf/eine Kündigung oder eine Beleihung darf

nicht möglich sein. Dies muss aus der jeweiligen Vereinbarung (z.B. Versicherungsvertrag) eindeutig hervorgehen.

Nach einer Arbeitsanweisung der Bundesagentur für Arbeit soll nach Erreichen der Altersgrenze der geschützte Vermögensbetrag monatlich um 1/180 zu vermindern sein (180 Monate = 15 Jahre weitere durchschnittliche Lebenserwartung). Altersgrenze ist grundsätzlich der Termin, an dem die Leistung fällig wird. Bei Überschreitung der Freibeträge soll dann eine entsprechende Anrechnung auf das Arbeitslosengeld II/Sozialgeld vorgenommen werden. Diese Arbeitsanweisung ist besonders spannend, weil diese Anrechungsregelung nicht konform geht mit den Schonvermögensbeträgen im SGB XII, der Leistungsbezieher mit Vollendung des 65. Lebensjahres aber aus dem Anwendungsbereich des SGB II herausfällt. Wer also das 65. Lebensjahr vollendet, wird sein Altersvorsorgevermögen erst einmal verbrauchen müssen, bevor er Sozialhilfe bzw. Grundsicherungsleistungen erhält. **39**

Grundsätzlich ist außerdem ein als Altersvorsorge durch das **Altersvermögensgesetz** gefördertes Vermögen ("Riester"-Anlageformen) eigenständig und ohne Obergrenze privilegiert. Geschützt sind die geförderten Altersvorsorgeaufwendungen (Eigenbeiträge und Zulagen) sowie die Erträge hieraus. **40**

Nicht gefördertes Vermögen kann nach h.M. auch nicht dadurch zu einem nach § 12 Abs. 2 Nr. 2 SGB II abzusetzenden Vermögen gemacht werden, da es in einen bestehenden oder umgewandelten Riestervertrag eingezahlt wird. Eine Umwandlung in Schonvermögen ist nach dieser Ansicht also nicht möglich (vgl. hierzu auch § 2 Rn 217 ff.). **41**

II. Geschonte Gegenstände

Neben diesen Freibetragsregelungen kennt das SGB II – wie bereits vorstehend auch für das SGB XII beschrieben – **sog. Schonvermögenstatbestände.** Für besonderes, gegenständlich bezeichnetes oder gewidmetes Vermögen wird in § 12 SGB II jeweils fingiert, dass es sich um nicht verwertbares Vermögen handelt. **42**

Von besonderem Interesse sind im SGB II
- der angemessene Hausrat (§ 12 Abs. 3 Nr. 1 SGB II)
- das angemessene Kfz für jeden Erwerbsfähigen in der Bedarfsgemeinschaft (§ 12 Abs. 3 Nr. 2 SGB II) im Wert von bis zu
  7.500 EUR[27]
- das Altersvorsorgevermögen von Personen, die von der Rentenver-
  sicherungspflicht befreit sind (§ 12 Abs. 3 S. 1 Nr. 3 SGB II)[28]
- das selbst genutzte Hausgrundstück oder die selbst genutzte Eigentumswohnung[29] von angemessener Größe (§ 12 Abs. 3 S. 1 Nr. 4
  SGB II)[30]
- das Vermögen zur Beschaffung oder Erhaltung eines Hausgrundstücks zu Wohnzwecken behinderter oder pflegebedürftiger Menschen (§ 12 Abs. 3 S. 1 Nr. 5 SGB II)
- Sachen und Rechte, deren Verwertung offensichtlich unwirtschaftlich ist (§ 12 Abs. 3 Nr. 6 SGB II)[31]
- Vermögensgegenstände, die zur Aufnahme oder Fortsetzung der
  Berufsausbildung oder Erwerbstätigkeit unentbehrlich sind (§ 4
  Abs. 1 Alg II-VO).

43   Im Zusammenhang mit dem Wunsch, etwas zu verschenken oder zu
vererben, ist das selbstgenutzte **Hausgrundstück von angemessener
Größe** oder eine entsprechende Eigentumswohnung nach § 12 Abs. 3
Nr. 4 SGB II von besonderer praktischer Bedeutung (vgl. dazu auch
§ 2 Rn 187 ff.).

§ 12 Abs. 3 Nr. 4 SGB II bezieht – anders als § 90 Abs. 2 Nr. 8
SGB XII – die Angemessenheit eines Grundstücks nur auf die Größe
des Hausgrundstücks. Das bewirkt einerseits eine Privilegierung der
Leistungsberechtigten nach dem SGB II gegenüber denen nach dem

---

27 BSG 6.9.2007 – Az.: B 14/7b AS 66/06 ER.
28 Eicher/*Spellbrink*, SGB II, § 12 Rn 68, geht von bis zu 240.000 EUR aus; die
    Dienstanweisungen der Bundesagentur gehen von keiner Obergrenze aus.
29 BSG v. 29.3.2007 – Az.: B 7b AS 12/06 R; BSG v. 7.11.2006 – Az.: B 7b AS 2/05
    R; bei Auszug von Kindern aus dem elterlichem Eigentum, können deutlich mehr
    qm als angemessen gelten.
30 Vgl. dazu ausführlich bei der Parallelvorschrift des § 90 Abs. 2 Nr. 8 SGB XII bei
    § 2 Rn 187 ff.
31 Laut Dienstanweisungen der Bundesagentur (zu § 12 Rn 37) soll dies bei 10 %
    Wertverlust gelten.

SGB XII, die das BSG bislang unbeanstandet gelassen hat.[32] Andererseits ist dadurch im SGB II aber auch nur ein kleinerer Personenkreis
in die Angemessenheitsprüfung einbezogen. Es wird nur auf den
Haushalt abgestellt, in dem die Leistungen beanspruchende Person
wohnt und lebt. Einbezogen sind nur die Bedarfsgemeinschaftsmit-
gliedern i.S.d. § 7 Abs. 3 SGB II sowie die für längere Zeit in einer
Haushaltsgemeinschaft i.S.d. § 9 Abs. 5 SGB II lebenden weiteren Personen,[33] während im SGB XII auch Angehörige[34] i.S.v. § 16 Abs. 5
Nr. 3 SGB X[35] dazugehören, also auch Verwandte und Verschwägerte
gerader Linie.

In Fällen des Zusammenwohnens mit anderen Personen ist – solange   44
eine rechtliche Teilung eines Wohngrundstücks oder einer Eigentumswohnung nicht vorliegt, bei der Prüfung der angemessenen Größe die
gesamte Wohnfläche zu berücksichtigen.[36] Das gilt z.B. auch im Falle,
dass
– der Eigentümer des gesamten Hausgrundstücks zwar durch ein
  Wohnrecht zugunsten seiner Eltern hinsichtlich der Nutzung, nicht
  aber der Verwertung des Grundstücks eingeschränkt ist[37]
– der Eigentümer des gesamten Hausgrundstück eine Einliegerwoh-
  nung vermietet hat.[38]

Der unbestimmte Rechtsbegriff der **Angemessenheit** wird mit Blick   45
auf die Gesamtwohnfläche der Immobilie und insoweit bundeseinheit-
lich nach den Wohnflächengrenzen des zum 1.1.2002 außer Kraft ge-
tretenen Zweiten Wohnungsbaugesetzes (II. WobauG), differenziert
nach der Anzahl der Personen, bestimmt.[39] Für Familienheime mit
nur einer Wohnung und bis zu vier Personen sah das II. WobauG eine
Wohnflächengrenze von 130 qm vor (§ 39 Abs. 1 S. 1 Nr. 1, Abs. 2

---

32 BSG v. 12.12.2013 – Az.: B 14 AS 90/12 R, Rn 28, 40 ff.; BSGE 97, 203, Rn 16.
33 BSG v. 12.12.2013 – Az.: B 14 AS 90/12 R, Rn 28, 42; BSGE 98, 243 Rn 23 f.
34 Vgl. LSG NRW v. 5.5.2014 – Az.: L 20 SO 58/13 (Revision: BSG B8 SO 12/14).
35 Vgl. BSG v. 19.5.2009 – Az.: B 8 SO 7/08 R.
36 BSG v. 12.12.2013 – Az.: B 14 AS 90/12 R, Rn 27.
37 Vgl. BSG v. 12.7.2012 – Az.: B 14 AS 158/11 R, MittBayNot 2013, 174 m. Anm.
    Grziwotz.
38 BSG v. 22.3.2012 SozR 4–4200 § 12 Nr. 18 Rn 16 ff.
39 BSG v. 12.12.2013 – Az.: B 14 AS 90/12 R, Rn 30 mit einer Vielzahl weiterer
    Nachweise.

Nr. 1 II. WobauG). Für Familienheime mit zwei abgeschlossenen Wohnungen sah das WobauG eine Wohnflächengrenze von 200 qm vor. Das BSG hat bisher offen gelassen, wie in einem solchen Fall zu verfahren wäre.[40]

46 Die **Wohnflächengrenze** von 130 qm für ein Haus ist bei einer Belegung mit weniger als vier Personen um jeweils 20 qm pro Person zu reduzieren; typisierend ist diese Reduzierung auf eine Belegung mit bis zu zwei Personen zu begrenzen,[41] so dass bei einem Ein-Personen-Haushalt von einem Grenzwert von 90 qm auszugehen ist. Bei einer Eigentumswohnung werden 80 qm angenommen, weil der Ausgangswert bei einem Vier-Personen-Haushalt bei 120 qm liegt.

Zahl der Personen	Eigentumswohnung in qm	Familienheim in qm
1–2	80	90
3	100	110
4	120	130

47 Ein Überschreiten der Wohnflächengrenze um nicht mehr als 10 % kann im Einzelfall mit Rücksicht auf den **Verhältnismäßigkeitsgrundsatz** erwogen worden ist.[42] Das BSG lässt abweichende Wohnflächengrenzwerte ausnahmsweise für „außergewöhnliche, vom Regelfall abweichende Bedarfslagen" zu. Diese können zu einer Anpassung der Grenzwerte je nach den Umständen des Einzelfalls nach oben ggf. aber auch nach unten führen.[43]

48 Dabei ist § 12 Abs. 3 S. 2 SGB II in den Blick zu nehmen. Danach sind für die Angemessenheit die Lebensumstände während des Bezuges der Leistungen der Grundsicherung für Arbeitsuchende maßgebend. Der Wunsch eines Bedürftigen, ein Hausgrundstück als Familienheim und Mehrgenerationenhaus zu erhalten, ist deshalb nach der Rechtsprechung des BSG bei der Prüfung der Angemessenheit kein rechtlich

---

40 BSG v. 12.12.2013 – Az.: B 14 AS 90/12 R, Rn 31.
41 BSGE 97, 203 Rn 22.
42 BSGE 97, 203 Rn 23.
43 BSG v. 12.12.2013 – Az.: B 14 AS 90/12 R, Rn 33; BSGE 97, 203 Rn 22.

maßgeblicher Gesichtspunkt. Eine **Lebensstandardsicherung** für sich oder die potentiellen Erben ist mit den existenzsichernden Leistungen zur Sicherung des Lebensunterhalts nach dem SGB II nicht bezweckt.[44]

Der Rechtsgedanken des § 82 Abs. 3 S. 2 II. WobauG a.F., wonach von   49
einer Herabsetzung der angemessenen Wohnfläche abgesehen werden soll, wenn sich die ursprüngliche Bewohnerzahl erst durch den Auszug erwachsener Kinder verringert hat, dürfte deshalb kein Grund sein, der im Rahmen der Angemessenheitsprüfung herangezogen werden kann.[45]

In jedem Fall bleibt auch bei einer unangemessen großen Immobilie die Prüfung der **besonderen Härte** nach § 12 Abs. 3 Nr. 6 SGB II möglich.[46]

III. Offensichtliche Unwirtschaftlichkeit und besondere Härte – § 12 Abs. 3 Nr. 6 SGB II

§ 12 Abs. 3 Nr. 6 SGB II stellt darauf ab, dass als Vermögen diejenigen   50
Sachen und Rechte nicht zu verwerten sind, deren Verwertung für den Betroffenen **offensichtlich unwirtschaftlich** (vgl. dazu ausführlich bei der Parallelvorschrift in § 90 SGB XII § 2 Rn 101 ff.) oder eine **besondere Härte** (vgl. dazu ausführlich bei der Parallelvorschrift des § 90 Abs. 3 im SGB XII § 2 Rn 199 ff.) bedeuten würde. Die Prüfung dieses Ausnahmetatbestands erfordert grundsätzlich zunächst die Feststellung, in welcher Form und in welchem Zeitraum eine Verwertung für die Leistungen nach dem SGB II beanspruchende Person **tatsächlich** und **rechtlich** möglich ist. Denn erst auf dieser Grundlage kann sodann geprüft werden, ob die Verwertung offensichtlich unwirtschaftlich ist oder für den Betroffenen eine besondere Härte bedeuten würde.[47]

---

44 BSG v. 12.12.2013 – Az.: B 14 AS 90/12 R, Rn 44.
45 Vgl. zur Prüfung im Rahmen von § 90 Abs. 2 Nr. 8 SGB XII LSG NRW v. 5.5.2014 – Az.: L 20 SO 58/13 (Revision anhängig BSG B 8 SO 12/14 R).
46 BSG v. 12.12.2013 – Az.: B 14 AS 90/12 R, Rn 48 ff.
47 BSG v. 20.2.2014 – Az.: B 14 AS 10/13R, Rn 31.

51   **Offensichtlich unwirtschaftlich** ist eine Verwertung, wenn der zu erzielende Gegenwert in einem deutlichen Missverhältnis zum wirklichen Wert des zu verwertenden Vermögensgegenstandes steht. Es ist auf das ökonomische Kalkül eines rational handelnden Marktteilnehmers abzustellen. Es ist festzustellen, welchen Verkehrswert der Vermögensgegenstand gegenwärtig auf dem Markt hat. Dem ist der Substanzwert gegenüberzustellen. Künftige Gewinnaussichten bleiben dabei außer Betracht.[48]

52   Bei der Prüfung der offensichtlichen Unwirtschaftlichkeit der **Verwertung eines ererbten Hauses** kommt es nicht darauf an, ob und welchen Wertverlust ein Hausgrundstück seit seiner Erstellung bis zum Erbfall erlitten hat. Es kommt allein auf den möglichen Wertverlust zwischen Anfall der Erbschaft und Antragstellung an. Ein weitergehender Schutz von Vermögen, das nicht die (frühere) eigene wirtschaftliche Position des Hilfebedürftigen widerspiegelt, ist nach der Rechtsprechung des BSG nicht gerechtfertigt.[49]

53   Dass ein Bedürftiger als Folge der **Geltendmachung des Pflichtteilsanspruchs** nach dem gemeinschaftlichen Testament der Eltern auch im Fall des Todes der Letztversterbenden von der Erbfolge ausgeschlossen wird und nur den Pflichtteil erhält, begründet nach der Rechtsprechung des BSG ebenfalls keine Unwirtschaftlichkeit und ist hinzunehmen, wenn nicht andere Verwertungshindernisse greifen. Nach dem Tod des zuerst verstorbenen Ehegatten erwerbe der Abkömmling zwar eine Rechtsstellung, die sich aus der Bindung des überlebenden Ehegatten an die im gemeinschaftlichen Testament zugunsten des Schlusserben getroffenen wechselseitigen Verfügungen ergebe. Selbst wenn man aber insofern eine Anwartschaft oder eine rechtlich begründete Aussicht annehme, sei diese aber lediglich auf einen möglichen zukünftigen Vermögenszuwachs in nicht bestimmbarer Höhe gerichtet. Vor dem Eintritt des Erbfalls sei ein realer (Substanz-)Wert nicht objektivierbar.[50] Deshalb gibt es auch keine Vergleichsgrundlagen für eine Wirtschaftlichkeitsprüfung.

---

48   BSG NZS 2013, 53 Rn 37 m.w.N.
49   BSG NZS 2013, 53 Rn 37 m.w.N.
50   BSG NZS 2011, 293 Rn 23.

Bei der Prüfung der **besonderen Härte** sind außergewöhnliche Um-   54
stände des Einzelfalls, die nicht bereits in den anderen Absätzen als
Privilegierungstatbestände erfasst sind, zu berücksichtigen. Sie müssen
dem Betroffenen ein deutlich größeres Opfer abverlangen als eine
einfache Härte – wie sie im SGB XII gefordert wird – und erst recht als
die mit einer Vermögensverwertung stets verbundenen Einschnitte.[51]

Es kommt darauf an, ob der Vermögenseinsatz nach den Regelvor-   55
schriften und Leitvorstellungen des SGB II wegen des Vorliegens einer
Atypik nicht zu einem adäquaten Ergebnis führen würde. Es geht also
um die atypischen und ungewöhnlichen Fälle,[52] bei denen auf Grund[53]
– der Dauer der Hilfe
– des Alters
– der Behinderung, Krankheit oder Pflegebedürftigkeit
– des Familienstandes oder
– sonstiger schwerer Belastungen
die soziale Stellung des Hilfesuchenden durch die Vermögensverwertung nachhaltig beeinträchtigt wäre. Gemeint sind Fälle, in denen ein
Schontatbestand nach § 12 SGB II nicht in Betracht kommt, dies aber
so grenzwertig ist, dass über den Härtebegriff zu helfen ist.[54]

Auf die Herkunft des Vermögens kommt es dabei in der Regel nicht   56
an.[55] Die Tatsache, dass ein bestimmter Vermögensgegenstand aus einer **Schenkung** stammt, begründet noch keine besondere Härte.[56]
Stets ist eine Einzelfallprüfung notwendig, bei der die Wertungen des
SGB II, die sich u.a. aus dem Subsidiaritätsgedanken des § 9 Abs. 1
SGB II ergeben, einzubeziehen sind. Ein Vergleich von § 12 SGB II
und § 90 SGB XII gehört ebenfalls dazu, da ein solcher Vergleich
Anlass dazu geben kann eine harmonisierende Angleichung zwischen
beiden Systemen vorzunehmen.[57]

---

51 BSG NZS 2014, 388 Rn 45 m.w.N.
52 Mit einer Vielzahl von Fallbeispielen Eicher/*Mecke*, SGB II, § 12 Rn 124 ff.
53 So zur früheren Rechtslage BVerwGE 23, 158.
54 Bieritz-Harder/*Geiger*, LPK-SGB XII, § 90 Rn 55.
55 Eicher/*Mecke,* SGB II, § 12 Rn 126.
56 Eicher/*Mecke,* SGB II, § 12 Rn 126.
57 Vgl. BSG v. 12.12. 2013 – Az.: B 14 AS 90/12.

57 **Beispiele:**
- Unter dem **Leitgedanken der Alterssicherung** nach § 12 Abs. 2 Nr. 2 und 3 SGB II kann eine Härte gegeben sein, wenn trotz lückenhafter Alterssicherung die Ersparnisse kurz vor Erreichen des Rentenalters noch eingesetzt werden müssten[58] (fraglich, wenn im SGB XII ohne der Einsatz dieser Mittel verlangt werden würde).
- Unter dem **Leitgedanken der Aufrechterhaltung des Lebensmittelpunktes**, wenn durch den Fall besondere weitere Schontatbestände des § 12 Abs. 3 Nr. 1 bis 5 SGB II bzw. deren Leitgedanken, angesprochen sind.[59] Das kann z.b. zutreffen, wenn ein behinderter oder pflegebedürftiger Mensch von der Verwertung einer ihm vertrauten, aber nicht mehr angemessenen Immobilie betroffen wäre.
- Unter dem **Leitgedanken des Zusammenlebens im „typischen Familienheim**, das über die Generationen weitergegeben werden soll", wenn die Immobilie die typischen Angemessenheitskriterien außerhalb der Wohnfläche nicht überschreitet und auch bei den Familienangehörigen wirtschaftliche Leistungsfähigkeit nicht gegeben ist. Sinn und Zweck eines Vermögensschutzes für ein Hausgrundstück aus Härtefallgründen ist es nicht, wirtschaftlich leistungsfähigen Angehörigen ein kostenfreies Mitwohnen in einem Haus, dessen Schutz vor Berücksichtigung bei der Prüfung der Hilfebedürftigkeit begehrt wird, zu ermöglichen. Eine besondere Härte liegt danach nicht vor, wenn wirtschaftlich leistungsfähige Angehörige mit dem Hilfesuchenden „unter einem Dach" wohnen, ohne einen entsprechend ihrer Leistungsfähigkeit angemessenen Beitrag für das Wohnen zu leisten.[60]
- Unter dem Leitgedanken des **„Zusammenhaltes des eigenen Familienverbandes"** je nach Einzelfall. Danach widerspricht den Wertungen des SGB II, wenn ein Betroffener in gerichtliche Auseinandersetzung mit nahen Angehörigen gezwungen würde und diese Angehörigen schwere Nachteile z.B. für deren Fortkommen zufügt. Zwar kann nicht immer nur, weil die Vermögensverwertung in die Sphäre eines nahen Angehörigen eingreift, von einer Härte

---

58 Ausführlich Eicher/*Mecke*, SGB II, § 12 Rn 124; Oestreicher/*Schmidt*, SGB II/SGB XII, § 12 SGB II Rn 113.
59 Oestreicher/*Schmidt*, SGB II/SGB XII, § 12 SGB II Rn 112.
60 BSG v. 12.12.2013 – Az.: B 14 AS 90/12 R, Rn 53.

ausgegangen werden. Bei besonders enger emotionaler Verbindung zwischen Angehörigen und gleichzeitig zu befürchtenden erheblichen Nachteilen für die Angehörigen im Falle der streitigen Auseinandersetzung der Erbengemeinschaft, d.h. z.B. dem Verlust der eigenen Wohnung auf Betreiben des Bedürftigen, kann dies aber der Fall sein.[61]

IV. Fallbeispiel: Der Pflichtteilsanspruch und das Berliner Testament

Fallbeispiel 23: Der Pflichtteilsanspruch und das Berliner Testament   58
Der Vater des A verstarb Anfang 2014. A beantragte nach Bezug von Arbeitslosengeld 2015 die Gewährung von Leistungen nach dem SGB II.
Die Eltern des A hatten ein Testament verfasst. Darin setzten sie sich gegenseitig zu „Alleinerben (Vollerben)" ein. Erben des Längstlebenden sollten die beiden gemeinsamen Kinder der Eheleute sein. Sollte eines der Kinder vom Nachlass des Erstverstorbenen seinen Pflichtteil fordern, so sollte es auch vom Nachlass des Überlebenden den Pflichtteil erhalten. Sein Erbteil sollte dann dem anderen Kind zuwachsen. Die Mutter des A erhält Hinterbliebenenrenten nach ihrem verstorbenen Ehemann in Höhe von 900 EUR.
Das Jobcenter lehnte die Gewährung von Leistungen ab. Nach § 2303 BGB habe A einen Anspruch auf seinen Pflichtteil an dem Erbe der Mutter. Dieser Anspruch stelle einen Vermögenswert dar und sei zur Sicherstellung des Lebensunterhalts einzusetzen. A meint, er könne seiner Mutter die Geltendmachung des Pflichtteilsanspruchs auf gar keinen Fall zumuten.

A hat einen Anspruch auf **Leistungen zur Sicherung des Lebensun-**   59
terhaltes nach § 19 SGB II, wenn er seinen Lebensunterhalt nicht aus dem zu berücksichtigenden Einkommen oder Vermögen sichern kann (§ 9 Abs. 1 SGB II).

---

61 SG Stade NJW-Spezial 2012, 135 f.

A ist auf den Tod des Vaters enterbt. Ihm steht nach § 2303 BGB ein **Pflichtteilsanspruch** zu, der noch nicht verjährt ist.

60 Der Pflichtteilsanspruch ist vor der Bedürftigkeit des A entstanden und damit Vermögen im Sinne des SGB II. A verfügt aber über keine bereiten Mittel. Eine Prognose seiner Chancen, aus seinem Vermögen in den nächsten 6 Monaten „bereite" Mittel zu generieren, ergibt, dass dies unwahrscheinlich ist, weil die Mutter nicht über entsprechende Barmittel verfügt und der einzige Vermögenswert die von ihr bewohnte Immobilie ist. Folglich hat das Jobcenter zunächst zu leisten.

61 Nach **§ 33 Abs. 1 SGB II** geht der Anspruch auf den Pflichtteil auf das Jobcenter über, wenn und soweit es Leistungen erbringt. Im Übrigen verbleibt der Anspruch auf die Leistungen bei A. § 33 SGB II setzt voraus, dass Leistungen bei rechtzeitiger Leistung des Pflichtteilsverpflichteten an den Pflichtteilsberechtigten nicht erbracht worden wären. Hier könnte aber der Fall vorliegen, dass das Jobcenter auch bei bestehendem Pflichtteilsanspruch hätte leisten müssen.

62 Dass der Kläger den Pflichtteilsanspruch wegen familiärer Rücksichtnahme gegenüber der Mutter nicht geltend machen wollte, führt nicht zu seiner Unverwertbarkeit. Dies kann nach der Rechtsprechung nur im Rahmen der Prüfung der besonderen Härte i.S.d. § 12 Abs. 3 Nr. 6 SGB II eine Rolle spielen.[62]

Ein Verwertungsausschluss wegen der Enterbung auf den 2. Erbfall aus Gründen der Unwirtschaftlichkeit (§ 12 Abs. 3 Nr. 6 SGB II) verneint das BSG.[63]

63 Die **Verwertung des Pflichtteilsanspruchs** kann aber eine **besondere Härte** darstellen, wenn dies notwendig zu einer Veräußerung des Hausgrundstücks oder einer unzumutbaren wirtschaftlichen Belastung der Mutter des Klägers führen würde. Eine besondere Härte kann sich nicht nur aus den wirtschaftlichen Auswirkungen auf die Lebenssituation des Hilfebedürftigen, sondern auch aus den besonderen persönlichen Umständen ergeben, die mit der Vermögensverwer-

---

62 BSG NZS 2011, 392, Rn 21.
63 BSG NZS 2011, 392, Rn 23.

tung verbunden sind. Dazu gehören auch schwerwiegende familiäre Konfliktsituationen.

Dazu führt das BSG aus: 64

> *„Die Besonderheit des vorliegenden Falles besteht darin, dass das Vermögen aus einem Pflichtteilsanspruch besteht, der aus einem Berliner Testament i.S. des § 2269 Abs. 1 BGB folgt. Sinn dieses Testamentes ist es, dem Überlebenden das gemeinsame Vermögen zunächst ungeteilt zu belassen. Die Abkömmlinge werden enterbt und die unerwünschte Pflichtteilsforderung durch eine Verwirkungsklausel sanktioniert. Die gemeinsame Verfügung der Ehepartner wird getragen von der Erwartung, dass die Kinder nicht durch die Einforderung ihres Pflichtteils das Vermögen des überlebenden Partners schmälern. Dass die Rechtsordnung die familiäre Verbundenheit von Erblasser und Pflichtteilsberechtigtem in besonderem Maße berücksichtigt, zeigt § 852 Abs. 1 ZPO. Das Vollstreckungsrecht überlässt dem Pflichtteilsberechtigten die Entscheidung, ob der Anspruch gegen den Erben durchgesetzt werden soll. Das rechtfertigt es aber nicht, stets eine besondere Härte anzunehmen, wenn der Pflichtteilsanspruch aus einem Berliner Testament resultiert. Insbesondere dann, wenn etwa ausreichend Barvermögen zur Auszahlung des Pflichtteilsanspruchs zur Verfügung steht, scheidet die Annahme einer besonderen Härte regelmäßig aus."*[64]

Familiäre Belange können unter Härtegesichtspunkten auch zu einer   65
Vermögensfreistellung führen, wenn
– der Pflichtteilsverpflichtete einen pflegebedürftigen Familienangehörigen vor dem Eintreten der Sozialhilfe weit über das Maß der ihn treffenden Verpflichtung hinaus gepflegt und den Sozialhilfeträger dadurch erheblich entlastet hat[65]
– eine nachhaltige Störung des Familienfriedens zu befürchten ist
– der Grundsatz der familiengerechten Hilfe verletzt würde.

---

64 BSG NZS 2011, 392, Rn 21.
65 BVerwG v. 10.3.1995 – 5 B 37/95 – Buchholz 436.0 § 90 BSHG Nr. 23.

66   Orientierungspunkt für die Beurteilung der **Zumutbarkeit einer wirtschaftlichen Belastung des Erben,** sollen die in § 1 Abs. 2 und § 4 Abs. 2 Alg II-VO festgelegten Grenzen für die Leistungsfähigkeit von Angehörigen im Rahmen des § 9 Abs. 5 SGB II sein. Eine weitergehende Einschränkung der finanziellen Bewegungsfreiheit eines überlebenden Elternteils soll regelmäßig nicht zumutbar sein, ihre Einforderung für den Berechtigten kann eine besondere Härte i.S.d. § 12 Abs. 3 S. 1 Nr. 6 2. Alt. SGB II bedeuten.[66]

---

66 BSG NZS 2011, 392 Rn 24.

§ 4 Das sozialrechtliche Verfahrensrecht (SGB X) und das Prozessrecht (SGG)

A. Die Ablehnung der Leistung

Für das Verwaltungsverfahren im Sozialhilferecht des SGB XII und das SGB II gelten die Regeln des SGB I und SGB X, sofern nicht im jeweiligen Gesetz abweichende Regelungen getroffen sind, die Vorrang haben. Dazu können auch die Strukturprinzipien des Sozialhilferechts (siehe § 1 Rn 126 ff.) gehören.[1]   1

Im SGB II gelten die besonderen Verfahrensregeln der §§ 37 ff. SGB II. Dazu gehört das **Antragsprinzip**, das im SGB XII die Ausnahme ist. Dort ist die Leistung an die Kenntnis von der Notlage geknüpft.   2

Jeder Hilfesuchende/Antragsteller ist nach § 60 SGB I verpflichtet, hierzu Tatsachen anzugeben und auf Verlangen der Behörde Urkunden vorzulegen oder ihrer Vorlage zuzustimmen. Kommt derjenige, der eine Sozialleistung beantragt oder erhält, seinen **Mitwirkungspflichten** nicht nach und wird hierdurch die Aufklärung des Sachverhalts erheblich erschwert, kann der Leistungsträger nach § 66 SGB I ohne weitere Ermittlungen die Leistung bis zur Nachholung der Mitwirkung ganz oder teilweise **versagen oder entziehen**, soweit die Voraussetzungen der Leistung nicht nachgewiesen sind. Dies gilt entsprechend, wenn der Antragsteller oder Leistungsberechtigte in anderer Weise absichtlich die Aufklärung des Sachverhalts erheblich erschwert.   3

Soweit ein Antragsteller nachvollziehbar und glaubhaft behauptet, er verfüge nicht über weitere Nachweise, darf der Leistungsträger nicht auf der Vorlage solcher Nachweise beharren und die Erbringung von Leistungen gestützt auf § 66 SGB X versagen. Er muss stattdessen konkret andere Nachweise verlangen oder gegebenenfalls den An-   4

---

1 Grube/*Wahrendorf*, SGB XII, Einl. Rn 97 ff.

spruch wegen des fehlenden Nachweises der Hilfebedürftigkeit endgültig ablehnen.[2]

5   **Fallbeispiel 24: Die Pseudoerbschaft**
A beantragt Leistungen zur Sicherung des Lebensunterhaltes nach
SGB II. Sein Vater ist verstorben. Er ist der einzige Sohn. Er ist der
Auffassung, dass sich die ererbten Vermögenswerte letztlich mit
den Verbindlichkeiten „aufheben". Er hält das Ganze für eine
„Pseudoerbschaft" und weigert sich, hierzu weitere Angaben zu
machen. Das Jobcenter lehnt Leistungen ab.

6   Die Ablehnung ist rechtswidrig, wenn der A einen Anspruch auf
Leistungen nach dem SGB II hat. Dazu muss er nach § 60 SGB I
alle notwendigen Tatsachen angeben und auf Verlangen der Behörde
Urkunden vorlegen oder ihrer Vorlage zustimmen. Ein Antragsteller
hat keinen Anspruch darauf, dass ihm Leistungen ohne Prüfung der
Werthaltigkeit einer Erbschaft gewährt werden. Wenn es Anhaltspunkte dafür gibt, muss das Jobcenter von Amts wegen Ermittlungen
dazu anstellen, ob der Antragsteller über Einkommen oder Vermögen
aus einer Erbschaft verfügt.[3] Dazu muss der Antragsteller mitwirken.
Unterlässt er dies, ist die vorläufige Leistungsversagung wie vorliegend
nach § 66 SGB I zulässig. Während eines laufenden Leistungsbezuges
wäre auch die die Entziehung der Leistung rechtmäßig gewesen.[4]

B.   Die wesentliche Änderung der Verhältnisse

7   So wie das Bestehen eines Sozialhilfeanspruches durch Verwaltungsakt
nach §§ 35 ff. SGB X konkretisiert und individualisiert wird,[5] so wird
der **Wegfall eines Anspruches** durch Verwaltungsakt festgestellt. Es
gelten aber Besonderheiten insoweit, als Regelsatzleistungen oder
sonstige regelmäßig anfallende **Leistungen nach SGB XII** erbracht

---

2 Vgl. LSG Sachsen-Anhalt v. 21.12.2011 – Az.: L 5 AS 182/11 B ER zum Verbrauch
   einer Erbschaft.
3 LSG Bayern v. 29.11.2010 – Az.: L 7 AS 822/10 B ER.
4 Vgl. hierzu z.B.: LSG Sachsen-Anhalt v. 19.1.2011 – Az.: L 5 AS 452/10 B ER.
5 Vgl. hierzu allgemein *Richter/Doering-Striening*, Das Sozialleistungsverhältnis
   oder: Zurück zu den Grundlagen, S. 42 ff.

werden. Trotz der Bezeichnung als „laufend", handelt es sich nicht um eine Dauerleistung,[6] es sei denn, die Einzelfallregelung des Leistungsträgers deutete auf den Erlass eines **Dauerverwaltungsaktes** („bis auf weiteres") hin.[7]

Oder es handelt sich um Grundsicherung nach §§ 41 ff. SGB XII. Für diese gilt § 44 SGB XII. Wegen des Leistungszeitraumes von regelhaft 12 Kalendermonaten ist der Bewilligungsbescheid über Grundsicherung von seiner Rechtsnatur her ein Dauerverwaltungsakt.[8] Dann gelten die allgemeinen Regeln des § 48 SGB XII bei wesentlicher Änderung der tatsächlichen oder rechtlichen Verhältnisse.[9] Der Sozialhilfeträger hebt die Leistungsbewilligung mit Wirkung für die Zukunft auf. In den Sonderfällen des § 48 Abs. 1 S. 2 SGB X – z.b. der Erzielung von leistungsschädlichem Einkommen oder Vermögen nach Antragstellung oder Erlass des Verwaltungsaktes – soll der Dauerverwaltungsakt mit Wirkung ab dem Zeitpunkt der Änderung aufgehoben werden. Zu Unrecht erbrachte Leistungen sind zu erstatten. Die Erstattung wird nach § 50 Abs. 3 SGB X durch Verwaltungsakt festgesetzt. 8

Im SGB II gelten die Sonderregeln des § 40 SGB II. § 40 Abs. 2 Nr. 3 SGB II verweist auf § 330 Abs. 3 S. 1 SGB III. Danach wird aus der Sollvorschrift des § 48 Abs. 1 S. 2 SGB X die Anordnung, dass ein Verwaltungsakt mit Wirkung ab dem Zeitpunkt der Änderung aufzuheben ist, wenn sich die Verhältnisse wesentlich geändert haben. 9

Hinweis 10
In Härtefällen soll die Möglichkeit bestehen, die Forderung zu stunden oder ggf. sogar zu erlassen.[10]

§ 40 Abs. 2 Nr. 4 SGB II i.V.m. § 331 SGB III berechtigt den Leistungsträger bei Kenntnis eines Sachverhaltes, aus dem sich ein geringerer Leistungsanspruch ergibt, zu einer **vorläufigen Leistungseinstellung ohne Erteilung eines Bescheides**, wenn der Bescheid mit Wirkung 11

---

6 Grube/*Wahrendorf*, SGB XII, Einl. Rn 102 ff.
7 Grube/*Wahrendorf*, SGB XII, Einl. Rn 103.
8 Grube/*Wahrendorf*, SGB XII, § 44 Rn 1.
9 Grube/*Wahrendorf*, SGB XII, § 44 Rn 3.
10 Grube/*Eicher/Greiser*, SGB XII, § 40 Rn 104.

für die Vergangenheit aufzuheben ist. Die Einstellung ist dem Hilfebezieher unverzüglich mitzuteilen, wenn die Kenntnis nicht auf seinen
Angaben beruht. Dem Hilfebezieher ist Gelegenheit zur Äußerung
zu geben. Mangels Verwaltungsaktes gilt § 39 SGB II, der Widerspruch
und Anfechtungsklage die aufschiebende Wirkung entzieht, nicht. Die
Leistungseinstellung wird als **Zurückbehaltungsrecht** begriffen.[11]

12   **Fallbeispiel 25: Die Erbin und die Internet-Informationen**
        1. Variante: Die erwerbsfähige, aber seit Jahren arbeits- und mittel-
        lose 56-jährige Tochter T hat nach ihrer Mutter (Sparguthaben
        8.400 EUR) geerbt. Das Sparguthaben wird „auf ihren Namen
        überschrieben". T hat sich im Internet über Schonvermögen infor-
        miert und fragt an, ob sie das Jobcenter informieren müsse, denn
        8.400 EUR entsprechen ihrem Schonvermögen nach § 12 SGB II.
        2. Variante: Die Tochter T ist dauerhaft erwerbsunfähig und be-
        zieht seit Jahren Grundsicherung nach §§ 41 ff. SGB XII.

13   In beiden Varianten ist die Erbschaft nur dann leistungsneutral, wenn
        sich im sozialhilferechtlichen Leistungsverhältnis nichts geändert hat.
        Wer Sozialleistungen beantragt oder erhält, hat nach § 60 SGB I
        – alle Tatsachen anzugeben, die für die Leistung erheblich sind
        – Änderungen in den Verhältnissen, die für die Leistung erheblich
          sind oder über die im Zusammenhang mit der Leistung Erklärun-
          gen abgegeben worden sind, unverzüglich mitzuteilen.

        Es besteht also grundsätzlich eine Mitteilungsverpflichtung der T, da
        der Sozialleistungsträger sonst die Rechtserheblichkeit des Zuflusses
        für die bewilligte Leistung nicht prüfen kann.

14   In der ersten Variante unterfällt die T als erwerbsfähige Hilfebeziehe-
        rin dem SGB II.[12] Nach § 40 SGB II gilt das SGB X, also vorliegend
        mit der Besonderheit von § 40 Abs. 2 Nr. 3 SGB II in Verbindung mit
        § 330 Abs. 3 SGB III. Die T muss die Angaben machen. Sie läuft Ge-
        fahr, dass das Jobcenter die Leistungen vorläufig einstellt. Der Zufluss
        einer „Erbschaft" (richtigerweise: von Mitteln aus einer Erbschaft) im
        Bewilligungszeitraum ist nach der Rechtsprechung des BSG Einkom-

---

11 Grube/*Eicher*/*Greiser*, SGB XII, § 40 Rn 121.
12 Vgl. hierzu z.B. LSG Sachsen-Anhalt v. 12.7.2011 – Az.: L 5 AS 230/11 B ER.

men und nicht Vermögen. Es gelten die §§ 11 ff. SGB II. Bei einer
einmaligen Einnahme gilt § 11 Abs. 3 SGB II. Die Einnahme wird im
Folgemonat berücksichtigt und auf 6 Monate gleichmäßig aufgeteilt.
Das entspricht 1.400 EUR monatlich und lässt den Leistungsanspruch
voraussichtlich entfallen, weil neben dem Lebensunterhalt und den
Kosten für Unterkunft und Heizung auch die Kosten von Kranken-
und Pflegeversicherung von T getragen werden müssen. Würde ein
Betrag übrig bleiben, könnte der zu Vermögen nach § 12 SGB II werden. Erst dann können Schonbeträge diskutiert werden.

In der zweiten Variante werden Leistungen nach §§ 41 ff. SGB XII   15
erbracht. Es gelten die allgemeinen Regeln des sozialhilferechtlichen
Verfahrensrechts, also auch § 60 SGB I. Es wird zur Aufhebung nach
§ 48 SGB X mit Wirkung für die Zukunft kommen, weil der Grundsi-
cherungsbescheid ein Dauerverwaltungsakt ist. Eine wesentliche
Änderung der Verhältnisse liegt vor, wenn die Änderung mindestens
15 % der Leistung ausmacht.[13] Mit Wirkung für den Zeitpunkt der
Änderung der Verhältnisse soll eine Aufhebung des Verwaltungsaktes
erfolgen, wenn nach § 48 Abs. 1 S. 2 Nr. 3 SGB X Einkommen oder
Vermögen erzielt worden ist, das zum Wegfall oder zur Minderung
des Anspruchs geführt haben würde. Der Zufluss von Sparvermögen
aus Erbschaft ist sozialhilferechtlich **Einkommen**, wenn es wie hier
während des Leistungsbezuges zufließt. Es gelten die §§ 82 ff.
SGB XII i.V.m. der DVO zu § 82 SGB XII. Eine einmalige Einnahme,
die nicht den Einkünften der DVO zu § 82 SGB XII zugeordnet werden kann, unterfällt § 8 der DVO zu § 82 SGB XII in Verbindung mit
§ 3 Abs. 3 DVO zu § 82 SGB XII. Es kommt zu einer Verteilung der
Einkünfte über einen angemessenen Zeitraum und damit auch insoweit zum Wegfall des Sozialhilfeanspruchs. Für Schontatbestände sind
Anhaltspunkte nicht ersichtlich.

C. Der von Anfang an rechtswidrige Bescheid

Verschweigt der Sozialhilfebezieher vor dem ersten oder nächsten Be-   16
willigungszeitraum, dass er über anzurechnende Mittel verfügt oder

---

13 Grube/*Wahrendorf*, SGB XII, § 44 Rn 3.

dass ihm solche Mittel zugeflossen sind, so ist der bewilligende Verwaltungsakt von Anfang an rechtswidrig und aufzuheben (§ 45 SGB X).

17   Im SGB II sind nach § 40 Abs. 2 Nr. 3 SGB II die Vorschriften über die Aufhebung von Verwaltungsakten nach § 330 Abs. 2, 3 S. 1 und 4 SGB III entsprechend anwendbar. Außerdem gilt § 40 Abs. 2 Nr. 4 SGB II i.V.m. § 331 SGB III. Der Leistungsträger kann also die Leistungen vorläufig einstellen.

18   Umsetzungsbeispiele aus der Praxis finden sich z.B. in der Wissensdatenbank der Bundesagentur.[14] Dort findet sich zu § 12 SGB II folgende Fragestellung:

> *„Ein im laufenden Leistungsbezug stehender Hilfebedürftiger erbt eine Eigentumswohnung, die von seiner verstorbenen Mutter bewohnt wurde. Er selbst ist Eigentümer einer Eigentumswohnung. Welche Auswirkungen hat diese geerbte Immobilie auf den Leistungsbezug?*
>
> *Bei der Erbschaft handelt es sich um eine **einmalige Einnahme** in Geldeswert, die der HB in der Bedarfszeit wertmäßig dazu erhält. Einmalige Einnahmen sind nach § 2 Abs. 4 S. 2 Arbeitslosengeld II/ Sozialgeld V ab dem auf den Zufluss folgenden Kalendermonat auf einen angemessenen Zeitraum anzurechnen.*
>
> *a) Verwertung der Immobilie*
> *Dem Hilfebedürftigen ist unverzüglich mitzuteilen, dass eine Berücksichtigung der geerbten Immobilie als **Einkommen** erfolgt. Er ist über die leistungsrechtlichen Konsequenzen zu informieren. Dies bedeutet nicht unbedingt, dass er die Immobilie sofort verkaufen muss, sondern es kommt auch eine Beleihung in Betracht (im Regelfall dürfte es problemlos möglich sein, ein Darlehen zur Sicherstellung des Lebensunterhaltes für die nächsten Monate zu erlangen – Immobilie als Sicherheit). Die Art der Verwertung bleibt dem Hilfebedürftigen überlassen.*
>
> *b) Anrechnung auf angemessenen Zeitraum.*
> *Der angemessene Zeitraum wird üblicherweise erst bestimmt werden können, wenn der Erlös aus der Verwertung der Immobilie*

---

14 Siehe http://wdbfi.sgb-2.de/.

bekannt ist (z.B. Verkehrswertgutachten). Ist bereits bei Zufluss der Erbschaft abzusehen, dass aus dem Verwertungserlös der Bedarf für mindestens 12 Monate gedeckt werden kann (Erfahrungswerte), ist die Entscheidung über die Leistungsbewilligung gemäß § 48 Abs. 1 Satz 2 Nr. 3 SGB X ab dem ersten Tag des Monats, der auf den Zufluss folgt, aufzuheben.

Ist der Verkehrswert (Verkaufserlös) der Immobilie noch zu ermitteln und damit der Zeitraum der Nicht-Hilfebedürftigkeit/ Anrechnung festzusetzen, ist die Leistungszahlung gem. § 40 Abs. 1 Nr. 2 SGB II i.V.m. § 331 SGB III vorläufig einzustellen. Der Hilfebedürftige ist zu informieren, dass die geerbte Immobilie als Einkommen berücksichtigt wird und er wegen der Wertermittlung zur Mitwirkung verpflichtet ist. Bis zu einer Verwertung kann auch auf vorhandenes Schonvermögen verwiesen werden.

Bei einer vorläufigen Zahlungseinstellung ist jedoch zu beachten, dass die Leistungen nachzuzahlen sind, soweit der Bewilligungsbescheid zwei Monate nach der vorläufigen Zahlungseinstellung nicht mit Wirkung für die Vergangenheit aufgehoben ist. Die Wertermittlung muss daher in dieser Zeit abgeschlossen sein. Die Zwei-Monats-Frist beginnt mit dem ersten Tag, für den keine Leistungen mehr gewährt werden, in der Regel somit ab Beginn des Folgemonats, der auf die Zahlungseinstellung folgt (§ 41 Abs. 1 Satz 4 SGB II).

c) Darlehensgewährung

Wenn weder Schonvermögen vorhanden noch eine kurzfristige Verwertung möglich ist, können Leistungen in analoger Anwendung des § 24 Abs. 5 SGB II zunächst als Darlehen weiter gewährt werden. "

Die Normen zur Einkommensanrechnung kennen – anders als die Normen zum Vermögenseinsatz – Darlehensvorschriften bei fehlender „Verzehrbarkeit" des normativ bestimmten Einkommens (Immobilien/Gegenstände) nicht. Das ist keine gesetzgeberische Lücke, sondern ergibt sich aus der Natur der Sache. Eigentlich ist eine Immobilie eben kein „Einkommen". Es ist m.E. nach daher auch nicht zulässig, eine Analogie zu bilden. Solange das „Einkommen" in einer Immobilie gebunden und nicht eins zu eins zur Bedarfsdeckung zur Verfügung steht, stehen keine bereiten Mittel zur Verfügung.

19

20 Im SGB II kommt es darüber hinaus noch zu einer Besonderheit. Nach § 33 SGB II geht ein Anspruch von Gesetzes wegen über (**Legalzession**), wenn der Leistungsbezieher für die Zeit, für die Leistungen erbracht werden, einen Anspruch gegen einen anderen hat, der nicht Leistungsträger ist. Der Anspruch geht bis zur Höhe der geleisteten Aufwendungen über, wenn bei rechtzeitiger Leistung des Anderen Leistungen zur Sicherung des Lebensunterhalts nicht erbracht worden wären. Auf die Übertragung einer Forderung kraft Gesetzes finden nach § 412 BGB die Vorschriften der §§ 399–404 und §§ 406–410 BGB entsprechende Anwendung. Damit tritt der Sozialhilfeträger an die Stelle des erbrechtlich Begünstigten und dieser **verliert** seine **Aktivlegitimation**. Er muss nach § 407 BGB allerdings Leistungen und jedes Rechtsgeschäft, das der Schuldner nach Anspruchsübergang vorgenommen hat, gegen sich gelten lassen, es sei denn, dass er beim Erwerb der Forderung von dem Anspruchsübergang Kenntnis hatte oder dass diese Forderung erst nach der Erlangung der Kenntnis und später als die übergegangene Forderung fällig geworden ist.

21 Da streitig ist, ob § 33 SGB II voraussetzt, dass die Leistungen rechtmäßig erbracht worden sein müssen, kommt es zu „**Störfallkonkurrenz**" zwischen § 40 SGB II und § 33 SGB II. Es soll dem Leistungsträger freigestellt sein, ob er im Falle rechtswidrig erbrachter Leistungen vom Empfänger Erstattung zu fordern oder aus übergegangenem Recht vorzugehen hat.

22 Für Fälle des SGB XII gilt § 45 SGB X unmittelbar. Eine Sonderregel wie in § 40 SGB II existiert nicht.

23 Wenn der Verwaltungsakt aufgehoben wird, sind bereits erbrachte Leistungen nach § 50 SGB X zu erstatten. Das gilt auch, wenn Leistungen zu Unrecht ohne Verwaltungsakt erbracht wurden. Dies geschieht durch schriftlichen Verwaltungsakt, der mit dem aufhebenden Verwaltungsakt verbunden werden soll. Es gilt eine Verjährungsfrist von 4 Jahren nach Ablauf des Kalenderjahres, in dem der Festsetzungsbescheid unanfechtbar geworden ist.

D. Widerspruch und Klage

Gegen die Ablehnung der Bewilligung oder gegen die Aufhebung der   24
Bewilligung ist der **Widerspruch** zulässig.[15] Das Widerspruchsverfahren ist in den §§ 77 ff. SGG geregelt. Diese sind gemäß § 62 SGB X
gegenüber den §§ 68 ff. VwGO vorrangig, sofern der Sozialrechtsweg
für eine Sachmaterie des § 51 SGG einschlägig ist.

Sozialhilferechtliche Streitigkeiten sind seit dem 1.1.2005 durch §§ 51
Abs. 1 Nr. 4a und Nr. 6a SGG an die **Sozialgerichte** verwiesen.

Im Sozialrecht wird bei Versagung der Leistung auf Aufhebung des   25
Verwaltungsaktes und unmittelbar auf Leistung geklagt, wenn auf die
Leistung ein Anspruch besteht. Bei der kombinierten **Anfechtungs-
und Leistungsklage** (§ 54 Abs. 1 und 4 SGG) ist Streitgegenstand die
Behauptung des Klägers, er habe einen Anspruch auf Aufhebung des
angefochtenen Verwaltungsaktes, weil dieser rechtswidrig sei und ihn
in seinen Rechten verletze, und er habe ferner einen Anspruch auf die
geltend gemachten Leistungen.[16] Eine **Verpflichtungsklage** kommt in
Betracht, wenn die beanspruchte Leistung im Ermessen steht.

Für die reine **Anfechtungsklage** ist Raum, wenn es darum geht, dass   26
der Kläger geltend macht, er habe einen Anspruch auf Aufhebung des
angefochtenen Verwaltungsaktes, weil dieser rechtswidrig sei und ihn
in seinen Rechten verletze. Das kann der Fall sein, wenn der Anspruch
wegen wesentlicher Änderung der Verhältnisse neu festgestellt und
Leistungen entzogen wurden. Das kann aber auch der Fall sein, wenn
in SGB XII-Fällen der Leistungsträger den Übergang eines Anspruches gegen einen Dritten durch **Überleitung** nach § 93 SGB XII bewirkt oder hoheitlich **Auskunftsansprüche** nach § 117 SGB XII, § 60
SGB II geltend macht. Auch gegen einen Versagensbescheid mangels
Mitwirkung nach § 60 SGB I ist die Anfechtungsklage die richtige
Klageart. Über das Angreifen des Versagensbescheides hinaus gibt es

---

15 Muster bei *Kummer*, Formularbuch des Fachanwalts Sozialrecht, S. 1006 ff.,
    1017 ff.
16 Muster bei *Kummer*, Formularbuch des Fachanwalts Sozialrecht, S. 130 ff.

in der Regel kein Rechtsschutzinteresse für eine gerichtliche Entscheidung.[17]

27   Das **Finalitätsprinzip** gilt auch im Prozessrecht. Einstweiliger Rechtsschutz ist lückenlos und zeitnah zu gewährleisten.[18]

28   **Widerspruch** und **Anfechtungsklage** haben in SGB II-Fällen nach § 39 SGB II **keine aufschiebende Wirkung** gegen einen Verwaltungsakt, der Leistungen der Grundsicherung für Arbeitsuchende aufhebt, zurücknimmt, widerruft oder die Pflichtverletzung und die Minderung des Auszahlungsanspruchs feststellt oder den Übergang eines Anspruchs bewirkt. § 39 SGB II findet keine Anwendung auf die Rückforderung von Leistungen.[19] Die vorläufige Zahlungseinstellung nach § 40 Abs. 2 Nr. 4 SGB II i.V.m. § 331 SGB II ist kein Verwaltungsakt. § 39 SGB II findet auch insoweit keine Anwendung.[20]

29   Nach § 86b Abs. 1 Nr. 3 SGG kann das Gericht der Hauptsache auf Antrag in den Fällen, in denen Widerspruch oder Anfechtungsklage keine aufschiebende Wirkung haben, die aufschiebende Wirkung ganz oder teilweise anordnen.[21]

30   **Fallbeispiel 26: Das vorbehaltene Wohnungsrecht und der Tod der Mutter**
E (Bezieher von SGB II-Leistungen seit 2009) ist seit 2007 Eigentümer einer Wohnung, die ihm seine Eltern durch notariellen Schenkungsvertrag übertragen hatten. Sie behielten sich ein lebenslängliches, dinglich gesichertes Wohnungsrecht an der Wohnung vor. Nach dem Tod des letzten Elternteils in 2012 hob das Job-center die Bewilligung von Arbeitslosengeld II unter Berufung auf § 48 Abs. 1 S. 2 SGB X auf. E sei nicht hilfebedürftig i.S.v. § 9 SGB II, da er über eine verwertbare, unbelastete Immobilie verfüge. E legt

---

17   *Kummer*, Formularbuch des Fachanwalts Sozialrecht, S. 70 f.
18   BVerfG v. 12.5.2005 – Az.: 1 BvR 569/05; Berlit/*Siebel-Huffmann*, Existenzsicherungsrecht, Teil I, Kapitel 9 Rn 16.
19   Eicher/*Greiser*, SGB II, § 39 Rn 17.
20   Eicher/*Greiser*, SGB II, § 39 Rn 19.
21   Muster bei *Kummer*, Formularbuch des Fachanwalts Sozialrecht, S. 898 ff.; vgl. z.B. LSG Sachsen-Anhalt v. 12.7.2011 – Az.: L 5 AS 230/11 B ER.

Widerspruch ein. Eine Verwertung der Immobilie sei unzumutbar und sinnlos. Er beabsichtige eine Vermietung der Immobilie, da es sich um eine reine Altersvorsorge handele. Alternativ könne er die Wohnung selbst nutzen.[22]

Widerspruch und Anfechtungsklage gegen die aufhebende Entschei- 31 dung des Leistungsträgers haben keine aufschiebende Wirkung. Einstweiliger Rechtsschutz kann nur über den Antrag auf Anordnung der aufschiebenden Wirkung erreicht werden. Bei der Entscheidung über die Anordnung der aufschiebenden Wirkung hat das Gericht eine Abwägung dem Interessen vorzunehmen. Das Aussetzungsinteresse steht dem Vollzugsinteresse gegenüber. Es gilt ein Regel-/Ausnahmeverhältnis. In der Regel überwiegt das Vollzugsinteresse des Leistungsträgers. Das Aussetzungsinteresse überwiegt das Vollzugsinteresse, wenn mehr gegen als für die Rechtmäßigkeit des angefochtenen Verwaltungsaktes spricht.

Vorliegend ist durch das Erlöschen des Wohnungsrechts aus einer bis 32 dato unverwertbaren Immobilie nach § 12 SGB II eine verwertbare Immobilie geworden, da sie nicht selbst bewohnt ist. Ob man eine Immobilie abstrakt durch Einzug ins Schonvermögen umwandeln kann (vgl. hierzu § 2 Rn 217 ff.) oder ob ihre Verwertung eine Härte darstellt, solange man nicht eingezogen ist, ist bisher nicht geklärt. Ebenso ist nicht geklärt, ob andere Schonvermögenstatbestände des § 12 SGB II greifen. Für das Ergebnis des einstweiligen Rechtsschutzes kommt es darauf an, ob dem Hilfebezieher „bereite Mittel" zur Verfügung stehen oder nicht. Wenn eine Veräußerung noch nicht möglich ist und auch auf anderem Weg keine Mittel zu beschaffen sind – z.B. durch Beleihung oder die Verwertung anderen an sich geschonten Vermögens – ist die Aufhebung des Leistungsbescheides mutmaßlich rechtswidrig und das Aussetzungsinteresse überwiegt.

Für den Antrag auf Erlass einer **einstweiligen Anordnung** gilt § 86b Abs. 2 SGG. Gemäß § 86b Abs. 2 S. 2 SGG kann das Gericht der Hauptsache auf Antrag eine einstweilige Anordnung zur Regelung eines vorläufigen Zustandes in Bezug auf ein streitiges Rechtsverhältnis treffen, wenn eine solche Regelung zur Abwendung wesentlicher

---

22 Nach LSG NRW v. 3.8.2012 – Az.: L 19 AS 1289/12 B ER.

Nachteile notwendig erscheint. Der Erlass setzt voraus, dass ein **Anordnungsanspruch** besteht, d.h. ein materieller Anspruch, für den vorläufigen Rechtsschutz begehrt wird. Außerdem muss ein **Anordnungsgrund** vorliegen. Es muss bei Abwägung aller betroffenen Interessen unzumutbar sein, die Entscheidung in der Hauptsache abzuwarten. Anordnungsanspruch und Anordnungsgrund sind glaubhaft zu machen (§ 86b Abs. 2 S. 4 SGG i.V.m. § 920 ZPO). Können ohne die Gewährung vorläufigen Rechtsschutzes schwere und unzumutbare, anders nicht abwendbare Beeinträchtigungen entstehen, die durch das Hauptsacheverfahren nicht mehr zu beseitigen wären, sind die Erfolgsaussichten der Hauptsache nicht nur summarisch, sondern abschließend zu prüfen. Wenn eine vollständige Aufklärung der Sach- und Rechtslage im Eilverfahren ausscheidet, ist auf der Grundlage einer an der Gewährleistung eines effektiven Rechtsschutzes orientierten Folgenabwägung zu entscheiden. Die **grundrechtlichen Belange der Antragsteller** sind dabei umfassend in die Abwägung einzustellen.[23]

33   Wenn ein Erbe die erforderlichen und ihm ohne Weiteres möglichen Schritte zum Antritt des Erbes einleiten kann, kann ein Anordnungsanspruch fehlen.[24] Vorliegend geht es nicht um den Antritt des Erbes, sondern um die Verwertbarkeit einer Wohnung aus einer früheren Schenkung. Dazu ist die Rechtsfrage zu klären, ob der bisherige Hilfebezieher den Schutz seines Vermögens beeinflussen und für sich reklamieren kann. Im Hinblick auf eine Entscheidung des BSG[25] scheint dies möglich. Dann wäre ein Anspruch auf Fortzahlung von Leistungen gegeben. Der Verlust eines Vermögensgegenstandes, der „ein Dach über dem Kopf" bietet, berührt den Elementarbedarf eines Menschen. Dagegen steht, dass sein Bedarf durch Vermietung oder Selbstnutzung gemindert wird, was auf jeden Fall eine Leistungsreduzierung rechtfertigt, ab dem Zeitpunkt, ab dem der Bedarf tatsächlich gemindert wird.

---

23 BVerfG NVwZ 2005, 927, Rn 18 ff.
24 Vgl. LSG Niedersachsen-Bremen v. 13.12.2012 – Az.: L 15 AS 156/12 B ER; v. 20.8.2013 – Az.: L 15 AS 46/13 B ER RG; LSG Bayern v. 24.11.2011 – Az.: L 7 AS 832/11 B ER.
25 BSG v. 25.3.1999 – Az.: B 7 Al 28/98 R.

§ 5 Der Sozialhilferegress in der anwaltlichen Praxis

A. Der Sozialhilferegress und der vorbereitende Auskunftsanspruch

Den Begriff des Sozialhilferegresses kennen weder das SGB XII noch 1
das SGB II. SGB XII und SGB II kennen nur die Verpflichtungen
anderer (§§ 93 ff. SGB XII und §§ 33 ff. SGB II) und Maßnahmen, mit
denen eine vorläufige Hilfegewährung möglich gemacht bzw. „repariert" wird. In der anwaltlichen Beratungs- und Vertretungspraxis haben die Fragen rund um
– die Darlehensgewährung
– den Rückgriff des Sozialhilfeträgers auf Ansprüche des Hilfeempfängers
– Kostenersatz
– die Leistungskürzung
– die Erbenhaftung
zunehmend größere Bedeutung.

Dem Sozialhilfeträger steht zur Realisierung der Regressansprüche ein 2
Auskunftsanspruch zu. Nach § 117 SGB XII haben die Kostenersatz-
pflichtigen dem Träger der Sozialhilfe über ihre Einkommens- und
Vermögensverhältnisse Auskunft zu geben, soweit die Durchführung
des SGB XII es erfordert. Damit wird eine gesetzliche Lücke bei den
Personen, die eigentlich nicht leistungsberechtigt sind und deshalb
keiner Auskunftspflicht nach § 60 SGB I unterliegen, geschlossen.

Das Auskunftsverfahren nach § 117 SGB X bildet eine Vorstufe zu 3
den Rückgriffsregelungen der §§ 93, 102 SGB XII und ist Ausdruck
des in § 2 SGB XII normierten Grundsatzes des Nachrangs der Sozialhilfe. Dem Recht des Hilfeträgers Auskunft zu verlangen steht die
Pflicht zur Auskunftserteilung in den verfassungsrechtlichen Grenzen,
die das Bundesverfassungsgericht durch das Recht zur informatio-
nellen Selbstbestimmung gezogen hat, gegenüber.[1]

---

1 LSG Bayern v. 28.1.2014 – Az.: L 8 SO 21/12 v. 28.1.2014.

4   Die Parallelregelung für das SGB II findet sich in § 60 Abs. 2 SGB II. Wer jemandem, der eine Leistung nach SGB II beantragt hat oder bezieht, zu Leistungen verpflichtet ist, die geeignet sind, Leistungen nach diesem Buch auszuschließen oder zu mindern, oder wer für ihn Guthaben führt oder Vermögensgegenstände verwahrt, hat der Agentur für Arbeit auf Verlangen hierüber – sowie über damit im Zusammenhang stehendes Einkommen oder Vermögen – Auskunft zu erteilen, soweit es zur Durchführung der Aufgaben erforderlich ist.[2] Materiell-rechtliche Ansprüche bleiben davon unberührt.

B.   Der „Rückgriff" des Sozialleistungsträgers im SGB XII

I.   Die Darlehensgewährung im SGB XII

5   Nach der Entstehungsgeschichte des BSHG bzw. des SGB XII und nach dessen Normen ist es nicht zulässig, Sozialhilfe ganz allgemein in Form eines Darlehens zu gewähren.[3] Eine Hilfe beanspruchende Person, die nicht über „bereite" Mittel verfügt, hat einen Anspruch darauf, Sozialhilfe als Zuschuss zu erhalten.

6   Wenn ein Leistungsberechtigter Einkommen/Vermögen vorzeitig verbraucht hat oder nicht sofort Zugriff auf diese Mittel hat, verstößt die pauschale Versagung von Leistungen ebenfalls gegen die allgemein geltenden Strukturprinzipien des SGB XII.[4] Das Nachrangprinzip gebietet aber, dass dadurch keine endgültigen Fakten geschaffen werden. Ein Mittel, um dieses Ziel zu erreichen, ist die Darlehensgewährung an den Anspruchsteller, die aber nur aufgrund einer spezialgesetzlichen Rechtsgrundlage zulässig ist. Dazu gehören im SGB XII u.a.
– das ergänzende Darlehen nach § 37 SGB XII
– das Darlehen bei vorübergehender Notlage nach § 38 SGB XII

---

2 Vgl. z.B.: LSG Sachsen v. 8.5.2014 – Az.: L 3 AS 518/12.

3 BVerwGE 47, 103 Rn 24; BVerwGE 32, 89 Rn 21 f., *Rothkegel*, Sozialhilferecht, Kapitel 7 Rn 2.

4 Berlit/*Siebel-Hufmann*, Existenzsicherungsrecht, Kapitel 9 Rn 82 ff.; Berlit/*Pattar*, Existenzsicherungsrecht, Kapitel 10 Rn 28 ff.

– das Darlehen im Rahmen der „Soweit"-Prüfung des § 90 Abs. 3
  SGB XII für Vermögen
– das Darlehen nach § 91 SGB XII.

1. Darlehen bei vorzeitig verbrauchten Mitteln – § 37 SGB XII?

§ 37 SGB XII ermöglicht Darlehensleistungen, wenn ein von den **Re-**   7
gelbedarfen umfasster Bedarf nicht gedeckt werden kann. § 37
SGB XII gilt nach § 42 Nr. 5 SGB XII für Leistungen der Grundsicherung entsprechend. Die Bedarfsdeckung muss unabweisbar geboten
sein und auf keine andere Art gedeckt werden können.

Die Tendenz, Mittel aus Erbfall, Schenkung oder sonstigen Zuflüssen   8
zu „verprassen" (Fallbeispiel 10[5] siehe § 1 Rn 275 ff.), ist in der Praxis
aus nachvollziehbaren Gründen gegeben. Aufgrund des **Bedarfsde-**
ckungs- und des Faktizitätsprinzips muss der „Verschwender" trotz
alledem Sozialhilfeleistungen erhalten.[6] Fraglich ist, ob für diesen Fall
die erneut zu erbringende Hilfe nur **darlehensweise** erfolgen kann.
§§ 37, 38 SGB XII erfassen diesen Sachverhalt nicht und scheiden aus.
Nach einer Auffassung in der Literatur soll in einem solchen Fall aber
nur darlehensweise geleistet werden.[7]

Das BSG lehnt dies ab und geht von Zuschussleistungen mit nachfol-   9
genden Kostenersatzansprüchen aus.[8] Die Entscheidung ist allerdings
zum SGB II ergangen und das BSG hat ausgeführt, dass beim „Verprassen" von Mitteln kein Fall von Darlehensgewährung bei **zu er-**
wartendem Einkommen vorliege. Deshalb müsse die Leistung als
Zuschuss erbracht werden. Die Auffassung des BSG ist auch auf die
Fälle des SGB XII übertragbar, da es keine Norm im SGB XII gibt,
die für einen solchen Fall ausdrücklich Darlehensleistungen anordnet.
Diese Fallgestaltung ist damit eine typische Fallgestaltung für den
Sozialhilferegress in der Form des § 103 SGB XII.

---

5 Nachgebildet BSG v. 12.12.2013 – Az.: B 14 AS 76/12R, Rn 12.
6 BSG v. 12.12.2013 – Az.: B 14 AS 76/12R, Rn 12; LSG Sachsen-Anhalt NZS 2014,
   875.
7 Berlit/*Pattar*, Existenzsicherungsrecht, C. Kapitel 10 Rn 28.
8 BSGE 112, 229 Rn 19; BSG v. 12.12.2013 – Az.: B 14 AS 76/12R, Rn 12.

2. Darlehen bei kurzfristig nicht zu verbrauchendem oder zu verwertendem Vermögen – § 91 SGB XII

10 Für Fragen, wie sie sich ansonsten typischerweise im Zusammenhang mit Schenkung und Mitteln aus Erbfall stellen, spielen die Darlehensmöglichkeiten nach §§ 37, 38 SGB XII keine Rolle. Hauptanwendungsfall der Darlehensgewährung ist § 91 SGB XII. Dazu ist vorab eine systematische Ein- und Zuordnung von § 91 SGB XII notwendig.

11 Ausgangspunkt der Fragen zur Darlehensgewährung bei Erbfall und Schenkung ist die Antwort auf die Frage, warum dem Hilfesuchenden keine „bereiten" Mittel zur Verfügung stehen. Fehlt es an Einkommen? Oder fehlt es an Möglichkeiten zum Einsatz oder zur „Versilberung" des Vermögens?

Eine ausdrückliche Darlehensregelung, die angewendet werden könnte, wenn **Einkommen** nicht zur Verfügung steht, kennt das SGB XII nicht. Sie würde auch nicht zur Theorie des BSG passen, dass alles, was im Bedarfszeitraum zufließt, Einkommen ist.

12 Die Qualifizierung einer „Erbschaft" als Einkommen oder Vermögen – je nach Erbfall- und Bedarfszeitpunkt – führt dazu, dass eine Erbschaft Einkommen, aber zumindest vorübergehend, nicht verwertbar sein kann. Die Anwendung der Vorschriften der §§ 82 ff. SGB XII setzt aber zwingend voraus, dass das Einkommen real und zur Bedarfsdeckung zur Verfügung steht.

13 Das macht es notwendig, das Problem fehlender Darlehensregelungen für „noch nicht verwertbare" Einkünfte im Sinne des SGB XII zu umschiffen. Die Bundesagentur für Arbeit hat sich im Rahmen des SGB II für eine analoge Anwendung der Darlehensregel des § 24 Abs. 5 SGB II entschieden.[9] Die Kommentarliteratur zum SGB XII bejaht deshalb z.T. eine analoge Anwendung von § 91 SGB XII,[10] wenn dem aus Erbfall Begünstigten gegenständliche Werte „zufließen", die erst noch „versilbert" werden müssen, um zur Bedarfsdeckung eingesetzt werden zu können.

---

9 *Brühl/Hoffmann* (Hrsg.), Durchführungshinweise der Bundesagentur für Arbeit, § 11 Rn 11.80.

10 So Bieritz-Harder/*Geiger*, LPK-SGB XII, § 82 Rn 9.

Für eine analoge Anwendung des § 91 SGB XII gibt es eigentlich   14
aber keine Gründe, denn das Problem entsteht nicht aufgrund eines
gesetzgeberischen Fehlers oder Mangels, sondern aufgrund einer Abgrenzung zwischen Einkommen und Vermögen, die erst durch die
Rechtsprechung entstanden ist.

Das BSG umschifft deshalb auch dieses Problem und hat in einer   15
Entscheidung zum SGB II dargelegt, dass **eine Erbschaft** erst dann als
Einkommen zu berücksichtigen ist, wenn sich der wertmäßige Zufluss
bei dem Betroffenen realisiert, und die Erbschaft somit als bereites
Mittel zur Verfügung steht. Der wertmäßige Zuwachs mindert erst
dann den Bedarf, wenn die Einnahme dem Hilfebedürftigen tatsächlich zur Deckung seines Bedarfs real zur Verfügung steht.[11] Solange
muss von einer Zuschussleistung ausgegangen werden.[12] Bezogen auf
§ 91 SGB XII, der ausschließlich zur Anwendung kommt, wenn es
um **Vermögen** geht, das dem Hilfesuchenden nicht als „bereites" Mittel zur Verfügung steht, ist das richtig.

Die Praxis ist damit nicht zufrieden gestellt, weil dies bedeutet, dass   16
dem erbrechtlich Begünstigten, der seine „Erbschaft" nicht sofort versilbern kann, weiterhin Mittel als Zuschuss zur Verfügung gestellt
werden. Werden die Mittel realisiert, fällt der Hilfebedürftige ohne
weitere Konsequenzen aus dem Sozialhilfebezug heraus. Der richtige
Weg, um dies zu verhindern, ist es, Ansprüche **des Hilfeempfängers
gegen Dritte** nach § 93 SGB XII überzuleiten. Soweit es darum geht,
werthaltige Rechte (z.B. das Eigentum an einer Immobilie) zu verflüs-
sigen, könnte eine Darlehensgewährung nur dann in Betracht kommen, wenn sich Einkommen in Vermögen umwandeln würde. (vgl.
dazu § 1 Rn 93 ff.).

Soweit nach § 90 SGB XII für den Bedarf der nachfragenden Person   17
Vermögen einzusetzen ist, jedoch
– der sofortige Verbrauch oder die sofortige Verwertung des Vermögens nicht möglich sind

---

11 BSG NJW 2012, 2911; LSG NRW v. 23.1.2014 – Az.: L 7 AS 2169/12 (nrkr.).
12 In diesem Sinne wohl auch Berlit/*Meßling/Sartorius*, Existenzsicherungsrecht, A.
     Kapitel 20.

– der sofortige Verbrauch oder die sofortige Verwertung des Vermögens für den, der es einzusetzen hat, eine Härte bedeuten würde soll die Sozialhilfe als Darlehen gewährt werden.

18   Das setzt voraus, dass die Vermögensqualität und alle Schontatbestände des § 90 SGB XII bereits geprüft wurden (vgl. § 2 Rn 82 ff.). Dazu gehört zunächst die Prüfung der **zeitlichen Dimension der Verwertbarkeit** des dem Grunde nach verwertbaren Vermögens. Sie muss zwingend geprüft werden. Eine darlehensweise Gewährung von Leistungen scheidet aus, wenn in dem Zeitpunkt, in dem die Darlehensgewährung erfolgen soll, **bis auf weiteres nicht absehbar** ist, ob der Hilfesuchende einen wirtschaftlichen Nutzen aus dem Vermögen wird ziehen können.[13]

19   Anfänglich hat sich das BSG damit begnügt, von „nicht absehbarer Zeit" zu sprechen. Eine generelle Unverwertbarkeit liegt danach vor, wenn völlig ungewiss ist, wann eine für die Verwertbarkeit notwendige Bedingung eintritt. Das ist z.B. bei einer mit einem Nießbrauchsrecht belasteten Immobilie der Fall, bei dem der Nießbrauch erst mit dem Tod des Berechtigten erlischt und dieser noch sehr jung ist[14] (Fallbeispiel siehe § 1 Rn 239). Ist der Tod des Berechtigten aber absehbar, nimmt die Praxis eher kein andauerndes Verwertungshindernis an oder geht wie das SG Aachen davon aus, dass bei der Hilfe zur Pflege für eine alte Dame keine Prüfung innerhalb eines Verwertungszeitraumes vorzunehmen ist.[15] Im SGB II nimmt die Bundesagentur für Arbeit dauernde Unverwertbarkeit an, „wenn bei fehlender Zustimmung eines Miterben zum Verkauf einer nicht selbstgenutzten Immobilie bei Erbengemeinschaft die fehlende Verwertbarkeit nicht in der Verantwortung des Leistungsberechtigten liegt" oder bei „tatsächlich späterem Zufluss von Vermächtnissen".[16]

20   Was „nicht absehbar" bedeutet, muss letztlich im Wege einer **Prognoseentscheidung** ermittelt werden. Die Tendenz des BSG geht dahin,

---

13   BSGE 99, 248 Rn 15.
14   BSGE 99, 248 Rn 15.
15   SG Aachen MittBayNot 2013, 419 m. Anm. *Grziwotz.*
16   *Brühl/Hoffmann*, Durchführungshinweise der Bundesagentur für Arbeit, § 12 Rn 12.9.

diesen Begriff zunehmend restriktiv zu füllen. Maßgebend für die Prognose, ob und ggf. welche Verwertungsmöglichkeiten bestehen, ist im Regelfall der Zeitraum, für den Leistungen bewilligt werden, also regelmäßig der sechsmonatige Bewilligungszeitraum für Leistungen zur Sicherung des Lebensunterhalts nach dem SGB II. Im SGB XII sind es für die Grundsicherung nach § 44 SGB XII 12 Monate, im Übrigen gilt im SGB XII das Monatsprinzip. Falls es an einer Möglichkeit zur Verwertung des zu berücksichtigenden Vermögens in diesem Zeitraum fehlt, besteht Hilfebedürftigkeit. Dass eine Übertragung dieser Rechtsprechung auf das SGB XII – speziell § 91 SGB XII – nicht möglich wäre, ist nicht ersichtlich.

Dann sind auf Antrag darlehensweise Leistungen zu erbringen.[17] Verlängerungen der darlehensweisen Gewährung sind ggf. möglich.

Die erste Möglichkeit der Gewährung von Sozialhilfe als Darlehen ist   21
im Rahmen der Vermögensprüfung nach § 90 Abs. 3 SGB XII möglich (vgl. dazu §1 Rn 26, 156; §2 Rn 114). Erst dann schließt sich die Prüfung der Darlehensgewährung nach § 91 SGB XII an.

Die **Unmöglichkeit** des sofortigen Verbrauchs oder der sofortigen   22
Verwertung besteht bei **vorübergehender wirtschaftlicher oder rechtlicher Unmöglichkeit** (§ 91 S. 1 1. Alt. SGB XII), z.B. bei
– Schwierigkeiten bei der Verwertung eines Erbteils
– der Verwertung einer mit einem Nießbrauch oder einem Wohnungsrecht belasteten Immobilie
– der Veräußerung eines zugewendeten oder geerbten Gegenstandes, der am Markt schwer verkäuflich ist.

Der Tatbestand knüpft an die Eigenschaften des Vermögensgegenstands an.

§ 91 SGB XII ermöglicht die Gewährung eines Darlehens auch, wenn   23
die Verwertung für den Vermögensinhaber eine **Härte** darstellen würde. Da die Härtefallprüfung des § 90 Abs. 3 SGB XII schon einmal durchlaufen wurde, umfasst der in § 91 SGB XII genannte Begriff der Härte eine **andere Härte** als diejenige des § 90 Abs. 3 SGB XII.[18] Der

---

17 BSG v. 20.2.2014 – Az.: B 14 AS 10/13 R Rn 32.
18 Grube/*Wahrendorf*, SGB XII, § 91 Rn 8.

Tatbestand knüpft an die Person des Hilfesuchenden an. Die Annahme einer Härte erfordert **außergewöhnliche Umstände des Einzelfalls**, die dem Betroffenen ein deutlich größeres Opfer abverlangen als eine einfache Härte und erst recht als die mit der Vermögensverwertung stets verbundenen Einschnitte.

3. Darlehensmodalitäten

24 In welcher **Form** der Leistungsträger über das Darlehen entscheidet, steht ihm frei. Er kann in der Form des **öffentlich-rechtlichen Vertrages** des § 53 SGB X oder des **Verwaltungsaktes** entscheiden.[19] Für Streitigkeiten ist der Sozialrechtsweg gegeben.

Die Leistungserbringung kann davon abhängig gemacht werden, dass der Rückzahlungsanspruch dinglich oder auf andere Weise gesichert wird, § 64 SGB X (zu den Einzelheiten vgl. nachfolgend Rn 108 ff.).

25 Die darlehensweise Gewährung findet ihre **Grenze** im Wert des Vermögensgegenstandes, weil auch der bedürftig ist, der sein Vermögen verwertet hat. Verwertet hat sein Vermögen in der Regel, wer sein Grundstück bis zur Höhe des Verkehrswertes belastet hat. Soweit die Darlehenssumme den Wert des Vermögensgegenstandes übersteigt, kann der Darlehensnehmer bei Rückforderung des Darlehens den Einwand der zulässigen Rechtsausübung erheben. Das gilt selbst dann, wenn die Darlehnsgewährung durch bestandskräftig gewordenen Verwaltungsakt bindend geworden ist.[20] Wenn sich der Sozialhilfeträger aus Härtegründen zur Gewährung von Darlehen zur Erhaltung des „Dachs über dem Kopf" entschieden hat, kann bei unveränderten Verhältnissen eine Immobilie bis ans Lebensende eines Bedürftigen als Familienheim dienen. Bei (sozialhilferechtlich) unveränderten Verhältnissen kann der Sozialhilfeträger dann die Rückzahlung des Darlehens mit der möglichen Folge der Vollstreckung in das Grundstück aufgrund der zu bestellenden Sicherungshypothek nicht verlangen.[21]

---

19 Grube/*Wahrendorf*, SGB XII, § 91 Rn 10 ff.
20 Grube/*Wahrendorf*, SGB XII, § 91 Rn 14.
21 BVerwGE 47,103 Rn 27.

Zu beachten ist, dass § 91 SGB XII ausdrücklich keine Ermächtigungs-   26
grundlage für die **Verzinsung** der Rückzahlung des Darlehens enthält.
Sie ergibt sich auch nicht aus anderen Normen.[22] Verzugszinsen und
Prozesszinsen sind nach allgemeinen Regeln zulässig.

In der Vergangenheit sind häufig Zinsen für die Darlehensgewährung
durch den Sozialhilfeträger vereinbart worden. Bei der Zinsforderung
handelt es sich um eine eigenständige, von der darlehensweisen Bewilligung der Sozialhilfe abtrennbare Verfügung. Das Sozialrecht kennt
die Durchbrechung bestandskräftiger Verwaltungsakte. Nach § 44
Abs. 2 S. 2 SGB X kann außer in den Fällen des Abs. 1 ein rechtswidriger nicht begünstigender Verwaltungsakt – auch nachdem er unanfechtbar geworden ist – ganz oder teilweise mit Wirkung für die Vergangenheit zurückgenommen werden. In der Regel wird die belas-
tende Verfügung mit Wirkung für die Vergangenheit zurückzunehmen
sein, sodass im Rahmen des Folgenbeseitigungsanspruchs (§ 131
Abs. 1 S. 1 SGG) die rechtswidrig vereinbarten und gezahlten Zinsen
zu erstatten sind.[23]

Für die Rückzahlung von Darlehen können nach § 37 Abs. 4 SGB XII   27
von den monatlichen Regelsätzen Teilbeträge bis zur Höhe von 5 %
der Regelbedarfsstufe 1 nach der Anlage zu § 28 SGB XII einbehalten
werden.

Hinweis
Die darlehensweise Gewährung hat deutliche Nachteile. Der Bezug
von Sozialhilfe löst keine gesetzliche Krankenversicherungspflicht
aus. Die Beiträge werden durch den Sozialhilfeträger deshalb auch
nur darlehensweise übernommen.

II. Kostenbeitrag und Aufwendungsersatz?

Grundsätzlich gilt in der Sozialhilfe, dass sie nur geleistet werden   28
kann, wenn kein eigenes Einkommen oder Vermögen vorliegt. Das
kann aber nicht immer zeitnah geklärt werden. So kann in Elternun-

---

22 BSG v. 27.5.2014 – Az.: B 8 SO 1/13 R, Rn 16 ff.; vgl. hierzu noch anders
    Grziwotz, Anm. zu SG Aachen MittBayNot 2013, 422 f.
23 BSG v. 27.5.2014 – Az.: B 8 SO 1/13 R, Rn 15.

terhaltsfällen der bedürftige Elternteil immer Sozialhilfe erhalten, ohne dass die Leistungsfähigkeit des unterhaltspflichtigen Kindes geklärt sein muss. Der Nachrang wird durch den Anspruchsübergang nach § 94 SGB XII wiederhergestellt.

29   Dem Sozialhilfeträger wird aber auch in anderen Fällen ermöglicht, Leistungen auch dann zu erbringen, wenn eigentlich infolge einzusetzenden Einkommens und Vermögens kein Anspruch besteht. Trotz Fehlens einer gesetzlichen Anspruchsgrundlage kann nach h.M. ein Anspruch auf die **sog. erweiterte Hilfe** oder **unechte Sozialhilfe** bestehen. Dass es die Möglichkeit zu einer solchen Leistung gibt, wird aus § 19 Abs. 5 SGB XII abgeleitet, der eine solche Leistung voraussetzt. Sie steht im Ermessen des Sozialhilfeträgers. Das Ermessen kann ausnahmsweise auf Null reduziert sein.[24]

30   Um den Grundsatz des Nachrangs der Sozialhilfe dennoch zu wahren, gibt § 19 Abs. 5 SGB XII dem Sozialhilfeträger in diesen Fällen einen **Aufwendungsersatzanspruch.** Der Leistungsberechtigte und die sonstigen nach § 19 Abs. 1 bis 3 SGB XII zum Einsatz von Einkommen oder Vermögen verpflichteten Personen haben dem Sozialhilfeträger dessen Aufwendungen zu erstatten, wenn
   – rechtmäßig Leistungen erbracht worden sind,
   – obwohl diesen Personen die Aufbringung der Mittel aus dem Einkommen oder Vermögen möglich und
   – zuzumuten ist.

31   Zwar formuliert § 19 Abs. 5 SGB XII als Anspruchsvoraussetzung nur, dass Leistungen trotz bestehender Selbsthilfemöglichkeit erbracht worden sind. Der Aufwendungsersatzanspruch setzt jedoch voraus, dass die Leistungen **rechtmäßig als erweiterte Hilfe** gewährt worden sind. Außerdem muss es sich um einen **begründeten Fall** handeln. Das ist insbesondere dann gegeben, wenn:
   – in einer gegenwärtigen Notlage die notwendige sofortige Bedarfsdeckung ohne die Gewährung erweiterter Hilfe an der Kostenfrage zu scheitern droht, also ein Krankenhaus- oder Heimträger sich weigert, Leistungen an den Hilfebedürftigen ohne volle Kostenübernahme durch den Sozialhilfeträger zu erbringen;

---

24 Berlit/*Pattar*, Existenzsicherungsrecht, Teil I, Kapitel 10 Rn 26 m.w.N.

– ein zur Leistung verpflichteter Dritter (z.b. die unterhaltspflichtigen Eltern eines Minderjährigen) die erforderliche Leistung verweigert;
– die Einkommens- und Vermögensverhältnisse ungeklärt sind und
  es dem Leistungsberechtigten nicht zugemutet werde kann, bis
  zum Abschluss der Ermittlungen auf die Leistung zu verzichten.

In diesen Fällen erfordert der Bedarfsdeckungsgrundsatz, der neben   32
dem Nachranggrundsatz ein weiteres Strukturprinzip der Sozialhilfe
darstellt, eine sofortige, vollumfängliche Hilfeleistung in voller Höhe
durch den Sozialhilfeträger.

Die **erweiterte Hilfe** ist keine Generalermächtigung an den Leistungsträger, Leistungen trotz vorhandener eigener Mittel und damit sehenden Auges rechtswidrig zu gewähren. Vor diesem Hintergrund darf
erweiterte Hilfe nicht lediglich zum Zweck der Erleichterung des Verwaltungsverfahrens gewährt werden; der Sozialhilfeträger darf weder
von seiner Pflicht zur genauen Prüfung der Einkommens- und Vermögensverhältnisse noch von den strengen Anforderungen an die Rücknahme rechtswidriger begünstigender Verwaltungsakte nach § 45
SGB X entbunden werden.

Hingegen liegt kein begründeter Fall vor, wenn die Leistungsvoraus-   33
setzungen geklärt sind und ausreichend Informationen über vorhandenes Einkommen und Vermögen vorliegen. Hohe Arbeitsbelastung und
die Möglichkeit, die Prüfung, ob ein Anspruch tatsächlich besteht,
hinauszuschieben, rechtfertigen ebenso wenig die Gewährung erweiterter Hilfe wie der Wunsch des Sozialhilfeträgers, sich vorsorglich
die Möglichkeit eines Aufwendungsersatzes offenzuhalten.

Der Aufwendungsersatzanspruch gehört rechtstechnisch zu den Maßnahmen des Sozialhilferegresses.

III. Die Wiederherstellung des Nachrangs durch Überleitung nach § 93 SGB XII

Wenn der Sozialhilfeträger den Bedarf eines Hilfesuchenden mit den   34
Mitteln des SGB XII decken muss, weil der Antragsteller dem Grund
nach vorhandene Mittel nicht zur eigenen Bedarfsdeckung aktivieren

kann (es also an „bereiten" Mitteln fehlt), handelt es sich sozialhilferechtlich um einen „Störfall".

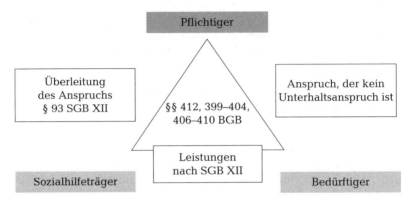

35 Das Mittel zur Beseitigung der **Leistungsstörung** im sozialhilferechtlichen Leistungsverhältnis des SGB XII – gleich ob es sich um einen
Schenkungsrückforderungsanspruch, um Zahlungsansprüche aus
Nießbrauch, Altenteil etc. handelt – ist die **Überleitung**, die sog. **Ma-
gistralzession.** § 93 SGB XII stellt dem Träger der Sozialhilfe damit
ein rechtliches Instrumentarium zur Verfügung, das ihn in die Lage
versetzt, durch Eintritt in die Gläubigerposition den vom Gesetz gewollten Vorrang der Verpflichtung eines Dritten nachträglich durch
schriftliche Anzeige an diesen bis zur Höhe seiner Aufwendungen
wiederherzustellen.[25] Die Überleitungsermächtigung zielt also auf die
Herstellung derjenigen Haushaltslage beim Sozialhilfeträger ab, die
bestünde, wenn der Anspruch des Hilfeempfängers schon früher erfüllt worden wäre.

36 Das gilt auch dann, wenn der eigentliche Hilfeempfänger verstirbt.[26]
Die mit der Überleitungsanzeige bezweckte Rechtslage wird nicht
etwa erst durch die Überleitungsanzeige geschaffen. Sie besteht bereits
von vornherein materiell-rechtlich, soweit Sozialhilfe vom Träger an
den Hilfebedürftigen geleistet wird. Die Überleitungsanzeige als pri-

---

25 BVerwGE 85, 136 Rn 7.
26 BVerwGE 85, 136 Rn 6; OLG Hamm v. 25.10.2011 – Az.: I-10 U 36/11, Rn 63.

vatrechtsgestaltender Verwaltungsakt konkretisiert und individualisiert die vorbestehende Leistungspflicht lediglich, was auch nach dem Tode des Hilfeempfängers noch möglich ist. [27] Auf die nachträgliche Wiederherstellung des Nachrangs der Sozialhilfe für den Todesfall des Hilfeempfängers wird zugunsten von dessen Erben nicht verzichtet.[28]

§ 93 SGB XII ist unübersichtlich und schwer zu erfassen. Es geht um   37
die Frage,
– was kann
– wofür (= für welche Leistung)
– von wem („Drittschuldner")
– ab wann
– in welchem Umfang
vom Sozialhilfeträger geltend gemacht werden, weil es der Hilfesuchende selbst hätte einsetzen müssen, wenn es im Zeitpunkt der Leistung durch den Sozialhilfeträger „bereite" Mittel gewesen wären.

Die Überleitung wirkt wie eine **Abtretung**. Die Rechtsnatur des An-   38
spruchs bleibt unverändert. Er unterliegt der nämlichen rechtlichen Beurteilung wie ohne die Überleitung, soweit das Gesetz keine besonderen Regelungen trifft.[29]

Prüfungsschema: 39
Zivilrechtliche Prüfung:
(1) Es gibt einen **Anspruch des Leistungsempfängers** oder bei Leistungen nach dem 5.–9. Kapitel auch ein Anspruch ihrer Eltern, ihres nicht getrennt lebender Ehegatte oder ihres Lebenspartners **gegen einen Dritten**, der nicht Leistungsträger ist.
(2) Der Anspruch ist grundsätzlich überleitungsfähig.
(3) Der Anspruch muss nur mutmaßlich bestehen (**Negativevidenz**).

---

27 OLG Hamm v. 25.10.2011 – Az.: I- 10 U 36/11, Rn 63.
28 BVerwGE 85, 136 Rn 6; OLG Hamm v. 25.10.2011 – Az.: I-10 U 36/11, Rn 63.
29 BVerwGE 85, 136, Rn 8.

Sozialhilferechtliche Prüfung:
(1) materielle Voraussetzungen
(a) die leistungsberechtigte Person = endgültiger[30] (str.) Leistungsempfang einer SGB XII-Leistung
(b) rechtmäßige Leistung nach SGB XII (str.[31])
(c) Personenidentität (Gläubiger und Leistungsberechtigter/oder Personen d. Einsatzgemeinschaft)
(d) zeitliche Deckungsgleichheit – Zeitraumidentität von Leistungsgewährung und Innehabung eines fälligen Anspruchs
(e) kausale Verknüpfung von Hilfegewährung und nicht erbrachter Drittforderung
(f) Prüfung von Ausschlusstatbeständen
(2) formelle Voraussetzungen
(a) Schriftform = schriftliche Anzeige
   – an den Leistungsberechtigten
   – an den Anspruchsschuldner
(b) Anhörung
(c) inhaltliche Bestimmtheit
(d) Ermessungsentscheidung

1. Die zivilrechtliche Seite des „Regress-Dreiecks"

a) Die Beteiligten des Anspruchsverhältnisses

40   Die leistungsberechtigte Person muss **Anspruchsinhaber** des überzuleitenden Anspruchs sein. Aber nicht nur die Ansprüche des Leistungsberechtigten selbst, sondern auch solche, die sein Ehegatte, sein eingetragener Lebenspartner oder seine Eltern gegen einen Dritten haben, sind überleitungsfähig. Solche Ansprüche von **Angehörigen des Leistungsberechtigten** können übergeleitet werden, wenn Hilfe nach dem 5.–9. Kapitel des SGB XII geleistet worden ist. Deshalb sind

---

30 Vgl. Grube/*Wahrendorf*, SGB XII, § 93 Rn 10.
31 Dafür: vgl. *Doering-Striening/Horn*, Der Übergang von Pflichtteilsansprüchen von Sozialhilfebeziehern, NJW 2013, 1277 f.; dagegen: z.B. Zimmermann/*Hahn*, Praxiskommentar Erbrechtliche Nebengesetze, § 93 SGB II Rn 4 mit diversen weiteren Nachweisen.

z.b. Beihilfeansprüche, die Eltern für ihr behindertes Kind haben, überleitungsfähig.[32]

Anspruchsgegner kann – ausgenommen der Leistungsträger nach § 12 SGB I – jede dritte natürliche oder juristische Person sein. Hat sich eine Erbengemeinschaft auseinandergesetzt und einen Erlös aus einer Teilungsversteigerung hinterlegt, so soll die Hinterlegungsstelle nicht Dritter im Sinne des § 93 SGB XII sein, weil die Hinterlegung als Erfüllungssurrogat dem Vermögen des Hilfeempfängers zuzuordnen sein soll.[33]   41

b) Überleitbare Ansprüche

Grundsätzlich **kann jeder** privat- oder öffentlich-rechtliche **Anspruch** des Hilfebedürftigen oder der Mitglieder der Einsatzgemeinschaft, der kein Unterhaltsanspruch ist, **übergeleitet** werden. Dazu gehören   42
– Ansprüche aus Übergabe- oder Altenteilsverträgen[34]
– Ansprüche auf Leibrentenzahlungen[35]
– der Anspruch auf ein Erbteil
– der Anspruch auf Auskehrung von Erträgen gegenüber dem Testamentsvollstrecker[36]

---

32 Grube/*Wahrendorf*, SGB XII, § 93 Rn 11.
33 LSG NRW v. 22.7.2010 – L 7 SO 853/09 – www.sozialgerichtsbarkeit.de.
34 *Frings*, Überleitungsfähigkeit des Wohnungsrechts auf den Sozialhilfeträger?, Sozialrecht aktuell 2009, 203; Frieser/*Tschichoflos*, Handbuch Fachanwalt Erbrecht, Kapitel 11 Rn 53 f.
35 BGH NJW 1995, 2790.
36 *Tersteegen*, Sozialhilferechtliche Verwertbarkeit von Vermögen bei Anordnung von Verwaltungstestamentsvollstreckung, ZEV 2008, 123; vgl. hierzu auch SG Osnabrück v. 18.9.2012 – Az.: S 16 AS 191/11 für ein Behindertentestament mit Zugriffsmöglichkeit auf die Substanz des Nachlasses und nicht nur die Erträgnisse (nrkr.).

- der Pflichtteilsanspruch[37]
- der Pflichtteilsrestanspruch[38]
- der Pflichtteilsergänzungsanspruch[39]
- Ansprüche aus Vermächtnissen[40]/Auflagen
- der Schenkungsrückforderungsanspruch.[41]

43   Beim **Altenteilsvertrag** kann sich ein Entgeltanspruch gegen den Eigentümer bei Übersiedlung eines Berechtigten in ein Pflegeheim aus den Ausführungsgesetzen der Länder zum BGB (z.B. Art. 18 S. 1 BayAGBGB i.V.m. Art. 96 EGBGB) ergeben. Beim beinhalteten Wohnungsrecht richtet sich die gesetzliche Höhe der Geldrente meistens nach dem Wert der Befreiung von der Pflicht zur Gewährung der Wohnung.[42]

44   Die Überleitung eines **Leibrentenanspruchs** ist möglich. Der Anspruchsübergang für künftige Ansprüche steht[43] lediglich unter der aufschiebenden Bedingung, dass die Sozialhilfebehörde tatsächlich Leistungen in entsprechender Höhe erbringt.

45   Ein **Erbteil** kann nach § 93 SGB XII übergeleitet werden.[44] Die damit verbundenen Probleme sind allerdings bis heute nicht ansatzweise ausdiskutiert. Die Überleitung ist begrenzt „bis zur Höhe der Auf-

---

37   BGH v. 6.2.2009 – Az.: V ZR 130/08; OLG Hamm v. 25.10.2011 – Az.: I-10 U 36/11 Rn 58; Frieser/*Tschichoflos*, Handbuch Fachanwalt Erbrecht, Kapitel 11 Rn 87 ff.; *Menzel*, Die negative Erbfreiheit, MittBayNot 2013, 291; *Krauß*, Der Zugriff zivil- und sozialrechtlicher Gläubiger auf erbrechtliche Präventivmaßnahmen, ErbR 2011, 162 ff.; *v. Proff*, Pflichtteilserlass und Pflichtteilsverzicht von Sozialleistungsempfängern, ZErb 2010, 206 f.; *Kanzleiter*, „Pflichtteilsstrafklauseln" und Geltendmachung des übergeleiteten Pflichtteilsanspruchs durch den Sozialhilfeträger, DNotZ 2014, 6.

38   Frieser/*Tschichoflos*, Handbuch Fachanwalt Erbrecht, Kapitel 11 Rn 47.

39   OLG Köln v. 28.3.200 –- Az.: 2 U 37/06, Rn 56.

40   LSG NRW v. 23.1.2012 – Az.: L 20 SO, Rn 565/11 B; Frieser/*Tschichoflos*, Handbuch Fachanwalt Erbrecht, Kapitel 11 Rn 79 ff.

41   BGHZ 155, 57 ff.; OLG Köln v. 28.3.2007 – Az.: 2 U 37/06 Rn 37; *Ludyga*, Schenkungsrückforderungsansprüche gemäß § 528 BGB bei Pflege durch den Zuwendungsempfänger und § 93 SGB XII, NZS 2012, 121.

42   *Everts*, Wohnungsrechte und Heimaufnahme, ZEV 2004, 496 m.w.N.

43   BGH FamRZ 1992, 797, Rn 14.

44   BSG ZEV 2009, 403 ff.

wendungen" des Sozialhilfeträgers. Die Überleitung eines Erbteils führt nicht automatisch zur „Verflüssigung" des Anspruchs, bzw. zu abgrenzbaren Zahlungen an den Sozialhilfeträger. Zunächst muss die Erbengemeinschaft auseinandergesetzt werden. Dazu kann jeder Miterbe nach § 2042 BGB jederzeit die Auseinandersetzung verlangen, soweit sich nicht aus §§ 2043 bis 2045 BGB etwas anderes ergibt. Der Anspruch aus § 2042 Abs. 1 BGB ist auf Mitwirkung der Miterben bei der Erbauseinandersetzung gerichtet, bzw. auf Abschluss einer bestimmten Erbauseinandersetzungsvereinbarung.[45] Dieser Anspruch ist mit dem Erbteil verbunden, nicht aber gesondert überleitbar. Über seinen Anspruch auf das anteilige Auseinandersetzungsguthaben kann der Miterbe **bis zur Auseinandersetzung** nicht mit dinglicher Wirkung verfügen.[46]

Ein solcher Anspruch kann neben dem Miterbenanteil auch nicht als selbstständiger Anspruch gepfändet werden.[47] Es stellt sich daher die Frage, welche Grenzen der Überleitung eines Erbteils durch die **Begrenzung der Überleitung auf die Höhe der erbrachten Aufwendungen** gesteckt sind. Nach Auseinandersetzung einer Erbengemeinschaft ohne vorherige Überleitung des Erbteils ist der Anspruch auf das Auseinandersetzungsguthaben[48] ein Anspruch des Hilfebedürftigen und von diesem ohne weiteres realisierbar. Der Anspruch des Hilfebedürftigen gegen die Hinterlegungsstelle auf Herausgabe eines hinterlegten Auseinandersetzungsguthabens kommt als eigener überleitungsfähiger Anspruch nicht in Betracht, weil die Hinterlegungsstelle nicht Dritter i.S.d. § 93 Abs. 1 S. 1 SGB XII ist. Der durch die Hinterlegung begründete öffentlich-rechtliche Herausgabeanspruch gegen die Hinterlegungsstelle ist vielmehr – dem Charakter der Hinterlegung als Erfüllungssurrogat entsprechend – dem Hilfebedürftigen zuzuordnen und von diesem im Rahmen seiner Selbsthilfeverpflichtung geltend zu machen.[49]

46

---

45 KrRG JW 1910, 655.
46 RGZ 60, 126 ff.
47 Rißmann/*Rißmann*, Die Erbengemeinschaft, § 8 Rn 49, 53.
48 Vgl. dazu BSG v. 25.1.2012 – Az.: B 14 AS 101/11 R m.w.N.
49 LSG Baden-Württemberg ZfSH/SGB 210, 543.

Einzelne Ansprüche aus einer Erbschaft, die der Hilfesuchende nicht selbst realisieren kann, sind davon abzugrenzen und in der Regel überleitungsfähig.

47 Der Übergang ist nicht dadurch ausgeschlossen, dass der Anspruch nicht übertragen, verpfändet oder gepfändet werden kann. Der Sozialleistungsträger kann daher z.b. auch **Pflichtteilsansprüche** ohne weiteres auf sich überleiten.[50]

Der BGH hat sich
– in der Entscheidung v. 8.12.2004 – Az.: IV ZR 223/03[51]
– in der Entscheidung v. 19.10.2005 – Az.: IV ZR 235/03[52]
mit der **Überleitung des Pflichtteilsanspruchs** auf den Sozialhilfeträger beschäftigt und damit dem Sozialhilfeträger auch den Zugang zu diesem Anspruch ermöglicht. Der Pflichtteilsanspruch kann, wenn er auf den Sozialhilfeträger übergeleitet worden ist, von diesem auch geltend gemacht werden, ohne dass es insoweit auf eine Entscheidung des Pflichtteilsberechtigten ankäme.[53]

48 Grundsätzlich muss ein Anspruch aber **überleitungsfähig** sein. An der Überleitungsfähigkeit fehlt es nach herrschender Meinung bei höchstpersönlichen Rechten. Dazu gehört das Recht aus § 1942 BGB zur **Ausschlagung einer Erbschaft**.[54]

Das klassisch ausgestaltete **Wohnungsrecht oder höchstpersönliche Pflegeverpflichtungen** können nicht übergeleitet werden.[55] Ist ein **Wohnungsrecht** so ausgestaltet, dass es Dritten überlassen werden kann, darf der Sozialhilfeträger diese Befugnis des Berechtigten auf

---

50 BGH FamRZ 2006, 194 Rn 15; VGH Hessen Recht der Lebenshilfe 1995, 34; OLG Hamm v. 25.10.2011 – Az.: I-10 U 36/11, Rn 61.
51 BGH ZErb 2005, 120 ff.
52 BGH ZErb 2006, 53 ff.
53 BGH ZErb 2005, 120 ff.
54 BGH v. 19.1.2011 – Az.: IV ZR 7/10.
55 *Frings*, Überleitungsfähigkeit des Wohnungsrechts auf Sozialhilfeträger?, Sozialrecht aktuell 2009, 203; *Everts*, Wohnungsrechte und Heimaufnahme, ZEV 2004, 496 m.w.N.

sich überleiten und die Vermietung vornehmen.[56] Lassen sich Ansprüche begründen, die an die Stelle solcher Rechte treten, können diese übergeleitet werden.

> **Hinweis**   49
> Es empfiehlt sich, bei der Vertragsgestaltung den Fall des notwendigen Umzugs in ein Pflegeheim zu bedenken und ggf. zu regeln.
> **Wegzugsklauseln** ohne Entschädigungsregelung sind dem Grunde nach zulässig.[57] Der BGH hat entschieden, dass niemand verpflichtet ist, mehr für seine Altersversorgung zu tun als seine Beiträge zur Rentenversicherung zu entrichten.[58] Sie bedürfen aber in jedem Einzelfall der ausführlichen Ausgestaltung und Prüfung.[59]

Überleitungsfähig ist ein **Zahlungsanspruch**, sofern er sich als Aus-   50
gleich für die **Nichtausübung des Wohnungsrechts** ergibt. Das dürfte nach der Rechtsprechung des BGH nur noch ausnahmsweise der Fall sein (vgl. dazu § 1 Rn 218 ff.). Nicht abschließend geklärt ist, wie die „Aufgabe" eines dinglichen Wohnungsrechts zu bewerten ist. Für eine vereinbarungsgemäße unentgeltliche Aufgabe eines dinglichen Wohnungsrechts hat das OLG Nürnberg jedenfalls angenommen, dass von einem dahinterstehenden kausalen Rechtsgeschäft ausgegangen werden muss, das eine Schenkung darstelle. Für den Belasteten stelle das Wohnungsrecht nach wie vor eine erhebliche Belastung dar. Die Aufgabe durch den Berechtigten bedeute einen erheblichen Wertzuwachs.[60] Die Entscheidung deutet an, dass das Gericht bei einer **einseitigen Aufhebung** des Rechtes (§ 875 BGB) ggf. anders entschieden hätte.

Dass ein Schenkungsrückforderungsanspruch nach § 528 BGB überleitungsfähig ist, ist völlig unbestritten. Er ist häufig assoziiert mit der

---

56 *Everts,* Wohnungsrechte und Heimaufnahme, ZEV 2004, 497; *Zimmer,* Wohnungsrecht und Heimunterbringung, ZEV 2009, 382.

57 Vgl. hierzu ausführlich Richter/*Grziwotz,* Seniorenrecht in der anwaltlichen und notariellen Praxis, Hausübergabe im Wege der vorweggenommenen Erbfolge, § 8 Rn 54 ff. mit diversen weiteren Nachweisen.

58 BGH ZEV 2009, 254 m. Anm. *Litzenburger; Zimmer,* Wohnungsrecht und Heimunterbringung, ZEV 2009, 383.

59 Vgl. hierzu ausführlich *Mayer,* Pflegeklauseln und Sozialhilferegress, S. 68 ff.

60 OLG Nürnberg FamFR 2013 m. Anm. *Braeuer.*

Aufgabe von Rechtspositionen bzw. dem Erlass von Forderungen (vgl. dazu § 1 Rn 202 ff.).

An der Überleitungsfähigkeit fehlt es bei **reinen Gestaltungsrechten**.[61] Dazu gehört als wichtigstes Beispiel das Recht aus § 1942 BGB zur **Ausschlagung einer Erbschaft**.[62]

51   Auch **Vermächtnisansprüche** können von einem Sozialleistungsträger übergeleitet werden (vgl. dazu § 1 Rn 290 ff.). Ob eine Überleitung eines solchen Vermächtnisanspruches evtl. sittenwidrig sein kann, wenn sie erfolgt, um ihn auszuschlagen und dann den – dem vollen Zugriff unterliegenden – Pflichtteilsanspruch geltend zu machen, ist in der Rechtsprechung ohne weitere Resonanz andiskutiert worden.[63] In der Literatur wird auf die Position des BGH Bezug genommen, wonach ein Dritter keinen Einfluss auf die Erbfolge nehmen können soll.[64]

c) Negativevidenz

52   Im Rahmen des § 93 SGB XII erfolgt **keine materiell-rechtliche Prüfung** über das Bestehen und den Umfang des gegen einen Dritten bestehenden Anspruchs. Wäre das Bestehen des übergeleiteten Anspruchs eine objektive Rechtmäßigkeitsvoraussetzung der Überleitung, so müsste das Gericht auch über die Rechtmäßigkeit rechtswegfremder Forderungen entscheiden. Die Klärung, welcher Art die Vertragsgestaltung im Rahmen der zivilrechtlichen Privatautonomie war, und ob und wenn ja, welche Rechte daraus herzuleiten sind, ist den zuständigen Gerichten vorbehalten. Bei der Überleitung findet nur eine grobe Kontrolle im Sinne der **sog. Negativevidenz** statt. Der überzuleitende Anspruch muss mutmaßlich bestehen.[65] Eine Überlei-

---

61   Frieser/*Tschichoflos*, Handbuch Fachanwalt Erbrecht, Kapitel 11 Rn 55.
62   BGH v. 19.1.2011 – Az.: IV ZR 7/10; Frieser/*Tschichoflos*, Handbuch Fachanwalt Erbrecht, Kapitel 11 Rn 65 ff.; *Menzel*, Die negative Erbfreiheit, MittBayNot 2013, 290.
63   LSG NRW ZEV 2012, 273 ff. m. Anm. *Zimmer*.
64   Anm. *Zimmer* zu LSG NRW ZEV 2012, 276.
65   LSG v. 25.11.2010 – L 8 SO 136/10.

tung ist überhaupt nur dann ausgeschlossen, wenn der überzuleitende Anspruch offensichtlich nicht besteht.[66]

d) Die Bedeutung von Verzicht, Ausschlagung und Erlass

Fraglich ist, wie ein **Anspruchsverzicht/Erlass** des Sozialhilfeempfän-   53
gers im Zusammenhang mit der Überleitung und dem Bestehen des Anspruchs wirkt und zu beurteilen ist. Ist der Anspruch wirklich untergegangen? Oder sind Verzicht bzw. Erlass unwirksam?

Im Regelfallfall wird man diese Fragen im Rahmen der Überleitung   54
nicht damit beantworten können, dass ein Anspruch offensichtlich nicht besteht. Die Klärung wird in der jeweiligen Gerichtsbarkeit erfolgen müssen, weil zu differenzieren ist:

Der BGH hat z.B. die **Überleitung** eines durch **Pflichtteilsverzicht** (§ 2346 Abs. 2 BGB) untergegangenen Pflichtteilsanspruchs **verneint**. Die Verneinung der Sittenwidrigkeit von Pflichtteilsverzichten behinderter Sozialleistungsbezieher sei bereits in der Rechtsprechung des BGH zum Behindertentestament dargelegt:
- Grundsätzlich können alle im Erbrecht vom Gesetz bereitgestellten Gestaltungsinstrumente ausgeschöpft werden.
- Bei nachteiligen Wirkungen zu Lasten der Allgemeinheit ist nicht die Wirksamkeit des Rechtsgeschäfts durch besondere Gründe im Einzelfall zu rechtfertigen, sondern positiv festzustellen und zu begründen, gegen welche übergeordneten Wertungen das Rechtsgeschäft verstößt und weshalb seine Wirksamkeit nicht hingenommen werden kann.
- Für Dritte mittelbar durch das Rechtsgeschäft verursachte nachteilige Wirkungen (Reflexe) sind von diesem grundsätzlich hinzunehmen und berühren die Wirksamkeit des Geschäftes im Regelfalle nicht.
- Es bedarf gesetzlicher Regelungen, wenn Nachteile Dritter im konkreten Fall bestätigt oder ausgeglichen werden sollen.
- Der Erbrechtsgarantie des Art. 14 GG ist auch ein Gegenstück im Sinne einer **„negativen Erbfreiheit"** zu entnehmen. Es gibt keine Pflicht zu erben oder sonst etwas aus einem Nachlass anzunehmen.

---

66 BVerwGE 34, 219; 41, 115; 58, 209; 92, 281.

– Es gibt für die Tragung der besonderen Lasten, die mit der Erziehung und Betreuung behinderter Kinder verbunden sind, ein gesetzliches System im Sozialrecht, das den Zugriff der Eltern als Unterhaltsschuldner weitgehend ausschließt und der Allgemeinheit aufbürdet.[67]

55   Somit ist der erbrechtliche Verzicht unter Lebenden[68] auf den noch nicht angefallenen Pflichtteilsanspruch durch **Pflichtteilsverzicht** nach § 2346 Abs. 2 BGB vor Überleitung dem Grunde nach zu akzeptieren.[69] § 517 sieht in dem Verzicht auf ein nicht endgültig erworbenes Recht oder ein Unterlassen des Vermögenserwerbs keinen Schenkungstatbestand. Ein **Schenkungsrückforderungsanspruch** greift daher auch offensichtlich nicht durch. Es bleibt aber zu berücksichtigen, dass der hinter dem Verzicht im Regelfall stehende Verpflichtungsvertrag aus erbrechtlicher Sicht im Einzelfall unwirksam sein kann oder einer Anpassung bedarf,[70] was Ansprüche auslösen kann, die stets zu prüfen bleiben.

56   **Hinweis**
Der (wirksame) Pflichtteilsverzicht ist das Mittel der Wahl, um bei geschäftsfähigen Bedürftigen im Sinne des SGB XII Gestaltungen zu schaffen, die dem Sozialhilferegress nicht oder allenfalls unterliegen.[71] Das gilt insbesondere dann, wenn damit eine Gegenleistung verbunden ist.
Beispiel: Die Finanzierung eines behindertengerecht umgebauten Pkw zur Nutzung, der aufgrund anderer Anspruchsgrundlagen nicht finanziert werden kann.
Auch bei nicht geschäftsfähigen Betroffenen kann der Versuch gemacht werden, mit ihrem Vertreter zu ihrem Nutzen entsprechende Regelungen zu schaffen.

---

67 BGH v. 19.1.2011 – Az.: IV ZR 7/10.
68 Vgl. zur Abgrenzung zum Erlass des Pflichtteils BGH NJW 1997, 521 ff.
69 Vgl. hierzu v. *Proff*, Pflichtteilserlass und Pflichtteilsverzicht von Sozialleistungsempfängern, ZErb 2010, 208 ff.
70 Vgl. zur Anpassung des Erbvertrages BGH NJW 1997, 653 ff.; zum Pflichtteilsverzicht BGH NJW 1997, 521 ff.
71 *Krauß*, Der Zugriff zivil- und sozialrechtlicher Gläubiger auf erbrechtliche Präventivmaßnahmen, ErbR 2011, 165 f.

Beispiel: Die Finanzierung aufwändiger therapeutischer Maßnahmen für ein behindertes Kind, die die Krankenkasse nicht trägt, vom gesetzlichen Anspruch auf den angemessenen Unterhalt nicht abgedeckt werden und auch von der Eingliederungshilfe nicht ohne Einsatz von Einkommen und/oder Vermögen finanziert werden. Vergleichbares gilt m.e. nach auch für die Bedürftigen im Sinne des SGB II. In der Literatur wird allerdings zum Teil angenommen, dass eine generelle Anerkennung von Pflichtteilsverzichten für alle Bedürftigen im Sinne des SGB II nicht vollständig gesichert sei.[72]

Aus der Zulässigkeit des Pflichtteilsverzichts unter Lebenden ergibt sich die Argumentation für die Zulässigkeit der **Ausschlagung** der Erbschaft nach § 1942 BGB und das Recht des Bedürftigen, nicht Erbe sein zu wollen.[73] Es gibt grundsätzlich keinen Zwang zur Annahme einer Erbschaft im Gläubigerinteresse. Die Nichtigkeit der Ausschlagung nach § 138 BGB hätte zwingend die Annahme der Erbschaft zur Folge und § 138 BGB bekäme damit eine die Privatautonomie begrenzende Funktion, die in ihm nicht angelegt ist.[74] Bei Ausschlagung ist also von einem offensichtlichen Nichtbestehen eines **Erbanspruches** auszugehen. § 517 BGB bestimmt ausdrücklich, dass in der Ausschlagung keine Schenkung liegt. 57

Hinweis 58
In den Fällen von §§ 2306, 2307, 1371 Abs. 3 BGB treten bei Ausschlagung Pflichtteilsansprüche an die Stelle des ursprünglichen Rechts: Diese können übergeleitet werden.

Der „**Verzicht**" auf einen schon entstandenen Pflichtteilsanspruch oder auf sonstige Forderungen, wie sie sich aus einem **Altenteilsvertrag** oder einem **Schenkungsrückforderungsanspruch** ergeben können, ist immer ein Fall, der in der Zivilgerichtsbarkeit ausführlich geprüft werden muss. Die bereits bestehende Schuld wird nach § 397 BGB durch **Erlassvertrag** zum Erlöschen gebracht. Nur dingliche Rechte können durch einseitige Erklärung aufgehoben werden (z.B. 59

---

72 *Keim*, Fallstricke bei Erb- und Pflichtteilsverzichten, RNotZ 2013, 411.
73 Vgl. hierzu *v. Proff*, Pflichtteilserlass und Pflichtteilsverzicht von Sozialleistungsempfängern, ZErb 2010, 208 ff.
74 *Menzel*, Entschließungsfreiheiten im Erbrecht und Drittinteressen, S. 149.

§ 875 BGB). Der Erlassvertrag wird typischerweise aufgrund eines anderen für den Erlass kausalen Rechtsgeschäfts abgeschlossen,[75] das häufig eine Schenkung sein wird.[76] Beim schenkweise erfolgten Erlass liegt in dem Abschluss des Erlassvertrages der Vollzug der Schenkung.[77] Die Schenkung generiert den Schenkungsrückforderungsanspruch nach § 528 BGB.

60 Soweit dann noch Raum für die Prüfung der Wirksamkeit des Erlassvertrages bleibt, reicht der pauschale Hinweis auf § 138 BGB alleine nicht aus,[78] um einen solchen Erlassvertrag zu Fall zu bringen. Das Sozialhilferecht hat eigene, vorrangige Leistungsstörungsregeln, mit denen es auf das Vorsätzlich-Sich-Bedürftigmachen reagiert. Es gibt es keine ausdrückliche Regelung darüber, dass ein Sozialleistungsanspruch an seiner Entstehung gehindert wird, falls der Hilfebedürftige die leistungserhebliche Notlage durch eigenes Handeln oder nicht rückgängig zu machendes Unterlassen herbeigeführt hat.[79] Die absichtliche Herbeiführung von Bedürftigkeit ist nur in Fällen von § 41 Abs. 4 SGB XII anspruchsschädlich. Das wird immer noch übersehen, durch den Bestattungsvorsorgefall[80] des BSG aber ausdrücklich bestätigt.

61 Der Sozialhilfebedürftige hat in solchen Fällen typischerweise keine „bereiten" Mittel und muss zur Existenzsicherung Leistungen erhalten. Ist die Gestaltung wirksam und generiert sie auch keine Schenkungsrückforderungsansprüche, so geht die Überleitung mangels Anspruchs ins Leere. Es kommen die sozialhilferechtlichen Maßnahmen des Sozialhilferegeresses (§§ 26 Abs. 1 S. 1 Nr. 1 SGB XII, 103 SGB XII oder für das SGB II die §§ 31 Abs. 2 Nr. 1, 34 SGB II) in Betracht.

---

75 BGH NJW 2002, 429 ff.
76 BGH NJW-RR 1998, 590 ff.
77 OLG Stuttgart NJW 1987, 782.
78 Z.B. v. *Proff*, Pflichtteilserlass und Pflichtteilsverzicht von Sozialleistungsempfängern, ZErb 2010, 207; *Krauß*, Der Zugriff zivil- und sozialrechtlicher Gläubiger auf erbrechtliche Präventivmaßnahmen, ErbR 2011, 165 f.
79 Vgl. hierzu ausführlich *Doering-Striening*, Vom BSHG zum SGB XII – Bilanz, Probleme, Perspektiven, VSSR 2009, 93 ff.
80 BSG v. 18.3.2008 – Az.: B 8/9b SO 9/06 R.

2. Die sozialhilferechtliche Seite des „Regress-Dreiecks"

a) Überleitung wegen erhaltener Leistungen

§ 93 Abs. 1 S. 1 SGB XII setzt voraus, dass die Person, die einen An-   62
spruch gegen einen Dritten hat, gegenüber dem Sozialhilfeträger **leistungsberechtigt** sein muss. Es wird also nicht vorausgesetzt, dass
auch tatsächlich schon Sozialleistungen erbracht worden sein müssen.
Die Leistung muss aber vom Sozialleistungsträger dem Grunde nach
durch einen den Leistungsanspruch konkretisierenden Verwaltungsakt festgestellt worden sein. Die Überleitung kommt dann in Betracht,
wenn der Bewilligungsbescheid vorliegt.

§ 93 Abs. 1 S. 2 SGB XII regelt, dass der Übergang des Anspruches
auch wegen Aufwendungen für Leistungen der Hilfe zum Lebensunterhalt und der Grundsicherung (3. und 4. Kapitel SGB XII) bewirkt
werden kann, die der Leistungsträger gleichzeitig für die nicht getrennt lebenden Ehegatten oder Lebenspartner und deren minderjährigen unverheirateten Kindern erbringt.

Der Übergang des Anspruches findet nur für die Zeit statt, für die der   63
Leistungsberechtigte die **Leistung ohne Unterbrechung** erhalten hat.
Als Unterbrechung gilt ein Zeitraum von mehr als zwei Monaten. Es
muss also zum Leistungsbezug kommen.

b) Die Rechtmäßigkeit der erbrachten Sozialleistung

Das Tatbestandsmerkmal „**Empfänger von Leistungen**" setzt nach   64
einer stetig wachsenden Auffassung in der Literatur voraus, dass die
Gewährung von Leistungen **rechtmäßig** erfolgt sein muss.[81] Das ist
aber streitig. Das BVerwG[82] hat ein „sowohl als auch" vertreten, an
dem auch heute noch viele Gerichte festhalten.[83] Dies ist im Zusammenhang der sozialhilferechtlichen Systematik aber falsch. Nicht
rechtmäßige Leistungen sind aus Gründen der Systematik des Sozialrechts nach §§ 45, 50 SGB X aufzuheben. Eine Überleitung kommt

---

81 Bieritz-Harder/*Münder*, LPK-SGB XII, § 93 Rn 14; *Müller*, Rn 103 f.
82 BVerwGE 55, 23.
83 Vgl. zum Meinungsstand z.B. LSG Baden-Württemberg v. 22.7.2010 – L 7 SO
    853/09.

deshalb nicht in Betracht. Letztlich löst sich das Problem systematisch richtig, nämlich dadurch, dass aus Gründen des Rechtsstaatsprinzips ein Leistungsträger die Entscheidung nach § 45 SGB X aufzuheben hat, wenn er Anhaltspunkte für dessen Rechtswidrigkeit hat. Die Überleitung ist dann nicht mehr notwendig[84] oder entfällt.[85]

c) Die Endgültigkeit der Leistungsgewährung

65   Da es bei § 93 SGB XII um die Wiederherstellung des Nachrangs der Sozialhilfe geht, muss die Leistungsgewährung endgültig sein. Wird ein Vorschuss i.S.v. § 42 SGB I gewährt, mangelt es an der Endgültigkeit. Auch bei der Gewährung eines Darlehens nach § 91 SGB XII liegt eine endgültige Leistungsgewährung nicht vor. Anders ist es nur, wenn ein Darlehen zu Unrecht gewährt wird. Das ist z.B. der Fall, wenn der Sozialleistungsempfänger seine Hilfebedürftigkeit nicht in einem absehbaren Zeitraum aus eigener Kraft überwinden kann. Dann bestünde eigentlich ein Anspruch auf Zuschuss.

d) Zeitliche Deckungsgleichheit

66   Zwischen der Leistungspflicht des Dritten und dem Bewilligungszeitraum der Leistung durch den Sozialleistungsträger muss **zeitliche Deckungsgleichheit** (= Zeitraumidentität) bestehen. Entscheidend ist der **Bewilligungszeitraum** und nicht der tatsächliche Empfang. Ob Ansprüche in den Zeitraum der Leistungsgewährung fallen, richtet sich danach, ob der Anspruch gegen den Dritten **tatsächlich fällig** ist. Das Bestehen des Anspruchs als solches reicht nicht aus. Andererseits können aber auch Ansprüche übergeleitet werden, die zwar schon vor den Leistungen des Sozialhilfeträgers fällig, aber im Zeitpunkt der Bewilligung noch nicht erfüllt waren.

e) Kausale Verknüpfung von Hilfegewährung und Drittforderung

67   § 93 Abs. 1 S. 3 SGB XII regelt, dass der Übergang des Anspruches **nur insoweit** bewirkt werden darf, als bei rechtzeitiger Leistung des Dritten die **Leistung entweder nicht erbracht worden wäre** oder in

---

84 Zweideutig insoweit LSG Bayern v. 25.11.2010 – Az. L 8 SO 136/10.
85 Grube/*Wahrendorf*, SGB XII, 4. A., § 93 Rn 10.

den Fällen des § 19 Abs. 5 SGB XII und des § 92 Abs. 1 SGB XII
Aufwendungsersatz oder ein **Kostenbeitrag** zu leisten wäre. Diese
Begrenzung versteht sich vor dem Hintergrund, dass § 93 SGB XII
der Wiederherstellung des Nachrangs dient.

Die Frage, ob bei rechtzeitiger Leistung des Dritten die Sozialhilfeleis-   68
tung nicht erbracht worden wäre, ist der zentrale Punkt bei der Prüfung des § 93 SGB XII. Hier muss der komplette Sozialhilfeanspruch
fiktiv geprüft werden. Alle vorstehend dargestellten Schontatbestände
müssen ins Visier genommen werden, denn nur dann, wenn auch
sämtliche Schontatbestände verneint werden, kann § 93 SGB XII greifen.

Unter anderem muss gefragt werden: 69

**Wie hätte sich die Situation entwickelt, wenn der Dritte rechtzeitig
geleistet hätte?** Dazu muss festgestellt werden, was der Dritte hätte
tun müssen.

Beispiel: Rechtsfolge des § 528 BGB ist die Herausgabe des Geschenks. Der Beschenkte kann davon selbst dann Gebrauch machen,
wenn nur ein Teilwertersatz geschuldet ist, weil der Unterhaltsbedarf
noch geringer ist als der Wert des Geschenkes. Das führt zu einer
interessanten Kausalitätsfrage.

Wird eine Immobilie verschenkt, so richtet sich der Schenkungsrückforderungsanspruch in der Regel nicht sofort auf die gesamte Immobilie, sondern nur auf den Wert, der dem ungedeckten Unterhaltsbedarf
entspricht und sozialhilferechtlich nur auf die tatsächlich erbrachten
Sozialleistungen. Die **Umwandlung in einen Wertersatzanspruch**
führt in erster Linie dazu, dass der Beschenkte sich nach der Rechtsprechung **nicht darauf berufen kann**, dass der geschenkte **Gegenstand** in der **Hand der Beschenkten Schonvermögen** gewesen wäre.
Die Rechtsprechung hat bereits wiederholt entschieden, dass es darauf
nicht ankommt;[86] außerdem sei der Rückgewähranspruch nicht durch
Regelungen begrenzt, die denjenigen des Sozialhilferechts vergleichbar
wären.[87]

---

86 BGHZ 125, 287; BGH v. 19.10.2004 – Az.: X ZR 2/03.
87 BVerwGE 90, 249; BGH v. 19.10.2004 – Az.: X ZR 2/03.

70   Wenn nun aber der Beschenkte das gesamte Geschenk zurückgeben kann, dann stellt sich die Frage neu. Führt die Rückgabe des Geschenkes dann zu Schonvermögen im Sinne des SGB II und SGB XII? Dies wird von der zivilrechtlichen Literatur für möglich gehalten, aber damit in seiner Bedeutung relativiert, als dann die sozialhilferechtliche Erbenhaftung beim Tod des Schenkers droht.[88] Aus sozialhilferechtlicher Sicht ist dies allerdings nicht denkbar. Der Anspruch wird mit bestehender Bedürftigkeit übergeleitet und damit ist Gläubiger nach § 412 BGB der Sozialhilfeträger, soweit er Leistungen erbracht hat. Zumindest teilweise ist der Schenker und zugleich Sozialhilfebedürftige also gar nicht mehr Forderungsberechtigter. Zum anderen ist der Schenkungsrückforderungsanspruch nach der Rechtsprechung des BSG ab der Bedürftigkeit des Schenkers Einkommen und nicht Vermögen im Sinne der Sozialgesetze. Einkommensschontatbestände kennt das Gesetz aber nur im begrenzten Umfang.

3. Das „Regress-Dreieck" schließt sich – die Überleitung nach § 93 SGB XII

a) Rechtsnatur der Überleitung und Verwaltungsverfahren

71   Die Überleitung ist ein **Verwaltungsakt**, und zwar sowohl **gegenüber dem Leistungsberechtigten** als auch gegenüber dem **Drittschuldner**. Betrifft die Überleitung **zivilrechtliche Ansprüche**, handelt es sich um einen privatrechtsgestaltenden Verwaltungsakt.[89]

72   Die sozialrechtlichen **Handlungsformen** und **Verfahrensregeln** ergeben sich aus dem SGB X. Zustandekommen, Wirksamkeit und Rechtmäßigkeit von Verwaltungsakten sind in den §§ 31 ff. SGB X geregelt. So muss ein Bescheid nach § 33 Abs. 1 SGB X **inhaltlich hinreichend bestimmt** sein. Der Adressat des Verwaltungsaktes muss in der Lage sein, das von ihm Geforderte zu erkennen. Nach §§ 35, 41 SGB X muss der Verwaltungsakt hinreichend begründet sein. Eine Verletzung der Begründungspflicht führt allerdings nicht zur Aufhebung des Verwaltungsaktes (§ 42 SGB X).

---

88 *Mayer/Geck*, § 3 Rn 40.
89 BVerwG FamRZ 1994, 31.

Neben der Prüfung der hinreichenden Bestimmtheit der Überleitungs-   73
anzeige ist insbesondere zu prüfen, ob der Sozialhilfeträger das ihm
durch § 93 SGB XII eingeräumte **Ermessen** ausgeübt hat. Die Behörde
ist nicht von der Notwendigkeit enthoben, ihr Entschließungs- und
Auswahlermessen auszuüben. Die sozialgerichtliche Rechtsprechung
geht dabei von einem sog. „intendierten Ermessen" aus. Dabei handelt
es sich um eine Entscheidung, bei der durch das Gesetz selbst schon
eine bestimmte Richtung vorgezeichnet ist. Der Nachranggrundsatz
gibt daher die grundsätzliche Richtung vor.

In Fällen **besonderer Härte** kann von einer Überleitung aber abgese-   74
hen werden, was eine Berücksichtigung der Interessen des durch die
Überleitungsanzeige Verpflichteten ungeachtet der Verhältnisse des
Sozialhilfeempfängers erfordert.[90] Das kann z.B. der Fall sein, wenn
der Drittschuldner einen pflegebedürftigen Familienangehörigen vor
dem Eintreten der Sozialhilfe weit über das Maß der ihn treffenden
Verpflichtung hinaus gepflegt und den Sozialhilfeträger dadurch erheblich entlastet hat oder wenn eine nachhaltige Störung des Familienfriedens zu befürchten wäre und den Grundsatz der familiengerechten
Hilfe verletzten würde. Wenn ein Sozialhilfeträger dem Interesse der
öffentlichen Hand den Vorrang einräumt, genügt es zur Begründung
der Ermessenentscheidung, wenn er die Notwendigkeit der Ermessensentscheidung gesehen und angenommen hat, dass eine Abwägung
öffentlicher gegen private Interessen stattzufinden hat.[91]

b) Rechtsschutz gegen eine Überleitung

Das **Widerspruchsverfahren** im Sozialrecht ist in den §§ 77 ff. SGG   75
geregelt. Diese sind gemäß § 62 SGB X gegenüber den §§ 68 ff. VwGO
vorrangig, sofern der Sozialrechtsweg für eine Sachmaterie des § 51
SGG einschlägig ist. Sozialhilferechtliche Streitigkeiten sind seit dem
1.1.2005 durch §§ 51 Abs. 1 Nr. 4a und 6a SGG an die **Sozialgerichte**
verwiesen.

---

90 LSG Sachsen v. 11.6.2012 – Az.: L 7 SO 22/10 B ER unter Bezugnahme auf.
    BVerwG v. 27.05.1993 – 5 C 7/91, Rn 10.
91 LSG München v. 13.2.2012 – Az.: L 8 SO 188/11 B ER.

> **Hinweis**
> Der Kläger gegen eine Überleitung gehört nicht zu dem in § 183
> S. 1 SGG genannten Personenkreis, für den die Verfahren vor den
> Gerichten der Sozialgerichtsbarkeit kostenfrei sind.
> Die benannte Höhe der übergeleiteten Forderung entspricht nicht
> zwangsläufig der wirtschaftlichen Bedeutung der Überleitung für
> den Kläger. Diese hängt letztlich vielmehr davon ab, in welcher
> Höhe er aus der übergeleiteten Forderung in Anspruch genommen
> wird. Der Streitwert einer Klage gegen eine Überleitung richtet
> sich deshalb nach dem Auffangstreitwert, wenn die Überleitung
> nur dem Grunde nach erfolgt ist. Die wirtschaftliche Bedeutung
> einer Anfechtungsklage gegen eine Überleitungsanzeige bestimmt
> sich nach der Höhe des übergeleiteten Anspruchs, wenn dieser vom
> Sozialhilfeträger nach bewirkter (wirksamer) Überleitung (abseh-
> bar) geltend gemacht werden wird.[92]

76   Da die Überleitung sowohl gegenüber dem Leistungsberechtigten als
auch gegenüber dem Drittschuldner ein **Verwaltungsakt** ist, ist er ist
deshalb auch von beiden Beteiligten mit **Widerspruch** und **Anfechtungsklage** angreifbar. Das macht den Verpflichteten verfahrensrecht-
lich nach § 12 Abs. 1 Nr. 2 SGB X zum Verfahrensbeteiligten und gibt
ihm damit auch das **Recht auf Akteneinsicht**. Nach § 25 SGB X hat
die Behörde Einsicht in die das Verfahren betreffenden Akten zu
gestatten, soweit deren Kenntnis zur Geltendmachung oder Verteidi-
gung ihrer rechtlichen Interessen erforderlich ist. Kommt es auf die
Rechtmäßigkeit der erbrachten Leistungen, z.T. weit in der Vergangenheit – für den Übergang des Anspruches dem Grunde und der
Höhe nach an, liegt ein ausreichendes rechtliches Interesse vor.

77   § 93 Abs. 3 SGB XII bestimmt ausdrücklich, dass Widerspruch und
Anfechtungsklage **keine aufschiebende Wirkung** haben. Einstweiliger
Rechtsschutz kann daher nur durch einen Antrag nach § 86b Abs. 1
Nr. 2 SGG erlangt werden. Streitig ist, ob als Prüfungsmaßstab darauf
abzustellen ist, ob ernsthafte Zweifel an der Rechtmäßigkeit der Über-
leitungsanzeige bestehen oder ob offensichtliche Rechtswidrigkeit zur

---

92 LSG NRW v. 9.1.2007 – Az.: L 20 B 137/06 SO.

Anordnung der aufschiebenden Wirkung notwendig ist.[93] Dies hat
das LSG München z.b. in einer Entscheidung zur Überleitung eines
Pflichtteilsanspruchs aus einem Testament mit Sanktionsklausel für
die Geltendmachung des Pflichtteils nach dem Erstversterbenden offengelassen, dazu aber eine selbständige Auslegung des Testaments
vorgenommen, die grundsätzlich vom Zivilgericht vorzunehmen ist.
Es war der Auffassung, dass eine Auslegung des Ehegattentestaments
in dem Sinne möglich sei, dass die Anwendung der Sanktionsklausel
bei Geltendmachung des Pflichtteils durch den Sozialhilfeträger ausschließt.[94]

Durch die Überleitung wird unmittelbar in das Rechtsverhältnis des   78
Leistungsempfängers zum Dritten eingegriffen; denn aufgrund der
Überleitungsanzeige steht dem Dritten nunmehr ein neuer Gläubiger
gegenüber, soweit der übergeleitete Anspruch besteht. Der Dritte ist
also als Betroffener **anzuhören** und im Rechtsstreit **beizuladen**.[95] Die
Bedeutung des Rechtsschutzes gegen eine Überleitungsanzeige ist alles
in allem eingeschränkt, letztlich aber insbesondere dann nicht zu ver-
nachlässigen, wenn Ausschlustatbestände des § 93 SGB XII vorliegen,
es also z.B. an der Kausalität zwischen Leistungserbringung und nicht
rechtzeitig Leistung des Dritten fehlt.

Die Überleitung entfaltet für die Zivilgerichte Bindungswirkung, so-   79
fern sie nicht ausdrücklich aufgehoben wurde oder nicht nichtig ist.
Eine Prüfung der Rechtmäßigkeit der Überleitung erfolgt also zivilge-
richtlich nicht.[96]

Fraglich ist, ob ein Zivilprozess gemäß § 148 ZPO **auszusetzen** ist,   80
solange ein Widerspruch bzw. eine Anfechtungsklage rechtshängig ist.
Die h.M. verneint dies.[97] Da nach § 93 Abs. 3 SGB XII Widerspruch
und Anfechtungsklage keine aufschiebende Wirkung haben, darf eine

---

93 Im Sinne offensichtlicher Rechtswidrigkeit, Grube/*Wahrendorf*, SGB XII, § 93
    Rn 30.
94 LSG München v. 23.2.2012 – Az.: L 8 SO 188/11 B ER.
95 Z.B. BSG v. 2.2.2010 – Az.: B 8 SO 17/08R.
96 BGH FamRZ 2006, 194 ff. Rn 15; OLG Hamm v. 25.10.2011 – Az.: I-10 U 36/11
    Rn 60.
97 Vgl. *Zeranski*, Zur Aussetzung des Zivilrechtsstreits aus übergeleitetem Recht bei
    Anfechtung der Überleitungsanzeige, FamRZ 1994, 824 ff. m.w.N.

faktisch aufschiebende Wirkung nicht durch eine Aussetzung im Zivilverfahren herbeigeführt werden. Wenn die aufschiebende Wirkung durch ein Eilverfahren angeordnet worden ist, greift dieses Argument allerdings nicht mehr. Will man die Durchsetzung des materiell-rechtlichen Anspruchs zunächst einmal verhindern, ist der Antrag nach § 86b SGG ggf. sinnvoll.

c) Rechtsfolge

81   Durch die Zession wird bewirkt, dass **ein Anspruch**, den der Leistungsbezieher gegen einen Dritten hat, der nicht Sozialleistungsträger ist, auf den Sozialhilfeträger übergeht. Durch die Überleitung an sich ändert sich der Anspruch seinem Wesen nach aber nicht.[98] Es ist also in der Gerichtsbarkeit geltend zu machen, der er grundsätzlich zugewiesen ist.

82   Nach h.M. bewirkt die Überleitungsanzeige, dass der **Gläubiger ausgewechselt** wird. Für die Überleitung von Ansprüchen gilt § 412 BGB entsprechend. Für die Zeit **nach Übergang des Anspruchs** gelten §§ 412, 399–404, 406–410 BGB.[99] Zu beachten ist, dass durch die Überleitung ein bestehendes **Stammrecht nicht mit übergeht**, sondern dass lediglich die einzelnen Leistungsrechte von der Überleitung erfasst werden. Daraus folgt, dass der Leistungsberechtigte zur Ausübung sämtlicher Gestaltungsrechte nach wie vor berechtigt ist. Das ist bedeutsam für den **Leibrentenanspruch**,[100] aber auch für die **Ausschlagung einer Erbschaft**. Da die Ausschlagung ein Gestaltungsrecht ist, kann der Leistungsberechtigte trotz Überleitung eines Einzelanspruchs das Stammrecht zum Erlöschen bringen.

83   Mit dem Übergang des Anspruchs gehen nach §§ 412, 401, 402 BGB aber auch die Nebenrechte über.[101] Die Rechtsstellung des Zessionars als des (neuen) Forderungsgläubigers (§ 398 S. 2 BGB) umfasst das Recht, den Schuldner mit allen gesetzlichen Mitteln zur vertragsgemäßen Leistung anzuhalten. Hierzu gehört u.a. die Befugnis, den Schuld-

---

98 BGH NJW 1995, 2790.
99 MüKo/*Roth*, § 412 Rn 22.
100 BGH NJW 1995, 2790.
101 MüKo/*Roth*, § 401 Rn 8; vgl. OLG Hamm BeckRS 2012, 4933.

ner zur Leistung aufzufordern, ihn zu mahnen und auf Leistung zu verklagen sowie ihm unter Ablehnungsandrohung eine Nachfrist zu setzen. Bei der Leiberente gehört dazu auch die Befugnis, ein vertraglich vorgesehenes Erhöhungsverlangen zu stellen.[102]

Von der Überleitung sind auch **Auskunfts- und Wertermittlungsansprüche** erfasst, z.b. der Auskunftsanspruch des Pflichtteilsberechtigten nach § 2314 BGB.[103] Der Sozialhilfeträger tritt durch die Überleitung an die Stelle des ursprünglich Berechtigten und dieser **verliert** seine **Aktivlegitimation.** Leistet der Verpflichtete dann an den bisherigen Berechtigten, so leistet er nur dann mit Erfüllungswirkung, wenn er von dem Übergang des Anspruches keine Kenntnis hatte.   84

Bedeutung hat dieser Gläubigerwechsel z.b. nach Überleitung des Schenkungsrückforderungsanspruchs auf den Sozialhilfeträger. Dann kann der Beschenkte das Geschenk nur noch an diesen **schuldbefreiend herausgeben**, nicht an den verarmten Schenker, es sei denn, er hatte von der Überleitung noch keine Kenntnis.[104] Selbst dann, wenn sich der Verpflichtete entscheidet, die ihm geschenkte Immobilie insgesamt zurückzugeben, kann sie ihre evtl. frühere Schonvermögenseigenschaft nicht mehr zurückerhalten, weil der Schenkungsrückforderungsanspruch jetzt dem Sozialhilfeträger zusteht.   85

Bei schon bestehenden Ansprüchen wirkt die Überleitungsanzeige ab dem Zeitpunkt des Beginns der Leistungsgewährung. Auch künftige Ansprüche können grundsätzlich übergeleitet werden.   86

Da der Anspruchsübergang nach den sozialrechtlichen Regeln immer nur **in Höhe der geleisteten Aufwendungen**[105] wirkt, verbleibt der übersteigende Betrag dem bisherigen Berechtigten als sog. **Restanspruch.**[106] Der Anspruch geht daher ggf. nur zeit- bzw. leistungsabschnittsweise über. Folglich bleibt der bisher noch nicht übergegangene Anspruch folgenlos und wirksam für den Verpflichteten an den Berechtigten erfüllbar. Es ist daher ab dem ersten Anspruchsübergang

---

102 BGH NJW 1995, 2790.
103 OLG Hamm v. 25.10.2011 – Az.: I-10 U 36/11 Rn 56.
104 BGH NJW 1994, 1655.
105 BSG v. 14.3.2012; BGH FamRZ 2011, 197.
106 Bieritz-Harder/*Münder*, LPK-SGB XII, § 93 Rn 51.

immer sofort zu prüfen, ob der gesamte Anspruch durch die Überleitung „verbraucht" wird oder ob der ursprünglich Berechtigte für die Zukunft weiterhin der richtige Gläubiger sein kann. Das dürfte außerordentlich schwierig sein, weil der Verpflichtete in der Regel nicht wird abschätzen können, wegen welcher Leistungen in welchem Umfang der Anspruch genau übergegangen ist.

87 Nicht umsetzbar dürfte allein aus diesem Grund die Überleitung **des anteiligen Auseinandersetzungsguthabens** bei der zwangsweisen Auseinandersetzung der Erbengemeinschaft sein. Das Auseinandersetzungsguthaben ist Folge der Auseinandersetzung der Erbengemeinschaft, die bei Immobilien nach § 2042 Abs. 2 i.V.m. § 753 BGB – also bei Immobilien durch Zwangsversteigerung und Teilung des Erlöses – erfolgt. Ohne den Erbteil kann der Auseinandersetzungsanspruch nicht geltend gemacht werden.

88 Eine Zwangsversteigerung „zum Zwecke der Aufhebung der Gemeinschaft" setzt außerdem die Erbengemeinschaft auch noch nicht auseinander. Sie bereitet sie nur vor (Verwertung durch „Versilberung"). Anstelle des Grundstücks tritt der Erlös und eine Auseinandersetzung der Erbengemeinschaft hat dann diesbezüglich stattzufinden. Dieser Erlös besteht, wenn er bei der Hinterlegungsstelle nach der Auseinandersetzungversteigerung hinterlegt wird, in der Forderung **der Erbengemeinschaft** gegen die Hinterlegungsstelle.[107] Erst mit der Teilung der Forderung gegenüber der Hinterlegungsstelle ist die Auseinandersetzung abgeschlossen und kann der Miterbe den auf ihn entfallenden Forderungsteil realisieren.[108] In diesem Stadium kann ein Miterbenanteil und der daraus resultierende Anspruch auf Erbauseinandersetzung (§ 2042 BGB) aber nicht mehr gemäß § 93 Abs. 1 S. 1 SGB XII übergeleitet werden. Die Überleitung geht ins Leere.[109]

Eine Überleitung eines Anspruchs gegen die Hinterlegungsstelle auf Herausgabe eines hinterlegten Betrags nach §§ 372 ff. BGB ist nach

---

107 BGH NJW 1967, 200.
108 BGHZ 52, 99 ff. Rn 8 m.w.N.
109 LSG Baden-Württemberg ZfSG/SGB 2010, 543 ff.

der Rechtsprechung nicht möglich, weil die Hinterlegungsstelle nicht Dritter im Sinne von § 93 Abs. 1 S. 1 SGB XII sei.[110]

Wenn es um Verfügungen über den Anspruch geht, z.B. im Zusam-   89
menhang mit einem Vergleich, muss der Leistungsverpflichtete beachten, dass analog § 161 Abs. 1 S. 1 BGB der ehemals Berechtigte im Rahmen des Übergangs seines Anspruches nicht mehr über den Anspruch verfügen kann. Die Verfügung ist mangels Rechtsinhaberschaft unwirksam.[111] Entsprechend verliert der ehemals Berechtigte seine Aktivlegitimation zur Geltendmachung des Anspruches im Prozess – immer begrenzt auf die tatsächlich erbrachten Aufwendungen.

Hat der Berechtigte selbst dem Verpflichteten den Übergang eines   90
Anspruches, z.B. eines Pflichtteilsanspruchs angezeigt, so gelten außerdem §§ 412, 409 BGB. Der Berechtigte muss den angezeigten Übergang gegen sich gelten lassen, auch wenn er nicht erfolgt oder nicht wirksam ist.

4. Fallbeispiel: Übergeleiteter Pflichtteilsanspruch aus dem Berliner Testament

Fallbeispiel 27: Übergeleiteter Pflichtteilsanspruch aus dem Ber-   91
liner Testament
Eltern hatten ein gemeinschaftliches Ehegattentestament errichtet, in dem sie sich wechselseitig auf den Tod des Erstversterbenden als alleinige Erben eingesetzt hatten. Als Erben des Letztversterbenden wurden die acht Kinder bestimmt. **Nacherben** sollen deren Abkömmlinge, beim Fehlen von Abkömmlingen deren Geschwister oder deren Abkömmlinge sein. Für den Fall, dass eines der Kinder beim Tod des erstversterbenden Elternteils den Pflichtteil verlangen sollte, würde dieses Kind beim Tod des letztversterbenden Elternteils ebenfalls auf den Pflichtteil gesetzt. Bezüglich des Erbteils der behinderten und Sozialhilfeleistungen beziehenden Tochter wurde auf deren Lebzeiten Testamentsvollstreckung angeordnet.

---

110 LSG Baden-Württemberg ZfSG/SGB 2010, 543 ff.
111 BGH v. 18.3.1992 – Az.: XII ZR 1/91.

> Die zur Geltendmachung von Pflichtteilsansprüchen eingesetzte
> Betreuerin verweigerte dies und wies darauf hin, dass die Behin-
> derte davon keinen Nutzen habe.
> Der Sozialhilfeträger leitete die Pflichtteilsansprüche nach dem zu-
> erst verstorbenen Vater und der nachverstorbenen Mutter deshalb
> auf sich über und macht diese vor dem Zivilgericht geltend.

92   Das behinderte Kind bezieht nachrangige Sozialleistungen und hätte
darauf keinen Anspruch, wenn es über eigenes Einkommen oder Vermögen verfügen würde. Der Pflichtteilsanspruch entsteht nach § 2317
BGB mit dem Erbfall kraft Gesetzes und wird sofort fällig. Er stellt
also **Einkommen** und ggf. nach Ablauf des Verteilzeitraumes **Vermögen** dar, das lediglich kein „bereites Mittel" im Sinne des Sozialhilferechtes ist, weil es erst realisiert werden muss.

93   Der Bundesgerichtshof hat die seit langen Jahren bestehende einhellige
Meinung bestätigt, dass der **Pflichtteilsanspruch** durch den Sozialhilfeträger **übergeleitet** werden kann[112] und dann im Hinblick auf die
bisher streitige Frage, ob er diesen auch ohne oder gegen den Willen
des Hilfebedürftigen in Anspruch nehmen könne, entschieden, dass
es auf den Willen des Hilfebedürftigen nicht ankomme.

94   Damit erteilt der BGH denjenigen Auffassungen eine Absage, die aus
§ 852 Abs. 1 ZPO ableiten, dass es entscheidend darauf ankomme,
dass der Pflichtteilsberechtigte oder sein gesetzlicher Vertreter diesen
Anspruch geltend machen oder seiner Verwertung zustimmen.[113] § 852
ZPO unterwirft den Pflichtteilsanspruch der Pfändung nur dann,
wenn er durch Vertrag anerkannt oder rechtshängig geworden ist. Die
Überleitungsvorschrift des § 93 Abs. 1 S. 4 SGB XII ignoriert aber
Pfändungshindernisse genauso wie die Vorgängernorm des § 90 Abs. 1
S. 4 BSHG. Daraus leitet der BGH ab, dass die Überleitungsvorschrif-
ten ihres Sinnes beraubt würden, wenn man sie von einer persönlichen
Entscheidung des Pflichtteilsberechtigten abhängig machen würde.

---

112 Vgl. u.a. *Nieder*, Das Behindertentestament, NJW 1994, 1265; *Littig/Mayer*,
Sozialhilferegress gegenüber Erben und Beschenkten, S. 162.
113 Vgl. zur Darstellung der gegenteiligen Auffassung *Spall*, Anm. zu BGH v.
8.12.2004 – Az.: IV ZR 223/03, DNotZ 2005, 302.

Der Sozialhilfeträger werde als Helfer des Sozialhilfeempfängers anders behandelt als andere Gläubiger des Pflichtteilsberechtigten. Der Pflichtteilsberechtigte müsse Pflichtteilsansprüche deshalb strikter einsetzen als beispielsweise ein Unterhaltsberechtigter. Dabei komme es auch nicht darauf an, dass der Sozialhilfeträger schon vor einer Entscheidung des Pflichtteilsberechtigten übergeleitet habe.

Ausdrücklich betont der BGH, dass sich auch kein anderes Ergebnis daraus herleiten ließe, dass der Sozialhilfeträger nach herrschender Meinung das Recht zur **Ausschlagung** einer etwa durch Nacherbfolge und Testamentsvollstreckung beschränkten Erbschaft nicht auf sich überleitet und ausüben könnte.[114]

95

Damit scheint der BGH die Überleitungsfälle auf die **Pflichtteilsansprüche, die auf Enterbung beruhen**[115] **zu begrenzen.**

Hinweis

Wendt[116] hat in diesem Zusammenhang ausgeführt, dass mit einer Erbausschlagung, selbst wenn sie primär auf den Erhalt der Pflichtteilszahlung gerichtet sei, eine **Veränderung der Erbfolge** verbunden sei. Die Erbfolge müsse, insbesondere im Interesse der Nachlassgläubiger und aller an der Erbauseinandersetzung Beteiligter im Zeitpunkt des Erbfalles auf einer grundsätzlich nicht mehr umzustoßenden Grundlage stehen. Ein außen stehender Dritter wie der Sozialhilfeträger dürfe eine vom Erblasser sorgfältig ausgeklügelte Erbfolge nicht zum Einsturz bringen können. Dem folgt der BGH in seiner Entscheidung über den Pflichtteilsverzicht und die Wirksamkeit der Ausschlagung.[117] Damit ist § 2306 BGB nicht mehr die „Achillesferse" des Behindertentestaments.

Wendt will aus diesem Grund aber weitergehend auch die vorstehend zitierte Entscheidung zur Pflichtteilsstrafklausel noch einmal

---

114 BGH ZErb 2005, 122 m.w.N.
115 BGH ZErb 2006, 54.
116 *Wendt*, Das Behindertentestament – ein Auslaufmodell?, ZNotP 2008, 2, 12.
117 BGHZ 188,96.

auf den Prüfstand stellen. Sein Ergebnis: Der Sozialhilfeträger darf auch auf den Tod des Erstversterbenden den Pflichtteil nicht geltend machen, weil er damit in die Erbfolge eingreift.[118]

96   Entgegen der Auffassung von *Wendt* sieht die Lösung des Falles – jedenfalls aktuell – noch so aus, dass der BGH eine **Pflichtteilsstrafklausel** in einem Testament nicht als **geeignetes Mittel** zur Erreichung des Ziels eines Behindertentestamentes ansieht.[119] Das (fast) genaue Gegenteil des angestrebten Zweckes kann erreicht werden. Der BGH hat die Konstruktion nur teilweise gerettet, in dem er die Pflichtteilsstrafklausel so ausgelegt hat, dass

– der Sozialhilfeträger auf den ersten Erbfall einen bestehenden Pflichtteilsanspruch nach Überleitung geltend machen kann und
– nur auf den zweiten Erbfall eine Enterbung des behinderten Kindes im Schlusserbfall nicht eintritt, weil dieses nicht selbst den Pflichtteil auf den ersten Erbfall geltend macht hat.

Die Anordnung einer solchen Klausel für das behinderte Kind wird deshalb heute als geradezu typischer Fehler durch unkritische Übernahme von Mustertexten insbesondere des Berliner Testaments gesehen.[120]

C.   Der Rückgriff des Sozialleistungsträgers im SGB II

97   Die Grundstruktur des **Rückgriffs** auf den die Hilfsbedürftigkeit beseitigenden Anspruch im SGB II ist dem SGB XII nur teilweise ähnlich. Es geht um die Herstellung des Nachrangs durch

– Darlehensgewährung
– Übergang von Ansprüchen gegenüber Dritten gemäß § 33 SGB II
– Kostenersatzansprüche gemäß § 34 SGB II
– Ansprüche wegen sozialrechtlicher Erbenhaftung gemäß § 35 SGB II.

---

118   *Wendt*, Pflichtteilsvermeidungsstrategien in „guter" wie in „böser" Absicht, ErbR 2012, 68 und Wendt, ErbR 2012, 68 und Anm. zu OLG Hamm ErbR 2014, 70 ff., 74 f.
119   Ebenso *Spall*, Anm. zu BGH v. 8.12.2004 – Az.: IV ZR 223/03, DNotZ 2005, 302.
120   *Ruby*, Behindertentestament – Häufige Fehler und praktischer Vollzug, ZEV 2006, 70; *Grizwotz*, Das Behindertentestament nach Hartz IV, FamRB 2005, 279.

Trotz aller Unterschiede kann auf viele Ausführungen zum SGB XII gleichwohl Bezug genommen werden.

I. Die Darlehensgewährung im SGB II

Wie im SGB XII ist es auch im SGB II nicht zulässig, Leistungen   98
generell und ganz allgemein zur Sicherung des Lebensunterhalts in der Form eines Darlehens zu gewähren.[121] Es bedarf einer Rechtsgrundlage. § 42a SGB II regelt die Rahmenvorgaben für die Gewährung von Darlehen. § 42a SGB II bestimmt dazu, dass Darlehen nur erbracht werden, wenn ein Bedarf weder durch **Vermögen** nach § 12 Abs. 2 S. 1 Nr. 1, 1a und 4 SGB II noch auf andere Weise gedeckt werden kann. Darlehen können an einzelne Mitglieder von Bedarfsgemeinschaften oder an mehrere gemeinsam vergeben werden. Die Rückzahlungsverpflichtung trifft die Darlehensnehmer.

Die Darlehensgewährung selbst beruht auf eigenständigen Normen: 99
- § 22 Abs. 2, 6, 8 SGB II
- § 24 Abs. 1, 4, 5 SGB II
- § 27 Abs. 4 SGB II
- §§ 16c, 16g SGB II.

Für die hier interessierenden Fragen von Schenkung und Erbfall ist lediglich § 24 SGB II von Interesse.

§ 24 Abs. 1 SGB XII ermöglicht Darlehensleistungen, wenn ein von   100
den **Regelbedarfen** umfasster Bedarf nicht gedeckt werden kann. Die Bedarfsdeckung muss unabweisbar geboten sein und auf keine andere Art gedeckt werden können.

§ 24 Abs. 5 SGB II regelt, dass Leistungen als Darlehen zu erbringen   101
sind, wenn
- der sofortige Verbrauch oder die sofortige Verwertung von zu berücksichtigendem Vermögen nicht möglich ist
- der sofortige Verbrauch oder die sofortige Verwertung des Vermögens für den, der es einzusetzen hat, eine **besondere Härte** bedeuten würde.

---

121 BVerwGE 47, 103 Rn 24; BVerwGE 32, 89 Rn 21 f., *Rothkegel*, Sozialhilferecht, Kapitel 7 Rn 2.

1. Bei vorzeitig verbrauchten Mitteln – § 24 Abs. 1 SGB II

102 § 24 Abs. 1 SGB XII ermöglicht Darlehensleistungen, wenn ein von den **Regelbedarfen** umfasster Bedarf nicht gedeckt werden kann. Die Bedarfsdeckung muss unabweisbar geboten sein und auf keine andere Art gedeckt werden können. Es stellt sich daher wie im SGB XII die Frage, ob dann, wenn der Hilfesuchende Mittel aus Erbfall oder Schenkung „verprasst" (siehe § 1 Rn 275), nicht darlehensweise Leistungen nach § 24 Abs. 1 SGB V erbracht werden können, um das Verhalten nicht zu begünstigen. Aufgrund des **Bedarfsdeckungs- und des Faktizitätsprinzips** müssen nämlich trotz alledem Leistungen erbracht werden.

Unabhängig von der Frage, ob das Verbrauchs- oder Verhinderungsverhalten des erb- oder schenkungsrechtlich Begünstigten zu **Kostenersatzansprüchen** nach § 34 SGB II führen kann,[122] wird dies in der Literatur zum Teil so gesehen.[123] Das BSG lehnt dies ab und verweist auf Kostenersatzansprüche als Mittel des Sozialhilferegresses. § 24 Abs. 4 SGB II ist unanwendbar, weil kein Fall von Darlehensgewährung bei **zu erwartendem Einkommen** vorliegt.[124]

2. Bei kurzfristig nicht zu verbrauchendem oder zu verwertendem Vermögen – § 24 Abs. 5 SGB XII

103 Die darlehensweise Gewährung von Leistungen, die nach § 24 Abs. 5 SGB II grundsätzlich möglich ist (vgl. dazu Rn 5 ff.), setzt voraus, dass
  – der sofortige Verbrauch oder die sofortige Verwertung des zu berücksichtigenden Vermögens nicht möglich sind,
  – der sofortige Verbrauch oder die sofortige Verwertung des Vermögens für den, der es einzusetzen hat, eine **besondere Härte** bedeuten würde.

104 Systematisch kann auf die Ausführungen zu § 91 SGB XII Bezug genommen werden. § 24 Abs. 5 SGB II bezieht sich systematisch auf die Verwertung von zu berücksichtigendem Vermögen, nicht auf die

---

122 Vgl. dazu BSG v. 12.12.2013 – Az.: B 14 AS 76/12 R 13.
123 Berlit/*Pattar*, Existenzsicherungsrecht, C. Kapitel 10 Rn 28.
124 BSGE 112, 229 Rn 19; BSG v. 12.12.2013 – Az.: B 14 AS 76/12R, Rn 12.

Verwertung von Einkommen. Eine Erbschaft wird aber je nach Erb-
fall- und Antragszeitpunkt häufig Einkommen sein, so dass § 24 Abs. 5
SGB II keine Anwendung finden kann.

Die Anwendung der Einkommensvorschriften der §§ 11 ff. SGB II
setzt zwingend voraus, dass das Einkommen real und zur Bedarfsdeckung zur Verfügung steht. Das müsste eigentlich zu einer Sozialhilfegewährung als Zuschuss führen. Die Bundesagentur für Arbeit löst
diese Frage schlicht über eine analoge Anwendung des § 24 Abs. 5
SGB II.[125] Dafür gibt es eigentlich keine Gründe, denn das Problem
entsteht nicht aufgrund eines gesetzgeberischen Fehlers, sondern aufgrund einer Abgrenzung zwischen Einkommen und Vermögen, die
aufgrund Rechtsprechung entstanden ist.

Das BSG geht diesem Problem aus dem Weg. Es hat entschieden, dass
eine Anrechnung als Einkommen erst dann in Betracht kommt, wenn
dem Hilfesuchenden, z.B. aus einer Grundstücksveräußerung, tatsächlich Geld als bereite Mittel zur Finanzierung des Lebensunterhaltes
zur Verfügung stehen.[126] Das bedeutet, dass trotz Erbschaft bis zum
Zufluss des Nachlasses Hilfe zur Sicherung des Lebensunterhaltes als
Zuschuss und nicht als Darlehen geleistet werden muss.

Für eine Darlehensanwendung ist damit nur dann Raum, wenn es sich   105
um **Vermögen** handelt. § 12 SGB II ist mit all seinen Schonvermögens-
möglichkeiten vorab zu prüfen. Dazu gehört zunächst die Prüfung,
ob es sich um **verwertbares Vermögen** handelt. Das fordert wiederum
die Prüfung der zeitlichen Dimension der Verwertbarkeit des dem
Grunde nach verwertbaren Vermögens.[127] Es muss eine Prognose darüber angestellt werden, ob und ggf. welche Verwertungsmöglichkeiten bestehen. Die Prognose bezieht sich im Regelfall auf den Zeitraum,
für den Leistungen bewilligt werden, also regelmäßig sechs Monate.
Falls es an einer Möglichkeit zur Verwertung zu berücksichtigenden

---

125 *Brühl/Hoffmann* (Hrsg.), Durchführungshinweise der Bundesagentur für Arbeit,
     § 11 R, 11.80.
126 BSG NJW 2012, 2911; LSG v. 23.1.2014 – Az.: L 7 AS 2169/12 (nicht rkr.).
127 BSG v. 20.2.2014 – Az.: B 14 AS 10/13 R, Rn 32; BSG v. 25.8.2011 – Az.: B 8 SO
     19/10 R, Rn 14.

Vermögens in diesem Zeitraum fehlt, besteht Hilfebedürftigkeit. Dann sind auf Antrag darlehensweise Leistungen zu erbringen.[128]

106   Eine darlehensweise Gewährung von Leistungen scheidet aus, wenn **bis auf weiteres** nicht absehbar ist, ob der Hilfesuchende einen wirtschaftlichen Nutzen aus seinem Vermögen wird ziehen können. Eine generelle Unverwertbarkeit liegt vor, wenn völlig ungewiss ist, wann eine für die Verwertbarkeit notwendige Bedingung eintritt. Das ist z.B. bei einer mit einem Nießbrauchsrecht belasteten Immobilie der Fall, bei dem der Nießbrauch erst mit dem Tod des Berechtigten erlischt und dieser noch sehr jung ist[129] (siehe § 1 Rn 6 ff.). Ist der Tod des Berechtigten aber absehbar, wird die Praxis nach der neueren Rechtsprechung des BSG[130] kein andauerndes Verwertungshindernis annehmen.

Zur **Unmöglichkeit** des sofortigen Verbrauchs oder der sofortigen Verwertung des an sich zu berückenden Vermögens gelten die Ausführungen zu § 91 S. 1 1. Alt. SGB XII (siehe Rn 22 ff.).

107   § 24 Abs. 5 SGB XII ermöglicht die Gewährung eines Darlehens auch dann, wenn die Verwertung für den Vermögensinhaber eine **besondere Härte** darstellen würde. Im Prüfungsablauf bedeutet das, dass die Härtefallprüfung des § 12 Abs. 3 Nr. 6 SGB II schon einmal durchlaufen wurde, denn § 24 Abs. 5 SGB XII setzt voraus, dass es sich nicht um nach § 12 SGB XII geschontes Vermögen handelt. Es handelt sich also um eine **andere besondere Härte**. Obwohl § 91 SGB XII nur eine einfache Härte verlangt, gelten die dort gemachten Ausführungen entsprechend (vgl. Rn 22). Der Tatbestand knüpft an die Person des Hilfesuchenden an. Hauptanwendungsfall dürfte auch hier die nach § 12 Abs. 3 Nr. 4 SGB XII nicht geschützte Immobilie sein, deren Verwertung aktuell im Entscheidungszeitpunkt eine **besondere** Härte darstellt.

Hinweis
Die darlehensweise Gewährung im SGB II ist nicht unproblematisch. Bei darlehensweiser Gewährung ist der Hilfesuchende nach

---

128 BSG v. 20.2.2014 – Az.: B 14 AS 10/13 R, Rn 32.
129 BSGE 99, 248, Rn 15.
130 BSG v. 20.2.2014 – Az.: B 14 AS 10/13R, Rn 32.

§ 5 Abs. 1 Nr. 2a SGB V, § 20 Abs. 1 Nr. 2a SGB XI nicht gesetzlich kranken- und pflegeversichert. Beiträge werden durch den Sozialhilfeträger deshalb auch nur darlehensweise übernommen.

3. Darlehensmodalitäten

In welcher Form der Leistungsträger über das **Darlehen** entscheidet, 108 steht ihm frei. Er kann in der Form des **öffentlich-rechtlichen Vertrages** des § 53 SGB X oder des **Verwaltungsaktes** entscheiden.[131] Für Streitigkeiten ist der Sozialrechtsweg gegeben.

Rückzahlungsansprüche aus Darlehen nach § 24 Abs. 5 SGB II sind 109 gemäß § 42a Abs. 3 SGB II nach erfolgter **Verwertung** sofort in voller Höhe fällig. Deckt der erlangte Betrag den noch nicht getilgten Darlehensbetrag nicht, soll eine Vereinbarung über die Rückzahlung des ausstehenden Betrags unter Berücksichtigung der wirtschaftlichen Verhältnisse der Darlehensnehmer getroffen werden.

Zu beachten ist, dass § 24 SGB II ausdrücklich keine Ermächtigungsgrundlage für die **Verzinsung** der Rückzahlung des Darlehens enthält. Sie ergibt sich auch nicht aus anderen Normen.[132] Verzugszinsen und Prozesszinsen sind nach allgemeinen Regeln zulässig.

Die Leistungserbringung kann davon abhängig gemacht werden, dass 110 der Rückzahlungsanspruch dinglich oder auf andere Weise gesichert wird (§ 24 Abs. 5 S. 2 SGB II, § 64 SGB X).Das Darlehen wächst nur monatsweise an. Deshalb muss eine Prognose über den mutmaßlichen Bedarf, bzw. Sicherungsbedarf erstellt werden. Erschöpft das Darlehen später den Wert der Sicherung nicht, greift auch insoweit keine Sicherung. Sie kann dann zurückverlangt werden.

Die darlehensweise Gewährung findet ihre **Grenze** im Wert des Vermögensgegenstandes, weil auch der bedürftig ist, der sein Vermögen verwertet hat. Verwertet hat sein Vermögen in der Regel, wer sein Grundstück bis zur Höhe des Verkehrswertes belastet hat. Soweit die Darlehenssumme den Wert des Vermögensgegenstandes übersteigt,

---

131 Grube/*Warendorf*, SGB XII, § 91 Rn 10 ff.
132 Vgl. zum SGB XII BSG v. 27.5.2014 – Az.: B 8 SO 1/13 R, Rn 16 ff.; Eicher/*Lang/ Bügel*, SGB II, § 23 Rn 61.

kann der Darlehensnehmer bei Rückforderung des Darlehens den **Einwand der zulässigen Rechtsausübung** erheben. Das gilt selbst dann, wenn die Darlehnsgewährung durch bestandskräftig gewordenen Verwaltungsakt bindend geworden ist.

111   **Beispiel: Immobilienbewertung**
Um feststellen zu können, welchen Wert eine Immobilie hat und in welchem Umfang sie mit einem Grundpfandrecht belastet werden kann, bedarf es einer Wertermittlung. Die Bundesagentur für Arbeit hat für die Bewertung und deren Ablauf folgende Hinweise[133] herausgegeben:
(4) Als Nachweis für den Verkehrswert von Immobilien sind nur Kaufverträge oder Verkehrswertgutachten zu akzeptieren, die nicht älter als drei Jahre sind. Ist der Verkehrswert einer Immobilie nicht auf diese Weise nachzuweisen, kann bei unbebauten Grundstücksflächen auch auf die von den Kommunen herausgegebenen **Bodenrichtwerttabellen** zurückgegriffen werden. Bei bebauten Grundstücksflächen oder einer Eigentumswohnung sind Auskünfte aus der **Kaufpreissammlung der Gutachterausschüsse bei den Kataster- und Vermessungsämtern** einzuholen. Ausnahmsweise kann auch der **zuständige kommunale Gutachterausschuss** im Wege der Amtshilfe gem. §§ 3 ff. SGB X um ein Verkehrswertgutachten ersucht werden; dieses ist gem. § 64 Abs. 2 Satz 1 SGB X kostenfrei. (BVerwG NVwZ 1987, 1070–1071).
(5) Legt die Antragstellerin/der Antragsteller Unterlagen vor, die als Nachweis für die Verkehrswertermittlung nicht geeignet sind und ergibt sich aus der **Bodenrichtwerttabelle/Kaufpreissammlung** ein bis zu zehn Prozent abweichender Verkehrswert, sind die Angaben der Antragstellerin/des Antragstellers zu akzeptieren.
(7) Der Zeitpunkt der Bewertung richtet sich nach der Antragstellung. Wird die Verwertung eines Vermögensgegenstandes erst später möglich, so ist der Zeitpunkt maßgebend, von dem an alle Voraussetzungen für eine Verwertung vorliegen.

---

133 *Brühl/Hoffmann* (Hrsg.), Durchführungshinweise der Bundesagentur für Arbeit, § 12 Rn. 12.49.

II. Der Übergang der Ansprüche gegen einen Dritten, § 33 SGB II

Wenn der Sozialhilfeträger einen **Bedarf** nach SGB II decken muss,   112
weil zur Selbsthilfe **geeignete** Mittel nicht zu „bereiten", also einsetz-
baren oder verwertbaren, Mitteln gemacht werden können, dann handelt es sich sozialhilferechtlich um einen „Störfall", weil jeder an sich
zunächst für seinen Lebensunterhalt selbst aufkommen muss.

Die Wiederherstellung des Nachrangs erfolgt im SGB II nicht durch   113
Überleitung, sondern einheitlich durch **Legalzession**. SGB II und
SGB XII befinden sich – was den Gleichlauf der Normen angeht –
daher nicht in Gleichklang. Eine Unterscheidung danach, welche Art
von Anspruch übergeht, hat der Gesetzgeber unterlassen. Die **Grundstruktur** der Tatbestandsvoraussetzungen für die Wiederherstellung
des Nachranges der bezogenen Sozialleistungen ist nur teilweise ähnlich zu der in § 94 SGB XII. Der wesentliche Unterschied besteht in
der Begrenzung des Anspruchsübergangs auf Ansprüche des Leistungsberechtigten wegen an ihn erbrachter Leistungen. Die Legalzession lässt auch keine Ermessensüberlegungen zu, so dass der Übergang
eines Anspruches nicht aus **Härtegründen** verhindert werden kann.

1. Das „Regress-Dreieck"

Durch die Rückgriffsregel des § 33 SGB II entsteht ein „sozialhilfe-   114
rechtliches" Dreiecksverhältnis, innerhalb dessen durch Forderungsübergang (**Legalzession**)[134] dem Subsidiaritätsprinzip nachträglich
Geltung verschafft wird. Zur Vorbereitung dieses Anspruches gibt es
nach § 60 SGB I einen **öffentlich-rechtlichen Auskunftsanspruch**.

Der gesetzliche Forderungsübergang muss wegen eines **Anspruchs**   115
gegen einen Dritten eintreten, der nicht Leistungsträger ist. Nahezu
jeder Anspruch ist denkbar. Das zu § 93 SGB XII Gesagte (vgl.
Rn 42 ff.) gilt entsprechend.

---

134 Vgl. hierzu *Tapper*, Der grundsicherungsrechtliche Anspruchsübergang (§ 33
    SGB II), S. 63 ff.

Der Übergang von Ansprüchen, die nicht übertragen, verpfändet oder gepfändet werden können, wird in § 33 SGB II ausdrücklich für zulässig erklärt.

116   § 33 SGB II erschließt sich nur im Kontext der Regeln zur **Bedarfsgemeinschaft** des § 7 SGB II. Es gehen nur Ansprüche über von Empfängern von Leistungen zur Sicherung des Lebensunterhaltes, nicht aber von Mitgliedern der Bedarfsgemeinschaft, die selbst keine Leistungen empfangen haben. Das erschließt sich aus dem Gesetzestext nicht selbstverständlich, der nur von der Zeit „für die Leistungen erbracht werden" spricht. Diese Grenze ist ein wesentlicher Unterschied zu der Überleitung nach § 93 Abs. 1 S. 1 und 2 SGB XII.[135] Bei bestimmten Hilfen bezieht das Gesetz dort Ansprüche von Eltern, nicht getrennt lebenden Ehegatten oder Lebenspartnern ein. Der Übergang von Ansprüchen des Anspruches gegen einen Dritten kann auch wegen Leistungen nach dem 3. und 4. Kapitel des SGB XII erfolgen, die der Leistungsträger gleichzeitig mit den Leistungen für die leistungsberechtigte Person erbracht hat sowie für deren Ehegatten oder Lebenspartner und deren unverheiratete minderjährige Kinder.

117   In ein **Prüfungsschema** gefasst, könnte man § 33 SGB XII wie folgt darstellen:

Zivilrechtliche Prüfung:
– Anspruch des Leistungsbeziehers von Leistungen zur Sicherung des Lebensunterhalts gegen einen anderen
– der fällig ist und ohne Einrede besteht

„Sozialhilfe"-rechtliche Prüfung:
– der Leistungsbezieher
– hat einen **Bedarf auf Leistungen zur Sicherung des Lebensunterhalts**
– weswegen Leistungen zur Sicherung des Lebensunterhalts
– rechtmäßig (str.)[136]

---

135 Eicher/*Link*, SGB II, § 33 Rn 23.
136 Dafür vgl. *Doering-Striening/Horn*, Der Übergang von Pflichtteilsansprüchen von Sozialhilfebeziehern, NJW 2013, 1277 f.; dagegen z.B. Zimmermann/*Hahn*, Praxiskommentar Erbrechtliche Nebengesetze, § 33 SGB II Rn 4 mit diversen weiteren Nachweisen.

- für den Bewilligungszeitraum
- erbracht wurden
- die nicht hätte beansprucht werden können, wenn der Drittschuldner rechtzeitig geleistet hätte.

Rechtsfolge ist der **Übergang des Anspruchs** bis zur Höhe der erbrachten Leistungen zur Sicherung des Lebensunterhalts mit der Folge der Anwendbarkeit der §§ 412, 399–404, 406–410 BGB. Mit dem Übergang des Anspruchs gehen deshalb nach §§ 412, 401, 402 BGB **Nebenrechte** wie die Auskunfts- und Wertermittlungsrechte nach § 2314 BGB über.[137]   118

2. Die zivilrechtlichen Seite des „Regress-Dreiecks"

Die Gewährung von Arbeitslosengeld II und Sozialgeld (Leistungen zur Sicherung des Lebensunterhaltes, §§ 19 ff. SGB II) folgt den vorstehend dargestellten „sozialhilferechtlichen" Regeln und damit Kriterien, die sich von denen des sonstigen Rechts deutlich unterscheiden.   119

Das Bestehen eines übergangsfähigen Anspruchs gegen einen Dritten folgt aber den Regeln des jeweiligen Rechts, aus dem er stammt. Zu den übergangsfähigen Ansprüchen gehört z.b. der **Pflichtteilsanspruch**. Er kann vom Jobcenter eingezogen werden, wobei es abweichend von § 852 ZPO nicht auf eine Entscheidung des Pflichtteilsberechtigten ankommt.[138]   120

Zu den übergangsfähigen Ansprüchen gehören auch die sonstigen Ansprüche, so wie sie bereits bei § 93 SGB XII dargestellt wurden. Auf die dortigen Ausführungen kann daher hier verwiesen werden (siehe § 1 Rn 211; § 2 Rn 151; § 5 Rn 42 ff.).   121

---

137 Zum Übergang eines Pflichtteilsanspruches vgl. *Doering-Striening/Horn*, Der Übergang von Pflichtteilsansprüchen von Sozialhilfebeziehern, NJW 2013, 1278.
138 BGH NJW-RR 2005, 369; BGH NJW-RR 2006, 223.

3. Die „sozialhilfe"-rechtliche Seite des „Regress-Dreiecks"

a) Anspruchsübergang wegen Leistungen zur Sicherung des Lebensunterhalts

122   Der gesetzliche Forderungsübergang erfolgt ausschließlich wegen **Leistungen zur Sicherung des Lebensunterhalts** (§ 1 Abs. 3 Nr. 2 i.V.m. §§ 19 ff. SGB II). Leistungen zur Sicherung des Lebensunterhalts sind im 3. Kapitel des SGB II (§§ 19–29 SGB II) geregelt.

Leistungen zur Sicherung des Lebensunterhalts sind:
– Regelbedarf/Sozialgeld,[139] § 20 SGB II
– Mehrbedarf, § 21 SGB II
– Unterkunft und Heizung, § 22 SGB II
– die Weiterzahlung von Alg II bei krankheitsbedingter Arbeitsunfähigkeit, § 25 SGB II.

Aufwendungen für die Kosten der Unterkunft gehen nur teilweise auf den öffentlichen Leistungsträger über,[140] weil unstreitig ist, dass die Leistungen für Unterkunft ein pauschaliertes Wohngeld enthalten.

123   Im Abschnitt 2 des SGB II werden als Leistungen zur Sicherung des Lebensunterhalts eine Reihe anderer Leistungen aufgeführt, u.a. die Leistungen Bildung und Teilhabe nach § 28 SGB II. Ob sie nach § 33 SGB II übergehen, ist ungeklärt.

124   Zu den Leistungen, bei denen **kein Anspruchsübergang** erfolgt, gehören Leistungen zur Eingliederung in Arbeit,[141] wie z.B.
– Einstiegsgeld, § 16b SGB II[142]
– Leistungen einer Arbeitsgelegenheit.[143]

Ob auch die Zuschussleistungen zu Beiträgen **freiwillig Versicherter** nach § 26 SGB II sowie entsprechende **Leistungen für Sozialversicherungsbeiträge** (§§ 3 S. 1 Nr. 3a, 173 S. 2 SGB VI; § 5 Abs. 1 Nr. 2a SGB V; § 20 Abs. 1 Nr. 2a SGB XI) zu einem Anspruchsübergang füh-

---

139 BGH NJW-RR 2011, 145.
140 Eicher/*Link*, SGB II, § 33 Rn 42.
141 Mit Beispielen *Müller*, Der Rückgriff gegen Angehörige von Sozialleistungsempfänger, Teil C Rn 9.
142 *Tapper*, Der grundsicherungsrechtliche Anspruchsübergang, S. 92 f.
143 *Tapper*, Der grundsicherungsrechtliche Anspruchsübergang, S. 92 f.

ren können, ist unklar.[144] Richtig dürfte folgender Gedanke sein: Anders als die Zahlung von Unterhalt löst die Zahlung von Arbeitslosengeld II Sozialversicherungspflicht aus. Zuschüsse zu Versicherungsleistungen werden dagegen nicht aufgrund einer gesetzlichen Versicherungspflicht ausgelöst, sondern stellen eine Sozialleistung zur Sicherung der Kranken- und Altersvorsorge dar. Sie haben ihre Parallele im Alters- und Krankenvorsorgeunterhaltsanspruch und gehören deshalb m.E. zu den Leistungen zur Sicherung des Lebensunterhalts.[145]

b) Anspruchsübergang wegen erbrachter Leistungen

Die Leistungen müssen „**erbracht**" worden sein. Ob die darlehensweise Gewährung von Leistungen an den Leistungsberechtigten ausreicht, ist streitig.[146] Z.T. wird bejaht, dass Darlehen und Anspruchsübergang nebeneinander möglich sind. Nach diesseitiger Ansicht sind Darlehen und Anspruchsübergang unterschiedliche Mittel des „Sozialhilferegresses". Ist der Leistungsbezieher bereits selbst Inhaber eines vermögenswerten Rechtes, ohne dies geltend machen zu müssen (z.B. Eigentümer einer nicht geschonten Immobilie) kommt ein Darlehen in Betracht. Muss er einen Anspruch erst gegen einen Dritten realisieren (z.B. aus einem Nießbrauch), kommt der Anspruchsübergang in Betracht. Auf jeden Fall reicht nicht aus, dass die Leistungen nur bewilligt worden sind. Auch vorläufige Leistungen reichen nicht aus.[147]   125

Wem die Leistungen erbracht worden sein müssen, regelt § 33 SGB II nicht in hinreichender Klarheit. Das tangiert auch die Regelung, dass der Anspruch nur **bis zur Höhe geleisteter Aufwendungen** übergeht   126

---

144 Ablehnend *Müller*, Der Rückgriff gegen Angehörige von Sozialleistungsempfängern, Teil C Rn 9; bejahend Kreikebohm/*Knickrehm*, Kommentar zum Sozialrecht, § 33 SGB II Rn 2; offen: Familiengerichtstag NJW-Dokumentation 2007, Heft 41, Seite XXVII.

145 Vgl. hierzu BGH FamRZ 2007, 2065; *Brühl/Hofmann*, § 33 Rn 33.19.

146 Ablehnend *Müller*, Der Rückgriff gegen Angehörige von Sozialleistungsempfängern, Teil C Rn 9; bejahend *Tapper*, Der grundsicherungsrechtliche Anspruchsübergang, S. 97 f.; differenzierend unter Darstellung unterschiedlicher Auffassungen; Kreikebohm/*Knickrehm*, Kommentar zum Sozialrecht, § 33 SGB II Rn 2.

147 *Tapper*, Der grundsicherungsrechtliche Anspruchsübergang, S. 100.

und die konkrete Leistungserbringung kausal auf die Nichtleistung zurückgehen muss. Dabei stellt sich die Frage, welche „geleisteten" Aufwendungen für wen konkret vom Anspruchsübergang umfasst sind.

127 In einer Bedarfsgemeinschaft werden durch die Nichterfüllung eines Anspruches kausal auch die Leistungen an die Mitglieder der Bedarfsgemeinschaft verursacht. Dagegen steht, dass das Einkommen innerhalb einer Bedarfsgemeinschaft zwar verteilt wird, dass aber jedes Mitglied einen eigenen Anspruch hat. Die Bedarfsgemeinschaft an sich kann nicht Anspruchsinhaber des Sozialhilfeanspruchs sein.[148] Daraus wird für Unterhaltsansprüche abgeleitet, dass Aufwendungen **für weitere Personen** der Bedarfsgemeinschaft nicht von einem Übergang nach § 33 SGB II erfasst werden.[149] Es komme nicht auf die für sie geleisteten Beträge an, sondern immer nur auf die Beträge, die der Hilfeempfänger für die eigenen Lebensbedarfsdeckung hätte verwenden müssen, die **seinen** Anspruch auf Leistungen nach dem SGB II ausgeschlossen hätte.[150]

128 Demgegenüber steht die Auffassung, dass bei rechtzeitiger Erfüllung des vorrangigen Anspruchs die zu berücksichtigenden Zahlungen nach der **Bedarfsanteilsmethode** auf die Bedarfsgemeinschaft verteilt worden wären. Zur Berechnung der wegen Nichterfüllung eines vorrangigen Anspruchs geleisteten Aufwendungen sei die Bedarfsgemeinschaft so zu stellen, als ob die Zahlungen geleistet worden wären.[151]

Die Rechtsprechung folgt der rechtssystematisch richtigen Lösung. Zwischen dem Leistungsempfänger und dem Anspruchsberechtigten muss **Personenidentität** bestehen. Demzufolge kommt es ausschließlich auf die gerade für den Berechtigten erbrachten Leistungen an.

---

148 BSG SozR 4–4200 § 22 Nr. 1.
149 Eicher/*Link*, SGB II, § 33 Rn 16.
150 *Tapper*, Der grundsicherungsrechtliche Anspruchsübergang, S. 118 m.w.N.
151 *Brühl/Hofmann*, Durchführungshinweise der Bundesagentur für Arbeit, § 33 Rn 33.20.

c) Die Rechtmäßigkeit der Sozialleistungsgewährung

Strittig ist, ob materielle Rechtsmäßigkeitsvoraussetzung für den An-   129
spruchsübergang die **Rechtmäßigkeit der erbrachten Leistungen** ist.
Das BVerwG führte früher zu diesem Problem aus, dass eine Prüfung
der Rechtmäßigkeit der Leistungserbringung nur dann geboten sei,
wenn die Voraussetzungen für den **Sozialhilfeanspruch** und den überzuleitenden Anspruch wesentlich unterschiedlich seien.[152] Das dürfte
bei Ansprüchen aus Erbfall und Schenkung stets der Fall sein. Stets
soll es auf die Rechtmäßigkeit ankommen, wenn durch den Anspruchsübergang die Belange des Dritten in unzulässiger Weise ver-
kürzt würden.[153]

Mit dem Übergang des Gesetzgebers von der Überleitung zur Legal-   130
zession wird z.T. vertreten, dass schützenswerte Belange des Leistungsempfängers nicht dadurch verletzt werden, ob die Leistung
rechtmäßig oder rechtswidrig erbracht wurde. Der Leistungsträger
habe aber zu beachten, dass aufgrund des abschließenden Charakters
von §§ 45, 50 SGB X die Leistung vorrangig vom Leistungsempfänger
selbst zu fordern seien.[154]

Letzteres ist der zutreffende Lösungsansatz. Aus der sozialrechtlichen   131
Binnensystematik im Allgemeinen und der grundsicherungsrechtli-
chen Leistungsstörungssystematik im sozialhilferechtlichen Leistungsverhältnis im Besonderen ergibt sich, dass rechtswidrige Leistungen grundsätzlich über § 45 SGB X zu „reparieren" sind und nicht
über einen sozialhilferechtlichen Regress gegen einen Dritten.

d) Kongruenz von „Sozialhilfe"-anspruch und Anspruch

Nach § 33 Abs. 1 S. 1 SGB II wird vorausgesetzt, dass der **Leistungs-**   132
empfänger einen **Anspruch** gegen einen Dritten für die Zeit hat, für
die er Leistungen zur Sicherung des Lebensunterhalts nach dem
SGB II bezieht. Der Übergang des Anspruchs impliziert, dass das, was
der Sozialhilfeträger an den Hilfebedürftigen als Leistung erbringt,

---

152 BVerwGE 55, 23; BVerwG NDV 1987, 197 f.
153 BVerwG NDV 1993, 25.
154 Eicher/*Link*, SGB II, § 33 Rn 15a.

geeignet war, einen Lebensunterhaltsbedarf (§§ 19 ff. SGB II) zu decken, denn nur dann ist ein Anspruchsübergang gerechtfertigt. Der
Übergang ist daher immer dann ausgeschlossen, wenn der vom Sozialleistungsträger anerkannte Bedarf nicht zur Sicherung des Lebensunterhaltes ist.

133   Sozialhilfeleistungen und Anspruch müssen **zeitlich miteinander**
kongruent sein. Es ist festzustellen, was der konkrete Bedarf in welchem Zeitraum ist und welche konkrete sozialrechtliche Leistung daraufhin erbracht worden ist. Mit welchem konkreten Anspruch korreliert dieser Bedarf zeitlich? Die **Verrechnungszeiträume** müssen
identisch sein.[155] In jedem Fall ist eine konkrete Zuordnung des sozialhilferechtlichen Leistungsaufwandes zu dem konkreten Anspruch erforderlich.[156] Es kommt dabei auf den Bewilligungszeitraum an, nicht
auf den Tag der Entscheidung und auch nicht auf den Tag des Emp-
fangs der Leistung.

134   § 33 Abs. 3 SGB II regelt die Geltendmachung des übergangenen Anspruchs in **zeitlicher Hinsicht**. Für die **Vergangenheit** kann der Leistungsträger außer unter den Voraussetzungen des bürgerlichen Rechts
nur von der Zeit an den Anspruch gegen den Dritten geltend machen,
zu welcher er dem Verpflichtenden **schriftlich** mitgeteilt hat, dass er
Leistungen an den Berechtigten erbringt. Durch die **Rechtswahrungsanzeige** wird sozialrechtlich Verzug begründet und mit dem
Zugang der Rechtswahrungsanzeige kann der Sozialleistungsträger die
Wirkung des Übergangs eines Anspruches in Kraft setzen.

e) Kausaler Zusammenhang zwischen Leistungserbringung und Nichtleistung
des Drittschuldners

135   § 33 SGB II setzt weiter voraus, dass der Leistungsträger Leistungen
zur Sicherung des Lebensunterhaltes nicht erbracht hätte, wenn der
Dritte seine Leistung rechtzeitig erbracht hätte. Es ist also fiktiv zu
prüfen, was geschehen wäre, wenn der Pflichtige rechtzeitig geleistet

---

155 *Müller*, Der Rückgriff gegen Angehörige von Sozialleistungsempfängern, Teil B,
Rn 20.
156 Vgl. auch zur Regelung im SGB XII Plagemann/*Mittelmann*, Anwaltshandbuch
Sozialrecht, § 93 Rn 84.

hätte. Hier ist der Dreh- und Angelpunkt der Prüfung im Rahmen von § 33 SGB II. Jetzt muss insbesondere geprüft werden:
- War der Sozialleistungsbezieher bedürftig?
- Welche Mittel waren vorhanden, aber nicht verfügbar? Handelt es sich um Einkommen oder Vermögen?
- Wäre das Einkommen nach den vorstehenden Ausführungen zu § 3 Rn 10 ff. normativ geschont gewesen? Falls ja, greift der Anspruchsübergang nicht.
- Wären die Mittel nach den vorstehenden Ausführungen zu § 3 Rn 30 ff. als Vermögen normativ geschont gewesen? Dauerhaft oder nur vorübergehend? Bei dauerhafter normativer Schonung greift der Übergang nicht. Bei vorübergehender normativer Schonung wäre ein Darlehen nach § 24 Abs. 5 SGB II in Betracht gekommen.

4. Das „Regress-Dreieck" schließt sich – der Übergang des Anspruchs nach § 33 SGB II

Wenn die Voraussetzungen für den Anspruchsübergang gegeben sind, so findet der **gesetzliche Übergang des Anspruches** auf den Sozialleistungsträger (§ 6d SGB II – Jobcenter) statt. Was der Übergang des Anspruches auf den Sozialhilfeträger bewirkt, ist wiederum zivilrechtlich geregelt. 136

a) Der Anspruchsübergang

Nach § 412 BGB gelten für den **gesetzlichen Forderungsübergang** die Vorschriften der §§ 399–404, 406–410 BGB entsprechend. Dazu kann vollinhaltlich auf die Ausführungen zum SGB XII Bezug genommen werden (vgl. § 4 Rn 83 ff.). 137

Hinweis 138
Der Drittschuldner hat stets ein hohes Interesse daran, die Elemente des „Regress-Dreiecks" seinerseits genau zu prüfen:
- Welche Sozialhilfeleistungen hat der Sozialhilfeträger für den Leistungsbezieher aufgrund welcher Einkommens- und Vermögensverhältnisse, in welchem Umfang, mit welchem Rechtsgrund und für welchen Zeitraum geleistet?

- Welche Ansprüche gegen den Drittschuldner bestehen für diesen Zeitraum?
- Wäre die Sozialhilfeleistung unterblieben, wenn der Anspruch rechtzeitig erfüllt worden wäre oder wäre aufgrund sozialhilferechtlicher Vorschriften ohnehin zu leisten gewesen?
- Sind die Voraussetzungen des Anspruchsübergangs nach § 33 SGB II gegeben?

Ohne eine genaue Aufschlüsselung der erbrachten Hilfen zur Sicherung des Lebensunterhaltes dürfte die Geltendmachung durch das Jobcenter unschlüssig sein.[157]

b) Rückübertragung des Anspruchs und die Abtretung

139   Nach § 33 Abs. 4 SGB II kann der Sozialhilfeträger den kraft Gesetzes übergegangenen Anspruch im Einvernehmen mit dem Leistungsempfänger auf diesen **zur gerichtlichen Geltendmachung** rückübertragen und sich den geltend gemachten Anspruch dann wieder abtreten lassen.

140   Um dem Einwand zu begegnen, die treuhänderische Rückerstattung sei nach § 32 Abs. 1 SGB I nichtig, weil sie dem Leistungsberechtigten das Prozess- bzw. Kostenrisiko für die Geltendmachung der rückübertragenen Ansprüche auferlege, wurde der Sozialhilfeträger in § 33 Abs. 4 S. 2 SGB II verpflichtet, die Kosten zu übernehmen, mit denen der Leistungsempfänger „dadurch" selbst belastet wird.

c) Aktiv-/Passivlegitimation des Hilfeträgers

141   Das Jobcenter (§ 6d SGB II) ist im gerichtlichen Verfahren nach Anspruchsübergang aktiv- und passivlegitimiert. Der Hilfeträger kann aus eigenem übergegangenem Recht Ansprüche des Leistungsbeziehers gegen den Drittschuldner **bis zur Höhe seiner eigenen Aufwendungen** für den konkreten Hilfeempfänger, der Inhaber des Anspruchs ist, geltend machen; im Übrigen bleibt der Anspruch beim Hilfeempfänger.

---

157 Eschenbruch/*Conradis*, Der Unterhaltsprozess, Kapitel 5 Rn 84.

d) Aktivlegitimation des Hilfeträgers für die Vergangenheit

Soweit der Hilfeträger geleistet hat und der Anspruch auf ihn überge-   142
gangen ist, darf er nicht für eine länger zurückliegende Zeit als **ab
Zugang der Rechtswahrungsanzeige** an den Schuldner aus übergegangenem Recht gegen den Drittschuldner vorgehen (§ 33 Abs. 3 S. 1
SGB II).

e) Aktivlegitimation des Hilfeträgers für die Zukunft

Für die Zukunft darf der Hilfeträger unter den Voraussetzungen des   143
§ 33 Abs. 3 S. 2 SGB II aus eigenem Recht bis zur Höhe seiner bisherigen monatlichen Aufwendungen gegen den Drittschuldner vorgehen,
wenn zu erwarten ist, dass er auch künftig öffentliche Leistungen wird
erbringen müssen.

Macht auch der Gläubiger seinen Anspruch für die Zukunft gegen   144
den Schuldner gerichtlich geltend, ist für die Zulässigkeit der beiden
Anträgen maßgeblich, welcher Antrag zuerst zugestellt worden ist
(Einwand der anderweitigen Rechtshängigkeit, §§ 113, 261 Abs. 3
Nr. 1 ZPO), sofern die beiden Anträge denselben Streitgegenstand (in
zeitlicher Hinsicht und der Höhe nach) betreffen. Beide Anträge sollen nebeneinander zulässig sein. Die Einzelheiten dazu sind bisher
allerdings ungeklärt.

D. Kostenersatzansprüche wegen sozialwidrigen Verhaltens – § 103 SGB XII, § 34 SGB II

145

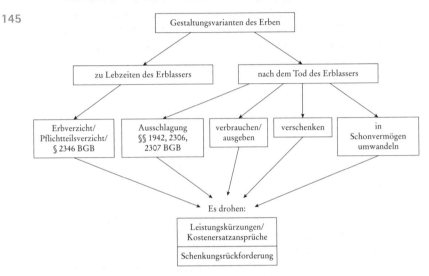

146 Wenn Zuflüsse aus Erbfall oder Schenkung beim Bedürftigen „ankommen", stellt sich für ihn immer die Frage, kann ich sozialhilfeunschädlich
  – ausschlagen (vgl. § 1 Rn 285 ff.)
  – verkonsumieren (vgl. § 1 Rn 274 ff.)
  – in Schonvermögen umwandeln (vgl. § 2 Rn 217 ff.) oder
  – verschenken (vgl. § 2 Rn 204 ff.)?

Bereits zuvor stellt sich die Frage danach, ob der potentiell oder tatsächlich Hilfebedürftige auf Rechte aus erbrechtlichen Sachverhalten verzichten kann. Mit jeder dieser Maßnahmen verursacht der Bedürftige irgendwann seine eigene Bedürftigkeit und damit die Leistungspflicht des Staates. Nach den oben dargestellten Strukturprinzipien kollidiert dies mit dem Prinzip der Selbsthilfe. Grundsätzlich besteht die Verpflichtung, Einkommen und Vermögen zur Deckung des eigenen Bedarfs zu verwenden (vgl. §§ 2 und 3).

Wenn der Hilfesuchende verfügt – in der Regel durch Rechtsgeschäft   147
und nicht einfach nur durch Konsum –, dann ist für die Beurteilung
der Wirksamkeit des Rechtsgeschäftes **die zivilrechtliche Seite** angesprochen. Dort wird nach dem üblichen Muster geprüft, ob das
Rechtsgeschäft wirksam ist bzw. wirksam zustande gekommen ist
oder ob es nichtig oder unwirksam ist. Ist ein Verstoß z.b. gegen § 138
BGB zu konstatieren, dann ist das Rechtsgeschäft nichtig. Nichtige
Rechtsgeschäfte verändern die ursprüngliche Ausgangssituation des
Hilfesuchenden aber nicht.[158] Im Sozialrechtsverhältnis zum Leistungsträger muss der Sozialhilfeträger mangels „bereiter" Mittel leisten. Er kann dem Sozialleistungsempfänger ggf. darlehensweise Leistungen erbringen oder einen Dritten wegen dieser Leistung in Regress
nehmen (§§ 91, 93 SGB XII, §§ 24 Abs. 5, 33 SGB II) und in dem für
die Forderung zuständigen Rechtsweg klären lassen, ob das Rechtsgeschäft wirksam war oder nicht.

In der Vergangenheit wurden auf der Ebene des Zivilrechts §§ 134,   148
138 BGB immer wieder zur Lösung bemüht. Das ist nicht richtig. Die
Auswirkungen eines Rechtsgeschäftes (oder eines Handelns), mit dem
sich der Hilfesuchende bedürftig gemacht hat, sind aus der Finalität
des Sozialleistungsanspruchs und seiner Ausgestaltung zu beantworten. Das sozialhilferechtliche **Störfallinstrumentarium** hat bei Verletzungen des Subsidiaritätsprinzips vor § 138 BGB Vorrang.[159] Muster-
gültig hat das BSG den Prüfungsmodus bei Gestaltungen oder Hand-
lungen, mit denen die Leistungsfähigkeit des Sozialhilfesuchenden

---

158 Zurecht weist das OVG Münster NJW 1997, 2902 f. allerdings darauf hin, dass
man insoweit wegen des Abstraktionsprinzips sauber noch einmal weitergehend
zwischen der Nichtigkeit des Verpflichtungsgeschäftes einerseits und der des Ver-
fügungsgeschäftes andererseits unterscheiden muss. Es hat dann aber darin letztlich kein Problem gesehen, denn die Sittenwidrigkeit des Verpflichtungsgeschäftes
erfasse ausnahmsweise auch das Erfüllungsgeschäft. Eine Auflassung sei also dann
nichtig, wenn gerade mit dem dinglichen Rechtsvorgang unsittliche Zwecke verfolgt würden (OVG Münster NJW 1989, 2834; BGH NJW 1985, 3007; VGH
Mannheim 1993, 2953).
159 *Doering-Striening*, Der Zugriff des Staates, ErbR 2009, 367 f.; Vom BSHG zum
SGB XII – Bilanz, Probleme, Perspektiven – Erbrecht und SGB XII, VSSR 2009,
99 ff.

beseitigt wird, in der Bestattungsvorsorgevertragsentscheidung[160] vor-
gemacht. Mit der Rechtsprechung des BVerfG[161] hat das BSG auch in
seinen jüngsten Entscheidungen betont, dass existenzsichernde und
bedarfsabhängige Leistungen, auf die ein Rechtsanspruch bestehe, regelmäßig unabhängig von der Ursache der entstandenen Notlage und
einem vorwerfbaren Verhalten in der Vergangenheit zu leisten seien.[162]
Somit bleiben („negatives" Sozialrechtsverhältnis) nur die Kostenersatzansprüche.

Im Fall der „verprassten Erbschaft" [163] hat das BSG dies in jüngster
Vergangenheit immer wieder bestätigt. Nichts anders gilt für das
rechtsgeschäftliche „Verprassen", es sei denn, der Gesetzgeber hätte
ausdrücklich etwas anderes geregelt.

149   Erst wenn das zivilrechtliche Handeln des Leistungsempfängers als
wirksames Rechtsgeschäft angesehen werden muss und der Sozialleistungsträger damit „auf seinen Kosten sitzen bleibt", stellt sich die
Frage, wie dies im sozialhilferechtlichen Leistungsverhältnis wirkt.
Dieses Prinzip wird deutlich am Beispiel des Verschenkens. Es wird
sozialhilferechtlich nicht als Verstoß gegen das Selbsthilfeprinzip gesehen, sondern das Verschenken löst den Herausgabeanspruch des § 528
BGB wegen Verarmung des Schenkers aus. Weitere **Kostenersatzansprüche** scheiden damit aus.

150   Erst in den anderen Fällen stellt sich die Frage, ob der Sozialleistungsträger wegen „**Obliegenheitsverletzungen**" des Hilfebedürftigen[164]

---

160 BSG v. 18.3.2008 – Az.: B 8/9b SO 9/06R; so jetzt auch SG Karlsruhe v.
    29.10.2009 – Az.: S 1 4061/08.
161 BVerfG Breithaupt 2005, 803.
162 BSG v. 16.4.2013 – Az.: B 14 AS 55/12; BSG v. 2.11.2012 – Az.: B 4 AS 39/12R;
    vgl. hierzu auch: BSG v. 17.5.2007 – Az.: 11 b AS 37/06R; BVerwG v. 8.2.1973 –
    Az.: 5 C 106.72 – Buchholz 436.0 § 5 BSHG Nr. 2; BVerwGE 106, 108 f.; *Luthe*
    in Hauck/Noftz, SGB XII, Sozialhilfe § 2 Rn 29; *Fichtner/Wenzel*, Kommentar
    zur Grundsicherung, 3. Aufl. 2005, § 2 SGB XII Rn 17; vgl. auch *Schellhorn/
    Jirasek Seipp*; SGB XII – Sozialhilfe, 17. Aufl.; *Rothkegel*, Sozialhilferecht, II 3
    Rn 15; *Spellbrink/Becker,* in Kreikebohm/Spellbrink/Waltermann (Hrsg), Kom-
    mentar zum Sozialrecht, 2. Aufl., § 11 SGB II Rn 42006, § 2 Rn 60.
163 BSG v. 29.11.2012 – B14 AS 33/12 R, FEVS 65, 16 ff.
164 Vgl. hierzu § 1 Rn 202 ff. zu den einzelnen Tatbeständen des „Sich-bedürftig-
    Machens".

nunmehr **Kostenersatz** geltend machen oder in anderer Weise auf den Verstoß gegen das Selbsthilfegebot reagieren kann. Die Schwierigkeit an dieser Prüfung ist die saubere Abgrenzung des Verhältnisses der **rechtshindernden Zivilrechtsnorm** des § 138 BGB zu den **sozialrechtlichen Folgebeseitigungsnormen** der § 26 Abs. 1 Nr. 1 SGB XII, § 31 Abs. 4 Nr. 1 SGB II, § 103 SGB XII, § 34 SGB II, die auf die absichtliche bzw. vorsätzliche Herbeiführung des Leistungsfalles abstellen.

Die Vermögensminderung in der Absicht, die Voraussetzungen für die   151 Gewährung oder Erhöhung der Leistung herbeizuführen, bzw. das vorsätzliche oder grob fahrlässige Verhalten, das die Voraussetzungen der Sozialhilfe herbeiführt, überschneiden sich mit den Argumenten, die im Zivilrecht benutzt werden, um zu begründen, dass ein Rechtsgeschäft nach § 138 BGB wegen seines Inhaltes oder seines Rechtscharakters gegen die guten Sitten verstößt. Ihre saubere Abgrenzung gegeneinander ist bisher nicht immer gelungen. Z.T. hat die höchstrichterliche Rechtsprechung den Weg aber vorgezeichnet.

Das zeigt die **Pflichtteilsverzichtsentscheidung** des BGH (**Prinzip**   152 **der negativen Erbfreiheit** – vgl. § 1 Rn 307 ff.). Danach kann **zivilrechtlich** niemand gezwungen werden zu erben oder Pflichtteile zu beanspruchen. Sozialhilferechtlich sorgt der Bedürftige, der eine Erbschaft ausschlägt oder zu Lebzeiten des Erblassers auf Erbansprüche bzw. Pflichtteilsansprüche verzichtet, damit dafür, dass ihm keine verwertbaren Mittel mehr zur Verfügung stehen, die er in der Sozialhilfe einsetzen könnte. Dem fehlt aber der übergreifende Makel der Sittenwidrigkeit. Die Verpflichtung des Hilfebedürftigen, vorhandenes Vermögen und vorhandenes Einkommen einzusetzen, greift der BGH damit dem Grunde nach nicht an.[165]

Die Freiheit, auszuschlagen oder zu verzichten, beeinträchtigt die All-   153 gemeinheit unmittelbarer und schwerer als die Umwandlung von Nachlassgegenständen in Schonvermögen, das zumindest Einkünfte schafft. Es ist also fraglich, ob das Sozialhilferecht diese zivilrechtliche Sicht der Dinge hinnehmen muss. Die Rechtsprechung des ehemals zuständigen BVerwG zu dieser Frage ist eindeutig. Eine Erbausschla-

---

165 BGHZ 188, 86, Rn 55.

gung kann nach dieser Rechtsprechung nicht mit einem Unterhaltsverzicht, der zur Sozialhilfebedürftigkeit führt, gleichgestellt werden. Das Erbe – so das BVerwG – habe keine Unterhaltsfunktion. Es sei auch nicht Aufgabe des Erbrechts, eine missbräuchliche Inanspruchnahme von Sozialhilfe zu verhindern. Eventuellen Missbräuchen bei der Herstellung oder Aufrechterhaltung des Zustands der Sozialhilfebedürftigkeit sei gegebenenfalls mit dem Instrumentarium des Sozialhilferechts zu begegnen. Das Recht des (Erbes-)Erben, die Erbschaft (des Erben) auszuschlagen, werde durch § 92c BSHG (jetzt § 102 SGB XII) nicht eingeschränkt. Es begegne keinen Zweifeln, dass die Anwendung des § 138 BGB bei der Ausschlagung abzulehnen ist. Es komme nicht auf die Motive an, weshalb der Berufene die Erbschaft annimmt oder ausschlage. Auch nach öffentlichem Recht könne dem Einzelnen eine Erbenstellung nicht aufgenötigt werden.[166] Das BVerwG befindet sich damit auf der Linie des BGH zum Recht auf negative Erbfreiheit. Zudem entspricht es vollständig der Systematik des sozialhilferechtlichen Leistungsverhältnisses, das den Leistungsanspruch nicht angreift, sondern sich auf Ansprüche zur Wiederherstellung des Nachranges begnügt. Diese bleiben nach Auffassung des BVerwG „ggf." möglich.

I. Der Kostenersatz nach § 103 SGB XII

154 Betroffen von der Pflicht zum Kostenersatz nach § 103 SGB XII sind die Volljährigen, die
– für sich oder
– für andere
– die Voraussetzungen der Sozialhilfe
– durch **vorsätzliches oder grob fahrlässiges** Verhalten
– herbeigeführt haben.

Eine Beschränkung auf Personen, mit denen man in Bedarfsgemeinschaft lebt, findet ausdrücklich nicht statt. Insoweit können auch völlig außerhalb des Leistungsbezugs Stehende davon betroffen sein.

155 Der Kostenersatzanspruch setzt stets voraus, dass die Leistungen **rechtmäßig** erbracht wurden. Der Kostenersatzanspruch des § 103

---

166 BVerwG Buchholz 436.0 § 92c BSHG Nr. 5.

SGB XII lehnt sich ausweislich der Gesetzesbegründung an das bisherige Sozialrecht, also § 92a BSHG, an. Zu § 92a BSHG hatte die Rechtsprechung – quasi über den Wortlaut hinaus – einschränkende Voraussetzungen entwickelt. Nach der Rechtsprechung des BVerwG handelte es sich in § 92a BSHG um einen **quasi-deliktischen Ausnahmetatbestand**, was auf § 103 SGB XII zu übertragen ist. Danach kommt eine Anwendung überhaupt nur in Betracht, wenn das Verhalten, durch das die Voraussetzungen für die Gewährung herbeigeführt werden, als **sozialwidrig** angesehen werden muss.

Das Verhalten muss zusätzlich **schuldhaft**, d.h. vorsätzlich oder grob fahrlässig sein. Es reicht also allenfalls ein Verhalten aus, das die erforderliche Sorgfalt in besonders schwerem Maße außer Acht gelassen hat und damit etwas missachtet wurde, was eigentlich jedem hätte einleuchten müssen. Zusätzlich muss ein **Sozialwidrigkeitszusammenhang** gegeben sein. Die Leistung muss adäquate Folge des sozialwidrigen Tuns oder Unterlassens und das Verhalten dem Schutzzweck der Normen noch zuzurechnen sein.   156

Die **Ausschlagung** einer **überschuldeten Erbschaft** ist immer sozialadäquat. Die Ausschlagung einer Erbschaft, die mit einer Anzahl erheblicher oder durchweg nicht zu leistender Beschwerungen verbunden ist, ist ebenfalls sozialadäquat. Die Ausschlagung eines Erbes durch eine Mutter, um ihren Kindern als Ersatzerben eine dauerhafte Wohnstatt bieten zu können, wird man z.B. ebenfalls nicht als sozialwidrig ansehen können. Vergleichbare Beispiele lassen sich zum Erbund Pflichtteilsverzicht bilden, wenn er gleichzeitig mit Vorteilen für den Sozialhilfebezieher verbunden ist.   157

Ob man generell sagen kann, dass eine Ausschlagung oder ein Pflichtteilsverzicht keine Kostenersatzansprüche begründet, kann derzeit nur tendenziell beurteil werden. Soweit es um die Inanspruchnahme von (Gestaltungs-)rechten geht, die zivilrechtlich zulässig in Anspruch genommen werden können, scheinen Kostenersatzansprüche nicht in Betracht zu kommen.[167] Soweit es um sozialwidriges – also gegen den Nachranggrundsatz verstoßendes Ausgabeverhalten des Hilfesuchenden nach vorheriger Information und Belehrung über die möglichen   158

---

167 Vgl. z.B. BSG NZI 2013, 176.

Rechtsfolgen – geht, zeichnet sich ab, dass die Rechtsprechung die bisherigen hohen Hürden zum Kostenersatzanspruch absenkt (vgl. nachfolgend Rn 161 ff.).

159 Ein weiteres Korrektiv besteht darin, dass von der Heranziehung zum Kostenersatz abgesehen werden **kann**, soweit sie eine **Härte** bedeuten würde (§ 103 Abs. 1 S. 3 SGB XII). Kommt also tatsächlich einmal ein Kostenersatzanspruch in Betracht, muss immer noch geprüft werden, welche konkreten Auswirkungen das für den Ersatzpflichtigen – auch für seine Teilhabe am Leben in der Gemeinschaft[168] – hat.

160 Kostenersatzansprüche werden durch Leistungsbescheid geltend gemacht. Leistungen der Hilfe zum Lebensunterhalt können nach § 26 Abs. 2 SGB XII bis auf das zum Lebensunterhalt Unerlässliche mit Kostenersatzansprüchen nach § 103 SGB XII aufgerechnet werden. Kostenersatzansprüche können zeitlich nur begrenzt geltend gemacht werden. Der Anspruch auf Kostenersatz erlischt in drei Jahren vom Ablauf des Jahres an, in dem die Leistungen erbracht worden sind.

II. Der Kostenersatz nach § 34 SGB XII

161 Dem Kostenersatzanspruch in § 103 SGB XII entspricht ein **Kostenersatzanspruch in § 34 SGB II**, der aber nicht völlig gleichlautend ist.

Wer nach Vollendung des 18. Lebensjahres
– vorsätzlich oder grob fahrlässig
– die Voraussetzungen für die Gewährung von Leistungen nach dem SGB II
– an sich oder an Personen, die mit ihr oder ihm in einer Bedarfsgemeinschaft leben
– ohne wichtigen Grund herbeigeführt hat,
ist zum Ersatz der deswegen gezahlten Leistungen verpflichtet. Von der Geltendmachung des Ersatzanspruchs ist abzusehen, soweit sie eine **Härte** bedeuten würde.

Zu den inhaltlichen Anforderungen ergeben sich keine wesentlichen Abweichungen zu § 103 SGB XII.

---

168 Hierzu Grube/*Bieback*, SGB XII, § 103 SGB Rn 40 ff.

Insgesamt ist zwar derzeit noch nicht völlig abzusehen, wie sich die   162
sozialrechtliche Rechtsprechung hinsichtlich erb- und schenkungsrechtlich relevanter Sachverhalte für § 103 SGB XII, § 34 SGB II entwickeln wird. Aber es gibt eine Tendenz. Einen ersten Hinweis kann
man der BSG-Entscheidung zur Erfüllung insolvenzrechtlicher Obliegenheiten entnehmen. (vgl. § 1 Rn 269 ff.) Dort hat das BSG ausgeführt:

> *„Nach alledem steht dem Schuldner im Falle einer Erbschaft ein
> Gestaltungsspielraum zu. Er kann die Erbschaft, insolvenzrecht-
> lich – und damit nach Einschätzung des Senats auch grundsiche-
> rungsrechtlich – sanktionslos ausschlagen oder sie annehmen.
> Nimmt er sie an, so steht ihm tatsächlich aber die Erbschaft in
> Höhe seines vollen Erbteils zu und ihn trifft die Pflicht, diese zur
> Sicherung des Lebensunterhalts und nicht zur Schuldentilgung zu
> verwenden."*[169]

Dass der Sozialhilfebedürftige dieser Pflicht nicht nachgekommen war,   163
hat das BSG mit dem Hinweis darauf beantwortet, dass mangels „bereiter" Mittel zu leisten sei. Dass darin ein schuldhaftes Verhalten im
Sinne des § 103 SGB XII liegt, hat es mit dem Hinweis darauf, dass
„sanktionslos" ausgeschlagen werden dürfe, im Ergebnis wohl verneint.

Demgegenüber verdichtet sich aber die Rechtsprechung des BSG zu   164
den Konsequenzen, die es hat, wenn ursprünglich vorhandene Mittel
nicht zur Sicherung des Lebensunterhalts im Verteilzeitraum verwendet werden und so Hilfebedürftigkeit herbeigeführt wird. (vgl. den
Fall der „**verprassten**" Erbschaft[170]) Insbesondere dann, wenn dem
Leistungsberechtigten aus vorangegangenen Bezugszeiträumen oder
nach entsprechender Aufklärung durch den Träger der Grundsicherung, die insbesondere bei sog. Aufstocken mit laufendem und einmaligen Erwerbseinkommen angezeigt erscheine, bekannt sei oder bekannt sein müsse, in welcher Weise der Einsatz einer einmaligen Einnahme von ihm erwartet werde, könne bei entgegenstehendem
Verhalten ein solcher Anspruch entstehen. Der Kostenersatzanspruch

---

169 BSG NZS 2013, 176.
170 BSG v. 29.11.2012 – B14 AS 33/12 R, FEVS 65, 16 ff.

sichere das Bedürfnis der Allgemeinheit, Steuermittel nicht dort aufzuwenden, wo die Abwendung von Hilfebedürftigkeit dem Hilfebedürftigen auch aus eigener Kraft möglich gewesen wäre und die Notlage
also schuldhaft herbeigeführt werde.[171]

165   Es steht also zu erwarten, dass die Sozialhilfeträger in der Zukunft
entsprechende Hinweise erteilen werden, um die hohen Anforderungen der § 103 SGB XII, § 34 SGB II herabzuschrauben.

Die Konsequenzen hat das BSG ebenfalls bereits vorgezeichnet:
– Der Anspruch auf Sozialleistungen wird mit einem **Gegenan-
  spruch** des Sozialleistungsträgers belastet.
– Das Jobcenter kann dann gemäß § 43 Abs. 1 SGB II gegen Ansprüche von Leistungsberechtigten auf Geldleistungen zur Sicherung
  des Lebensunterhaltes i.H.v. 30 % des Regelbedarfes des Leistungsberechtigten mit einem Anspruch nach § 34 SGB II **aufrechnen.**
– Das Sozialamt kann nach §§ 103, 26 Abs. 2 SGB XII Leistungen
  der Hilfe zum Lebensunterhalt bis auf das zum Lebensunterhalt
  Unerlässliche mit dem Kostenersatzanspruch **aufrechnen.**

166   Die **Gewährung eines Darlehens** kommt nach Auffassung des BSG
ausdrücklich nicht in Betracht. Für den Fall einer durch „fehlerhaftes
Ausgabeverhalten" (ggf. schuldhaft) herbeigeführten Hilfebedürftigkeit seitens des Leistungsberechtigten sehe das Gesetz keine nur darlehensweise Gewährung existenzsichernder Leistungen für die Regelbedarfe und Mehrbedarfe vor.[172]

167   In der Zukunft wird man verstärkt mit solchen Kostenersatzansprüchen rechnen müssen. Sie können – ebenso wie die Aufrechnung –
zeitlich nur begrenzt geltend gemacht werden.

Der Anspruch auf Kostenersatz erlischt in drei Jahren vom Ablauf
des Jahres an, in dem die Leistungen erbracht worden sind (§ 103
Abs. 3 SGB XII, § 34 Abs. 3 SGB II).

---

171 BSG v. 12.12.2013 – Az.: B 14 AS 76/12 R, Rn 13; BSGE 112, 229 Rn 17.
172 BSG v. 12.12.2013 – Az.: B 14 AS 76/12 R, Rn 13; BSGE 112, 229 Rn 17.

E. Der Ausschluss (§ 41 SGB XII) und die Herabsetzung der Leistung (§ 26 SGB XII, §§ 31 Abs. 2 Nr. 1, 31a SGB II)

I. Der Ausschluss von Leistungen nach § 41 SGB XII

Grundsätzlich gilt im Sozialhilferecht der Grundsatz, dass es nicht   168
darauf ankommt, warum jemand bedürftig ist. Das gilt selbst dann,
wenn er z.b. eine Erbschaft verprasst hat. Aus neuer gesetzgeberischer
Zeit gibt es davon eine Ausnahme: § 41 Abs. 4 SGB XII bestimmt als
Ausnahme davon, dass ein Anspruch auf Leistungen nicht hat, wer in
den letzten zehn Jahren die Bedürftigkeit vorsätzlich oder grob fahrlässig herbeigeführt hat.

Ziel dieser Norm ist es, Schenkungen und Altenteilsverträge einzu-   169
dämmen, soweit sich daraus eine sozialhilferechtliche Bedürftigkeit
ergibt.[173] Eine missbräuchliche Inanspruchnahme der Grundsicherung
solle verhindert werden, wenn Vermögen „ohne Rücksicht auf die
Notwendigkeit, Rücklagen zu bilden, verschenkt wird."[174] Damit geht
der Gesetzgeber weiter als der BGH, der in einer Entscheidung zur
Wegzugsklausel in Übertragungsverträgen ausgeführt hat:

> *„Den Schenker traf keine Verpflichtung, über die Leistungen an
> die gesetzliche Rentenversicherung hinaus für sein Alter vorzusor-
> gen. Er war in seiner Entscheidung frei, das Haus gegen eine Ge-
> genleistung zu übertragen, die dessen Wert nicht erreichte; er hätte
> es auch ohne Gegenleistung übertragen können. Solche allein ihm
> vorbehaltenen Entscheidungen bilden keinen Anknüpfungspunkt
> für Überlegungen zur Sittenwidrigkeit."[175]*

In der Praxis ist die Versagungsnorm des § 41 SGB XII daher auch   170
ohne große Bedeutung geblieben. Sie gilt ohnehin nur für die Grundsicherung des § 41 SGB XII. Ist Hilfe unabweisbar notwendig, ist Hilfe
zum Lebensunterhalt nach § 27a SGB XII zu leisten.

---

173 Grube/*Wahrendorf*, § 42 SGB XII Rn 43; Bieritz-Harder/*Thie*, LPK-SGB XII,
    § 41 Rn 18.
174 BT-Drucks 14/5150, 49 zu § 2 Abs. 2 GSiG.
175 BGH NJW 2009, 1346 Rn 22.

II.   Die Herabsetzung nach § 26 SGB XII

171   Ein Leistungsberechtigter, der nach Vollendung des 18. Lebensjahres
– sein Einkommen oder Vermögen vermindert hat
– in der Absicht
– die Voraussetzungen für die Gewährung oder Erhöhung der Leistung des Sozialleistungsträgers herbeizuführen,
soll mit der Kürzung der Sozialhilfeleistungen sanktioniert werden.
§ 26 SGB XII ermöglicht die **Herabsetzung** „der Leistung" **auf das zum Lebensunterhalt Unerlässliche.**

172   § 26 Abs. 2 SGB XII gibt dem Leistungsträger das Recht zur **Aufrechnung** bei Kostenerstattungsansprüchen nach §§ 103 und 104 SGB XII oder bei Ansprüchen auf Erstattung zu Unrecht erbrachter Leistungen, die die leistungsberechtigte Person oder ihr Vertreter durch vorsätzlich oder grob fahrlässig unrichtige oder unvollständige Angaben oder durch pflichtwidriges Unterlassen veranlasst haben.

173   Eine Aufrechnung nach § 26 Abs. 2 SGB XII kann auch dann erfolgen, wenn Leistungen für einen Bedarf übernommen werden, der durch vorangegangenen Leistungen der Sozialhilfe an die leistungsberechtigte Person bereits gedeckt worden waren.

174   Minderjährige und Mitglieder der Einsatzgemeinschaft sind von vornherein von der Sanktionsregel ausgeschlossen. Für den Bezieher von Leistungen in Anstalten greifen diese Normen gar nicht. Im Übrigen müssen weitere Voraussetzungen erfüllt sein.

175   Die rechtserhebliche Handlung muss nach einer Ansicht in objektiver Hinsicht aber auch als **leichtfertiges oder unlauteres Verhalten** zu qualifizieren sein, nach anderer Ansicht wird ein nicht nachvollziehbarer Grund für die Vermögensminderung verlangt und wieder andere aus der zumeist älteren Literatur vertreten die Ansicht, dass nur **kognitive und voluntative Elemente** erfasst seien, nicht aber eine moralische Wertung getroffen werden solle.

176   Überzeugend i.S. einer schlüssigen und in sich stimmigen Argumentation ist, im Wege einer **Negativevidenz** jedenfalls jedes Verhalten des bedürftigen Sozialleistungsbeziehers auszusondern, das im Rahmen

der persönlichen Lebensplanung als sinnvolle und vernünftige Lebensentscheidung zu werten ist.

Im Übrigen wird subjektiv weiter vorausgesetzt, dass der Leistungsbezug bewusst erstrebt und bezweckt worden sein muss. Die Kenntnis und das Wissen, dass die fragliche Handlung den Leistungstatbestand auslösen wird, reichen bisher allein nicht aus. Sie müssen zwar auch nicht das alleinige Ziel der fraglichen Handlung gewesen sein, der Eintritt oder die Aufrechterhaltung des Leistungstatbestandes müssen jedenfalls aber das **Leitmotiv** des Handelns gewesen sein.   177

Inwieweit diese Regelungen in der Zukunft größere praktische Bedeutung erlangen werden, insbesondere bei Fällen der Hilfe der Grundsicherung, schien bisher fraglich. Die Erbrechtswelle hat jedoch das SGB XII und das SGB II erreicht und so tauchen auch an dieser Stelle zunehmend mehr Entscheidungen auf. So ist z.B. von besonderem Interesse die Entscheidung des LSG Berlin-Brandenburg,[176] die rechtlich akzeptiert, dass eine Erblasserin wegen eines erlittenen sexuellen Missbrauchs durch ihren Bruder keine Zahlungen aus der nach ihm stammenden Erbschaft haben wollte und diese daher sofort weitergeschenkt hat (vgl. § 1 Rn 213).   178

Die ergebnisorientierte Rechtsprechung und Literatur hat aber schon in den vergangenen Jahren „überall angezogen" und ist z.T. auch interessenorientiert über den Wortlaut des Gesetzes hinausgegangen. Mit der Rechtsprechung zur „verprassten Erbschaft" wird man davon ausgehen können, dass sich auch insoweit die Anforderungen ändern und die Fälle mehren werden. Das BSG hatte ausgeführt, dass insbesondere, wenn dem Leistungsberechtigten aus vorangegangenen Bezugszeiträumen durch den Träger der Grundsicherung bekannt sei oder bekannt sein müsse, in welcher Weise der Einsatz einer einmaligen Einnahme von ihm erwartet werde, bei entgegenstehendem Verhalten ein Kostenersatzanspruch entstehen könne. Damit werde das Bedürfnis der Allgemeinheit gesichert, Steuermittel nicht dort aufzuwenden, wo die Abwendung von Hilfebedürftigkeit dem Hilfebedürftigen auch aus eigener Kraft möglich gewesen wäre und die Notlage also schuld-   179

---

176 LSG Berlin-Brandenburg – Az.: L 23 B 146/07 SO ER.

haft herbeigeführt werde.[177] Dieser Gedanke wird sich auf § 26 SGB XII übertragen lassen.

III. Die Herabsetzung nach § 31 SGB II

180 Dies gilt auch für die Parallelnorm in § 31 Abs. 2 SGB II. Danach ist eine Pflichtverletzung von erwerbsfähigen Hilfebedürftigen anzunehmen, wenn sie
- nach Vollendung des 18. Lebensjahres
- ihr Einkommen oder Vermögen
- in der Absicht vermindert haben
- die Voraussetzungen für die Gewährung oder Erhöhung des Arbeitslosengeldes II herbeizuführen.

181 § 31a SGB II bestimmt die Rechtsfolgen:
- Bei einer Pflichtverletzung nach § 31 SGB II mindert sich das Arbeitslosengeld II in einer ersten Stufe um 30 Prozent des für die erwerbsfähige leistungsberechtigte Person nach § 20 SGB II maßgebenden Regelbedarfs.
- Bei der ersten wiederholten Pflichtverletzung nach § 31 mindert sich das Arbeitslosengeld II um 60 Prozent des für die erwerbsfähige leistungsberechtigte Person nach § 20 SGBII maßgebenden Regelbedarfs.
- Bei jeder weiteren wiederholten Pflichtverletzung nach § 31 SGBII entfällt das Arbeitslosengeld II vollständig. Eine wiederholte Pflichtverletzung liegt nur vor, wenn bereits zuvor eine Minderung festgestellt wurde. Sie liegt nicht vor, wenn der Beginn des vorangegangenen Minderungszeitraums länger als ein Jahr zurückliegt.

182 § 31a SGB II begrenzt diese Rechtsfolgen z.T. weiter. Im Grundsatz gilt aber auch hier, dass zunehmend mehr damit gerechnet werden muss, dass der Verbrauch von Mitteln aus Erbfall und Schenkung außerhalb der Schontatbestände mit Leistungskürzungen geahndet werden sollen bzw. müssen.

---

177 BSG v. 12.12.2013 – Az.: B 14 AS 76/12 R, Rn 13; BSGE 112, 229 Rn 17.

F. Die sozialrechtliche Erbenhaftung

I. Die echte sozialrechtliche Erbenhaftung nach § 102 SGB XII, § 35 SGB II

Bezieher von Leistungen nach SGB XII und SGB II können nach den 183
vorstehenden Ausführungen selbst zu den Erblassern mit werthalti-
gem Nachlass gehören. Das ist immer dann der Fall, wenn ihnen
lebzeitig Schutzvorschriften für den Einsatz und die Verwertbarkeit
ihres Einkommens oder Vermögens zu Gute gekommen sind und sie
diese Beträge „sozialhilfefest" angespart haben.

Damit diese Schutzvorschriften zugunsten der Leistungsbezieher im 184
Wege der Erbfolge nicht auch deren Erben zu Gute kommen und sich
dort als **Erbenschutzvorschrift**[178] auswirken, hat der Gesetzgeber mit
dem 2. Gesetz zur Änderung des BSHG vom 14.8.1969[179] durch § 92c
BSHG eine sogenannte **echte Erbenhaftung** für die Kosten der Sozialhilfe eingeführt. Diese Regelung wurde nach einigen Veränderungen
in § 102 SGB XII übernommen. Danach ist
- der Erbe der leistungsberechtigten Person
- oder ihres Ehegatten oder ihres Lebenspartners, falls diese vor der
  leistungsberechtigten Person sterben
- vorbehaltlich des Absatzes 5
- zum Ersatz der Kosten der Sozialhilfe verpflichtet
- die innerhalb eines Zeitraumes von zehn Jahren vor dem Erbfall
  aufgewendet worden sind und die das Dreifache des Grundbetrages
  nach § 85 Abs. 1 SGB XII übersteigen.

Verfassungsrechtlich ist die Einführung einer solchen **Kostenersatz-
norm** nicht zu beanstanden, da die Erbrechtsgarantie nicht das (unbe-
dingte) Recht gewährleistet, den Eigentumsbestand von Todes wegen
ungemindert auf Dritte zu übertragen.[180]

---

178 Vgl. BT-Drucks V/3495.
179 BGBl I, S. 1153 ff.
180 BVerfGE 93, 174; BVerfG NJW 1998, 743.

185 Nach den vorstehenden Ausführungen kann Einkommen und Vermögen eines Sozialhilfebeziehers unter besonderen Voraussetzungen lebzeitig geschont sein (vgl. § 2 und § 3).

Die Privilegierung von **Einkommen** findet nach den oben dargestellten Schontatbeständen statt (vgl. oben § 2 Rn 5 ff.).

186 Geschütztes **Vermögen** wird in § 90 SGB XII definiert (vgl. oben § 2
Rn 82 ff.). § 90 SGB XII zählt zunächst die Fälle des **gegenständlichen
Schonvermögens** auf. Geschont ist aber auch das Vermögen des Sozialhilfebeziehers, dessen Einsatz oder Verwertung nach § 90 Abs. 3
SGB XII für ihn oder seine unterhaltsberechtigten Angehörigen eine
Härte bedeuten würde. Das sind vor allem die Fälle, bei denen vom
Sozialhilfebezieher **Einkommen** angespart oder aus sonstigen Gründen erworben wurde, das nach §§ 82 ff. SGB XII ausnahmsweise ganz
oder teilweise nicht zur Deckung des sozialhilferechtlichen Bedarfs
herangezogen wird. Dazu gehören z.B.:
– die Nachzahlung einer Grundrente nach dem BVG[181]
– das angesparte Erziehungsgeld für die Dauer des Förderungszeitraums[182]
– das Blindengeld wegen fortdauernden allgemeinen Mehrbedarfs[183]
– angespartes Schmerzensgeld.[184]

187 Dazu gehört z.B. aber auch das **angesparte Einkommen**, das aus
Härtegründen nach § 82 Abs. 3. S. 3 SGB XII[185] und § 87 Abs. 1 S. 3
SGB XII lebzeitig nicht eingesetzt werden muss. Der Schutz des Ein-
kommens setzt sich beim Angesparten fort.

Er endet mit dem Tod des Hilfebedürftigen. Dann ist der Nachrang
der Sozialhilfe wieder herzustellen.

188 **Hinweis**
Ob für die Anwendung von § 102 SGB XII etwas anderes gilt,
wenn die konkret bezogene Sozialhilfeleistungen gar nicht von vor-

---

181 BVerwGE 45, 135 ff.; vgl. auch BVerwGE 137, 85 zur Grundrente nach dem OEG.
182 BVerwGE 105, 199 ff.
183 BSG v. 11.12.2007 – Az.: B 8/9 b 20/06 R.
184 BVerwGE 98, 256 ff.; BSG v. 15.4.2008 – Az.: B 14/7b AS 6/07 R.
185 Vgl. hierzu BSGE 106, 62.

rangig einzusetzenden Mitteln abhängig waren, der Grundsatz der
Subsidiarität also vollständig aufgehoben war, ist bisher in der
Rechtsprechung nicht abschließend diskutiert. Das LSG Bayern
sah in einem Fall, in dem es um die Beschäftigung in einer Werkstatt
für behinderte Menschen geht, keinen Grund, von der Anwendung
des § 102 SGB XII abzusehen.[186]

Leistungen der Grundsicherung im Alter und bei Erwerbsminde-   189
rung sind nach § 102 Abs. 5 SGB XII von der **Erbenhaftung** ausdrücklich **ausgenommen**, was gerade hinsichtlich eines aus einer
selbstbewohnten Immobilie bestehenden Schonvermögens zu dem ei-
genartigen Ergebnis führt, dass dauerhaft erwerbsgeminderte und über
65-jährige Leistungsbezieher von Grundsicherungsleistungen dieses
Schonvermögen ohne weiteres vererben können. Dass dieser Personenkreis der Leistungsbezieher und ihrer Erben vom Kostenersatz
von SGB II- und SGB XII-Leistungen ausgeschlossen ist, zeigt, dass
das Nachrangprinzip in den Systemen der sozialen Sicherung nicht
konsequent durchgehalten ist und letztendlich das Problem des Er-
bens in Familien mit Beziehern nachrangiger Sozialleistungen noch
nicht wirklich durchdacht und normiert ist. Die Ergebnisse wirken
z.T. beliebig.

Fallbeispiel 28: Die angesparte Conterganrente   190
Die Eltern einer verstorbenen Contergan-Geschädigten, die Leistungen der Sozialhilfe bezogen hatte, waren Erben ihrer Tochter
geworden. Der Nachlass war werthaltig, weil die Verstorbene Leistungen aus der Contergan-Rente angespart hatte. Die Eltern wurden auf Rückzahlung der Sozialhilfe für die letzten 10 Jahre aus
dem Angesparten in Anspruch genommen. Dagegen klagten die
Eltern als Erben ihrer Tochter.

Nach dem Gesetz über die **Conterganstiftung** für behinderte Men-   191
schen[187] haben behinderte Menschen, deren Fehlbildungen mit der
Einnahme thalidomidhaltiger Präparate der Grünenthal GmbH, Aa-

---

186 LSG Bayern v. 23.2.2012 – Az.: L 8 SO 113/09, Rechtsdienst 2012, 136.
187 Gesetz über die Conterganstiftung für behinderte Menschen (Conterganstiftungsgesetz – ContStifG) neugefasst durch Beschl. v. 25.6.2009, BGBl I, S. 1537; zuletzt
geändert durch Artikel 1 G. v. 26.6.2013 BGBl I, S. 1847.

chen (früher Chemie Grünenthal GmbH in Stolberg) durch die Mutter während der Schwangerschaft in Verbindung gebracht werden
können, einen Anspruch auf Kapitalentschädigung, Leistungen zur
Deckung spezifischer Bedarfe und lebenslängliche Conterganrente sowie eine jährliche Sonderzahlung (§ 13 Conterganstiftungsgesetz). Die
Kapitalentschädigung beträgt mindestens 1.278 EUR und höchstens
12.782 EUR, die monatliche Conterganrente mit Wirkung vom
1.1.2013 mindestens 612 EUR und höchstens 6.912 EUR. Auf Antrag
ist die Conterganrente zu kapitalisieren, soweit der Betrag zum Erwerb oder zur wirtschaftlichen Stärkung eigenen Grundbesitzes zu
eigenen Wohnzwecken verwendet wird.

192   Das Besondere der Leistungen nach dem Conterganstiftungsgesetz
besteht darin, dass sie sozialhilferechtlich **in vielfacher Weise privilegiert** sind. Sie gehören zu den durch § 83 SGB XII geschonten Einkünften (vgl. dazu § 2 Rn 9; 12 f.). Bis zum 1.8.2013 regelte § 18 Conterganstiftungsgesetz, dass bei der Ermittlung oder Anrechnung von
Einkommen, sonstigen Einnahmen und Vermögen nach anderen Gesetzen, insbesondere dem SGB II, III, V und XII und dem BGB,
Conterganstiftungsleistungen außer Betracht bleiben. Damit sollte sichergestellt werden, dass die Leistungen zusätzlich erbracht werden
und den Berechtigten ungeschmälert zu Gute kommen.[188] Seit dem
1.8.2013 gelten bei der Gewährung von
– Hilfen zur Gesundheit, §§ 47 ff. SGB XII
– Eingliederungshilfe für behinderte Menschen, §§ 53 ff. SGB XII
– Hilfe zur Pflege, §§ 61 ff. SGB XII
– Hilfe zur Überwindung sozialer Schwierigkeiten, §§ 67 ff. SGB XII
– Hilfe in anderen Lebenslagen, §§ 70 ff. SGB XII
weitere bedeutsame Nichtanrechnungsregeln. So ist den Betroffenen
und ihren nicht getrennt lebenden Ehegatten oder Lebenspartnern bei
den vorgenannten Sozialhilfeleistungen die Aufbringung der Mittel
aus ihrem gesamten **Einkommen** nach § 19 Abs. 3, § 87 Abs. 1
SGB XII nicht zuzumuten. Der Einsatz ihres gesamten **Vermögens**
und das ihres nicht getrennt lebenden Ehegatten oder Lebenspartners
nach §§ 19 Abs. 3, 90 Abs. 3 S. 1 SGB XII stellt nunmehr eine **Härte**

---

188 Vgl. BT-Drucks VI/926, S. 7 zu § 4 und § 5 des Gesetzentwurfs und BVerwG v.
13.8.1992 – Az.: 5 C 2/88.

dar. Damit können die leistungsberechtigte Personen und ihr nicht getrennt lebender Ehegatten oder Lebenspartner lebzeitig Einkommen und Vermögen behalten und ggf. ansparen, ohne sie in der Sozialhilfe einsetzen zu müssen.

Das BSG[189] hat eine **postmortale Verschonung** des aus Conterganleistungen angesparten Nachlassvermögens abgelehnt, weil die Vorschriften über nicht einzusetzendes Einkommen und Schonvermögen allein dem Schutz des Sozialhilfeberechtigten, nicht aber seinen Erben dient. An der Ersatzpflicht ändere sich auch nicht deshalb etwas, weil die Zuwendung der Stiftungsleistungen an Dritte (die Eltern) zu Lebzeiten des Sozialleistungsbeziehers im Rahmen seines freien Verfügungsrechts möglich gewesen wäre und deren Begünstigung und nicht die Begünstigung des Sozialleistungsträgers dem mutmaßlichen Willen des Sozialleistungsbeziehers entsprochen habe.   193

Dieser Einwand gilt nach der Rechtsprechung des BSG in gleicher Weise auch für anderes sozialhilferechtlich privilegiertes Vermögen und lasse den Ersatzanspruch gegen die Erben leerlaufen. Weder der Wortlaut, noch der oben beschriebene Sinn und Zweck der Vorschrift rechtfertigten die Auffassung, dass eine gedachte Verfügung zu Lebzeiten des Erblassers oder dessen mutmaßlicher oder ausdrücklicher (z.B. Testament) Wille bei der Anwendung des Erbenhaftungstatbestandes zu berücksichtigen sei.[190]   194

1. Der Personenkreis der von der Erbenhaftung Betroffenen

§ 102 SGB XII regelt zwei postmortale Kostenersatzansprüche. Sie richten sich gegen die **Erben der leistungsberechtigten** Person und darüber hinaus gegen die Erben des **Ehegatten** oder **Lebenspartners**, falls dieser vor der leistungsberechtigten Person verstorben ist.[191]   195

---

189 BSG v. 23. 03.2010 – Az.: B 8 SO 2/09 R, NVwZ-RR 2010, 892.
190 BSG v. 23. 03.2010 – Az.: B 8 SO 2/09 R; NVwZ-RR 2010, 892.
191 BVerwGE 118, 313 ff.

Hinweis
Es liegt insoweit ein grundsätzlicher Unterschied zu § 35 SGB II vor. § 35 SGB II stellt nur auf den Erben der Person ab, die Leistungen erhalten hat.

a) Wer ist Erbe der leistungsberechtigten Person?

196   Der Begriff des Erben in § 102 SGB XII ist der Begriff des BGB (§§ 1922 ff. BGB); es kann sich sowohl um den gesetzlichen als auch um den gewillkürten Erben handeln. Es kann auch eine Mehrheit von Erben sein, die dann als Gesamtschuldner nach § 2058 BGB haften.[192]

Der Erbe kann die Erbschaft unabhängig von der Last des Kostenersatzes ausschlagen. Die **Ausschlagung** ist auch dann nicht sittenwidrig, wenn sie zur Vermeidung der Kostenersatzpflicht dient.[193]

197   Auch der (nicht befreite) **Vorerbe** (§§ 2100 ff. BGB) ist Erbe i.S.d. Vorschrift. Das BVerwG hat seine Haftung mit dem realen Wert des Nachlasses, also der Differenz zwischen den im Geld zu veranschlagenden Aktivbestand und den Passiva im Zeitpunkt des Erbfalls, bejaht. Eine Beschränkung auf den Wert, der sich aus der bloßen ordnungsgemäßen Nutzung des Nachlasses ergibt, kommt nicht in Betracht.[194]

198   Auch der **Nacherbe** unterfällt § 102 SGB XII, weil er unmittelbar vom Erblasser und nicht vom Vorerben erbt. Er muss der Freigabe der Mittel durch den nicht befreiten Vorerben ggf. zustimmen.

b) Der Erbe des Ehegatten/Lebenspartners der leistungsberechtigten Person

199   Die Kostenersatzpflicht des **Erben des Ehegatten/des Lebenspartners** entsteht, wenn dieser
– vor dem Leistungsberechtigten stirbt und
– der Leistungsberechtigte nicht sein Erbe wird (§ 102 Abs. 1 S. 4 SGB XII).

---

192   LSG Bayern v. 23.2.2012, L 8 SO 113/09 m. Anm. *Wendt*, Rechtsdienst 2012, 136f.
193   BGH MDR 2011, 303.
194   BVerwG v. 23.9.1989 – Az.: BVerwG 5 C 109.81.

Diese Regelung produziert Ergebnisse, die z.T. beliebig wirken.

Fallbeispiel 29: Die Erben der hälftigen Miteigentümer 200
Die Ehegatten M und F sind hälftige Miteigentümer eines Wohnhauses, das der Ehemann M bis zu seinem Tod bewohnt. Die Ehefrau F ist in einem Pflegeheim untergebracht. Die Kosten muss der Sozialhilfeträger mangels eigenen Einkommens bzw. verwertbaren Vermögens (§ 90 Abs. 2 Nr. 8 SGB XII) beider Ehegatten übernehmen.

Stirbt der Ehegatte M zuerst und wird die leistungsberechtigte F seine 201
Erbin, so ist dies sozialhilferechtlich kein Problem. Der leistungsberechtigten F fließt aus dem Erbe ihres Ehemannes M **Einkommen**[195] zu, das sie fortan vorrangig für die eigene Bedarfsdeckung einzusetzen hat. Verstirbt die Leistungsberechtigte F sodann und gibt es dann immer noch etwas zu vererben, dann trifft die sozialrechtliche Erbenhaftung wiederum deren Erben für noch offene Zeiträume vor dem Zufluss der Erbschaft.

Stirbt der Ehegatte M zuerst und wird die Leistungsberechtigte F 202
nicht Erbin ihres Ehemannes, so hat sie in der Regel gegen den/die Erben einen **Pflichtteilsanspruch** (§ 2303 BGB), der sozialhilferechtlich einzusetzendes **Einkommen** für die Zukunft darstellt.[196] Daneben tritt die Erbenhaftung der sonstigen Erben des vorverstorbenen Ehegatten M für die Vergangenheit.

Stirbt die leistungsberechtigte Ehefrau F zuerst, unterliegt ausschließ- 203
lich ihr Nachlass der sozialrechtlichen Erbenhaftung. Dem Erbe des danach versterbenden Ehegatten M verbleibt dessen Nachlass.

---

195 Dies entspricht der sozialhilferechtlichen Definition der Erbschaft während des Bedarfszeitraums.
196 Vgl. hierzu *Doering-Striening/Horn*, Der Übergang von Pflichtteilsansprüchen, NJW 2013, 1276 ff.

c) Die gesamtschuldnerische Haftung und das Ranking der sozialrechtlichen Erbenhaftung

204 Die sozialrechtliche Erbenhaftung trifft mehrere Erben **eines** Erbfalls nach § 2058 BGB als **Gesamtschuldner.**[197] Die Leistung kann von jedem verlangt werden, der Schuldner ist. §§ 421, 2058 BGB gibt dem Sozialleistungsträger Auswahlfreiheit.

205 Dieses „**Wahlrecht**", das im Zivilrecht seine Grenze lediglich im Rechtsmissbrauch findet, ist im öffentlichen Recht insoweit allgemein eingeschränkt, als an die Stelle des „freien Beliebens" ein pflichtgemäßes Ermessen bei der Auswahl des Gesamtschuldners tritt.[198] Für die gesamtschuldnerische Erbenhaftung nach § 102 SGB XII verlangt das BSG hierzu die Bewertung der Umstände, die die tatsächliche finanzielle Belastung des Miterben im Rahmen der Erbengemeinschaft betreffen. Eine Rolle soll insbesondere eine bereits erfolgte Verteilung des Erbes, wenn sie vor Kenntnis von dem Kostenersatzanspruch durchgeführt worden ist, spielen. Relevant sollen auch ein eventueller Verbrauch des ererbten Vermögens, die Anzahl der Erben, der Wert des Nachlasses und die Höhe des Kostenersatzanspruchs sowie die Relation der beiden Werte zueinander und auch die Erbquote sein. Nur eine Gesamtschau der Situation aller Erben werde der individuellen Zahlungspflicht der Erben gerecht.[199]

206 Diese Entscheidung des Bundessozialgerichtes deutet möglicherweise eine allgemein geltende Trendwende bei den Anforderungen für die Auswahl des Haftenden an. Das früher zuständige Bundesverwaltungsgericht hatte sich bisher – allerdings für einen Fall des Zusammentreffens der sozialrechtlichen Erbenhaftung aus zwei Erbfällen – klar und deutlich allein auf das Prinzip der möglichst **umfassenden Refinanzierung der Sozialhilfe** zurückgezogen. Zwar ging es damals nicht um den Fall einer Gesamtschuld, aber das Unbehagen an der vom Wortlaut her möglichen Inanspruchnahme von Stiefkindern für die Sozialhilfekosten der Stiefmutter war groß. Tritt der Tod des Sozi-

---

197 LSG Bayern v. 23.2.2012 – Az.: L 8 SO 113/09 mit Anm. *Wendt*, Rechtsdienst 2012, 136 f.

198 BVerwG v. 22.1.1993 – Az.: 8 C 57/91.

199 BSG v. 23.8.2013 – Az.: B 8 SO 7/12 R.

alhilfebeziehers nämlich in nahem zeitlichen Zusammenhang zum vor-versterbenden Ehegatten/Lebenspartner ein, stellt sich die Frage, ob es eine Beschränkung des Kostenersatzes entweder auf die Erben des Hilfeempfängers oder die Erben des vorverstorbenen Ehegatten/Lebenspartners gibt.[200] In Zeiten zunehmender **Patchworkfamilien** kommt dieser Frage erhöhte Bedeutung zu.

> **Fallbeispiel 30: Die Patchworkfamilie und das Ranking in der Erbenhaftung**   207
>
> Die in 2. Ehe verheirateten Ehegatten M und F hatten gegenseitig einen Pflichtteilsverzicht abgegeben. Sie waren hälftige Miteigentümer eines Wohnhauses, das der Ehemann M bis zu seinem Tod bewohnte. Die Ehefrau F war in einem Pflegeheim untergebracht. Die Kosten musste der Sozialhilfeträger mangels eigenen Einkommens bzw. verwertbaren Vermögens (§ 90 Abs. 2 Nr. 8 SGB XII) übernehmen. Zunächst verstarb M. Sein Miteigentumsanteil fiel laut Testament an seine Kinder aus erster Ehe. Der Sozialhilfeträger nahm diese für die der F gewährten Sozialhilfeleistungen in Anspruch. Später starb F. Ihre Erben waren ihre Kinder aus ihrer ersten Ehe. Die Erben des Ehemannes wenden sich gegen die Inanspruchnahme auf Kostenersatz für die Kosten der Sozialhilfe ihrer Stiefmutter.

Die Erben der nachverstorbenen Ehefrau F unterfallen nach § 102 SGB XII unmittelbar der sozialrechtlichen Erbenhaftung. Der Wortlaut trifft aber auch auf die Erben des vorverstorbenen Ehemannes M zu. Fraglich ist, ob die nicht mit F verwandten Erben des vorverstorbenen Ehemannes M wegen der Sozialhilfekosten der F in Anspruch genommen werden können, obwohl sie unmittelbare eigene Abkömmlinge hinterlässt.   208

Wäre der Ehemann M **nach** seiner Ehefrau F verstorben, so wären aufgrund der letztwilligen Verfügung der Ehefrau deren Kinder Erben geworden und mit der sozialrechtlichen Erbenhaftung des § 102 SGB XII belastet gewesen. Aufgrund des Pflichtteilsverzichtes der Ehefrau wäre auch kein Pflichtteil bezüglich des Nachlasses der Ehe-   209

---

200 BVerwG v. 23.9.1989 – Az.: BVerwG 5 C 109.81.

frau entstanden. Die Kinder des Ehemannes M hätten ein unbelastetes Erbe nach dem Ehemann M – ihrem Vater – antreten können.

210 Aufgrund des Vorversterbens des Ehemannes M und seiner eigenen letztwilligen Verfügung zugunsten seiner Kinder ist der Grundtatbestand des § 102 SGB XII verwirklicht. Durch den nachfolgenden Tod der Ehefrau F kommt ein **weiterer** Kostenersatzanspruch hinzu, denn auch deren Kinder trifft die sozialrechtliche Erbenhaftung des § 102 SGB XII. Damit stellte sich die Frage des Verhältnisses der beiden Kostenersatzansprüche zueinander. Gibt es eine Reihenfolge der in Anspruch zu nehmenden Erben?

211 Das damals noch zuständige BVerwG hat dies verneint und dazu ausgeführt:
   – Kostenersatzansprüche nach § 92c BSHG (jetzt § 102 SGB XII) gegen die Erben des **vor** dem Hilfeempfänger verstorbenen Ehegatten und gegen die Erben des Hilfeempfängers selbst entstehen für jeden Erbfall unabhängig voneinander kraft Gesetzes mit dem Tod des Erblassers.
   – § 92c BSHG (§ 102 SGB XII) enthält keine Regelung, nach der ein kraft Gesetzes entstandener Kostenersatzanspruch wieder (ganz oder teilweise) erlischt oder sich inhaltlich verändert, wenn durch einen weiteren Erbfall kraft Gesetzes ein weiterer Kostenersatzanspruch entsteht, der an denselben Hilfefall, aber einen anderen Erbfall, anknüpft.
   – Es gibt **keine Beschränkung des Kostenersatzes** entweder auf den Erben des Hilfeempfängers oder auf den Erben des vorversterbenden Ehegatten.
   – Für die Entstehung und Durchsetzung des öffentlich-rechtlichen Kostenersatzanspruchs kommt es im Interesse einer möglichst umfassenden „Refinanzierung" aufgewendeter Sozialhilfekosten weder auf die Erbanwartschaftserwartungen des Erben des Hilfeempfängers oder des gleichrangig zum Vermögenseinsatz verpflichteten Ehegatten noch auf einen erbfallübergreifenden Belastungsvergleich an.

– Sofern der Sozialhilfeträger ein Wahlrecht bezüglich der Erben-
gruppen hat, hat er nach Sinn und Zweck der Erbenhaftung dieses
allein und ausschließlich dem öffentlichen Interesse an einer möglichst umfassenden und effektiven Realisierung des Kostenersatzes
auszurichten.[201]

Zwar hat das BVerwG darauf hingewiesen, dass möglicherweise **Aus-**   212
gleichsansprüche zwischen den **Erben** der unterschiedlichen Erbfälle
bestehen können. Wie eine Gesamtschuldnerschaft zwischen den Er-
bengruppen aus unterschiedlichen Erbfällen in der Praxis funktionieren soll oder welche Anspruchsgrundlage sonst in Betracht kommt,
hat das BVerwG damals allerdings nicht erläutert.

d) Die Vermeidung der Erbenhaftung des vorversterbenden Ehegatten/ Lebenspartners

Erben eines evtl. vorversterbenden Ehegatten/Lebenspartners werden   213
folglich stets nach Ausweichmöglichkeiten suchen, um das Erbe doch
für sich behalten zu können.

Fallbeispiel 31: Die Trennung in der Patchworkfamilie   214
Die pensionierte F ist mit einem 25 Jahre älteren Ehemann M
verheiratet, der als Rentner nach einer Insolvenz nur noch über
Einkünfte i.H.v. rund 800 EUR monatlich verfügt. Sie hatte alle
wesentlichen Ansprüche auf Versorgung vor der Ehe erworben.
Die Ehegatten hatten Gütertrennung und den Verzicht auf Unterhaltsansprüche nach Scheidung vereinbart. Die Ehefrau verfügt
über 1.200 EUR und eine bezahlte, selbst bewohnte 80 qm Wohnung (Wohnwert 600 EUR), die sie ihren Kindern aus erster Ehe
hinterlassen will. Ihr Ehemann wird heimpflegebedürftig und sie
fragt an, welche rechtlichen Konsequenzen ihr jetzt durch den notwendig werdenden Bezug von sozialhilferechtlichen Leistungen
der Hilfe zur Pflege (§§ 61 ff. SGB XII) drohen, und ob sie sich
lieber jetzt trennen solle, was sie ohnehin schon seit Jahren vorge-
habt habe.

---

201 BVerwGE 118, 313 ff.

215   Der Ehefrau droht zu Lebzeiten die Inanspruchnahme ihres Einkommens und Vermögens nach §§ 19 Abs. 3, 82 ff., 92a, 90 SGB XII im Rahmen der sozialhilferechtlichen Einsatzgemeinschaft, wenn sie sich nicht dauernd trennt. Trennt sie sich aber, drohen ggf. Trennungsunterhaltsansprüche nach § 1361a BGB, da man auf Trennungsunterhalt nicht verzichten kann.

216   Die selbst bewohnte Immobilie ist ohne Trennung Schonvermögen nach § 90 Abs. 2 Nr. 8 SGB XII. Ihren Kindern aus erster Ehe droht aber die sozialhilferechtliche Erbenhaftung des § 102 SGB XII, wenn sie vor ihrem Ehemann stirbt. Ggf. kann eine Ausweichmöglichkeit darin bestehen, dass die Ehegatten dauernd getrennt leben. In diesem Fall wird die sozialhilferechtliche Einsatzgemeinschaft aufgelöst. In der Folge endet auch die Anwendbarkeit von § 102 SGB XII. Für das dauernde Getrenntleben wird auf die Grundsätze, die zum familienrechtlichen Begriff des „Getrenntlebens" i.S.d. § 1567 BGB entwickelt worden sind, abgestellt.[202]

217   Grundsätzlich müssen zur Begründung des dauernden Getrenntlebens
      – räumlichen Trennung und
      – **Trennungswillen** mindestens eines Ehepartners
      festgestellt werden. Ein dauernder Aufenthalt in einem Pflegeheim erfüllt für sich allein noch nicht die Voraussetzungen. In einem solchen Fall ist insoweit maßgebend, ob ein erkennbarer Trennungswille besteht, der die Aufgabe der bisher noch rudimentär verwirklichten Lebensgemeinschaft betrifft.[203] Einen Automatismus dergestalt, dass fehlende räumliche Lebensgemeinschaft und schwere geistige Behinderung zum dauernden Getrenntleben führen, lehnt die Rechtsprechung allerdings ab. Nur wenn die Umstände des Einzelfalls erkennen ließen, dass durch eine anderweitige Unterbringung des einen Ehegatten die **gemeinsame Lebens- und Wirtschaftsführung** der beiden Ehegatten dauernd **aufgegeben** werde, gelte etwas anderes.[204]

---

202 BSG v. 16.4.2013 – Az.: B 14 AS 71/72R;BSGE 105, 291.
203 BSG NZS 2009, 677 m.w.N.; bejahend LSG Rheinland-Pfalz vom 27.1.2005 – Az.: L 1 AR 156/04.
204 BSG Urt. v. 16.4.2013 – Az.: B 14 AS 71/72R.

Der Entscheidung über das dauernde Getrenntleben bei Sozialhilfebe-   218
zug zur Vermeidung der sozialrechtlichen Erbenhaftung muss immer
eine Vielzahl komplizierter Vorüberlegungen voraus gehen. Zum einen
bleibt es auch trotz Trennung ohne Scheidung mindestens beim
Pflichtteilsanspruch des anderen Ehegatten. Zum anderen muss gegeneinander abgewogen werden, ob es lebzeitig günstiger ist, als Ehegatte
sozialhilferechtlich (§§ 19 Abs. 2, 3, 92a, 82–87 SGB XII) aus eigenem
Einkommen und Vermögen oder stattdessen auf Trennungs- und ggf.
Nachscheidungsunterhalt in Anspruch genommen zu werden.

2. Rechtmäßigkeit der erbrachten Leistung

Voraussetzung für den Kostenersatz durch den Erben ist, dass die   219
Sozialleistungen dem Hilfeempfänger **rechtmäßig** bewilligt wurden.[205] Bei **zu Unrecht erbrachter Leistung** ist die Inanspruchnahme
von Erben nur möglich, wenn die Voraussetzungen der §§ 45, 50
SGB X vorliegen. Eine Leistung kann z.b. rechtswidrig erbracht worden sein, wenn der Schonvermögenscharakter eines Gegenstandes zu
Unrecht angenommen wurde. So ist das selbstbewohnte Hausgrundstück nur dann geschont, wenn es angemessen ist. Ist die Wohnfläche
zu groß, besteht kein Schonvermögen. Dann kann eine Verschonung
allenfalls nach § 90 Abs. 3 SGB XII wegen Härte in Betracht kommen.
Greift auch dieser Tatbestand nicht, dann ist Sozialhilfe rechtswidrig
gewährt worden.[206]

Die Bewilligung kann dann rückwirkend nur nach § 45 SGB X durch   220
Rücknahme des Verwaltungsaktes – auch gegenüber dem Rechtsnach-
folger – beseitigt werden.[207] Es schließt sich die Rückzahlung nach
§ 50 SGB X an. Diese ist gegenüber dem Rechtsnachfolger möglich.
Die Rücknahme für die Vergangenheit ist zeitlich durch eine **Jahres-
frist** begrenzt. Erlässt der Sozialleistungsträger in Verkennung der
Tatsachen fälschlicherweise einen Kostenersatzbescheid nach § 102
SGB XII, weil er von rechtmäßiger Gewährung ausgeht, so kann er

---

205 BVerwG FEVS, 37, 15; FEVS 55, 124; OVG NRW FEVS 53, 378; BayVGH FEVS
    55, 211; LSG Baden-Württemberg v. 22.12.2010 – Az.: L 2 SO 5548/08.
206 Vgl. VGH Bayern FamRZ 2004, 488.
207 BSG SozR 1300 § 45 Nr. 5.

ihn später **nicht** mehr in einen Rücknahmebescheid nach § 45 SGB X **umdeuten.**[208]

221 Die Rechtsprechung hat die Rechtmäßigkeitsprüfung bei § 102 SGB XII eingeschränkt. Das Erfordernis der Rechtmäßigkeit der Leistungsgewährung bedeutet danach nicht, dass jeweils der gesamte Fall in dem Sinne aufzurollen ist, das für jeden Monat die Rechtmäßigkeit der Leistungsgewährung zu überprüfen wäre. Entscheidend ist vielmehr, dass für einen oder mehrere Zeiträume Feststellungen zur Rechtmäßigkeit der Sozialhilfeleistungen getroffen werden, deren Höhe mindestens die Höhe des geltend gemachten Ersatzanspruchs erreicht, so dass rechtmäßige Leistungen schon für die Dauer von weniger als zwei Jahren die Geltendmachung des Ersatzanspruchs rechtfertigen können.[209]

3. Rechtsfolgen

222 § 102 SGB XII ist auf Ersatz der Kosten der Sozialhilfe durch den oder die Erben gerichtet. Es geht um die Kosten der Sozialhilfe, die innerhalb eines **Zeitraumes von** 10 Jahren vor dem Erbfall aufgewendet wurden.

223 § 105 Abs. 2 SGB XII stellt für die Kosten der Unterkunft 56 % vom Kostenersatz frei, weil der Leistungsbezieher lebzeitig kein Wohngeld ausbezahlt erhält, dadurch aber nicht schlechter gestellt werden soll. Nach § 105 Abs. 2 BGB soll die Freistellung für alle Rückforderungsansprüche nach dem SGB XII gelten.[210]

Es ist nicht erforderlich, dass der Sozialhilfebezug im Zehnjahreszeitraum bis zuletzt angedauert hat. Es kann auch um Sozialhilfe gehen, die „mittendrin" während des Zehnjahreszeitraums geleistet werden musste.

224 Die Frist ist nach §§ 187 Abs. 1, 188 Abs. 2 BGB zu bestimmen.

---

208 Schlegel/*Grote-Seifert*, juris Praxiskommentar SGB II, § 35 Rn 52; Grube/*Bieback*, SGB XII, § 102 Rn 11.
209 BSG v. 23.3.2010 – Az.: B 8 SO 2/09 R NVwZ-RR 2010, 892.
210 Berlit/*Peters*, Existenzsicherungsrecht, Kapitel 42 Rn 30 f.

Für den Kostenersatz nach § 102 SGB XII kommt es nicht darauf an,   225
ob das Vermögen bereits zum Zeitpunkt des Leistungsbezugs existiert
hat und geschont war oder ob es erst nach dem Leistungsbezug erworben wurde. Die Rechtsprechung stellt darauf ab, dass es in § 102
SGB XII um eine **umfassende Refinanzierung der Sozialhilfe** gehe.[211]
Deshalb werden von der Rückforderung für die Dauer von 10 Jahren
seit dem Erbfall z.b. auch diejenigen Mittel erfasst, die der Sozialhilfebezieher erst kurz vor seinem Tod erworben hat.[212]

Einschränkungen der Inanspruchnahme auf Kostenersatz ergeben sich   226
aus:

§ 102 Abs. 3 Nr. 1 SGB XII	soweit der Wert des **Nachlasses** unter dem 6-fachen der Regelbedarfsstufe 1 nach § 28 SGB XII (ab 1.1.2015 399 EUR) = 2.394 EUR liegt
§ 102 Abs. 3 Nr. 2 SGB XII	wenn der Erbe der Ehegatte/Lebenspartner des Erblassers ist oder Verwandter des Erblassers ist und nicht nur vorübergehend bis zu dessen Tod, **eine häusliche Gemeinschaft bestanden** hat und der **Erblasser von einer dieser Personen gepflegt** wurde und der Wert des Nachlasses unter 15.340 EUR liegt
§ 102 Abs. 3 Nr. 3 SGB XII	soweit die Inanspruchnahme für den Erben nach den Besonderheiten des Einzelfalls eine **besondere Härte** bedeuten würde.

Bei mehreren Erben ist der **Freibetrag** nur ein einziges Mal vom   227
Nachlass abzusetzen.[213] Die „Bagatellgrenze" schützt keinen Mindest-
wert des Erbteils eines Miterben.

Der **Abzug wegen Pflege** soll voraussetzen, dass der Leistungsemp-   228
fänger pflegebedürftig im Sinne des § 61 Abs. 1 SGB XII war. Der

---

211 OVG NRW v. 20.2.2001 – Az.: 22 A 2695/99; SG Frankfurt/Main v. 28.11.2008 –
    Az.: S 36 SO 212/05.
212 BSG v. 23.8.2013 – Az.: B 8 SO 7/12 R.
213 BVerwG v. 26.10.1978 – Az.: V C 52.77, BVerwG 57, 26 ff.; LSG NRW v.
    7.4.2008 – Az.: L 20 SO 10/05.

Zuerkennung einer Pflegestufe im Sinne des SGB XI oder von Pflegegeld im Sinne des § 64 Abs. 1–3 SGB XII bedarf es aber nicht.[214] Die
einen fordern, dass die Pflege „in überwiegendem Maße" von der
Pflegeperson erbracht worden sein muss,[215] andere lassen die Pflege
durch mehrere Personen zu. Einzelne Tätigkeiten sollen nicht ausreichen; die Pflege müsse aber so umfangreich gewesen sein, dass der für
§ 61 SGB XII erforderliche Umfang erreicht werde (Pflegestufe 0).[216]
Ein Mindestzeitraum tatsächlich erbrachter Pflege wird von der Kommentarliteratur nicht gefordert.[217] Die Pflege müsse aber ohne feststehenden Endzeitpunkt erbracht worden sein.[218] Die Empfehlungen der
Sozialhilfeträger verlangen zumeist einen **Mindestpflegezeitraum von
6 Monaten.**

229   Eine Pflege „bis zum Tod des Leistungsempfängers" entfällt nicht
dadurch, dass der Leistungsempfänger vor seinem Tod kurze Zeit
im Krankenhaus untergebracht war.[219] Liegen die Voraussetzungen
„**Pflege**" oder „**Härte**" vor, so kommen sie nur dem Miterben zu
Gute, der sie erfüllt. Anderen Miterben kommt die Regelung über das
„Nicht-Geltendmachen" nicht zu Gute.[220] Der privilegierte Miterbe
haftet also nur insoweit, als sein Anteil am Nachlass den geschonten
Betrag übersteigt.

230   Für den Ausnahmetatbestand der **besonderen Härte** gelten hohe Anforderungen. Die Stellung als Ehegatte oder enger Verwandter genügt
nicht, um eine Härte zu begründen.[221] Eine **besondere Härte** liegt
z.B. dann vor, wenn der Erbe den Erblasser gepflegt hat, aber nicht
mit ihm verwandt war[222] oder nicht in häuslicher Gemeinschaft mit

---

214 Löns/*Cantzler*, SGB II, § 35 Rn 12.
215 Löns/*Cantzler* SGB II, § 35 Rn 12.
216 Bieritz-Harder/*Conradis*, LPK-SGB XII, § 102 Rn 12.
217 Bieritz-Harder/*Conradis*, LPK-SGB XII, § 102 Rn 12.
218 Löns/*Cantzler*, SGB II, § 35 Rn 12.
219 Berlit/*Peters*, Existenzsicherungsrecht, Kapitel 42 Rn 14.
220 Löns/*Cantzler*, SGB II, § 35 Rn 12.
221 BVerwG v. 23.9.1982 – Az.: 5 C 109/81; SG Frankfurt/Main v. 28.11.2008 –
     Az.: S 36 SO 212/05.
222 VGH Baden-Württemberg v. 14.3.1990 – Az.: 6 S 1913/89.

ihm gelebt hat.[223] Die Rspr. hat hier angenommen, dass eine der häuslichen Gemeinschaft vergleichbare „Nähe" auch dann bestehe, wenn die Pflegeperson unter Einsatz eigener finanzieller Mittel und erheblichem Zeitaufwand eine Entfernung „von 39 km überwindet, um die häusliche Gemeinschaft gleichsam zu ersetzen."[224]

Eine **besondere Härte** kann auch darin liegen, dass der Erbe nachhaltig den Wert des Nachlasses erhöht hat, so z.b. durch die Führung eines Schmerzensgeldprozesses über lange Zeit.[225]   231

Eine besondere Härte liegt nicht darin, dass der Erbe selbst nur geringes Einkommen besitzt oder arbeitslos ist.[226] Anders kann es sein, wenn der Nachlass für den Erben selbst Schonvermögen wäre.[227] Eine besondere Härte kann ggf. auch zu bejahen sein, wenn der Vermögensgegenstand vor dem Erbfall im Miteigentum des Leistungsberechtigten und des Erben stand, für beide gleichermaßen als Schonvermögen geschützt war, z.B. bei einem selbst bewohnten Hausgrundstück und die Existenz auf dem Spiel steht.[228] Eine besonders lange Verfahrensdauer – 13 Jahre – soll dagegen keine besondere Härte begründen.   232

Wird eine Härte bejaht, so führt dies nicht zwingend zum gesamten Verzicht auf die Inanspruchnahme des Nachlasses. Sie kann auch nur zur Erhöhung der Schonbeträge führen.[229]   233

4. Der Wert des Nachlasses

Der Erbe haftet für die innerhalb eines Zeitraumes von 10 Jahren seit dem Erbfall erbrachten Sozialhilfeaufwendungen nach § 102 Abs. 2   234

---

223 HessVGH v. 26.11.1998 – Az.: 1 UE 1276/95; LSG Baden-Württemberg v. 22.12.2010 – Az.: L 2 SO 5548/08.
224 HessVGH v. 26.11.1998 – Az.: 1 UE 1276/95; SG Frankfurt/Main v. 28.11.2008 – Az.: S 36 SO 212/05.
225 SG Frankfurt/Main v. 28.11.2008 – Az.: S 36 SO 212/05.
226 VG Bremen v. 10.2.2012 – Az.: 5 K 518/04, NJW-Spezial 2012, 2011 f.; SG Berlin v. 24.5.2011 – Az.: S 149 AS 21300/08; LSG Baden-Württemberg v. 22.12.2010 – Az.: L 2 SO 5548/08.
227 BSG FEVS 62, 153.
228 LSG Baden-Württemberg v. 22.12.2010 – Az.: L 2 SO 5548/08 m.w.N.
229 SG Frankfurt/Main v. 28.11.2008 – Az.: S 36 SO 212/05.

S. 2 SGB XII mit dem **Wert** des im Zeitpunkt des Erbfalles vorhandenen Nachlasses. Sozialhilfeleistungen, die nur **darlehensweise (§ 91 SGB XII)** erbracht wurden, unterfallen deshalb der sozialrechtlichen Erbenhaftung nicht. Sie belasten den Nachlass unmittelbar. Eine Haftung des Erben aus eigenen Mittel kommt nicht in Betracht.

235   Wertminderungen **nach dem Tag des Erbfalls** sind rechtlich unerheblich. Die Haftung erlischt deshalb auch nicht dadurch, dass der Nachlass oder Teile hiervon bereits vor der Geltendmachung des Regressanspruchs verbraucht oder veräußert wurde. Der Einwand des **Wegfalls der Bereicherung** ist nicht möglich.[230]

236   Der **Wert des Nachlasses** wird im Sinne von § 2311 BGB verstanden, also der Norm, nach der der Pflichtteil berechnet wird. Der Bestand des Nachlasses ergibt sich aus der Differenz zwischen den in Geld zu veranschlagenden Aktiva und den Passiva im Zeitpunkt des Erbfalls.[231]

a) Verbindlichkeiten, z.B. aus lebzeitigen Pflegevereinbarungen

237   Zu den für die Wertberechnung erheblichen **Nachlassverbindlichkeiten** gehören zunächst die unmittelbar vom Erblasser herrührenden Schulden (§ 1967 BGB **Erblasserverbindlichkeiten**). Wirksam vereinbarte Pflegeverträge können eine wertmindernde Erblasserverbindlichkeit darstellen.

238   **Fallbeispiel 32: Die lebzeitige Pflegeverpflichtung**
A ist Alleinerbe nach seiner Mutter, in deren Nachlass sich lediglich eine Immobilie befindet, die sie bis zuletzt bewohnt hat. Er macht geltend, seine Ehefrau habe die Mutter, die Sozialhilfeleistungen wegen fehlender liquider Mittel erhalten habe, 35 Stunden pro Woche gepflegt im Hinblick darauf, dass das von ihr bewohnte und deshalb sozialhilferechtlich geschonte Haus ihm und seiner Familie später zum Wohnen dienen sollte. Der „Rohnachlass" vermindere sich deshalb um das ihr geschuldete Entgelt für Pflege, hilfsweise sei eine besondere Härte anzunehmen.

---

230 OVG Sachsen ErbR 2006, 59; VG Bremen v. 10.2.2012 – Az.: 5 K 518/04, NJW-Spezial 2012, 2011 f.
231 BVerwGE 66, 161 ff.

Ein Entgelt für geleistete Pflege setzt eine wirksame Vereinbarung 239
über **entgeltliche** Pflege voraus. Innerhalb des Familienverbandes
wird dem häufig entgegengehalten, dass die **Pflege** von Eltern durch
ihre Kinder **eine Erfüllung gesetzlicher (Unterhalts-)pflichten** darstelle, zumindest handele es sich um eine sittliche Verpflichtung von
Kindern im Solidarsystem „Familie". Dem stehe die Vereinbarung
eines Entgeltes für Pflege entgegen.

Das ist falsch. Der Bedarf an Pflege ist ein unterhaltsrechtlicher Bedarf.
Nur bedürftige Eltern haben gegenüber leistungsfähigen Kindern einen Anspruch darauf, dass ihr ungedeckter Bedarf an Pflege unterhaltsrechtlich gedeckt wird. Ungedeckter Elternunterhalts(pflege)be-
darf ist nach § 1612 Abs. 1 S. 1 BGB grundsätzlich in der Form von
Barunterhalt zu decken. Einen unterhaltsrechtlichen Anspruch auf
persönliche Betreuung – so der BGH in anderem Kontext – haben
nicht einmal minderjährige Kinder,[232] Volljährige dementsprechend
erst recht nicht.[233] Die Rechtsprechung hat im Rahmen des Elternun-
terhaltes bis heute auch niemals nur ansatzweise eine Naturalunter-
haltsverpflichtung im Rahmen von §§ 1603, 1612 BGB für Kinder
diskutiert.[234] Auch aus § 1619 BGB und § 1618a BGB kann **keine
Pflicht zum Naturalunterhalt auf Pflege** konstruiert werden, die es
in §§ 1603, 1612 BGB so ausdrücklich nicht gibt. § 1618a BGB ist erst
1979 in das BGB eingefügt worden. Er begründet **keine Grundlage
für neue zusätzliche Rechte und Pflichten,**[235] sondern dient der Konkretisierung und ggf. Auslegung bestehender Pflichten. Eine Verpflichtung zur persönlichen Pflege von Eltern besteht deshalb aus
gesetzlichen Gründen nicht.

Außerdem müssen auch nur leistungsfähige Kinder bedürftigen Eltern
Barunterhalt leisten. Die Rechtsprechung verneint deshalb zu Recht
ein familienrechtliches Abschlussverbot für entlohnende Dienstverträge.

---

232 BGH v. 25.5.1994 – Az.: XII ZR 78/93, DRsp Nr. 1994/3167.
233 BGH FamRZ 1988, 1041; FamRZ 1994, 696.
234 Vgl. hierzu insbesondere die Entscheidung BGH NJW 2006, 2037.
235 OLG Bamberg VersR 1985, 290.

240 Der Annahme eines Dienstvertrages steht auch nicht entgegen, dass die Vergütung statt in laufenden Zahlungen in einer einmaligen auf den Tod aufgeschobenen entgeltlichen Zuwendung besteht.[236] Eine entgeltliche Pflegevereinbarung, die zur Minderung des Nachlasses führt, ist daher grundsätzlich möglich.

241 Die alles entscheidende Frage ist stets, ob zwischen dem Empfänger und dem Leistenden eine **tatsächliche Willenseinigung über die Entgeltlichkeit** der Pflege erzielt wird. Eine solche Einigung ist stillschweigend möglich. Ggf. bestehen auch ohne ausdrückliche Vereinbarungen Reparaturmöglichkeiten, um eine Gegenleistung für die Pflege beanspruchen zu können, und zwar ggf. über das Rechtsinstitut der **fehlgeschlagenen Vergütungsvereinbarung** oder den **Bereicherungsausgleich** wegen Zweckverfehlung. § 612 BGB ersetzt aber nicht die Einigung über die Entgeltlichkeit an sich, sondern setzt sie voraus. Die Einigung über die Entgeltlichkeit ist auch beim Bereicherungsausgleich wegen Zweckverfehlung nicht entbehrlich. Werden also z.b. im Hinblick auf eine erhoffte Erbeinsetzung Pflegeleistungen erbracht und ist in Kenntnis dieser Erwartung eine Erbeinsetzung nicht erfolgt oder widerrufen worden, dann kann dies einen Bereicherungsanspruch begründen,[237] der sich als Nachlassverbindlichkeit darstellt. Das bloße Erbringen von Pflegeleistungen lässt nach der Rechtsprechung allerdings keine Schlussfolgerung auf einen konkludent geschlossenen entgeltlichen Vertrag zu. Stets bedarf es einer irgendwie gearteten Einigung über die Entgeltlichkeit. Im Beispielsfall hat die Rechtsprechung gegen eine entgeltliche Pflegeleistung entschieden und auch keine Reparaturmöglichkeiten zugelassen.[238]

242 In solchen Fällen bleibt nur der Weg in den **Härtetatbestand** des § 102 Abs. 3 Nr. 3 SGB XII. Der Sohn hätte weder in eigener Person noch durch seine Ehefrau eine persönliche Pflege geschuldet. Wäre er leistungsfähig gewesen, wäre allenfalls ein Barunterhaltsanspruch zu diskutieren gewesen, den der Sozialhilfeträger nach § 94 SGB XII aber wohl nicht feststellen konnte. Die Kontrolle anhand dieses Alternativsachverhaltes zeigt, dass die Annahme einer besonderen Härte ge-

---

236 BGH NJW 1965, 1224 f.
237 BGHZ 44, 321.
238 VGH Baden-Württemberg v. 7.10.1992 – Az.: 6 S 2567/90.

rechtfertigt sein kann. Obwohl der Sozialhilfeträger durch die Pflege der Schwiegertochter in erheblichem Umfang entlastet wurde, hat die Rechtsprechung die Inanspruchnahme des erbenden Sohnes im Beispielsfall nicht wegen Härte verneint.[239]

b) Aufwendungen auf den Nachlass

Aufwendungen, die der Erbe auf einen Nachlassgegenstand gemacht hat, zieht die Rechtsprechung z.T. vom Wert des Nachlasses ab, so z.B. der Wert des Einbaus einer Heizungsanlage. Hierzu wählt sie allerdings den Weg über den Härtetatbestand. Müsste der Erbe, der Mittel für die Renovierung aufgebracht hat, gerade deshalb mehr an Sozialhilfekosten ersetzen, weil der Nachlass in Höhe seiner Aufwendungen wertvoller geworden sei, so liege darin eine **besondere Härte**. Zinsen und Kosten für solche Aufwendungen erhöhten aber den Nachlasswert nicht und seien deshalb nicht zu berücksichtigen.[240]

243

c) Erbfallschulden

Kosten der Nachlassverwaltung, der Nachlasssicherung, der Ermittlung der Nachlassgläubiger, der Inventarerrichtung etc. sind vom Nachlass abzugsfähig, bevor es zur Erbenhaftung kommt.

244

Zu den **Nachlassverbindlichkeiten** gehört nach § 102 SGB XII die Kostenforderung selbst. Nach § 1967 Abs. 2 BGB gehören auch die den Erben ansonsten treffenden Verbindlichkeiten aus Pflichtteilsrechten, Vermächtnissen und Auflagen zu den Nachlassverbindlichkeiten. Das wirft die Frage auf, wie insoweit der Wert des Nachlasses zu berechnen ist und was zu tun ist, wenn Kostenersatzforderung und sonstige Nachlassverbindlichkeiten zusammentreffen.

245

Die Kostenersatzforderung kann bei der Wertermittlung nicht in die Passiva mit einbezogen werden. Obwohl sie selbst zu den Nachlassverbindlichkeiten gehört, kann sie erst und nur insoweit geltend gemacht werden, als ein die Freibeträge übersteigender Wert des Nach-

246

---

239 VGH Baden-Württemberg v. 7.10.1992 – Az.: 6 S 2567/90.
240 VGH Baden-Württemberg v. 14.3.1990 – Az.: 6 S 1913/89.

lasses vorhanden ist. Sonstige Nachlassverbindlichkeiten gehen ihr vor,[241] so die Aussage das BVerwG.

247   Für die **Bestattungskosten** nach § 1968 BGB – also den Kosten einer würdigen Beerdigung – ist das allgemeine Meinung. Ein Vorrang des Kostenersatzanspruches vor den Kosten einer Bestattung im Sinne des § 1968 BGB wird von der Rechtsprechung verneint.[242] Der Erbe soll die Kosten einer würdigen Bestattung nicht aus den Freibeträgen finanzieren.

248   Welche sonstigen Nachlassverbindlichkeiten bei der Wertermittlung „vorgehen", also abzuziehen sind, ist trotz der Aussage des BVerwG streitig. Im Rahmen der Berechnung des § 2311 BGB dürfen **Pflichtteilsansprüche** nicht abgezogen werden. Auch Vermächtnisse und Auflagen scheiden bei der Berechnung von Pflichtteilsansprüchen aus, denn es geht ja gerade darum, dass der Erblasser Pflichtteilsrechte nicht durch Verfügungen von Todes wegen beeinträchtigen können soll.[243] Das führt dazu, dass die Verwaltung und die untergerichtliche Rechtsprechung Pflichtteils- und **Vermächtnisansprüche** aus der sozialrechtlichen Erbenhaftung herausnehmen und dies mit dem Subsidiaritätsprinzip begründen. Pflichtteils- und Vermächtnisansprüche sowie Auflagen seien zwar ebenfalls Nachlassverbindlichkeiten, seien aber nachrangig.[244] So könne z.B. der Pflichtteilsberechtigte Befriedigung erst aus dem schuldenfreien Nachlass verlangen.[245] Ein Teil der Kommentarliteratur sieht das anders.[246] Das dürfte falsch sein. Letztlich verfolgt die sozialrechtliche Erbenhaftung die Zielsetzung, aus dem Nachlassvermögen **kein postmortales Schonvermögen** zu machen. Wenn schon der Erbe nicht partizipieren kann, dann darf für andere erbrechtlich Begünstigte nichts anderes gelten. Der Auffassung der Rechtsprechung ist daher Stimmigkeit nicht abzusprechen. Entsprechend sind bei der Berechnung des Wertes des Nachlasses im

---

241 BVerwGE 66, 161 ff.
242 OVG Rheinland-Pfalz v. 5.4.2001 – Az.: 12 A 10133/01.
243 Z.B. *Krauß*, Vermögensnachfolge, 2. Kapitel, Rn 527.
244 VGH Baden-Württemberg v. 14.3.1990 – Az.: 6 S 1913/89.
245 SG Karlsruhe v. 31.8.2012 – Az.: S 1 SO 362/12; VG Augsburg v. 13.7.2009 – Az.: Au 3 09.379 m.w.N.
246 *Löns/Cantzler*, SGB II, § 35 Rn 9.

Sinne von § 102 SGB XII Pflichtteilsansprüche, Vermächtnisse und
Auflagen nicht mit einzubeziehen.

Fallbeispiel 33: Die Enterbung in der sozialrechtlichen Erbenhaf-   249
tung
Der dauerhaft nicht erwerbsfähige, pflegebedürftige Leistungsbezieher A hat zwei Kinder und ist im Güterstand der Zugewinngemeinschaft verheiratet. Er stirbt am 15.10.2013. Er hat seine Ehefrau zur Alleinerbin seines aus Schmerzensgeld geschonten Vermögens eingesetzt, Kind 1 mit einem Vermächtnis in Höhe von
10.000 EUR begünstigt und Kind 2 enterbt. Die Beerdigungskosten
betragen 5.000 EUR. Er hat Leistungen nach SGB XII mindestens
in Höhe von 245.000 EUR in den letzten 10 Jahren bezogen. Der
Wert des Nachlasses beträgt 255.000 EUR.

Der Wert des Nachlasses abzüglich zu berücksichtigender Beerdi-   250
gungskosten beträgt 250.000 EUR. Davon sind nach § 102 Abs. 3 Nr. 1
SGB XII am 15.10.2013 2.292 EUR abzuziehen, weil insoweit kein
Kostenersatzanspruch besteht. Es sind also grundsätzlich noch
247.708 EUR dem Zugriff der sozialrechtlichen Erbenhaftung ausgesetzt. Pflichtteils- und Vermächtnisansprüche bleiben bei der Berechnung außen vor.

Da die Kostenforderung nach § 102 SGB XII selbst ein Passivposten   251
im Rahmen der Berechnung nach § 2311 BGB ist, ist der Wert des
Pflichtteils von Kind 2 aus 250.000 EUR abzüglich 245.000 EUR zu
errechnen; der Wert des Vermächtnisses von Kind 1 beträgt
10.000 EUR. Somit ist die Alleinerbin mit mehr Beträgen belastet als
der Nachlass hergibt und es stellt sich die Frage, in welchem Konkur-
renzverhältnis die Verbindlichkeiten in der Nachlassinsolvenz stehen,
denn § 102 SGB XII ordnet an, dass die Haftung auf den Wert des
Nachlasses beschränkt ist. Im Zivilrecht werden die Gruppen von
Nachlassverbindlichkeiten grundsätzlich gleichbehandelt, solange
man davon ausgeht, dass der Nachlass für alle Forderungen reicht.
Bei Dürftigkeitseinrede sind Verbindlichkeiten aus Pflichtteilsrechten,
Vermächtnissen und Auflagen wie im Nachlassinsolvenzverfahren erst
nach den übrigen Forderungen und nach den Forderungen ausge-
schlossener und diesen gleichgestellter Gläubiger zu erfüllen (§ 1991
Abs. 4 BGB, § 327 Abs. 1 u. 3 InsO = minderberechtigte Nachlass-

schulden). Nach dem Sinn und Zweck der sozialrechtlichen Erbenhaftung ist davon auszugehen, dass die Befriedigung des Sozialleistungsträgers vorrangig ist. Soll schon der Erbe postmortal keinen Vorteil aus sozialhilferechtlichen Schontatbeständen erhalten, so gilt dies natürlich auch für alle anderen, die erbrechtlich ansonsten begünstigt werden. Die Erbenhaftung geht daher vor.

252 **Hinweis**
Besonders schwierig wird dieser Fall allerdings dadurch, dass er sich üblicherweise so in der Praxis nicht abspielt, weil der Hilfeempfänger in der Regel **Leistungen der Grundsicherung im Alter und bei dauerhafter Erwerbsminderung (§§ 41 ff. SGB XII)** neben der Hilfe zur Pflege (§§ 61 ff. SGB XII) erhalten wird. § 102 Abs. 5 SGB XII schließt den Ersatz der Kosten der Grundsicherung von der sozialrechtlichen Erbenhaftung aber ausdrücklich aus. Dieser Ausschluss ist ein Überbleibsel der ursprünglich einmal selbstständig geregelten Grundsicherung im Alter und bei dauerhafter Erwerbsminderung. Soweit der Erblasser Grundsicherungsleistungen nach § 42 SGB XII – also für Hilfe zum Lebensunterhalt und Aufwendungen für Unterkunft und Heizung – erhalten hat, sind diese aus dem geltend zu machenden postmortalen Kostenersatzanspruch vorab herauszurechnen.

d) Die Verminderung des Nachlasswertes

253 Fraglich ist, ob der Wert des Nachlasses nicht lebzeitig **während oder nach der Leistungszeit** zulässigerweise vermindert werden kann, um so die Erbenhaftung zu umgehen.[247]

254 **Fallbeispiel 34: Die Wette auf den Tod**
Die Eheleute M und F, die ein gemeinsames Kind haben, überlegen angesichts einer drohenden Heimpflegebedürftigkeit der F, ob es nicht günstiger wäre, wenn das vom Ehemann M selbst bewohnte Hausgrundstück an Leibrentenbasis auf das gemeinsame Kind veräußert würde.

---

247 Vgl. hierzu *Krauß*, Vermögensnachfolge, Kapitel 2, Rn 524.

Die Umwandlung von (Schon-)Vermögen in Einkommen durch Ver-   255
kauf einer Immobilie auf Leibrentenbasis führt sozialhilferechtlich zu
den Einkommensanrechnungsvorschriften der §§ 82, 85, 87, 88, 92a
SGB XII und damit zu dem sozialhilferechtlichen „Gegencheck", ob
sich rechtsgestaltend durch Umwandlung des bisherigen Schonvermögens „unter dem Strich" ein besseres Ergebnis erzielen lässt. Bei der
Heimpflege eines Ehegatten, muss das aus Leibrente regelhaft erzielte
Einkommen nach § 92a SGB XII für die Leistungen der Hilfe zu Lebensunterhalt und Unterkunft und nach §§ 85, 87, 88 SGB XII für die
Hilfe zur Pflege eingesetzt werden. Insgesamt schließt man daher eine
unkalkulierbare Wette auf den Zeitpunkt des Eintritts des Todes des
einen oder anderen Ehegatten ab.

Vorgeschlagen wird auch die „Flucht in den Schenkungsrückforde-   256
rungsanspruch."[248]

> **Fallbeispiel 35: Die Flucht in den Schenkungsrückforderungsan-
> spruch**
> Der Leistungsbezieher fühlt sein Ende herannahen. Mittels Patien-
> tenverfügung hat er abgesichert, dass man ihm keine lebensverlän-
> gernden Maßnahmen angedeihen lassen wird. Er entschließt sich,
> seinen bisher geschonten Miteigentumsanteil nunmehr an seine ge-
> setzlichen Erben zu verschenken.

Der Leistungsberechtigte darf über sein nicht anrechenbares Vermö-   257
gen frei verfügen.[249] Die bis dahin gewährte Sozialhilfe entfällt in
diesem Fall aber, weil der Hilfebedürftige einen Schenkungsrückforderungsanspruch nach § 528 BGB hat entstehen lassen. Stirbt der Leistungsempfänger zeitnah, ist der Beschenkte lediglich mit den Kosten
der Bedarfsdeckung vom Schenkungszeitpunkt bis zum Tod belastet.
Geht die Wette auf den baldigen Tod nicht auf, ist der Rückforderungsanspruch auf den Wert des Geschenkten begrenzt. Ggf. kann der
Schenkungsgegenstand zurückgegeben werden. Dieser Weg wird z.T.
als sittenwidriger Umgehungsversuch gedeutet.[250]

---

248 *Krauß*, Vermögensnachfolge, Kapitel 2, Rn 524.
249 BSG v. 23. 03.2010 – Az.: B 8 SO 2/09 R, NVwZ-RR 2010, 892.
250 Schlegel/*Grote-Seifert*, juris-Praxiskommentar SGB II, § 35 Rn 52.

5. Exkurs: Die sozialrechtliche Erbenhaftung und das Behindertentestament

258   Klassische **Behindertentestamente** bestehen aus der Trias:
- Erbfolgeregelung[251] zumeist mit der Besonderheit der (nicht befreiten) Vorerbschaft oder des Vorvermächtnisses oberhalb des Pflichtteils
- Dauertestamentsvollstreckung für den Teil, der auf den bedürftigen erbrechtlich Begünstigten entfällt
- Verwaltungsanordnungen nach § 2216 Abs. 2 BGB im Sinne von sozialhilfeunschädlichen Zuwendungen an den unter Testamentsvollstreckung stehenden Begünstigten.

Bei der **Vorerbschaft und Nacherbschaftslösung** des Behindertentestaments kann § 102 SGB XII dann eine bedeutsame Rolle spielen, wenn der Testamentsvollstrecker nicht alle Erbmittel, die er nach den Verwaltungsanordnungen des Erblassers gemäß § 2216 Abs. 2 BGB für den Bedürftigen hätte ausgeben sollen, auch tatsächlich ausgegeben hat.

a) Die übrig gelassenen Erträge

259   Wie sich aus §§ 2111 Abs. 1 S. 1 und 2133 BGB ergibt, stehen dem Vorerben die ordnungsgemäß gezogenen **Nutzungen des Nachlasses** zwischen dem Erbfall und dem Nacherbfall zu.[252] Nutzungen sind gemäß § 100 BGB die Früchte (§ 99 BGB) und Gebrauchsvorteile der Nachlassgegenstände. Nutzungen fallen nicht in den Nachlass, sondern in das Vermögen des Vorerben.[253] Mit der Vorerbschafts-/Nacherbschaftslösung geht das Vermögen vom unmittelbaren Erblasser aus auf den Nacherben über und nicht vom bedürftigen Bedachten, was eine sozialrechtliche Erbenhaftung für die Substanz – nicht aber für die nicht bestimmungsgemäß verwendeten Erträge – vermeidet. Lebzeitig wird dies durch die Anordnung der Dauertestamentsvollstreckung verhindert. Nicht verbrauchte Erträge aus der nicht befrei-

---

251 Jetzt seiner Ausgestaltung gelockert und vermindert durch die Neuregelung des § 2306 BGB und dem Wegfall von Quotenregelungen.
252 BGHZ 78, 188.
253 RGZ 80, 3, 7.

ten Vorerbschaft gehen mit dem Tod des Vorerben aber in dessen
Nachlass über und unterliegen deshalb der Erbenhaftung. Das ist bei
Lebzeiten des Vorerben durch den Testamentsvollstrecker unbedingt
zu beachten. Rechtsgestaltend wird empfohlen, den Vorerben mit einem Herausgabevermächtnis zu beschweren. Diese Empfehlung ist
aber nicht unumstritten.[254]

b) Probleme der Vermächtnislösung

Die sozialhilferechtliche Erbenhaftung spielt eine weitere Rolle, wenn   260
im Rahmen des Behindertentestaments die Anordnung von Vorvermächtnis und Nachvermächtnis gewählt wird.

Die **Vermächtnislösung** gilt wegen der sozialhilferechtlichen Erbenhaftung als nicht gesicherte Lösung.[255] In der Literatur wird über die
Eignung der Lösung heftig gestritten. Die wesentlichen Kritikpunkte
setzen an dem Unterschied an, der zwischen dem Übergang von Vermögen von dem Vor- auf den Nacherben und dem Vor- auf den Nachvermächtnisnehmer liegt:
– Der Nacherbe erwirbt vom Erblasser, nicht vom Vorerben/der
   Nachvermächtnisnehmer erwirbt vom Vorvermächtnisnehmer,
   nicht vom Erben.
– Im Fall von Vor- und Nacherbschaft vollzieht sich der Übergang
   vom Erben auf den Nacherben mit dem Tod des Vorerben automatisch im Wege des dinglichen Vor-Selbst-Erwerbs/die Anordnung
   eines Nachvermächtnisses führt nicht zum automatischen Rechtserwerb mit dem Tod des Vorvermächtnisnehmers. Sie wirkt nicht
   dinglich. Die Anordnung des Nachvermächtnisses gibt nur einen
   schuldrechtlichen Anspruch auf Erfüllung.

Die unterschiedliche rechtliche Ausgestaltung führt dazu, dass die   261
Trennung von Eigen- und Vermächtnisvermögen beim Tod des Vorvermächtnisnehmers endet, das Vermögen miteinander verschmilzt.
Über die Frage, welche Konsequenzen sich in diesem Zusammenhang
aus der Regelung „Die Ersatzpflicht ist auf den Nachlasswert im Zeit-

---

254 Vgl. hierzu *Ruby/Schindler/Wirich*, Das Behindertentestament, § 2 Rn 57.
255 *Ruby/Schindler/Wirich*, Das Behindertentestament, § 2 Rn 55; *Krauß*, Vermögens-
     nachfolge, 13. Kapitel, Rn 5126.

punkt des Erbfalls begrenzt" ergeben, wird nach wie vor heftig diskutiert.

Die einen kritisieren:
- Der Erbe des Vorvermächtnisnehmers sei wegen der Erbenhaftung gem. § 102 SGB XII, § 35 SGB II und der Pflicht zur Erfüllung des Nachvermächtnisses doppelt belastet.
- Da das Vermächtnis im Regelfall das einzige Vermögen sei, führe dies zur Überschuldung des Nachlasses.
- In der Nachlassinsolvenz seien der Anspruch des Sozialleistungsträgers und der des Nachvermächtnisnehmers ranggleich, so dass der Nachvermächtnisnehmer seinen Anspruch nicht vollständig realisieren könne, womit beträchtliche Werte des Familienvermögens verloren gingen.[256]
- Noch weitergehend: Es drohe eine persönliche Haftung des Nachvermächtnisnehmers für die Kosten der Sozialhilfe, weil die Vorschriften über den Erbschaftskauf (§§ 2378 Abs. 1, 2385 BGB) wegen der Parallele zum Universalvermächtnis analog auf den Nachvermächtnisnehmer anzuwenden seien.[257]

Dem wird entgegengehalten:
- Das primäre Gestaltungsziel des Erblassers, für den Begünstigten durch seine Verfügungen einen Lebensstandard über Sozialhilfeniveau sicherzustellen, werde auf jeden Fall und problemlos erreicht. Umstritten sei lediglich der vollständige Erhalt des Familienvermögens i.S. eines sekundären Gestaltungsziels.[258]
- Der Anspruch des Nachvermächtnisnehmers gegenüber dem Kostenerstattungsanspruch des Sozialhilfeträgers habe Vorrang. Die Erbenhaftungsnormen seien wie im Rahmen von § 2311 BGB auszulegen, also mit dem angefallenen Aktivvermögen abzüglich berücksichtigungsfähiger Nachlassverbindlichkeiten. Dazu gehörten

---

256 *Damrau*, Das Behindertentestament mit Vermächtnislösung, ZEV 1998, 1 ff.; *Everts*, Letztwillige Verfügungen zugunsten überschuldeter und bedürftiger Personen, ZErb 2005, 355.

257 *Van de Loo*, Die Gestaltung der Verfügung von Todes wegen zugunsten der betroffenen Behinderten, MittRhNotK 1989, 43; *Joussen*, Das Testament zugunsten behinderter Kinder, NJW 2003, 1852.

258 *Kornexl*, Nachlassplanung bei Problemkindern, S. 47.

auch die Verpflichtungen aus dem Nachvermächtnis, die bereits in
der Person des Vorvermächtnisnehmers entstanden seien und damit
eine Erblasserschuld und nicht eine Erbfallschuld darstellten.[259]
– Selbst wenn man den Vorrang des Nachvermächtnisanspruchs ablehnt, könne man dies faktisch erreichen, indem dessen Erfüllung
in den Aufgabenbereich des Dauertestamentsvollstreckers einbezogen werde, so dass die Dauervollstreckung zwar ende, aber nahtlos
in eine Vermächtnisvollstreckung nach § 2223 BGB übergehe. Nach
h.M. sei die Erfüllung des Nachvermächtnisses selbst dann Aufgabe
des Dauertestamentsvollstreckers, wenn dies nicht ausdrücklich
angeordnet worden ist.[260]

Letztlich wird man wie bereits vorstehend erläutert, zunächst sauber   262
den Wert des Nachlasses ermitteln müssen und erst dann sind Konkur-
renzfragen zu klären. Das Nachvermächtnis beruht anders als Pflichtteilsansprüche, Vermächtnisse und Auflagen nicht auf einer testamentarischen Verfügung des Erben/Vorvermächtnisnehmers. Es würde
auch bei Eintritt der gesetzlichen Erbfolge als Belastung des ersten
Erblassers von Anfang an bestehen. Das spricht für die Abzugsfähig-
keit des Nachvermächtnisses bei der Wertermittlung. Ist der Nachver-
mächtnisgegenstand der einzige Nachlassbestandteil, gibt es keinen
Nachlasswert und damit auch kein Zugriffsobjekt für die sozialrechtliche Erbenhaftung.[261] Eine Konkurrenzsituation kann insoweit nicht
auftreten.

Alles in allem kann man unter Würdigung der für und gegen die   263
Vorvermächtnis-/Nachvermächtnislösung allerdings nicht davon
ausgehen, dass sie ohne jedes „Wenn und Aber" geeignet oder ungeeignet ist. Wer bereit ist, die Risikolage nach dem Tod des Vorvermächtnisnehmers nach entsprechenden Informationen hinzunehmen, kann

---

259 *Kornexl*, Nachlassplanung bei Problemkindern, S. 48, beschreibt diese Auffassung
  als die wohl herrschende Auffassung; vgl. z.B. Limmer/*Müller*, Würzburger
  Notarhandbuch, mit einer Vielzahl weiterer Nachweise, sowie eine Entscheidung
  des BayVGH v. 15.7.2003 – Az.: 12 B 99.1700.
260 *Kornexl*, Nachlassplanung bei Problemkindern, S. 49 f.
261 So auch Gutachten des DNotI, August 1999.

hier aber durchaus eine geeignete Lösung finden,[262] insbesondere dann, wenn es um geringere Vermögen geht.[263]

6. Erlöschen des Anspruches

264   Das Erlöschen des Kostenersatzanspruches ist nicht von der Kenntnis des Sozialleistungsträgers abhängig. Er erlischt drei Jahre nach dem Tod des Leistungsempfängers.

7. Verwaltungsverfahren und Sozialgerichtsprozess

265   Der Kostenersatzanspruch wird im Rahmen eines sozialrechtlichen Verwaltungsverfahrens geltend gemacht. Es gelten sowohl für das SGB II als auch für das SGB XII die Verfahrensregeln des SGB X.

Der Erbe ist nach § 117 SGB XII auskunftspflichtig.

Die Entscheidung zur Einleitung und Vollziehung eines Kostenersatzverfahrens steht nicht im Ermessen des Sozialleistungsträgers.[264]

266   Über den Kostenersatzanspruch wird durch Verwaltungsakt entschieden. Eine Anhörung ist nach § 24 SGB X durchzuführen.

Der Verwaltungsakt muss nach § 39 SGB X hinreichend bestimmt sein. Das ist er nach der Rechtsprechung des BSG schon dann, wenn der Adressat die Höhe der Haftungsschuld erkennen kann. Die konkrete Bemessung des Haftungsgrundes ist ebenso wenig erforderlich, wie die Bezeichnung des Zeitraums für den Kostenersatz beansprucht wurde. Es ist nicht erforderlich, detailliert aufzulisten, wann und in welcher Höhe die jeweiligen Sozialleistungen erbracht wurden.[265]

267   Gegen den Verwaltungsakt sind Widerspruch und sodann die Anfechtungsklage nach dem SGG zulässig. Von der Sozialgerichtskostenfrei-

---

262 *Kornexl*, Nachlassplanung bei Problemkindern, S. 89 ff., schließt konsequenterweise keine Lösung von der Gestaltung wirklich aus und bietet in einer „Bausteinübersicht" Textbausteine für alle drei diskutierten Lösungsmodelle an.
263 *Spall*, Zur sog. Vermächtnislösung bei Behindertentestament, MittBayNot 2001, 254.
264 Hess VGH v. 26.11.1998 – Az.: 1 UE 1276/95.
265 BSG v. 23.3.2010 – Az.: B 8 SO 2/09.

heit profitieren die Kläger von Rechtsstreiten gegen die Erbenhaftung nicht. Sie gehören nicht zur privilegierten Personengruppe des § 183 SGG.

II. Die echte sozialrechtliche Erbenhaftung des § 35 SGB II

Der Gesetzgeber hat auch im SGB II eine **echte sozialrechtliche Erbenhaftung** geschaffen.[266] § 35 SGB II bezieht sich auf Leistungen, die seit dem 1.1.2005 nach dem SGB II bewilligt worden sind, nicht aber auf Leistungen der früheren Arbeitslosenhilfe.[267] Eine Erbenhaftung für Leistungen der ehemaligen Arbeitslosenhilfe besteht nicht.

268

Voraussetzung für den Kostenersatz durch die Erben ist, dass die sozialen Hilfen dem Hilfeempfänger **rechtmäßig** bewilligt worden sind.[268] Hier gilt das oben Gesagte. Die anwaltliche Prüfung wird sich gerade diesem Tatbestandsmerkmal sorgfältig zu widmen haben.

269

Die Schonvermögenstatbestände, die für den Erblasser Anwendung fanden, wirken nach der Ausgestaltung und dem Sinn und Zweck der Erbenhaftung für den Erben nicht fort,[269] so dass z.B. der Erbe einer Immobilie, selbst dann, wenn sie von ihm bewohnt wird, diese ggf. veräußern muss, um die Nachlassverbindlichkeiten zu tilgen. Einschränkungen zu dieser Verwertungspflicht ergeben nur aus § 35 SGB II selbst. Die sozialhilferechtliche Erbenhaftung des § 35 SGB II folgt der Struktur des § 102 SGB XII. Gleichwohl gibt es Abweichungen.

270

Zum Ersatz der Leistungen nach § 35 SGB II ist
– der Erbe einer Person verpflichtet
– der innerhalb der letzten zehn Jahre vor dem Erbfall

271

---

266 Vgl. hierzu *Conradis*, „Sozialhilferegress" – Kostenersatz durch Erben, § 102 SGB XII, § 35 SGB II, ZEV 2005, 380; *Grosse/Gunkel*, Die Erbenhaftung nach § 35 SGB II, Info also 2013, 3 ff.

267 *Conradis*, „Sozialhilferegress"-Kostenersatz durch den Erben, § 102 SGB XII, § 35 SGB II, ZEV 2005, 380.

268 BVerwG FEVS, 37, 15; FEVS 55, 124; OVG NRW FEVS 53, 378; BayVGH FEVS 55, 211.

269 OVG NRW FEVS 53, 378; VG Münster v. 2.11.2004 – Az.: 5 K 1115/02; a.A. BayVGH FEVS 44, 461.

– Leistungen erbracht worden sind,
– und diese 1.700 EUR übersteigen.

Die Haftung ist begrenzt
– auf den Wert des Nachlasses im Zeitpunkt des Erbfalls
– wegen erfolgter Pflege, wenn der Nachlass unter 15.500 EUR liegt.

272   Die „Leistungen" umfassen das gesamte Spektrum der Leistungen nach SGB II. Ausdrücklich werden auch die geleisteten Beiträge zur Kranken-, Renten- und Pflegeversicherung genannt. Auch die Gewährung einer Sachleistung oder die Leistung in der Form von Gutscheinen fällt darunter. Ob die Leistungen einmalig oder fortlaufend erbracht wurden, ist nicht rechtserheblich.[270]

273   In § 35 Abs. 2 SGB II und § 102 Abs. 2 SGB XII ist übereinstimmend geregelt, dass die **Erben** des Beziehers nachrangiger Sozialleistungen den Kostenersatz schulden. § 102 SGB XII erweitert diese Schuld auf die Erben des Ehegatten und Lebenspartners. § 35 SGB II kennt diese Regelung nicht. § 35 SGB II stellt auf den Erben einer Person ab, die Leistungen nach dem SGB II erhalten hat.

274   Durch die Rechtsfigur der **Bedarfsgemeinschaft** in SGB II im Gegensatz zur **Einsatzgemeinschaft** des SGB XII kommt es deshalb dazu, dass auch für sich alleine betrachtete nicht bedürftige Bedarfsgemeinschaftsmitglieder (§ 7 SGB II, § 9 Abs. 2 S. 3 SGB II) als bedürftig gelten und zum Hilfeempfänger werden.[271] Der Kreis der von der Erbenhaftung Betroffenen ist deshalb einerseits weiter als der im SGB II und andererseits enger. Dies wird von der Literatur als nicht nachvollziehbare Ungleichbehandlung der Sachverhalte beanstandet.[272]

275   Wesentlich ist, dass § 35 SGB II auch eine **Härtefallregelung** kennt. Danach ist der Ersatzanspruch nicht geltend zu machen, soweit die Inanspruchnahme des Erben nach der Besonderheit des Einzelfalles eine besondere Härte bedeuten würde. Auch insoweit kann auf die Ausführungen zu § 102 SGB XII verwiesen werden.

---

270 Eicher/*Link*, SGB II, § 35 Rn 15.
271 *Gross/Gunkel*, Die Erbenhaftung nach § 35 SGB II, Info also 2013, 13 f.
272 *Gross/Gunkel*, Die Erbenhaftung nach § 35 SGB II, Info also 2013, 10 f. mit Fallbeispielen.

III. Die unechte Erbenhaftung – § 34 Abs. 2 SGB II, § 103 Abs. 2 SGB XII

Ist der Bezieher nachrangiger Leistungen zum Kostenersatz verpflich- 276
tet, weil er sich schuldhaft bedürftig gemacht hat, so wirkt der Anspruch gegen ihn über seinen Tod hinaus. Die Verpflichtung zum
Kostenersatz geht als **Erblasserschuld** auf den Erben über. Dabei wird
nicht vorausgesetzt, dass dieser Anspruch schon zu Lebzeiten geltend
gemacht worden ist.[273]

Der Erbe kann sich die Vorschrift des § 103 Abs. 1 S. 3 SGB XII wie 277
der Erblasser selbst zu eigen machen. Das SGB II kennt eine allgemeine Härtevorschrift nicht, sondern nur die Möglichkeit des Abse-
hens von der Inanspruchnahme, wenn sie den Ersatzpflichtigen künftig von SGB II oder SGB XII-Leistungen abhängig machen würde.
Dies kann aber keine Entlastungsvorschrift für den Erben sein, da die
Ersatzpflicht ohnehin auf den Nachlasswert im Zeitpunkt des Erbfalls
beschränkt ist. Ein nachvollziehbarer Grund für die Differenzierung
in § 34 Abs. 2 SGB II und § 102 Abs. 2 SGB XII lässt sich nicht erkennen, so dass man von einer im Wege der Analogie zu schließenden
Lücke ausgehen muss.

IV. Erbenhaftung wegen rechtswidrig erbrachter Sozialleistungen

Bei **zu Unrecht erbrachter Leistung** ist die Inanspruchnahme von 278
Erben nur möglich, wenn die Voraussetzungen der §§ 45, 50 SGB X
vorliegen. Andere Anspruchsgrundlagen gibt es nicht und eine analoge
Anwendung von z.B. § 102 SGB XII scheidet aus.

Bei unrechtmäßig erbrachten nachrangigen Sozialleistungen – z.B. 279
weil mehr Schonvermögen vorhanden war als zulässig – kann die
Bewilligung rückwirkend nach § 45 SGB X durch Rücknahme des
bewilligenden Verwaltungsaktes beseitigt werden. Die Rücknahme
kann auch gegenüber dem Rechtsnachfolger erfolgen.[274] Nach § 45

---

273 *Bieritz-Harder/Conradis*, LPK-SGB XII, § 103 Rn 24; Schlegel/*Grote-Seifert*,
      juris Praxiskommentar SGB II, § 34 Rn 28.
274 BSG SozR 1300 § 45 Nr. 5.

Abs. 4 S. 1 SGB X ist die Rücknahme mit Rückwirkung allerdings die Ausnahme und setzt voraus:
- arglistige Täuschung o.Ä. durch den Begünstigten
- schwere schuldhaft falsche Angaben des Begünstigten
- Kenntnis der Rechtswidrigkeit durch den Begünstigten
- Wiederaufnahmegrund entsprechend § 580 ZPO

Es schließt sich die Rückzahlung nach § 50 SGB X an. Auch diese ist gegenüber dem Rechtsnachfolger möglich.

280   Ist die Rücknahme noch gegenüber dem Leistungsempfänger erfolgt und verstirbt dieser, stellt sich die Frage, ob die **Rückforderung** auch gegenüber den Erben geltend gemacht werden kann, da § 50 SGB X davon ausgeht, dass der Schuldner der Rückforderung auch der Adressat des Rücknahmebescheids ist.[275]

281   Nach h.M. kann gleichwohl der Erstattungsbetrag vom Erben verlangt werden. Eines Schutzes bedarf es nach h.M. nicht, weil der Rechtsnachfolger seine Haftung auf das Erbe beschränken kann (§ 1990 BGB).[276]

282   Von erheblicher praktischer Bedeutung sind die Einschränkungen des Anwendungsbereichs durch die **zeitliche Grenze der Jahresfrist** und die Notwendigkeit einer Ermessenausübung. Beides ist fehlerträchtig. Die Rücknahme für die Vergangenheit ist zeitlich durch eine **Jahresfrist** begrenzt. Die Frist eines Jahres beginnt, wenn die Behörde von allen Umständen positive Kenntnis hat, die für eine Rücknahmeentscheidung erheblich sind. Maßgeblich ist die Kenntnis des zuständigen Behördenmitarbeiters. Die Frist wird häufiger aber schon abgelaufen sein, bevor es zur Inanspruchnahme kommt. Das ist z.B. der Fall, wenn der Sozialleistungsträger die Tatbestandsvoraussetzungen verkennt. Erlässt der Sozialleistungsträger in Verkennung der Tatsachen fälschlicherweise einen Kostenersatzbescheid, weil er von rechtmäßi-

---

275 *Steinwedel*, Kasseler Kommentar, Sozialversicherungsrecht, Bd. 2, § 50 SGB X Rn 17.

276 *Steinwedel*, Kasseler Kommentar, Sozialversicherungsrecht, Bd. 2, § 50 SGB X, Rn 19.

ger Gewährung ausgeht, so kann er ihn später **nicht** mehr in einen Rücknahmebescheid nach § 45 SGB X **umdeuten**.[277]

V. Exkurs: Die Erbenhaftung nach dem Tod des Betreuten, §§ 1908i, 1836e Abs. 1 S. 3 BGB

Durch den Tod eines unter Betreuung stehenden Menschen endet das   283
Betreuungsverhältnis aus der Betreuung. Alle Rechte und Pflichtendes Betreuten stehen aufgrund des Grundsatzes der Universalsukzession nunmehr dem Erben zu.

Mit dem Ende der Betreuung enden nicht auch automatisch alle   284
Rechte und Pflichten aus der Betreuung. Sie verwandeln sich jetzt in **Abwicklungspflichten**. Dazu gehört die **Abwicklung ausstehender Vergütung** (§ 1908i BGB i.V.m. §§ 1835 ff. BGB). Durch den Tod kann ein bislang als mittellos geltender Betreuer zum Selbstzahler werden, denn auch im Betreuungsrecht steht ihm nach dem Tod des Betreuten kein Schonvermögen mehr zu.

§§ 1908i, 1836e BGB ordnete daher an, dass nach dem Tod des Betreu-   285
ten/Mündels **dessen Erbe** für den **Aufwendungsersatz** und den **Vergütungsanspruch** des Betreuers haftet, und zwar nach den Vorschriften des § 102 SGB XII, obwohl die Erbenhaftung für Kosten der Betreuung ein Anspruch wegen bereits zu Lebzeiten gegen den Betroffen bestehender Ansprüche auf Aufwendungsentschädigung und Vergütung ist,[278] also ein Fall **unechter Erbenhaftung**.

Die zivilrechtliche Rechtsprechung hat zur Erbenhaftung – weitge-   286
hend unbemerkt von der Sozialrechtsprechung – bereits eine Reihe von Rechtsfragen zum **Einsatz verwertbaren Vermögens** und zur **Erbenhaftung** entschieden. Sie mit der sozialgerichtlichen Rechtsprechung abzugleichen, wird in der Zukunft verstärkt notwendig sein, zumal die Erbenhaftung wegen Betreuerkosten neben der Erbenhaftung wegen sozialer Hilfe stehen kann, so hat es zumindest das Bay-

---

277 Schlegel/*Grote-Seifert*, juris Praxiskommentar SGB II, § 34 Rn 39; Grube/*Wahrendorf*, SGB XII, § 102 Rn 28.
278 BayOblG v. 3.3.2005 – Az.: 3 ZBR 192/04.

OblG[279] entschieden. Es geht davon aus, dass der Kostenersatzanspruch des Sozialhilfeträgers nach § 102 SGB XII gegenüber dem Regressanspruch des Staates „allenfalls" gleichen Rang hat und dass deshalb ein Vorwegabzug der jeweils anderen Leistungen vom Nachlasswert nicht in Betracht kommt.

287   **Hinweis**
Eine Reihe von zivilrechtlichen Normen nehmen Bezug auf die Vorschriften des SGB XII, z.B. § 115 ZPO, § 1836c BGB.
Die zivilgerichtliche Rechtsprechung ist also in Streitfällen ergänzend zu sichten und heranzuziehen. Dass diese Rechtsprechung für den gesamten Bereich des Sozialhilferegresses an Bedeutung gewinnt, zeigt sich spätestens an den Entscheidung des BGH zum angemessenen Hausgrundstück[280] und zur Zahlung von Betreuerkosten bei bestehendem Behindertentestament.[281]

G.   Fallbeispiel: Von allem etwas

288   **Fallbeispiel 36: Von allem etwas**
A bezieht Hartz IV. Seine Ehefrau E ist dauerhaft erwerbsgemindert und in der Pflegestufe I eingruppiert und bezieht Grundsicherung nach SGB XII. A erreicht in 2 Jahren das reguläre Rentenalter. Seine Rente wird auch dann nicht ausreichen, um seinen Elementarbedarf zu decken. Die Eheleute haben ein kleines Hausgrundstück von 90 qm, das sie selbst bewohnen. Es ist mit 20.000 EUR Restschuld belastet. A erbt von seiner Mutter 60.000 EUR und fragt an, wie es weitergeht. Er will das Immobiliendarlehen ablösen und Schulden bezahlen.

289   Zunächst trifft A und E als Sozialleistungsbezieher jeweils die Pflicht, die Erbschaft ihrem Sozialleistungsträger bekannt zu geben (§§ 60 ff. SGB I).

---

279 BayOblG v. 3.3.2005 – Az.: 3 ZBR 192/04.
280 BGH NJW-RR 2013, 513.
281 BGH NJW 2013, 1879.

Die Erbschaft ist während des Sozialleistungsbezuges angefallen. Sie ist für A Einkommen nach §§ 11 SGB II und für E stellt sie sich als Einkommen des Ehemannes im Sinne von § 19 Abs. 2 SGB XII in Verbindung mit § 27 SGB XII dar.

Solange der Zufluss noch nicht erfolgt ist, handelt es sich aber noch nicht um „bereite" Mittel. Eine vollständige Leistungsunterbrechung verstieße gegen das Faktizitätsprinzip.

Für A ist damit zu rechnen, dass der Zufluss in Kürze erfolgen kann. Fraglich ist, welche Rechtsfolge damit ausgelöst wird. Nach einer Ansicht kommt es gemäß § 24 Abs. 5 SGB II analog (für A) und § 91 SGB XII analog (für E) zur darlehensweisen Weitergewährung. Nach anderer Ansicht kommt es zur Anrechnung der Erbschaftsmittel auf den Bedarf erst dann, wenn dem Berechtigten tatsächlich Mittel zufließen. Auf jeden Fall muss weiter geleistet werden.

Wenn A 60.000 EUR aus dem Nachlass zufließen, ist dieses sozialhilferechtliche „Einkommen" auf einem angemessenen Zeitraum nach § 11a SGB II zu verteilen. Das sind 6 Monate. Der Bedarf von A wird durch die Nachlassmittel gedeckt. A „fällt" daher aus dem Leistungsbezug. Der Anspruch geht unter. 290

Für E erfolgt die Prüfung nach §§ 19 Abs. 2, 43, 82 ff. SGB XII, ob ihr Ehemann leistungsfähig ist. Das ist der Fall. Auch für sie endet der Anspruch auf Grundsicherungsleistungen nach § 41 SGB XII. Würde sie Hilfe in speziellen Lebenslagen benötigen, z.B. Hilfe zur Pflege, müssten §§ 85 ff. SGB XII geprüft werden. 291

Wenn A und E „aus der Sozialhilfe fallen", dann ist dies nach der Sachlage nur vorübergehend, denn ihre Mittel in der Zukunft reichen nicht nachhaltig aus. Der Nichtsozialhilfebezieher hat keine Obliegenheiten im eigentlichen Sinne gegenüber dem Sozialhilfeträger. 292

Gleichwohl kommt eine vorrangige Schuldentilgung **in der Sozialhilfe** nicht in Betracht. Fraglich ist, was geschieht, wenn die beabsichtigte Schuldentilgung erneut bedürftig macht. 293

Nach der neuesten Rechtsprechung des Bundessozialgerichtes kann sich das ererbte Einkommen mit Ablauf der 6 Kalendermonate in Vermögen verwandeln. Folglich würde bei Neuantrag von A und E eine evtl. noch vorhandene Resterbschaft als vorhandenes Vermögen angesehen werden.

294   Es gelten die Vermögensschontatbestände des § 12 SGB II
– 9.750 EUR x 2 als max. Betrag für jede in der **Bedarfsgemeinschaft** lebende Person (§ 12 Abs. 2 S. 1 Nr. 1 und S. 2 Nr. 1 SGB II)
– das selbstbewohnte Haus (§ 12 Abs. 3 Nr. 4 SGB II)
– 750 EUR x 2 für jede in der Bedarfsgemeinschaft lebende Person (§ 12 Abs. 2 Nr. 4 SGB II).

295   Aber E unterfällt dem SGB XII und A ist mit E in **Einsatzgemeinschaft**. Dort gibt es nur den kleinen Barbetrag nach § 90 Abs. 2 Nr. 8 SGB XII. Aber hier handelt es sich um eine **gemischte Bedarfsgemeinschaft**. Also müssen A nach § 90 Abs. 3 SGB XII die Schontatbestände verbleiben, wie sie für ihn nach SGB II vorgesehen sind. Demnach verbleibt es für jedes Mitglied der Bedarfsgemeinschaft mindestens bei **9.750 EUR** und **750 EUR**.

296   Fraglich ist, wie sich die **Schuldentilgung** und die damit verursachte vorgezogene Bedürftigkeit auswirken. Grundsätzlich muss nach der Rechtsprechung des BSG nochmals geleistet werden.

297   Fraglich ist, ob die **Herabsetzung der Leistung** nach § 31 Abs. 2 Nr. 1 SGB II in Betracht kommt oder ein **Kostenersatzanspruch** nach § 34 SGB XII. Dazu müsste sich A vorsätzlich oder absichtlich bedürftig gemacht oder sein Einkommen oder Vermögen in der Absicht vermindert haben, die Voraussetzungen für die Gewährung des Arbeitslosengeldes II herbeizuführen.

298   Bei entsprechender vorheriger Belehrung und Information über die Rechtsfolgen durch das Job-Center könnte der Kostenersatzanspruch nach § 34 SGB II In Betracht kommen. Aber zu prüfen bleibt, ob hier nicht Ausnahmeregelungen greifen.

§ 34 knüpft an ein sozialwidriges Verhalten des Hilfeempfängers an. Von der Inanspruchnahme ist nach § 34 Abs. 1 SGB II abzusehen, soweit sie eine Härte bedeuten würde.

299   Dabei ist die spezielle Lebenssituation der Eheleute in der Zukunft zu betrachten, die sich mit der Schuldentilgung ein sicheres Dach über dem Kopf geschaffen haben. In diesem Kontext kann einbezogen wer-

den, dass das SGB II bei der Verschonung von Mitteln beim Vermögen einen Schontatbestand kennt, der auf die Situation der Eheleute exakt zugeschnitten ist: Es soll nach § 12 Abs. 3 Nr. 5 SGB II ein Vermögen geschont sein, das zur baldigen Schaffung oder Erhaltung einer Immobilie bestimmt ist, die dem Bewohnen durch einen behinderten Menschen dient.

Die Ehefrau des A ist behindert. Die Tilgung der Schulden auf der Immobilie dient der Erhaltung des „Dachs über dem Kopf". § 12 SGB II ist allerdings ein **Vermögensschontatbestand**. Im Zeitpunkt des Zuflusses hat es sich aber um **Einkommen** gehandelt. Beim Einkommen gibt es eine solche Schonvorschrift nicht. Gleichwohl ist nach Sinn und Zweck der Vorschrift nicht erkennbar, was es rechtfertigen soll, insoweit nach der Art der Mittel zu differenzieren. Vielmehr muss der Grundgedanke der Erhaltung der Immobilie für einen behinderten Menschen zum Tragen kommen und der Schuldentilgung den Makel des sich vorsätzlich Bedürftigmachens nehmen. Bei Verbrauch des Nachlasses bis auf den nach SGB II möglichen Schonbetrag muss Hilfe nach SGB II und SGB XII wieder möglich sein. {300}

Dabei ist allerdings zu beachten, dass A bald selbst SGB XII-Empfänger ist und damit die hohen Schonvermögensbeträge des SGB II verlieren wird, falls er sie bis dahin nicht aufgebraucht hat.

A fragt deshalb an, ob er sein geschontes Vermögen (Immobilie und Geld) nicht auf seinen Sohn „übertragen" kann. Grundsätzlich steht es A frei, mit seinem **Schonvermögen** zu machen, was er will. Jede unentgeltliche Zuwendung löst aber **Schenkungsrückforderungsansprüche** nach § 528 BGB aus, die dann bedürftigkeitsmindernd einzusetzen sind. {301}

Und wenn A die Immobilie nicht auf seinen Sohn überträgt? {302}

Dann kommt es bei Auszug aus der bis dato geschützten Immobilie (§ 90 Abs. 2 Nr. 8 SGB XII) entweder zum **Verlust der Schonvermögensqualität** oder bei Tod des A ohne Testament zu einer für E sozialhilferechtlich bedeutsamen Erbschaft. Sie wird mit dem Sohn in Erbengemeinschaft (§ 2042 BGB) sein. Der Miteigentumsanteil kann grundsätzlich verwertet werden. Für den Sohn und die Witwe E des

A greift die **sozialrechtliche Erbenhaftung** nach § 102 SGB XII und ggf. nach § 35 SGB II.

303 Zumindest E wäre ohne „Versilberung" ihres Erbteils nicht in der Lage, die Sozialhilfekosten ihres Ehemannes A (Arbeitslosengeld II und Grundsicherung nach § 41 SGB XII) zu zahlen. Zu prüfen bliebe, ob die Erbenhaftung wegen einer **besonderen Härte** (§ 102 Abs. 3 Nr. 3 SGB XII und § 35 Abs. 2 Nr. 3 SGB II) unterbleiben kann.

304 Das ist fraglich, da für die E die selbst bewohnte Immobilie sozialhilferechtlich nun zu groß ist, um noch geschützt zu sein. Bei einer Einzelperson wird von 80 qm als „angemessenem" Hausgrundstück ausgegangen. Diese Fläche ist aber nicht zwingend im Sinne eines Automatismus, denn an sich kann sich eine Verschonung der zu großen Immobilie ausnahmsweise nach § 90 Abs. 3 SGB XII aus **Härtegründen** ergeben.

Grundsätzlich wird der Sozialhilfeträger in einer solchen Konstellation eher nicht von einer Erbenhaftung absehen, sondern ggf. – ganz im Sinne des Geistes von § 91 SGB XII – die Forderung bis zum Auszug der E nach einer angemessenen Übergangzeit stunden.

§ 6 Sozialhilferegress und Leistungsfragen in der Rechtsgestaltung

A. Einleitung

Mit den vorstehenden Erläuterungen zum sozialhilferechtlichen Leis- 1
tungsverhältnis, seinem Entstehen, seinen Störfällen und seinen Störfallregelungen wurde ausgelotet, welche juristischen Spielräume für
erbrechtlich Begünstigte, Beschenkte und Erblasser überhaupt verbleiben, was gar nicht funktioniert und was ggf. nur im Einzelfall sinnvoll
und machbar ist. Daraus ergibt sich zwangsläufig das „Restreper-
toire" geeigneter Gestaltungsmöglichkeiten durch Verfügung von Todes wegen.

Zuwendende oder Erblasser müssen sich bei ihrer Gestaltung immer 2
dann, wenn der Begünstigte – oder Menschen seiner Bedarfsgemein-
schaft/Einsatzgemeinschaft – Leistungen nach dem SGB II/SGB XII
beanspruchen oder erhalten, grundsätzlich auf den **sozialhilferechtlichen Einkommensbegriff** und die sozialhilferechtliche **Abgrenzung
von Einkommen zu Vermögen** einlassen (vgl. dazu § 1 Rn 70 ff.).
Steuerrechtliche oder zivilrechtliche Definitionen von Einkommen
und Vermögen führen in die Irre.

Dauerhaft sozialhilfebedürftigen Menschen fließt in der Regel immer 3
nur **Einkommen** im Sinne des Sozialhilferechts zu, weil Zufluss und
Leistungsbezug parallel verlaufen. Auch Sachzuwendungen(z.B. Immobilien) können danach sozialhilferechtlich Einkommen sein und
den Anspruch auf Sozialhilfe gar nicht erst entstehen oder bei Leistungsbezug ganz oder teilweise entfallen lassen. Die Ausnahmen sind
normativ bestimmt (dazu siehe oben § 1 Rn 120 ff.).

Nur wenn der Erbfall/die unentgeltliche Zuwendung vor dem Be- 4
darfszeitraum/vor dem Antragszeitraum liegt, kann man sozialhilferechtlich von Vermögen ausgehen. Dabei gilt bei der Realisation von
Forderungen, dass sie gleichwohl Einkommen darstellen (siehe dazu
§ 1 Rn 81 ff.). Ggf. kann sich Einkommen in Vermögen umwandeln
(dazu siehe Rn 94 ff.).

5   Bei der Rechtsgestaltung im Hinblick auf den Auftrag „schaffen Sie mir etwas, was in der Sozialhilfe nicht eingesetzt werden muss", muss also immer der **sozialhilferechtliche Leistungstatbestand** unter Berücksichtigung der Ausführungen in §§ 1 bis 5 geprüft werden. Oftmals wird man gleichwohl kein „wasserdichtes" Ergebnis präsentieren können, denn der Grad ist schmal und wird durch die Rechtsprechung zunehmend schmaler geschliffen.

B.   Das Behinderten-/Bedürftigentestament

6   Für behinderte Sozialhilfebedürftige hat die erbrechtliche Praxis in den 1970er Jahren das sog. **Behindertentestament** entwickelt. Pate stand dabei im klassischen Behindertentestament die Überlegung
   – materiell-rechtlich eine Art „Schutzzaun" um das Erbe zu legen
   – formell-rechtlich damit den Übergang des Erbanspruches nach § 93 SGB XII zu verhindern und
   – für die aus der Erbschaft dann noch fließenden Zuwendungen an den behinderten Erben die **„Schonvermögenstatbestände"** des § 90 SGB XII zu nutzen.

7   Behinderte Menschen, die aufgrund ihrer Behinderung so in ihrer Erwerbsfähigkeit eingeschränkt sind, dass sie für ihren Lebensunterhalt und ihre Betreuung und Versorgung auf staatliche Sozialleistungen dauerhaft angewiesen sind, sollen – so die **primäre Zielsetzung** des Behindertentestaments – durch Nachlassbeteiligung dauerhaft über das Niveau einer staatlicher Grundversorgung angehoben werden und diese Nachlassbeteiligung nicht vorrangig zur Deckung des existentiellen Mindestbedarfs einsetzen müssen. Außerdem soll mit dem Tod des behinderten Menschen der verbliebene Nachlassrest an dritte Personen fallen, die einer Erbenhaftung i.S. eines sozialhilferechtlichen Regresses nicht ausgesetzt sind.

8   Die Diskussion um die **Abgrenzung von Einkommen und Vermögen** im Sozialhilferecht (vgl. § 1 Rn 74 ff.) war in den 1970er-Jahren noch nicht geführt. Sie ist bis heute im Erbrecht nicht wirklich angekommen. Dabei ist sie entscheidend dafür, wie ein Behindertentestament in der Praxis funktioniert.

Kornexl[1] hat dann in der Folgezeit zu Recht darauf hingewiesen, dass 9
zur Fallgruppe der Personen mit fehlender oder reduzierter Erwerbsfähigkeit im Laufe der letzten Jahre die Personengruppe derer mit
fehlenden oder unzureichenden Erwerbsmöglichkeiten hinzugetre-
ten ist und in der Rechtspraxis aus diesen Grund der Bedarf nach
einem **Bedürftigentestament** oder **Überschuldungstestament** entstanden ist.[2]

Heute wird man eher von einem generellen Bedarf an „sozialhilfefes- 10
ten" Testamenten sprechen können und dabei zwischen **unmittelbarer und mittelbarer Wirkung** sprechen. Dies hat mit der wachsenden
Zahl pflegebedürftiger alter Menschen zu tun. So werden zunehmend
mehr Fallkonstellationen offenbar, in denen es darum geht, zu verhindern, dass der erste (pflegebedürftige) Erbe durch sein Erbe unbe-
schränktes Vermögen erwirbt, das er für den Unterhalt einsetzen muss.
Bedeutsam ist auch der Fall, bei dem der vermögende geschiedene
Elternteil dem Abkömmling sein sämtliches Vermögen vererbt, mit
dem dieser dann ggf. den geschiedenen anderen Elternteil, der zwischenzeitlich bedürftig geworden ist, im Rahmen des Elternunterhalts
versorgen muss. Dass diese mittelbare Beteiligung des geschiedenen
Ehegatten am Nachlass nicht gewollt ist, liegt auf der Hand. Dies gilt
auch für den Fall, wenn sich die Ehe des Abkömmlings bereits in der
Krise befindet und ein Erbe die ehelichen Lebensverhältnisse prägen
kann, so dass ein Unterhaltsanspruch des Ehepartners des Abkömmlings entsteht oder erhöht wird, was ebenfalls vom Erblasser in der
Regel nicht gewollt ist.

I. Die Zulässigkeit des Behindertentestamentes

Fallbeispiel 37: Die Großmutter und die behinderte Enkelin 11
T, deren Mutter verstorben ist, leidet an einer schweren geistigen
Behinderung und ist vollstationär untergebracht. Sie wird nicht

---

1 *Kornexl*, Nachlassplanung bei Problemkindern, S. 21 ff.
2 *Everts*, Letztwillige Verfügungen zugunsten überschuldeter und bedürftiger Personen, ZErb 2005, 353 ff.; *Limmer*, Testamentsgestaltung bei überschuldeten Erben im Hinblick auf die Auswirkungen des Verbraucherinsolvenz- und Rechtsschutzverfahrens, ZEV 2004, 133 ff.

befreite Vorerbin ihrer Großmutter, die Testamentsvollstreckung bis zum Tod der Enkelin angeordnet hatte. Nacherbe wird ein gemeinnütziger Verein. Die Großmutter hatte für die Verwaltung des Nachlasses angeordnet, dass der Testamentsvollstrecker der Erbin u.a. Geldvermögen nur in Höhe des jeweiligen Rahmens, der einem Sozialhilfeempfänger maximal zustehen kann, zuwenden soll und ansonsten nur für Leistungen und Geschenke, die in der Sozialhilfe nicht angerechnet werden. Der Sozialleistungsträger verweigert die weitere Zahlung. Zu Recht?

12   T hat keinen Anspruch auf Leistungen der Eingliederungshilfe (§§ 53 ff. SGB XII) oder Hilfe zur Pflege (§§ 61 ff. SGB XII) und Grundsicherung (§§ 41 ff. SGB XII) wenn sie ihren Bedarf
– aus eigenem **Einkommen** (§§ 82 ff. SGB XII) oder
– eigenem **Vermögen**(§ 90 SGB XII)
decken könnte. Das wäre der Fall, wenn die letztwillige Verfügung der Großmutter nichtig wäre. Dann wäre die T gesetzliche Erbin und alle Beschränkungen entfielen. Nichtigkeit könnte sich aus **erbrechtlichen** wie aus **sozialrechtlichen Gründen** ergeben.

1. Erbrechtliche Strukturprinzipien und Schranken

13   Gegen eine **Nichtigkeit aus erbrechtlichen Gründen** sprechen die erbrechtlichen Strukturprinzipien:
– Der Erblasser hat mit seinem Eigentum über seinen Tod hinaus im Allgemeinen und im Besonderen **keinerlei Fürsorgepflicht für seine Abkömmlinge und sonstigen Erben**, auch nicht gegenüber der Allgemeinheit.
– Das Erbrecht ist beherrscht vom **Grundsatz der Testierfreiheit** (§ 2302 BGB).
– Dem gesetzlichen Erben steht vor dem Erbfall **keine rechtlich geschützte Anwartschaft** zu.[3] Es gibt also vor dem Tod **kein Rechtsverhältnis zwischen dem Erblasser und dem Erben.**

14   Und schon die Väter des BGB akzeptierten mit § 2338 BGB eine Norm, die dem Erblasser gegenüber den Abkömmlingen das Recht

---

3 BVerfGE 67, 341.

gibt, das Familienvermögen vor der Gefahr des Verlustes durch Verschwendung oder Überschuldung zu schützen und dem Erben die Substanz des ihm Hinterlassenen zu erhalten.[4] Der Erblasser erhält seinem Abkömmling die Substanz des ihm Hinterlassenen – das können Erbteil, Vermächtnis oder Pflichtteil sein[5] –, indem er Vor- und Nacherbschaft bzw. Vor- und Nachvermächtnis anordnet und z.b. die Verwaltung des Nachlasses einem Testamentsvollstrecker überträgt, so dass der Abkömmling auf den jährlichen Reinertrag des Vermögens beschränkt ist. Die Motive des BGB sprechen insoweit von einem **Akt der zulässigen „Zwangsfürsorge"**, die in guter Absicht dazu beiträgt „das Familienvermögen den Familienangehörigen mindestens insoweit zu erhalten, dass es nicht mit dem Erwerb infolge der Verschwendungssucht oder der Überschuldung des Erwerbers der Gefahr des Verlustes ausgesetzt ist."[6]

Der Erblasser kann daher im Rahmen des verfassungsrechtlich garantierten Eigentums **frei über sein Vermögen verfügen.** Letztlich sind es:

– die **Verfügungen von Todes** wegen mit der Möglichkeit, die Erbenstellung zu verändern, auf die Nachlassverteilung Einfluss zu nehmen, Beschränkungen und Beschwerungen anzuordnen, sowie sonstige Kontrollmechanismen anzuordnen

– die **lebzeitigen Maßnahmen und Verfügungen** in der Form unentgeltlicher bzw. teilunentgeltlicher Zuwendungen, der Güterstandsänderung, der Adoption und der sonstigen Maßnahmen zur Vergrößerung der Anzahl der Pflichtteilsberechtigten

Unter der Voraussetzung **erbrechtlicher Widerspruchsfreiheit** wird die Kombination der rechtlich möglichen erbrechtlichen Instrumente bis an ihre **immanenten Grenzen** als Ausdruck der Freiheit des Erblassers angesehen. Aktions- und Reaktionsmöglichkeiten, die die Gesetze hergeben, sind rechtlich zu akzeptieren. **Das genutzte Instrumentarium darf lediglich nicht leerlaufen.** Wenn diese Voraussetzungen erfüllt sind, ist der Erblasserwille alleine maßgeblich.[7]

15

16

---

4 RGZ 85, 349.

5 RGZ 85, 349.

6 Zitiert von MüKo/*Frantz*, § 2338 Rn 1.

7 Vgl. hierzu *Wendt*, Erblasserfreiheit versus Erbenfreiheit, ZErb 2010, 45 ff.

17 **Erbrechtliche Schranken** ergeben sich allein aus
   - dem Pflichtteilsrecht
   - dem erbrechtlichen Typenzwang
   - der Sondererbfolgen im Höferecht
   - dem Verbot sittenwidriger und gegen Verbotsgesetze verstoßender Rechtsgeschäfte.

18 Das Erbrecht kennt den Grundsatz, dass nächste Angehörige (Ehegatten, Abkömmlinge und ggf. auch Eltern) nicht von einer **Mindestteilhabe am Nachlass** ausgeschlossen werden können. Es kompensiert Versuche des Erblassers, sich daran vorbeizumogeln durch
   - Pflichtteilsansprüche (§ 2303 BGB)
   - Pflichtteilsrestansprüche (§ 2305 BGB)
   - Pflichtteilsergänzungsansprüche (§ 2325 BGB).

19 Es erlaubt aber anstelle der Mindestteilhabe am Nachlass erbrechtliche **Belastungen** und **Beschwerungen,** die Erben sehr viel gravierender beschränken können, als es beispielsweise eine Beschränkung auf den Pflichtteil ist.

20 Die Einschränkung, nicht **sittenwidrig** testieren zu dürfen, hat nur im **absoluten Ausnahmefall**[8] praktische Bedeutung und muss stets im Lichte der generell geltenden Testierfreiheit gesehen werden. Die Gleichung: „Ausschluss des sozialhilfebedürftigen Abkömmlings von der Erbfolge = Verstoß gegen die Belange der Allgemeinheit = sittenwidrige und damit nichtige Verfügung von Todes wegen" geht so nicht auf.

Sittenwidrige Testamente sind die Ausnahme und auch das Sozialrecht muss grundsätzlich immer erst einmal zulassen, was das Erbrecht zulässt.

2. Die Rechtsprechung

21 Die Rechtsprechung hat sich auf dem Boden dieser erbrechtlichen Ausgangslage eindeutig positioniert:

---

8 Vgl. *Wendt*, Erblasserfreiheit versus Erbenfreiheit, ZErb 2010, 46.

– Angesichts der durch Art. 14 Abs. 1 GG gewährleisteten prinzipiellen **Testierfreiheit** kann die Sittenwidrigkeit einer testamentarischen Verfügung nur in schwerwiegenden Ausnahmefällen angenommen werden. Grundsätzlich steht der Grundsatz der Testierfreiheit unter dem Schutz der Erbrechtsgarantie. Er gestattet es den Erblassern, mit Verbindlichkeiten auch gegenüber öffentlichrechtlichen Leistungsträgern Bestimmungen über den Nachlass zu treffen, die einen Zugriff bzw. eine Anrechnungspflicht beim Empfang von Leistungen ausschließen.[9]

– Ein **gesetzliches Verbot** für solche Anordnungen besteht nicht. Ein Erblasser ist nicht gehalten, im Interesse der Schonung öffentlicher Kassen von einer Zuwendung an sein behindertes Kind abzusehen, die dem Zugriff der öffentlichen Hand entzogen ist. § 92c BSHG (heute § 103 SGB XII) enthält kein gesetzliches Verbot i.S.v. § 134 BGB und es kann ihm nicht einmal auch nur ein Schutzzweck des Inhalts entnommen werden, dass dem Träger der Sozialhilfe ein Zugriff auf das Vermögen der Eltern eines Hilfeempfängers spätestens bei dessen Tod gesichert wird.[10] § 92c BSHG (§ 103 SGB XII) unterwirft das elterliche Vermögen nicht der Kostenersatzpflicht. Anders als für Erben eines Ehegatten des Hilfeempfängers statuiert § 92c BSHG (§ 103 SGB XII) eine **Kostenersatzpflicht für Erben der Eltern des Hilfeempfängers** nicht. Der Gesetzgeber hat die Bedarfsgemeinschaft mit den Eltern schon bei Volljährigkeit des bedürftigen Kindes gelockert und nicht über den Tod der Eltern aufrechterhalten.[11]

– Eine derartige testamentarische Regelung ist auch nicht **sittenwidrig** i.S.v. § 138 BGB. Dass die durch die Testamentsvollstreckungs- und Verwaltungsanordnung bewirkte Durchbrechung des Nachranggrundsatzes einer eindeutigen gesetzgeberischen Vertretung zuwiderläuft, kann nicht angenommen werden, denn das Gesetz selbst enthält eine Reihe von Durchbrechungen. Ein „reinrassiges"

---

9 BGH v. 21.3.1990 – Az.: IV ZR 169/89; BGH v. 20.10.1993 – Az.: IV ZR 231/93; OVG Saarland v. 17.3.2006 – Az.: 3 R 2/05; VG Lüneburg v. 27.8.1999 – Az.: 7 A 53/98; LG Itzehoe v. 27.3.2006 – Az.: 4 T 311/06; OVG Bautzen NJW 1997, 2898.

10 Zustimmend *Kuchinke*, Anm. zu LG Konstanz v. 24.4.1991 – Az.: 5 O 423/90, FamRZ 1992, 362.

11 BGHZ 123, 375 ff.

Subsidiaritätsprinzip gibt es nicht. Das Gesetz selbst differenziert und fingiert Vermögenswerte, die nicht einzusetzen sind. Im Gesetz sind zahlreiche weitere Durchbrechungen enthalten. So werden Ansprüche gegen Eltern behinderter Menschen z.B. nur in begrenztem Umfang oder gar nicht durchgesetzt. Mit diesen Differenzierungen des Nachranges der Sozialhilfe je nach Art der Hilfeleistung ist dem Subsidiaritätsgrundsatz als Grundsatz die Prägekraft weitgehend abhandengekommen.[12]

– Die Gründe, aus denen die testamentarischen Anordnungen getroffen wurden, sind sittlich nicht zu missbilligen. Gerade bei einem nicht auszuschließenden Absinken des heute erreichten Niveaus der Sozialleistungen für **Behinderte** kann die Zuwendung von Vorteilen durch den Erblasser zunehmend wichtiger werden. Es entspricht dem vom Grundgesetz auch mit der Testierfreiheit verfolgten Zielen, dass Eltern durch derartige testamentarische Zuwendungsregelungen gerade der ihnen zukommenden sittlichen Verantwortung für das Wohl ihres **behinderten Kindes** Rechnung tragen.[13]

– Mit Blick auf Behinderte wird auch ein dem Subsidiaritätsgrundsatz gegenläufiges Prinzip berücksichtigt, nämlich das des Familienlastenausgleichs. **Eltern behinderter Kinder** sollten mit den Eltern nicht behinderter Kinder gleichgestellt werden; Eltern behinderter Kinder sollten nicht durch wirtschaftliche Belastungen in ihrer unentbehrlich aktiven Mitwirkung an der Eingliederung ihrer Kinder in die Gesellschaft erlahmen.[14]

– Es ist zu viel verlangt, von den Eltern eines behinderten Kindes zu erwarten, dass sie die ihnen zuvörderst zukommende sittliche Verantwortung, für das Wohl des Kindes zu sorgen, dem Interesse der öffentlichen Hand an einer Teildeckung ihrer Kosten hintansetzen. Selbst das öffentliche Interesse an der Aufrechterhaltung der

---

12 Unter Verweis auf *van de Loo*, Die Gestaltung der Verfügung von Todes wegen zugunsten der betroffenen Behinderten, MittRhNotK 1989, 235; *Schulte*, Der Nachrang der Sozialhilfe gegenüber Möglichkeiten der Selbsthilfe und Leistungen, NJW 1989, 1246; *Kuchinke*, Anm. zu LG Konstanz v. 24.4.1991 – Az.: 5 O 423/90, FamRZ 1992, 362.

13 Wie zuvor.

14 BGHZ 123, 376.

Leistungsfähigkeit der Sozialverwaltungen liegt für Eltern eines behinderten Kindes zu fern, als dass ihnen aus sittlichen Gründen abverlangt werden kann, nicht noch mehr zu tun, als die öffentliche Hand leistet. Wenn Eltern, die ihre Verantwortung für ihr behindertes Kind und dessen Wohl auf sich genommen haben und dieser Aufgabe gerecht zu werden suchen, in diesem Zusammenhang die Grenzen der Sozialverwaltungen vor Augen gehalten werden, dann müssen sie sich umgekehrt fragen, ob sie nicht sittlich gehalten sind auch für den Fall vorzusorgen, dass sich die öffentliche Hand nicht mehr auf dem heute erreichten hohen Stand halten kann.[15]

– Ebenso wenig ist es **sittlich zu missbilligen**, wenn ein Großelternteil aus Sorge um das Wohl eines Enkelkindes, das schwer behindert und Zeitlebens auf Eingliederungshilfe angewiesen sein wird, testamentarische Anordnungen trifft mit dem Ziel, dem Kind Vorteile zu verschaffen, die über das hinausgehen, was es im Rahmen der Sozialhilfe erhielte. Der **Nachranggrundsatz** lässt sich nicht als eindeutige gesetzgeberische Wertung zur Begründung der Sittenwidrigkeit heranziehen, da sich der Gesetzgeber trotz grundsätzlich bestehender Unterhaltpflicht der Großeltern gegenüber ihren Enkeln dazu entschieden hat, Großeltern nicht in die Einsatzgemeinschaft aufzunehmen und Unterhaltsansprüche des Hilfesuchenden gegen Großeltern gemäß § 91 Abs. 1 S. 3 BSHG (§ 94 Abs. 1 S. 3, 4 SGB XII) ausgeschlossen hat.[16]

In der **Literatur** sehen manche im Behindertentestament eine nicht   22
hinnehmbare Benachteiligung des Sozialhilfeträgers; andere sahen das „Verschütten einer Unterhaltsquelle" und die Notwendigkeit der Gleichstellung mit der Rechtsprechung zum Unterhaltsverzicht.[17] Wieder andere sehen in dem Ziel, den Lebensstandard des Betroffenen über die staatlich zu gewährende Grundversorgung hinaus anzuheben, nichts, was sittlich zu missbilligen sei.[18] Insbesondere bei den dauerhaft Erwerbsgeminderten habe der Gesetzgeber die zunächst umfas-

---

15 BGHZ 111, 40.

16 OVG Saarland v. 17.3.2006 – Az.: 3 R 2/05.

17 *Schuhmacher*, Rechtsgeschäfte zu Lasten der Sozialhilfe im Familien- und Erbrecht, 85 ff.

18 *Kornexl*, Nachlassplanung bei Problemkindern, S. 24.

sende, im Unterhaltsrecht begründete Unterhaltspflicht der Eltern mit Eintritt der Volljährigkeit abgeschwächt und mit § 94 Abs. 2 SGB XII werde sogar ab Eintritt der Volljährigkeit eine weitgehende Befreiung von Unterhaltspflichten für behinderte Kindern erreicht.[19] Eine Pflicht, mit dem zu vererbenden Vermögen die öffentliche Hand zu entlasten, stehe hierzu in einem Wertungswiderspruch, so dass eine Nachlassplanung, mit welcher der Erblasser das Familienvermögen vor einem Zugriff des Staates zu schützen versuche, deshalb nicht sittenwidrig sei.[20]

23   Dem Grunde nach ist diese Diskussion mit der Rechtsprechung des BGH[21] als erledigt zu betrachten. Der BGH hat in seinen letzten Entscheidungen das klassische Behindertentestament immer unbeanstandet als grundsätzlich zulässig „durchgehen lassen". Lediglich die Möglichkeit der Geltendmachung eines **Pflichtteilsanspruchs** bei Enterbung nach dem erstversterbenden Ehegatten hat er als zulässig angesehen.[22]

24   **Hinweis**
Ob es bei der Möglichkeit bleibt, zumindest die Geltendmachung des Pflichtteilsanspruches durch den Sozialhilfeträger zuzulassen, ist offen. In der Literatur wird dafür geworben, dass diese Entscheidung bei passender Gelegenheit noch einmal auf den Prüfstand gestellt wird. Erblasserwille und der Grundsatz einer von Dritten nicht zu beeinflussenden Erbfolge sollen dem Sozialhilfeträger die Berechtigung nehmen, selbst den Pflichtteil im Wege der Anspruchsüberleitung geltend machen zu können.[23]

25   In seiner Entscheidung aus 2011 bestätigte der BGH den rechtlichen Bestand des **„klassischen" Behindertentestaments** noch einmal dem Grunde nach und zog folgende Schlussfolgerung:

---

19 I.d.S. bereits zuvor *Kübler*, Das Behindertentestament unter Berücksichtigung der Stellung des Betreuers, 86.
20 *Kornexl*, Nachlassplanung bei Problemkindern, S. 24 f.
21 BGHZ 111, 39; 123, 371.
22 BGH ZErb 2005, 120 ff.
23 *Wendt*, Pflichtteilsvermeidungsstrategien in „guter" wie in „böser" Absicht, ErbR 2012, 68.

„Nach der gefestigten Senatsrechtsprechung zum so genannten Be-
hindertentestament sind Verfügungen von Todes wegen, in denen
Eltern eines behinderten Kindes die Nachlassverteilung durch eine
kombinierte Anordnung von Vor- und Nacherbschaft *sowie einer*
– mit **konkreten Verwaltungsanweisungen** *versehenen –* **Dauertes-**
tamentsvollstreckung *so gestalten, dass das Kind zwar Vorteile aus*
dem Nachlassvermögen erhält, der Sozialhilfeträger auf dieses je-
doch nicht zugreifen kann, grundsätzlich nicht sittenwidrig, son-
dern vielmehr Ausdruck der sittlich anzuerkennenden Sorge für
das Wohl des Kindes über den Tod der Eltern hinaus.
Das alles spricht entscheidend dafür, dass den **Familien behinderter**
Leistungsbezieher *das über die Grenzen des § 92 Abs. 2 SGB XII*
hinausgehende Einkommen und Vermögen auf Dauer und nicht
nur zu Lebenszeiten der Eltern belassen werden soll".[24]

Jetzt kann es nur noch um Detailfragen zur Ausgestaltung und den
jeweiligen Einzelfall gehen.

II.   Modelle des Behindertentestamentes

Klassische Behindertentestamente bestehen aus der Trias   26
– **Erbfolgeregelung**[25] zumeist mit der Besonderheit der **(nicht befrei-**
  ten) Vorerbschaft oder des **Vorvermächtnisses** oberhalb des
  Pflichtteils
– **Dauertestamentsvollstreckung** für den Teil, der auf den bedürftigen erbrechtlich Begünstigten entfällt
– **Verwaltungsanordnungen** nach § 2216 Abs. 2 BGB im Sinne von
  sozialhilfeunschädlichen Zuwendungen an den unter Testamentsvollstreckung stehenden Begünstigten.

Prämisse dieses Konstruktes war die Idee, eine Erbschaft sei sozialhil-   27
ferechtlich **Vermögen** (§ 90 SGB XII) und es sei möglich, etwas dem
Begünstigten „sozialhilfeunschädlich" zuzuwenden. Im Fall von Vor-
und Nacherbschaft im klassischen Behindertentestament sind es die
Erträge aus dem Nachlass. Im Fall von Vorvermächtnis und Nachver-

---

24 Er stützt seine letztendliche Schlussfolgerung auf § 92 SGB XII.
25 Jetzt in seiner Ausgestaltung gelockert und vermindert durch die Neuregelung des
    § 2306 BGB und dem Wegfall von Quotenregelungen.

mächtnis gilt nichts anderes. Wird auf diese Beschränkung verzichtet, wird auch der Zugriff auf die Substanz freigegeben und nur darauf abgestellt, dass die Testamentsvollstreckung die sozialhilfeunschädliche Zuwendung durch den Testamentsvollstrecker ermöglichen und steuern soll.

28   Das Behindertentestament wird in mehreren Modellen[26] diskutiert, jeweils mit dem Ziel, Mittel weiterzureichen, die für einen bedürftigen zu Begünstigenden/Bezieher nachrangiger Sozialleistungen sozialhilferechtlich als **nicht einsatzpflichtig** oder als rechtlich **nicht verwertbar** anzusehen sind – und in einigen Fällen – auch nach seinem Tod nicht in seinen Nachlass fallen:
   – Erbeinsetzungslösung mit **nichtbefreiter Vor- und Nacherbschaft** bei Anordnung dauerhafter Testamentsvollstreckung oberhalb der Hälfte des gesetzlichen Erbteils (**Erbeinsetzungslösung**)
   – Vermächtnislösung oberhalb der Hälfte des Wertes des gesetzlichen Erbteils mit **Vor- und Nachvermächtnis** bei Anordnung dauerhafter Testamentsvollstreckung (**Vermächtnislösung**)
   – **Umgekehrte Vermächtnislösung** mit Vor- und Nacherbschaft mit umfangreichen Vermächtnissen/Universalvermächtnissen der sonstigen Pflichtteilsberechtigten bei Anordnung von Testamentsvollstreckung
   – Anordnung von Vor- und Nacherbschaft, Erbschaft oder Vermächtnis lediglich unter **Testamentsvollstreckung**.

29   Vergegenwärtigt man sich noch einmal, dass
   – alles, was im **Bedarfszeitraum** erstmals zufließt als sozialhilferechtliches **Einkommen** (§§ 82 ff. SGB XII) angesehen wird (vgl. § 1 Rn 74 ff.)
   – Einkommen (§§ 82 ff. SGB XII) und **Vermögen** (§ 90 SGB XII) sozialhilferechtlich eingesetzt werden müssen, wenn nicht normativ bestimmte Schutzregeln greifen(vgl. § 2),

---

26 Muster zu Behindertentestamenten finden sich u.a. bei *Krauß*, Vermögensnachfolge; *Dorsel*, Kölner Formularbuch Erbrecht; *Langenfeld*, Testamentsgestaltung, Rn 795 ff.; *von Dickhuth-Harrach*, § 70; Bausteine zu Behindertentestamenten finden sich bei *Kornexl*, Nachlassprobleme bei Problemkindern.

so kommt für eine Nachlassbeteiligung eines bedürftigen Menschen, der dauerhaft nachrangige Sozialleistungen bezieht oder zu beziehen droht, nur eine Gestaltung in Betracht, die sich an diesem rechtlichen Instrumentarium orientiert.

Dazu bedarf es zunächst einer **Analyse der Gesamtsituation des be-** 30 **dürftigen Bedachten** unter Berücksichtigung dessen, was mutmaßlich im „Nachlasstopf" vorhanden sein wird, um zu prüfen, ob eine der gängigen Lösungen überhaupt für den konkreten Fall passt.

Analyse der Gesamtsituation:
– Was wird der zu Begünstigende mutmaßlich „im Nachlasstopf" vorfinden?
– Welche konkrete Lebenssituation/Leistungsfähigkeit besteht?
– Welche Behinderung besteht?
– Besteht bereits jetzt konkreter sozialhilferechtlicher Bedarf? Oder wird erst später evtl. sozialhilferechtlicher Bedarf entstehen?
– Welche Einkünfte hat der zu Begünstigende selbst? Was deckt welchen Bedarf? Welcher Bedarf ist sozialhilferechtlich ungedeckt und führt zu sozialhilferechtlichen Leistungsansprüchen?
– Welche „Anrechnungsvorschriften" des SGB XII kommen zum Zuge, falls Mittel zufließen – Einkommens- oder Vermögensvorschriften?
– Welchen konkreten Bedarf hat der zu Begünstigende über die Sozialhilfeleistungen hinaus? Besteht dieser Bedarf möglicherweise jetzt und kann er ggf. besser lebzeitig ohne Anrechnung in der Sozialhilfe aus Mitteln des Erblassers gedeckt werden?
– Welchen konkreten Nutzen kann der zu Begünstigende aus Zuwendungen des Erblassers ziehen?
– Ist der zu Begünstigende ein Pflichtteilsberechtigter? Drohen Pflichtteilsansprüche?
– Ist der zu Begünstigende seinerseits testierfähig? Kann er die Erbfolgeregelung durch eigene Erklärungen mitgestalten? Kann er die Nachlassabwicklung durch eigene Erklärungen mitgestalten?

1. Das klassische Behindertentestament – die Erbschaftslösung

Rechtlich nicht verwertbares **Einkommen** oder **Vermögen** bedeutet 31 nach den obigen Ausführungen (siehe § 2 Rn 5 ff.), dass eine Gestaltung gewählt werden muss, bei der der Begünstigte gegen Zugriffe auf den Nachlass von außen geschützt ist. Das sind die Fälle der **Vor- und Nacherbschaft** (siehe § 2 Rn 132 ff.) und der **Testamentsvollstreckung** (siehe § 2 Rn 139 ff.).

32 Im „klassischen" Behindertentestament[27] wird eine **nicht befreite Vorerbschaft und eine Nacherbschaft** angeordnet. Der Zugriff auf die **Substanz des Nachlasses** wird durch die nicht befreite Vorerbschaft verhindert. Eine entsprechende **Vollstreckungssperre** schafft § 2115 BGB. Zwangsverfügungen sind danach nach Eintritt des Nacherbenfalls insoweit unwirksam, als sie das Recht des Nacherben vereiteln oder beeinträchtigen. Die Unwirksamkeit ist absolut und wirkt gegenüber jedermann.[28] Da sie auf den Nacherbenfall hinausgeschoben ist, sind die bis dahin getroffenen Vollstreckungsmaßnahmen zwar wirksam, gemäß § 773 ZPO soll aber keine Verwertung durch Veräußerung oder Überweisung erfolgen, denn der benachteiligte Nacherbe könnte sich mit der Drittwiderspruchsklage wehren.

33 Damit ist das grundsätzliche Problem aber noch nicht gelöst. § 2115 BGB zielt grundsätzlich nur auf den Schutz des Nacherben ab, dagegen nicht auf dasjenige, über das der Vorerbe frei verfügen kann. Wie sich aus §§ 2111 Abs. 1 S. 1 und 2133 BGB ergibt, stehen dem Vorerben die ordnungsgemäß gezogenen **Nutzungen** des Nachlasses zwischen dem Erbfall und dem Nacherbfall zu.[29] Nutzungen sind gemäß § 100 BGB die **Früchte** (§ 99 BGB) und **Gebrauchsvorteile** der Nachlassgegenstände.

34 Da Nutzungen vor dem Zugriff der Eigengläubiger des Vorerben durch § 2115 BGB nicht geschützt werden, sondern in das freie Vermögen des Vorerben fallen,[30] sind Vollstreckungsmaßnahmen von Privatgläubigern des Vorerben grundsätzlich uneingeschränkt wirksam. Das gilt auch für den Zugriff des Sozialhilfeträgers. Um den Nachlass

---

27 Vgl. hierzu jeweils mit Beispielen *Langenfeld*, Testamentsgestaltung, Rn 795 ff.; *von Dickhuth-Harrach*, Handbuch der Erbfolgegestaltung, § 70 Rn 2 m.w.N.
28 BGHZ 33, 85.
29 BGHZ 78, 188.
30 RGZ 80, 3, 7.

„sozialhilfefest" zu machen, müssen weitere Maßnahmen ergriffen werden, um sozialhilferechtlich Unverwertbarkeit herzustellen.

Durch die **Anordnung der Testamentsvollstreckung** als zweitem   35
Element des Behindertentestaments schafft der Erblasser ein **Sondervermögen.** Es besteht eine absolute **Verfügungsbeschränkung**; dem Erben wird das Verfügungsrecht über Nachlassgegenstände (nicht aber über den Erbteil!) entzogen.

Der Entzug des Verfügungsrechts des Erben hat dingliche Wirkung   36
und stellt nicht nur ein relatives Veräußerungsverbot dar. Diese Verfügungsbeschränkung gilt auch für den gesetzlichen Vertreter, Betreuer, Vormund oder Pfleger. Würde der Erbe zu Verfügungen über den Nachlass gezwungen, so wäre ein solches Rechtsgeschäft zwar nicht nichtig, aber sowohl dem Testamentsvollstrecker als auch jedem Dritten gegenüber absolut unwirksam. Gläubiger des Erben, die nicht zu den Nachlassgläubigern gehören, können sich nach § 2214 BGB somit nicht an die der Testamentsvollstreckung unterliegenden Gegenstände halten.

Das löst gleichwohl immer noch nicht das Problem, dass dem Begüns   37
tigten unantastbare zusätzliche Vorteile zur staatlichen Grundversorgung geschaffen und erhalten werden sollen, denn nach § 2217 BGB hat der Testamentsvollstrecker auf jeden Fall diejenigen Nachlassgegenstände, derer er zur Erfüllung seiner Obliegenheit offenbar nicht bedarf, dem Erben auf Verlangen zur freien Verfügung zu überlassen. Um dies zu verhindern, muss **Verwaltungs- und Dauertestamentsvollstreckung** nach § 2209 BGB angeordnet werden. Dadurch scheidet die **Herausgabe einzelner Gegenstände** aus dem Nachlass aus.

Dann bleibt aber noch die Frage, wie mit den **Nutzungen** zu verfah   38
ren ist. Nutzungen sind nach dem **Grundsatz der ordnungsgemäßen Verwaltung** herauszugeben.[31] Deren Herausgabe würde aber sozialhilferechtlich verwertbares Einkommen oder Vermögen schaffen und muss daher ebenfalls unterbunden werden. Dazu bedarf es des dritten Elementes des Behindertentestaments, der **Verwaltungsanordnungen** nach § 2216 Abs. 2 BGB. Diese hat der Testamentsvollstrecker als

---

31 BGH WM 1986, 1096.

bindende Richtlinie seiner Amtsführung zu beachten[32] (siehe hierzu § 2 Rn 146 ff.).

39 Die Ausgestaltung muss sich ferner daran orientieren, dass bei Pflichtteilsberechtigten kein Pflichtteilsanspruch oder Pflichtteilsrestanspruch produziert werden darf, weil diese ihrerseits dem Grunde nach anrechenbares Mittel im sozialhilferechtlichen Leistungstatbestand sind. Deshalb muss die Erbeinsetzung von Pflichtteilsberechtigten **immer oberhalb der Hälfte des gesetzlichen Erbteils** liegen. Da dieser veränderlich ist, muss die Formulierung sich den wandelnden Verhältnissen anpassen. Zusätzlich müssen mögliche Pflichtteilsergänzungsansprüche ausgeschlossen werden.

40 Mit der Anordnung der nicht befreiten Vorerbschafts-/Nacherbschaftslösung geht der Nachlass vom unmittelbaren Erblasser aus auf den Nacherben über und nicht vom bedürftigen Bedachten, was eine **sozialrechtliche Erbenhaftung** nach § 102 SGB XII für die Substanz – nicht für die nicht bestimmungsgemäß nicht verwendeten Erträge – vermeidet. Alles, was der Testamentsvollstrecker nicht gemäß den Verwaltungsanordnungen des Erblassers verwendet, ist nicht verbrauchter Nachlass des Bedürftigen und unterfällt § 102 SGB XII. Auch insoweit ist den Verwaltungsanordnungen bei der Ausgestaltung Aufmerksamkeit zu schenken.

2. Die Anordnung von Vor- und Nachvermächtnis bei Anordnung von Dauertestamentsvollstreckung

41 Als zweites Gestaltungsmodell neben dem klassischen Behindertentestament wird eine **Vermächtnislösung**[33] mit folgender Struktur diskutiert:
- Ausschluss des Bedürftigen **von der Erbfolge**
- Aussetzung eines **(Quoten-)Vermächtnisses**, das die Hälfte des gesetzlichen Erbteils übersteigt
- Anordnung von **Vor- und Nachvermächtnis**

---

32 BayObLG ZEV 1995, 336 m. Anm. *Bengel.*
33 Vgl. hierzu mit Beispielen *Langenfeld*, Testamentsgestaltung, Rn 829 ff.

- Anordnung einer lebenslangen **Vermächtnistestamentsvollstreckung**
- **Verwaltungsanordnungen** des Erblassers, § 2216 Abs. 2 BGB.

Diese Lösung entwickelt sich ebenfalls organisch aus der Zielsetzung,   42
- Einkommen bzw. Vermögen in der Hand des Begünstigten zu schaffen, das dieser sozialhilferechtlich nicht einsetzen muss (= normativ geschontes Einkommen/Vermögen)
- zusätzliche Vorteile für den Begünstigten neben einer staatlichen Grundversorgung zu schaffen
- das Nachlassvermögen für die Zeit nach dem Tod des lebzeitig Begünstigten zu steuern und einem Dritten, der nicht Sozialhilfeträger ist, zukommen zu lassen.

Durch die **Enterbung** von Abkömmlingen und Ehegatten entstehen   43
Pflichtteilsansprüche (§§ 2303 ff. BGB), die sozialhilferechtlich verwertbar sind (vgl. § 1 Rn 83 ff., 295 ff.; § 2 Rn 22, 85 ff., 205). Dieser Nachteil kann nur kompensiert werden, indem der Pflichtteilsanspruch „auf null gefahren" bzw. die Geltendmachung eines Pflichtteilsanspruchs unattraktiv gemacht wird. Ist ein Pflichtteilsberechtigter nach § 2307 BGB mit einem **Vermächtnis** bedacht, so kann er den Pflichtteil nur verlangen, wenn er das Vermächtnis ausschlägt. Folglich muss das Vermächtnis größer sein als die Hälfte des gesetzlichen Erbteils, um die Annahme attraktiv zu machen. Würde der Pflichtteilsberechtigte stattdessen von seinem **Ausschlagungsrecht** Gebrauch machen, so führte dies dazu, dass der Anfall des Vermächtnisses an den Pflichtteilsberechtigten gemäß §§ 2180 Abs. 3, 1953 Abs. 1 BGB als nicht erfolgt gälte, während die Annahme – ausdrücklich oder konkludent – bewirkt, dass der Pflichtteilsberechtigte das Vermächtnis endgültig erwirbt und gleichzeitig seinen Pflichtteilsanspruch – soweit er durch das Vermächtnis gedeckt ist – verliert.[34]

Damit wäre der Zugriff des Sozialhilfeträgers aber noch nicht ausgeschlossen, da die Vermächtnisforderung ohne weiteres dem Zugriff offenläge (vgl. § 1 Rn 83 ff., 292 ff.; § 2 Rn 22 f., 159) und außerdem erst in 30 Jahren verjährt.[35] Daran ändert auch die nach § 2191 BGB   44

---

34 Damrau/Tanck/*Riedel*, Praxiskommentar Erbrecht, § 2307 Rn 14.
35 MüKo/*Frank*, § 2307 Rn 10.

zulässige Anordnung eines Nachvermächtnisses, mit dem der Vorvermächtnisnehmer und nicht der Erbe belastet ist, ohne weitere Schutzmaßnahmen nichts.[36]

45   Nur durch Maßnahmen, die mit dem klassischen Behindertentestament vergleichbar sind, kann der Zugriff von Gläubigern ausgeschlossen werden. Eine allgemeine **Vermächtnistestamentsvollstreckung** ist, auch wenn sie im Gesetz nicht geregelt ist, zulässig. Das gilt auch für die Form der Verwaltungsvollstreckung. Für den Vermächtnisnehmer gelten dann dieselben Vorschriften, die bei der eigentlichen Testamentsvollstreckung den Erben beschränken.[37] § 2223 BGB ist insoweit nicht abschließend.

Die Anordnung **von Vor- und Nachvermächtnis** nach § 2191 BGB sorgt schließlich für den Übergang des Vermächtnisses nach dem Eintritt des Nachvermächtnisanfalls.

46   Der entscheidende Nachteil des klassischen Behindertentestaments korrespondiert mit dem entscheidenden Vorteil der Vermächtnislösung. Die Vermächtnislösung hat den Vorteil, dass sie im Falle, dass mehrere Erben in Betracht kommen, die **gesamthänderische Bindung** und eine **notwendige Erbauseinandersetzung** unter Beteiligung z.B. eines behinderten Kindes bzw. dessen Testamentsvollstrecker **vermeidet**.[38] Eine Verbindung besteht nur durch den schuldrechtlichen Anspruch des Vermächtnisnehmers gemäß § 2174 BGB. Da der Begünstigte nicht Gesamtrechtsnachfolger des Erblassers wird, sind und bleiben die Vermögensmassen getrennt. Außerdem ergeben sich durch die Zuwendung unterschiedlichster Gegenstände und Sachen individuellere Gestaltungsmöglichkeiten.[39]

---

36 § 2191 Abs. 2 BGB verweist nur auf §§ 2102, 2106 Abs. 1, 2107, 2110 Abs. 1 BGB.

37 BGHZ 13, 205; *Hartmann*, Das sog. Behindertentestament: Vor- und Nacherbschaftskonstruktion oder Vermächtnisvariante, ZEV 2001, 91.

38 Vgl. *Spall*, Zur sog. Vermächtnislösung bei Behindertentestament, MittBayNot 2001, 251.

39 Vgl. *Spall*, Zur sog. Vermächtnislösung bei Behindertentestament, MittBayNot 2001, 251.

Der entscheidende Nachteil der **Vermächtnislösung** liegt darin, dass   47
es bisher zu dieser Lösung so gut wie keine Rechtsprechung gibt und
deshalb die hier bestehenden offenen Risiken und Fragen nicht geklärt
sind. In der Literatur wird über die Eignung der Lösung gestritten.
Die wesentlichen Kritikpunkte setzen an dem Unterschied an, der
zwischen dem Übergang von Vermögen von dem Vor- auf den Nacherben und dem Vor- auf den Nachvermächtnisnehmer liegt:

- Der Nacherbe erwirbt vom Erblasser, nicht vom Vorerben.
- Der Nachvermächtnisnehmer erwirbt vom Vorvermächtnisnehmer,
  nicht vom Erben.
- Im Fall von Vor- und Nacherbschaft vollzieht sich der Übergang
  vom Erben auf den Nacherben mit dem Tod des Vorerben automatisch im Wege des dinglichen Vor-Selbst-Erwerbs.
- Die Anordnung eines Nachvermächtnisses führt nicht zum automatischen Rechtserwerb mit dem Tod des Vorvermächtnisnehmers.
  Sie wirkt nicht dinglich. Die Anordnung des Nachvermächtnisses
  gibt nur einen schuldrechtlichen Anspruch auf Erfüllung.

Die unterschiedliche rechtliche Ausgestaltung führt dazu, dass die   48
Trennung von Eigen- und Vermächtnisvermögen beim Tod des Vorvermächtnisnehmers endet, das Vermögen miteinander verschmilzt
und die Anwendung von § 102 SGB XII (vgl. § 5 Rn 185 ff.) zum Problem für den **Erben des Vorvermächtnisnehmers** zu werden droht.

Über die Frage, welche Konsequenzen sich in diesem Zusammenhang   49
aus der Regelung „Die Ersatzpflicht ist auf den Nachlasswert im Zeitpunkt des Erbfalls begrenzt" ergeben, wird nach wie vor heftig diskutiert (zum Streitstand vgl. § 5 Rn 261 ff.).

Letztlich kann man unter Würdigung der für und gegen dieses Gestal-   50
tungsmodell vorgetragenen Punkte **nicht davon** ausgehen, dass es
ohne jedes „Wenn und Aber" geeignet oder ungeeignet ist. Wer bereit
ist, die Risikolage nach dem Tod des Vorvermächtnisnehmers nach
entsprechenden Informationen hinzunehmen, kann hier aber durchaus

eine geeignete Lösung finden,[40] insbesondere dann, wenn es um geringere Vermögen geht.[41]

51   Die Literatur diskutiert in diesem Zusammenhang die Lösung eines sog. **Leibrentenvermächtnisses**, in geeigneten Fällen auch eines **Wohnungsrechtsvermächtnisses**,[42] das zwar wenig beachtet, in der Praxis aber durchaus gängig zu sein scheint.[43] Unter einer Leibrente i.S.v. § 759 BGB versteht man der Höhe nach gleich bleibende und in gleichmäßigen Zeitabständen wiederkehrende Zahlungen, die auf einem einheitlichen Rentenstammrecht beruhen und deren Laufzeit von der Lebenszeit des Berechtigten abhängig ist. Die echte Leibrente besteht auf Lebenszeit des Berechtigten. Ausgangspunkt dieser Lösung ist eindeutig, dass die „Aufstockung der sozialstaatlich geleisteten Grundversorgung" erreicht wird, denn Gegenstand des Nachvermächtnisses ist nur das, was der Testamentsvollstrecker aus den bis zum Todestag geflossenen Rentenzahlungen noch nicht verbraucht hat. Es soll vermieden werden, dass sich in der Hand des Testamentsvollstreckers ein größeres Vermögen ansammelt, vielmehr soll es ihm erleichtert werden, die ihm zufließenden Beträge ausschließlich und zielgerichtet im Interesse des Bedürftigen zu verwenden.[44] Ob ein Leibrentenvermächtnis unter dem Gesichtspunkt der sozialhilferechtlichen Strukturprinzipien Sinn macht, ist weder durch Rechtsprechung ausgetestet, noch scheint es geboten, einen solchen Test zu machen. Jede Geldleistung, die dem Hilfebezieher zufließt, ist immer zur Bedarfsdeckung geeignet.

---

40 *Kornexl*, Nachlassplanung bei Problemkindern, S. 89 ff. schließt konsequenterweise keine Lösung von der Gestaltung wirklich aus und bietet in einer „Bausteinübersicht" Textbausteine für alle drei diskutierten Lösungsmodelle an.

41 *Spall*, Zur sog. Vermächtnislösung bei Behindertentestament, MittBayNot 2001, 254.

42 *Kornexl*, Nachlassplanung bei Problemkindern, S. 45.

43 *Spall*, Zur sog. Vermächtnislösung bei Behindertentestament, MittBayNot 2001, 254 ff.; *Kornexl*, Nachlassplanung bei Problemkindern, S. 45.

44 *Spall*, Zur sog. Vermächtnislösung bei Behindertentestament, MittBayNot 2001, 254 ff. mit Mustertext.

3. Die umgekehrte Vermächtnislösung

Als „Königsweg" zur Verminderung der Nachteile des klassischen   52
Behindertentestaments und der Vor- und Nachvermächtnisvariante
wird eine sog. **umgekehrte Vermächtnislösung** in der Literatur vorgeschlagen:[45]

– Einsetzung des Behinderten zum alleinigen, nicht befreiten Vorerben
– gegenständlich beschränkte Nacherbeneinsetzung und Vermächtnisse für die nicht bedürftigen Erben für den Nachlass, der nicht
  von der Nacherbeneinsetzung betroffen ist
– Anordnung einer Dauertestamentsvollstreckung für den Bedürftigen und die Erfüllung der Vermächtnisse.

Einzelne Autoren erörtern diese Lösung auch offen als **Universalver-**   53
mächtnislösung, bei der z.b. der behinderte Abkömmling als mit
einer Nacherbschaft belasteter nicht befreiter Vorerbe eingesetzt wird
und der Ehegatte als Universalvermächtnisnehmer.[46]

Das Gesetz sieht eine Begrenzung des Vermächtnisses auf einen Ver-   54
mächtnisgegenstand oder auf eine Quote nicht vor, so dass theoretisch
auch der Gesamtnachlass Vermächtnisgegenstand sein kann. Die h.M.
geht deshalb davon aus, dass ein **Universalvermächtnis** zulässig ist.
Für die wirksame Anordnung eines Universalvermächtnisses ist nur
von grundlegender Bedeutung, dass der Erblasser die Auslegungsregel
des § 2087 Abs. 1 BGB entkräftet, Auslegungszweifel vermeidet und
die Zuwendung ausdrücklich als Universalvermächtnis bezeichnet.[47]

Durch die Anordnung von Vor- und Nacherbschaft wird wiederum   55
das erforderliche **Sondervermögen** geschaffen, das den Sozialhilfeträger vom Zugriff ausschließt. Das Vermächtnis verhindert eine fremd-
bestimmte Erbengemeinschaft und die Gestaltungsfreiheit wird größer.

---

45 *Grziwotz*, Die umgekehrte Vermächtnislösung beim Behindertentestament: der
    Königsweg?, ZEV 2002, 409 ff.
46 *Schlitt*, Das Universalvermächtnis, ZErb 2006, 226, 227.
47 *Nieder/Kössinger*, Handbuch der Testamentsgestaltung, 3. Aufl., § 9 Rn 48 f.

56 Gleichwohl ist die juristische Praxis zurückhaltend. So wird eingewendet:

- Der Anfall des Gesamtvermögens beim behinderten Kind sei ein Nachteil, weil es von dort unter Anfall erheblicher Erfüllungskosten erst wieder an die Vermächtnisnehmer weiter übertragen werden muss.[48]

- Wegen der fixen Bemessung der dem Behinderten letztlich zugedachten Vermögenswerte bestehe die Gefahr, dass Bestandsveränderungen im Nachlass bis zum Eintritt des Erbfalls die Erbenposition so stark entwerten, dass die Gefahr einer Ausschlagungsnotwendigkeit entsteht.[49]

- Die Lösung versage, wenn es nur einen unteilbaren Vermögensgegenstand gibt, der wirtschaftlich praktisch den gesamten Nachlass ausmacht. Werde dieser vom Vermächtnis erfasst, drohe die Ausschlagung im wohlverstandenen Interesse gemäß § 2306 Abs. 1 S. 2 BGB.[50]

57 Der Erbrechtler erkennt die Richtigkeit dieser Einwendungen gerade beim Universalvermächtnis sofort; der „normale" Erbe wird in der Regel trotz der Annahme einer mit einem Vermächtnis belasteten Erbenstellung in der Regel davon ausgehen, dass er ohnehin immer mindestens den Pflichtteil verlangen kann. Tatsächlich muss nach § 2306 Abs. 1 S. 2 BGB dafür fristgerecht ausgeschlagen werden. Ansonsten droht im Extremfall, dass der Erbe wirtschaftlich völlig leer ausgeht.[51]

58 Das bringt den Erben bzw. seinen Vertreter in die Zwickmühle. Schlägt er nicht aus, geht er nahezu leer aus. Schlägt er aus, hat er stattdessen einen Pflichtteilsanspruch, der sozialhilferechtlich relevantes Einkommen (§§ 82 ff. SGB XII) oder ggf. auch Vermögen (§ 90 SGB XII) darstellt. Er hat also die Wahl, sich für eins von zwei Übeln zu entscheiden. Hier stellt sich verstärkt die Frage, ob die Anordnung eines solchen (Universal-)Vermächtnisses im Kontext mit einem Behinderten nicht **sittenwidrig** ist, weil die Gestaltung – anders als das

---

48 Limmer/*Müller*, Würzburger Notarhandbuch, 1677 Rn 387.
49 Limmer/*Müller*, Würzburger Notarhandbuch, 1677 Rn 387.
50 *Grziwotz*, Das Behindertentestament nach Hartz IV, FamRB 2005, 277.
51 OLG Celle ZErb 2003, 89.

von der Rechtsprechung abgesegnete Behindertentestament – primär
auf Begünstigung eines Dritten und auf den Ausschluss des behinderten Kindes zielt. Es geht nicht darum, etwas über das Existenzminimum hinaus für ein behindertes Kind zu tun.

Wertet man die Literatur ganz allgemein zur **umgekehrten Ver-**   59
mächtnislösung aus, so hat man den Eindruck, als lehne die Praxis
die Lösung eher als unpraktikabel ab,[52] während z.B. *Kornexl* davon
berichtet, in größerem Umfang von der umgekehrten Vermächtnisvariante wegen ihrer größtmöglichen Flexibilität Gebrauch zu machen.[53]
Rechtsprechungsüberprüft ist sie wie die Vermächtnislösung jedenfalls
bisher nicht und damit mit Unsicherheiten, auch hinsichtlich der Beurteilung ihrer Sittenwidrigkeit, behaftet.

4. Die Testamentsvollstreckungslösung

Die reine **Testamentsvollstreckungslösung** – also ohne Vor- und   60
Nacherbschaft – wird in der Literatur kritisch bewertet und wegen
dogmatischer Unsicherheiten nicht empfohlen. Zu den Bedenken gehört,[54] dass den Verwaltungsanordnungen unmittelbar oder entsprechend § 2216 Abs. 2 S. 2 BGB die Wirksamkeit abgesprochen werden
könnte, wenn der Erbe/Vermächtnisnehmer auch hinsichtlich der Erträge von der freien Verfügung ausgeschlossen werde.[55] Dem wird von
der h.M. in der Literatur widersprochen. Gleichwohl findet man diese
Lösung seltener. Das dürfte daran liegen, dass nach dem Tod des Erben
der verbliebene Nachlass in die sozialrechtliche Erbenhaftung nach
§ 102 SGB XII (vgl. § 5 Rn 199 ff., 204) fällt.

Die **Testamentsvollstreckungslösung** war Gegenstand einer **sozial-**   61
gerichtlichen Entscheidung zum SGB II. Sie hat die erbrechtliche
Regelung bestätigt. Ihr lag folgender Sachverhalt zu Grunde:

---

52 *Golpayeqani/Boger*, Aktuelle Gestaltungsempfehlung zum Behindertentestament,
    ZEV 2005, 378; Limmer/*Müller*, Würzburger Notarhandbuch, 1677 Rn 387.
53 *Kornexl*, Nachlassplanung bei Problemkindern, S. 52 Fn 86.
54 DNoti-Gutachten 1248 vom 24.1.2003 sowie DNotI-Report 1996, 48.
55 *Spall*, Das Behindertentestament, Ein Überblick für die notarielle und anwaltliche
    Praxis; Tagungsunterlage Lebenshilfe Marburg v. 5.6.2007, 21.

Sachverhalt
Die Mutter des alkoholkranken Hilfebedürftigen hatte in ihrem notariell errichteten Testament ihre Tochter als Alleinerbin eingesetzt, ihrem Sohn ein lebenslängliches unentgeltliches Wohnungsrecht an einem Grundstück und außerdem im Wege des Vorvermächtnisses einen Geldbetrag von 50.000 EUR zugewendet und hierüber Testamentsvollstreckung angeordnet mit den Verwaltungsanordnungen, dass der Testamentsvollstrecker den zugewendeten Geldbetrag anzulegen und die jährlichen Reinerträge auszuzahlen habe. Der Testamentsvollstrecker sei ferner berechtigt, nach seinem billigen Ermessen dem Vermächtnisnehmer für seine Lebensführung und den Lebensunterhalt die notwendigen Beträge aus dem zugewandten Vermächtnis zu überlassen.

62   Das LSG Baden-Württemberg[56] hat diesen Fall dahingehend entschieden, dass das durch Testamentsvollstreckung beschränkte Geldvermächtnis aus dem der Testamentsvollstrecker nach billigem Ermessen dem Vermächtnisnehmer neben seinen „normalen" Einnahmen für seine Lebensführung und den Lebensunterhalt die notwendigen Beträge überlassen sollte, unter Heranziehung aller Umstände außerhalb des Testaments dahin ausgelegt werden könne, dass damit nicht der **allgemeine Lebensunterhalt** finanziert werden solle.

63   Die Entscheidung könnte heute so nicht mehr ergehen, weil sie wesentlich an der **Zweckbestimmung** des Erblassers ausgerichtet war. Das SGB II kennt nach seiner Neuregelung in § 11a Abs. SGB II aber **keine privatrechtlichen** zweckbestimmten Einnahmen mehr (früher § 11 Abs. 3 Nr. 1a SGB II), (vgl. hierzu § 3 Rn 11, 27 ff.; § 2 Rn 8 ff.)

Zweckbestimmte Einnahmen sind parallel zu den Normen des SGB XII nach § 11a Abs. 3 Nr. 1a SGB II heute nur noch geschont, wenn sie aufgrund der **Vorschriften des öffentlichen Rechts** erbracht werden.[57] Im Übrigen gelten die §§ 11 ff. SGB II. Heute wäre also zu prüfen, wie die Freigabe von Vermächtnissubstanz durch den Testamentsvollstrecker – das LSG spricht von einem „Notgroschen" – rechtlich zu bewerten ist. Wenn sie gegen die Verwaltungsanordnun-

---

56 LSG Baden-Württemberg FEVS 59, 173 ff.
57 Hierzu *Löns/Herold-Tews*, SGB II, § 11a Rn 11.

gen des Erblassers erfolgt, sind die Wirkungen noch nicht abschließend geklärt (vgl. hierzu § 2 Rn 154 ff.). Erfolgt sie mit Zustimmung
des Erben, sind die Einkommensanrechnungsvorschriften des § 11
SGB II heranzuzuziehen. Es ist zu prüfen, inwieweit dem Begünstigten über Schonregelungen etwas zugutekommen kann (vgl. dazu § 3
Rn 7 ff.). Im SGB XII ist ggf. eine Schonregelung über § 82 Abs. 3 S. 3
SGB XII denkbar (vgl. dazu § 1 Rn 26). Das SGB II kennt solche Regeln nicht, deswegen ist die Funktionsfähigkeit auf jeden Fall für ein
Bedürftigentestament nicht gesichert. Allenfalls bei Umwandlung von
Einkommen in Vermögen nach Ablauf des Verteilzeitraumes nach
§ 11 Abs. 3 SGB II ist eine weitere sozialhilferechtliche Verschonung
möglich.

III. Das Bedürftigentestament

1. Definition

Das **Bedürftigentestament** wird in der Literatur z.T. nur unter dem   64
Gesichtspunkt des überschuldeten Erben gesehen.[58] Nach diesseitiger
Ansicht ist der Schwerpunkt dort aber gerade nicht zu sehen.

Das Bedürftigentestament zielt auf Erben ab, die nachrangige Sozial-   65
leistungen beziehen, aber nicht behindert sind.[59] **Wirtschaftlich be-**
dürftig kann man aus mehreren Gründen sein. Man kann erwerbsfähig sein und SGB II-Leistungen
– zur Sicherung des Lebensunterhalts
– zur Beendigung oder zur Verringerung der Hilfebedürftigkeit
(§ 1 Abs. 3 SGB II) beziehen. Dabei gilt nach § 9 Abs. 2 S. 3 SGB II in
einer Bedarfsgemeinschaft (§ 7 Abs. 3 SGB II) jede Person der Bedarfsgemeinschaft als bedürftig, wenn nicht der gesamte Bedarf der Be-

---

58 *Langenfeld*, Testamentsgestaltung, § 4 Rn 1.
59 Vgl. *von Dickhuth-Harrach*, Handbuch der Erbfolgegestaltung, § 69, der sowohl
    die Überschuldung als auch die sozialrechtliche Bedürftigkeit mit einbezieht; klar
    differenzierend *Dorsel*, Kölner Formularbuch Erbrecht, E 5. Kapitel Rn 691 ff. zu
    „Verschuldetentestamenten", E 5. Kapitel Rn 751 ff. zu Testamenten für Hartz-IV
    Empfänger; offen *Krauß*, Vermögensnachfolge in der Praxis mit Gestaltungsbei-
    spielen, Kapitel 13 Rn 5283 ff., allesamt mit Gestaltungsbeispielen.

darfsgemeinschaft aus eigenen Kräften und Mitteln gedeckt werden kann.

66 Man kann bedürftig sein, weil man nur auf Zeit nicht erwerbsfähig ist und Hilfe zum Lebensunterhalt nach § 27 SGB XII erhält. Bedürftigkeit kann bestehen wegen des Bezuges von BAföG, UVG-Leistungen oder Jugendhilfeleistungen nach SGB VIII. Sie kann bestehen, weil Leistungen der Kriegsopferfürsorge nach § 27a BVG z.b. als Opfer einer Gewalttat, eines Impfschadens oder als Kriegsopfer bezogen werden.

67 In allen Fällen geht es darum, dass eigenes Einkommen und/oder eigenes Vermögen eingesetzt werden muss und Leistungen entfallen, wenn Mittel zufließen, die zur Bedarfsdeckung geeignet sind. Der wesentliche Unterschied zur Zielgruppe des Behindertentestaments besteht darin, dass dort unterstellt wird, dass die Behinderung zu einer lebenslangen Bedürftigkeit führen wird, während man in allen anderen Konstellationen die Chance sieht, dass die Bedürftigkeit wegfallen kann.

2. Die Zulässigkeit

68 Die Zulässigkeit des **Bedürftigentestamentes** kann nicht als gesichert bezeichnet werden. Die Kennzeichnung als „Arbeitslosentestamente, die manche für andere soziale und wirtschaftliche Behinderungen wie die Sozialhilfe- und Arbeitslosenkarrieren im Visier haben",[60] ließ lange Zeit nichts Gutes ahnen.

69 So hat das SG Osnabrück[61] ein Testament im Wege der Auslegung zum Vollversorgungstestament für den Hilfebedürftigen umgedeutet; das SG Dortmund ein solches Testament für sittenwidrig gehalten und dem begünstigten SGB-II-Empfänger angesonnen, dieses Testament wegen Sittenwidrigkeit anzufechten. Zwar messe der BGH der Testierfreiheit einen hohen Wert zu. Das könne jedoch nicht so weit gehen, dass dem Erben sämtliche Annehmlichkeiten (Hobbys, Reisen

---

60 *Wendt*, Das Behindertentestament – ein Auslaufmodell?, ZNotP 2008, 3.
61 SG Osnabrück v. 18.9.2012 – S 16 AS 191/11(nrkr.).

usw.) aus dem Nachlass finanziert würden, während der Steuerzahler für den Lebensunterhalt aufkomme.[62]

Ausgangspunkt für die rechtliche Prüfung ist aber auch beim Bedürftigentestament, dass „das, was das Erbrecht mit Blick auf Nachlassbegehrlichkeiten anderer zulässt, grundsätzlich auch gegenüber den Trägern von Sozialhilfeleistungen gelten muss, es sei denn, die sozialrechtlichen Regelungen untersagen dies zwingend."[63]   70

Wie beim Behindertentestament auch ist der Einzelfall auszuleuchten und an den bisher schon eingezogenen „Grenzmarken" zu messen. § 138 BGB ist auch in diesem Zusammenhang als absoluter Ausnahmefall anzusehen,[64] der allenfalls nach Prüfung aller erbrechtlicher, insolvenzrechtlicher und sozialhilferechtlicher Normen in Betracht kommt.   71

Dabei sind z.B die ohnehin vom Gesetzgeber zugelassenen Möglichkeit (Beschränkung des Pflichtteilsrechts in guter Absicht) des § 2338 BGB ergänzend zu berücksichtigen. Das belegt überdies, dass Erblasseranordnungen mit beschränkender Wirkung zum Schutz des Nachlassvermögens grundsätzlich nicht unzulässig sind.   72

Ist der Sozialleistungsempfänger gleichzeitig überschuldet oder im Insolvenzverfahren, so sind zusätzlich die vollstreckungsrechtlichen Besonderheiten zu berücksichtigen und zu bewerten. Dazu gehört insbesondere die rechtliche Bewertung des Verzichts auf die Geltendmachung des Pflichtteils und die Ausschlagung der Erbschaft.   73

Ist der **überschuldete Erbe** Alleinerbe, so tritt er im Wege der Universalsukzession in alle Rechtsverhältnisse des Erblassers ein. Die daraus resultierenden subjektiven Rechte sind eigentlich unbeschränkt pfändbar.   74

Ein **Pflichtteilsanspruch** ist bereits vor vertraglicher Anerkennung oder Rechtshängigkeit als in seiner zwangsweisen Verwertbarkeit aufschiebend bedingter Anspruch pfändbar.[65] Bis die Voraussetzungen   75

---

62 SG Dortmund v. 25.9.2009 – Az.: S 29 AS 309/09R.
63 *Wendt*, Das Behindertentestament – ein Auslaufmodell?, ZNotP 2008, 3.
64 *Wendt*, Erblasserfreiheit versus Erbenfreiheit, ZErb 2010, 46.
65 BGH NJW 1993, 2876 ff.

des § 852 ZPO eingetreten sind, ist die Verwertung allerdings ausgeschlossen. Macht ein überschuldeter Erbe den Pflichtteil nicht geltend, so greift der Pfändungsschutz des § 852 ZPO. Darin liegt kein Anfechtungsgrund i.s.d. §§ 1 ff. AnfG oder § 129 InsO.[66] Auch die Ausschlagung einer Erbschaft erfüllt nicht den Tatbestand der Gläubigeranfechtung oder die Anfechtungsgründe des Anfechtungsgesetzes.[67]

76   Fällt einem insolventen Erben eine Erbschaft an, so gehört im Rahmen eines **Regel- oder Verbraucherinsolvenzverfahrens** die Erbschaft gemäß §§ 35, 36 InsO zur Insolvenzmasse, wenn der Erbe die Erbschaft angenommen bzw. nicht ausgeschlagen hat. Erst dadurch werden die Nachlassgläubiger Insolvenzgläubiger und die Verbindlichkeiten Insolvenzforderungen. Dabei ist es unerheblich, ob die Erbschaft vor oder nach der Verfahrenseröffnung angefallen ist, da gemäß § 35 InsO der Nacherwerb in die Insolvenzmasse fällt. Das Ausschlagungsrecht steht nach § 83 InsO aber allein dem Erben zu. Gleiches gilt für ein Vermächtnis. § 852 ZPO schlägt auch in der Insolvenz durch (§ 36 Abs. 1 S. 1 InsO).

77   In dem Eröffnungsverfahren eines Regel- wie auch eines Verbraucherinsolvenzverfahrens bleibt es bei der Zugriffsmöglichkeit der Eigengläubiger auf den Nachlass im Wege der Einzelzwangsvollstreckung. Während eines Insolvenzverfahrens scheiden nach § 89 InsO Einzelzwangsvollstreckungen aus. Durch die Anordnung einer **Nacherbschaft** kann eine Verwertung durch den Insolvenzverwalter nach § 83 Abs. 2 InsO ausgeschlossen werden. Ohne Dauertestamentsvollstreckung kann der Verwalter aber die Erträge des Nachlasses verwerten. Den umfassenden Schutz bietet wie bei der Erbschaftslösung des Behindertentestaments nur die Anordnung einer **Dauertestamentsvollstreckung.**

---

66 BGH NJW 1997, 2384.
67 BGH NJW 1993, 2876 ff.

Das **Restschuldbefreiungsverfahren** läutet für den insolventen 78
Schuldner ein eigenständiges Verfahren im Anschluss an das Verbrau-
cherinsolvenzverfahren ein:
- Antrag nach § 287 InsO auf Restschuldbefreiung und Entscheidung
  des Gerichts gemäß § 287 Abs. 1 S. 2 InsO, in der Restschuldbefreiung in Aussicht gestellt wird
- Wohlverhaltensperiode mit Abtretung des pfändbaren Arbeitsein-
  kommens (§ 287 Abs. 2 InsO)
- Entscheidung über Restschuldbefreiung nach § 300 InsO.

Auch im Restschuldbefreiungsverfahren bleibt es bei der in § 83 Abs. 1 79
InsO festgelegten Freiheit des insolventen Erben, die Erbschaft anzu-
nehmen oder auszuschlagen. Streitig ist, ob die Geltendmachung des
Pflichtteilsanspruchs zu den Obliegenheiten des § 295 InsO gehört.
Die h.M. verneint dies, aber eine nicht unerhebliche andere Ansicht
vertritt die gegenteilige Auffassung.[68]

Die ungeschützte Erbschaft vor der **Wohlverhaltensperiode** fällt voll 80
in die Insolvenzmasse, während der Wohlverhaltensperiode besteht
nach § 295 Abs. 1 Nr. 2 InsO die Obliegenheit zur Herausgabe der
Hälfte. Die andere Hälfte verbleibt dem Betroffenen; eine danach
anfallende Erbschaft ist frei.

Damit muss man konstatieren, dass für den insolventen erbrechtlich 81
Begünstigten gesetzgeberisch gewollte „Erbenfreiheiten" bestehen,
obwohl sie Gläubiger benachteiligen. Warum man einen privaten
Gläubiger benachteiligen dürfen soll, den leistungserbringenden Staat
aber nicht, scheint bisher noch nicht hinreichend diskutiert. Daraus
ist aber die Schlussfolgerung abzuleiten, dass ein Bedürftigentestament
nicht ohne weiteres sittenwidrig ist, und es dem Begünstigten – anders als das SG Dortmund meint – nicht durchweg zuzumuten ist, ein
solches Testament anzufechten.

---

68 *Geitner*, Der Erbe in der Insolvenz, S. 22 f., 338.

3. Modelle des Bedürftigentestamentes

82   Als Gestaltungsansätze für ein **Bedürftigentestament** bieten sich zunächst Modelle vergleichbar dem Behindertentestament an:
– Erbschaftslösung
– Vermächtnislösung
– Umgekehrte Vermächtnislösung
– Testamentsvollstreckerlösung.

Und zusätzlich kann § 2338 BGB in den Blick genommen werden, scheidet aber letztlich doch für den Normalfall aus, denn § 2338 BGB zielt auf außergewöhnliche Verschwendung und Überschuldung ab.

83   Die **Vermächtnislösungen** tragen das Risiko fehlenden „Abgesegnetseins" in der Rechtsprechung in sich, während die Testamentsvollstreckungslösung den Charme hat, die Bedingung des Wegfalls der Beschränkungen vom Testamentsvollstrecker abhängig machen zu können. Hier wird aber der Angriff auf die Ordnungsmäßigkeit der Verwaltung in § 2216 Abs. 1 BGB gefürchtet, so dass letztlich wiederum nur die **Erbschaftslösung** zu verbleiben scheint.

Das Kernproblem des Bedürftigentestamentes ist die **temporäre Bedürftigkeit** und der Wunsch der Beteiligten, die Beschränkungen und Beschwerungen, mit denen der Nachlass belastet wird, möglichst nur für diese Zeit wirksam sein zu lassen. Wenn mit dem Eintritt in das Rentenalter nicht die Abhängigkeit von SGB XII-Leistungen folgt, sondern ausreichende Altersrente, dann machen die Beschränkungen durch nicht befreite Vorerbschaft verbunden mit Verwaltungstestamentsvollstreckung keinen Sinn mehr. Deshalb dreht sich beim Bedürftigentestament alles um die Frage, wie der Wegfall der Abhängigkeit von finalen Sozialleistungen wie dem Arbeitslosengeld II geregelt werden kann.

84   Als Lösungen werden diskutiert, eine letztwillige Verfügung zu errichten,
– bei der die Vorerbenstellung unter Wegfall der Nacherbfolge zur Vollerbenstellung erstarkt, wenn wirtschaftliche Gesundung beim Bedürftigen eintritt und der Lebensunterhalt selbst bestritten werden kann

– bei der die Vollerbschaft unter die Bedingung gestellt wird, dass im Zeitpunkt des Erbes kein Sozialleistungsbezug besteht.[69]

Dabei ergeben sich vielfältige Probleme,[70] die im hier vorgegebenen Rahmen nicht diskutiert werden können.[71] Viele unterschiedliche Lösungen[72] werden diskutiert. Alle Lösungen zeichnet das Bemühen aus, die Quadratur des Kreises zu finden. Nahezu immer stellt sich die Frage, ob nicht zwischen Erbfall und der wesentlichen Änderung der Verhältnisse durch die geschaffene rechtliche Konstruktion dem Bedachten schon eine Anwartschaft, teilweise sogar ein echtes Anwartschaftsrecht vermittelt worden ist, das pfändbar/überleitbar ist und damit letztlich der gewollte Effekt im Endergebnis nicht eintreten kann.

Hinzu kommt, dass die vorgeschlagenen Formulierungen z.T. untauglich sind, um die eigentliche Zielsetzung einer solchen Testamentsgestaltung zu erreichen. So soll nach einer Empfehlung z.B. die Verbesserung des Gesundheitszustands – eine auflösende Bedingung – an den Grad der Minderung der Erwerbsfähigkeit gebunden werden:

„[…] sämtliche Belastungen, mit denen die Nachlassbeteiligung von A versehen worden ist, sind auflösend bedingt. Sie entfallen, wenn sich der Grad der Erwerbsminderung auf … % reduziert hat. Den

85

86

---

69 *Ruby*, Behindertentestament: häufige Fehler und praktischer Vollzug, ZEV 2006, 71.

70 *Nieder/Kössinger*, Handbuch der Testamentsgestaltung, 3. Aufl., § 16 Rn 25 ff.; *Damrau/Tanck/Seiler/Rudolf*, Praxiskommentar Erbrecht, § 2074 Rn 11; MüKo/ *Leipold*, § 2074 Rn 9.

71 MüKo/*Leipold*, § 2074 Rn 9 m.w.N. Vgl. *Ruby*, Behindertentestament: häufige Fehler und praktischer Vollzug, ZEV 2006, 178; *Limmer*, Testamentsgestaltung bei überschuldeten Erben im Hinblick auf die Auswirkungen des Verbraucherinsolvenz- und Rechtsschutzverfahrens, ZEV 2004, 140 f.

72 Vgl. hierzu *Bengel/Reimann*, Handbuch der Testamentsvollstreckung, Rn 365 f.; *Nieder*/Kössinger, Handbuch der Testamentsgestaltung, 3. Aufl., § 8 Rn 157; *Everts*, Letztwillige Verfügungen zugunsten überschuldeter und bedürftiger Personen, ZErb 2005, 357; *Tönnies*, Die teilweise Ausschlagung als Gestaltungsmittel bei Testamentserrichtung, ZNotP 2003, 92 ff.; *Kornexl*, Nachlassplanung bei Problemkindern, S. 84 ff.

Eintritt dieser Bedingung soll der für den Wohnsitz von A jeweils zuständige Amtsarzt auf Antrag von M feststellen."[73]

87   Die Formulierung ist untauglich. Es gibt die Minderung der Erwerbsfähigkeit im sozialen Entschädigungsrecht, im gesetzlichen und privaten Unfallversicherungsrecht und sie bedeutet immer etwas anderes, knüpft aber nicht daran an, ob und wie viel jemand arbeiten kann. Darüber entscheidet der Rentenversicherer mit den Begriffen „volle oder teilweise Erwerbsminderung". Wer eine Minderung der Erwerbsfähigkeit zuerkannt bekommen hat, bezieht zumeist Sozialleistungen, die nicht nachrangig sind. So kann jemand durchaus eine MdE (Minderung der Erwerbsfähigkeit) von 60 v.H. haben und dabei in keiner Weise gehindert sein, einen Beruf auszuüben. Er muss also nicht zwingend bedürftig sein.

88   Wiederum andere Lösungsvorschläge[74] sind so kompliziert, dass sie in der Praxis kaum vermittelbar sind.

Als durchaus handhabbar wird hier der Vorschlag angesehen, dass der Erblasser darauf verzichtet, den Hilfsbedürftigen bei Wegfall seiner Abhängigkeit von finalen Sozialleistungen zum uneingeschränkten Vollerben machen zu wollen. Dann kann angeordnet werden, dass die Testamentsvollstreckung bei einer gewissen Nachhaltigkeit der eigenen Existenzsicherungsmöglichkeiten entfällt und gleichzeitig der Schritt vom nicht befreiten zum befreiten Vorerben getan wird.[75]

89   **Hinweis**
Betrachtet man den Grad der rechtlichen Abgesichertheit, die möglichen Fehlerquellen und Angriffsflächen in ihrer Gesamtheit, so wird man der Konstruktion des Behinderten-/Bedürftigentestamentes eine gewisse Vulnerabilität attestieren müssen. Es bedarf daher gesteigerter Aufmerksamkeit für die Konsequenzen der letztwilligen Verfügung und ihrer Fehlerrisiken im sozialrechtlichen Leistungsverhältnis.

---

73 Formulierung bei *Kornexl*, Nachlassplanung bei Problemkindern, S. 411.
74 *Kornexl*, Nachlassplanung bei Problemkindern, S. 84 ff.
75 *Litzenburger*, Das Bedürftigentestament – Erbfolgegestaltung zugunsten von Langzeitarbeitslosen (Hartz-IV-Empfängern), ZEV 2009, 280 f.

IV. Funktioniert die erbrechtliche Gestaltung sozialhilferechtlich?

Die **Kombination mehrerer erbrechtlich zulässiger Gestaltungs-**   90
mittel ist nach der bisherigen BGH-Rechtsprechung der Versuch, bis
an die Grenze des Sinnvollen sozialhilferechtlich unschädlich zu testieren. Das ist zulässig. Die erbrechtliche Gestaltung kann sozialhilferechtlich nur dann funktionieren, wenn damit kein anrechenbares oder
verwertbares **Einkommen** (§§ 82 ff. SGB XII, §§ 11 ff. SGB XII) oder
Vermögen (§ 90 SGB XII, § 12 SGB II) zufließt (siehe hierzu §§ 2, 3).

Wenn dem Sozialleistungsbezieher durch den Testamentsvollstrecker   91
Mittel aus dem Nachlass zugewendet werden, so kann das nur dann
funktionieren, wenn die **Freigabe rechtlich wirksam** ist. Das ist
– solange und soweit man den Verwaltungsanordnungen dingliche
Wirkung zuerkennt – nur dann der Fall, wenn
– die Freigabe den Verwaltungsanordnungen des Erblassers (§ 2216
  Abs. 2 BGB) entspricht, was bedeutet, dass der Zufluss beim Erben
  ein „normativ geschontes Mittel" (vgl. vorstehend § 2 Rn 8 ff. und
  § 3 Rn 7 ff.) sein muss, weil alle anderen Zuflüsse anrechenbares
  oder verwertbares Einkommen oder Vermögen darstellen oder
– sich der Erbe oder sein Vertreter über den Willen der Verwaltungsanordnungen einverständlich hinwegsetzen

Durch die **Zuflussrechtsprechung** des BSG und die damit verbun-   92
dene Abgrenzung von Einkommen und Vermögen sind zufließende
Mittel nahezu immer **Einkommen** im Sinne von §§ 11 ff. SGB II und
§§ 82 ff. SGB XII. Schontatbestände sind nur in einem sehr begrenzten
Umfang vorstellbar, so dass immer die Gefahr besteht, dass ein Behin-
derten-/Bedürftigentestament nicht umsetzbar ist. Das gilt jedenfalls
so lange, bis das Bundessozialgericht zu einer solchen Fallkonstellation nicht abschließend Stellung bezogen hat.

Aktuell darf gesichert rechtlich davon ausgegangen werden, dass Mit-   93
tel, die zufließen, rechtlich nur dann zu berücksichtigendes **Einkom-**
men sind, wenn sie konkret zur Bedarfsdeckung (Regelbedarf, bedarf
für Unterkunft und Heizung, Pflegebedarf, Eingliederungsbedarf) geeignet sind.

Geld ist immer zur Bedarfsdeckung geeignet und scheidet daher zur   94
Freigabe regelhaft aus.

Wenn der Testamentsvollstrecker stattdessen etwas in „**Geldes wert**" zuwendet, dann kommt es für die Anrechnung im Sozialhilferecht darauf an, ob der Sozialhilfebezieher diesen Wert „**versilbern**" kann. Davon kann man – wenn nicht nur die Nutzung überlassen wird – bei großen aufwändigen Zuwendungen wie einer hochwertigen Multimedia-Anlage, wertvollen Sportgeräten, einem Auto, großen Reisen, etc. ausgehen.

95   Nicht versilberbar sind Dinge oder Dienstleistungen, die zwar abstrakt Geldeswert haben, konkret aber nicht, weil sie so auf die Person des Erben zugeschnitten sind, dass sich ein Käufer/Nutzer nicht finden wird. Ein „Versilbern" dürfte z.B. nicht in Betracht kommen bei:
– Übernahme der Kosten für eine Begleitperson in der Freizeit
– Übernahme der Kosten für den Physiotherapeuten oder sonstige Therapie, die die Krankenkasse nicht zahlt
– einem behindertengerecht umgebauten Fahrzeug
– einer Reise für Behinderte.

96   Dabei bleibt zu berücksichtigen, dass Teile solcher Zuwendungen zumindest mit kleinen Anteilen geeignet sind, die im Regelbedarf schon enthaltenen Bedarfe abzudecken (siehe hierzu § 2 Rn 34 ff.), so dass es insoweit zu einer zumindest **teilweise anderen Festsetzung des Regelbedarfs** (§ 27a Abs. 4 SGB XII) kommen kann. Ein Auto kann also insoweit bei der Prüfung des Sozialhilfeanspruchs angerechnet werden, wie es den Bedarf an Mobilität deckt, aber nicht darüber hinaus. Ggf. ist im SGB XII eine Verschonung der Mittel nach § 82 Abs. 3 S. 3 SGB XII möglich (siehe hierzu § 2 Rn 43 ff.). Dem Testamentsvollstrecker sollte aufgegeben werden, dies vorher mit dem Sozialhilfeträger zu klären. Erforderlichenfalls ist dann eine **Anpassung der Verwaltungsanordnungen** nach § 2216 Abs. 2 BGB **im Wege der Auslegung** notwendig, denn der Erblasser hätte in Kenntnis der Alternative (das Testament funktioniert nicht) sicher die Alternative der geringfügigen Anrechnung gewählt.

97   Alles in allem bewegt sich die erbrechtliche Gestaltung zugunsten behinderter oder bedürftiger Menschen bezogen auf ihre sozialhilferechtliche Funktionsfähigkeit auf einem gefährlich schmalen Grat. Von einer generellen Funktionsfähigkeit kann trotz der zivilrechtli-

chen Anerkennung dieser Gestaltungsform daher nicht ausgegangen werden.

V. Risikolagen

In dem Maße, in dem die sozialhilferechtlich ausgerichteten Testa-   98
mente nun langsam mehr und mehr zur Anwendung kommen und sich bewähren müssen, werden auch Risikolagen und Fehler in Gestaltung und Anwendung offenbar. Ferner muss man konstatieren, dass es bisher zu wenig Praxiserfahrung mit der Funktionsfähigkeit von Behinderten- und Bedürftigentestamenten gibt. Die bisherigen Entscheidungen verhalten sich weitgehend nur zu der „klassischen" Erbschaftslösung eines Behindertentestaments, so dass für alle anderen Ausgestaltungsformen „alle Türen offen gelassen sind, um im Einzelfall zur Zulässigkeit oder Unzulässigkeit eines Behindertentestaments zu kommen."[76]

1. Zuviel und Zuwenig

Ein Testament kann unwirksam sein, wenn die Nachlasswerte zu groß   99
oder zu klein sind. In seiner zweiten Entscheidung zum Behindertentestament betonte der BGH, dass durch das Behindertentestament eine objektive Besserstellung des behinderten Kindes erreicht werde, weil der **Nachlass nicht so groß** gewesen ist, dass dessen Versorgung lebenslang sichergestellt gewesen wäre.[77]

Ob damit eine **Missbrauchsgrenze** gemeint war, ab der das grundsätz-   100
lich zu billigende Anliegen, einem Behinderten Zuwendungen zu sichern, die über das Niveau der gewährten Sozialhilfe hinausgehen, in sittenwidriges Verhalten umschlägt, ist offen. Eine solche Grenze könnte erreicht sein, wenn der Wert des Nachlasses eindeutig ausreicht, um während der unter normalen Umständen zu erwartenden Lebenszeit des Behinderten sowohl die Kosten der Heimunterbringung als auch diejenigen der ihm zuwendungsbestimmten zugedach-

---

76 So ein Zitat von *Wendt*, Das Behindertentestament – ein Auslaufmodell?, ZNotP 2008, 11.
77 BGHZ 123, 373.

ten Vorteile zu bestreiten und die Vergütung des Testamentsvollstreckers aufzubringen.[78]

101   In neueren Entscheidungen des BGH findet sich kein Bezug mehr zur Höhe des Nachlasses. Gleichwohl ist ein solcher Fall bisher nicht entschieden worden, so dass „nicht von einem beredtem Schweigen ausgegangen werden sollte."[79]

102   Auch **zu wenig Nachlass und zu wenig Nutzen** können ein Risiko darstellen. Ausgehend von der Prämisse des BGH ist unter der Voraussetzung erbrechtlicher Widerspruchsfreiheit die Kombination des rechtlich möglichen Instrumentariums des Erbrechts bis an ihre immanenten Grenzen als Ausdruck der potenzierten Machtfülle des Erblassers anzusehen. Dies ist zulässig. Das genutzte Instrumentarium darf lediglich nicht leerlaufen: **Ein irgendwie gearteter Vorteil** muss aber beim Behinderten ankommen.[80]

103   Wenn die klassische Form des Behindertentestaments mit nicht befreiter Vorerbschaft und Nacherbschaft gewählt wird, bleiben dem Erben nur die Nutzungen des ihm zustehenden Nachlasses. Bei der aktuellen Verzinsung von Kapital kann das je nach Nachlass ein sehr kleiner Betrag sein. Wenn der Erbteil dann noch knapp oberhalb der Pflichtteilsgrenze gewählt wird oder wenn das Vermögen ohnehin klein ist, muss unbedingt geprüft werden, welcher konkrete Nutzen beim behinderten Erben ankommt. Ist die **Nachlassbeteiligung praktisch ertraglos** und der Testamentsvollstrecker nicht befugt, die Substanz anzugreifen, um die Versorgungssituation des Betroffenen zu bessern,[81] kann die Lebenssituation des behinderten Menschen nicht tatsächlich verbessert werden. Das ist ein Risiko für die Wirksamkeit des Testaments.

104   Ein vergleichbares Risiko besteht, wenn aus anderen Gründen nichts beim Bedürftigen ankommt. Das kann dann der Fall sein, wenn der Erblasser zu viel des Guten – i.S.v. zu viel Belastung und Beschwe-

---

78 OVG Saarland v. 17.032006 – Az.: 3 R 2/05.

79 *v. Proff*, Erbrechtsgestaltung nach der jüngsten Rechtsprechung des BGH zum Behindertentestament, RNotZ 2012, 278.

80 Vgl. auch BGH NJW-RR 1988, 386; Bengel/*Mayer*, III 5. Kap. Rn 356 m.w.N.

81 *Kornexl*, Nachlassplanung bei Problemkindern, S. 61.

rung – getan hat oder wenn aus sonstigen Gründen von vornherein feststeht, dass die Zielsetzung der Verbesserung des Versorgungsniveaus nicht erreicht werden kann, etwa weil

- der gesundheitliche Zustand des Bedürftigen über die reine existenzerhaltende Pflege hinaus gar nicht zulässt, dass er zusätzlichen Nutzen hat
- die Nachlassbeteiligung einem anderen ohne Gegenleistung überlassen werden muss oder die Erträge an einen anderen abgeführt werden müssen[82]
- die Nachlassbeteiligung durch die weiteren Belastungen gegen Null tendierend ausgehöhlt wird, z.b. durch Anordnungen des Erblassers nach § 2324 BGB, mit denen die Pflichtteilslast abweichend von § 2320 Abs. 2 BGB dem Bedürftigen/Behinderten aufgebürdet wird.

Fraglich ist deshalb u.a., ob die oben skizzierte Universalvermächtnislösung wirklich Bestand haben kann. Das Gesetz sieht zwar eine Begrenzung eines Vermächtnisses auf einem Vermächtnisgegenstand oder auf eine Quote nicht vor, so dass theoretisch auch der **Gesamtnachlass Vermächtnisgegenstand** sein kann. Die h.M. geht deshalb davon aus, dass ein Universalvermächtnis zulässig ist. Daraus ergibt sich aber die bereits oben aufgeworfene Frage, ob die **Anordnung** eines solchen **Universalvermächtnisses nicht sittenwidrig ist,** weil es primär auf Begünstigung eines Dritten und Ausschluss des behinderten Kindes zielt und nicht darauf, etwas über das Existenzminimum hinaus für ein behindertes Kind zu tun. 105

Zuviel an **Beschwerung und Belastung** bietet auch an anderer Stelle möglicherweise das Risiko eines Angriffs. Am Wortlaut des § 2216 Abs. 2 S. 2 BGB kann man dies nicht sofort erkennen. Erst die Definition der Nachlassgefährdung offenbart das Risiko. Grundsätzlich ist der Testamentsvollstrecker an die Verwaltungsanordnungen des Erblassers gebunden. Er oder ein anderer Beteiligter könnten die **Verwaltungsanordnung außer Kraft setzen,** wenn ihre Befolgung den Nachlass erheblich gefährden würde. Eine Nachlassgefährdung liegt nicht nur dann vor, wenn sich Nachlasswerte stark negativ verändern, 106

---

82 *Kornexl*, Nachlassplanung bei Problemkindern, S. 62 f.

im Falle dass die Anordnung befolgt wird, sondern auch, wenn der Testamentsvollstreckungszweck gefährdet wird.[83]

107   Hat der Betroffene so gut wie nichts von den Anordnungen des Erblassers, weil das Ziel der Anhebung seines Lebensstandards über ein Grundsicherungsniveau hinaus nicht erreicht wird oder vielleicht nach der Vorstellung des Erblassers auch gar nicht erreicht werden soll, kommt die Beseitigung der Verwaltungsanordnung in Betracht. Einen solchen Antrag können alle Personen stellen, die an der Aufhebung ein rechtliches Interesse haben.[84] Nicht berechtigt sind allerdings die Privatgläubiger des Erben.[85]

108   Damit wird von der h.M. **die Antragsberechtigung eines Sozialleistungsträgers** als solche zwar **abgelehnt,**[86] es bleibt aber die theoretische Möglichkeit, dass der Sozialleistungsträger den Behinderten/Bedürftigen darauf verweist, dass er sich selbst helfen könne, indem er die Verwaltungsanordnungen angreift. In der Literatur wird dem Sozialleistungsträger z.T. empfohlen, die Leistungen darlehensweise zu erbringen und die Gewährung von einer dinglichen Sicherung durch Verpfändung oder Sicherungsübereignung der Nachlassgegenstände abhängig zu machen. Dann könne der Vorerbe vom Testamentsvollstrecker den Einsatz der Substanz verlangen. Dieser Anspruch sei vom Sozialleistungsträger dann überleitbar.[87]

109   Dagegen wendet sich die wohl h.M. mit dem aus dem Grundrecht der Testierfreiheit abgeleiteten Argument, dass der Erblasserwille, solange er nicht die Grenzen des Sittenwidrigen überschreite, gegenüber den Interessen und dem Gerechtigkeitsinteresse Dritter absoluten Vorrang genieße.[88] Das Primärziel der Gestaltung eines solchen Testaments könne nach § 2116 Abs. 2 S. 2 BGB nicht ausgehebelt werden. Der Grat des rechtlich Zulässigen und Machbaren scheint jedoch insgesamt schmal.

---

83 Damrau/Tanck/*Bonefeld*, Praxiskommentar Erbrecht, § 2216 Rn 18.
84 BGHZ 35, 296.
85 BayOblGZ 1982, 459.
86 *Kornexl*, Nachlassplanung bei Problemkindern, S. 69 m.w.N.
87 *Otte*, Anmerkung zu BGH Urt. v. 21.3.1990 – Az.: IV ZR 169/89, JZ 1990, 1027 ff.
88 *Kornexl*, Nachlassplanung bei Problemkindern, S. 69 f.

2. Gestaltungsfehler

Wenn der Grat des rechtlich Zulässigen schmal ist, dann korreliert das 110
mit hohen Anforderungen an die rechtlich korrekte und funktionsfä-
hige Gestaltung. Alle Lösungen, die **Pflichtteilsansprüche, Pflichtteilsrestansprüche** oder **Pflichtteilsergänzungsansprüche** auslösen,
sind potentiell sozialhilfeschädlich (vgl. § 1 Rn 295 ff.; § 2 Rn 85 ff.; § 3
Rn 53 ff.; § 5 Rn 42 ff.).

a) Pflichtteilsklauseln – Ei des Kolumbus oder trojanisches Pferd?

Fallbeispiel 38: Das trojanische Pferd 111
Eltern hatten ein gemeinschaftliches Ehegattentestament errichtet,
in dem sie sich wechselseitig als alleinige Erben eingesetzt hatten.
Als Erben des Letztversterbenden wurden die acht Kinder be-
stimmt. Nacherben sollen deren Abkömmlinge, beim Fehlen von
Abkömmlingen deren Geschwister oder deren Abkömmlinge sein.
Für den Fall, dass eines der Kinder beim Tod des erstversterbenden
Elternteils den Pflichtteil verlangen sollte, würde dieses Kind beim
Tod des letztversterbenden Elternteils ebenfalls auf den Pflichtteil
gesetzt. Bezüglich des Erbteils der behinderten und Sozialhilfeleistungen beziehenden Tochter wurde auf deren Lebzeiten Testamentsvollstreckung angeordnet. Die zur Geltendmachung von
Pflichtteilsansprüchen eingesetzte Betreuerin verweigerte dies und
wies darauf hin, dass die Behinderte davon keinen Nutzen habe.
Der klagende Sozialhilfeträger hatte die Pflichtteilsansprüche nach
dem im Jahr 2009 zuerst verstorbenen Vater und der im Jahr 2012
nachverstorbenen Mutter auf sich übergeleitet.

In der Literatur wurde der Versuch, einen behinderten oder bedürfti- 112
gen Abkömmling mit einer **Pflichtteilsklausel** vom Nachlass des erstversterbenden Elternteils fernzuhalten, unter dem Stichwort „Kolumbus-Ei oder trojanisches Pferd?"[89] diskutiert. Der BGH hat sich für
das „trojanische Pferd" entschieden:

---

89 *Spall*, Pflichtteilsstrafklausel beim gemeinschaftlichen Behindertentestament – Kolumbus-Ei oder trojanisches Pferd?, MittBayNot 2003, 32 ff.

*„Der **Pflichtteilsanspruch** kann, wenn er auf den Sozialhilfeträger übergeleitet worden ist, von diesem auch geltend gemacht werden, ohne dass es insoweit auf eine Entscheidung des Pflichtteilsberechtigten selbst ankäme. (Vgl. § 5 Rn 91 ff.)*
Eine Verwirkungsklausel ist unter Berücksichtigung ihres Sinnes im Gesamtzusammenhang des Testaments einschränkend dahingehend auszulegen, dass die Eltern in Kenntnis der möglichen Folgen den Fall der Geltendmachung des Pflichtteilsanspruchs nach dem erstverstorbenen Ehegatten durch die Sozialhilfeträger von dem Anwendungsbereich der Verwirkungsklausel ausgenommen hätten. Die Klausel ist so auszulegen, dass das Kind, dessen Pflichtteil vom Sozialhilfeträger eingezogen wird, dennoch Erbe beim Schlusserbfall werden kann."[90]

113   Damit gilt auch sozialhilferechtlich, dass bezogen auf den ersten Erbfall ein „trojanischen Pferd" vorliegt. Der Pflichtteilsanspruch ist als sofort fälliger **Geldzahlungsanspruch** sozialhilferechtliches Einkommen (§§ 82 ff. SGB XII, §§ 11 ff. SGB II). Im Regelfall wird eine erbrechtliche Gestaltung, die Pflichtteilsansprüche – gleich welcher Art – produziert, ein Gestaltungsfehler sein. Je nach Art des Bedarfs des behinderten Menschen, nach seinem Bedarf und seiner Lebens- und Familiensituation kann dieser Grundsatz seine Einschränkungen erfahren. Dies wurde anhand der Anrechnungs- und Schutzregeln oben ausführlich dargelegt. („normativ nicht einzusetzendes Einkommen und Vermögen", vgl. §§ 2, 3).

114   Auf den Tod des Letztversterbenden hat der BGH das Behindertentestament über eine Auslegung des Testaments „gehalten", gleichwohl ist ein solches Testament in Familien mit Sozialhilfebeziehern aus sozialhilferechtlicher Sicht keine Option. Zumindest muss der bedürftige Sozialleistungsempfänger ausdrücklich von der Pflichtteilsstrafklausel ausgenommen werden.[91]

115   Sofern ein behinderter Mensch testierfähig ist, hat der BGH den Weg zum vertraglich vereinbarten **Pflichtteilsverzicht** aufgezeigt. Eine so-

---

90   BGH ZErb 2005, 120 ff.
91   *Ruby*, Behindertentestament – häufige Fehler und praktischer Vollzug, ZEV 2006, 70.

zialhilferechtlich erhebliche Schenkung kann nach § 517 BGB daraus nicht entstehen, so dass hier Gestaltungspotential liegt. Das gilt jedenfalls solange, wie der BGH nicht noch einmal neu entscheidet und es zu der angedachten Aufgabe der Entscheidung[92] zum trojanischen Pferd kommt.

Trotz der klaren deutlichen Worte des BGH wird die **Enterbung im Einzelfall** in der Literatur doch für eine Gestaltungsalternative gehalten und zwar in
– den Fällen des kleinen Familienvermögens
– den Diskrepanzfällen.[93]

116

Kornexl vertritt hierzu die Auffassung, dass die Enterbungslösung im Einzelfall dort, wo die Höhe des Pflichtteilsanspruchs die Schonvermögensgrenze nicht oder nicht wesentlich übersteigt, der mit allen anderen denkbaren Gestaltungsmodellen verbundene Abwicklungsaufwand in keinem rechten Verhältnis zum Ergebnis steht. Schwerwiegende Nachteile für das Familienvermögen seien nicht zu befürchten. Dem könnte man uneingeschränkt zustimmen, wenn eine Erbschaft sozialhilferechtlich Vermögen wäre. Betrachtet man sie mit der neueren Rechtsprechung als **Einkommen**, scheidet diese Lösung aus.

Diskrepanzfälle sind diejenigen Fälle, in denen das Vermögen der Elternteile ganz erheblich voneinander abweicht. Verstirbt der Elternteil, der kein oder nur geringes Vermögen hat, als erstes, so kann sich die oben beim Fall des kleinen Familieneinkommens geschilderte Situation ergeben. Verstirbt allerdings der vermögende Ehegatten als Erster, muss die Verteilung des Nachlasses für diesen Fall für den ehemals nicht vermögenden Ehegatten anders als durch Enterbung strukturiert werden.[94] Dies deutet an, dass die Enterbung als Inhalt einer Verfügung von Todes wegen grundsätzlich allenfalls eine Ausnahme für besonders gelagerte Fälle sein kann.

117

---

92 *Wendt*, Pflichtteilsvermeidungsstrategien in „guter" wie in „böser" Absicht, ErbR 2012, 68.
93 *Kornexl*, Nachlassplanung bei Problemkindern, S. 35.
94 *Kornexl*, Nachlassplanung bei Problemkindern, S. 35.

b) Pflichtteilsrestansprüche – § 2305 BGB

118   Das Gesetz garantiert den Anspruch von Abkömmlingen und Ehegatten auf die Mindestteilhabe am Nachlass auch durch den sog. **Pflichtteilsrestanspruch** (Zusatzpflichtteil). Es ist ein außerordentlicher Pflichtteilsanspruch, wenn dem Erben ein Erbteil zugewandt wurde, der geringer ist als die Hälfte des gesetzlichen Erbteils (§ 2305 BGB). Einem pflichtteilsberechtigten Vermächtnisnehmer steht ein Pflichtteilsanspruch in Höhe der Differenz zwischen seinem Vermächtnis und dem Pflichtteil zu (§ 2307 Abs. 1 S. 2 BGB).

119   Die „Hälfte des gesetzlichen Erbteils" kann aus unterschiedlichsten Gründen absichtlich und unabsichtlich unterschritten werden. Der damit produzierte Pflichtteilsrestanspruch ist sozialhilferelevantes Einkommen des Bedürftigen. Um einen Pflichtteilsrestanspruch zu vermeiden ist es notwendig, dem behinderten Erben eine Erbquote zuzuwenden, die über der Hälfte des gesetzlichen Erbteils liegt.

120   **Fallbeispiel 39: Die Güterstandsänderung**
E und F erstellen im Güterstand der Zugewinngemeinschaft ein Testament, in dem sie sich auf den ersten Erbgang wechselseitig zu Erben zu je 25 % einsetzen, K1 zu 35 % und den bedürftigen K2 zu 15 %. 10 Jahre später vereinbaren sie Gütertrennung.

121   Die gesetzliche Erbquote kann sich aus unterschiedlichen Gründen verändern. Die **Faktoren, die zu einer Änderung der Pflichtteilsquote** führen, müssen deshalb im Blick behalten werden:
–   Eine **Erbquotenveränderung** kann z.B. unter Ehegatten dadurch eintreten, dass Ehegatten ihren **Güterstand ändern**. Der Wechsel von der Zugewinngemeinschaft in die Gütertrennung verändert die Erbquote. Statt zu ½ erbt der Ehegatte nach § 1931 Abs. 4 BGB neben ein oder zwei Kindern des Erblassers zu gleichen Teilen, ansonsten nur zu 1/4 nach § 1931 BGB. Die **Quote** der Kinder im Güterstand der Gütertrennung kann also **größer** werden, damit auch der Pflichtteilsanspruch.
–   § 2077 BGB ordnet die **Unwirksamkeit des Testaments für den Fall der Auflösung der Ehe** an. Dem steht gleich, wenn der Erblasser die Scheidung beantragt oder ihr zugestimmt hat und die Voraussetzungen für die Scheidung gegeben waren. Die Verfügung ist

ausnahmsweise nur dann nicht unwirksam, wenn anzunehmen ist, dass der Erblasser sie auch für diesen Fall getroffen haben würde. Das nach Wegfall der letztwilligen Verfügung **an die Stelle tretende gesetzliche Erbrecht** wird durch die gleich lautende Vorschrift des § 1933 BGB beseitigt. Damit tritt eine Veränderung der gesetzlichen Erbquoten ein. Die ursprünglich ausreichende Erbquote wird zu gering um attraktiv zu sein. Der Pflichtteilsrestanspruch wird aktiviert und ist sozialhilferelevant.

– Ein vergleichbares Problem kann sich auch stellen, wenn es statt zur vorgesehenen Erbschaft zur **Ausschlagung** des Ehegattenerben kommt. Die **Ausschlagung** führt in Verbindung mit § 1371 Abs. 2 2. Hs BGB dazu, dass die Pflichtteilsquote des Ehegatten und der anderen Pflichtteilsberechtigten an dem nicht erhöhten gesetzlichen Erbteil des Ehegatten ausgerichtet werden.

– Fehlt in gemeinschaftlichen Testamenten eine Regelung für den Fall des gleichzeitigen Versterbens in dem Sinne, dass die auf das Ableben des letztversterbenden Ehegatten getroffenen Verfügungen sinngemäß als letztwillige Verfügung eines jeden Ehepartners gelten,[95] so kann dies Probleme bereiten. Gemeint sind die Fälle, wie sie z.B. durch die Tsunami-Katastrophe eingetreten sind. § 11 Verschollenheitsgesetz regelt: „Kann nicht bewiesen werden, dass von mehreren gestorbenen oder für tot erklärten Menschen der eine den anderen überlebt hat, so wird vermutet, dass sie gleichzeitig gestorben sind."

Ist dieser Fall des gleichzeitigen Versterbens bei Ehegatten nicht geregelt, lassen sich die gewollten Erbquoten nach dem Erst- und Letztversterbenden nicht ermitteln und es kann zu **überleitbaren (Rest)- ansprüchen** kommen.   122

Hinweis   123
Veränderungen der Erbsituation müssen so weit als möglich vorsorgend erfasst werden und auf Kontroll- und Anpassungsbedarf (z.B. im Fall von Güterstandswechseln) muss hingewiesen werden.

---

95 *Ruby*, Behindertentestament: häufige Fehler und praktischer Vollzug, ZEV 2006, 69.

Man formuliert möglichst flexibel für eine Vielzahl von Situationen, z.b.: „ … setze ich zu 55 % bezogen auf den gesetzlichen Erbteil ein .…".

c) Pflichtteilsergänzungsansprüche – § 2325 BGB

124 Hat der Erblasser neben einem Behindertentestament **lebzeitige Zuwendungen an Dritte** gemacht, so kann das dem gesetzgeberischen Ziel zuwiderlaufen, dem besonders nahe stehenden Angehörigen eine Mindestteilhabe am Nachlass zu garantieren. Wird dieses Ziel unterlaufen, kann dem behinderten oder bedürftigen Erben ein zusätzlicher, **überleitbarer** Ergänzungsanspruch entstehen.

125 **Fallbeispiel 40: Der nicht bedachte Pflichtteilsergänzungsanspruch**
Der letztversterbende Ehegatte überträgt zu Lebzeiten – drei Jahre vor seinem Tod – an das nicht eingeschränkte Kind K1 eine Immobilie im Wert von 250.000 EUR. Sein Nachlass beträgt 100.000 EUR. K1 ist zu 70 % als Erbe, das bedürftige/behinderte Kind K2 ist mit einem Anteil von 30 % als nicht befreiter Vorerbe eingesetzt. Es wird die Frage nach Pflichtteilsergänzungsansprüchen gestellt.

126 **Pflichtteilsergänzungsansprüche** stehen nicht nur besonderen Enterbten zu. §§ 2325 ff. BGB stellen auf den abstrakten Begriff der **Pflichtteilsberechtigten** ab:
– Das behinderte/bedürftige Kind, das zu 30 % als Vorerbe mit sämtlichen Belastungen eines Behindertentestaments eingesetzt ist, erhält aus dem Nachlass 30.000 EUR, aus dem ihm die Erträge zustehen.
– Die Hälfte des gesetzlichen Erbteils beläuft sich auf 25 %, also 25.000 EUR. Ein Pflichtteilsrestanspruch entsteht nicht.
– Der **fiktive Ergänzungsnachlass** beträgt 100.000 + 250.000 EUR = 350.000 EUR.

– Der Pflichtteilswert daraus läge bei 87.500 EUR, denn aus
250.000 EUR können 62.500 EUR beansprucht werden, aus
100.000 EUR 25.000 EUR. Die Erbbeteiligung von 30.000 EUR
übersteigt die 25.000 EUR um 5.000 EUR. Die 62.500 EUR Ergänzungsanspruch sind um 5.000 EUR zu kürzen. Der Rest ist einsatzpflichtiges Einkommen des Sozialhilfebedürftigen.

Der **Pflichtteilsergänzungsanspruch** ist bei dauerhaft leistungsbedürftigen Menschen Einkommen im Sinne des Sozialhilferechts.

> **Hinweis**   127
> In Behinderten-/Bedürftigentestamente sollte deshalb eine Vorsor
> geklausel aufgenommen werden. Zu Gunsten des bedachten Kindes
> wird ein bedingtes **Vorvermächtnis** als Geldvermächtnis verfügt.
> **Nachvermächtnis**nehmer sind die benannten Nacherben. Das
> Vorvermächtnis wird wiederum der **Testamentsvollstreckung** mit
> entsprechenden **Verwaltungsanordnungen** unterstellt. Die Höhe
> dieses Geldvermächtnisses ist wie der Pflichtteilsergänzungsan
> spruch zu ermitteln, doch ist anstelle der Pflichtteilsquote die dem
> Bedachten zugedachte Vorerbenquote zu verwenden.[96] Sie liegt also
> über dem Pflichtteilsergänzungsanspruch.

VI. Reparatur von Behindertentestamenten

Für den Fall, dass „nichts mehr geht", weil eine **letztwillige Verfü**   128
gung eben nicht wirksam ist, stellt sich die **Frage nach den Rechtsfol**
gen. § 2085 BGB regelt, dass die Unwirksamkeit einer einzelnen letztwilligen Verfügung nicht generell die Unwirksamkeit des gesamten
Testaments zur Folge hat. Es ist folglich immer zu prüfen, ob mit den
restlichen Verfügungen der **Erblasserwille** realisiert wird oder ob der
Erblasser selbst ggf. worst-case-Regelungen getroffen hat.

Bringt die erläuternde Auslegung kein Ergebnis, so ist mit Hilfe von   129
§ 2084 BGB im Wege der **ergänzenden Auslegung** dem Erblasserwillen so weit wie möglich Geltung zu verschaffen. Es ist erforderlichen-

---

96 *Ruby*, Behindertentestament: häufige Fehler und praktischer Vollzug, ZEV 2006,
   60; *Kornexl*, Nachlassplanung bei Problemkindern, S. 66 ff., S. 109 f.; Limmer/
   Müller, Würzburger Notarhandbuch, S. 1673 f. Rn 376.

falls festzustellen, was der Erblasser für den Fall angeordnet hätte, wenn er gewusst hätte, dass seine letztwillige Verfügung unwirksam ist. Grundsätzlich ist dabei zugrunde zu legen, dass

- nicht angreifbares Sondervermögen
- zur Anhebung des Versorgungsniveaus des Bedachten über eine staatliche Grundversorgung hinaus
- durch Belastungen und Beschwerungen

dergestalt geschaffen werden sollte, dass das Vermögen nach dem Tod des Bedachten **nicht** der **sozialrechtlichen Erbenhaftung** unterfällt. Die Zuwendung an den Bedachten steht und fällt nach dem Willen des Erblassers deshalb mit der Wirksamkeit der Belastung, mit der sie versehen worden ist. Ein Ergebnis, bei dem der Bedachte eine Nachlassbeteiligung **ohne** Belastungen erhält, widerspricht dem Erblasserwillen, so dass man im **Zweifelsfall** davon ausgehen muss, dass die vom Erblasser bestimmte **Ersatzberufung** greift (§ 2102 Abs. 1 BGB) und der ursprünglich Bedachte nur seinen Pflichtteil erhält.[97]

130   Durch Auslegung kann auch verhindert werden, dass eine vom Erblasser angeordnete Testamentsvollstreckung scheitert, weil verabsäumt wurde, eine Ersatzregelung aufzunehmen. Das nach § 2200 BGB notwendige Ersuchen an das Nachlassgericht um Einsetzung eines Testamentsvollstreckers kann so fingiert werden.[98] Besser ist es, dies ausdrücklich zu regeln und nicht der Auslegung zu überlassen.

131   Diskutiert wird, ob im Rahmen einer solchen ausdrücklichen „worst-case-Regelung" dann auch geregelt werden kann, wie dem betroffenen Bedachten ersatzweise doch noch nicht anrechenbare bzw. nicht verwertbare Zuwendungen zukommen können. Vorgeschlagen wird z.B. eine **Belastung der an die Stelle des Bedachten tretenden Ersatzerben mit einer Auflage**, zugunsten des Behinderten aus den Erträgen des Vermögens, welches den Ersatzberufenen – nach Abzug der von ihnen zu tragenden Pflichtteilslast an den weichenden Behinderten – verbleibt, Zahlungen zu leisten. Die Vollziehung der Auflage wird Aufgabe des Testamentsvollstreckers und die für die Erbeinsetzung bestimmten Verwaltungsanordnungen gelten entsprechend.[99] Ange-

---

97 *Kornexl*, DAI-Skript, 71.
98 *Horn/Kroiß*, Testamentsauslegung, § 11 Rn 23.
99 *Kornexl*, DAI-Skript, 124 f.

sichts der Zuflussrechtsprechung des BSG dürfte dieser Vorschlag aber damit belastet sein, dass **Bargeld** ausgezahlt werden soll und insofern nur bedingt Schutzmöglichkeiten im SGB XII bestehen. Besser wäre es, Sachzuwendungen zu verfügen, da sie nur mit dem Teil angerechnet werde, wie sie zur Bedarfsdeckung geeignet sind.

VII. Störfallvorsorge im Behindertentestament

Betrachtet man die möglichen Fehlerquellen und Angriffsflächen in ihrer Gesamtheit, so wird man der Konstruktion des Behindertentestaments eine gewisse Vulnerabilität attestieren müssen. Diese muss durch **sinnvolle Störfallregelungen** kompensiert werden.   132

Dazu gehört es, nicht nur **Anfechtungsmöglichkeiten** auszuschließen. Im Hinblick auf die noch nicht abschließend geklärte sozialhilferechtliche Rechtslage sollten vor allem in gemeinschaftlichen Testamenten von Ehegatten **Abänderungskompetenzen** eingeräumt werden. Mit allen Risiken, die eine solche Abänderungskompetenz hat, bietet sie eben vor allem auch den Vorteil, flexibel auf nicht vorhergesehene oder nicht vorhersehbare Veränderungen und Entwicklungen reagieren zu können.[100] Beim Erbvertrag sollte ein einseitiges, vertragliches Rücktrittsrecht (§ 2293 BGB) diskutiert und ggf. eingeräumt werden.   133

C. Der Versorgungs-/Pflegevertrag

Neben den Suche, wie man durch Ausnutzung von Schontatbeständen den Nachlass „sozialhilfefest" machen kann, sucht die behindertenrechtlich orientierte Literatur noch nach anderen Lösungen, was mit einem Zufluss von Mitteln aus Erbfall und Schenkung im Einzelfall sinnvollerweise angefangen werden kann, wenn die Mittel in der Zukunft sozialhilferechtlich einzusetzen wären. So wiesen *Castendieck/Hoffmann* auf folgende interessante präventive Gestaltung hin: 134

---

100 *Ruby*, Behindertentestament: häufige Fehler und praktischer Vollzug, ZEV 2006, 70.

Erwerbe ein behindertes Kind nicht unerhebliches Vermögen und lebe noch zu Hause, dann entfalle der Unterhaltsanspruch, den das Kind gegenüber seinen Eltern habe. Andererseits würden die Eltern, wenn das erwachsene Kind noch zu Hause lebe, auch weiterhin den Unterhalt, die Pflege und die soziale Betreuung gewährleisten sowie Wohnraum zur Verfügung stellen und diesen unterhalten. Das geht manchmal zu Lasten der gesunden anderen Kinder. In diesen Fällen sei zu überlegen, ob man nicht einen **Versorgungsvertrag** abschließe, mit dem sich die Eltern verpflichteten, die notwendige Versorgung und Betreuung (Pflege) des Kindes sicherzustellen und für den dadurch entstehenden Aufwand eine monatliche Geldzahlung an die Eltern erfolgt.[101]

135   Grundsätzlich sind solche Verträge zulässig. Eltern schulden volljährigen, betreuungs- oder pflegebedürftigen Abkömmlingen mit eigener finanzieller Ausstattung gesetzlich keine dauerhafte Betreuung und Pflege. Sie müssen das Abschmelzen ihrer eigenen Mittel daher lebzeitig nicht schicksalhaft in Kauf nehmen.

136   Der Bedarf an Versorgung und Betreuung, der auch die Pflege umfasst, stellt – soweit er nicht durch vorrangige Leistungen aus Versicherungen und eigene Mittel abgedeckt wird, **grundsätzlich unterhaltsrechtlich relevanten Bedarf** dar, nämlich sog. **Betreuungsbedarf.**[102] Dieser wird familienrechtlich durch **Unterhaltsansprüche** erfüllt. Ein Anspruch auf Unterhalt setzt grundsätzlich
– die Bedürftigkeit des Pflegebedürftigen
– und die Leistungsfähigkeit des Pflichtigen
voraus. **Volljährige Abkömmlinge,** die ihren Pflegebedarf aus eigenen Mitteln und Zuflüssen decken können, sind **nicht bedürftig.** Sie haben keinen Anspruch auf Betreuungsunterhalt, erst recht nicht in der Form von Pflegedienstleistungsunterhalt durch ihre Eltern. Das Unterhaltsrecht steht dem Abschluss eines solchen Vertrages daher nicht entgegen.

---

101 *Castendieck/Hoffmann*, Das Recht der behinderten Menschen, Rn 598 mit Muster in Anhang 9, S. 309 ff.

102 Palandt/*Brudermüller*, Einf. v. § 1601 Rn 1 m.w.N.; OLG Bremen VersR 2001, 595.

Auch § 1618a BGB steht einer Entgeltabsprache zwischen Eltern und 137
Kindern nicht entgegen. § 1618a BGB regelt, dass Eltern und Kinder
sich **Beistand** und **Rücksicht** schulden. Aus dieser Norm leitet eine
Auffassung deshalb eine Rechtspflicht zur wechselseitigen Unterstützung und Hilfeleistung der Familienmitglieder in allen Lebenslagen
ab.[103] Dem ist nicht zu folgen.

Ob sich aus § 1618a BGB überhaupt konkrete Folgerungen und ggf. 138
sogar Ansprüche ableiten lassen, ist nach wie vor umstritten.[104] Die
Entstehungsgeschichte des § 1618a BGB zeigt, dass eine Pflicht zur
Pflege zusätzlich zum oder anstelle von Pflegebarunterhalt nicht geschuldet wird. § 1618a BGB ist – anders als die Unterhaltspflicht zwischen Eltern und Kindern und anders als die Regelungen in § 1360
S. 2 BGB i.V.m. §§ 1360a Abs. 2 S. 1, 1353 BGB – erst durch das Sorge-
rechtsgesetz 1979 in Anlehnung an Art. 272 des schweizerischen Ge-
setzbuches in das BGB eingefügt worden, weil es „einem Gesetzgeber,
der von Verfassungs wegen zum besonderen Schutz der Familie verpflichtet ist, nicht schlecht anstünde, diesen Aspekt ausdrücklich an-
zusprechen".[105] Mit der Verpflichtung zu **Beistand und Rücksichtnahme** wollte der Gesetzgeber das Leitbild des BGB für das Eltern-
Kind-Verhältnis konkretisieren. Er hat an den Verstoß gegen die zu
„echten" familienrechtlichen Pflichten avancierten „sittlich-morali-
schen Selbstverständlichkeiten"[106] aber bewusst keine Rechtsfolge geknüpft,[107] so dass ihr Sinn weitgehend nur darin gesehen wird, bei der
Anwendung und Auslegung anderer familienrechtlicher Normen und
beim Füllen von Lücken, für den jeweils individuellen Einzelfall[108]
Hilfestellung zu geben. § 1618a BGB ist also **keine Grundlage für**

---

103 Palandt/*Diederichsen*, § 1618 Rn 3.
104 Vgl. zum Meinungsstand ausführlich MüKo/*Coester*, § 1618a Rn 11 ff.
105 Vgl. *Strätz*, Elterliche Sorge und Kindeswohl – vornehmlich in der zerbrochenen
     Familie, FamRZ 1975, 550.
106 MüKo/*Coester*, § 1618a Rn 3.
107 BT-Drs. 8/2788, 43; *Diederichsen*, Die Neuregelung der elterlichen Sorge, NJW
     1980, 2.
108 Vgl. zur Bedeutung der Verhältnisse des Einzelfalles MüKo/*Coester*, § 1618a
     Rn 31 f.

neue zusätzliche Rechte und Pflichten,[109] sondern dient deren Konkretisierung und ggf. Auslegung.

139 Die Rechtsprechung hat daher Angehörigenarbeitsverträge bei Pflegebedürftigkeit eines Familienmitgliedes ausdrücklich gegenüber einer gesetzlichen Unterhaltsverpflichtung abgrenzt[110] und nicht als Verstoß gegen § 1618a BGB angesehen:

– im Unfallversicherungsrecht für die Pflege eines schwerbehinderten, volljährigen Sohn durch seinen Vater[111]
– bei der Inanspruchnahme einer – in diesem Umfang nicht zur Unterhaltsleistung verpflichteten Tochter – für eine behindertengerechte Betreuung und Pflege durch einen entgeltlichen Vertrag mit einem Entgelt von monatlich 4.000 DM.[112]

140 In Entscheidungen zur Pflegezulage nach § 35 Abs. 2 BVG[113] und zum Anspruch auf Hauspflege nach § 558 Abs. 2 Nr. 1 RVO[114] für hilflose Personen hat das BSG ebenfalls ausdrücklich entschieden, dass ein Angehöriger Vertragspartner einer Vereinbarung über Hauspflege sein kann und dabei den Gesetzgeber wie folgt zitiert:

„Denn bei Kindern, Geschwistern und sonstigen Angehörigen ist der Abschluss eines Pflegevertrages nach den Vorstellungen des Gesetzgebers nicht nur zu empfehlen, sondern im Hinblick auf deren spätere Alterssicherung geboten (BT-Drucks 11/5831, S 14)." und weiter ausgeführt: *„Daraus wird deutlich: Der Gesetzgeber billigt Pflegeverträge zwischen nahen Angehörigen im Versorgungsrecht, ja er wirkt sogar auf den Abschluss solcher Pflegearbeitsverträge unter nahen Verwandten hin, ..."*[115]

141 Die **sozial-, arbeits- und steuerrechtliche Rechtsprechung** erkennt entgeltliche Pflegedienstverträge unter Angehörigen daher grundsätz-

---

109 OLG Bamberg VersR 1985, 290.
110 BGH v. 23.11.2005 – Az.: XII ZR 155/03.
111 BSG SozR 3 – 2200 § 539 RVO, 19 ff.
112 BGH v. 6.10.1992 – Az.: VI ZR 305/91, FamRZ 1993, 411.
113 BSG v. 4.2.1998 – Az.: B 9 V 28/96 R.; hierzu auch *Fehl*, Der Anspruch auf erhöhte Pflegezulage gemäß § 35 Abs. 2 BVG, ZfS 1992, 130 f.
114 *Benz*, Soziale Absicherung von pflegenden Angehörigen, Die BG 1993, 184 f. unter Hinweis auf BSG v. 26.3.1980, Wege zur Sozialversicherung 1980, 178 f.
115 BSG v. 4.2.1998 – Az.: B 9 V 28/96 R.

lich an. Die Gestaltung solcher Verträge ist allerdings so diffizil, dass man sie in der Praxis so gut wie nicht vorfindet.

Pflegeverhältnisse unter Angehörigen können so ausgestaltet wer- 142 den, dass sie der Steuer- und Sozialversicherungspflicht unterliegen. Ein solches ist **steuerrechtlich** anzuerkennen, wenn es so gestaltet und abgewickelt wird, wie dies üblicherweise zwischen Arbeitgebern und Arbeitnehmern geschieht.[116]

Die Vergütung kann statt in laufenden Zahlungen auch in einer einma- 143 ligen Zuwendung bestehen.[117]

Ein sozialversicherungspflichtiges Beschäftigungsverhältnis ist nicht 144 deshalb ausgeschlossen, weil ein naher Angehöriger gepflegt wird.[118] Bei Pflegeverhältnissen unter nahen Angehörigen besteht keine Vermutung gegen ein versicherungspflichtiges Beschäftigungsverhältnis.[119]

Arbeitsvertragliche Pflegeverhältnisse müssen lediglich die Mindest- 145 anforderungen an ein **versicherungspflichtiges Beschäftigungsverhältnis** erfüllen.[120] Dies hängt von den konkreten Umständen des Einzelfalles ab. Der Eigenart der Pflegetätigkeit ist dabei Rechnung zu tragen.[121] Ein Beschäftigungsverhältnis wird angenommen, wenn der Pflegende anstelle einer fremden Pflegekraft tätig wird.[122] Geringfügige Bezüge sprechen eher dagegen, verhältnismäßig hohe laufende Bezüge sprechen eher für ein Beschäftigungsverhältnis.[123] Freier Unterhalt, ein Taschengeld oder bloße Anerkennung für Gefälligkeiten reichen als Gegenleistung eher nicht aus. Aussagekraft besitzt demgegenüber die Höhe des Entgelts im Verhältnis zu dem Entgelt welches an eine fremde Pflegekraft zu zahlen gewesen wäre. Dazu ist der

---

116 BGH v. 25.1.1989 – Az.: XR 168/87, DRsp Nr. 1994/6979 m.w.N.
117 BGH NJW 1965, 1224 f.
118 BSG SozR 3 – 2200 § 539 Nr. 6.
119 BSG SozR-2200 § 165 RVO Nr. 90, 152.
120 BSG SozR-2200 § 165 RVO Nr. 90, 151.
121 LSG Rheinland-Pfalz v. 26.7.2001 – Az.: S 5 Ar 755/97 Sp.
122 BSGE 14, 142; BSG NZS 1995, 31.
123 BSG SozR-2200 § 165 RVO Nr. 90, 151.

erforderliche Pflegeaufwand zu ermitteln, um ein Leistung/Gegenleistungsverhältnis herzustellen.[124]

146 Anstelle der Ausgestaltung des Arbeitsverhältnisses als steuer- und sozialversicherungspflichtiges Beschäftigungsverhältnis, kommt auch **ein entgeltliches, aber nicht steuerpflichtiges** Verhältnis in Betracht. Hat ein Steuerpflichtiger einen pflegebedürftigen Angehörigen in seinen Haushalt aufgenommen, um ihn dort zu pflegen und zu versorgen, und erhält er dafür aus dem Vermögen des Pflegebedürftigen Geldbeträge, so vollziehen sich nach der Rechtsprechung des BFH diese Leistungen und die empfangenen Zahlungen im Regelfall im Rahmen der familiären Lebensgemeinschaft. Sie erfüllen grundsätzlich nicht die Voraussetzungen des Erzielens von Einkünften im Sinne des § 2 EStG.[125]

147 **Zusammenfassung**
Die Einzelheiten sind hochkompliziert.[126] Ein solcher Vertrag ist ohne steuerliche und sozialversicherungsrechtliche Beratung nicht sicher gestaltbar. Im Einzelfall mag ein solcher Versorgungsvertrag aber eine Möglichkeit sein, um frühzeitig – vor Inanspruchnahme von Sozialhilfeleistungen – den oft erheblichen Betreuungs- und Pflegeaufwand von Angehörigen abzugelten und damit innerhalb der Familie ein Gleichgewicht, z.B. gegenüber nicht pflegebedürftigen Kindern, herzustellen.

D. Der Schenkungsrückforderungsanspruch – § 528 BGB

148 Die Gestaltungsmacht des Erblassers findet ihre Grenze im Umfang des am Lebensende noch vorhandenen Nachlasses. Dieser Nachlass wird durch die Kosten einer Heimunterbringung bei Pflegebedürftigkeit gefährdet.

---

124 BSG SozR-2200 § 165 RVO Nr. 90, 153.
125 BFH v. 14.9.1999 – Aktenzeichen: IX R 88/95.
126 Vgl. hierzu ausführlich *Harryers*, Pflegeverträge und deren Ausgestaltung in der notariellen Praxis, RNotZ 2013, 1 ff.

Mit Einführung der **Pflege(pflicht)versicherung** hat der Gesetzgeber   149
diskutiert, wen das Risiko der Pflege trifft. Die Antwort war eindeutig.
Grundsätzlich ist die Pflege ein Risiko, das **aus eigenen Mitteln** zu
tragen ist.[127] Eine Pflicht zur umfassenden Versorgung von Pflegefäl-
len ist aus Gründen des Finanzbudgets weder möglich noch gefordert.

Das rückt Maßnahmen, mit denen sich der potentiell Pflegebedürftige   150
sehenden Auges bedürftig gemacht hat, in den Blick. Wenn der Sozialhilfeträger Ansprüche von Pflegebedürftigen prüft, ist deshalb nicht
nur die Frage, ob Eltern selbst ihr vorhandenes eigenes Einkommen
und Vermögen einbringen können und müssen, sondern typischerweise wird auch geprüft, ob die jetzt sozialhilfebedürftigen Pflegebedürftigen eigenes Vermögen gehabt haben, das ggf. „zurückgeholt"
werden kann. Aus diesem Grund fürchten frühzeitig von ihren Eltern
bedachte Kinder nicht nur den Elternunterhalt, sondern vor allem den
Blick auf die Vermögensverfügungen ihrer Eltern, die gerne – ohne
dass man sich darüber größere Gedanken gemacht hat – als **Maßnahmen der vorweggenommenen Erbfolge** bezeichnet werden.

Der Begriff der vorweggenommenen Erbfolge taucht in mehreren Ge-   151
setzen als Vertragstyp auf (z.B. § 593a BGB, § 17 HöfeO, § 35 BauGB),
ohne dass sich daraus eine Definition ergäbe. Mit „**vorweggenommener Erbfolge**" bezeichnet der BGH „die Übertragung von Vermögen
(oder eines wesentlichen Teils davon) durch den (künftigen) Erblasser
auf einen oder mehrere als (künftige) Erben in Aussicht genommene
Empfänger. Sie richtet sich im Grundsatz nicht nach Erbrecht, sondern
nach den Rechtsgeschäften unter Lebenden mit ihren **vielfachen Gestaltungsmöglichkeiten**."[128] Dazu gehören z.B. Zuwendungen unter
dem Vorbehalt oder der Einräumung eines Nießbrauches oder eines
Wohnungsrechts, gegen Versorgungsleistungen, mit Rückabwick-
lungsvorbehalt, die Zuwendung von Sparguthaben, Lebensversicherungen, etc.

Die Formulierung „**im Wege vorweggenommene Erbfolge**" kann   152
vielfältigen Sinninhalt haben. Sie kann bedeuten, dass mit der Zuwendung zugleich eine Enterbung des Empfängers mit bloßer Pflichtteils-

---

127 Vgl. BSGE 82, 85.
128 BGH v. 27.1.2010 – Az.: IV ZR 91/09.

berechtigung gewünscht war oder im Übergabevertrag festgelegt oder lediglich klargestellt werden sollte, dass der Empfänger das, was er an sich erst mit dem Tode des Erblassers erhalten sollte, nun schon zu Lebzeiten bekommt, im Übrigen es aber bei den rechtlichen Wirkungen einer Zuwendung im Erbfall, also einer Ausgleichung, verbleiben soll.[129]

153 Sie kann auch bedeuten, dass etwas **unentgeltlich** übergeben wird, muss es aber nicht. Der Hinweis in einem Übergabevertrag zwischen Eltern und ihrem Kind, dass das Hausgrundstück „**in Vorwegnahme der Erbfolge**" übergeben werde, reicht deshalb nach der Rechtsprechung nicht aus, um daraus ohne weiteres die Unentgeltlichkeit der Übergabe zu entnehmen[130] und sie damit zu beweisen. Aber nicht selten werden Vermögensübertragungen ausdrücklich „**unentgeltlich im Wege der Vorwegnahme der Erbfolge**" ausgestaltet, was das Sozialamt auf den Plan ruft, wenn es für ungedeckte Pflegekosten einspringen muss.

154 Bei einer unentgeltlichen Zuwendung droht ein **Schenkungsrückforderungsanspruch nach § 528 BGB,** wenn seit Leistung des Geschenks noch keine 10 Jahre vergangen sind oder der Beschenkte die Herausgabe der Zuwendung nicht aus anderen Gründen verweigern darf. In anderen Konstellationen drohen **Ausgleichansprüche** für Leistungen, die sich der Schenker vorbehalten oder von dem Beschenkten eingeräumt bekommen hat (vgl. § 1 Rn 45, 202 ff.) Wenn der Schenker – wie bei pflegebedürftigen Eltern regelhaft – die Schenkung nicht selbst zurückfordert, dann hat sich der Praktiker damit auseinanderzusetzen, dass der Anspruch im Wege des Sozialhilferegresses nach § 93 SGB XII und seltener nach § 33 SGB II geltend gemacht wird. Es entsteht also ein „**sozialhilferechtliches Dreieck**" (vgl. § 1 Rn 45; § 5 Rn 40, 62, 71, 114, 119, 122, 136). Nachfolgend geht es um die zivilrechtliche Seite des Regress-Dreiecks (siehe § 5 Rn 40 ff., 119 ff.) bei Schenkungsrückforderung nach § 528 BGB.

---

129 BGH v. 27.1.2010 – Az.: IV ZR 91/09.
130 BGH FamRZ 1995, 479.

§ 528 BGB bestimmt: 155

> *„Soweit ein Schenker nach der Vollziehung der Schenkung außerstande ist, seinen angemessenen Unterhalt zu bestreiten und die ihm seinen Verwandten, seinem Ehegatten, seinem Lebenspartner oder seinem früheren Ehegatten oder Lebenspartner gegenüber gesetzlich obliegende Unterhaltspflicht zu erfüllen, kann er gemäß § 528 BGB von dem Beschenkten die Herausgabe des Geschenkes nach den Vorschriften über die Herausgabe einer ungerechtfertigten Bereicherung fordern. Der Beschenkte kann die Herausgabe durch Zahlung des für den Unterhalt erforderlichen Betrags abwenden."*

Der Rückforderungsanspruch soll den Übergeber in die Lage versetzen, seinen angemessenen Unterhalt i.S.d § 1610 BGB selbst zu bestreiten, ohne der Allgemeinheit zur Last zu fallen.[131] Weitergehend soll er aber auch seine eigenen gesetzlichen Unterhaltspflichten gemäß   156
- §§ 1360 ff. BGB
- §§ 1569 ff. BGB
- §§ 1601 ff. BGB
- § 1615l BGB
- §§ 5, 12, 16 LPartG
erfüllen können.

Ein **Herausgabeanspruch** nach § 528 BGB besteht nur dann, wenn   157
- eine **Schenkung** vorliegt
- die **Schenkung vollzogen** wurde
- der Schenker nach der Vollziehung der Schenkung außerstande ist, seinen angemessenen Unterhalt abzudecken oder seine gesetzlichen Unterhaltspflichten zu erfüllen (**Notbedarf**).

Sofern das Geschenk werthaltig ist, ist es nach der Rechtsprechung unschädlich, dass der Schenker das Geschenk zeitweise jedenfalls nicht ohne weiteres zur Unterhaltssicherung verwenden kann (z.B. wenn der geschenkte Gegenstand noch mit einem Nießbrauch belastet ist).[132]

---

131 BGHZ 137, 76; 147, 288.
132 BGH v. 7.11.2006 – Az.: X ZR184/04.

158   Eine Schenkung wird dadurch charakterisiert, dass der Schenker den Beschenkten
   – durch eine Zuwendung aus seinem eigenen Vermögen (= Entreiche-
      rung)
   – **unentgeltlich** (= es besteht kein Rechtsanspruch auf die Leistung
      und die Leistung ist unabhängig von einer den Erwerb ausgleichen-
      den Gegenleistung)
   – bereichert (= die Leistung des Schenkers überwiegt den Wert etwaig
      versprochener Gegenleistungen[133]), und
   – sich die Beteiligten über die Unentgeltlichkeit der Zuwendung **ei-
      nig** waren.

Zuwendungen, die diese Kriterien nicht oder nur z.T. erfüllen, fallen
daher aus dem Anwendungsbereich des § 528 BGB heraus.

I.   Keine Schenkung/kein Schenkungsrückforderungsanspruch

159   Wer sozialhilferechtlich lebzeitig unschädlich Vermögen übertragen
will, muss zwingend um den Begriff bzw. die Tatbestandsmerkmale
der Schenkung „herumnavigieren". Unschädlich ist nur das, was keine
Schenkung ist.

160   Eine Schenkung liegt nach **§ 517 BGB nicht vor**, wenn jemand
   – zum Vorteil eines anderen einen Vermögenserwerb unterlässt
   – auf ein angefallenes, noch nicht endgültig erworbenes Recht ver-
      zichtet
   – eine Erbschaft oder ein Vermächtnis ausschlägt.

Keine Herausgabepflicht qua Gesetz besteht für
   – die Ausstattung, § 1624 BGB
   – die Pflicht- und Anstandsschenkung, § 534 BGB.

1. Ausstattung

161   Was einem Kind mit Rücksicht
   – auf seine Verheiratung oder
   – auf die Erlangung einer selbstständigen Lebensstellung

---

133 BGH v. 18.10.2011 – Az.: X ZR 45/10 m.w.N.

– zur Begründung oder zur Erhaltung der Wirtschaft oder
– der Lebensstellung von Vater oder Mutter zugewendet wird,

gilt – auch wenn eine Verpflichtung nicht besteht – grundsätzlich nicht als Schenkung, es sei denn, die Zuwendung übersteigt das den Umständen, insbesondere den Vermögensverhältnissen von Vater oder Mutter entsprechende Maß im Zeitpunkt der Zuwendung.

Diesen Zuwendungen wird in der Praxis wenig Aufmerksamkeit geschenkt, obwohl darin sehr wohl Gestaltungspotential liegt.[134]

Selbst das zur Sicherung des Bestandes der Ehe Gegebene, z.B. die   162
Deckung der Schulden des Schwiegersohnes,[135] ist eine Ausstattung. Die Ausstattung ist auch **nicht zeitlich gebunden.** Sie kann **vor** oder **nach** der **Eheschließung** versprochen oder gegeben werden.[136] Der eigentliche Fokus liegt aber darauf, dass der Zuwendungszweck auch darin bestehen kann, **zur Verbesserung seiner Wirtschafts- oder Lebensstellung** Mittel zugewendet zu bekommen, die dem Zuwendungsempfänger eine auskömmliche Lebensstellung ermöglicht.[137] Beispiele aus der Rechtsprechung sind:
– Grundstücksnutzungsrechte[138]
– Recht auf freie Wohnung[139]
– Einrichtung eines Betriebes
– einmalige Kapitalzuwendungen.

Voraussetzung einer Ausstattung ist nicht deren objektive Notwen-   163
digkeit, sondern nur die **subjektive Zielrichtung.** Wenn neben dem Motiv der Ausstattung noch andere Motive maßgeblich sind, so ist dies unschädlich.[140] Bei Unaufklärbarkeit des Verwendungszwecks kann § 1624 BGB subsidiärer Rechtsgrund sein.[141]

---

134 Vgl. *Kodel,* Die Ausstattung eine zeitgemäße Gestaltungsmöglichkeit, ZErb 2006, 225 f.
135 RG JW 12, 913.
136 RG JW 06, 426.
137 RG HRR 29 Nr. 608.
138 RGZ 121, 13.
139 Warn 20, 98; RG HRR 29, 608.
140 BGHZ 44, 91; *Waldner,* Vorweggenommene Erbfolge für die notarielle und anwaltliche Praxis, Rn 8.
141 AG Stuttgart FamRZ 1999, 655.

164   § 1624 BGB bestimmt eine Grenze. **Übermäßige Ausstattungen** sind – sofern die Merkmale des § 516 BGB vorliegen – Schenkungen, d.h. es liegen dann zwei Rechtsgeschäfte vor, eines unterhalb des Übermaßes, das Ausstattung ist, und eines oberhalb, das Schenkung ist.[142]

165   Von besonderem Interesse in diesem Zusammenhang ist, dass Literatur und Rechtsprechung davon ausgehen, dass die Vertragspartner kraft Vertragsfreiheit bestimmen können, dass auch das Übermaß als Ausstattung angesehen werden soll. Ob damit die Rechtsfolge des § 528 BGB ausgeschlossen werden kann, scheint aber sehr fraglich. Letztlich scheint bei genauer Betrachtungsweise hier noch ein **nutzbares Potential** zu liegen, wobei die erbrechtlichen Konsequenzen einer solchen Ausstattung (§§ 2050 Abs. 1, 2316 Abs. 3 BGB) im Gegenzug sorgfältig dagegen abzuwägen sind.

2. Pflicht- und Anstandsschenkungen – § 534 BGB

166   Für Pflicht- und Anstandsschenkungen besteht kein Herausgabeanspruch. Sie können auch nicht widerrufen werden.

Anstandsschenkungen als kleinere Zuwendungen spielen im Allgemeinen keine größere praktische Bedeutung. Im Gegensatz dazu können **Pflichtschenkungen** auch einen ganz erheblichen Wert haben, die den Nachlass unter Umständen aufzehren.[143] Der Begriff der Pflicht- und Anstandsschenkungen taucht an vielen anderen Stellen in Gesetzen auf (§ 814 BGB, § 1804 BGB, § 2330 BGB). Die hierzu ergangene Rechtsprechung kann insoweit herangezogen werden.

167   Schenkungen, durch die einer **sittlichen Pflicht** entsprochen wird, sind dadurch gekennzeichnet, dass das **Unterlassen der Schenkung** sich im konkreten Einzelfall als **sittliche Verfehlung des Schenkers** darstellen würde. Eine allgemein sittliche Pflicht, durch eine Schenkung helfen zu müssen, reicht nicht aus. Es kommt auf die **konkreten Umstände des Einzelfalls** und die **Beziehung der Beteiligten** zueinander an. Ebenfalls sind die Leistungen, die der Bedachte für den

---

142 *Nieder/Kössinger*, Handbuch der Testamentsgestaltung, 3. Aufl., § 2 Rn 217.
143 BGH WM 1978, 905; WM 1981, 809.

Erblasser erbracht hat, zu berücksichtigen.[144] Die Literatur weist deshalb ausdrücklich darauf hin, dass die Rechtsprechung bisher keine verallgemeinerungsfähigen Kategorien ausgebildet hat.[145]

Als Beispiele für **Pflichtschenkungen** werden genannt: 168
- die Unterstützung naher Angehöriger, die keinen gesetzlichen Unterhaltsanspruch haben, deren Unterlassung als sittlich anstößig empfunden würde[146]
- die Sicherung des Lebensunterhalts für den Partner einer nichtehelichen Lebensgemeinschaft[147]
- die Einräumung eines Bezugsrechts aus einer Lebensversicherung zugunsten der unversorgten Ehefrau[148]
- die Zuwendung eines Grundstücks für unbezahlte langjährige Dienste im Haushalt oder auch für unentgeltliche Pflege und Versorgung.[149]

Gerade das zuletzt genannte Fallbeispiel wird aber nur unter ganz besonders engen Voraussetzungen bejaht. **Ein Grundsatz, dass die Zuwendung für geleistete Pflege einer sittlichen Pflicht entspricht, besteht nach der Rechtsprechung nicht.**[150]

Der Umstand, dass Kinder ihre Eltern pflegen, begründet nach Auffassung der Rechtsprechung für sich allein genommen selbst dann, wenn ein rechtlicher Unterhaltsanspruch nicht bestand, noch keine sittliche Pflicht der Eltern zu Schenkungen an ihre Kindern.[151] Es reicht nicht aus, dass eine Zuwendung sittlich wegen der Pflege der Mutter gerechtfertigt ist, sie muss auch **sittlich geboten** sein.[152] Das ist grundsätzlich nur dann anzunehmen, wenn **besondere Umstände** vorliegen, die das Ausbleiben einer solchen Belohnung als sittlich

---

144 Damrau/Tanck/*Lenz-Brendel*, Praxiskommentar Erbrecht, § 2330 Rn 4.
145 Damrau/Tanck/*Lenz-Brendel*, Praxiskommentar Erbrecht, § 2331 Rn 5 f.
146 Herberger/*Sefrin*, juris Praxiskommentar BGB, Bd. 2/2, § 534 Rn 5 m.w.N.
147 BGH NJW 1983, 674.
148 OLG Braunschweig FamRZ 1963, 376.
149 BGH WM 1977, 1410; WM 1978, 905.
150 BGH NJW 1986, 1926.
151 BayObLG v. 8.10.1997 – Az.: 3 Z BR 192/97, DRsp Nr. 1997/9353; OLG Frankfurt v. 10.9.2007 – Az.: 20 W 69/07.
152 BGH NJW 1984, 2940; OLG Oldenburg v. 5.3.1996 – Az.: 12 U 60/95.

anstößig erscheinen lassen,[153] was z.b. zu bejahen sein soll, wenn der die Pflegeleistung Erbringende schwerwiegende persönliche Opfer erbracht hat und deswegen in eine Notlage geraten ist.[154]

Die Messlatte wird von der Rechtsprechung hoch angelegt; sie soll z.b. „mit der sittlichen Idee der Familiengemeinschaft" verbunden sein.[155] Selbst eine über Jahre hinweg erbrachte 15-stündige Wochenpflege soll nach einer Entscheidung des Landgerichtes Saarbrücken für eine sittliche Pflicht zur Entlohnung nicht ausreichen.[156]

Andererseits hatte die Rechtsprechung bisher auch zumeist mit Fällen zu tun, in denen die Pflegeleistungen bereits durch mietfreies Wohnen oder sonstige Zuwendungen (teil-)kompensiert worden waren,[157] so dass Pflegeleistungen in besonders gelagerten Einzelfällen durchaus eine sittliche Verpflichtung zu Zuwendungen oder deren Rechtfertigungen zu begründen vermögen.[158]

170   Die Rechtsprechung weist dazu allerdings nur wenige Fälle auf:
– So hat das BayObLG Unterstützungsleistungen an nahe Angehörige als in Erfüllung einer sittlichen Pflicht erbracht angesehen, auch wenn ein rechtlicher Unterhaltsanspruch nicht bestand.[159]
– Das OLG Frankfurt hat in einer Entscheidung aus 2007[160] die sittliche Verpflichtung bei relativ schwach ausgeprägten Gegenleistungen des Begünstigten verneint.

---

153 BGHZ 91, 277, BGH v. 9.4.1986 – Az.: IV a ZR 125/84, DRs Nr. 1992/3805; BGH NJW 1984, 2940; BGH NJW 2000, 3488.
154 BGH NJW 1984, 2940; BGH v. 9.4.1986 – Az.: IV a ZR 125/84, DRsp Nr. 1992/3805.
155 Z.B. auch BayObLG v. 6.6.2003 – Az.:3 Z BR 88/03.
156 LG Saarbrücken v. 30.11.1998 – Az.: 12070/98 zitiert nach *Wagner*, Nachträglich Honorierung von Pflegeleistungen und Pflichtteilsergänzung, ZErb 2003, 114.
157 Z.B. OLG Oldenburg v. 5.3.1996 – Az.: 12 U 60/95.
158 Zur Ermittlung der Höhe der Pflegevergütung siehe *Kues*, Die Pflegevergütung naher Angehöriger, ZEV 2000, 434.
159 BayObLGE 32, 19.
160 OLG Frankfurt v. 10.9.2007 – Az.: 20 W 69/07.

– Das **BSG**[161] zitiert in einer Entscheidung zur Arbeitslosenhilfe mit positiver Tendenz eine Entscheidung des SG Hamburg,[162] wonach eine Mithilfe eines Bedürftigen im Haushalt einer sittlichen Pflicht zur Zahlung von Unterstützungsleistungen entsprechen könne.

Gegen die enge Interpretation der sittlich gebotenen Zuwendung bei Pflege spricht sich z.T. die Literatur aus.[163] Zu Recht wird darauf hingewiesen, dass bei der Auslegung des Begriffes der sittlichen Pflicht der Wandel der gesellschaftlichen Verhältnisse zu berücksichtigen ist. Bei **Pflegeleistungen in erheblichem Umfang** soll danach angesichts der damit verbundenen Entlastung der Sozialsysteme regelmäßig von einer sittlichen Verpflichtung zur Entlohnung ausgegangen werden. Dem ist angesichts der immensen Anstrengungen des Gesetzgebers, stationäre Pflege durch staatliche Hilfen und Freistellungsregeln möglichst zu verhindern, uneingeschränkt zuzustimmen.   171

Bis die Rechtsprechung diesen Perspektivwechsel vollzieht, wird man allerdings keinen Schutz und vor allem keinen Anspruch von pflegenden Angehörigen auf irgendwelche Ausgleichsleistungen aus der „sittlichen Pflicht" ableiten können, so dass trotz Pflege der Schenkungsrückforderungsanspruch droht und nur noch eine Korrektur auf der Ebene der **Härte des § 93 SGB XII** möglich ist.   172

Dazu ist sorgfältig herauszuarbeiten, was Kinder ihren pflegebedürftigen Eltern **rechtlich** tatsächlich schulden. Das wird bisher nicht hinreichend klar von der Rechtsprechung herausgearbeitet. Grundsätzlich schulden sich Kinder und Eltern nach § 1618a BGB nur **Beistand** und **Rücksicht**. Diese erst in jüngerer Zeit geschaffene Norm begründet eine **Rechtspflicht, zur wechselseitigen Unterstützung und Hilfeleistung der Familienmitglieder** in allen Lebenslagen.[164] Hieraus erwächst allerdings **keine unmittelbare Unterhalts- oder Dienstleistungspflicht**. Diese Pflichten ergeben sich spezialgesetzlich aus § 1603 BGB für den Unterhalt und aus § 1619 BGB für die Dienstpflicht   173

---

161 BSG v. 17.3.2005 – Az.: B 7 a/ 7 Al 4/04.
162 SG Hamburg v. 8.11.1990 – Az.: S 13 AR 117/90.
163 Vgl. hierzu *Keim*, Entgeltlicher Vertrag oder belohnende Schenkung?, FamRZ 2004, 1085 f.
164 Palandt/*Götz*, § 1618 Rn 3.

bezogen auf den zu Hause lebenden von den Eltern unterhaltenen Volljährigen. Die Unterhaltspflicht hat regelmäßig Vorrang. Grundsätzlich ist § 1618 a BGB m.E. auch aus systematischen Gründen wie aus den Gründen seiner Entstehung nicht geeignet, eine Pflegeverpflichtung in natura gegenüber Eltern zu begründen. Wenn sie gleichwohl erbracht wird, muss dies spätestens auf der Ebene der Härtefallprüfung Berücksichtigung finden.

3. Die Aufgabe eines Rechts – eine Schenkung?

174   Der **Erlassvertrag** (§ 397 BGB), dessen Inhalt der **Verzicht auf eine Forderung** ist, wird typischerweise aufgrund eines anderen, für den Erlass kausalen Rechtsgeschäfts abgeschlossen.[165] Dabei handelt es sich, wenn die sonstigen Voraussetzungen vorliegen (Entreicherung – Bereicherung – Einigung über die Unentgeltlichkeit), um eine **Schenkung,**[166] deren Vollzug im Abschluss des Erlassvertrages liegt.[167]

Dingliche Rechte werden durch Erklärung des Berechtigten aufgehoben (z.B. § 875 BGB).

175   Eine Schenkung ist zu verneinen, wenn eine Rechtsposition aufgegeben wird, die keinen Vermögenswert darstellt und deren Weggabe dem Aufgebenden keinen Nachteil zufügt. Diese Frage stellt sich z.B. bei der Aufgabe eines Wohnungsrechts oder dem Verzicht auf sonstige Ansprüche (Anspruch auf Kost, Pflege, Betreuung etc. (siehe § 1 Rn 202 ff.; Rn 218 ff.).

176   Ein **Wohnungsrecht** stellt grundsätzlich einen aktiven Vermögenswert insoweit dar, als es seinem Inhaber persönlich die Wohnnutzung ermöglicht. Daher liegt in **dem Verzicht** auf ein bereits vereinbartes **Wohnungsrecht** bis zu dem Zeitpunkt eine Schenkung, solange die Wiederaufnahme der Wohnungsnutzung durch den Inhaber in Betracht kommt.

177   Ist die Wiederaufnahme der Wohnungsnutzung aus subjektiven Gründen des Berechtigten endgültig nicht mehr zu erwarten, dann verliert

---

165 BGH NJW 2002, 429,
166 BH NJW-RR 1998, 590; Palandt/*Weidenkaff*, § 516 Rn 5.
167 OLG Stuttgart NJW 1987, 782.

das Wohnungsrecht seinen Nutzwert für den Berechtigten. Da es durch Vermietung nicht fruchtbar gemacht werden kann, hat es für den Berechtigten keinen weiteren Nutzwert. Die Rechtsposition, die der Berechtigte dann noch innehat, entfaltet lediglich eine **Sperrwirkung**, weil niemand die Räume mehr nutzen kann. Der Grundstückseigentümer ist wegen des fortbestehenden Wohnungsrechts ohne Zustimmung nicht befugt, die Räume selbst zu nutzen oder Dritten zu überlassen. Das spricht gegen eine Schenkung und so hat es der BGH in einer Entscheidung zu § 1804 BGB entschieden.[168]

Für den Belasteten bedeutet das Wohnungsrecht allerdings weiterhin   178
so oder so eine **Belastung**. Wird er von ihr befreit, bedeutet dies für ihn in der Regel einen Vermögensvorteil, um den er durch einen Verzicht des Berechtigten bereichert ist. Deshalb hat das OLG Nürnberg sich von der Entscheidung des BGH zu § 1804 BGB abgesetzt und einen Schenkungstatbestand angenommen.[169]

Aber Entreicherung und Bereicherung entsprechen sich hier nicht.   179
Deshalb kann man – abgesehen von den Besonderheiten des Einzelfalles – nicht generell sagen, dass die Aufgabe eines Wohnungsrechtes keine Schenkung darstellt. Ein Schenkungsrückforderungsanspruch bleibt im Bereich des Wahrscheinlichen, wenn es zur ausdrücklichen Aufhebungsvereinbarung zwischen den Beteiligten kommt. Das entspricht einer Entscheidung des BGH aus 1999,[170] in der der BGH im **Verzicht auf ein Wohnungsrecht** eine Schenkung gesehen hatte, weil „dem Beklagten dadurch ohne Gegenleistung eine Wertsteigerung des Grundstücks zugewachsen sei. Dies wiederum entspricht der Rechtsprechung zur Schenkungssteuer, wenn auf vorbehaltene Nießbrauchsrechte oder dingliche Wohnungsrechte verzichtet wird.[171]

Ob die einseitige Aufgabe des dinglichen Rechts zu einem anderen Ergebnis geführt hätte, ist nicht sicher zu sagen.

---

168 BGH v. 25.1.2012 – Az.: XII ZB 479/11.
169 OLG Nürnberg FamFR 2013 m. Anm. *Braeuer.*
170 BGH ZEV 2000, 111.
171 Vgl. z.B.: BFH v. 17.3.2004 – II R 3/01; BFHE 204, 311, BStBl 2004, 429; BFH v. 23.6.2010 – Az.: II B 32/10.

II. Die Einigung über die Unentgeltlichkeit – (auch) ein Problem der gemischten Schenkung

180 Sozialhilfefest sind Zuwendungen dann, wenn Unentgeltlichkeit vermieden wurde. Ob eine Übertragung entgeltlich oder unentgeltlich ist, ist im Einzelfall zu bestimmen. Unentgeltlich meint in diesem Zusammenhang nicht „ohne Geld" oder kostenlos, sondern meint „ohne Gegenleistung". Entscheidend für die Abgrenzung zwischen Beteiligten ist daher immer der Wille bzw. die Einigung der Beteiligten darüber, ob eine Gegenleistung erbracht werden soll oder nicht.

181 Eine **Einigung über die Unentgeltlichkeit** einer Leistung ist immer dann zu verneinen, wenn eine **rechtliche Verknüpfung** zwischen der Leistung des Zuwendenden und des Zuwendungsempfängers gewollt ist.[172] Sie besteht nicht nur dann, wenn ein **synallagmatisches Verhältnis** im Sinne eines gegenseitigen Vertrages gemäß §§ 320 ff. BGB[173] besteht, sondern auch dann, wenn ihre Beiträge
- **konditional verknüpft** sind, d.h. sich die Beteiligten darüber einig sind, dass der Zuwendungsempfänger die Zuwendung nur dann erhält, wenn er selbst die bestimmte Leistung erbringt (bei Zweckverfehlung findet eine Rückabwicklung nach § 812 Abs. 1 S. 1, 1. Alt. oder S. 2, 1. Alt. BGB statt
- **kausal miteinander** verknüpft sind, d.h. die Bewirkung der erstrebten Gegenleistung zwar nicht Wirksamkeitsvoraussetzung, aber Geschäftsgrundlage der Leistungsbeziehung der Beteiligten ist.[174]

182 Der Hinweis in einem Übergabevertrag zwischen Eltern und ihrem Kind, dass das Hausgrundstück „in Vorwegnahme der Erbfolge" übergeben werde, reicht grundsätzlich nicht aus, um daraus ohne weiteres auf das Fehlen einer solchen Verknüpfung zu schließen[175] und damit die Unentgeltlichkeit zu beweisen. Eine **Vermutung für den Schenkungscharakter von Leistungen unter nahen Verwandten**

---

172 BGH v. 17.6.1992 – Az.: XII ZR 145/91.
173 Vgl. BGH NJW 1995, 1349.
174 Vgl. hierzu ausführlich *Keim*, Entgeltlicher Vertrag oder belohnende Schenkung?, FamRZ 2084, 1081 ff.
175 BGH FamRZ 1995, 479.

kennt das Gesetz ausschließlich in den engen Grenzen der §§ 685, 1620 BGB.[176] Es ist eher zu berücksichtigen, dass vertragschließende Verwandte in diesem stark von persönlichen Beziehungen geprägten Bereich den ohnehin nur schätzbaren Wert ihrer Leistungen erfahrungsgemäß kaum je kalkulieren[177] oder – so wie es § 1618a BGB suggeriert – ihre Leistung als gesetzlich oder wenigstens moralisch geschuldet ansehen.

Der Tatrichter muss daher auch bei der Formulierung „im Wege der vorweggenommener Erbfolge" die Vereinbarung stets unter Berücksichtigung aller Umstände auslegen und dabei die Vorgeschichte und die Interessenlage der Beteiligten berücksichtigten. Der Verpflichtete muss trotz dieser Formulierung die Entgeltlichkeit nicht beweisen, sondern der Sozialleistungsträger oder der Bedürftige haben die Unentgeltlichkeit der Zuwendung zu belegen.[178]

Fehlt eine Gegenleistung jedoch völlig, so kann sie durch den Parteiwillen als solchen niemals ersetzt werden.[179]

Eine Vereinbarung, bei der Leistung und Gegenleistung in einem **auffallend groben Missverhältnis** stehen, ist ebenfalls problematisch. Es führt zu einer Beweiserleichterung im Prozess. Es wird eine der Lebenserfahrung entsprechende Vermutung zu Gunsten einer Einigung der Beteiligten über eine zumindest teilweise Unentgeltlichkeit der Zuwendung aufgestellt. Darauf kann sich das Sozialamt berufen, das aus der Zuwendung Rechte herleiten will. Ob ein auffallend grobes Missverhältnis zwischen Leistung und Gegenleistung besteht, ist anhand der Wertigkeiten zu ermitteln. Einen mathematisch errechenbaren, allgemein gültigen Schwellenwert für die Feststellung eines Missverhältnisses zwischen Leistung und Gegenleistung gibt es nicht.[180] Grundsätzlich steht es den Beteiligten frei, den Wert der Gegenleistung nach ihren Vorstellungen festzulegen. Hierfür sind nicht nur die objektiven Werte der Leistungen, sondern vor allem auch die Wert-

183

---

176 BGH FamRZ 1995, 480 m.w.N.
177 BGH FamRZ 1995, 491.
178 BGH NJW 1995, 1349; OLG Hamm v. 28.1.2010 – Az.: I -10 U 43/09.
179 BGH NJW 1972, 1710.
180 BGH v.18.10.2011 – Az.: X ZR 45/10.

spannen zu berücksichtigen, innerhalb derer die Vertragsparteien den
Wert der Leistungen auch unter Berücksichtigung der Beziehung, in
der sie zueinander stehen, in einer noch vertretbaren Weise hätten
annehmen können.[181] Bei Angehörigen hat z.b. das OLG Koblenz[182]
eine Differenz von weniger als einem Fünftel des Grundstückswertes
nicht beanstandet. Sie stelle noch kein derart grobes Missverhältnis
dar, dass dadurch der Wille der Vertragschließenden indiziert wäre,
eine gemischte Schenkung vorzunehmen.

184   Auch **vor der Zuwendung erbrachte Leistungen**/Zuwendungen des
später Bedachten können die Unentgeltlichkeit mindern (z.b. Investi-
tionen auf den später überlassenen Grundbesitz), wenn die Beteiligten
sich darüber einig sind, dass damit eine Verbindlichkeit erfüllt wird.
Zuwendungen, die in Erfüllung einer Verbindlichkeit geleistet werden,
sind entgeltlich, weil die dadurch bewirkte Befreiung von der Verbindlichkeit einen Vermögensvorteil für den Leistenden darstellt und dementsprechend der durch die Leistung erfüllte Anspruch erlischt.[183]

185   **Fallbeispiel 41: Der behindertengerechte Umbau im zugewendeten Haus**
V überträgt seinen einzigen Vermögenswert – ein Hausgrundstück – auf seinen Sohn S und behält sich – ohne weitere Vereinbarung – ein lebenslanges Wohnungsrecht unter Ausschluss der
Rechte des Eigentümers vor. Lediglich die Umbaumaßnahmen
werden vom Vater als Vorauszahlung auf die Übertragung anerkannt. S hatte das Hausgrundstück behindertengerecht umgebaut,
so dass es für den Vater überhaupt nutzbar blieb. Wie sind seine
Leistungen im Rahmen der Übertragung zu bewerten, wenn der
Sozialhilfeträger Schenkungsrückforderung geltend macht?

186   Das **vorbehaltene lebenslange Wohnungsrecht** kann unter dem Gesichtspunkt Schenkung, Schenkung unter Auflage (§ 525 BGB) oder
gemischte Schenkung gesehen werden. Entscheidend ist, worüber sich
die Beteiligten geeinigt haben. Bei einer Schenkung unter Auflage
müsste eine Einigung über die Unentgeltlichkeit der Zuwendung und

---

181 BGH NJW 1981, 2458; BGHZ 82, 281 f.; WM 1990, 1790.
182 OLG Koblenz ZErb 2006, 282.
183 BGH v. 21.10.2014 – Az.: XI ZR 210/13 Rn 17.

über eine aus dem Wert der Schenkung zu erfüllende Auflage vorgelegen haben. Bei einer gemischten Schenkung müssten die Beteiligten einig darüber gewesen sein, dass ein Entgelt zu erbringen ist, das niedriger ist als der Wert der Immobilie, und dass der Wertüberschuss unentgeltlich zugewendet wird.

Das Wohnungsrecht stand im vorliegenden Fall gar nicht zur Diskussion. Eine Entgeltlichkeit insoweit scheiterte schon daran, dass die Entgeltlichkeit der Zuwendung nicht ausdrücklich vereinbart war.[184] Es wurde dem Vater nicht vom Sohn eingeräumt und es wurde auch nicht aufgrund einer Verpflichtung nachträglich begründet, sondern der Vater hat es sich von vornherein vorbehalten. Selbst wenn das Wohnungsrecht im Vertrag als Gegenleistung bezeichnet ist, stellt es eine solche dann nicht dar. Das vorbehaltene Wohnungsrecht im Rahmen eines Übertragungsvertrages ist nicht als Gegenleistung anzusehen, sondern mindert lediglich den Wert des übertragenen Grundstücks.[185] Der Jahreswert der Nutzung ist zu kapitalisieren. Mit dem Verkehrswert des Hausgrundstücks wird der Wert des Wohnungsrecht auf der Grundlage des Mietwertes der mit Wohnungsrecht überlassenen Räume geschätzt. Der Jahresmietwert wird unter Berücksichtigung der Eigenheiten des Gebäudes, der Wohnung, der Lage und Umgebung unter Abzug der Kosten des Wohnberechtigten für die Instandhaltung der Wohnung und der ortsüblichen Umlagen ermittelt und mit einem die durchschnittliche Lebenserwartung der/des Wohnungsberechtigten berücksichtigenden und auf die Restlaufzeit bezogenen Kapitalwertfaktors multipliziert (vergleiche Wertermittlungsrichtlinien).

187

Die bereits **erbrachten Leistungen** auf die Immobilie stellen im vorstehenden Fall nach dem Willen der Beteiligten eine echte Gegenleistung dar; auf jeden Fall würde dem Sohn ein Bereicherungsanspruch wegen seiner Aufwendungen zustehen. Es ist also festzustellen, ob nach der Auffassung beider Beteiligter („Prinzip der subjektiven

188

---

184 Vgl. für den Fall eines schuldrechtlich vereinbarten Wohnungsrecht: BGH v. 8.2.2002 – Az.: V ZR 168/01.

185 Gutachten DV in NDV 1992, 92; OLG Düsseldorf ZfF 1989, 181 ff.; BGH v. 22.11.2006 – Az.: XII ZR 8/05.

Äquivalenz") überhaupt noch ein gravierender Wertüberschuss bleibt und ob dieser ggf. schenkweise zuwendet werden soll.[186]

189   Häufig lässt sich der gemeinsame Wille zur Entgeltlichkeit einer Zuwendung im Zeitpunkt der Vermögensübertragung objektiv nicht mehr feststellen. Das ist der unmittelbare Weg in den Sozialhilferegress. Im vorliegenden Fall wird man dazu genauere Feststellungen treffen und exakt die Entgeltlichkeitsfaktoren herausarbeiten müssen.

1. Zuwendungen wegen Pflege

190   Übernommene Pflegeverpflichtungen und Pflegeleistungen können **echte Gegenleistungen** darstellen[187] und deshalb den Schenkungsrückforderungsanspruch zu Fall bringen.

Eine lediglich faktisch erbrachte, nicht aber als entgeltlich vereinbarte Pflege von Eltern wird in der Regel nicht berücksichtigt.[188] Es muss daher eine Einigung darüber festgestellt werden können, dass dem Pflegenden nicht nur ein Dank erwiesen werden soll, sondern die Dienste mit dem versprochenen Betrag bezahlt werden und der Leistenden diese Bezahlung auch als solche annehmen will.[189]

191   Die Formulierung, dass die Zuwendung in Anerkennung für geleistete Dienste oder zur Belohnung erfolgt, ist insoweit sozialhilfeschädlich. Dass die Zuwendung „unentgeltlich im Wege vorweggenommener Erbfolge"[190] erfolgt, kann nach der Rechtsprechung zwar auch bedeuten, dass die Rechtsfolgen einer Erbschaft durch ein entgeltliches Geschäft – z.B. Gegenleistungen des Übernehmers in der Form der Ver-

---

186 Vgl. dazu BGH NJW-RR 1986, 1135 und BGH WM 1990, 1790.
187 BGH v. 8.3.2006 – Az.: IV ZR 263/04.; BGH NJW 1995, 1346; OLG Hamm v. 28.1.2010 – Az. I-10 U 43/09 für einen Altenteilvertrag.
188 Z.B. OLG Oldenburg ZEV 199, 32 ff. verlangt ausdrückliche Aufnahme der Pflegeverpflichtung in die notarielle Urkunde, da ansonsten eine familienhafte Pflicht zur gegenseitigen Unterstützung angenommen werden müsse.
189 So schon RGZ 72, 191.
190 Begrifflichkeit aus § 7 Abs. 1 Höfeordnung (HöfeO); § 593a S. 1 BGB, §§ 1374 Abs. 2, 1477 Abs. 2, 1478 Abs. 2 Nr. BGB.

pflichtung zur Pflege[191] – vorzeitig herbeigeführt werden sollen,[192] besonders glücklich ist dies im Hinblick auf einen späteren Test auf Sozialhilfefestigkeit der Zuwendung aber nicht.

2. Die entgeltliche Pflegevereinbarung

Wenn eine Entgeltlichkeit der erbrachten Leistung nicht ausdrücklich vereinbart ist, ist es schwer, Schenkungsrückforderungsansprüche zu vermeiden. Typischerweise finden sich im Alltag „**Wart und Pflege**" als vereinbarte Gegenleistung für die Übertragung eines elterlichen Vermögensgegenstandes;[193] reine Pflegedienstverträge finden sich nach wie vor selten, obwohl ein familienrechtliches Abschlussverbot für **entlohnende Dienstverträge** nicht existiert (vgl. hierzu § 5 Rn 239 ff.). Die **sozial-, arbeits-** und **steuerrechtliche** Rechtsprechung erkennt entgeltliche Pflegedienstverträge unter Angehörigen grundsätzlich an. Nach der Rechtsprechung des **BGH** und des **BFH** ist ein solches Arbeitsverhältnis **steuerrechtlich** anzuerkennen, wenn es so gestaltet und abgewickelt wird, wie dies üblicherweise zwischen Arbeitgebern und Arbeitnehmern geschieht.   192

Pflegeverhältnisse unter Angehörigen können auch so ausgestaltet sein, dass sie der Steuer- und Sozialversicherungspflicht unterliegen. Eine Annahme, dass bei Pflegeverhältnissen unter nahen Angehörigen eine Vermutung gegen ein versicherungspflichtiges Beschäftigungsverhältnis besteht, existiert nicht.[194] Ein versicherungspflichtiges Beschäftigungsverhältnis ist auch nicht deshalb ausgeschlossen, weil ein naher Angehöriger gepflegt wird.[195] Arbeitsvertragliche Pflegeverhältnisse müssen lediglich die Mindestanforderungen an ein **versicherungspflichtiges Beschäftigungsverhältnis erfüllen**.[196] Dies hängt von den konkreten Umständen des Einzelfalles ab. Diese konkreten Umstände   193

---

191 Vgl. z.B. BGH NJW-RR 1990, 1283 ff.

192 BGH NJW 1995, 1349; NJW-RR 1996, 754; BGH v. 18.10.2011 – Az.: X ZR 45/10.

193 Vgl. hierzu Muster in *Langenfeld/Günther*, Grundstückszuwendungen zur lebzeitigen Vermögensnachfolge, S. 82 ff.

194 BSG SozR-2200 § 165 RVO Nr. 90, 152.

195 BSG SozR 3–2200 § 539 Nr. 6.

196 BSG SozR-2200 § 165 RVO Nr. 90, 151.

können und dürfen nicht durch Ausführungen allgemeiner Art ersetzt werden, sondern müssen durch widerspruchsfreie und präzise Feststellungen ermittelt werden.[197] Der Eigenart der Pflegetätigkeit ist dabei Rechnung zu tragen.[198]

194   Anstelle der Ausgestaltung des Arbeitsverhältnisses als steuer- und sozialversicherungspflichtiges Beschäftigungsverhältnis, kommt auch ein **entgeltliches,** aber **nicht steuerpflichtiges** Verhältnis in Betracht. Hat ein Steuerpflichtiger einen pflegebedürftigen Angehörigen in seinen Haushalt angenommen, um ihn dort zu pflegen und zu versorgen, und erhält er dafür aus dem Vermögen des Pflegebedürftigen Geldbeträge, so vollziehen sich nach der Rechtsprechung des BFH diese Leistungen und die empfangenen Zahlungen im Regelfall im Rahmen der familiären Lebensgemeinschaft. Sie erfüllen grundsätzlich nicht die Voraussetzungen des Erzielens von Einkünften im Sinne des § 2 EStG.[199]

3. Die Reparatur ursprünglich unentgeltlicher Zuwendungen

195   Schenkungsrückforderungsansprüche können im Rahmen der präventiven Elternunterhaltsberatung vermieden werde, wenn man Gestaltungsfehler repariert. Sie lassen sich möglicherweise aber auch noch im Nachhinein „reparieren".

196   Ob eine anfänglich als unentgeltlich erbrachte Zuwendung den Charakter einer entgeltlichen Leistung durch **nachträgliche Absprache der Beteiligten** erhalten kann, hat schon das Reichsgericht beschäftigt („Rückwärts das Mandat in einen Dienst- oder Werkvertrag umwandeln").[200] Auch das Reichsgericht hat entscheidend darauf abgestellt, dass für den Charakter eines Rechtsgeschäftes nicht nur die objektive Sachlage entscheidet, sondern auch **der erklärte Wille der Parteien** von maßgebender Bedeutung sei. Bei einer Schenkung müssten beide über die **Unentgeltlichkeit** der Zuwendung einig sein. Eine Einigung läge aber nicht vor, wenn nicht nur ein Dank erwiesen werden solle,

---

197 BSG SozR-2200 § 165 RVO Nr. 90, 152.
198 LSG Rheinland-Pfalz v. 26.7.2001 – Az.: S 5 Ar 755/97 Sp.
199 BFH vom 14.9.1999 – Az.: IX R 88/95.
200 RGZ 72, 191.

sondern die Dienste mit dem versprochenen Betrag bezahlt werden und der Leistende diese Bezahlung auch als solche habe annehmen wollen.[201] Wer für eine Handlung eine **Vergütung** zusage, gebe danach kein Schenkungsversprechen ab, sondern schließe einen **entgeltlichen Vertrag**.[202] Eine **belohnende Schenkung** liege demgegenüber vor, wenn der Schenker dem Beschenkten für eine von diesem erbrachte Leistung eine rechtlich nicht geschuldete **Belohnung** gewährt.

Der BGH hat die Rechtsprechung des Reichsgerichts fortgeschrieben, 197 indem er aus der Vertragsfreiheit das Recht der Beteiligten herleitet, **durch Vereinbarung eine vereinbarte Vergütung nachträglich zu erhöhen oder eine ursprünglich unentgeltliche Zuwendung vollständig umzuwidmen**.[203] So räumte er einem Schenker das Recht ein, das zunächst unentgeltliche Geschäfte durch einseitige Erklärung (von Todes wegen) oder Vereinbarung nachträglich in ein vollentgeltliches Geschäft umzugestalten.[204]

Da „**Umwidmungen**" dieser Art aber auch dazu genutzt würden, die Vorschriften über Pflichtteilsansprüche auszuhöhlen, sei eine Grenze dort anzunehmen, wo ein auffallendes grobes Missverhältnis zwischen Leistung und Gegenleistung bestehe. Für die Bewertung einer Pflegeverpflichtung komme es in erster Linie nicht darauf an, welche Pflegeleistungen tatsächlich erbracht worden seien, sondern welche Pflege die Beteiligten für möglicherweise erforderlich gehalten haben.[205] Der BGH lässt dem Benachteiligten – hier also ggf. dem Sozialhilfeträger – deshalb als Beweiserleichterung die Vermutung der Unentgeltlichkeit zu Gute kommen, wenn ein Missverhältnis festgestellt werden kann.[206]

---

201 RGZ 72, 191.
202 BGH NJW 1982, 437.
203 Z.B. BGH NJW-RR 1986, 1135; BGH NJW-RR 1989, 706; BGH v. 14.2.2007 – Az.: IV ZR 258/05.
204 BGH NJW-RR 1986, 164; BGH NJW-RR 1986, 1135.
205 BGH NJW-RR 1986, 1135.
206 BGH NJW-RR 1989, 706.

4. Die Entgeltlichkeit durch Berücksichtigung von Gegenansprüchen

198   Zuwendungen „wegen Pflege" können auch ohne im Synallagma stehende Pflegeverpflichtungen dadurch zu entgeltlichen Zuwendungen werden, dass das Verhältnis der Beteiligten mit **Gegenansprüchen wegen der Pflege** belastet ist.

199   Als Gegenleistung begründend kommt ein zu erfüllender Anspruch wegen **fehlgeschlagener Vergütungsvereinbarung** in Betracht. Die rechtliche Ableitung ist im Einzelnen umstritten. Ausgangspunkt ist „**die Anspruchsbrücke**"[207] des § 612 BGB. Danach ist eine Vergütung als stillschweigend vereinbart, wenn die Dienstleistung den Umständen nach nur gegen eine Vergütung zu erwarten ist. Das BAG hat eine **Dienstvereinbarung mit Vergütungspflicht** angenommen, wenn eine Pflegeperson längere Zeit in einer dem Erblasser erkennbaren Erwartung späterer Vergütung tätig wird und diese seine Dienste annimmt.[208] Der Pflegende, dem es gelingt, eine grundsätzliche Einigung über die Dienstleistung „Pflege" darzutun, kann über § 612 BGB also einen Anspruch auf die **übliche Vergütung,** die sich nach dem an jeweiligen Leistungsort gezahlten Durchschnittslohn richtet, begründen.[209]

200   Scheitert die „Reparaturmöglichkeit", die sich für fehlende bzw. fehlgeschlagene Pflegevereinbarungen aus § 612 BGB ergeben, so kann § 812 Abs. 1 S. 2 2. Alt. BGB – der Anspruch auf **Bereicherungsausgleich wegen Zweckverfehlung**[210] – zur Anwendung kommen. Die rechtliche Konstruktion ist diffizil.[211] Die Zielsetzung des Pflegenden ist dabei von vornherein auf eine Gegenleistung gerichtet, der mit der Leistung bezweckte Erfolg ist aber nicht einklagbar.

201   Der Zuwendungszweck für die Dienstleistung darf nicht nur Motiv des Leistenden sein. Der **Zweck** muss **Gegenstand einer Vereinba-**

---

207   *Dienstbühl,* Der Pflegevergütungsanspruch nach § 612 BGB in der erbrechtlichen Auseinandersetzung, ErbR 2009, 179 ff.
208   BAG DB 1966, 1655; Hess LAG ZEV 2011, 434.
209   OLG Frankfurt – Az.: 16 U 71/04, OL GR 2005, 611.
210   BGH v. 18.10.2011 – Az.: X ZR 45/10.
211   BGH v. 18.10.2011 – Az.: X ZR 45/10.

rung geworden sein.[212] Gemeint ist keine vertragliche Bindung. Liegt sie vor, ist das Rechtsverhältnis nach den Grundsätzen des Vertragsrechts abzuwickeln und nicht nach denen der ungerechtfertigten Bereicherung.

Entscheidend ist, dass zwischen Empfänger und Leistendem eine **tatsächliche Willenseinigung über den verfolgten Zweck** erzielt wird.[213] Eine einseitige Zwecksetzung reicht nicht aus. Eine solche Einigung ist **stillschweigend** möglich. Das kann anzunehmen sein, wenn der eine Teil mit der Leistung einen bestimmten Erfolg bezweckt, der andere dies erkennt und zu verstehen gibt, dass er die Zweckbestimmung billigt. Will der Empfänger die Leistung nicht unter den ihm bekannten Voraussetzungen annehmen, so muss er es sagen; andernfalls verlangen Treu und Glauben, dass sein Verhalten als Einverständnis gewertet wird.[214]

202

Werden also z.B. im Hinblick auf eine (erhoffte) Eigentumsübertragung Pflegeleistungen erbracht und ist in Kenntnis dieser Erwartung eine Eigentumsübertragung widerrufen worden, nicht erfolgt oder durch einen Schenkungsrückforderungsanspruch wegen Bedürftigkeit bedroht, dann kann dies einen **Bereicherungsanspruch des Pflegenden** begründen.[215] Dieser Bereicherungsanspruch kann bei Streit über die Rechtsqualität einer bereits erbrachten Zuwendung nach der Rechtsprechung die Entgeltlichkeit einer Zuwendung ganz oder teilweise begründen,[216] weil von vornherein ein möglicher Bereicherungsanspruch vermieden werde. Beide Leistungen seien derart miteinander verknüpft, dass die **bereicherungsrechtlich geschützte Leistung** die Entgeltlichkeit der Zuwendung zu begründen vermöge.[217]

203

Die Bewertung des Umfangs dieser Leistungen und die sich daraus ergebende Bereicherung ist Sache der richterlichen Schätzung gemäß § 287 Abs. 2 ZPO. Es ist nicht auf den Wert der Leistungen zum

204

---

212 *Zeiss*, Anm. zu OLG Hamm v. 27.4.1962 – Az.: 6 U 90/60, NJW 1963, 210.
213 *Zeiss*, Anm. zu OLG Hamm v. 27.4.1962 – Az.: 6 U 90/60, NJW 1963, 210.
214 BGHZ 44, 321.
215 BGHZ 44, 321.
216 BGH v. 18.10.2011 – Az.: X ZR 45/10.
217 BGH v. 17.6.1992 – Az.: XII ZR 145/91, NJW 1992, 2566; BGH v. 18.10.2011 – Az.: X ZR 45/10.

Zeitpunkt der Erbringung der Leistungen abzustellen. Entscheidend ist der Wert der Bereicherung zu dem abzuschätzenden Zeitpunkt des dauerhaften Ausbleibens des bezweckten Erfolges.[218]

205 Nach der Rechtsprechung des BGH ist andererseits besonders zu bewerten, falls **familienrechtliche Sonderbeziehungen** bestehen. So könne es z.b. zwischen Ehegatten als nicht selbstverständlich angesehen werden, wenn langjährige Dienste aufgrund einer nachträglichen Vergütungsvereinbarung voll bezahlt würden. Derartige Vereinbarungen deuteten vielmehr darauf hin, dass es sich in Wahrheit nicht um eine nachträgliche Korrektur auf der Ebene der Vergütung für erbrachte Leistungen handele, sondern um einen Ausgleich zwischen den beiderseitigen Vermögen.[219] Die Leistung muss eine Vergütung nach den konkreten Verhältnissen der Parteien nicht nur als vertretbar, sondern auch als angemessen erscheinen lassen. **Raum für „Zusatzvergütung"** ist danach etwa dann, wenn der Wert der noch nicht(voll)vergüteten Leistungen deutlich über das hinausgeht, was man „beizusteuern" habe.[220]

206 Die „Reparatur" scheinbar unentgeltlicher Vereinbarungen ist nicht nur für erbrachte Pflegeleistungen möglich, sondern auch für andere tatsächliche oder finanzielle Leistungen.

207 **Fallbeispiel 42: Investition gegen Erbaussicht**
Der Sohn erbringt über Jahre auf eine Immobilie seiner Mutter finanzielle und handwerkliche Leistungen. Diese Leistungen erfolgen im Hinblick auf die Tatsache, dass er der einzige Sohn ist und zu erwarten ist, dass er ohnehin alles von der Mutter erben wird.

208 Hier nimmt die Rechtsprechung an, dass eine fehlende Absprache über Erstattungsansprüche unschädlich sein könne, weil bei Beginn der Arbeiten und Leistungen eine Übereinstimmung über den mit der Leistung bezweckten Erfolg erzielt worden sei. Hätte die Mutter anders verfügt, wäre ein **Bereicherungsanspruch wegen Zweckver-**

---

218 Vgl. BGH v. 7.10.1994 – Az.: ZR 4/94, NJW 1995, 53.
219 BGH NJW-RR 1989, 707.
220 BGH NJW-RR 1989, 707.

fehlung gegeben. Es könne eine Verknüpfung der erfolgten Zuwendung mit einer rechtlich erheblichen Zwecksetzung bestehen.[221]

III. Der Ausschluss des Herausgabeanspruchs

Wenn die Tatbestandsmerkmale einer Schenkung nicht zu verneinen   209
sind, so kommt der Prüfung der Tatbestandsmerkmale der Rechtsfolge
besondere Bedeutung zu.

Dem **Beschenkten** steht gegen den Herausgabeanspruch die Einrede
des § 529 BGB zu. Danach ist der Anspruch **ausgeschlossen**
– bei Notbedarf des Schenkers durch eigenes Verschulden
– nach Ablauf einer 10-Jahresfrist seit Leistung des geschenkten Gegenstandes
– wegen eigener Bedürftigkeit des Beschenkten
– wegen Treu und Glauben.

1. Notbedarf durch eigenes Verschulden des Schenkers

Hat der Schenker nach Leistung der Schenkung seine Bedürftigkeit   210
vorsätzlich oder grob fahrlässig herbeigeführt, so kann er eine **Herausgabe wegen Notbedarfs** nicht verlangen.

Nicht geschützt ist allerdings der Fall, dass die Bedürftigkeit gerade
durch die Schenkung selbst verursacht wurde,[222] da der Beschenkte
von vornherein auf die Rechtsbeständigkeit der Schenkung nicht vertrauen konnte und ansonsten Verfügungen zu Lasten der Allgemeinheit unbegrenzt möglich wären.

2. Ausschluss wegen Zeitablaufs

Von besonderer praktischer Bedeutung ist der **Ausschluss der Rück-**   211
forderung wegen Zeitablaufs. Sind zur Zeit des Eintritts der Bedürftigkeit seit der Leistung des geschenkten Gegenstandes 10 Jahre verstrichen, so ist die Herausgabe endgültig ausgeschlossen. Die Frist

---

221 BGH v 18.10.2011 – Az.: X ZR 45/10.
222 Herberger/*Sefrin*, juris Praxiskommentar BGB, Bd. 2/2, § 529 Rn 6.

beginnt mit dem Vollzug der Leistung. Hier lag bisher die Krux für die Gestaltungsmöglichkeiten des Erblassers. Einerseits wurde vertreten, dass die für den Fristbeginn maßgebliche Leistung genauso zu verstehen ist wie das gleich lautende Tatbestandsmerkmal in § 2325 Abs. 3 BGB.[223] Andererseits wurde dagegen gehalten, die höchstrichterliche Rechtsprechung zu § 2325 Abs. 3 BGB zur Schenkung von Grundbesitz unter Vorbehaltsnießbrauch sei im Zusammenhang mit § 529 BGB nicht anzuwenden. Der Beschenkte sei im Rahmen des § 529 BGB schutzwürdig, unabhängig davon, ob er bereits tatsächlich die wirtschaftlichen Nutzungsbefugnisse des Geschenkes hat oder nicht.[224]

212 Der BGH[225] hat nun entschieden, dass es bei der Schenkung eines Grundstücks zur Leistung des geschenkten Gegenstandes im Sinne von § 529 Abs. 1 Fall 2 BGB genüge, dass der Beschenkte nach dem formgerechten Abschluss des Schenkungsvertrages und der Auflassung einen Antrag auf Eintragung der Rechtsänderung beim Grundbuchamt eingereicht hat. Der Beginn der in § 529 Abs. 1 Fall 2 BGB vorgesehenen Zehnjahresfrist werde nicht dadurch gehindert, dass sich der Schenker an dem verschenkten Grundstück ein lebenslanges Nutzungsrecht vorbehalten habe.

3. Ausschluss wegen eigener Bedürftigkeit des Beschenkten

213 Nach § 529 Abs. 2 BGB hat der Beschenkte die Möglichkeit, die Herausgabe des Geschenkes zu verweigern, wenn dadurch sein **eigener angemessener Unterhalt** gefährdet oder die **Erfüllung der ihm gesetzlich obliegenden Unterhaltspflichten** unmöglich wird. Hierzu reicht es aus, wenn die begründete Besorgnis besteht, dass der Beschenkte bei Erfüllung des Herausgabeverlangens zukünftig nicht mehr in der Lage sein wird, seinen Unterhalt selbst sicherzustellen oder seinen eigenen Unterhaltsverpflichtungen nachzukommen.[226]

---

223 *Littig/Mayer*, Sozialhilferegress gegenüber Erben und Beschenkten, Rn 76.
224 Herberger/*Sefrin*, juris Praxiskommentar BGB, Bd. 2/2, § 529 Rn 7; *Waldner*, Die vorweggenommeine Erbfolge für die notarielle und anwaltliche Praxis, Rn 121 m.w.N.
225 BGH v. 19.7.2011 – Az.: X ZR 140/ 10.
226 BGH ZEV 2001, 198.

Der Beschenkte soll zivilrechtlich ggf. auf eine Obliegenheit zur Er-   214
werbstätigkeit zu verweisen sein.[227] Der Beschenkte muss ggf. auch
den Stamm seines Vermögens einsetzen, wenn dies nicht zu unvertret-
baren Nachteilen führt.[228]

Der Begriff des **standesgemäßen Unterhalts** ist mit dem Begriff des   215
angemessenen Unterhalts im Sinne von § 1603 BGB gleichzusetzen.[229] Heranzuziehen ist deshalb die Rechtsprechung des BGH zum
angemessenen Selbstbehalt beim Elternunterhalt. Danach braucht
das Kind eine spürbare und dauerhafte Absenkung seines berufs- und
einkommenstypischen Unterhaltsniveaus jedenfalls dann nicht hinzunehmen, wenn es nicht unangemessenen Aufwand betreibt oder ein
Leben in Luxus führt.

Der BGH hat nach eigenen Angaben keine Veranlassung gesehen,   216
für das Schenkungsrecht eigenständige Grundsätze zur Voraussetzung
und Bemessung des Unterhalts zu entwickeln. Vielmehr sind danach
die jeweils einschlägigen **familienrechtlichen Bestimmungen** und die
von der Rechtsprechung hierzu entwickelten Maßstäbe auch im Rahmen des § 529 Abs. 2 BGB heranzuziehen.[230] Das bedeutet, dass ab
1.1.2015 für ein Ehepaar ein abstrakter, unterhaltsrechtlich bereinigter
Selbstbehalt von insgesamt 3.240 EUR (1.800 EUR für den Unterhaltspflichtigen und 1.440 EUR für den Ehegatten) zu Grunde zu
legen ist. Unterhaltsrechtlich bereinigt bedeutet, dass berufsbedingte
Aufwendungen, Vorsorgeaufwendungen, Kindesunterhalt und Verbindlichkeiten vom gesetzlichen Nettoeinkommen in Abzug zu bringen sind. Eine Altersvorsorge von 5 % seines Bruttoerwerbseinkom-
mens ist dem unselbständig tätigen Unterhaltspflichtigen zu belassen.
Für den selbständig Tätigen sind es – konkret aufgewendete – 25 %
des Bruttoeinkommens. Abstrakte Abzugsposten sind nicht zu berücksichtigen.

Die **Veräußerung** eines nach den übrigen Verhältnissen der Familie
angemessenen **Familienhauses** kann familienrechtlich regelmäßig

---

227 BGH v. 6.9.2005 – Az.: X ZR 51/03.
228 BGH v. 15.1.2001, Az.: X ZR 77/00.
229 Herberger/*Sefrin*, juris Praxiskommentar BGB, Bd. 2/2, § 529 Rn 9.
230 BGH NJW 2003, 1384 Rn 63; BGH NJW 2000, 3489.

nicht verlangt werden. Allerdings hat der BGH im Rahmen eines Schenkungsrückforderungsanspruchs – anders als im Familienrecht – entschieden, dass der Unterhaltsschuldner – soweit die Veräußerung des Familienheims nicht zumutbar ist – verpflichtet sein kann, durch Aufnahme eines Realkredits Mittel für den Unterhalt zu beschaffen und einzusetzen.[231]

217 § 529 Abs. 2 BGB ist eine **anspruchshemmende Einrede**, die nicht dem Rückforderungsanspruch an sich, sondern nur dessen gegenwärtiger Durchsetzung entgegensteht. Eine Änderung der Situation kann also doch noch zur Leistungspflicht führen.

218 § 529 Abs. 2 BGB wird nicht generell dadurch ausgeschlossen, dass der Beschenkte seine Bedürftigkeit schuldhaft herbeigeführt hat. Grundsätzlich ist es insoweit unerheblich, wann und wodurch die eigene Bedürftigkeit des Beschenkten bzw. seines Erben entstanden ist. Die Berufung auf die eigene Bedürftigkeit stellt allerdings eine unzulässige Rechtsausübung dar, wenn der Beschenkte bzw. sein Erbe Kenntnis vom Notbedarf des Schenkers gehabt – auch gleichwohl die eigene Bedürftigkeit mutwillig herbeigeführt – hat.[232]

4. Ausschluss wegen Treu und Glauben

219 Bemerkenswert ist, dass **§ 529 BGB nicht abschließend** ist, sondern als Ausdruck besonderer Fallgruppen gilt, die es wegen eines Verstoßes gegen Treu und Glauben unbillig erscheinen lassen, den grundsätzlichen Bestandsschutz der vollzogenen Schenkung wieder zu durchbrechen.[233] Als weitere Fallgruppen wurden z.B. entschieden:
 – Durch die Verwertung des Geschenkes lässt sich kein nennenswerter Erlös erzielen.
 – Der Beschenkte hat auf dem geschuldeten Grundbesitz mittlerweile mit erheblichen Eigenmitteln ein Wohnhaus errichtet.[234]

---

231 BGH NJW 1982, 1641; NJW 1988, 2380.
232 BGH ZEV 2001, 196 ff.
233 Herberger/*Sefrin*, juris Praxiskommentar BGB, Bd. 2/2, § 529 Rn 10.
234 Herberger/*Sefrin*, juris Praxiskommentar BGB, Bd. 2/2, § 529 Rn 10 mit Rechtsprechungsnachweisen.

Von besonderer praktischer Bedeutung ist die Entscheidung des BGH   220
über die **zeitliche Perspektive** der Verwertbarkeit. Verschenkt worden
war im konkreten Fall ein nießbrauchbelastetes Grundstück. Sofern
das Geschenk werthaltig ist – so der BGH –, wird der Rückgewähranspruch nicht dadurch ausgeschlossen, dass der Schenker das Geschenk
zeitweise jedenfalls nicht ohne weiteres zur Unterhaltssicherung verwenden kann.[235]

IV. Das Entstehen des Anspruchs

Das **Entstehen des Anspruchs** auf Schenkungsrückforderung hängt   221
nicht von einer **Entscheidung des Schenkers** ab und wird nicht for-
mell an der erstmaligen Geltendmachung des Anspruchs, sondern am
Eintritt der Bedürftigkeit des Schenkers festgemacht. So jedenfalls
formuliert es der BGH,[236] der dann allerdings missverständlich weiter
formuliert, dass für die Einstandspflicht die Einkommens- und Vermögenslage des Schenkers der Zeitpunkt der zur Bewilligung der Hilfe
führenden Beantragung von Sozialhilfe maßgeblich ist, nicht dagegen
die Einkommens- und Vermögenslage im Zeitpunkt der letzten münd-
lichen Verhandlung über den übergeleiteten Anspruch. Auch in einer
Nachfolgeentscheidung heißt es, dass für die Beurteilung der Bedürftigkeit allein auf die **Einkommens- und Vermögenslage im Zeitpunkt der Bewilligung der Sozialhilfe** abzustellen sei, wenn ein Sozialhilfeträger aus übergeleitetem Recht den Anspruch des Schenkers
gegen den Beschenkten geltend macht.[237] Die Literatur vertritt dazu
die Auffassung, es entspreche dem Normzweck, wenn jedenfalls der
Schenker die Rückgabe des Geschenkes verlangen kann, sobald bei
objektiver Betrachtung feststeht, dass zur Deckung eines bevorstehen-
den Notbedarfs Aufwendungen erforderlich sind.[238]

Somit ist unklar, ob es etwas nutzt, wenn sich die am Übergabevertrag   222
Beteiligten ausrechnen, dass man das Entstehen eines Herausgabean-

---

235 BGH v. 7.11.2006 – Az.: X ZR 184/04.
236 BGH ZEV 2003, 374.
237 BGH ZErb 2005, 124.
238 *Kollhosser*, Der Rückforderungsanspruch des verarmten Schenkers aus § 528 I S. 1
     BGB, ZEV 2001, 290.

spruchs durch gewisse Überbrückungsleistungen evtl. hinausschieben könnte, um damit in den Genuss eines Ausschlusstatbestandes zu kommen. Grundsätzlich wird man davon ausgehen können, dass es auf den Eintritt der Bedürftigkeit ohne eine Unterstützung durch Dritte ankommt.

V. Der Anspruch auf Wertersatz

223   Fällt eine Zuwendung unter die Tatbestandsmerkmale des § 528 BGB, so ist der Beschenkte verpflichtet, die Herausgabe des Geschenkes an den Schenker – bzw. das Sozialamt – nach den Rechtsfolgen des Bereicherungsrechts (§§ 818–822 BGB) zu leisten. Der Anspruch gemäß § 528 BGB ist **primär** auf **Rückgabe des geleisteten Geschenks** gerichtet, allerdings begrenzt auf das, was der Schenker zur Deckung seines angemessenen Unterhalts benötigt. Insofern muss nicht immer das Geschenk als Ganzes herausgegeben werden.

224   Ist der Gegenstand **teilbar**, sind **Teilleistungen** herauszugeben.

Ist der **Gegenstand unteilbar**, wandelt sich der Anspruch in einen Anspruch auf **anteiligen Wertersatz nach § 528 i.V.m. § 812 Abs. 2 BGB** um. Besteht nur regelmäßig wiederkehrender geringerer Unterhaltsbedarf des Schenkers, wandelt sich der Anspruch in einen **Anspruch auf Teilwertersatz**.[239]

225   Bei einer **gemischten Schenkung** kommt eine Rückabwicklung gegen vollständige Herausgabe des Geschenkes in Natur nur dann in Betracht, wenn der **unentgeltliche Charakter** des Vertrages **überwiegt**. Die Zuwendung des Schenkers muss den doppelten Wert im Vergleich zur Gegenleistung aufweisen.[240]

226   Bei einer **Schenkung unter einer Auflage** ist der Anspruch auf Rückgabe in Natur gerichtet. D.h. der Gegenstand des Geschenkes selbst ist grundsätzlich herauszugeben unter Entlastung des Beschenkten von der Auflage. Die aufgrund der Auflage erbrachten Leistungen des Beschenkten begründen in diesem Fall die Einwendung der Entreicherung, was zu einer Leistung Zug um Zug führt.

---

239 Herberger/*Sefrin*, juris Praxiskommentar BGB, Bd. 2/2, § 528 Rn 18.
240 BGH NJW 2000, 598.

Der Beschenkte hat aber die Wahl. Gibt der Beschenkte das Geschenk   227
insgesamt zurück, so wird damit der Zustand wieder hergestellt, der
ohne die Freigiebigkeit des Schenkers bestünde. Hierzu ist der Beschenkte zwar rechtlich nicht verpflichtet, mehr oder anderes kann
von ihm jedoch nicht verlangt werden. Er ist insbesondere nicht verpflichtet, das Geschenk zu verwerten oder eigene Mittel einzusetzen,
um den Unterhaltsbedarf des Schenkers zu sichern. Hierfür gibt die
Beschränkung auf den Wertersatz, soweit sie dem Bedarf des Schenkers entspricht, nichts her. Die Begünstigung würde sich vielmehr in
dem Fall, dass das Geschenk schwer oder gar nicht zu verwerten ist,
in ihr Gegenteil verkehren. Hierfür gibt es nach der Rechtsprechung
des BGH keinen Grund.[241]

Der Beschenkte kann nach § 528 Abs. 1 S. 2 BGB die Herausgabe des   228
Geschenkes auch durch Zahlung des für den Unterhalt erforderlichen
Betrags abwenden. Auf die Verpflichtung des Beschenkten findet die
Vorschrift des § 760 BGB (= monatlich vorauszahlbare Rente) sowie
die für die Unterhaltspflicht der Verwandten geltende Vorschrift des
§ 1613 BGB (Unterhalt für die Vergangenheit nur unter engen Voraussetzungen) und im Falle des Todes des Schenkers auch die Vorschrift
des § 1615 BGB (Erlöschen des Unterhaltsanspruches mit dem Tod)
entsprechende Anwendung. Diese Möglichkeit kann Chance und Risiko gleichermaßen sein. Wer diese Option wählt, wählt den „way of
no return",[242] denn an die Stelle der Rückgewähr tritt die Pflicht zur
laufenden Unterhaltszahlung, die den Wert des Gegenstandes überschreiten kann.[243] Der Anspruch wandelt sich von der Herausgabe
in einen Unterhaltszahlungsanspruch. Dieser ist sozialhilferechtlich
vollumfänglich einzusetzen.

VI. Wegfall/Minderung der Bereicherung

Hat der Beschenkte das Geschenk in der Zwischenzeit an einen Drit-   229
ten entgeltlich weiterveräußert und den Verkaufserlös ausgegeben, so

---

241 BGH v. 17.12.2009 – Az.: Xa ZR 6/09.
242 *Mayer/Geck*, Der Übergabevertrag, § 3 Rn 42.
243 *Mayer/Geck*, Der Übergabevertrag, § 3 Rn 42.

ist er gemäß § 818 Abs. 3 BGB **entreichert**. Das gilt nicht, wenn die Voraussetzungen der §§ 814 Abs. 4, 819 BGB vorliegen.

230   Hat der Beschenkte dagegen das Geschenk an einen Dritten unentgeltlich weitergegeben, so führt die Inbezugnahme von § 822 BGB dazu, dass auch der Dritte zur Herausgabe verpflichtet ist. Dieser Anspruch stellt für den Bedürftigen eine sozialhilferechtlich erhebliche Einkommensposition dar.

231   Auch die Weitergabe des Geschenkes durch den Beschenkten an seinen Ehegatten im Wege einer **unbenannten Zuwendung** führt nicht von der Rechtsfolge weg. Wenn der Dritte den Gegenstand als unbenannte Zuwendung erhalten hat, wird § 822 BGB analog angewendet, da es nach der Rechtsprechung des BGH nicht von der güterrechtlichen Einordnung der Zuwendung abhängen kann, ob der Gläubiger, der außerhalb dieser güterrechtlichen Beziehung steht, einen Herausgabeanspruch hat oder nicht.[244]

232   Für den Beschenkten wie für den potentiellen Erblasser ist von Interesse, dass ein **Rückforderungs- bzw. Herausgabeanspruch** nur in dem Umfang entstehen kann, soweit
– der Schenker zur Deckung seines Notbedarfs und zur Erfüllung seiner Unterhaltspflichten außerstande ist
– der Beschenkte tatsächlich bereichert ist.

Ist der Wert eines Geschenkes erschöpft, ist der Beschenkte nicht mehr bereichert.

233   Für die Frage, wann der Wert eines Geschenkes erschöpft ist, kommt es auf jeden Fall auf eine wirtschaftliche Betrachtungsweise an. Es spielt dabei keine Rolle, ob rechtssystematisch von einer gemischten Schenkung oder von einer Schenkung unter Auflage auszugehen ist.[245] Entscheidend kommt es darauf an, dass dasjenige, was der Beschenkte als Leistung erbringt oder als Belastung erdulden muss, wie z.B. Altenteils-, Wohnrecht- und Nießbrauchsvereinbarungen, anspruchsmin-

---

244 BGH ZEV 2004, 209.
245 BGH NJW-RR 1996, 754.

dernd wirkt.[246] Je höher der wirtschaftliche Wert der „Gegen"leistung, desto eher ist der Wert des Anspruchs erschöpft.

Zu beachten bleibt auch, inwieweit der Beschenkte auf den Schen-   234
kungsgegenstand **eigene Aufwendungen** gemacht hat. Sein Anspruch auf Ersatz von Aufwendungen, der Zug um Zug gegen Herausgabe zu erfüllen ist, mindert den Herausgabeanspruch ebenfalls.[247]

Dem Beschenkten bleiben die Rechte zur Aufrechnung mit Gegenansprüchen im Rahmen des § 406 BGB erhalten. Der Rückgewähranspruch ist nur unter den Voraussetzungen des § 852 Abs. 2 BGB nicht der Pfändung unterworfen.[248]

VII. Mehrere Beschenkte – nacheinander/mehrere Beschenkte – gleichzeitig

Eine besonders schlechte Stellung gegenüber dem Sozialamt hat der   235
Zuletzt-Beschenkte. Nach § 528 Abs. 2 BGB haften mehrere Beschenkte in **zeitlicher Reihenfolge**. Der früher Beschenkte haftet nur insoweit als der später Beschenkte zur Herausgabe nicht verpflichtet ist.

Zwischen mehreren gleichzeitig Beschenkten besteht **ein Gesamtschuldverhältnis**, so dass nach § 426 BGB ein Ausgleichsanspruch des auf Rückforderung in Anspruch genommenen Beschenkten gegenüber den übrigen Beschenkten besteht.

Die Einrede der eigenen Bedürftigkeit bleibt aber jedem Beschenkten in eigener Person erhalten.

**Fallbeispiel 43: Drei Söhne und der Schenkungsrückforderungs-   236
anspruch**
V und M haben drei Söhne S1, S2 und S3. V hat von seiner 98-jährigen Mutter ein Hausgrundstück geerbt – sein eigener Vermö-

---

246 Herberger/*Sefrin*, juris Praxiskommentar BGB, Bd. 2/2, § 528 Rn 20; *Waldner*, Die vorweggenommene Erbfolge für die notarielle und anwaltliche Praxis, Rn 120.
247 Herberger/*Sefrin*, juris Praxiskommentar BGB, Bd. 2/2, § 528 Rn 22.
248 BGH v. 7.11.2006 – Az.: X ZR 184/04.

genswert. Er überträgt das Hausgrundstück 2003 auf seine Söhne S1 und S2 zu gleichen Teilen. Das Hausgrundstück hat einen Wert von 200.000 EUR und V ordnet an, dass S1 und S2 jeweils 25.000 EUR „Geschwisterabfindung" an S3 zahlen sollen, was auch geschieht. M wird heimpflegebedürftig und V kann keine Heimkosten zahlen.

237   Die Rechtsprechung hat dazu entschieden, dass
– Vereinbarungen über Zahlungen des Übernehmers an seine Geschwister als weichende Erben keine direkten Leistungen des Übernehmenden an die weichenden Erben sind, sondern Teile der Leistung an den Übergeber und damit im Verhältnis zwischen dem Übergeber und dem weichenden Erben Zuwendung im Wege vorweggenommener Erbfolge, ggf. aber auch Ausstattung[249]
– mehrere **gleichzeitig Beschenkte** nach § 528 BGB **nicht nur anteilig haften**, sondern im Rahmen des Bereicherungsrechts bis zur Obergrenze des angemessenen Unterhaltsbedarfs
– zwischen mehreren gleichzeitig Beschenkten hinsichtlich des Rückgewährungsanspruchs nach § 528 Abs. 1 BGB eine **gesamtschuldnerische Beziehung besteht,** die bei der Inanspruchnahme eines Beschenkten einen internen Ausgleichsanspruch entsprechend § 426 Abs. 1 BGB auslöst
– dies auch gilt, wenn die ihnen zugewandten Gegenstände nicht gleichrangig sind
– der interne Ausgleich unter den Beschenkten nicht davon berührt werde, ob der **Rückgewährungsanspruch** von dem Schenker oder – aufgrund einer Überleitung durch Verwaltungsakt – von dem Träger der Sozialhilfe geltend gemacht wird
– der Schenker nicht abschließend bestimmen könne, wer von den Beschenkten die Nachteile des auf seiner Seite eingetretenen **Notbedarfs** tragen solle. Der Rückgewährungsanspruch entstehe mit dem Eintritt der Notlage des Beschenkten, er ist nicht an eine Entscheidung des Schenkers geknüpft[250]

---

249 Groll/*Hieke*, Praxishandbuch Erbrechtsberatung, S. 60.
250 BGH ZEV 1998, 73 ff.

– dem Anspruch auf Rückgewähr grundsätzlich der Aufwand für
  freiwillige Pflege- oder Betreuungsleistungen gegenüber dem
  Schenker **nicht** entgegengehalten werden könne.

VIII. Der Herausgabeanspruch über den Tod hinaus

Der Anspruch des Schenkers gegen den Beschenkten erlischt jedenfalls   238
dann **nicht durch den Tod** des Letzteren, wenn
– der Herausgabeanspruch vor dem Tod des Schenkers auf einen
  Sozialhilfeträger wirksam übergeleitet oder abgetreten wurde[251]
– der Anspruch erst nach dem Tod des Schenkers auf den Sozialhilfeträger übergeleitet wurde, soweit es um die Erstattung von Sozialhilfe geht[252]
– der Schenker selbst den Anspruch aus § 528 BGB geltend gemacht
  oder abgetreten hat[253]
– der Schenker durch die Inanspruchnahme unterhaltssichernder
  Maßnahmen zu erkennen gegeben hat, dass er ohne Rückforderung
  des Geschenkes seinen Notbedarf nicht decken kann
– der Beschenkte zugleich Miterbe ist, weil ein Erlöschen durch Kon-
  fusion nicht eintritt.[254]

Die Vererblichkeit wird auch von der Literatur bejaht[255] bzw. für
sachdienlich gehalten.[256]

IX. Die Verjährung des Anspruchs

Grundsätzlich gilt für den Schenkungsrückforderungsanspruch die   239
dreijährige Verjährungsfrist. Der Fristbeginn richtet sich nach § 199
BGB. Die regelmäßige **Verjährung** beginnt mit Ablauf des Kalenderjahres, in dem der Anspruch entstanden ist und der Gläubiger Kennt-

---

251 BGH NJW 1986, 1606.
252 BGH NJW 1995, 2287.
253 BGH ZEV 1994, 50.
254 BGH NJW 1995, 2287.
255 *Krauß*, Ausgewählte Gestaltungsfragen zum Überlassungsvertrag, DAI-Skript,
     15.10.2004, S. 61 ff.
256 *Kollhosser*, Der Rückforderungsanspruch des verarmten Schenkers aus § 528 I S. 1
     BGB, ZEV 2001, 291 ff.

nis von diesem Anspruch hatte oder dies nur infolge grober Fahrlässigkeit nicht hatte. Die Verjährungsfrist läuft – auch wenn nur Teilwertersatz geschuldet wird – nur ein einziges Mal an, da der Schenkungsrückforderungsanspruch kein Stammrecht darstellt, aus dem einzelne abtrennbare Ansprüche laufend fließen.

§ 196 BGB – die 10-jährige Verjährungsfrist – ist auf einen auf Herausgabe eines Grundstücks gerichteten Schenkungsrückforderungsanspruch gemäß § 528 BGB anzuwenden.[257] Für Teilwertersatz gilt die Verjährungsfrist des Primäranspruchs.

---

257 BGH NJW-RR 2008, 824; BGH NVwZ-RR 2009, 412.

Stichwortverzeichnis

Fette Zahlen = §§, magere Zahlen = Randnummern